2010 年 9 月 16 日，国家主席胡锦涛会见第五届亚太经合组织人力资源开发部长级会议代表团团长并合影。

2010 年 9 月 16 日，国家主席胡锦涛出席第五届亚太经合组织人力资源开发部长级会议开幕式并发表题为《深化交流合作 实现包容性增长》的致辞。

2010 年 6 月 25-26 日，中共中央政治局常委、国务院总理温家宝在浙江调研。这是温家宝在杭州祥润制衣有限公司生产车间与工人交谈。人力资源社会保障部部长尹蔚民（右一）等陪同调研。

2010 年 7 月 2 日，中共中央政治局常委、国务院总理温家宝专程来到长沙市人力资源市场，调查了解就业状况。人力资源社会保障部部长尹蔚民（左一）等陪同调研。

2010年10月23日，中共中央政治局委员、中央书记处书记、中组部部长李源潮出席中国人才发展论坛人才发展理论创新座谈会并作重要讲话。

2010 年 8 月 23 日，中共中央政治局委员、国务院副总理张德江出席第四届中国社会保障论坛开幕式并致辞。

2010 年 12 月 30 日，中共中央政治局委员、国务院副总理张德江出席全国人力资源社会保障工作会议并作重要讲话。

2010 年 9 月 16 日，人力资源社会保障部部长尹蔚民主持第五届亚太经合组织人力资源开发部长级会议开幕式并在全体会议作主旨发言。

2010 年 3 月 4 日，中组部副部长、人力资源社会保障部部长尹蔚民和海南省委副书记、省长罗保铭签署《共同推进国际旅游岛建设 加快海南人力资源和社会保障事业科学发展备忘录》。

2010 年 5 月 7 日，中组部副部长、人力资源社会保障部部长尹蔚民和安徽省省长王三运签署《共同推进皖江城市带承接产业转移示范区人力资源和社会保障事业发展与改革备忘录》。

2010 年 10 月 14 日，中组部副部长、人力资源社会保障部部长尹蔚民与甘肃省委副书记、代省长刘伟平签署《共同推进甘肃人力资源和社会保障事业改革与发展备忘录》。甘肃省委书记、省人大常委会主任陆浩出席签字仪式。

2010 年 8 月 26-28 日，第六届中日韩人事部门首长会议在大连举办。人力资源社会保障部部长尹蔚民与日本人事院总裁江利川毅、韩国行政安全部长官孟亨奎续签《中日韩人事行政领域合作谅解备忘录》。

2010 年 10 月 26-29 日和 11 月 8-11 日，中组部副部长、人力资源社会保障部部长尹蔚民率调研组先后赴江苏、江西进行调研。图为尹蔚民部长考察南通市村级人力资源服务站建设情况。

2010 年 12 月 16 日，国家职业分类大典修订工作启动会和专家委员会全体会议在京召开。会上，人力资源社会保障部部长尹蔚民等领导同志开通国家职业分类大典修订工作平台。

2010 年 12 月 30 日，中组部副部长、人力资源社会保障部部长尹蔚民主持全国人力资源和社会保障工作会议并作工作报告。

2010 年 2 月 4 日，人力资源社会保障部副部长、外国专家局局长季允石看望在华外国老专家沙博里。

2010 年 7 月 21 日，人力资源社会保障部副部长、外国专家局局长季允石在盐城大丰港考察。

2010 年 4 月 13 日，全国人力资源社会保障宣传工作座谈会在湖北省襄樊市召开。人力资源社会保障部党组副书记、副部长孙宝树出席并讲话。

2010 年 4 月 27 日，人力资源社会保障部副部长孙宝树在沈阳市就业和人才服务局人力资源市场调研。

2010 年 7 月 28 日，中组部副部长、人力资源社会保障部副部长李智勇在北戴河主持中央领导看望休假专家活动。

2010 年 6 月 29 日，中组部副部长、人力资源社会保障部副部长李智勇在大连出席 2010 中国海外学子创业周开幕式暨“千人计划”网站开通仪式。图为李智勇副部长启动“千人计划”网站。

2010 年 12 月 13 日，人力资源社会保障部副部长杨志明主持做好两节期间农民工工资支付工作视频会议。

2010 年 10 月 27-29 日，人力资源社会保障部副部长杨志明率调研组到辽宁省进行调研。图为杨志明副部长在丹东市人力资源服务中心考察。

2010 年 6 月 21 日，人力资源社会保障部副部长张小建主持人力资源社会保障系统对口支援新疆工作电视电话会议。

2010 年 8 月 3 日，人力资源社会保障部副部长张小建考察青海省三江源移民村情况。

2010 年 1 月 5 日，人力资源社会保障部副部长、国家公务员局党组书记、副局长杨士秋主持全国行政机关公务员管理工作会议并作工作报告。

2010 年 10 月 28-31 日和 11 月 4-8 日，人力资源社会保障部副部长杨士秋率调研组先后赴上海、云南进行调研。图为杨士秋副部长在昆明市社会保险服务大厅考察。

2010 年 9 月 30 日，人力资源社会保障部副部长王晓初与埃及中央组织管理局局长努哈斯签署《合作谅解备忘录》。

2010 年 11 月 9-15 日，人力资源社会保障部副部长王晓初率调研组赴陕西、四川进行调研。图为王晓初副部长在成都市技师学院观摩第三届全国技工院校技能大赛。

2010 年 3 月 24 日，人力资源社会保障部副部长、机关党委书记何宪出席中共人力资源社会保障部直属机关第一次代表大会作直属机关临时党委工作报告。

2010 年 10 月 26-29 日和 11 月 10-12 日，人力资源社会保障部副部长何宪率调研组赴河北、山西进行调研。图为何宪副部长在河北社保中心考察。

2010 年 8 月 24 日，人力资源社会保障部副部长胡晓义出席全国医保即时结算和社保卡应用经验交流会并讲话。

2010 年 10 月 25-27 日和 11 月 8-10 日，人力资源社会保障部副部长胡晓义率调研组先后赴新疆自治区和兵团、青海进行调研。图为胡晓义副部长在青海玉树隆宝镇考察新农保政策落实情况。

2010 年 12 月 16 日，人力资源社会保障部副部长信长星出席国家职业分类大典修订工作启动会并宣读关于聘任专家委员会委员的决定。

2010 年 11 月 9 日，人力资源社会保障部副部长信长星考察上海人力资源服务产业园区部分入园企业。

2010 年 7 月 13 日，中央纪委驻部纪检组组长袁彦鹏与人力资源社会保障部新任司局级干部进行廉政谈话。

2010 年 4 月 1 日，中央纪委驻部纪检组组长袁彦鹏在深圳创业基地调研。

2010 年 1 月 5 日，全国行政机关公务员管理工作会议在京召开。

2010 年 1 月 11 日，人力资源社会保障部专家咨询委员会成立大会暨第一次全体会议召开。

2010 年 4 月 13-14 日，全国人力资源社会保障系统党风廉政建设工作座谈会在重庆市召开。

2010 年 5 月 5 日，国务院军队转业干部安置工作小组会议在京召开。

2010 年 5 月 26-27 日，人力资源社会保障部与美国劳工部举办两部对话，落实首次中美战略与经济对话成果。

2010 年 5 月 31 日，人力资源社会保障部召开深入开展创先争优活动动员大会。

2010 年 8 月 23 日，第四届中国社会保障论坛在京隆重举办。图为开幕式场景。

2010 年 9 月 16 日，第五届亚太经合组织人力资源开发部长级会议在北京人民大会堂金色大厅隆重开幕。

2010 年 10 月 22 日，中国人才发展论坛在北京隆重开幕。

2010 年 10 月 23 日，中国人才发展论坛人才发展理论创新座谈会在京召开。

2010 年 11 月 4 日，全国人力资源社会保障系统学习贯彻《社会保险法》动员部署会议召开。

2010 年 11 月 4 日，全国人力资源社会保障依法行政工作会议召开。

2010年12月30日，全国人力资源社会保障工作会议在京召开。

2010 年 12 月 30 日，人社部领导为全国人力资源社会保障系统 2008－2010 年度优质服务窗口单位代表颁奖。

中国人力资源和社会保障年鉴

（文献卷）

CHINA HUMAN RESOURCES AND SOCIAL SECURITY YEARBOOK

2011

中国劳动社会保障出版社

中国人事出版社

图书在版编目(CIP)数据

中国人力资源和社会保障年鉴. 2011/人力资源和社会保障部编. —北京：中国劳动社会保障出版社，2011

ISBN 978-7-5045-9300-9

Ⅰ.①中…　Ⅱ.①人…　Ⅲ.①人力资源管理-中国-2011-年鉴②社会保障-中国-2011-年鉴　Ⅳ.①F249.21-54②D632.1-54

中国版本图书馆 CIP 数据核字(2011)第 237257 号

中国劳动社会保障出版社
中 国 人 事 出 版 社 **出版发行**

(北京市惠新东街 1 号　邮政编码：100029)

出 版 人：张梦欣

*

北京市艺辉印刷有限公司印刷装订　新华书店经销

880 毫米×1230 毫米　16 开本　66.5 印张　1598 千字

2011 年 12 月第 1 版　　2011 年 12 月第 1 次印刷

定价：498.00 元

读者服务部电话：010-64929211/64921644/84643933

发行部电话：010-64961894

出版社网址：http://www.class.com.cn
http://www.renshipublish.com

《中国人力资源和社会保障年鉴》编辑委员会成员

《中国人力资源和社会保障年鉴》
编辑部成员

主　　　编　孙宝树

常务副主编　杨秀清

副　主　编　赵　敏　尹成基　李保国　张梦欣　李志刚

成　　　员　桑助来　李新临　曾令萍　初英智

顾　　　问　毛　健

编 辑 说 明

一、《中国人力资源和社会保障年鉴（2011）》是关于人力资源和社会保障工作的专业性史料工具书。全书系统收录了2010年度我国人力资源社会保障工作重要文献、资料和数据，全面记录了2010年我国人力资源社会保障事业发展概况，客观反映了人力资源社会保障工作改革发展成就、经验以及今后需要继续研究解决的问题。它是对党政机关领导干部和各部门工作人员、人力资源社会保障系统工作者、企业领导和人力资源管理者，以及人力资源社会保障科研理论工作者有价值的参考用书和工具书。

二、本年鉴分文献卷、工作卷两卷。文献卷包括人力资源和社会保障重要文献、2010年人力资源和社会保障大事记。工作卷包括人力资源和社会保障工作概览、全国人力资源和社会保障工作、地方人力资源和社会保障工作、人力资源和社会保障统计资料。

三、本年鉴中，全国人力资源和社会保障工作分为28个部分：就业工作、人力资源市场建设与管理、职业能力建设、军转安置、专业技术人才工作、事业单位人事管理、公务员管理、养老保险、失业保险、医疗保险、工伤保险、生育保险、农村社会养老保险和被征地农民社会保障、社会保险经办管理、社会保险基金监督、劳动关系、调解仲裁管理、机关事业单位工资福利工作、农民工工作、法制建设、劳动保障监察、规划统计、信息化建设、科学研究、干部教育培训和表彰、新闻宣传政务信息与出版、国际及港澳台地区交流合作、社团活动；地方人力资源和社会保障工作52篇。

《中国人力资源和社会保障年鉴（2011）》的编辑出版是在全国人力资源社会保障系统的共同努力下完成的。在此，向所有参加编辑出版工作的领导和同志表示衷心的感谢。

《中国人力资源和社会保障年鉴》编辑部

2011年10月

目　　录

文献卷

人力资源和社会保障重要文献

一、党和国家领导人关于人力资源和社会保障工作的重要讲话

二、人力资源和社会保障部领导的讲话

三、重要文件

人力资源和社会保障大事记

工作卷

人力资源和社会保障工作概览

全国人力资源和社会保障工作

地方人力资源和社会保障工作

统 计 资 料

文献卷

人力资源和社会保障重要文献

一、党和国家领导人关于人力资源和社会保障工作的重要讲话

深化交流合作　实现包容性增长

——在第五届亚太经合组织人力资源开发部长级会议上的致辞

胡锦涛

（2010年9月16日）

今天，来自亚太经合组织各成员的朋友们齐聚北京，参加第五届亚太经合组织人力资源开发部长级会议。这次会议的主题是“开发人力资源、大力促进就业、实现包容性增长”。首先，我谨代表中国政府和人民，对会议的召开表示热烈的祝贺！对与会各位代表表示诚挚的欢迎！

亚太地区是全球最具发展活力和潜力的地区之一，21个成员的经济总量占世界经济总量近60%，在世界经济格局中具有重要地位和作用。经过21年的发展，亚太经合组织已成为亚太地区机制最完善、层级最高的经济合作组织之一。

国际金融危机的发生和应对使我们更加深刻地认识到，在经济全球化深入发展的今天，要推动世界经济可持续增长、有效应对世界经济面临的风险和挑战，各国各地区必须加强交流合作，协力解决经济发展中的深层次、结构性问题。2009年亚太经合组织第十七次领导人非正式会议就包容性增长达成共识，提出要更好抓住经济全球化带来的机遇、更好应对经济全球化带来的挑战，创造就业机会，造福广大民众。实现包容性增长，切实解决经济发展中出现的社会问题，为推进贸易和投资自由化、实现经济长远发展奠定坚实的社会基础，这是亚太经合组织各成员需要共同研究和着力解决的重大课题。

女士们、先生们！

实现包容性增长，根本目的是让经济全球化和经济发展成果惠及所有国家和地区、惠及所有人群，在可持续发展中实现经济社会协调发展。我们应该朝着生产发展、生活富裕、生态良好的目标，坚持发展经济，着力转变经济发展方式，提高经济发展质量，增加社会财富，不断为全体人民逐步过上富裕生活创造物质基础。我们应该坚持社会公平正义，着力促进人人平等获得发展机会，逐步建立以权利公平、机会公平、规则公平、分配公平为主要内容的社会公平保障体系，不断消除人民参与经济发展、分享经济发展成果方面的障碍。我们应该坚持以人为本，着力保障和改善民生，建立覆盖全民的社会保障体系，注重解决教育、劳动就业、医疗卫生、养老、住房等民生问题，努力做到发展为了人民、发展依靠人民、发展成果由人民共享。在这里，我愿就本次会议主题提出以下4点建议。

第一，优先开发人力资源。人力资源开发，对提高人们参与经济发展和改善自身生存发展条件，对推动经济持续发展、实现包容性增长，具有基础性的重要意义。人力资源是可持续开发的资源，人力资源优势是最需培育、最有潜力、最可依靠的优势。我们应该牢固树立人力资源是经济社会发展第一资源的理念，加快形成人力资源优先发展的战略布局。要优先调整人力资源结构，优先投资人力资源开发，创新人力资源制度，建立政府、社会、用人单位、个人共同投资人力资源开发机制，积极谋划和调整人力资源专业结构、层级结构、分布结构，大力激发各类人力资源的创新活力和创造智慧。

第二，实施充分就业的发展战略。就业是民生之本，实现社会充分就业是让更多人分享经济社会发展成果的重要途径。我们应该把充分就业作为经济社会发展的优先目标，实施扩大就业的发展战略，最大限度创造劳动者就业和发展机会，努力实现充分就业。要强化政府促进就业的责任，实施更加积极的就业政策，实施相应的财政、金融、产业等方面政策，建设覆盖城乡的公共就业服务体系，健全面向所有困难民众的就业援助长效制度，完善就业与社会保障的联动机制，促进体面劳动，构建和谐劳动关系。

第三，提高劳动者素质和能力。提高劳动者素质，使经济发展真正走上主要依靠科技进步、劳动者素质提高、管理创新的轨道，是实现人的全面发展的必然要求，也是推动经济社会发展的重要保证。转变经济发展方式，推动经济结构优化升级，促进经济社会协调发展，对劳动者素质提出了更高要求。我们应该引导广大劳动者提高思想道德素质和科学文化素质，提高劳动能力和劳动水平，努力掌握新知识、新技能、新本领，成为适应新形势下经济社会发展要求的高素质劳动者。要主动与经济发展方式转变和经济结构优化升级相适应，建立健全面向全体劳动者的职业技能培训制度，形成有利于劳动者学习成才的引导机制、培训机制、评价机制、激励机制，全面提高劳动者职业素质和技能水平。要充分发挥教育在提高劳动者素质和能力中的重要作用，按照建设学习型社会和实施终身教育的要求，优先发展教育，提高教育现代化水平，坚持教育的公益性和普惠性，保障公民依法享有受教育的权利，努力培养造就高素质劳动者、专门人才和拔尖创新人才。

第四，构建可持续发展的社会保障体系。完善的社会保障体系是经济社会发展的重要保障，也是社会和谐稳定的安全网。我们应该在经济发展的基础上建立覆盖城乡居民的社会保障体系，坚持广覆盖、保基本、多层次、可持续，加强社会保险、社会救助、社会福利的衔接和协调，不断提高社会保障水平。要加大公共财政的社会保障投入，扩大各类社会保险覆盖面，健全社会救助体系，发展社会福利事业和慈善事业，不断在全体人民学有所教、劳有所得、病有所医、老有所养、住有所居上取得新成效。

务实合作、互利共赢，是实现亚太经合组织各成员共同发展的必由之路。我们要加强经济技术合作，推动区域贸易和投资自由化，缩小成员间发展差距，实现共同繁荣。要加强就业、社会保障等领域交流合作，推动成员政策对话和经验共享。要拓宽人力资源开发合作领域，建设技术合作平台，提升合作水平，重点帮助发展中成员开发人力资源。为推动亚太经合组织人力资源领域合作，中国决定会同各成员启动“亚太经合组织技能开发促进项目”。

女士们、先生们！

中国是包容性增长的积极倡导者，更是包容性增长的积极实践者。中国强调推动科学发展、促进社会和谐，本身就具有包容性增长的含义。我们既强调加快转变经济发展方式、保持经济平稳较快发展，又强调坚持把发展经济与改善民生紧密结合起来，以解决人民最关心最直接最现实的利益问题为着力点，大力推进以改善民生为重点的社会建设。在应对国际金融危机冲击的过程中，中国提出保增长、保民生、保稳定的方针，实施积极的财政政策和适度宽松的货币政策，既积极推动经济发展、提高经济发展质量，又加大社会领域投入，加强社会保障体系建设，着力解决民生问题。我们清醒地认识到，中国虽然取得了经济社会发展的巨大成就，但仍然是世界上最大的发展中国家，人口多、底子薄、发展不平衡的基本国情没有改变，经济社会发展面临诸多突出矛盾和挑战。我们将继续按照科学发展的要求，深化改革开放，全面推进经济建设、政治建设、文化建设、社会建设以及生态文明建设，促进现代化建设各个环节、各个方面相协调，不断增加社会物质财富、改善人民生活，努力实现经济社会全面协调可持续发展。

女士们、先生们！

亚太区域合作正面临着前所未有的机遇。亚太经合组织各成员应该携起手来，充分运用亚太经合组织这一合作平台，深化合作，拓展合作，不断朝着持久和平、共同繁荣的目标迈进，不断造福亚太人民和世界各国人民。

祝本次会议取得圆满成功！

胡锦涛等在全国人才工作会议上发表重要讲话

中共中央、国务院召开的全国人才工作会议5月25日至26日在北京举行。

中共中央总书记、国家主席、中央军委主席胡锦涛，中共中央政治局常委、全国人大常委会委员长吴邦国，中共中央政治局常委、国务院总理温家宝，中共中央政治局常委、全国政协主席贾庆林，中共中央政治局常委李长春，中共中央政治局常委、中央书记处书记、国家副主席习近平，中共中央政治局常委、国务院副总理李克强，中共中央政治局常委、中央纪委书记贺国强，中共中央政治局常委、中央政法委书记周永康出席会议。

胡锦涛在会上发表重要讲话，强调切实做好人才工作，加快建设人才强国，是推动经济社会又好又快发展、实现全面建设小康社会奋斗目标的重要保证，是确立我国人才竞争比较优势、增强国家核心竞争力的战略选择，是坚持以人为本、促进人的全面发展的重要途径，是提高党的执政能力、保持和发展党的先进性的重要支撑。全党全国要统一思想，真抓实干，全面落实加快建设人才强国各项战略任务，努力培养造就数以亿计的高素质劳动者、数以千万计的专门人才和一大批拔尖创新人才，进一步开创我国人才事业新局面，为全面建设小康社会、加快推进社会主义现代化、实现中华民族伟大复兴提供有力人才保证。

温家宝在会议上讲话。习近平在会议结束时作总结讲话。

胡锦涛在讲话中指出，人才资源是第一资源，人才问题是关系党和国家事业发展的关键问题，人才工作在党和国家工作全局中具有十分重要的地位。我们党历来高度重视人才工作，在革命、建设、改革各个历史时期，制定和实施了一系列重大方针政策，为党和人民事业发展培养和集聚了宏大人才队伍。经过新中国成立60多年特别是改革开放30多年的努力，我国已经从人才资源相对匮乏的国家发展成为人才资源大国，各类人才在改革开放和社会主义现代化建设中大显身手。同时，当前我国人才发展总体水平与世界先进水平相比还有较大差距，与我国经济社会发展需要相比还有很多不适应的地方，特别是高层次创新型人才匮乏，人才创新创业能力不强，人才资源开发投入不足。根据新形势新任务和人才工作面临的新情况新问题，党中央、国务院颁布了《国家中长期人才发展规划纲要（2010—2020年）》。贯彻落实好这个纲要，对全面提高人才发展水平、加快建设人才强国，对全面建设小康社会、加快推进社会主义现代化、实现中华民族伟大复兴具有重大而深远的意义。

胡锦涛强调，做好新形势下人才工作，必须高举中国特色社会主义伟大旗帜，以邓小平理论和“三个代表”重要思想为指导，深入贯彻落实科学发展观，尊重劳动、尊重知识、尊重人才、尊重创造，更好实施人才强国战略，坚持党管人才原则，遵循社会主义市场经济规律和人才成长规律，加快人才发展体制机制改革和政策创新，扩大对外开放，开发利用国内国际两种人才资源，以高层次人才、高技能人才为重点统筹推进各类人才队伍建设，为实现全面建设小康社会奋斗目标提供坚强人才保证和广泛智力支持。

胡锦涛强调，到2020年我国人才发展总体目标是：培养造就规模宏大、结构优化、布局合理、素质优良的人才队伍，确立国家人才竞争比较优势，进入世界人才强国行列，为在本世纪中叶基本实现社会主义现代化奠定人才基础。我们要围绕这个总体目标，坚定不移地走人才强国之路，科学规划，深化改革，重点突破，整体推进，努力实现人才资源总量稳步增长、队伍规模不断壮大，人才素质大幅度提高、结构进一步优化，人才竞争比较优势明显增强、竞争力不断提升，人才使用效能明显提高、人才发展体制机制创新取得突破性进展，逐步实现由人力资源大国向人才强国转变。

胡锦涛指出，当前和今后一个时期要重点抓好以下工作。一要坚持人才工作指导方针，确立人才优先发展战略布局，坚持服务发展、人才优先、以用为本、创新机制、高端引领、整体开发的指导方针，紧紧围绕党和国家工作大局，把服务科学发展作为人才工作的根本出发点和落脚点，把发挥各类人才作用作为人才工作的根本任务，构建与社会主义市场经济体制相适应、有利于科学发展的人才发展体制机制，发挥高层次人才在经济社会发展和人才队伍建设中的引领作用，支持人人都作贡献、人人都能成才，统筹推进城乡、区域、产业、行业和不同所有制人才资源开发，实现各类人才队伍协调发展，促进人的全面发展。二要坚持突出工作重点，统筹抓好各类人才队伍建设，突出培养创新型科技人才、大力开发经济社会发展重点领域急需紧缺专门人才，统筹抓好党政人才、企业经营管理人才、专业技术人才、高技能人才、农村实用人才、社会工作人才等人才队伍建设，抓紧培养造就一批复合型、高层次、通晓国际规则的适应对外开放的人才。三要坚持推进改革创新，激发各类人才创造活力，重点围绕用好用活人才、提高人才效能，完善人才工作管理体制，健全人才工作机制，从人才培养开发、评价发现、选拔任用、流动配置、激励保障等方面形成更加科学、更具活力的一整套机制，形成统分结合、上下联动、协调高效、整体推进的人才工作运行机制，建立健全政府宏观管理、市场有效配置、单位自主用人、人才自主择业的人才管理体制，形成有利于人才发展的法制环境，着力解决制约人才工作发展、制约人才发挥作用的突出矛盾和问题，为人才事业发展增添蓬勃活力和强大动力。四要坚持德才兼备原则，全面提高人才队伍素质，把树立正确的世界观、人生观、价值观，弘扬爱国主义、集体主义、社会主义思想融入人才工作全过程，教育和引导各类人才学习践行社会主义核心价值体系，组织和引导各类人才在社会实践中砥砺品质、锤炼作风、提高干事创业的本领，鼓励各类人才坚持求真务实、尊重客观规律，恪守科学精神、大胆探索创造，倾心本职岗位、注重工作实效，淡泊个人名利、无私奉献才能，建设一支饱含爱国热情、勇于追求真理、具有务实作风、善于团结协作、积极改革创新、争创一流业绩的高素质人才队伍。五要坚持扩大人才工作对外开放，做好人才“引进来”和“走出去”工作，坚持人才自主培养开发和引进海外人才相结合，加强人才和人才开发国际交流合作，积极引进海外人才和海外智力。

胡锦涛强调，青年是祖国的未来、事业的希望。要把培养造就青年人才作为人才队伍建设的一项重要战略任务，加大工作力度，完善工作制度，采取及早选苗、重点扶持、跟踪培养等特殊措施，使大批青年人才持续不断涌现出来。要不拘一格、广纳群贤，破除论资排辈、求全责备观念，在实践中发现人才、培育人才、锻炼人才、使用人才、成就人才。要教育和引导青年人才自觉把实现个人人生价值同实现全面建设小康社会和中华民族伟大复兴的奋斗紧密结合起来，牢固树立为祖国、为人民、为民族真诚奉献的人生理想，在投身党和人民伟大事业中建功立业。各级党委和政府要加强对青年的教育和引导，在全社会形成爱护青年、关心青年和鼓励青年成才、支持青年干事业的良好氛围。

胡锦涛指出，切实做好人才工作，加快建设人才强国，加强和改进党对人才工作的领导是根本保证。要坚持党管人才原则，自觉用科学理论指导人才工作、用科学制度保障人才工作、用科学方法推进人才工作，不断提高人才工作水平。各级党委要把人才工作摆在更加突出的位置，善于用战略思维、开放视野、发展观点谋划和推动人才工作，落实人才培养使用重大政策，抓好重大人才工程，统筹经济社会发展和人才发展，履行好管宏观、管政策、管协调、管服务的职责，深入研究人才工作面临的突出矛盾和问题，使人才工作始终体现时代性、把握规律性、富于创造性。各级党委和政府要切实做好人才服务各项工作，努力为人才发展营造良好环境，坚持用事业聚才育才，使各类人才创业有机会、干事有舞台、发展有空间。要鼓励创新、爱护创新，使一切创新想法得到尊重、一切创新举措得到支持、一切创新才能得到发挥、一切创新成果得到肯定。要关心人才学习和生活，千方百计为他们排忧解难。要通过大力表彰和广泛宣传优秀人才的先进事迹，营造尊重科学、鼓励创新、甘于奉献的社会氛围，在全社会形成见贤思齐、奋发努力的良好风尚。

温家宝在讲话中指出，当今世界，国际竞争日趋激烈，突出表现为科技、教育和人才竞争。科技是关键，教育是基础，人才是根本。《国家中长期人才发展规划纲要》与已经发布实施的《国家中长期科学和技术发展规划纲要》和即将发布实施的《国家中长期教育改革和发展规划纲要》相互支撑、紧密联系又各有侧重，一定意义上讲，属于国家发展的顶层设计和系统规划。

温家宝强调，要为人才成长创造良好条件和环境，不拘一格选拔人才。要善于发现人才，用人所长，不能求全责备，让各类人才和全体劳动者、建设者才尽其用、各得其所。要在实践中锻炼和培养人才，让他们在经济社会发展的实践中增长才干、建功立业。要创新人才发展体制，坚决破除一切不利于人才成长、人才流动、人才使用的思想观念和体制性障碍，构建与社会主义市场经济体制相适应、符合科学发展要求的人才发展体制和机制。

温家宝指出，人才资源是国家的战略资源，各级党委和政府要把人才工作摆在突出位置，为人才的成长服好务。一要大胆使用和吸引人才。加强对拔尖创新人才、急需紧缺人才、战略性后备人才培养的支持力度。大胆引进和使用海外高水平拔尖人才，鼓励海外留学人员回国工作、创业或以多种方式为国家发展服务。充分发挥国内人才的作用，调动他们的积极性。二要加大人才发展资金投入。建立健全政府、用人单位、个人和社会多元化的人才发展投入机制，较大幅度增加人力资本投资比重。三要更加关心和爱护人才。努力营造尊重知识、尊重人才、尊重劳动、尊重创造的氛围。鼓励创新、探索和超越，提倡“百花齐放、百家争鸣”，倡导独立思考、追求真理，宽容失败。关心和改善人才的生活条件，解决好他们在住房、医疗、就业、子女教育、社保等方面的实际问题。

习近平在总结讲话中指出，这次全国人才工作会议是我国社会主义现代化建设在新的起点上向前迈进、人才工作面临新形势新任务的大背景下召开的一次重要会议。与会同志认真学习了《国家中长期人才发展规划纲要》和胡锦涛、温家宝同志的重要讲话，交流了做好人才工作的经验，进一步明确了人才工作的总体要求、基本思路、重点任务和重大政策措施，找准了进一步搞好人才工作的着力点和有效抓手，增强了做好人才工作的责任感、紧迫感和自觉性。各地区各部门要统一思想、提高认识，紧紧围绕建设人才强国这个战略目标，努力使人才工作各项措施真正落到实处；要深刻认识、自觉遵循人才成长规律，注重把握客观性，避免片面性，切实提高人才工作科学化水平；要坚持重在使用，用当适任、用当其时、用当尽才，充分发挥各类人才的作用；要营造尊重人才、见贤思齐的社会环境，鼓励创新、容许失误的工作环境，待遇适当、无后顾之忧的生活环境，公开平等、竞争择优的制度环境，促使优秀人才脱颖而出；要坚持和完善党管人才原则，切实改进党管人才方法，真正做到解放人才、发展人才、用好用活人才。各地区各部门要迅速行动起来，科学制定当前和今后一个时期人才发展规划和具体措施，抓紧实施重大人才政策和重大人才工程，为人才成长和发挥作用创造良好环境。

出席会议的领导同志还有：王刚、王兆国、王岐山、回良玉、刘淇、刘云山、刘延东、李源潮、汪洋、张高丽、张德江、俞正声、徐才厚、郭伯雄、薄熙来、何勇、令计划、王沪宁、马凯、孟建柱、曹建明。

大会向“千人计划”国家特聘专家代表颁发证书，北京市、江苏省、山东省、湖北省、国务院国有资产监督管理委员会、中国科学院等单位有关负责同志在会上发言。

各省、自治区、直辖市及副省级城市、新疆生产建设兵团党政负责同志，党中央、国务院有关部委和各人民团体负责人，人民解放军、武警部队有关负责同志，中央管理的金融机构、国有重要骨干企业、高校负责同志参加会议。

全国人才工作会议第一次全体会议以电视电话会议形式召开，主会场设在人民大会堂小礼堂，各省、自治区、直辖市及计划单列市设分会场。（新华社 2010 年 5 月 26 日电）

第十一届全国人民代表大会第三次会议政府工作报告（节选）

温家宝

（2010 年 3 月 5 日）

着力改善民生，加快发展社会事业。在应对国际金融危机的困难情况下，我们更加注重保障和改善民生，切实解决人民群众最关心、最直接、最现实的利益问题。实施更加积极的就业政策。强化政府促进就业的责任。中央财政安排就业专项资金 426 亿元，比上年增长 59%。实施困难企业缓缴社会保险费或降低部分费率、再就业税收减免及提供相关补贴等政策，鼓励企业稳定和增加就业。开展系列就业服务活动，多渠道开辟公益性就业岗位，促进高校毕业生到基层就业、应征入伍和到企事业单位就业见习。全年组织 2 100 万城乡劳动者参加职业培训。这些措施促进了就业的基本稳定。

加快完善社会保障体系。普遍建立养老保险省级统筹制度，出台包括农民工在内的城镇企业职工养老保险关系转移接续办法。在 320 个县开展新型农村社会养老保险试点，推动我国社会保障制度建设迈出历史性步伐。中央财政安排社会保障资金 2 906 亿元，比上年增长 16.6%。企业退休人员基本养老金连续 5 年增加，去年又人均提高 10%。农村五保户供养水平、优抚对象抚恤补助标准、城乡低保对象保障水平都有新的提高。中央财政安排保障性安居工程补助资金 551 亿元，比上年增长 2 倍。新建、改扩建各类保障性住房 200 万套，棚户区改造解决住房 130 万套。全国社会保障基金积累 6 927 亿元，比上年增长 44.2%。社会保障体系得到加强。

稳步推进医药卫生事业改革发展。组织实施医药卫生体制改革。中央财政医疗卫生支出 1 277 亿元，比上年增长 49.5%。城镇职工和城镇居民基本医疗保险参保 4.01 亿人，新型农村合作医疗制度覆盖 8.3 亿人。中央财政安排 429 亿元，解决关闭破产国有企业退休人员医疗保险问题。

李克强出席全国深化医药卫生体制改革工作会议暨省部级领导干部医改专题研讨班结业式并讲话

5月21日，2010年全国深化医药卫生体制改革工作会议暨省部级领导干部深化医药卫生体制改革专题研讨班结业式在北京举行，中共中央政治局常委、国务院副总理、国务院深化医药卫生体制改革领导小组组长李克强出席会议并讲话。他强调，要认真贯彻落实党中央、国务院关于深化医药卫生体制改革的决策部署，坚定信心，攻坚克难，突出工作重心，着力保基本、强基层、建机制，确保完成今年医改任务。

李克强说，医药卫生体制改革是落实科学发展观的重要实践，是社会领域的一项深刻变革，是惠及13亿人口的重大民生工程。一年来，改革措施有序推进，取得了初步成效，积累了有益经验，表明医改的基本方向、总体思路和实施路径是正确的。同时必须看到，医改也是一个世界性难题。面对新的形势，我们既要增强紧迫感、使命感、责任感，也要充分认识改革的长期性、艰巨性、复杂性，努力破解各种难题，扎扎实实地把医改推向深入。

李克强指出，把基本医疗卫生制度作为公共产品向全民提供，关键在于保基本。要按照实现全民基本医保的要求，逐步扩大覆盖面，从实际出发提高门诊统筹和住院费用的报销比例，大力改善经办服务，实施好一批公共卫生服务项目，使群众得到实实在在的好处。

李克强说，基层医疗卫生机构是基本医疗和公共卫生服务的重要载体，要突出强基层，把更多的财力、物力投向基层，把更多的人才、技术引向基层，切实增强基层的服务能力。要加大城乡基层医疗卫生机构改造和建设力度，加快推进以培养全科医生为重点的基层医疗卫生队伍建设，使更多的城乡居民不出社区、不出乡村就能看上病，逐步使基层医疗卫生机构成为群众看病就医的首选之处。

李克强强调，建机制是保障医药卫生体系有效规范运转的关键，五项重点改革都要注重机制建设。尤其要健全基本药物招标采购机制，完善管理办法，规范操作运行，加强市场监管，切断不合理的利益链条，努力解决药价虚高问题。对实行基本药物制度的基层医疗卫生机构，要落实政府补偿机制，保证机构正常运行。还要按照上下联动、内增活力、外加推力的原则，建立公立医院与基层机构分工协作机制、公立医院有激励有约束的内部运行机制、多元办医的市场竞争机制，推动提高服务效率和运转效能，为群众提供更好的服务。

李克强指出，广大医务人员是医改的主力军，要凝聚医务工作者的智慧和力量，充分发挥他们推动改革的积极性和创造性，加强医德医风建设，提高服务质量和水平。他最后要求，各地区各有关部门要加强组织领导和统筹协调，健全责任制度，加大投入力度，调动各方面力量，把医改这件大事办实办好。

会上，李克强为省部级领导干部医改专题研讨班学员颁发了结业证书。国务院深化医药卫生体制改革领导小组办公室与31个省（自治区、直辖市）和新疆生产建设兵团签订了2010年医改工作责任书。

国务院深化医药卫生体制改革领导小组办公室和江苏、浙江、安徽、陕西四省的负责同志在会上发了言。各省（自治区、直辖市）及计划单列市、副省级省会城市政府和新疆生产建设兵团负责人，中央和国家机关有关部门负责人，以及各地发展改革、财政、卫生、人力资源和社会保障、食品药品监管部门负责人参加了会议。22日，发展改革（医改）、卫生、财政、食品药品监管、物价等部门分别召开了本系统座谈会。

前不久，国务院办公厅印发了2010年医改工作的具体安排，明确了16项主要任务和59项工作指标。5月12日至21日，中央组织部、国家发展改革委、卫生部、国家行政学院共同举办了省部级领导干部深化医药卫生体制改革专题研讨班。学员为各省（区、市）和新疆生产建设兵团负责人、中央和国家机关有关部门负责人。（新华社北京2010年5月23日电）

建设人才强国要创新人才发展理论

——在人才发展理论创新座谈会上的讲话

李源潮

（2010年10月23日）

人力资源和社会保障部举办首届中国人才发展论坛，并召开人才发展理论创新座谈会，深入探讨我国人才发展的重要问题，推动落实全国人才工作会议精神和国家中长期人才发展规划，很有意义。昨天上午，张德江副总理在开幕式上作了重要讲话，尹蔚民同志作了主旨报告。今天我们来主要是听大家的意见。刚才大家的发言都很好，很有味道，很有创见性，听了很受启发。下面，我也作个发言，和大家交流。

第一，建设人才强国必须有人才发展理论作支撑。全国人才工作会议和人才发展规划提出了到2020年确立国家人才竞争比较优势，进入世界人才强国行列的战略目标。党的十七届五中全会通过的“十二五”规划建议，把建设人才强国专作一条，和教育、科技并列作出部署，强调要全面落实人才发展规划，为全面建设小康社会奠定坚实人力资源基础。这是今后一个时期我国人才发展的总目标、总方向、总任务。要实现这个目标和任务，还要进一步解放思想、解放人才、解放科技生产力。

思想解放和人才理论创新对人才发展具有基础性、先导性、引领性作用。没有人才理论创新，就不能很好地把握人才发展规律，解决深层次矛盾和问题，增强人才工作的预见性创造性。改革开放以来我国人才工作的每一次重大进步，都伴随着思想解放和人才理论创新。邓小平同志提出知识分子是工人阶级的一部分，科学技术是生产力。江泽民同志提出人才资源是第一资源，综合国力竞争说到底就是人才竞争。党的十六大以来，胡锦涛总书记提出了科学人才观、人才优先发展等一系列重要思想。实践充分说明，解放思想是解放人才、解放科技生产力的前提，解放人才是解放科技生产力的关键。没有思想解放，没有理论创新，就没有今天我国人才发展的大好局面。

人才理论工作者是推动人才理论创新的骨干力量，是推动人才工作思想解放的先行者。改革开放30多年来，广大人才理论工作者深入研究、阐发宣传中央关于人才工作的重大战略思想，积极推动我国人才学科建设和人才理论发展，做了大量基础性开创性工作，取得许多很有价值的研究成果。但总体上看，人才理论研究仍是我国人才工作和理论研究的薄弱环节，与人才发展的实际和人才的社会贡献还很不相称。我们要鼓励和支持更多的人从事人才理论研究和宣传，丰富和发展中国特色人才理论，为建设人才强国提供有力的思想和理论支撑。

第二，落实人才发展规划要解放思想、理论创新。国家人才发展规划是我国第一个中长期人才发展规划。编制规划的过程，是一个思想解放、理论创新的过程。在规划编制过程中，我们按照中央要求组织全国专家学者，对23个战略专题、14个重点领域人才队伍建设和5个人才工作重点难点问题进行专题研究，形成了42个专题研究报告及161个子课题研究报告。在座的许多专家学者直接参与研究工作，发挥了重要作用。人才发展规划提出“服务发展、人才优先、以用为本、创新机制、高端引领、整体开发”的指导方针，10项重大政策创新任务和12项重大人才工程，确立以政策创新推进体制机制创新的改革路径，都是在深入研究讨论、充分吸收人才理论研究成果基础上形成的。可以说，人才发展规划是一个解放思想的规划，是一个凝聚人才理论创新成果的规划，是一个集中人才理论研究和实际工作者集体智慧的规划。

人才发展规划颁布实施半年来，得到了广泛响应和支持。但从各地实践看，要把规划提出的重要战略思想和重大战略部署落到实处，需要加强人才理论对人才工作实践的指导。刚才几位专家发言中讲的科学人才观、人才优先发展、人才以用为本，以及人才培养、激励等问题，都需要从理论上做深入研究、解读和宣传。同时，人才工作实践中还有一系列重要问题等着我们从理论上作出科学回答。比如，如何准确把握人才结构调整与经济结构调整的关系，围绕加快转变经济发展方式培养、引进和用好各类创新创业人才；如何加快形成政府引导促进、社会多元投入、各方广泛参与的人才资源开发机制，充分发挥市场配置人才资源的基础性作用；如何处理好积极引进人才与用好现有人才的关系，调动各类人才创新创业的积极性；如何实现人才发展和教育、科技发展的紧密结合，形成有机衔接、相互促进、协调发展的一体化格局；如何建立科学的人才发展指标体系，使之成为评估和推动人才工作的有效杠杆；如何更好地参与国际人才合作与交流，积极推进人才国际化，等等。我们要把解放思想、理论创新贯穿实施人才发展规划的全过程，抓住人才发展中迫切需要解决的重要理论和实际问题，深入研究、深入探索，在服务人才发展中推进人才思想和理论创新。

第三，总结实践经验，发展中国特色人才理论。实践是理论创新的源泉。现在中国的人才发展，是世界上规模最大的人才队伍建设。上个世纪后半段，美国是引领世界人才发展的国家，这50年人才的积聚、培养和使用，支撑了美国在当今世界的地位。中国在本世纪奋斗50年，能不能实现现代化，走到世界前列，真正长远的要看中国人才的发展状况。中国这样一个大规模的发展，不应该创造理论吗？不应该创造中国特色人才理论吗？理论创新要有实践基础，也要靠理论工作者的智慧和探索。比如，美国的留学制度把改革开放头20年我国最拔尖的学生都吸引到美国去了。现在我们搞“千人计划”，就是要吸引这些海外高层次人才回来。这就需要对现状进行很多变革，需要解放思想、理论创新。人才在实践中成长，在实践中实现价值。现在实践已远远走在人才理论研究的前头，有许多经验值得总结，有许多问题亟待研究。希望人才理论工作者到实践中去，做理论联系实际、脚踏实地的学问，把实践经验上升为理性认识，用以指导新的实践。

第四，开阔眼界、开阔思路、开阔胸襟，积极借鉴国际人才发展经验。在编制人才发展规划时，胡锦涛总书记专门批示，既要认真总结吸取我国人才培养的宝贵经验，又要借鉴国外人才培养的有益做法。我们要按照胡锦涛总书记的要求，以更加开阔的视野、开阔的思路、开阔的胸襟，放眼世界研究人才问题。我赞成有同志提出的翻译国际人才研究名著，系统研究国际人才发展经验。我们要清醒地认识到，我国人才管理与开发的总体水平虽然有了很大提高，但无论在理念上还是在制度设计上，与世界人才强国相比还有很大差距。发达国家虽然不使用“人才”这个概念，但他们有一整套人力资源管理理论、专业人力资源发展理论、人力资本理论和能力建设理论，其中有许多体现人才开发和人才发展一般规律的重要思想、理念和方法。我们搞中国特色人才理论，不能也不需要套用别人的体系，装在别人的壳子里，但人家的研究成果对我们创新人才理论有用，就要大胆拿来。我们要加强与国际人才理论研究的交流合作，充分吸收和借鉴国外有益经验和做法，密切关注国际人才发展新趋势，为我国把握战略主动、提高人才国际竞争力提供指引。

第五，加强人才学科建设，提高人才理论研究水平。人才的培养、引进、发现和使用是一门科学。人才发展规划提出，要深入开展人才理论研究，积极探索人才资源开发规律，加强人才学科和研究机构建设。我认为其中很重要的是加强人才学科研究和建设。一要系统研究阐述毛泽东、邓小平、江泽民和以胡锦涛同志为总书记的党中央关于人才工作的重要思想，夯实中国特色人才理论的思想基础。二要加强人才学科体系建设，提升学科层次，拓展研究领域，创新研究工具和研究方法，包括要抓紧建立人才学的概念体系、分类体系、数据体系等。大家提出人才学至少应该是二级学科，我们会积极反映大家的建议。三要促进跨学科、跨部门、跨领域的人才合作研究，包括加强人才培养单位、人才使用单位和人才理论研究机构之间的合作。四要加强人才理论研究机构和人才理论工作者队伍建设。要关心和支持人才理论工作者的成长，格外重视培养青年人才，不断壮大人才理论研究队伍。要通过重大课题研究和重要政策制定，整合人才理论研究力量。各级党委、政府和组织人事部门要把人才理论研究作为人才发展的基础工程、先导工程来抓，加大人才理论研究投入，重视人才理论研究成果的转化和应用，鼓励探索、支持创新，促进人才理论研究繁荣发展。

建设中国特色人才学理论体系非常紧迫，要加紧研究。我个人觉得，人才学可以有宏观人才学、微观人才学和人才学通论。宏观人才学，可以包括：(1) 人才功能理论，研究人才的社会发展功能、社会需求和服务状况等，比如人才强国论，强调人才是最活跃的生产力，是国家核心竞争力。(2) 人才要素理论，研究人才作为生产要素的配置方式、条件和价值实现。(3) 人才资源理论，研究人才资源的特性，如第一资源论、特殊资源论，以及供求关系、开发政策、保护与流失、吸引等。(4) 人才资本理论，研究人才的投入、风险、回报等。(5) 人才发展理论，比如优先发展论、以用为本论。微观人才学，现在研究的比较多，可以有：(1) 成才理论，研究人才成长规律。科学人才观强调人人可以成才，又讲成才是有差异的。成才的途径有哪些？像实践成才、知识成才、兴趣成才、志向成才、勤奋成才等，都值得总结研究。(2) 育才理论，研究人才教育问题。这方面争论最多，究竟是知识教育还是素质教育，是通才教育还是专才教育，是因材施教还是公平竞争，怎样才能更好地培养人才，都需要进一步研究。(3) 用才理论，研究怎么用好用活人才。以用为本，就是强调用待遇、管理和环境，把人才的积极性主动性创造性充分激发出来。(4) 聚才理论，研究如何吸引和凝聚人才。现在中国正在进行历史上最大规模的引才。干部工作有事业留人、感情留人、待遇留人。引才靠什么，需要分析规律、科学指导。还有人才学通论，研究人才概念、人才分类、人才标准、人才统计等。大家提出要成立人才研究院，出版人才学丛书等，促进人才学科建设，这都是很好的建议。

总之，中国是21世纪世界潜在人才最多的国家，中国高度重视人才，现在也有人才发展的基础条件。我认为，中国的人才队伍将是世界上最大规模的，中国的人才发展将会成为世界人才发展史上的重大历史性进程。在这个进程中，创造中国特色、世界先进的人才理论是应该的，也是可能的，希望大家共同努力。

李源潮出席全国人才工作座谈会并讲话

全国人才工作座谈会 12 月 19 日在北京召开。中共中央政治局委员、中央书记处书记、中组部部长李源潮指出，要全面落实国家中长期人才发展规划，加大人才政策和体制机制改革创新力度，大力培养引进高层次创新创业人才，为“十二五”科学发展提供人才支撑。

2010 年各地各部门认真落实全国人才工作会议精神和国家人才发展规划，人才工作取得重要进展。李源潮指出，明年是“十二五”开局之年，推动科学发展、加快转变经济发展方式，最根本要靠科技和人才的力量。各地各部门要把人才资源优先开发、人才结构优先调整、人才投资优先保证、人才制度优先创新，落实到“十二五”规划中去，确立人才优先发展战略布局。要树立人才是科学发展第一资源、人人可以成才、人才发展以用为本、鼓励人才创新创业创优等先进人才理念，不断解放思想、解放人才、解放科技生产力。

李源潮指出，要加快培养造就科技创新创业人才，支持科技创新人才围绕国家发展急需项目开展科技攻关，鼓励科技人员带成果、带项目进行科技创业。要深入实施“千人计划”，积极引进和用好海外高层次人才。要围绕大家反映强烈的突出问题推进人才政策创新，解人才发展之急。要精心实施重大人才工程，引领和带动各类人才队伍建设。要统筹抓好区域人才资源开发，加大对西部地区、欠发达地区、基层和农村人才队伍建设支持力度。要发现和树立不同领域、行业、层次的优秀人才典型，激励各类人才创先争优。各级领导干部要识才、爱才、用才，促进优秀人才脱颖而出。

中央人才工作协调小组成员，各省区市、新疆生产建设兵团和各副省级城市党委组织部负责同志，中央和国家机关各部委、各人民团体、部分国有重要骨干企业和高校有关负责同志参加会议。（新华社 2010 年 12 月 19 日电）

张德江在福建调研时强调要扎实做好新农保试点工作　把党的惠农政策落到实处

中共中央政治局委员、国务院副总理张德江近日在福建调研时强调，要深入贯彻落实科学发展观，始终坚持把惠及农民、方便农民作为新农保试点工作的出发点和落脚点，落实政策措施，改善服务方式，切实解决试点中出现的实际问题，深入细致地做好试点各项工作，真正把党的惠农政策落到实处。

4 月 15 日至 16 日，张德江先后到三明市大田县和福州市晋安区，深入新农保经办机构和农户，了解新农保试点工作进展情况，听取基层干部和农民群众的意见和建议，充分肯定了福建省新农保试点工作取得的可喜进展。他指出，全国新农保试点工作开展以来，受到了广大农民群众的热烈欢迎，参保登记、保费收缴、基础养老金发放等工作进展顺利，开局良好。实践证明，建立新农保制度得民心、顺民意，是一项实实在在的惠农政策。

张德江强调，扎实推进新农保试点工作，是今年党和政府改善民生的一项重点工作。要继续抓好首批试点工作，加强工作指导，完善政策措施，解决实际问题，确保符合条件的农村老人及时领到基础养老金，确保地方财政补贴资金及时到位，做实个人账户。要始终坚持自愿原则，继续做好宣传动员工作，向农民讲清政策，积极引导适龄农民参保。要按照只叠加、不扣减、不冲销的原则，做好新农保与其他农村社会保障制度或政策之间的衔接。要本着方便群众、确保资金安全、有利于提高管理层次的原则，稳妥选择金融服务机构。要加强经办能力建设，整合服务资源，提升服务能力，让参保农民既放心，又方便。要及时总结推广成功经验，周密安排扩大试点工作，抓紧进行摸底测算，制定实施办法、进行业务培训，并在财力保障、经办服务能力建设等方面做好准备。

调研期间，张德江还到冶金、有色、电子、通讯等企业了解了企业技术改造、自主创新和节能降耗等情况。（中国政府网）

为实现包容性增长　加强人力资源开发提高社会保障水平

——在第五届亚太经合组织人力资源开发部长级会议闭幕式上的致辞

张德江

（2010年9月17日）

中国政府高度重视第五届亚太经合组织人力资源开发部长级会议，胡锦涛主席亲切接见与会代表团团长，并发表了《深化交流合作实现包容性增长》的重要讲话，深刻阐述了开发人力资源、实现包容性增长的重要意义，明确提出了推动亚太经合组织人力资源领域合作、促进亚太经合组织各成员共同发展的科学主张。经过大家的共同努力，第五届亚太经合组织人力资源开发部长级会议顺利完成了预定的议程，通过了《部长联合声明》，确定组织实施“亚太经合组织技能开发促进项目”，会议取得了丰硕成果。我谨代表中国政府对部长级会议取得圆满成功致以热烈的祝贺，向与会的各位部长及代表团表示衷心的感谢！

亚太地区人口占世界总人口的40%，人力资源丰富，开发潜力巨大，充分开发人力资源对于亚太地区经济社会发展和共同繁荣意义重大。人力资源开发是亚太经合组织的重要合作领域，中国政府高度重视人力资源工作，积极倡导优先投资人力资源开发，积极倡导实现包容性增长，大力支持并参与亚太经合组织在人力资源开发方面的交流与合作，在推动亚太地区实现包容性增长方面作出了积极贡献。

为落实本次会议的成果，中国政府将进一步采取四个方面的措施：

第一，努力建设覆盖城乡的公共就业服务体系。中国政府高度认同会议达成的“优先关注稳定和扩大就业、实施有利于就业的宏观经济政策”的共识。我们积极实施充分就业的发展战略，把促进就业作为经济社会发展的优先目标，继续实施有利于扩大就业的宏观经济政策和更加积极的就业政策，加强财税政策、金融政策、产业政策与就业政策的协调配合，实现经济增长与扩大就业的良性互动。我们将继续加大政策和资金扶持力度，支持劳动者自主创业和多形式实现就业，突出抓好高校毕业生就业、农村富余劳动力转移就业和就业困难人员就业工作。我们将加快建立统一规范的人力资源市场，不断提高市场运行效率，建设覆盖城乡的公共就业服务体系，推进公共就业服务的均等化、制度化、专业化和信息化，为用人单位和劳动者提供优质、高效、便捷的服务。

第二，大力加强人力资源能力建设。中国政府将继续实施人才强国战略，切实采取行动，以高层次人才和高技能人才为重点，统筹推进各类人才队伍建设。我们将认真落实国家中长期科技发展规划纲要、人才发展规划纲要和教育改革与发展规划纲要，进一步完善现代国民教育体系和终身教育体系，建立健全面向全体劳动者的职业教育培训制度，为劳动者提供终身教育培训机会。全方位开发人力资源，不断提高全体劳动者的综合素质和就业能力，以适应当前和未来经济社会发展需要。

第三，不断提高社会保障水平。中国政府已经确定到2020年基本建立覆盖城乡居民的社会保障体系的目标，我们将按照这一既定目标，坚持广覆盖、保基本、多层次、可持续的方针，加快弥补制度缺失，完善社会保障制度体系。加快社会保障法制建设步伐，增强社会保障的强制性、规范性、稳定性。加大财政投入力度，健全多渠道筹资机制，积极稳妥地开展社保基金的投资运营，努力实现社会保障的可持续发展，不断提高社会保障水平。加大对社会救助的投入力度，实现对各类群体的全覆盖。加强社会保障经办管理服务体系建设，大力推行社会保障卡，实现对服务对象记录一生、服务一生、保障一生。

第四，切实深化职业技能开发的交流与合作。促进各成员的职业技能开发交流与合作，是今后几年亚太经合组织人力资源开发工作的一项重点任务。这次部长级会议确定实施的“亚太经合组织技能开发促进项目”，是中国政府主办的为亚太经合组织各经济体在职业技能开发方面提供政策对话和务实交流合作的重要平台。中国政府将通过多边、双边渠道积极与各成员加强联系，促进各成员间的经验交流和信息分享，为推动亚太地区人力资源开发发挥积极作用。我们同时呼吁发达成员加大对亚太经合组织人力资源开发交流与合作的关注和投入，帮助发展中成员加强能力建设，增强其自我发展能力，为亚太地区的经济平衡和可持续发展创造条件。

女士们、先生们！

这次会议通过的《部长联合声明》，确定了今后一段时间亚太经合组织人力资源开发领域合作的方向和重点，需要各成员携手合作，共同完成。我们相信，本次会议将为亚太经合组织各成员人力资源开发取得更大发展提供新的契机，为推动亚太地区经济实现可持续发展和包容性增长作出更大的贡献。

张德江出席 2010 中国国际人才交流大会并作主旨演讲

10 月 29 日至 30 日，集人才、智力、技术、项目交流为一体的 2010 中国国际人才交流大会在深圳成功举办。中共中央政治局委员、国务院副总理张德江，中共中央政治局委员、广东省委书记汪洋分别参加了大会开幕式、巡视展馆和深圳论坛等活动。今天，张德江在大会举办的“深圳论坛”作了主旨演讲。“深圳论坛”开幕前，张德江在有关领导的陪同下视察了大会展览。

国务院副秘书长肖亚庆，人力资源和社会保障部副部长、国家外国专家局局长季允石，人力资源和社会保障部副部长王晓初，广东省委常委、副省长肖志恒，广东省委常委、省委秘书长徐少华，广东省委常委、深圳市委书记王荣，浙江省副省长陈加元，安徽省副省长黄海嵩，深圳市市长许勤，国家外国专家局副局长张建国、李兵、孙照华、陆明、刘延国，以及深圳市领导戴北方、王毅、唐杰等也分别参加了大会开幕式、巡视展馆和深圳论坛等活动。

本届由国家外国专家局和深圳市政府主办，深圳市人力资源和社会保障局等承办。

昨天上午的开幕式上，人力资源和社会保障部副部长、国家外国专家局局长季允石致辞并宣布大会开幕，广东省委常委、副省长肖志恒，广东省委常委、深圳市委书记王荣分别致辞。大会开幕式由深圳市市长许勤主持。

王荣在致辞中表示，30 年来深圳作为改革开放的前沿，一直是我国引进国际人才的重要“窗口”，在新的发展时期，深圳将继续努力为国家招才引智搭建更好的平台，为国家新一轮改革开放和现代化建设作出更大贡献。并将大会办成国家人才引进与交流的最佳平台、全球人力资源领域的知名品牌！

大会期间共举办了 85 项签约、推介、研讨和对接活动，召开了 15 个专题洽谈会和业务会议。两天期间，签署人才交流合作协议共计 3 658 项。达成人才招聘意向的职位 16 800 多个。参加大会和深圳论坛人数达 10 万人次。

本届大会，国家外专局新认定与我国开展国际人才交流活动的国（境）外机构 9 家，截至目前，共认定具有在中国开展国际人才交流活动的国（境）外机构 408 家，其中专家机构 124 家，培训机构 285 家；共签约或达成合作意向 1 111 项；新认定国内聘请外国文教专家资格聘请单位 401 家，全国共有 6 441 家单位获此资格。

作为国际人才业界规格最高、影响最大的专业论坛，经过四届的举办，深圳论坛已经成为中国人才领域内探讨合作与发展的重要平台，也是企业获取最具前瞻性与引导性的资讯信息、增强核心竞争力的有效途径。今年论坛主题更加突出，围绕“共享国际智力，共建人才强国”展开研讨，内容还包括国际政要论人才、国内名家论人才、中外名校长论人才、《天生我才》电视论坛、深商名企与海归博士对接会等，马蔚华、王传福、章必功以及海外重要嘉宾等纷纷登台演讲和讨论，吸引了 3 100 多名观众到场聆听。

2010 中国国际人才交流大会紧紧围绕

“融全球智力，促共同发展”的主题和“国际化、专业化、高端化、精品化、市场化”的目标，立足深圳、面向世界、服务全国。与往年相比，今年大会又有了许多新的亮点：包括北美留交会首次植入大会、教育部首次组织部分高校参展、首设“智力西进”和“智力援疆”展区、“精英天下”“群英会”“金领世界”等知名品牌集体亮相。首次举办引进国外智力局省合作省区市国际人才智力对话活动，来自美国、英国、日本、澳大利亚、以色列等国家及地区的10个海外专业机构和国内18个省、自治区、直辖市的代表参加。（人民网深圳2010年10月30日电）

创新人才工作　建设人才强国
为社会主义现代化建设提供坚强人才保证

——在中国人才发展论坛上的致辞

张德江

（2010年10月22日）

今天，我们在这里举办首届中国人才发展论坛，我代表国务院，对论坛的召开表示热烈的祝贺，对出席论坛的来宾和同志们表示诚挚的欢迎。

今年4月，党中央、国务院印发了《国家中长期人才发展规划纲要（2010—2020年）》，这是新中国成立以来第一个中长期人才发展规划纲要，明确了从人才大国向人才强国迈进的奋斗目标和发展途径，是我国未来10年人才发展的行动纲领。5月，党中央、国务院召开了全国人才工作会议，胡锦涛总书记、温家宝总理、习近平同志在会上发表了重要讲话，对加快建设人才强国作出了全面部署，为今后做好人才工作指明了方向。刚刚闭幕的党的十七届五中全会，对人才工作提出了明确要求。这标志着我国人才事业进入了一个新的发展时期。

本届论坛围绕贯彻落实国家中长期人才发展规划纲要提出的人才优先发展的战略布局和人才队伍建设的目标任务，认真总结交流人才工作经验，深入探讨人才发展规律，积极探索人才体制机制创新，对全面贯彻落实全国人才工作会议精神，全面推进人才发展规划纲要实施，促进我国人才事业加快发展具有十分重要的意义。

人才资源是第一资源。党中央、国务院历来高度重视人才工作。面对新世纪新阶段的发展任务和时代挑战，中央做出实施人才强国战略的重大决策，先后两次专门召开了全国人才工作会议，制定和实施了一系列重大方针政策。经过多年的不懈努力，我国人才事业取得了显著成绩，已从人才资源相对匮乏的国家，发展成为人才资源大国，各类人才在改革开放和社会主义现代化建设中发挥了巨大作用。改革开放以来我国取得举世瞩目成绩的一个重要原因，就是各类人才不断涌现，为现代化建设事业提供了强有力的人才保证和智力支撑；改革开放以来我们取得的一个伟大成就，就是逐步形成了一支强大的人才队伍；改革开放以来我国现代化建设的一个宝贵经验，就是高度重视人才队伍建设，充分发挥各类人才的作用。

当今世界，经济全球化深入发展，科技进步日新月异，国际竞争日益激烈。特别是国际金融危机爆发以来，世界各国为谋取长期发展优势，都在抢占未来发展的战略制高点。正如胡锦涛总书记指出的，“综合国力竞争说到底就是人才竞争”。要想在激烈的国际竞争中掌握主动，必须千方百计培养人才、用活人才，千方百计延揽人才、用好人才，在人才竞争中占据主动。

从国内看，经济持续快速发展，人民生活明显改善，经济建设、政治建设、文化建设、社会建设以及生态文明建设和党的建设取得了重大进展。但在发展中仍然存在不平衡、不协调、不可持续的问题，许多领域、许多方面还缺乏竞争优势。要想在综合国力竞争中争取主动，促进我国经济社会全面协调可持续发展，走科学发展之路，关键是要把数量巨大的人口资源变成巨大的人力资源，要把巨大的人力资源转化成巨大的人才资源，要加快从人才大国向人才强国迈进。

当前，我国经济社会发展站在新的历史起点上，面临的形势更为复杂、任务更为繁重。同样，我国人才建设也站在新的历史起点上，面临的要求更高、任务更艰巨。要实现党的十七大提出的到2020年实现全面建设小康社会的奋斗目标，到本世纪中叶基本实现社会主义现代化，必须切实增强发展人才事业、建设人才强国的责任感和紧迫感，深入贯彻落实科学发展观，全面落实全国人才工作会议精神和国家中长期人才发展规划纲要，坚持尊重劳动、尊重知识、尊重人才、尊重创造，坚持实施人才强国战略，坚持党管人才的原则，确立人才优先发展战略布局，创新人才发展体制机制，开发利用国内国际两种人才资源，加快培养造就一支宏大的人才队伍，走出一条具有中国特色的人才强国之路，为社会主义现代化建设提供坚强的人才保证和广泛的智力支撑。

第一，坚持突出重点、统筹协调，加快建设规模宏大、结构优化、布局合理、素质优良的人才队伍。培养和造就人才队伍是人才工作的中心任务，既要强化提高队伍“质”的建设，突出高精尖人才培养，充分发挥高层次人才的引领作用，又要抓好队伍“量”的扩大，强化人才素质普遍提高，实现各类人才队伍协调发展，促进人的全面发展。国家中长期人才发展规划纲要已经明确了人才队伍建设主要任务，提出了具体目标和措施。要突出培养造就高层次创新型人才，大力开发经济社会重点领域急需紧缺专门人才，统筹推进各类人才队伍建设。要制定完善相关特殊政策，统筹国内外人才资源，积极引进海外人才和海外智力。要高度重视青年人才，把培养造就青年人才作为一项重要的战略任务，大胆培养、大胆选拔、大胆使用，使大批青年英才持续不断地涌现出来，为我们的事业不断注入新鲜血液和动力源泉。

第二，坚持人才优先发展的制度、政策和工作创新，营造优秀人才脱颖而出的良好环境。做好新形势下的人才工作，必须继续深化改革，推进人才优先发展制度创新、政策创新和工作创新，创造人尽其才、人才辈出的良好环境。要坚决破除一切不利于人才成长、人才流动、人才使用的体制性障碍，建立与社会主义市场经济体制相适应、有利于科学发展的人才发展体制和机制，坚持公开、公平、竞争、择优，做到唯才是举、机会均等、人尽其才、才尽其用。要认真落实国家中长期人才发展规划纲要提出的10项重大人才政策，完善人才发展的财政、税收、金融等政策。要加大人才发展投入，积极推进人才发展投入多元化，鼓励引导社会、用人单位、个人投资人才资源开发。要进一步改进人才工作，更加关心和爱护人才，努力营造尊重劳动、尊重知识、尊重人才、尊重创造的社会氛围，不断改善人才的工作条件、生活条件，帮助他们解决住房、医疗、子女教育等方面的实际问题，最大限度调动人才的积极性和创造性，充分发挥人才作用。

第三，坚持解放思想、实事求是，努力探索人才发展规律。人才工作是一门科学。我们在推进人才工作、促进人才发展时，必须深刻认识到人才成长的规律、人才发挥作用的规律、人才开发利用的规律。要认真研究各类人才的特点，认真研究城乡、区域、产业、行业和不同所有制人才资源开发需求，真正把握人才发展规律，真正破解人才制约瓶颈，因地制宜，分类指导，着力突破培养模式，着力创新育才方式，着力提升使用效能。这些，需要人才实际工作者的努力，更需要人才理论工作者的智慧。希望从事人才实际工作和研究工作的同志们进一步解放思想，立足国情，积极借鉴国外先进理论和成功经验，努力实现中国特色社会主义人才发展理论的新突破，指导我国人才建设实践。我们欢迎人才理论专家对我国人才工作提出意见和建议，欢迎社会各个方面共同参与建设人才强国的伟大事业。

同志们，加快建设人才强国，是全党全国的一项重大战略任务。让我们在以胡锦涛同志为总书记的党中央领导下，高举中国特色社会主义伟大旗帜，以邓小平理论和“三个代表”重要思想为指导，深入贯彻落实科学发展观，开拓创新，扎实工作，全面贯彻落实全国人才工作会议精神，全面完成国家中长期人才发展规划纲要提出的各项战略任务，加快我国人才事业发展，不断开创现代化建设事业新局面！

预祝论坛圆满成功！

张德江出席全国人力资源和社会保障工作会议并讲话

中共中央政治局委员、国务院副总理张德江12月30日出席全国人力资源和社会保障工作会议并讲话。他强调，人力资源社会保障系统要深入贯彻落实科学发展观，全面贯彻落实党的十七届五中全会精神和中央经济工作会议精神，坚持科学发展，把人力资源社会保障事业引向科学发展轨道；坚持以人为本，把保障和改善民生作为加快转变经济发展方式的根本出发点和落脚点，坚持开拓创新，加强人力资源工作和完善社会保障体系，坚持加强思想建设、作风建设和能力建设，努力开创人力资源社会保障工作新局面，为维护改革发展大局和建设和谐社会作出新的更大贡献。

张德江指出，“十一五”时期我国人力资源社会保障事业迈出了重要步伐，取得了显著成绩。他强调，“十二五”时期人力资源社会保障工作任务十分艰巨。要坚持就业优先，实施更加积极的就业政策，多渠道开发就业岗位，保持就业形势总体稳定。要加大社会保障投入，扩大社会保障覆盖面，不断提高社会保障水平，完善社会保障管理服务，健全覆盖城乡居民的社会保障体系。要深入研究推进收入分配制度改革，科学建立符合机关、事业单位和企业特点的工资收入分配制度，探索建立职工工资正常增长机制和支付保障制度。要全面推进人才队伍建设，创新人才工作机制，加快形成人才优先发展的战略布局，为实现科学发展提供人才和智力支撑。要着力构建和谐劳动关系，维护劳动者合法权益，促进劳动者工资待遇提高、劳动条件改善和实现体面劳动，维护企业和社会和谐安定。

张德江要求，人力资源社会保障工作事关坚持科学发展和转变经济发展方式，事关人民群众切身利益，事关改革发展稳定大局。人力资源社会保障系统要把加强自身建设作为一项重要任务，坚持做到“权为民所用、情为民所系、利为民所谋”，坚持一切为了群众、一切依靠群众，切实把人民群众关心的重大民生问题解决好。要加强思想建设、道德建设、作风建设、能力建设和基础建设，深入实际、深入基层、深入调查研究，创新体制机制、创新政策措施、创新工作方法，全面提高思想政治水平和业务水平，增强人力资源社会保障系统全面履行职责的自觉性和能力。（中国政府网）

二、人力资源和社会保障部领导的讲话

认清形势　明确任务
努力开创就业工作新局面

尹蔚民

（2010年1月14日）

去年12月上旬，中央经济工作会议在部署2010年工作时明确提出，要着力保障和改善民生，坚持更加积极的就业政策，努力扩大就业。12月中旬，全国人力资源和社会保障工作会议明确了2010年就业工作的任务目标。今年1月12日，国务院召开就业工作部际联席会议全体会议，国务院副总理张德江同志出席会议并作了重要讲话，对做好今年就业工作提出了明确要求。今天，我们召开全国就业工作座谈会，就是在全国就业系统进一步贯彻落实中央经济工作会议精神、落实国务院就业工作部际联席会议全体会议部署和全国人力资源和社会保障工作会议安排，认清形势，明确任务，统一思想，振奋精神，狠抓落实，推进就业工作再上一个新台阶。

一、迎接挑战，共克时艰，就业工作成效显著

过去的2009年是不平凡的一年，是我国进入新世纪以来经济发展最困难的一年，是我国就业工作任务最繁重、挑战最严峻的一年，也是经过艰苦努力取得成效最显著的一年。

国际金融危机对我国经济造成重大影响的同时，也对我国就业造成了严重的影响。危机导致一批企业经营困难，就业岗位不稳定；危机导致经济增速减缓，对就业的拉动能力减弱；危机导致大学生、农民工和困难群体就业矛盾更加突出，并进一步加剧了我国劳动力供大于求的矛盾。能否在这样严重困难的情况下，保持就业局势的稳定，对我们是一个严峻的考验。

面对国际金融危机对我国就业带来的巨大挑战，各级人力资源社会保障部门按照中央“出手要快、出拳要重、措施要准、工作要实”要求，把就业工作作为全系统的中心工作和第一位任务，摆在突出位置，举全系统之力，采取一系列综合性政策措施，千方百计稳定和扩大就业，经过艰苦努力，实现了就业局势的总体稳定。全年新增就业达到1102万人，高校毕业生就业率达到87%，下岗失业人员再就业达到514万人，就业困难人员就业人数达到164万人，城镇登记失业率控制在4.3%。高校毕业生、农民工和困难群体就业稳中有升。全面超额完成了全年就业工作的目标任务。在非常困难的情况下取得这样的成绩实属不易。这是党中央、国务院正确领导的结果，是各级党委、政府和各有关部门共同努力的结果，也是全国就业战线同志们团结奋斗、顽强拼搏的

结果。

这里还要专门提一下两年来对地震灾区的就业援助工作。按照党中央、国务院的部署，受灾地区迅速行动，20个省市临危受命，开展了对口就业援助，签订了三期援助协议。各级就业战线同志们克服重重困难，任劳任怨，甘于奉献，积极主动地做好工作，通过援建项目大力促进灾区劳动者就地就近就业，帮助灾区劳动者实现异地转移就业。两年来，灾区劳动者跨省就业近50万人，实现本地就业近140万人，超额完成了就业援助的任务，地震灾区的就业局势已基本稳定。并由此探索建立了就业工作应对突发性事件的机制，为我们应对国际金融危机冲击积累了宝贵的经验。家宝总理专门就此批示，充分肯定对口就业援助工作的成绩。

总的看，我们的工作，中央和国务院领导是满意的，社会各方面是积极肯定的，广大劳动者是充分认可的。张德江副总理指出，在严峻复杂的经济发展和就业形势下，超额完成全年就业工作的目标任务，为保障和改善民生、保持国民经济平稳较快发展和维护社会和谐稳定作出了重要贡献。对比同期在世界上特别是发达国家出现的失业高峰，以及至今尚未缓和的就业危机，我们能够用一年的时间将就业局势稳定下来，而且能够做到就业的持续增长和扩大，显示了我们制度的优越性。实践证明，我们全国就业战线是一支有高度责任感，勇挑重担，敢打硬仗、能打硬仗的队伍；是一支团结拼搏、甘于奉献，不负党和人民重托和希望的队伍。张德江副总理明确提出，要对应对危机促进和稳定就业工作中涌现出的先进集体和个人适时进行表彰，鼓舞士气，为就业作出更大的贡献。在这里，我代表部党组向全国就业战线上的同志们表示衷心的感谢，并向大家致以崇高的敬意！

二、提高认识，明确任务，强化做好头等大事的责任

我们要认真学习贯彻中央经济工作会议对就业工作提出的总体要求，落实国务院就业工作部际联席会议做出的部署安排。为此，要重点把握以下三个方面：

（一）要准确把握就业在大局中的突出地位和重要作用。中央经济工作会议提出，保障和改善民生是发展经济的最终目的，也是实施扩大内需战略和推动经济发展方式转变的重大举措。今年要把改善民生、发展社会事业作为扩大内需、调整经济结构的重点。在保障和改善民生中，将扩大就业作为头等大事，明确提出把促进就业作为经济社会发展的优先目标，并进一步明确了就业工作在民生诸项工作中最重要的基础地位和保障作用。这是对把就业摆在经济社会发展更加突出位置的进一步强化和更高的要求，是贯彻落实科学发展观、构建和谐社会的应有之义，是有效拉动内需和从根本上转变我国经济增长方式的客观要求，是经济社会可持续发展的理性选择。我们要深刻领会中央的要求，把就业工作放在国家经济社会发展的大局中，放在民生的突出位置，进一步认识做好就业工作重要性和紧迫性，进一步增强做好就业工作的责任感和使命感，以更加有为的精神状态，脚踏实地的工作作风，全力以赴，认真抓好各项就业工作的落实。

（二）要准确把握当前就业工作面临的严峻挑战和发展机遇。虽然去年我们经过努力稳定了就业局势，也完成了既定任务目标，但我们不能盲目乐观，必须冷静地分析新形势。中央经济工作会议确定了今年城镇新增就业人员900万人以上，下岗失业人员再就业500万人，其中，就业困难对象再就业100万人，城镇登记失业率控制在4.6%以内。这是我们必须确保完成的目标任务，我们仍面对严峻的挑战和考验。首先，国际金融危机对就业的影响还在持续，经济发展的不确定性和环境的复杂性，可能给就业工作带来一些难以预料的问题和困难。加上就业的变化滞后于经济发展的变化，就业增长并不乐观。其二，就业供大于求的矛盾依然尖锐。全国城镇需要安排就业的总人数超过2 400万人，新进入人力资源市场的

劳动力将达到1 500多万人，其中高校毕业生将超过630万。全年能够提供1 200多万就业岗位，供求缺口依然巨大。其三，劳动力素质与岗位不适应结构性矛盾将更加突出，部分企业“招工难”和求职者“就业难”并存的状况进一步加剧。加上零就业家庭、长期失业者以及残疾人等，解决这些就业困难群体就业需要付出更多努力。因此，要充分认识做好当前就业工作的复杂性和艰巨性，做好应对比2009年更加复杂局面的准备。另一方面，2009年的工作及其成果也使我们更加坚定信心，我们有了化危为机的经验，使我们在2010年工作中也能够从危机中抓住机遇，进一步依靠党中央、国务院和各级党委政府的高度重视，进一步实现经济持续健康发展与拉动就业增长的良性互动，进一步运用好更加积极的就业政策和各部门、各地区形成的良好工作机制，把思想统一到中央的决策上来，就一定能够把握住工作的主动权。

（三）要准确把握做好就业工作的整体部署和重点安排。今年就业工作总体要求和重点安排是：大力实施扩大就业的发展战略和更加积极的就业政策，千方百计扩大就业和稳定就业。要继续实施稳定和扩大就业的一揽子政策，保持政策的连续性，并根据实际情况进一步完善相关政策内容，使政策更具针对性和有效性。要更加注重就业政策与产业政策和投资政策相结合，与发展中小企业和服务业相结合，形成促进就业长效机制。要更加注重突出重点，继续把大学生就业摆在就业工作首位，统筹做好农民工就业和就业困难人员就业工作。要更加注重鼓励创业带动就业，积极扶持劳动者自谋职业和自主创业，使更多劳动者走上创业之路。要更加注重加强公共就业服务体系建设，强化人本服务，提升服务质量和效果。要更加注重建立职业培训的新机制，把技工学校作为培训的主阵地，鼓励企业积极做好上岗培训和技能提升培训。要加强就业的宣传，动员全社会共同参与，共同支持就业工作，形成良好的社会氛围。通过积极努力，确保2010年就业目标任务的完成，确保就业局势的基本稳定，为“保增长、保民生、保稳定”的大局作出应有的贡献。

三、狠抓落实，开拓创新，务求实效

完成今年就业工作的目标任务，关键在于落实。今年要务求做到政策落实、工作落实、服务落实、组织领导落实。

（一）就业政策要深入贯彻落实。国务院已经明确将应对危机扩大和稳定就业的政策再延续一年。部里已做了部署安排，各地要按要求尽快制订工作方案，加快政策落实的力度和工作进度，务必在春节前使部分符合条件的企业和劳动者享受到政策。要结合就业援助月、春风行动、民营企业招聘周、高校毕业生就业推进行动等活动，动员基层公共就业服务平台，以及社会组织和团体，开展送政策上门服务，帮助政策对象享受政策。要根据实际进一步延续和充实政策内容，完善操作方法，畅通政策落实渠道。继续跟踪经济形势的发展变化趋势，做好动态监测工作，及时研究制定新的政策措施。

（二）就业工作要全方位推进。要坚持扩大就业与稳定就业两手抓，在千方百计创造就业岗位的同时，支持和帮助企业稳定岗位，减少岗位流失。要支持和推进各种形式的灵活就业，并通过落实相关政策，努力实现就业的稳定。要大力推进创业带动就业工作，充分发挥首批国家级创建创业型城市的典型和示范作用，鼓励和支持更多劳动者自主创业和自谋职业。要继续把高校毕业生就业工作放在首位，重点拓展到中小企业、城乡基层、中西部地区就业和自主创业的就业渠道，开展有针对性和有效性的就业服务。要加快建立服务、培训、维权三位一体的农村劳动力输出工作机制，认真落实农民工进城务工和返乡创业的扶持政策，鼓励就地就近就业和返乡创业。要重点针对零就业家庭、残疾人、低保对象、破产企业失业职工和就业困难的普通高校毕业生，积极开展就业援助，帮助就业困难群体实现就业。

（三）就业公共服务和培训要强化基础，发挥效应。要尽快整合公共就业服务资源，形成统一的公共就业服务制度，使城乡劳动者都能享受到统一的公共就业服务。要不断加强和完善基层公共就业服务平台建设，特别是乡镇（社区）和村的平台建设，扩展和完善就业服务功能，提供针对性的服务措施。加快就业信息化建设步伐，尽快形成全国统一的就业信息服务平台，为劳动者就业提供及时准确的就业信息服务。要继续组织实施好特别职业培训计划，加强实训基地建设，加强校企合作，创新培训方式。要特别注重扩大技工学校面向社会的培训规模，发挥技工学校技能培训主渠道作用。要积极探索培训费用直补用工企业，支持企业开展岗前技能培训或技能提升培训，提高培训的针对性和有效性。

（四）就业改革要迈出新步伐。要加快人才市场和劳动力市场的整合，形成城乡统一的人力资源市场管理制度和体制。要加快推进高校毕业生就业制度改革，明确职能，落实责任，逐步建立促进高校毕业生就业的长效机制。要积极探索城乡统筹就业和劳动者平等就业的政策措施，努力创造公平的就业环境，依法保障劳动者就业权利。要按照就业促进法的要求，加强就业政策与财政政策、货币政策和产业政策的协调，努力形成经济发展与就业增长的良性互动，形成失业保险促进和稳定就业的制度，形成就业与职业培训、社保的联动机制。

（五）就业工作的组织领导要进一步加强。要进一步强化就业工作的责任制度，确保工作落实。要切实履行好职责，省级机构改革基本到位，新的机构要整合资源，形成促进就业的合力，并指导地市在机构改革中进一步加强就业工作，加强工作人员队伍建设。要进一步发挥就业工作联席会议机制的作用，不断完善就业政策，推进就业工作的落实。要积极协调财政部门，进一步加大对就业的资金投入，并加强对就业专项资金使用管理力度，既充分发挥资金促进就业的效率，又要做到管理规范，使用合理。要进一步完善就业统计体系，建立高校毕业生就业统计制度，完善和加强对就业、失业状况、失业动态的监测，加强统计信息分析利用。

今年也是实施“十一五”规划的最后一年，要对“十一五”规划所确定的各项目标任务完成情况进行认真的梳理，确保规划各项目标任务落实，还要认真总结“十一五”以来就业工作的好经验好做法，为今后工作提供参考。“十二五”是我国经济社会发展的重要时期，是实现社会就业更加充分的小康社会目标的关键时期，就业任务非常繁重。各地要高度重视，认真分析“十二五”期间我国就业工作面临的新形势和新要求，立足当前，着眼长远，科学制定“十二五”就业发展规划，为今后一个时期就业工作的开展打下坚实基础。

做好就业工作使命光荣，任务艰巨。我们要坚决按照中央的部署安排，奋发有为，开拓创新，努力做好就业工作，为维护改革发展稳定大局作出更大的贡献。

加快人才优先发展　努力建设人才强国

——在中国人才发展论坛上的主旨报告

尹蔚民

（2010年10月22日）

首届中国人才发展论坛今天在北京召开了！我谨代表人力资源和社会保障部，对前来参加论坛的各位来宾和代表表示热烈的欢迎，对社会各界长期以来给予人才开发事业的关心和支持表示诚挚的谢意！

首届中国人才发展论坛的主题是：贯彻落实人才发展规划纲要，全面推进人才优先发展。在两天的时间里，来自各界的专家学者和人才工作管理人员将围绕人才优先发展的战略布局和人才队伍建设的目标任务，从理论和实践结合的角度，研究探讨各类人才成长规律和人才资源开发规律，探索以用为本、创新机制和提高人才效能的新方法、新举措。

胡锦涛总书记在全国人才工作会议上的讲话中指出："深入研究人才工作面临的突出矛盾和问题，创新人才工作的理论和实践，使人才工作始终体现时代性、把握规律性、富于创造性。"习近平同志进一步提出了"把我国建设成人才强国，是一项庞大的系统工程，必须认识规律、尊重规律，按规律办事"的要求。

人才的培养、开发和使用是一门科学，科学规律要求我们认识和把握人才发展过程中具有本质的、必然的和稳定的内在联系，要注重把握其客观性、全面性，避免主观性、片面性。下面我重点谈谈对五个人才规律的认识，供大家探讨。

一、遵循人才成长规律，把握人才的实践性特征

人才成长有其自身的规律。一般来看，人才成长规律至少包含三个方面的内容：首先，人才需要通过学习获得知识和技能。其次，人才需要通过实践活动开发自身能力。第三，人才发挥作用有一个最佳年龄段。人才在实践中成长，这是人才成长最根本、最管用的规律。

实践的观点是马克思主义最为基本的观点。毛泽东同志在《实践论》中指出：人类的生产活动是最基本的实践活动，是决定其他一切活动的东西。只有在社会实践过程中，人们达到了思想中所预想的结果时，人们的认识才被证实了。人们要想得到工作的胜利即得到预想的结果，一定要使自己的思想合于客观外界的规律性，如果不合，就会在实践中失败。人才作为社会实践的主体，其成长过程实质就是其社会实践过程。人才工作的根本任务就是在实际工作中发现人才，在使用过程中评价人才，在干事创业中培养人才。

从近年来人才工作的成效可以看出，人才

工作较好地遵循了人才成长规律，在人才选拔、人才培养、人才评价方面，更加注重实践，更加注重实际。同时，我们也应看到人才工作中还存在着过于看重知识学历、忽视实践成果等违背人才成长规律的现象。落实好人才发展规划纲要，就要切实遵循人才成长规律，把以用为本的理念贯穿人才工作的方方面面，进一步形成注重品行、科学发展、崇尚实干、重视基层、鼓励创新、群众公认的正确导向，在用好用活、提高人才效能上下工夫。坚持用当适任，把人才素质能力与岗位需求相结合；坚持用当其时，为人才在黄金时期充分施展才干提供舞台；坚持用当其才，让各类人才在事业舞台上各展其长、各得其所。组织和引导人才在社会实践中锻炼自己，勇于到党和人民需要、任务繁重、条件艰苦、矛盾突出的地方去经受考验、积累经验，在实践中砥砺品质、锤炼作风、提高干事创业的本事。鼓励人才深入群众、深入现实生活，推动干部下基层、教师进课堂、医生去临床、演员上舞台、科技人员到厂矿车间和田间地头，依托国家重大建设项目和重大科技工程培养人才，真正让人才在实践中锻炼、在一线上立业、在事业中成长，在实践中发现人才、培育人才、锻炼人才、使用人才、造就人才。

二、遵循人才供求规律，把握人才的适应性特征

从宏观上说，人才供求规律是最基本的人才规律，人才供给和需求的动态平衡是决定经济社会又好又快发展的重要因素。保持人才供求的动态平衡，一方面需要培养大量的掌握一定知识和技能的人才，满足经济社会发展对人才的需求，另一方面需要加快经济结构调整和社会事业发展，深化用人制度改革，为人才发挥作用创造更大的空间和良好的社会条件。

改革开放以来，我国人才资源总量不断增加，人才素质明显提高，人才结构进一步优化，人才使用效能逐渐提高，我国已经从人才资源相对匮乏的国家发展成为世界人才资源大国。截止到2008年底，我国人才资源总量达到1.14亿人。丰富的人才资源对促进我国经济社会发展起到了巨大作用。同时，也应该清醒地看到，现阶段人才的培养与使用脱节、紧缺与浪费并存的现象还很严重，人才资源与经济社会发展需求不相适应的问题还很突出。特别是国民经济和社会发展重点领域急需紧缺专门人才和创新型科技人才，已经成为建设创新型国家和实现经济发展方式转变的瓶颈问题。突出表现在两个方面：一是产业领军人才、高层次技术专家和高技能人才严重匮乏。例如，在电信行业，现有高级人才占全行业专业技术人员比例仅有0.14%；在海洋领域，我国在世界海洋专家数据库中登记的专家不足百人，不到全球总量的1%，仅有美国的1/20；在电子信息产业中，技师、高级技师占技术工人比例为3.2%，而发达国家一般在20%～40%之间。二是研发力量相对薄弱。在装备制造业，我国研发人员占从业人员的比例为1.26%，而美国为6.02%，日本4.95%，法国2.87%，德国2.86%，英国2.83%。高层次人才和研发力量的不足已经严重制约我国重点领域创新能力的提高。加大重点领域高层次人才开发和研发队伍建设十分迫切。

根据人才发展规划纲要提出的“建立人才培养结构与经济社会发展需求相适应的动态调控机制”的要求，我们应进一步把握好人才供求规律，实现人才供给和需求的平衡发展。一是加快形成人才优先发展的战略布局，实施人才结构优先调整。根据经济发展方式转变和产业结构优化升级，以及各项社会事业发展的需要，推进人才结构战略性调整，加快调整人才专业素质结构、层级结构、分布结构，实现人才结构与经济社会发展结构的整体和谐，促进人才与经济社会协调发展。二是坚持以国家发展需要和社会需求为导向，加强政府人才宏观调控职能。通过建立完善人才需求监测机制、人才动态调整机制、产学研紧密结合的人才培养机制、人才培养工作联动机制等措施，提高人才培养与经济社会发展需求之间的适应性和契合度。三是坚持“以用为本”的方针，把充分发挥各类人才的作用作为人才工作的根本任务，围绕用好用活人才创新体制机制，提高人才效能，积极为各类人才创新创业、贡献才智提供良好的政策环境和条件，努力做到用事业造就人才，用环境凝聚人才，用机制激励人才，用法制保障人才。

三、遵循人才竞争规律，把握人才的创造性特征

人才的创造活力本质上是社会竞争的产物，竞争择优规律是推动社会创新发展的基本动力。形成一个公平、公正、公开的人才竞争环境，鼓励创新，支持创新，是许多国家实现赶超发展的成功经验，也是发达国家长期保持科技领先、竞争优势的重要原因。我国改革开放以来，正是由于形成了“尊重劳动、尊重知识、尊重人才、尊重创造”的良好社会氛围，最大限度地调动了科技人才的聪明才智，才有可能创造出杂交水稻、正负电子对撞机、载人航天工程、月球探测工程等一大批重大科技成果，极大地提升了我国人才竞争的比较优势。正如胡锦涛总书记强调的：人才工作要鼓励创新、爱护创新，使一切创新想法得到尊重、一切创新举措得到支持、一切创新才能得到发挥、一切创新成果得到肯定。

人才所需要的环境，是尊重人才、见贤思齐的社会环境，是鼓励创新、宽容失败的工作环境，是待遇适当、无后顾之忧的生活环境，是公开平等、竞争择优的制度环境。目前，我们在营造良好环境方面还存在着许多体制机制障碍：人才单位和部门所有的管理体制尚未根本改变，市场配置人才的基础性作用还没有充分发挥；以品德、知识、能力和业绩为核心的各类人才的科学评价标准和评价机制尚未建立；有利于创新型人才成长的选人用人机制还不够完善，人才激励和保障机制尚不健全。消除体制机制障碍，需要深化改革、推进创新，为激发各类人才的创造活力铺平道路、提供保障。

为此，人才发展规划纲要提出了“改革各类人才选拔使用方式，科学合理使用人才，促进人岗相适、用当其时、人尽其才，形成有利于各类人才脱颖而出、充分施展才能的选人用人机制”的要求，我们要进一步解放思想，更新人才观念，坚持“以用为本”，通过政策调整和制度创新，改善人才竞争的制度环境。一是全面推进事业单位人事制度改革。完善事业单位公开招聘、竞聘上岗和合同管理制度，建立以岗位绩效为基础的考核评价制度，完善以合同管理为基础的用人机制。二是推进职称制度改革。健全科学的职业分类体系，建立各类人才的能力素质标准。统筹专业技术职务聘任制度和职业资格制度，建立重在业内和社会认可的专业技术人才评价机制。三是健全人才激励保障机制，完善工资收入分配制度、奖励制度、事业单位绩效工资制度、政府特贴制度等，促进人才之间的良性竞争，调动人才的积极性和创造性。

四、遵循人才流动规律，把握人才的自主性特征

人才流动是市场经济条件下人才资源配置的基本规律。促进人才合理流动是优化人才队伍结构、实现人才与其他生产要素优化组合的重要条件。

人才流动的基本前提是确立人才的自主择业权和单位用人自主权。20 世纪 80 年代以来，随着机关、企事业单位干部人事制度改革的深入发展，原来由国家统包统配的用人制度得到根本改变，以人才自主择业和单位自主用人为特征的双向选择机制逐步形成。同时，人才流动中还存在着一些体制性障碍尚未破除、一些地区和行业的人才需求未能满足等问题，解决这些问题，一是落实人才发展规划纲要提出的“进一步破除人才流动的体制性障碍”的要求，改变人才部门、单位所有的状况，消除影响人才流动的身份限制，疏通各类人才队伍之间、公有制与非公有制之间、不同地区之间的人才流动渠道，进一步消除人才流动中的城乡、区域、部门、行业、身份、所有制限制，从根本上打破人才流动壁垒。二是落实人才发展规划纲要提出的“在建立统一规范、更加开放的人力资源市场基础上，发展专业性、行业性人才市场”的要求，建立统一的市场管理法规，规范各类人力资源服务机构在市场准入、资质认定、服务提供等方面的行为，使各类人力资源服务机构优势互补、良性竞争，形成互利共赢的服务网络，做到公共服务与市场经营性服务同时并举，功能齐全的综合性服务机构与针对性强的专业性服务机构同时发展，从而满足不同类型、不同层次服务对象的要求。建立完善与西部大开发、东北地区等老工业基地振兴、中部地区崛起、东部地区率先发展战略相配套的区域人才交流合作机制，加快长江三角洲、珠江三角洲、环渤海等区域人才开发一体化进程。根据国家主体功能区布局，引导各类人才合理分布。三是落实人才发展规划纲要提出的“实施引导人才向农村基层和艰苦边远地区流动政策”的要求，实施推进党政人才、企业经营管理人才、专业技术人才合理流动政策，实施边远贫困地区、边疆民族地区和革命老区人才支持计划，在工资、职务、职称等方面实施一系列的优惠政策，鼓励各类人才到贫困地区奉献自己的力量，到基层实现自己的人生价值。

总起来讲，就是要根据人才发展规划纲要的战略部署，通过建立政府部门宏观调控、市场主体公平竞争、中介组织提供服务、人才自主择业的人才流动配置机制，促进人才资源合理有效的配置。

五、遵循人才价值规律，把握人才的激励性特征

价值是主客体之间的效用关系。人才的价值就是人才在社会活动中的评价或意义，是人才社会关系的重要体现。人才价值包括潜在价值和现实价值、自我价值和社会价值。人才价值的实现过程就是人才的潜在价值向现实价值的转化过程，人才的自我价值与社会价值相统一的过程。这是人才价值规律的基本内涵。遵循人才价值规律，是对人才工作的基本要求。人才工作应努力为人才实现价值创造有利条件，重点是健全人才激励保障机制和维护人才合法权益。

遵循人才价值规律，需要发挥激励机制作用，做好人才的收入分配和奖励工作。近些年来，国家加快了工资制度分类改革的步伐，在机关实行了公务员职务与职级相结合的工资制度，在事业单位推行绩效工资制度，在国有企业实行高管人员年薪制，使人才的贡献与报酬相符合，较好地调动了各类人才的积极性。同时，国家坚持精神奖励与物质奖励相结合、以精神奖励为主的原则，建立健全国家荣誉和奖励制度。

遵循人才价值规律，需要维护人才合法权益。国家高度重视人才合法权益的保护工作，先后制定了教师法、专利法、著作权法、劳动法、科学技术进步法、公务员法、劳动合同法、劳动争议调解仲裁法等一系列法律，明确了各类人才所享有的合法权益。

但从总体上看，我国目前还有相当一部分人才的价值未能充分实现，存在着人才激励保障机制不够完善、人才合法权益受到侵害等问题，需要我们认真落实人才发展规划纲要的要求，进一步深化改革，完善分配、激励、保障制度，建立健全能够体现业绩、激励人才并能保障人才合法权益的激励保障机制；继续深化工资制度改革，统筹协调党政机关和国有企事业单位收入分配，稳步推进工资制度改革；建立产权激励制度，制定知识、技术、管理、技能等生产要素按贡献参与分配的办法；健全国有企业人才激励机制，建立完善事业单位岗位绩效工资制度；探索高层次人才、高技能人才协议工资制和项目工资制等多种分配形式；建立完善国家奖励表彰制度，开展多种形式的荣誉表彰活动，最大限度地调动广大人才的积极性和创造性，激发人才的竞争活力。

总之，我们只有在工作中努力把握人才规律，认真遵循人才规律，严格按人才规律办事，才能落实好全国人才工作会议精神和人才发展规划纲要提出的战略目标和各项任务。

从现在起到 2020 年，是我国全面建设小康社会的重要时期。进一步实施人才强国战略、全面落实人才发展规划纲要是这一时期的重点任务之一，也是我们这一代人责无旁贷的历史使命。我们要以强烈的责任意识和务实精神，加快形成人才优先发展战略布局，努力建设人才强国，为在本世纪中叶基本实现社会主义现代化奠定人才基础。

深入贯彻落实十七届五中全会精神 努力开创人力资源社会保障事业新局面

——在全国人力资源和社会保障工作会议上的工作报告（摘要）

尹蔚民

（2010年12月30日）

一、应对挑战，攻坚克难，“十一五”时期人力资源社会保障目标任务圆满完成

（一）就业目标全面完成，积极就业政策体系更加完善，就业局势保持稳定。一是就业任务全面完成，就业结构进一步优化。“十一五”时期，预计5年累计实现城镇新增就业5 700万人以上，年均达到1 140万人，比“十五”时期年均930万人增加210万人；城镇登记失业率控制在4.3%以内；农业富余劳动力向非农产业转移就业近4 500万人，比“十五”时期增加500万人。二是颁布实施《就业促进法》，积极就业政策发挥突出作用。为应对国际金融危机和重大自然灾害的冲击，及时制定发展经济拉动就业、帮扶企业稳定就业、政策扶持鼓励创业、重点人群统筹就业、加强服务促进就业、技能培训提升就业等稳定和扩大就业的一整套政策措施，高校毕业生、农民工、就业困难人员等重点群体就业保持稳定，为“保增长、保民生、保稳定”作出重要贡献，并进一步创新和完善了积极就业政策体系。三是面向全体劳动者的职业培训制度和就业服务体系初步形成。不断加大各级培训资金投入，认真组织实施特别职业培训计划等培训项目，5年共培训8 600万人次。整合人才市场和劳动力市场，加强市场监管，规范市场秩序，统一规范的人力资源市场建设逐步推进，人力资源服务业加快发展，市场配置人力资源的基础性作用进一步发挥。市、区县、街道（乡镇）、社区四级公共就业服务网络建设不断加强，组织开展系列就业服务专项活动，5年共提供就业服务3.3亿人次。

（二）覆盖城乡居民的社会保障体系框架初步形成，社会保障制度建设实现重大突破，社会保险待遇水平大幅度提高。一是社会保险法规制度建设取得重要突破。《社会保险法》正式颁布，《工伤保险条例》重新修订，为加快完善社会保障制度体系提供了法律保障。开创性地建立了新型农村社会养老保险制度，全国已有838个县和4个直辖市的大部分区县纳入国家试点、12个省的298个县自费开展试点，已有3 500多万农村老年人领取待遇。全面实施城镇居民医疗保险制度，解决了800多万关闭破产企业退休人员和困难企业职工的医保问题，基本医疗保障制度对城乡居民实现全覆盖。实现建立养老保险省级统筹制度的目

标，基本养老和基本医疗保险关系转移接续暂行办法出台实施。积极开展做实养老保险个人账户试点、扩大失业保险基金支出范围试点和工伤预防与康复试点，试行社会保险基金预算制度。建立社会保险经办机构内控制度和信息披露制度，规范社会保险基金监督检查制度，基金安全程度不断提高。二是圆满完成社会保险各项目标任务。预计2010年末，职工基本养老保险、城镇基本医疗保险、失业保险、工伤保险、生育保险的参保人数分别达到2.55亿人、4.2亿人、1.3亿人、1.6亿人、1.2亿人，比“十五”期末分别增加46%、205%、22%、77%、104%，参加新型农村社会养老保险人数达到1亿人；城镇五项社会保险基金5年累计征缴57 240亿元，比“十五”期间增加35 818亿元，增长167.2%；企业年金制度迅速发展，预计2010年末企业年金规模将达到3 000亿元，比“十五”期末增加2 300亿元；企业退休人员社区管理率达到76%以上，比“十五”期末提高7.4%；社会保障卡持卡人数突破1亿人，是“十五”期末的5倍。特别是为应对国际金融危机影响，及时实施“五缓四减三补贴”政策，两年共为企业减负700多亿元，受惠企业200多万户，惠及职工6 000多万人。三是社会保险待遇大幅度提高。“十一五”期间，连续每年提高企业退休人员养老金水平，2010年全国企业退休人员月均基本养老金达到1 370元，比“十五”期末增长近一倍。提高基本医疗保险报销比例和最高支付限额，失业、工伤、生育保险待遇都明显提高。

（三）人才队伍建设取得突出成果，引智工作力度加大，为经济社会发展提供有力的人才和智力支持。一是人才队伍规模不断扩大、素质不断提高，高层次、高技能人才培养成绩显著。认真贯彻全国人才工作会议精神和国家中长期人才发展规划纲要。5年共选拔11 000多人享受政府特殊津贴、2 000人为新世纪百千万人才工程国家级人选。2010年末，博士后科研流动站和工作站总数分别达到2 146个和2 158个，比“十五”期末分别增长36.5%和52.5%。实施专业技术人才知识更新工程，培训300万人。中小学教师职称制度改革试点顺利实施，职业资格证书制度进一步完善，技工院校改革深入推进。5年共培养高技能人才930万人次，参加技能竞赛近5 000万人。二是引进海外人才工作成绩突出。实施各项人才引进项目计划，5年留学人员回国人数近40万人，占改革开放以来留学人员回国总数的60%以上；全国聘请约230万人次的外国和港澳台专家来大陆工作，其中高层次和急需紧缺人才占20%。国际金融危机爆发后，不失时机地加大对海外金融、科技、生物等紧缺人才和领军人才引进力度，收到很好效果。三是引智体制机制创新取得良好成效。完善分类指导实施机制，引智服务方向、服务重点更加明确。积极推进出国（境）培训管理制度建设，境外培训机构管理逐步规范，培训质量和效益明显提高。服务和保障外国专家权益的政策措施不断完善，人才引进环境不断优化，中国国际人才市场公共服务功能不断扩展，引智公共服务体系日益完善。四是人力资源交流与合作成效显著。干部对口支援力度不断加大，5年共选派了3 000多人援藏、援疆和援青。引导14万名高校毕业生到农村基层支教、支医、支农、扶贫。区域人才合作机制不断完善。牵头承办第五届亚太经合组织人力资源开发部长级会议，胡锦涛主席出席会议并发表重要讲话，深刻阐述了包容性增长理念，受到广泛赞誉。会同国新办起草发布了新中国成立以来第一份中国人力资源状况白皮书，在国内外产生积极反响。

（四）公务员制度不断完善，事业单位人事制度改革稳步推进，转业军官安置制度建设得到加强。一是认真实施《公务员法》，共制定17个《公务员法》配套法规和9个公务员专项处分规章及其他制度，涵盖公务员考核、录用、奖励、处分、调任、职务与级别、申诉、辞退等环节。公务员分类管理和聘任制试点工作稳步推进。基本完成参照管理的集中审批工作。把好公务员队伍“入口”，坚持依法、公平、科学考录，不断加大从基层和生产一线考录公务员的力度，省级以上机关录用有基层工作经历人员的比例2010年达到70%。大规模开展公务员培训，5年来通过“四类培训”和对口培训共培训3 000多万人。深入开展“做人民满意的公务员”活动，公务员队伍思想建设、能力建设和作风建设不断加强。成功组织了全国劳动模范和奥运、世博、抗震救灾、嫦娥探月工程等一系列表彰奖励活动。二是事业单位人事制度改革不断深化。聘用制推行面不断扩大，全国聘用合同签订率达到90%。事业单位岗位设置管理工作在31个省区市和新疆生产建设兵团全面推开，中央单位完成80%左右。公开招聘制度稳步实施。落实中央关于做好军队转业干部安置工作的要求，安置政策进一步完善，培训得到加强，5年共接收安置军转干部28.7万人，军转干部受训率达到90%以上。

（五）工资收入分配制度改革取得阶段性成果，工资分配关系逐步理顺。一是改革完善机关事业单位工资收入分配制度。实施新中国成立以来第四次工资制度改革，建立公务员职务与级别相结合的工资制度和事业单位岗位绩效工资制度。义务教育学校实施绩效工资基本兑现，公共卫生与基层医疗卫生事业单位实施绩效工资有序开展。二是加强企业工资分配工作。稳步推进工资集体协商，促进企业建立工资正常增长机制。完善企业工资分配宏观指导和调控制度，最低工资、工资指导线和人力资源市场工资指导价位制度得到落实。初步建立中央企业负责人薪酬分配激励和约束机制。基本解决了国有企业工资历史拖欠问题，全国共清偿665.4亿元，惠及职工1 670多万人。2010年，月最低工资标准最高档平均为870元，比2005年的平均484元提高了80%。

（六）加强劳动者权益保障，完善劳动关系调处机制，劳动关系总体保持和谐稳定。一是农民工权益保障不断加强。积极落实国务院关于解决农民工就业培训、权益维护、公共服务等问题的一系列要求，协调推动维护农民工权益行动计划，促进了工资支付、劳动合同签订、参加社会保险和职业安全卫生、公共服务等工作。二是劳动关系协调机制逐步完善。颁布实施了《劳动合同法》《劳动合同法实施条例》《职工带薪年休假条例》。全国县级以上普遍建立了政府、企业、劳动者协调劳动关系三方机制。开展春暖行动等一系列专项行动计划，促进提高劳动合同签订率，预计到2010年末，全国规模以上企业劳动合同签订率达到97%，小企业劳动合同签订率达到65%。实施彩虹计划等，集体合同制度覆盖60%已建工会企业和近亿职工。三是劳动人事争议调处工作得到加强。颁布实施了《劳动争议调解仲裁法》和人事争议处理规定、劳动人事争议仲裁办案规则和组织规则。劳动人事争议调解仲裁资源有效整合，以仲裁院为主的实体化办案机构建设取得积极进展。5年共立案处理争议案件273.5万件，涉及劳动者445.6万人，当期结案率保持在90%以上。四是劳动保障监察力度不断加大。积极开展60个大中城市劳动保障监察“网格化、网络化”管理试点，大力开展打击黑中介、查处非法用工、追讨农民工欠薪等专项执法行动，较好地维护了劳动者权益。

二、认清形势，统一思想，切实增强做好“十二五”时期人力资源社会保障工作的责任感和紧迫感

各级人力资源社会保障部门必须把思想和行动统一到中央决策部署上来，深入分析和准确把握党的十七届五中全会对人力资源社会保障工作提出的新要求。

一是经济结构战略性调整对促进就业提出新的更高要求。要深入分析和准确把握经济结构调整与就业增长之间的内在关系，科学判断就业总量和就业结构变化趋势；坚持实施充分就业的发展战略，毫不动摇地把促进充分就业作为经济社会发展优先目标；坚持实施更加积极的就业政策，多渠道开发就业岗位；坚持稳

定就业和扩大就业两手抓，加强对劳动者的职业培训和就业服务；坚持把做好高校毕业生、农民工、就业困难人员就业作为就业工作重点，统筹做好各类群体的就业工作；坚持发挥市场机制在人力资源配置中的基础性作用，健全统一规范灵活的人力资源市场。要通过我们的工作，不断优化就业结构，逐步提升就业质量，努力保持就业局势稳定。

二是统筹城乡发展对健全覆盖城乡居民的社会保障体系提出新的更高要求。要坚持“广覆盖、保基本、多层次、可持续”方针，加快推进覆盖城乡居民的社会保障体系建设；坚持不断完善我国社会保障制度，不断扩大社会保障覆盖范围，全面解决突出的历史遗留问题；坚持稳步提高社会保障水平，逐步缩小相关群体之间和城乡之间的待遇差距；坚持提高社会保障统筹层次，建立多层次保障体系，提高社会保障可持续发展能力；坚持不断提高经办管理服务水平，加强社会保障信息网络建设，推进社保卡的发放应用。要通过我们的工作，使社会保障不断增强公平性、适应流动性、保证可持续性，努力使广大劳动者和全体人民有基本保障、无后顾之忧。

三是加快建设人才强国对加强人才队伍建设提出新的更高要求。要坚持服务发展、人才优先、以用为本、创新机制、高端引领、整体开发的指导方针，认真贯彻全国人才工作会议精神，深入实施国家中长期人才发展规划纲要，落实国家重大人才政策和重大人才工程；坚持党管人才原则，积极发挥政府人才工作综合管理部门职能作用；坚持以高层次人才和高技能人才为重点，加快推进现代化建设需要的各类人才队伍建设，充分发挥国内人才作用，积极引进和用好海外智力；坚持建立健全政府宏观管理、市场有效配置、单位自主用人、人才自主择业的体制机制，形成多元化投入格局，明显提高人力资本投资比重；坚持以人为本，改进人才管理方式，加强人才服务，营造尊重人才的社会环境、平等公开和竞争择优的制度环境，促进优秀人才脱颖而出。要通过我们的工作，推动人才优先发展，加快造就规模宏大、结构优化、布局合理、素质优良的人才队伍，努力建设人才强国。

四是推进行政体制改革对深化人事制度改革提出新的更高要求。要进一步深化人事制度改革，创新和完善选拔任用机制，健全考核评价制度，形成有利于科学发展的用人导向，建立广纳群贤、人尽其才、能上能下、公平公正、充满活力的人事制度；要不断完善公务员制度，加强公务员队伍建设，提高为人民服务的本领；要以转换用人机制和搞活用人制度为核心，以健全聘用制度和岗位管理制度为重点，建立起权责清晰、分类科学、机制灵活、监管有力的事业单位人事管理制度；要积极探索适应国防和军队现代化建设的转业军官安置办法，建立健全中国特色的转业军官安置制度。要通过我们的工作，不断完善各项人事制度，努力提高人事工作科学化、民主化、制度化水平。

五是促进社会公平正义对深化工资收入分配制度改革提出新的更高要求。要认真履行人力资源社会保障部门在调整收入分配关系中承担的重要职责，积极推进机关、事业单位和企业的工资收入分配制度改革工作。注重完善公务员工资制度，积极推进事业单位收入分配制度改革；注重健全扩大就业、增加劳动收入的发展环境和制度条件，促进机会公平；注重建立完善职工工资正常增长机制，增加一线职工工资收入，从制度上解决农民工欠薪问题。要通过我们的工作，不断完善各项工资收入分配制度，进一步理顺收入分配关系，努力实现社会公平正义。

六是维护社会和谐稳定对构建和谐劳动关系提出新的更高要求。要注重在构建和谐劳动关系体制机制上下功夫，着力解决新形势下劳动关系领域出现的突出问题；注重加强调解仲裁，把矛盾化解在基层，化解在萌芽状态；注重加强劳动保障监察执法，严肃查处违法案件，努力改善劳动条件，保障劳动者合法权益；注重发挥政府、工会和企业三方作用，努力形成企业和职工利益共享机制。要通过我们的工作，不断消除劳动关系领域不稳定的因素，努力维护劳动者合法权益、构建和谐劳动关系。

七是推进基本公共服务均等化对加强人力资源社会保障公共服务体系建设提出新的更高要求。要大力加强人力资源社会保障公共服务体系建设，尤其要着力加强县及县以下人力资源社会保障公共服务平台建设；推进公共服务体系标准化、规范化、信息化建设，落实公共服务项目；加强公共服务组织机制和保障机制建设，发挥各类社会资源的作用。要通过我们的工作，不断推进公共服务体系建设，努力推进人力资源社会保障公共服务均等化。

“十二五”时期将是人力资源社会保障事业发展的重要时期，既面临严峻挑战，也面临难得发展机遇。要抓住机遇，迎接挑战，在新的起点上奋力开创人力资源社会保障工作新局面，努力实现社会就业更加充分、社会保障体系更加健全、人才保证更加有力、人事制度更加完善、收入分配关系更加合理、劳动关系更加和谐、公共服务更加便捷的目标，为全面建设小康社会作出我们新的更大的贡献！

三、开拓进取，奋发有为，努力完成2011年人力资源社会保障各项目标任务

2011年人力资源社会保障工作的总体要求是：认真贯彻党的十七大和十七届三中、四中、五中全会精神，以邓小平理论和“三个代表”重要思想为指导，深入贯彻落实科学发展观，按照中央经济工作会议和全国组织部长会议要求，坚持“民生为本、人才优先”的工作主线，实施充分就业的发展战略和人才强国战略，健全覆盖城乡居民的社会保障体系，深化人事制度改革和工资收入分配制度改革，积极构建和谐劳动关系，改革创新，科学发展，全面完成各项目标任务。重点做好以下十个方面工作：

（一）把充分就业作为经济社会发展的优先目标，全力做好促进就业工作。一是着力做好各项就业政策的落实。实施更加积极的就业政策，认真落实支持和促进就业的税收优惠政策。适应经济转型、产业升级和发展战略性新兴产业、加快发展服务业的需要，会同有关部门制定和实施更加有利于扩大就业的财政、金融、产业政策，充分发挥政府投资、重大项目建设和产业规划对就业的带动作用，多渠道开发就业岗位，确保完成2011年城镇新增就业目标。二是着力做好高校毕业生、农民工、就业困难人员和退役军人的就业工作。继续把高校毕业生就业放在就业工作首位，组织实施好“三支一扶”等计划和项目，鼓励高校毕业生面向企业、基层、农村和中西部地区就业和创业。全面推进农民工就近就地就业、返乡创业和有序进城务工，加强输出地和输入地的对接，缓解“招工难”问题。建立健全对困难群体的就业援助制度，大力开发公益性岗位，形成动态长效帮扶机制，增强就业稳定性。三是着力做好创业促就业工作。全面落实鼓励劳动者创业的各项优惠政策，制定创业公共服务体系发展规划和服务标准，启动第二批国家级创业型城市创建工作。四是着力做好职业培训工作。认真落实国务院关于加强职业培训促进就业的意见，会同有关部门研究制定相关操作办法。大规模开展技能培训和创业培训，推进素质就业，提高就业质量。五是着力做好就业服务工作。认真组织开展各项就业服务专项行动。加强就业失业登记，建立全国就业信息监测制度。加快整合人才市场和劳动力市场，大力发展人力资源服务业，规范市场秩序，加强市场监测和信息发布，推进诚信体系和人力资源服务标准化建设。加快整合公共就业和人才服务机构，建立覆盖城乡的公共就业人才服务体系。加强对就业专项资金的监管，提高资金使用效率。

（二）贯彻实施《社会保险法》，加快完善社会保障体系。一是进一步完善社会保障制度。做好《社会保险法》的宣传、培训和实施工作，加快研究制定相关配套规章制度。2011年新农保试点范围扩大到40%的县，重点向

民族自治地区、贫困地区、陆地边境县、革命老区县倾斜。研究制定城镇居民养老保险办法。巩固养老保险省级统筹成果，研究基础养老金全国统筹方案，全面实施其他各项社会保险地市级统筹。推进做实养老保险个人账户试点、事业单位养老保险改革试点、扩大失业保险基金支出范围试点。贯彻实施修订后的《工伤保险条例》，推进工伤预防和工伤康复试点。研究制定相关社会保险制度之间的衔接办法。二是进一步加强社会保障扩面征缴工作。重点推进农民工、灵活就业人员、城镇居民等群体参加城镇职工或城镇居民社会保险，基本解决关闭破产企业退休人员和困难企业职工纳入医疗保障的问题，将500多万未参保集体企业退休人员纳入养老保障范围，推进事业单位参加工伤保险，落实“老工伤”人员全部纳入工伤保险政策，加强社会保险费征缴，全面完成扩面征缴各项指标。三是进一步提高各项社会保险待遇水平。2011年按照10%的增幅继续提高企业退休人员基本养老金，同时研究提出建立企业退休人员基本养老金正常调整机制的意见。落实各项医改配套政策，推进医保费用即时结算，居民医保财政补助标准将提高到年人均200元，全面推行居民医保门诊统筹，降低大病、重病患者的个人负担，进一步提高医保待遇水平。提高失业、工伤和生育保险待遇。四是进一步加强社会保险基金监管。推动社保基金监管软件联网应用，实现对基金的实时监控。研究企业养老保险和农村养老保险个人账户积累性基金的保值增值办法。开展社会保险基金管理使用检查和企业年金投资运营专项检查。五是进一步提高社保经办管理水平。编制2011年社会保险基金预算，做好养老、医疗保险关系转移接续和异地就医结算工作，推进社会保险标准化建设和精算工作，做好企业退休人员社区管理服务工作。

（三）履行政府人才综合管理部门职责，统筹推进人才队伍建设。一是加强专业技术人才队伍建设。做好国家中长期专业技术人才发展规划的实施工作，深入实施专业技术人才知识更新工程。出台完善政府特殊津贴制度的意见，开展新世纪百千万人才工程2011年国家级人选选拔工作。建立国家专家服务基地，开展万名专家服务基层活动。推进留学人员回国工作政策和服务体系建设，抓好海外高层次人才引进计划、创业支持计划、海外赤子计划的落实。出台改革完善博士后制度的意见，加强企业博士后工作。启动继续教育基地建设，制定专业技术人员继续教育规定。

二是加强技能人才队伍建设。做好国家中长期高技能人才发展规划的实施工作，启动实施国家高技能人才振兴规划。推进技工院校改革发展，加强公共实训基地建设，启动国家高技能人才培训基地和技能大师工作室建设，加快高技能人才培养。开展国内技能竞赛活动，做好首次参加世界技能大赛工作。三是加强人才工作制度建设。出台深化职称制度改革的意见，深化中小学教师职称制度改革，启动工程系列职称制度改革试点，研究提出会计、技校、中专等其他职称系列的改革意见。修订专业技术资格评定试行办法，加强和改进职称评审，组织做好各项考试工作。健全技能人才多元评价机制，完善社会化职业技能鉴定、企业技能人才评价、院校职业资格认证和专项职业能力考核办法。做好国家职业大典修订工作，完善职业资格制度。四是促进人力资源交流与合作。围绕国家产业发展战略，研究制定产业人才配置意见。在建立统一规范灵活的人力资源市场的基础上，发展专业性、行业性人才市场，加强人才公共服务。不断完善人才区域合作机制，建立亚太经合组织技能开发促进中心，启动技能开发促进项目。

（四）加大引进国（境）外智力工作力度，为经济社会发展提供智力支持。一是大力引进海外高层次专家和国内紧缺人才。围绕新农村建设、提高自主创新能力、转变经济发展方式和产业结构优化升级、节能减排、能源资源节约和生态环境保护等，注重引进海外高层次专家和紧缺人才。按照国家区域发展的总体战略，进一步拓宽引智渠道，继续推进各项引智工程。二是提高出国（境）培训质量和效益。继续组织实施重点培训项目，加强对出国（境）培训年度计划管理，严肃查处违规违纪事件。三是创新引智工作体制机制。加强引智工作平台建设，进一步畅通引智渠道，建立和完善引智成果的发现、评价和推广机制。编制好引进国外智力“十二五”规划，抓紧研究制定外国专家来华工作条例，研究提出进一步加强引进国外智力工作的意见。

（五）继续完善公务员制度，全面加强公务员队伍建设。一是完善公务员制度。推进《公务员法》配套法规建设，研究制定行政执法类和专业技术类公务员管理办法及专项处分规章。开展《公务员法》实施五周年纪念活动，推动《公务员法》及已出台配套法规贯彻实施。二是健全公务员管理机制。着力推进公务员分类管理，总结上海、深圳和公安、国家安全机关分类改革试点工作经验，推进税务、工商、海关系统行政执法类管理试点。启动国家安全机关和监狱、劳动教养机关人民警察警员职务套改工作。完善公务员选用机制，坚持凡进必考，落实中央有关录用有基层工作经历人员的要求，开展中央国家机关公开遴选试点工作，优化公务员队伍来源结构。积极推行竞争上岗等竞争性选拔公务员方式，增强行政机关活力。探索制定公务员分级分类考核指标体系，提高考核工作科学化水平，健全公务员激励约束机制。三是加强公务员队伍建设。结合创先争优深入开展“做人民满意的公务员活动”，重点加强职业道德建设，提升公务员队伍整体素质。制定实施行政机关公务员培训纲要，加大“四类培训”和对口培训力度。四是加快建立国家荣誉制度。配合做好国家勋章和国家荣誉称号法、国务院表彰奖励工作条例的立法工作，加强表彰奖励综合管理。

（六）深化事业单位人事制度改革，加强军转安置制度建设。一是推进事业单位人事管理制度建设。积极推动事业单位人事管理条例和事业单位工作人员处分规定出台，研究制定事业单位工作人员考核、奖励、申诉、竞聘上岗等单项规定。二是全面完成聘用制推行工作。强化完善聘后管理，全国基本完成事业单位岗位设置管理实施工作。三是做好事业单位公开招聘工作。创新公开招聘方式方法，推进公开招聘工作规范化建设，提高透明度和公信度。四是切实做好军转安置工作。改进计划分配军转干部安置办法，建立健全公平、公正、公开的安置工作机制，确保完成 2011 年安置任务。研究制定自主择业军转干部管理服务工作指导意见，推进军转干部教育培训工作。

（七）深化工资收入分配制度改革，促进形成合理有序的工资收入分配格局。完善公务员工资制度，积极稳妥推进事业单位绩效工资工作，进一步完善企业工资分配和监管制度。各地根据本地实际适时合理调整最低工资标准。推进工资集体协商，积极探索建立工资正常增长机制。完善工资指导线、人力资源市场工资指导价位和行业人工成本信息指导制度，扩大企业薪酬试调查范围。建立工资支付保障制度，完善工资保证金、欠薪应急周转金制度和建筑总承包企业负责解决分包企业欠薪责任制度，保障农民工工资支付。规范国有企业负责人薪酬管理，推进国有企业工资总额管理办法改革。

（八）维护劳动者合法权益，健全劳动关系协调机制。一是加强农民工权益维护工作。贯彻落实国办发展家庭服务业的指导意见，研究制定员工制家政服务机构劳动用工政策及劳动标准，积极推动家政服务企业发展。进一步贯彻落实国办做好农民工培训工作的指导意见。加强农民工劳动合同签订、技能培训、工资支付、职业安全、参加社会保险、依法维权等各项权益保护工作。研究制定进一步加强农民工服务工作的指导意见，推进符合条件的农民工在城镇落户。二是加强劳动关系协调机制建设。贯彻落实国办关于进一步促进劳动关系和谐稳定的要求，加强对劳动关系形势的分析研判。研究制定企业裁减人员规定、劳务派遣规定和贯彻实施《劳动合同法》若干规定。推进劳动用工备案制度，实施集体合同制度彩虹计划。推进劳动定额标准化管理，完善特殊工时制度。发挥政府、工会和企业作用，共同研究解决劳动关系重大问题。三是加强劳动人事争议调解仲裁工作。推进劳动人事争议调解组织基层建设和仲裁院实体化建设，全国50%的仲裁机构完成仲裁院建设。推进调解仲裁队伍专业化建设，加强劳动报酬和集体劳动争议案件的审理，提高办案效率。四是加强劳动保障监察执法工作。组织开展清理整顿人力资源市场秩序、农民工工资支付等专项执法活动，加大对拖欠工资、不签订劳动合同、不缴纳社会保险费、违法超时加班等突出违法行为的打击力度。制定劳动保障重大违法行为社会公布制度，建立跨地区劳动保障监察案件协查机制，切实做好重大违法案件的查处工作。推进劳动保障监察“两网化”管理和劳动保障监察机构标准化、执法规范化、人员专业化建设，提高监察执法效能。

（九）加快基层公共服务平台建设，提高服务能力和水平。一是加强人力资源社会保障公共服务基础设施建设。加强资源整合，推进县及县以下服务机构建设，做好2011年度基层劳动就业和社会保障服务设施建设试点。二是加强人力资源社会保障信息化和标准化建设。加强金保工程一期成果应用，开展二期立项工作，启动新农保信息系统建设。加快社会保障卡发放进度，力争发卡地区覆盖60%的地级以上城市。制定人力资源社会保障标准工作发展规划，完善标准化管理办法。三是加强基层公共服务队伍建设。鼓励通过公开招聘、开发公益性岗位等形式吸纳高校毕业生充实公共服务队伍。加大基层经办管理人员教育培训力度。开展创建优质服务窗口活动，提高服务能力和水平。

（十）认真编制和实施人力资源社会保障事业发展“十二五”规划，推进各项工作科学发展。一是认真做好“十二五”规划的编制工作。按照国家有关规划编制工作的总体要求，修改完善人力资源和社会保障事业发展“十二五”规划纲要和促进就业、完善社会保障体系两个国家级专项规划，积极参与编制“十二五”公共服务体系建设专项规划。各地要抓紧编制本地区人力资源社会保障事业发展“十二五”规划，要将重要指标和项目列入当地经济社会发展“十二五”规划。二是做好“十二五”规划发布后的组织实施工作。认真学习宣传国家规划纲要和专项规划，研究制定具体的落实方案，明确本部门、本地区的目标任务和责任分工，确保各项规划顺利实施。三是加大对西藏、新疆和其他民族地区及国家专项规划地区人力资源社会保障工作支持力度。贯彻落实西部大开发等区域发展战略，给予西藏、新疆等民族边疆贫困地区特殊政策支持，有关地区要认真做好对口援疆、援藏、援青工作。

在全国引进国外智力工作会议上的讲话

季允石

（2010年1月19日）

这次全国引进国外智力工作会议，是经国务院批准召开的。会议的主要任务是，深入贯彻落实党的十七大和十七届三中、四中全会以及中央经济工作会议精神，回顾总结2009年各项工作，分析新形势对引智提出的新要求，研究部署2010年主要任务。中共中央政治局委员、国务院副总理张德江同志对这次会议十分重视，专门作出批示，对去年引智工作给予了充分肯定，对今年工作提出了明确要求。这是对我们的极大激励与鞭策，我们一定要以更加奋发有为的精神状态、更加务实的工作作风，全力做好各项工作。

一、2009年引进国外智力工作取得明显成效

2009年是新世纪以来我国经济发展最为困难的一年，也是经受严峻考验的一年。一年来，引智系统以科学发展观为统领，紧紧围绕党中央、国务院的重大决策部署，主动服务保增长、保民生、保稳定大局，坚持“请进来”和“派出去”两手抓、双促进，统筹兼顾，锐意进取，各项工作取得显著成绩。

据初步统计，全年共引进外国专家和港澳台专家48万人次；选派近5万名各类人才出国（境）培训。为100名优秀外国专家颁发中国政府“友谊奖”，自1991年至今，已有1099名外国专家获此殊荣。批准设立国家引智成果示范推广基地和示范单位36家，总数达172家。新建国家软件与集成电路人才国际培训基地2家，总数达14家。新设中国国际人才市场江阴市场，全国地方市场总数达到25家。新开辟海外专家组织、培训机构合作渠道14家，累计413家。

（一）抓好重点项目，引进外国专家工作取得新突破

积极应对国际金融危机严重冲击，注重把握“高端”“紧缺”取向，引进外国专家重点项目进展顺利。一是为确保国家粮食安全、推进农业结构战略性调整、促进农民持续增收和农业可持续发展服务，深入推进千村引智示范项目、“一村一品”引智项目等，引进推广一批国外先进种植养殖技术和优良品种。二是围绕促进经济结构调整和经济发展方式转变，推动智力资源向先进制造业、信息技术、软件和集成电路等重点领域倾斜，形成一批达到国际领先水平、拥有自主知识产权的产品和技术。三是重点支持用人单位引进一批能够突破关键技术、发展高新产业、带动新兴学科的战略科学家、科技领军人才和创新团队。“创新团队国际合作伙伴计划”“高等学校学科创新引智项目”和“海外名师引进项目”稳步推进，影响持续扩大。四是兰州重离子加速器冷却储存

环工程、上海光源工程等国家重点引智项目取得重大突破和进展。五是主动参与“千人计划”，切实履行协调服务职责，为海外高层次人才提供良好的咨询接洽服务。协助中国商用飞机有限公司开辟试飞员和试飞工程师引进渠道。支持无锡创建外国专家创新创业园。

（二）严格监督管理，出国（境）培训工作取得新成效

充分利用境外优质培训资源，科学确定培训目标，改进培训方式，严格培训纪律，切实提高境外培训质量和效益。一是强化制度建设。制定《出国（境）培训工作落实“制止党政干部公款出国（境）旅游专项工作”实施方案》，严格执行出国（境）年度计划报批和项目逐案报批制度。规范培训秩序，组织召开出国（境）培训项目对接会和全国出国（境）培训业务培训班。二是坚持向高层次发展、按需开辟、有进有出原则，重新认定境外培训机构。新开辟培训合作渠道7家，取消违反规定的美国西北理工大学等7家机构境外培训资格，暂停与4家境外培训机构合作。三是有序推进重点培训项目。组织实施高级公务员海外培训（哈佛大学培训项目）、中青年领导干部培训、工业企业高级人才培训、高校领导海外培训、软件与集成电路设计人才等重点培训项目。

（三）创新引智机制，服务国家和地方重大发展战略开拓新局面

围绕国家重大发展战略，推进机制创新，有力提升了引智服务科学发展的能力和水平。一是完善分类指导实施机制。修订印发《引进国外智力服务国民经济和社会发展的分类指导意见（2009年版）》《国家外国专家局“十一五”引智重点项目目录（2009年版）》，进一步明确了引智服务经济社会发展的重点区域、重点领域、重点行业。二是稳步推进局省（部际、大项目）合作机制。与广东、河南、新疆等15个省区市签订合作协议，与内蒙古、宁夏、青海等8个省区市签订境外培训专项合作协议，与教育部、科技部和中科院等部门的合作不断深化。三是推动构建区域引智协作新模式，打破行政区划界限，整合区域内国际人才资源，建立外国专家信息和优秀引智成果交流共享机制，实现分工协作、优势互补。

（四）加强对外联系，国际人才交流与合作展现新格局

秉承和平、发展、合作、共赢的理念，不断拓宽国际人才合作领域。一是委托我38个驻外使领馆推荐一批影响较大、层次较高、对我友好的新专家组织。通过评估，选定了一批优势明显、特色突出的人才引进渠道。二是加强国际人才智力领域合作，与日本外务省协商落实2009年度中日中青年干部交流计划；与韩国首尔市政府以及白俄罗斯、加拿大、奥地利等国政府部门签署国际人才交流协议；与美国思科公司、甲骨文公司等国际知名企业签署专业人才合作协议。三是成功组织庆祝新中国成立六十周年外国专家招待会、中国政府“友谊奖”颁奖典礼、外国专家国庆观礼、“友谊之夜”外国专家专场音乐会等重要活动。四是国际人才交流与合作平台建设迈上新台阶。联合主办第八届“中国国际人才交流大会”，张德江副总理出席会议并发表《扩大人才交流合作　促进世界繁荣发展》的重要讲话。与有关部委、地方政府共同主办中国国际软件博览会、中国·海峡项目成果交易会、中德风电研讨会等大型活动。

（五）转变政府职能，推进依法行政取得新进展

2009年年初，习近平副主席和李源潮部长对起草新时期引进国外智力综合性指导文件和制订《外国专家来华工作条例》提出明确要求。我们以落实中央领导同志批示精神为契机，以完善相关法规为抓手，进一步推动政府职能转变。一是在深入调研、广泛征求意见的基础上，经过反复研究论证，与中组部人才工作局联合起草了《关于进一步加强引进国外智力工作的意见》（代拟稿），已报送中央人才工作协调小组审议。二是在国务院法制办指导下，围绕管理体制、职责分工、工作程序等细

节与相关部门多次沟通协商，完善《外国专家来华工作条例（草案）》（送审稿）相关条款，报送中央人才工作协调小组。三是落实“三定规定”，明确职责分工。根据地方外国专家管理机构改革情况，逐步将实施外国专家来华工作许可以及外国专家证件发放等具体管理事项，下放至副省级城市和外国专家相对集中的其他城市主管行政机关。四是完善政策法规，健全外国专家突发事件应急处理和争端协调解决机制，有效维护了外国专家人身财产安全和聘请单位合法权益。

（六）发挥比较优势，各地引智工作取得新成果

各地充分挖掘自身潜力，紧紧围绕本地经济社会发展战略，大力推进体制机制创新，引智成果层出不穷，引智效益明显提高。一是服务区域发展战略。山东围绕信息技术、新材料等领域确定引智项目，推进山东半岛蓝色经济区建设。江西引进加拿大、美国、德国等湿地保护领域外国专家，服务鄱阳湖生态经济区湖泊水生态保护和治理等。安徽以服务皖江城市带承接产业转移示范区发展为重点，推动创新型产业发展。海南围绕“五大功能区”建设组织实施重点出国（境）培训项目。福建进一步深化闽台人才、智力、项目、技术交流合作，为海峡西岸经济区建设提供智力支持。广西以现代物流管理培训等项目为载体，大力推动北部湾经济区“三基地一中心”建设。二是推进重点引智项目实施。上海积极引进高层次外国专家，为磁悬浮列车、洋山深水港、超超临界火电工程、长江隧桥、东海大桥等国家重大工程和重点项目提供国外智力保障。天津引进生物工程、电子信息、新材料新能源和管理等十多个领域外国专家，破解了110多项关键技术和管理难题。河南省以引智加快“兰考系列超级小麦”项目进展，成功培育出具有高产、优质、多抗、广适特点的超级小麦系列新品种。湖南充分发挥国家级综合性高技术产业基地优势，围绕电子信息、生物、新材料、民用航天、新能源等5大产业集群引进人才。三是积极完善引智政策和管理制度。广东制订了《引进领军人才评审暂行办法》《引进领军人才享受特定生活待遇暂行规定》等文件。宁夏颁布实施《人才资源开发条例》，甘肃省发布了《关于进一步鼓励和吸引海外高层次人才来甘肃工作的意见》，中国商飞公司制定了《海外高层次人才引进管理办法》《引进国外智力工作管理规定》等政策措施。四是不断创新国际人才交流合作模式。江苏与上海、浙江联合建立长三角地区外国文教专家供需见面会长效机制，为外国专家和用人单位搭建了良好的沟通平台，促进了长三角地区的人力资源互惠共享。

成绩来之不易。这是党中央、国务院对引智工作高度重视、正确领导的结果，是各级党委政府和有关部门大力支持、密切配合的结果，是全国引智战线同志们顽强拼搏、团结奋斗的结果。特别是中央领导同志多次出席我局重大活动，发表重要讲话，作出重要批示，在许多重大问题上给予指导和支持。随着更多合作协议的签署，相关行业和各省区市主要领导也更为关注引智的独特作用。这一切，都极大地推动着引智事业持续快速发展。

经验弥足珍贵。我们深刻体会到：必须坚持统筹兼顾与突出重点相结合，有效配置引智资源，力求突破重点领域和关键环节，实现以点带面、整体推进。必须坚持以改革创新精神推动引智工作新发展，进一步完善局省（部际、大项目）合作机制和分类指导实施机制，形成整体合力，确保重中之重。必须坚持人才引进的高端、紧缺取向，更好地围绕中心、服务大局，更加重视引进人才对创新创业以及促进国内就业的作用，为保增长、保民生、保稳定作出应有贡献。必须坚持处理好引进国外智力与推动自主创新的关系，以引进促发展，以发展促创新，加快先进技术引进、消化、吸收和再创新，促进我国自主创新能力的提高。

在肯定成绩的同时，我们也要清醒看到，引智工作与科学发展观的要求相比，与经济社会发展的需要相比，与广大人民群众的期待相

比，还存在一些问题和不足，比如：政府对引智的宏观管理有待加强，引智法规制度还不健全，海外高层次紧缺人才引进和智力资源开发利用能力还需进一步提升，引智成果跟踪评估机制还不完善。对此，我们必须高度重视，采取有效措施，认真加以解决。

二、当前引智工作面临的新形势、新要求

2010年是实施“十一五”规划的最后一年，是应对国际金融危机的关键之年，也是国内外经济形势最为复杂的一年。我们一定要把思想和行动统一到中央对形势的科学分析和正确判断上来，统一到中央的决策部署上来，牢牢把握难得机遇和有利条件，积极应对各种困难和挑战，努力开创工作新局面。

（一）准确把握国际形势多变给我国发展带来的机遇与挑战，努力在日趋激烈的国际人才竞争中赢得主动

当今世界正处在大发展大变革大调整时期。世界多极化、经济全球化深入发展，科技进步日新月异，国际金融危机影响深远，世界经济格局发生新变化，国际力量对比出现新态势，全球思想文化交流交融交锋呈现新特点。发达国家在经济、科技等方面仍占优势，综合国力竞争和各种力量较量更趋激烈，不稳定不确定因素增多，给我国发展带来新的机遇和挑战。我国经济建设、政治建设、文化建设、社会建设以及生态文明建设全面推进，工业化、信息化、城镇化、市场化、国际化深入发展，正处在进一步发展的重要战略机遇期。

历史经验表明，每一次大的经济金融危机都是一次大洗牌的过程，是国家间、企业间实力和地位重新调整、此消彼长的过程。当前，许多国家都在为后金融危机时代经济发展做精心准备，探索和培育新的经济增长点，推出新兴产业、高科技产业尤其是带动型产业。各国纷纷把新能源、新材料、生物医药、节能环保、绿色经济等作为新一轮发展的重点，制定了雄心勃勃的规划。美国推出“绿色新政”，计划在十年内投入1500亿美元发展新能源。日本提出“绿色经济和社会变革”方案，推动建设低碳社会。欧盟提出能源气候一揽子计划，并在2013年前出资1050亿欧元支持发展绿色经济。

世界各国更加关注本国的经济社会发展，加快产业结构调整和优化升级，对人才资源特别是高层次人才资源的需求普遍增加。人才竞争已成为当前国际竞争的焦点之一。人才竞争动向由过去主要争夺专业技术人才转化为既争夺专业技术人才，又争夺管理人才。争夺手段更加多样化，包括重金收买人才，高薪聘请人才，就地利用人才，制定优惠政策吸引人才，实施高科技移民和绿卡政策等。西方发达国家纷纷修改移民法，开门迎才；启动特别计划，超前揽才。国际人才竞争日趋激烈，高层次人才引进难度加大。

我们必须进一步增强忧患意识，保持清醒头脑，做到未雨绸缪，切实提高抓住机遇、驾驭复杂局面的能力，厚植应对国际人才竞争的物质基础和有利条件；必须进一步增强机遇意识，改进工作方式，善于从变化的形势中把握和运用机遇，善于从严峻的挑战中捕捉和利用机遇，不断增强工作的前瞻性和针对性，加快引进国外高层次人才和紧缺人才步伐。

（二）充分发挥引智服务科学发展的独特功能，努力在经济社会又好又快发展中有更大作为

国际金融危机冲击使得我国转变经济发展方式刻不容缓。中央经济工作会议要求，要在促进经济发展方式转变上下工夫，坚定不移调结构，脚踏实地促转变。要夯实“三农”发展基础，把农业基础设施建设的重点放在水利上、把农业科技创新的重点放在良种培育上，巩固农产品保障供给能力、促进农民增收，扩大内需增长空间，巩固和发展农业农村好形势。要以优化经济结构、提高自主创新能力为重点，实现经济发展方式转变新突破；要大力推进技术改造，促进工业由大变强；要大力发展服务业，特别是现代服务业；要抢占新兴产业制高点，培育和发展战略性新兴产业；要坚

持把建设创新型国家作为面向未来的重大战略选择，深入实施知识创新和技术创新工程，加快实施国家重大科技专项。同时，这场金融危机也把我国进一步推到了国际社会讨论和处理重大问题的前台。积极参加应对国际金融危机、气候变化等问题，推动国际经济治理结构改革，反对贸易保护主义，要求我们加强对国际货币金融体系、世贸组织运行规则、应对气候变化等重大国际问题的研究。从去年“保增长”为首要任务，到今年“促转变”为重点，这一政策思路的调整，对引智提出了新的需求、新的课题。

面对新形势、新任务，引智工作要立足当前，着眼长远，牢牢把握工作重点，充分利用在推动国际合作、利用国外人才资源方面的优势，学习和借鉴发达国家在转变经济发展方式、调整产业结构方面的成功经验，积极引进相关领域的高端人才，为我国在新一轮发展中赢得主动、实现经济社会科学发展长远目标作出新贡献。

（三）深入学习贯彻中央领导对引智工作重要指示精神，切实增强做好引智工作的使命感和责任感

胡锦涛总书记在中央经济工作会议上指出：要加强具有世界眼光和战略思维能力人才队伍建设；深入开展重大国际问题研究；注重研究和借鉴世界各国优秀文明成果；提高利用外资质量，促进“引资”与“引智”相结合。温家宝总理强调：要完善知识产权保护、创新人才培养和国外智力引进政策。习近平副主席批示：在新的历史起点上，希望外国专家局深入贯彻落实科学发展观，认真实施中央关于海外高层次人才引进计划的意见，不断开创引进国外智力工作新局面。李克强副总理强调：要继续积极引进国外智力，广泛吸引和凝聚国际人才，在更大范围、更广领域、更高层次上开展国际交流和合作。李源潮部长指出：引进国外智力工作，在改革开放中功不可没。在新的发展时期，引进国外智力工作应有新的目标和要求，为实施人才强国战略、建设创新型国家作出新的贡献，为经济社会科学发展提供强有力的人才和智力保障。张德江副总理强调：要更加重视人才智力资源开发和能力建设在国家发展中的重大作用，更加重视交流合作的质量建设，更加重视交流合作的体制机制建设。

党的十七届四中全会把更好地实施人才强国战略作为推进党的建设新的伟大工程的重要任务进行了部署，提出要创新人才工作体制机制，以高层次人才、高技能人才为重点统筹抓好各类人才队伍建设。《国家中长期人才发展规划纲要》即将颁布，今年还将召开第二次全国人才工作会议。中央人才工作协调小组指出，要加大引进国外智力工作力度，完善国外智力资源开发利用政策措施和相关法律法规，实施更加开放的人才国际化政策。开发国（境）外优质教育培训资源，完善出国（境）培训管理制度和措施。综观全局，引智工作面临着新的更为繁重的任务，引智事业发展正在步入新境界，一个更加开放、更有活力的引智工作格局正在逐步形成，引智对经济社会发展的推动作用将愈益彰显。

我们要深入领会、准确把握中央对引智工作提出的新要求，深刻认识人才资源是科学发展的第一资源，深刻认识国际人才竞争日益激烈的发展趋势，深刻认识做好新世纪新阶段引智工作的重大意义，牢固树立为引智事业无私奉献的使命感和责任感，增强做好引智工作的主动性和自觉性。

三、关于2010年引进国外智力工作的主要任务

德江副总理在批示中指出：2010年是引智工作注重质量、工作创新的一年。希望全国引智系统更好实施人才强国战略，围绕党和国家中心任务，大力引进海外高层次人才和紧缺人才，积极开展国际人才交流与合作，进一步提高出国（境）培训质量和效益，着力优化引智环境，创新工作机制，注重宏观管理，强化优质服务，加强队伍建设，为推动我国经济平稳较快发展作出新的更大贡献！不久前召开的

全国人力资源和社会保障工作会议上，蔚民部长也明确提出：要加大引进和培训力度，推动引进国外智力工作不断发展，重点做好：大力引进海外高层次专家和人才；进一步提高出国（境）培训质量和效益；进一步创新引智工作的体制机制。领导同志的指示为做好引智工作进一步指明了方向，我们一定要认真学习、深刻领会，紧密结合实际，切实贯彻落实。

今年引智工作的总体要求是：全面贯彻党的十七大和十七届三中、四中全会精神，以邓小平理论和“三个代表”重要思想为指导，深入贯彻落实科学发展观，认真落实中央经济工作会议决策部署，把握民生为本、人才优先、注重质量、工作创新主线，围绕推动经济发展方式转变和经济结构调整，更加注重引进国外高层次人才和紧缺人才，更加注重提高出国（境）培训质量和效益，更加注重机制创新，更加注重制度建设，更加注重前瞻性研究，着力优化引智环境，强化优质服务，加强队伍建设，努力实现引智事业的新发展。

今年引智工作要点（征求意见稿）会后将抓紧修改下发，国家局还将对开展“质量与创新年”活动作出安排。在这里，我着重强调几点。

（一）更加注重引进国外高层次人才和紧缺人才，为经济发展方式转变和结构调整提供全方位服务

大力引进国外高层次人才，促进经济结构战略性调整不断取得实质性进展。一是在新能源、信息网络、新材料、生命科学、空间海洋地球科学等领域引进一批掌握关键技术的战略科学家和团队，推动发展战略性新兴产业，培育新的经济增长点。二是依托国家重大科技专项，重点在尖端科技领域和前沿科研领域引进一批国际顶尖人才和优秀团队来华工作或开展学术交流，推动知识创新和技术创新。三是继续做好高校学科创新引智项目、国际科技合作项目和创新团队国际合作伙伴项目等重点项目，力求突破更多重要关键技术。四是引进数控机床、深海装备、大型飞机等先进制造业急需的国外人才。更好服务重点产业调整振兴，支持物流配送、营销网络、电子商务、信息咨询等现代和新兴服务业加快发展。五是发挥海外高层次人才联系窗口作用，丰富人才信息库，逐步实现国际人才资源共享。继续积极参与实施“千人计划”。要落实国务院领导指示精神，把第九届中国国际人才交流大会办得更好、更有成效。

大力引进国外农业先进科技成果，加快发展现代农业。发挥引智成果在巩固农产品保障供给能力、促进农民增收方面的突出作用，推进农业科技进步和创新。加快国外先进农业种养殖技术、优良品种的引进消化吸收和再创新，推进农业自主创新能力建设，增强综合生产能力。配合全国新增千亿斤粮食生产能力建设规划，重点支持提高主要粮食作物单产和品质的引智项目，推动粮食主产区生产能力建设。支持畜牧水产规模化标准化健康养殖、动物防疫体系、植物保护体系以及认证认可制度建设等方面的引智项目。继续实施“新农村建设引智工程”“千村引智示范项目”“引智扶贫项目”和“智力拥军项目”等品牌项目。提高“一村一品”示范效用和影响力。

大力引进国外先进技术，推动建设资源节约型、环境友好型社会。瞄准国家节能减排目标，支持节能减排重点工程建设。加大优化能源结构、应对气候变化、控制温室气体排放、增加森林碳汇和发展绿色经济、低碳经济、循环经济等引智项目支持力度。积极支持气候友好技术、节能环保产业技术的研发和推广。为重点流域环境治理、城镇污水垃圾处理、农村环境综合治理、重金属污染综合整治等工作提供更有效的国外智力支撑。

（二）更加注重提高出国（境）培训质量和效益，推动各类人才队伍建设

按照“以我为主、为我所用、趋利避害、更有成效”的方针，切实增强出国（境）培训的针对性和实效性。通过开发国（境）外优质教育培训资源，完善出国（境）培训管理制度和措施，加强与国外高层次教育培训机构的交

流与合作，更好发挥境外培训在新一轮大规模教育培训干部工作中的补充作用，服务党政人才、专业技术人才、经营管理人才、高技能人才、农村实用人才和社会工作人才队伍建设。

严把培训质量关，保持适当的培训规模，以高层次人才和高技能人才为重点，抓好出国（境）培训。继续支持党政干部出国（境）培训，加快熟悉国际经济规则，提高应对复杂问题的能力。支持企业管理人才出国（境）培训，加快培养熟悉国际国内市场、具有国际先进水平的优秀经营管理人才。派遣先进制造业发展急需的各类高技能人才，以及金融、信息、物流、旅游等现代服务业发展急需的高级管理人才出国（境）培训，推动产业结构调整和升级。根据发展现代农业的要求，选派农村实用人才带头人赴国（境）外培训，推动社会主义新农村建设。开展社会工作人才出国（境）培训，学习借鉴国外在社会福利、社会救助、社区建设、残障康复、公益类民间组织管理等方面的成熟经验。

（三）更加注重引智机制创新，为有效实施区域发展总体战略提供国外智力支持

重点落实好国务院促进区域协调发展的相关规划和政策。研究制订今后十年引智为深入推进西部大开发服务的总体思路和政策措施。继续实施“海外智力西进工程”和“海外智力援疆工程”。落实《国家外国专家局关于进一步实施引智服务东北地区等老工业基地振兴战略的意见》，继续实施“振兴东北引智工程”。实施“中部崛起引智工程”，支持中部地区加强粮食主产区建设，发展有比较优势的能源和制造业。为天津滨海新区开发开放、海峡西岸经济区建设和“长三角”“珠三角”等东部地区改革发展提供海外人才和智力支持。加大对革命老区、民族地区、边疆地区和贫困地区的扶持力度，推动引智成果在这些地区的应用和推广。

充分发挥各地比较优势，进一步拓展引智空间。西部地区能源资源丰富、稀土等矿产资源储量巨大，特色农业比较发达、旅游业发展具有很大潜力，引智要突出地方优势，找准着力点，给予重点支持。东北地区已经成为中国重要的装备制造业基地，石油等能源产量居全国前列，在畜产品和绿色食品有机加工方面具有很强的优势，整个东北地区与俄罗斯、韩国、日本以及蒙古等国有密切联系，要提升引智合作层次，在优势产业上做文章。中部地区农业特别是粮食生产优势明显，工业基础比较雄厚，产业门类齐全，生态环境容量较大，集聚和承载产业、人口的能力较强，具有加快经济社会发展的良好条件，引智要创新体制机制，围绕建设粮食生产基地、能源原材料基地、现代装备制造及高技术产业基地搞好智力服务。东部沿海地区已经进入一个新的发展阶段，对海外高层次人才的吸引力大，需求强烈，引智要重点完善相关政策，构筑集聚海外高层次人才和智力高地。

进一步完善局省（部际、大项目）合作协调沟通机制。继续创新引智模式、提升引智层次、扩大引智成果受益面，努力实现引智效能最大化。鼓励有条件的地方，结合实际，在创新引智政策和体制机制上先行先试。要建立局省（部际、大项目）合作机制的评估检查机制，对合作协议执行的效果、机制完善程度、重点项目的进展情况进行评估，提高引智为地方和部门发展战略服务的能力和水平。

（四）更加注重制度建设，建立引进国外智力便捷、高效的公共服务体系

积极营造有利于吸引外国专家和海外人才的法律法规政策环境，实现引智主体管理和服务的规范化、程序化。深入贯彻行政许可法，继续推进行政审批制度改革，规范行政审批制度，完善对审批权的监督制约机制。坚持依法行政，开展行政执法检查，推行行政问责和绩效管理制度。在中央人才工作协调小组指导下，积极推动《外国专家来华工作条例》和《关于进一步加强引进国外智力工作的意见》早日出台。做好相关文件的立、改、废，会同有关部门及时修订与新形势新任务不适应的规定和文件，把成熟的经验制度化、成熟的政策

法制化。

按照建设服务型政府的要求，进一步建立健全引智公共服务体系。深入推进政务公开，坚持公开透明、明确时限、提高效率，为外国专家、海外高层次人才和外国专家聘请单位提供便捷、高效的服务。加强基础能力建设，完善引智公共信息供给，通过对国际人才市场的调查研究，定期发布国际人才供求信息。进一步健全统计调查制度，完善引智统计指标和快速调查机制，探索建立动态监测试点，提高统计的科学性、实效性和权威性。加快引智信息服务系统建设，推动国家和地方专家库、信息库、成果库建设，实现动态管理、资源共享。加快电子政务建设，增强网络服务功能，不断完善行政许可、引智项目计划申报和管理工作网上办理系统。

加强国际人才交流合作的质量建设和体制机制建设，顺应人才国际化趋势，充分发挥市场配置国际人才资源的基础性作用，进一步构筑国际人才市场服务平台，完善政府主导、中介组织跟进、市场多元化调节的人才引进格局。

（五）更加注重前瞻性研究，做好引智事业“十二五”规划编制工作

要深入学习研究改革开放以来党和国家领导人关于引进国外智力一系列重要论述，不断提高理论研究水平。学习借鉴国际经验，认真研究当代智力资源国际化、网络化、多样化的特点和规律。精心组织一批高层次研究课题，重点研究制约引智科学发展的深层次问题，提出具有前瞻性、创新性和引领性的研究成果，推动引智理论创新和实践发展。

需要特别指出的是，科学编制“十二五”引智事业发展规划，具有十分重要的意义。要集全系统之力，做好规划编制工作。要着重把握以下几点：一是突出规划重点。要充分体现科学发展、和谐发展、和平发展战略思想，正确把握今后一个时期国际环境新变化和国内发展新要求，科学合理确定“十二五”时期引智事业发展的基本思路。二是正确处理政府和市场关系。突出政府履行公共职责的功能定位，注重促进国际人才市场健康发展，营造引进国外智力的良好政策和法律环境。三是加强对重大引智工程的研究和论证。研究确定一批关系全局、意义深远、带动作用强的重大引智工程，尽早启动项目的前期研究及论证工作。四是增强规划编制的民主性和科学性。广泛听取社会各界意见，增强规划工作的透明度和公众参与度，提高编制工作质量和水平。要在圆满完成引智“十一五”规划目标任务的基础上，在国家“十二五”规划纲要框架内，做好“十二五”规划编制工作，确保规划反映经济社会发展的现实需要，为今后一个时期引智事业发展打下坚实基础。

四、振奋精神，齐心协力，切实抓好各项工作落实

为把党的十七大和十七届三中、四中全会以及中央经济工作会议精神领会好、贯彻好、落实好，保证今年引智各项任务的顺利完成，我再提几点希望和要求。

（一）加强学习，统一认识。要把学好用好中国特色社会主义理论体系作为首要任务，把深入学习贯彻科学发展观作为中心内容，努力掌握贯穿其中的马克思主义的立场观点方法，努力提高马克思主义理论水平和服务科学发展的能力，做到学以致用、用以促学。要不断提高战略思维、创新思维、辩证思维能力，在应对国际金融危机冲击、保持经济平稳较快发展的实践中，提高谋划发展、统筹发展、优化发展、推动发展的本领。加强学习型引智队伍建设，重视引智系统人员业务知识培训，提升干部队伍素质，完善必备的知识结构，提高执行力。

（二）转变作风，狠抓落实。各地各部门要围绕中央和地方重大决策部署，因地制宜，安排好工作。要加强调查研究，深入基层，深入实际，及时发现和解决引智工作中出现的新情况、新问题。要解放思想，锐意改革，开拓进取，创造性地开展工作。要突出重点，统筹

兼顾抓落实；明确责任，强化监督抓落实。大兴艰苦奋斗之风，坚持廉洁从政。坚持用制度管权、管事、管人。对重点人才引进计划的实施、重点人才队伍的培训、重点对外合作项目的执行等，要会同有关方面，及时进行跟踪分析和监督检查，确保相关工作任务落到实处。同时，确保各项财务制度和廉政建设制度贯彻执行。

（三）重视成果，大力宣传。推广引智成果是发挥引智“四两拨千斤”作用的关键。要建立引智成果的发现、评价和推广机制，注重总结在建设创新型国家、提高自主创新能力、加快发展方式转变、推动农村改革发展等方面的引智成果和鲜活经验，特别是那些带动能力强、科技含量高、社会受益面广的成果，深入分析其中蕴涵的规律和方法，形成具有带动意义的成果案例，大力示范推广。各地各部门要充分借助中央、地方各大新闻媒体，充分利用各种宣传资源，形成引智宣传长效机制，共同营造全社会关心引智、了解引智、支持引智的浓厚氛围，让更多的引智成果在更广领域和更大范围推广。

（四）协调配合，形成合力。要强化大局意识和整体观念，加强协调配合，形成推动引智工作又好又快发展的合力。国家局研究重大问题，作出重要决策，要充分听取其他部门和地方的意见建议。要加强机关“三基一化”基础建设，提高公共管理和公共服务水平，加强对地方外专局工作的指导，尽力帮助地方解决实际困难。要发扬协作精神，增强集体荣誉感，相互理解、相互配合、相互支持，共同落实好国家有关政策规定，齐心协力完成中央交给的任务。

同志们，2010年的引智工作任务繁重，各级引智部门责任重大。让我们更加紧密地团结在以胡锦涛同志为总书记的党中央周围，高举中国特色社会主义伟大旗帜，坚持以邓小平理论和“三个代表”重要思想为指导，深入贯彻落实科学发展观，同心同德、顽强拼搏，为全面实现“十一五”时期经济社会发展目标、夺取全面建设小康社会新胜利作出新的更大贡献！

在人才工作座谈会上的讲话

季允石

（2010年7月20日）

一、深刻理解人才工作会议和人才规划纲要提出的战略思想

进入新世纪，党中央深刻分析国内外形势，针对我国现代化建设面临的机遇与挑战，提出实施人才强国战略。2003年，党中央国务院召开第一次全国人才工作会议，颁发《关于进一步加强人才工作的决定》，对实施人才强国战略作出全面部署。党的十七大首次将人才强国战略写入党的全国代表大会报告和党章，把人才强国战略确定为贯彻落实科学发展观的三大基础战略之一。前不久召开的全国人才工作会议，深入贯彻党的十七大和十七届三中全会精神，对更好实施人才强国战略、加快建设人才强国作出全面部署，是我国人才工作新的里程碑。党中央国务院颁布实施的《国家中长期人才发展规划纲要（2010—2020年）》，是我国第一个中长期人才发展规划，是当前和今后一个时期人才工作的指导性文件。认真学习、深入领会人才工作会议精神和人才规划纲要的丰富内涵和精神实质，深刻理解会议和规划纲要提出的一系列战略思想，是当前引智系统的一项重大任务。

一是要深刻理解人才资源是第一资源的重要思想。中央提出，人才是我国经济社会发展的第一资源，我们各项事业发展需要的各种知识、科技、资金、资源、信息、体制、环境、政策等要素和条件，只有为人所掌握、所运用，才能充分发挥作用。人才是社会文明进步、人民富裕幸福、国家繁荣昌盛的重要推动力量，我们要用战略眼光看待人才工作，把人才作为科学发展的第一要素，把培养人才、吸引人才、开发人才、用好人才，作为落实科学发展观、实现科学发展的基础性工作，促进经济社会发展从主要依靠增加物质资源消耗，转向主要依靠科技和人才，使人才真正成为科学发展的第一推动力。

二是要深刻理解人才强国的战略目标。全国人才工作会议对建设人才强国提出了全面要求，确定了建设人才强国的总体目标：培养和造就规模宏大、结构优化、布局合理、素质优良的人才队伍，确立国家人才竞争比较优势，进入世界人才强国行列，为在21世纪中叶基本实现社会主义现代化奠定人才基础。这个总体目标，既考虑了我国经济社会发展的需要，又考虑了参与国际人才竞争的需要，也充分考虑了我国人才队伍发展的现实可行性。从必要性来看，实现全面建设小康社会的奋斗目标，必须充分发挥人才作用，建设人才强国。国家科技中长期规划纲要与教育改革和发展规划纲要分别提出了到2020年进入创新型国家行列和建设人力资源强国的目标，人才发展的战略目标与之相互呼应、相互衔接。从可行性来看，这个总体目标符合我国经济社会发展和人才队伍建设的实际情况。衡量一个国家是否是人才强国，要综合考虑人才规模、人才素质、人才投入和人才效能四个方面的因素。人才资源研究专家经过精心设计，提出了 14 项指标，预测经过全国共同努力，我国到 2020 年能够进入世界人才强国行列。我们要清醒认识、全面瞄准建设人才强国的战略目标，坚定不移地走人才强国之路，努力建设世界人才强国。

三是要深刻理解人才发展的指导方针。人才规划纲要提出，实现我国人才发展总体目标，必须坚持“服务发展、人才优先、以用为本、创新机制、高端引领、整体开发”的指导方针。服务发展，就是要紧紧围绕党和国家大局，根据科学发展需要来谋划人才工作，以科学发展理论来指导人才工作，用科学发展成效来检验人才工作。人才优先，就是要牢固树立人才资源是第一资源的理念，努力做到人才资源优先开发，人才结构优先调整，人才投资优先保证，人才制度优先创新，确立人才优先发展的战略布局。以用为本，就是要把充分发挥各类人才的作用作为人才工作的根本任务，围绕用好用活人才来培养人才、引进人才，积极为各类人才干事创业和实现价值提供机会和条件。创新机制，就是要把深化改革作为推动人才发展的根本动力，坚决破除束缚人才发展的思想观念和制度障碍，构建与社会主义市场经济相适应，有利于科学发展的人才发展体制机制。高端引领，就是要突出高层次人才在经济社会发展和人才队伍建设中的引领作用，通过培养造就一大批优秀高层次人才、促进人才队伍素质的全面提高，使人才对经济社会发展的支撑作用不断增强。整体开发，就是要统筹推进城乡、区域、产业、行业和不同所有制人才资源开发，实现各类人才协调发展，促进人的全面发展，鼓励和支持人人都作贡献，人人都能成才。

四是要深刻理解人才优先发展的战略布局。人才优先发展，是许多国家实现经济追赶的成功经验，也是美国等发达国家长期保持经济科技领先的重要原因。我国人口多，人均资源少，经济社会发展面临严重的资源、能源和环境约束。转变经济发展方式，通过人才优先发展来形成新的经济社会发展优势，是符合我国国情的战略选择。确立人才优先发展战略布局，一是人才资源优先开发。确立人才资源开发相对于物质资源、环境资源、资金资源以及其他方面资源开发的优先地位，创新人才资源开发模式，加快高层次人才培养，加大紧缺人才引进，实现人才资源的持续开发。二是人才结构优先调整。在加快转变经济发展方式，推动产业结构优化升级的进程中，及早谋划和率先调整人才的专业素质结构、层级结构、分布结构，以人才结构优化引领产业结构优化升级，以人才合理布局促进区域协调发展，以人才优化配置提升经济社会发展质量。三是人才投资优先保证。树立人才投入是效益最好投入的观念，加大政府对人才发展的投入力度，鼓励和引导社会、用人单位和个人投资人才资源开发，形成多元化人才投入机制，促进人才投资优先保证，提高投资效益，促进人才优先发展。四是人才制度优先创新。在发展社会主义市场经济的整体制度设计中，高度重视并优先进行人才制度的设计，通过构建科学、开放、灵活、高效的人才发展体制机制，充分激发各类人才的创新活力和创造智慧。

五是要深刻理解人才发展以用为本的理念。科学发展以人为本，人才发展以用为本。要重点围绕用好用活人才，充分发挥各类人才的作用，实现人才自身的价值，提高人才效能。人才作为一种特殊资源，只有使用才能创造价值。人才工作会议提出，要把发挥各类人才的作用作为人才工作的根本任务，让各类人才各得其所、各展所长、建功立业。以用为本的新理念要求我们把充分发挥各类人才的作用作为人才工作的当务之急，把用好人才作为当前人才工作第一位的任务，解决好人才不适用、不够用、不能充分使用的问题，努力形成人尽其才、人才辈出的生动局面。

六是要深刻理解人才发展的总体部署、重点任务和重大举措。针对我国经济社会发展需要，人才规划纲要提出了实行人才投资优先，加强人才资源能力建设，推动人才战略性调整，造就宏大的高素质人才队伍，改革人才发展体制机制，大力吸引海外高层次人才和紧缺专门人才，加快人才工作法制建设，加强和改进党对人才工作的领导等总体部署，为我国人才强国战略的宏伟目标构建了整体框架，明确了人才工作的努力方向。为实现人才强国的远景目标，根据我国人才队伍建设特点，结合国际发展经验，在深刻分析我国人才资源开发的不足与薄弱环节的基础上，提出了培养和造就创新型科技人才和经济社会发展重点领域急需紧缺专门人才，统筹“六支队伍”建设，以高层次、高技能人才为重点，全面推进各类人才队伍建设的重点任务，为实现我国人才资源开发战略目标提供了切实可行的方法与途径。为更好地服务人才发展的重点任务，提出了一揽子重大战略举措，包括创新人才体制机制、实施重大人才政策、实施重大人才工程等方面。引智系统要深刻认识、全面领会推进我国人才发展的总体部署、重点任务和重大举措，把思想认识统一到中央的要求上来，进一步增强做好引智工作的责任感和使命感。

二、充分认识引进国外智力在加快建设人才强国中的重要作用

人才工作会议的召开和人才规划纲要的颁布，标志着我国进入了经济社会发展人才要优先发展的新时期，人才发展要在人才大国基础上建设人才强国的新阶段。引进国外智力作为人才强国战略的重要内容，肩负着新的历史使命。

第一，引智是参与国际人才竞争的重要方式。人才是衡量一个国家综合国力的重要指标，要想在日趋激烈的综合国力竞争中掌握主动，必须具有能够实施正确战略决策、胜任参与各领域国际竞争的高素质人才。随着国际人才竞争日益激烈，不少国家制定并实施新的人才战略，千方百计吸引人才、延揽人才。引智就是通过准确把握国际人才流动趋势，不断完善法律法规体系，建立保障机制，吸引国际人才向我国流动，逐步形成在国际人才竞争中的比较优势。改革开放三十年来，引智在国际人才竞争中的作用愈加凸显，来华工作外国专家数量大幅度增加，层次进一步提高，结构更趋合理，对我国经济社会发展的促进作用愈加明显。积极应对日趋激烈的国际人才竞争，要求引智更进一步发挥资源优势、信息优势、政策优势，促进我国在新一轮国际人才竞争中抢占先机，为早日进入世界人才强国行列作出积极贡献。

第二，引智是实践人才优先发展的重要途径。在人才资源开发上，引智通过积极开拓国际人才资源渠道，发展政府间高层次人才智力合作，加强与国际高水平人才机构的资源共享，有利于逐步形成全方位、多层次、宽领域的国际人才开发的良好局面。在人才结构调整上，引智紧贴经济社会发展的战略需求，通过不断完善人才引进机制，将引进的重点调整到高层次、紧缺型海外人才上来，有利于促进人才结构的不断优化。在人才投资保障上，引智在确保政府资金投入的基础上，积极推动社会、用人单位和个人共同投入人才资源开发和人才队伍建设，有利于形成多元化的人才发展投入机制。在人才制度创新上，引智学习和借鉴国外人力资源开发的先进经验和做法，结合我国人才工作发展的现实需要，不断完善工作体系，创新工作方式，努力营造良好市场环境，有利于制订更加灵活、更加开放、更加有效的人才政策。

第三，引智是推动人才工作体制机制创新的重要手段。胡锦涛总书记指出，要根据与社会主义市场经济体制相适应的要求，完善人才工作管理体制，健全人才工作机制，着力解决影响人才工作发展、制约人才发挥作用的突出矛盾和问题。引智工作体制机制创新是人才工作体制机制创新的重要方面，探索实行技术移民，制定国外智力资源供给、发现评价、市场

准入、使用激励、引智成果共享等办法，必将极大地推动改进完善我国人才工作管理体制，创新人才工作体制机制。

第四，引智是加快人才资源开发的重要支撑。培养造就规模宏大、结构优化、布局合理、素质优良的人才队伍，要求坚持人才自主培养开发和引进海外人才相结合，开发利用好国内国际两种人才资源。引智积极服务于我国人才资源开发，以开发利用国际人才资源为主要方式，通过“请进来”，引进数以万计外国专家来华工作，在探索前沿科技、发展新兴产业、推广管理经验等方面发挥了独特作用，为改革开放和社会主义现代化建设提供了强大的国外人才资源保障。以推动国内人才国际化为着力点，通过“派出去”，组织人员出国（境）培训，为我国党政人才、企业经营管理人才、专业技术人才、高技能人才、农村实用人才、社会工作人才等人才队伍建设作出了积极贡献，成为推动我国人才资源开发的重要支撑力量。实施更加开放的人才政策，必将加速建设人才强国的进程。

三、准确把握人才工作会议和人才规划纲要对引智工作提出的新任务、新要求

人才工作会议强调，要坚持扩大人才工作对外开放，做好人才“引进来”和“走出去”工作，加强人才和人才开发国际交流合作，积极引进海外人才和智力。人才规划纲要将引进国外智力作为人才工作的一项重要内容，提出了在政策法规建设、实施更加开放的人才政策、加快我国人才队伍培养等方面的任务目标，为引智事业发展指明了方向。

中央人才工作协调小组制订的人才规划纲要任务分工方案，将规划的目标措施分解为91项任务。国家局牵头落实1项，参与实施14项，其中关于人才队伍建设的6项，关于体制机制创新的2项，关于重大政策的6项。此外，在许多方面我们可以主动介入，找到结合点。做好这些工作，需要全国引智系统团结一致、协同配合、共同努力。要按照《关于贯彻落实〈中央人才工作协调小组实施〈国家中长期人才发展规划纲要（2010—2020年）〉任务分工方案〉的通知》（外专发［2010］91号）以及国家外国专家局《关于认真学习贯彻落实全国人才工作会议精神和〈国家中长期人才发展规划纲要（2010—2020年）〉的通知》（外专发［2010］97号）的要求，认真完成好引智系统承担的各项分工任务。

一是大力引进海外高层次人才和紧缺人才。人才规划纲要从突出培养造就创新型科技人才、大力开发经济社会发展重点领域急需紧缺专门人才、统筹推进各类人才队伍建设三个方面对人才队伍建设作出了部署。要按照纲要的部署和要求，开展国外人才需求预测，确定引进人才重点。紧紧围绕提高自主创新能力、建设创新型国家，大力引进一批世界水平的科学家、科技领军人才、工程师和高水平创新团队，充分发挥其引领和带动作用，促进创新型科技人才队伍建设。适应发展现代产业体系和构建社会主义和谐社会的需要，在装备制造、信息、生物技术、新材料、航空航天、海洋、金融财会、国际商务、生态环境保护、能源资源等重点领域引进急需紧缺专门人才。

二是切实提高出国（境）培训质量和效益。人才规划纲要提出，要开发国（境）外优质教育培训资源，完善出国（境）培训管理制度和措施。引智系统要进一步加强与国外高层次教育培训机构的交流与合作，按照向高层次发展、按需开辟、有进有出的原则，在国（境）外教育培训资源开发工作中建立严格准入、定期审查、动态管理的工作制度。科学确定培训目标，加强计划管理，合理设置培训项目，着力改进培训方式，严格培训纪律，建立科学规范的质量评估和监督办法，切实提高出国（境）培训的质量和效益。出国（境）培训要以培养创新型科技人才和经济社会发展重点领域急需紧缺专门人才为着力点，统筹推进各类人才队伍建设。要以提高领导水平和执政能力为核心，培养造就一支善于治国理政的党政领导人才队伍；以提高现代经营管理水平和企

业国际竞争力为核心，培养造就一批优秀企业家和一支高水平企业经营管理人才队伍；以提高专业水平和创新能力为核心，打造高素质专业技术人才队伍；以提升职业素质和职业技能为核心，形成一支门类齐全、技艺精湛的高技能人才队伍；以提高科技素质、职业技能和经营能力为核心，培养一支素质优良的农村实用人才队伍；以服务和谐社会建设为核心，培养造就一支职业化、专业化社会工作人才队伍。

三是拓展国际人才智力资源交流与合作。全国人才工作会议对加强人才和人才开发国际交流合作提出了明确要求。引智系统要不断创新合作方式，扩大合作空间，开展不同层面的对外交流合作。特别是要积极发展政府间高层次人才智力合作，充分利用我国与外国政府、国际组织等交流的渠道，建立政府层面高层次人才交流合作平台。鼓励和支持我国专家学者参加国际学术活动，吸引海外高层次人才以共同研究或学术交流等多种形式为我国经济社会发展作出贡献。充分依靠我驻外使领馆，发挥我局驻外机构的作用，开辟高层次人才引进渠道。

四是深化引智成果示范推广工作。人才规划纲要对引智成果共享提出了更高的要求。要在建立国家引智成果示范推广基地和引智成果示范单位的基础上，加大引智精品工程和重点项目支持力度，促进成果消化吸收并转化为现实生产力。不断完善引智基地和示范单位评审制度，加快制定引智成果发现、认定和示范推广的政策措施。对先进、适用、成熟、有良好的经济和社会效益并具有推广前景的引智成果，做好示范，扩大影响，推动成果更快应用到生产上，取得规模效益。推进引智成果区域优势互补、良性互动，建立引智成果的合作交流机制，在更大范围、更高层次上实现引智资源和成果共享。

五是加强引智公共服务体系建设。建立统一协调、运转高效的公共服务体系，创造良好的用人环境，是人才规划纲要对提高引智服务效能提出的根本要求。要建立和完善引智政策法规体系，积极推进《外国专家来华工作条例》和《关于进一步加强引进国外智力工作的意见》等重要法律法规文件的出台。为实施更加开放的人才政策服务，探索实行技术移民，推动完善外国人永久居留权制度等，吸引海外高层次人才来华工作，依法保障国外人才和聘用单位的合法权益。要建立多层次、宽领域、全方位的国外智力资源信息网络和国外人才库。健全以政府奖励为导向，以用人单位和社会力量奖励为主体的外国专家奖励办法。规范市场运行机制，完善市场服务功能，推进国际人才市场体系建设，加强管理，寓服务于管理之中。

四、全面贯彻人才工作会议和人才规划纲要，制定好实施意见，编制好引智“十二五”规划

制定《关于贯彻落实〈国家中长期人才发展规划纲要（2010—2020年）〉的实施意见》和《引进国外智力“十二五”规划》是贯彻落实人才规划纲要的重要举措和抓手，要在组织学习、深刻理解全国人才工作会议精神基础上，结合引智工作实际，制定和编制好这两个重要文件。会后，实施意见将尽快修改下发，引智“十二五”规划还要深入研究、论证，进一步广泛征求意见。希望大家今后继续积极参与，主动建言献策，集思广益，使之更好地指导当前和今后一段时期引智工作的开展。这里，我着重强调几点：

一要牢固树立大局意识。放眼全局，我们正处在一个新的历史起点上，“十一五”将要结束，“十二五”正在来临。21世纪头十年即将过去，未来十年正在谋划。今年以来，党中央先后召开西藏、新疆工作座谈会，召开了全国人才工作会议、西部大开发工作会议和全国教育工作会议，下发了国家中长期人才、教育发展规划纲要，以及加快推进西藏、新疆经济社会跨越式发展的意见。这些都是关于未来五到十年的重大部署，都涉及引智工作，都蕴涵着我们承担的责任。要牢固树立大局意识，把思想和行动统一到中央的精神上来，统一到中央的要求上来，按照中央的决策部署谋划和推动我们的工作，在全局中定位，在大局下行动。要自觉服务人才优先发展，服务科学发展，做到围绕科学发展目标确定任务，根据科学发展需求制定政策措施，用科学发展成果检验工作成效。

二要建立健全贯彻落实的长效机制。按照“四落实”（思想落实、任务落实、政策落实、项目落实）和“四明确”（明确任务、明确责任、明确时限、明确要求）的要求，立足当前，着眼长远，统筹兼顾，分步实施，建立健全长效机制。层层细化分解目标任务，落实到具体部门和责任人。对牵头的工作任务，要切实履行好职责，抓好具体分工和组织协调。对其他部门负责的工作，要积极配合，密切协作。还要加强督促检查，认真总结基层好的经验、做法，及时发现和解决工作中存在的突出问题。

三要注重体制机制创新。人才规划纲要的突出特点，就是体制机制创新。实施意见、引智“十二五”规划要着重体现体制机制创新的要求，坚持推进改革创新，激发人才的创造活力，重点围绕用好用活人才、提高人才效能，完善引智工作管理体制，健全引智工作机制。加强引智公共服务体系建设，丰富国外智力信息资源，不断完善引智资源共享机制。建立科学高效的国外智力资源供给和评价准入机制，完善符合国际通行标准的国外人才评价模型和测评体系。建立健全以人才智力资本价值实现为导向，鼓励国外人才创新创造的收入分配激励机制。建立以政府奖励为导向，以用人单位和社会力量奖励为主体的外国专家表彰奖励体系。不断完善引智成果示范推广和共享机制。加强重大引智项目制度体系建设，建立健全通过引进消化、吸收促进创新的运行机制。推进引智工作分类指导，不断完善引智局省（部际、大项目）合作机制。

四要科学设计重大工程。实施意见、引智“十二五”规划，要突出以政策突破带动体制机制创新，以重大工程实施引领人才队伍建设。重大工程是实施规划的重要载体，是规划编制的核心问题。要通过重大工程推动实现各项目标任务，积极争取国家财政对引智工作更多支持。要进一步加强统计数据和相关资料的深入分析，认真测算，统筹考虑，注重用数据说话，充分论证，精心设计。要按照少而精的原则，既注重创新又注意衔接，既强调引领性又强调示范性，提出若干关系全局、影响广泛、带动作用强的重大工程，实现重大政策和重大工程的有机结合，增强引智工作活力，更好地服务经济社会科学发展。

五要着力完善引智政策。人才规划纲要针对当前人才发展急需解决的突出问题，提出了10条重大人才政策，并细化分解为38项工作任务，其中我局牵头实施的1项，参与实施的5项。要围绕这些政策目标，抓紧开展调查研究，找准政策的突破口，研究出台具体的、可操作的政策措施。制定更加灵活，更加开放、更加有效的人才政策，要借鉴国际先进经验，鼓励、支持一些地方先行先试。国家科技、教育、人才三个中长期发展规划纲要相互支撑、紧密联系又各有侧重，共同组成了国家发展的顶层设计和系统规划。制定引智“十二五”规划，一定要深入研究三个规划纲要的重要内涵，处理好与三个规划的关系。作为国家总体规划的重要内容，引智“十二五”规划要与国民经济和社会发展总体规划相协调，对总体规划中的引智发展目标进行细化和深化，全面服务总体规划目标任务。引智政策创新，既要与国家三个中长期发展规划，国民经济和社会发展总体规划重大措施和相关政策相衔接，又要与国家重大产业政策相匹配，尤其要注意与有关法律法规相协调。

六要加强组织领导，完善保障机制。要加强对引智系统贯彻落实人才规划纲要的组织领导，建立目标责任制。地方各级引智部门要对照分工任务、目标要求和工作进度，抓好任务落实。要自觉坚持党管人才原则，围绕中心，服务大局，积极争取党委政府的重视、支持和领导，将引智工作纳入党和政府工作全局。要切实加强与组织部门的密切配合，积极参与制定本地区的中长期人才发展规划。要主动加强与相关部门的沟通协调。国家局各部门要深入实际，了解掌握贯彻落实情况，加强对重大政策、重要问题、重点工作的研究和指导。要建立健全监测、评估、考核机制，加强基础建设与自身队伍建设，搞好引智宣传工作，确保各项任务按时保质完成，确保引智“十二五”规划顺利实施。

实现全面建设小康社会的宏伟蓝图，是前无古人的伟大事业，任重而道远；实施人才强国战略，加快建设人才强国，是长期的战略任务，紧迫而繁重。引进国外智力工作崇高而神圣，令每一个投身于这项伟业的引智人倍感光荣与自豪。我们一定要倍加珍惜来之不易的历史机遇，自觉担负起时代赋予的重任，在引智这片广阔天地中建功立业，成就精彩人生。让我们更加紧密地团结在以胡锦涛同志为总书记的党中央周围，高举邓小平理论和“三个代表”重要思想的伟大旗帜，深入贯彻落实科学发展观，以更大的气魄、更高昂的斗志、更务实的措施，不断开创引智事业新局面，使引智工作在全面建设小康社会的伟大进程中焕发更加蓬勃的生机！

提高认识　把握形势
精心谋划新时期引进国外智力工作

——在国家外国专家局务虚会上的讲话

季允石

（2010 年 12 月 28 日）

这次务虚会开得很好，既是一次深入学习五中全会精神的党组中心组学习会，也是一次理论联系实际的工作研讨会。两天来，参加会议的各位局领导，局机关各部门、各单位负责同志，深入学习贯彻党的十七届五中全会和中央经济工作会议精神，总结“十一五”时期引智工作，研究“十二五”时期特别是明年的工作思路和主要任务，对全国引进国外智力工作会议报告（讨论稿）、2011 年引进国外智力工作要点（讨论稿）提出了很好的修改意见和建议。会议达到了统一思想、提高认识、坚定信心、明确任务的预期目的。

一、深入学习领会党的十七届五中全会精神，切实把思想统一到中央的决策部署上来

根据党的十七大提出的实现全面建设小康社会奋斗目标的新要求，五中全会深入分析了当前国际国内形势，审议通过了“十二五”规划建议，明确了“十二五”时期我国经济社会发展的指导思想、总体思路、目标任务、重大举措，对推动“十二五”时期我国经济社会发展作出全面部署。学习贯彻十七届五中全会精神，是当前和今后一个时期引智系统一项重大政治任务。我们要认真学习、深刻领会，全面理解和准确把握精神实质，切实把思想认识统一到中央对国内外形势的科学判断上来，把行动统一到中央对经济社会发展的决策部署上来。结合引智工作实际，重点要把握以下几个方面：

（一）准确把握中央关于我国发展仍处于重要战略机遇期的科学判断。五中全会深入分析了当前和今后一个时期我国经济社会发展的国内外环境，明确指出“十二五”时期是全面建设小康社会的关键时期，是深化改革开放、加快转变经济发展方式的攻坚时期。我国仍处于可以大有作为的重要战略机遇期，发展面临难得的历史机遇。胡锦涛总书记强调，继续抓住和用好重要战略机遇期，推动我国经济社会又好又快发展，既是我们解决前进道路上各种矛盾和问题、推动科学发展、促进社会和谐的必由之路，也是应对当今世界日益激烈的综合国力竞争、适应世界发展大势、掌握发展主动权的必由之路。全会要求全党要统一思想认识，抓住机遇而不可丧失机遇，坚持聚精会神搞建设、一心一意谋发展，增强工作的原则性、系统性、预见性、创造性，不动摇、不懈怠、不折腾，坚定不移朝着既定奋斗目标迈进。我们要准确把握中央关于当前我国发展形势的科学判断，把“十二五”时期的引智工作放在这个大背景下去思考、去定位、去谋划，进一步增强大局意识和责任意识，抓住机遇、迎接挑战，坚定不移地推进引智工作改革和发展。

（二）准确把握“十二五”时期经济社会发展主题和主线的科学决策。五中全会强调，做好“十二五”时期经济社会发展工作，必须以科学发展为主题，以加快转变经济发展方式为主线。主题和主线是发展的指南，也是规划的灵魂，具有纲举目张的作用，具有很强的指导性和现实意义。我国人口多、底子薄、发展不平衡、资源相对不足、环境容量有限的基本国情，决定我们必须把发展作为我们党执政兴国的第一要务，作为解决中国所有问题的关键、基础和“总钥匙”。在当代中国，坚持发展是硬道理的本质要求就是坚持科学发展。当前，我国已经进入只有加快转变经济发展方式才能实现科学发展的关键时期，这是贯彻落实科学发展观的内在要求和推动科学发展的重大举措，是适应全球需求结构重大变化、顺应我国经济社会发展新的阶段性特征的必然要求。“十二五”时期引进国外智力工作“围绕中心、服务大局”，就是要围绕科学发展主题和加快转变经济发展方式主线来推进，为促进科学发展、推动经济发展方式转变作出我们的贡献。

（三）准确把握中央关于“十二五”时期更加注重保障和改善民生的新要求。胡锦涛总书记在讲话中指出，我们必须更加注重以人为本，坚持从最广大人民根本利益出发谋发展、促发展，加快推进以改善民生为重点的社会建设，不断满足人民日益增长的物质文化需要，走共同富裕道路，促进人的全面发展，做到发展为了人民、发展依靠人民、发展成果由人民共享。“十二五”规划建议对保障和改善民生的重视前所未有，在规划建议稿中，“民生”这个关键词出现10次（“十一五”规划建议中出现1次），并首次将“保障和改善民生”写入指导思想，强调坚持把保障和改善民生作为加快转变经济发展方式的根本出发点和落脚点。引智工作服从和服务于“十二五”时期的发展，就是要把党中央、国务院对民生工作的高度重视，把社会各方对民生工作的新期待，转化为推动引智工作的强大动力，把改善民生作为引智工作的根本出发点和落脚点，在工作实践中更加注重以人为本，把涉及民生的好事办好、办实。

（四）准确把握中央关于建立健全基本公共服务体系的重要部署。五中全会强调，要逐步完善符合国情、比较完整、覆盖城乡、可持续的基本公共服务体系，提高政府保障能力，推进基本公共服务均等化。建立健全基本公共服务体系，必须充分发挥政府的主体作用，促进公共资源优化配置，逐步实现城乡、区域和不同人群基本公共服务均等化，为保障社会公平正义奠定坚实基础。这是加快建设服务型政府的内在要求，根本目的是进一步提高政府为发展服务、为人民服务的能力和水平，关键是推进政府职能转变、完善公共服务和社会管理。《建议》提出，要逐步实现不同区域基本公共服务均等化，坚持把深入实施西部大开发战略放在区域发展总体战略的优先位置。引智公共服务体系建设近年来取得了很大的进展，但公共服务供给不足和配置不均等问题依然存在。我们要深刻认识，统筹推进，逐步建立健全结构合理、分布均衡、运转协调的引智公共服务体系。

（五）准确把握中央关于建设人才强国的战略目标。五中全会对进一步建设人才强国作出部署，充分体现了党对人才工作的高度重视。建设人才强国，既是“十二五”时期我国经济社会发展的重要内容，又是实现“十二五”发展目标的重要保证。《建议》强调，建设人才强国，就是要坚持服务发展、人才优先、以用为本、创新机制、高端引领、整体开发的指导方针，加强现代化建设需要的各类人才队伍建设。充分发挥国内人才作用，积极引进海外高层次人才。引智作为人才强国战略的重要内容，要为提高我国人才国际竞争力、形成我国人才竞争比较优势、逐步实现由人力资源大国向人才强国转变发挥突出作用。

（六）准确把握中央关于进一步提高对外开放水平的战略决策。五中全会强调，“十二五”时期我国对外开放站在了新的历史起点上，必须实行更加积极主动的开放战略，不断拓展新开放领域和空间。以开放促发展、促改革、促创新。对外开放是推动国内体制创新的重要动力，通过对外开放借鉴国外的先进管理理念、制度、经验，有利于提高我国的经济社会管理水平。引进消化吸收再创新是我国自主创新的重要途径，通过扩大对外开放，可以更好地利用全球科技成果和智力资源。引智工作必须适应人才流动全球化趋势，主动参与国际人才竞争。当前，外资作为引进资金、先进技术、管理经验和高素质人才载体的作用更加突出。要深入贯彻中央关于“引资”与“引智”相结合的重大举措，加大智力、人才和技术引进工作力度，促进体制创新和科技创新。

不久前结束的中央经济工作会议全面贯彻十七届五中全会精神，认真总结今年及“十一五”时期经济工作，深刻分析了国内外经济形势，对明年经济社会发展做出了安排部署。这对于统一全党认识、凝聚全国力量，为“十二五”时期经济社会发展开好局、起好步，具有十分重要的意义。学习领会中央经济工作会议精神，应努力做到“五个深刻理解”，即深刻理解今年以及“十一五”时期我国经济社会发展的巨大成就，深刻理解“十一五”时期经济社会发展的基本经验，深刻理解世界经济格局的复杂变化，深刻理解中央对明年经济工作的总体要求，深刻理解明年经济工作的主要任务。要把贯彻落实中央经济工作会议精神与贯彻落实五中全会精神结合起来，把会议精神体现到即将召开的全国引进国外智力工作会议中来，体现到明年的工作要点中去。

总之，我们要按照十七届五中全会和中央经济工作会议要求，精心制定引智“十二五”规划，确定符合实际的发展战略、发展目标、发展重点，出台相关配套政策，细化各项落实措施，加强协调配合，增强系统性、协调性、前瞻性、创造性，扎实做好开局之年引智各项工作，为我国“十二五”时期的发展提供强大的海外人才和智力保障。

二、明确目标任务，把五中全会精神贯彻到引智各项工作中去

五中全会对“十二五”时期我国经济社会发展进行了总体部署，这也为今后一个时期引智事业的科学发展明确了指导方针、目标任务和工作要求，我们要准确把握，抓好落实。

（一）大力引进海外高层次人才和紧缺人才。“十二五”时期是我国转变经济发展方式的攻坚时期，加快转变发展方式最根本的要靠科技的力量，人才的重要性更加凸显。要紧紧围绕我国经济社会“十二五”时期发展的目标任务，大力引进海外高层次人才和紧缺人才。一是为加快转变农业发展方式服务。大力引进国外先进科学技术和产业体系，改造和提升我国农业发展水平，促进传统农业向现代农业转变。深化农业结构调整，积极引进国外优质农产品和特色鲜明的农产品，开发推广优良品种和先进种养技术。二是为产业结构优化升级服务。着力引进在发展先进装备制造、企业技术改造、提高企业核心竞争力、发展战略性新兴产业等方面的高层次人才和创新团队，特别是产业领军人才和急需紧缺的专门人才，促进我国由制造业大国向制造业强国转变，建立现代产业体系，逐步确立我国产业发展在全球经济中的比较优势。三是为促进区域协调发展服务。大力引进在基础设施建设、生态环境保护、文化教育等方面的海外紧缺人才。合理配置人才资源，为西部大开发、全面振兴东北地区等老工业基地、中部地区崛起、东部地区率先发展等区域发展战略提供强大海外人才资源支持。四是为提高节能减排能力和应对气候变化服务。积极开展应对全球气候变化的国际合作，重点引进在控制温室气体排放、资源有效利用、绿色节能等方面具备丰富经验和实践能

力的外国专家。五是为增强自主创新能力服务。引进一批国外优秀人才和核心技术研发人才，特别是具有世界水平的科学家、科技领军人才、工程师和高水平创新团队，推动实施国家科技重大专项，增强自主知识产权产品开发能力，促进培育一批适应市场需要、拥有核心技术、重视创新、机制灵活的优势企业和产业，提高产业集中度，增强科技发展的智力贡献率。六是为加强社会建设服务。加大在医疗卫生、人口老龄化、公共安全、社会安全预警和应急处理等方面国外人才的引进力度，为逐步形成我国基本公共服务体系，创新社会管理机制提供人才支持。

（二）更加注重提升出国（境）培训质量和效益。“十二五”时期是加快推进人才强国战略的关键时期，出国（境）培训工作要乘势而上，充分发挥工作优势，为人才资源优先开发作出积极贡献。一是大力推动各类人才队伍建设。以人才资源能力建设为核心，遵循“以我为主、为我所用、趋利避害、注重实效”的方针，以高层次人才和高技能人才为重点，培养造就一批复合型、高层次、通晓国际规则、掌握精湛技术、适应对外开放的人才队伍，提升人才国际化水平。二是强化出国（境）培训管理。贯彻落实中办、国办及中纪委文件精神，严格出国（境）年度计划审批。加强出国（境）培训的宏观调控，逐步提高中长期出国（境）培训项目和高层次培训项目比重。健全监督机制，加强团组境外活动检查，严肃查处违纪违法事件。三是加强培训渠道的动态管理。大力开发国外优质培训资源，重点发展与国外名牌大学、著名企业和研究部门的合作，健全完善培训渠道评估认定和正常退出机制工作，强化监督检查。

（三）深化国际人才交流与合作。“十二五”时期，发达国家在人才智力资源等方面的整体实力仍将保持优势地位，但我国的整体实力正在快速上升，开展国际人才交流与合作的途径愈加多样化。引智工作处于对外开放的前沿，要发挥优势，进一步深化国际人才交流与合作，拓宽引智国际空间、丰富引智内容形式、扩大引智工作影响。一是不断增强我国国际人才竞争力。世界经济结构进入调整期，创新和产业转型处于孕育期，人才竞争更加激烈，高层次科技创新创业人才成为各国争夺的重点。要抓住我国国际地位日益提升、综合国力显著增强的大好机遇，着眼于我国经济社会发展对高层次人才的迫切需要，学习借鉴发达国家的有益经验和管理模式，建立完善符合国际人才流动规律的引才、用才机制。加强国际人才交流大会等重大引智平台建设，在国际人才竞争中赢得更大主动。适应扩大对外开放新变化，推动实施“走出去”战略。支持我国高等学校、科研院所与海外高水平教育、科研机构建立联合研发基地。二是提高国际交流合作层次。围绕国家外交总体布局，积极推动建立政府间交流合作机制，开辟高层次引智渠道。发挥我驻外机构作用，主动与我驻外使领馆协同配合，积极与猎头公司及其他专业中介机构合作。三是加强国际人才市场服务体系建设。完善政府主导、中介组织跟进、市场多元化调节的人才引进格局。培育良好市场环境，制定市场服务标准，健全服务体系，规范市场中介、定价、人才评价、信息交流等功能，充分发挥市场配置人才资源的基础性作用。四是积极开展引智对外宣传和公共外交活动。进一步扩大我国引智工作的影响，做好重点外国专家队伍建设工作。

（四）加大引智成果示范推广力度。发展成果惠及全体人民是我国“十二五”时期转变经济发展方式的基本要求，引智工作要采取有效措施，积极推进引智成果共享，惠及更多人。一是进一步加强对引智示范推广基地和示范单位的指导和管理。完善评审制度，健全退出机制，确保基地和示范单位的先导和示范作用。加强示范推广基地协作网建设，促进基地间的项目交流合作。二是推动引智成果产业化。从各地实际出发，加大效益高、前景好、推广价值大的成熟引智成果的推广力度，促进成果尽快实现产业化，提高附加值，使之产生更大的经济效益和社会效益。通过“二次引进”推动全国范围内引智成果共享。三是组织好引智精品工程和重大项目。这是提升引智总体水平的有力抓手和有效载体，要认真抓好落实，制订详细的实施计划，做到目标明确、责任明确、措施明确、进度明确，加强考核评估和督促检查，确保一项一项抓到位、抓出成效。四是加大引智成果宣传力度。完善引智成果发现、搜集、整理、总结机制，大力发掘典型引智成果，广泛宣传，大力普及。五是引进和推广国际职业能力资格认证。加强与国际高水平人力资源机构、行业组织等的交流与合作，促进 PMP（项目管理职业资格认证）等国际职业能力资格考试本地化，加快我国人才素质国际化进程。

（五）推进引智公共服务体系建设。要坚持统筹兼顾、突出重点，优化引智公共资源配置，提高引智公共服务能力和水平。一是加强分类指导。立足各地比较优势，因地制宜、因时制宜，分层分类进行指导，重点支持服务国家和地区重大战略的引智项目，促进重点领域实现跨越发展。二是促进区域协调发展。贯彻国家区域发展总体战略和主体功能区战略，搞好地区互助、对口支援和“二次引进”，引导智力资源向中西部地区、东北地区等老工业基地和革命老区、民族地区、边疆地区及贫困地区倾斜，继续支持东部地区率先发展。三是稳步推进局省（部际、大项目）合作机制。继续深化与教育部、科技部、中科院、工程院、商飞公司及地方政府签署的合作协议，加强沟通协调，强化政策引导，突出制度保障，提升合作质量。四是鼓励基层大胆探索。支持地方学习借鉴国际人才发展经验，打破思维定式，创新引智方式，在特殊政策、特殊机制、特事特办等方面先行先试，开创新路子、创造新经验。五是搭建引智信息平台。坚持高起点规划、高标准实施，以专家库、项目库、成果库为依托，加强适度开放、操作便捷、人机界面友好的引智信息平台建设，扩大库容、分类整合、对口支持，推动智力资源共享、提高信息化服务水平。

（六）更好实施引智工作依法行政。要进一步强化以人为本理念，不断改进和完善外国专家管理工作。一是依法实施行政许可。继续推进行政审批制度改革，完善对审批权的监督制约。按照公开透明、简化手续、明确办理时限、提高效率、推行便民服务等要求，优化工作流程，为外国专家、海外高层次人才和聘请单位提供便捷、高效的服务。深化政务公开，提高行政效率，降低行政成本，加强行政问责制，提高公信力。二是加强法规制度建设。抓紧推动《外国专家来华工作条例》正式颁布实施。积极开展探索实行技术移民的前期调研工作，推动进一步加强引进国外智力工作的意见尽快出台。研究制定国外智力资源供给、发现评价、市场准入、使用激励、绩效评估、引智成果共享等办法。继续推进人才规划纲要及其他国家规划中由我局承担的各项重大任务落实。三是以政策突破带动体制机制创新。完善外国专家准入、居留、工作、生活等方面的规定，健全外国专家表彰奖励机制、利益表达机制、聘用争端解决机制，营造引才、用才的良好政策环境，依法保护外国专家合法权益。四是切实履行引智归口管理职能。完善工作体系，加强宏观管理和统筹协调，形成推进引智工作的强大合力。五是提高行政执行力。科学行政，民主行政，依法行政。增强服务意识，寓管理于服务之中。做好老专家服务工作，提升服务质量，提高服务效率。

三、转变作风，振奋精神，确保十七届五中全会精神贯彻落实到位

我国“十二五”时期经济社会发展的指导思想、总体思路、目标任务、重大举措已经确定，明年的各项任务、工作重点已经明确，我们一定要大力发扬真抓实干精神，发挥引智工作职能优势、资源优势、人才优势、信息优势，紧紧围绕“十二五”发展主题和主线，做好“十二五”开局之年的各项工作。

（一）增强责任意识和大局意识，切实抓

好各项工作。胡锦涛总书记要求，要坚持立党为公、执政为民，增强党的意识、宗旨意识、执政意识、大局意识、责任意识。我们一定要以昂扬向上的工作精神、百折不挠的工作意志、尽职尽责的工作态度，结合引智工作实际贯彻好中央政策方针。领导干部一定要大力发扬真抓实干精神，切实改进工作作风，兢兢业业做好工作，带头贯彻落实胡锦涛总书记的要求，以优良作风把五中全会精神和中央经济工作会议精神贯彻落实到引智各项工作中，取得更突出的成绩。

（二）发扬改革创新和求真务实良好作风，积极开展调查研究。胡锦涛总书记要求，要集中精力、心无旁骛，扑下身子抓工作，把心思放在抓好工作上，把工夫下到查实情、出实招、办实事上。“十二五”时期引智工作各项任务都很繁重，我们必须用改革的精神、改革的办法来解决改革中遇到的困难和问题。要深入开展调查研究，深入基层、深入实际，广泛了解实际情况，掌握基层现实要求，更多关注重点难点问题。要把直接调查和间接调查、全面调查和专项调查、收集掌握资料和研究提出对策结合起来，准确分析和判断形势，及时研究解决引智事业改革和发展中遇到的新问题，切实摸清发展潜力、优势和制约科学发展的症结，提高政策的针对性和实效性，为加快转变经济发展方式、破解经济发展难题提供科学依据。

（三）增强做好引智工作的责任感和紧迫感，切实提高业务素质和能力。胡锦涛总书记提出，各级领导干部要干一行、爱一行、钻一行，学习和掌握做好工作所需的知识和本领，多做基础性、长远性工作。我们要充分认识自身不足，增强对新事物的敏锐感，加强对最新科技发展动态的了解，加强引智理论研究，不断深化对国际人才流动规律和趋向的认识，努力改造主观世界，不断提高自身能力。处以下同志要做到应知应会，处级干部要成为本职工作的行家里手，司级干部要成为本领域专家权威，努力建设一支高素质引智干部队伍，更好地服务科学发展，推动引智事业科学发展。

（四）加强监督检查，狠抓工作落实。胡锦涛总书记要求，要一抓到底、善始善终，既要有思路、有部署，又要抓实施、抓落实。工作能不能取得实效，关键在于抓落实。要进一步建立健全跟踪工作进度、加强监督检查、反馈落实结果的工作机制，抓住实现工作目标不放松、落实政策措施不放松、解决现实问题不放松，切实把各项工作抓出成效。

（五）深入开展创先争优活动，推动队伍建设。开展创先争优活动，是巩固和拓展全党深入学习实践科学发展观活动成果的重要举措，是引智系统围绕中心、服务大局的重要推动力。要紧密结合引智工作实际，处理好创先争优活动和各项业务工作的关系，不断丰富创先争优活动的形式和内容，营造学先进、比先进、赶先进的浓厚氛围。按照年初确定的创先争优活动实施方案，目前已进入领导点评阶段。近期将由各局领导结合年度考核工作对分管单位开展创先争优活动情况进行点评，各支部也要组织对党员个人参与活动情况予以点评，实事求是肯定取得的成绩，指出存在的问题和努力方向，提升党员干部素质。

科学发展，人才先行。我国人才事业正处在战略机遇期、黄金发展期、加力创新期。同样，我国引智事业也正处在战略机遇期、黄金发展期、加力创新期。让我们更加紧密地团结在以胡锦涛同志为总书记的党中央周围，高举中国特色社会主义伟大旗帜，以邓小平理论和“三个代表”重要思想为指导，深入贯彻落实科学发展观，继续解放思想，坚持改革创新，推动引智事业又好又快发展，为建设中国特色社会主义作出新的贡献，以优异成绩迎接中国共产党成立90周年。

把握大局　科学谋划
推进人力资源和社会保障事业全面发展

孙宝树

（2010年3月2日）

过去的一年，各级人力资源社会保障部门坚决贯彻落实党中央、国务院关于保增长、保民生、保稳定的决策部署，在各级党委、政府的领导下，牢牢抓住就业和社会保障两个重点，人力资源和社会保障各项工作都取得了显著成绩。各级规划财务部门围绕中心、服务大局，努力提高服务决策水平，进一步增强保障支撑能力，为事业发展作出了重要贡献。一年来的工作有不少亮点，比较突出的有三个方面：一是规划计划实施有力地推动了工作落实。各级规划财务部门认真研究分析新形势新要求，科学编制下达年度发展计划，加强统筹调度和监测分析，对于推动“95146”等目标任务的全面完成发挥了重要作用。积极建立部省共建机制，广东、湖北、青海、陕西先后与部里签署了共同推进人力资源和社会保障事业发展的备忘录，推动了国家关于珠江三角洲、武汉城市圈、青海藏区、陕西关中地区等区域发展战略的实施。部里加强对地震灾后恢复重建工作的指导，各对口支援省市协调加大支持力度，四川、甘肃、陕西三省狠抓落实，有力地促进了灾后恢复重建规划的实施。同时，组织开展了西藏及四省藏区、新疆就业和社会保障专题调研，为国家制定相关扶持政策提出了建议。二是统计服务和决策支持工作成效显著。为积极应对国际金融危机，建立健全了就业相关数据快速调查旬报制度，有关10个省市抽调力量、密切跟踪，及时上报，为掌握情况、判断形势、科学决策提供了很好的数据支撑。首次在农民工输入地与输出地探索开展农民工就业和社会保障专项调查，相关地区积极支持配合做了大量工作，部里及时汇总分析，填补了对农民工情况进行定量分析的空白。这些统计调查工作，都得到中央领导同志的充分肯定。同时，首次开展了全系统公共服务机构情况调查，各地在时间紧、任务重的情况下，组织动员各级各类服务机构，加班加点汇总数据，很好地完成了任务。通过这一调查，基本摸清了家底，为进一步加强基层就业和社会保障公共服务体系建设，为实施有关工程项目奠定了良好基础。三是信息化建设取得可喜成果。金保工程一期建设顺利完成。建成了中央数据中心、灾备中心、部省业务专网、全国视频会议系统，建立了网络安全系统，开发了全国统一应用软件，编制实施了技术标准。各地普遍加大了投入，加快社会保障卡发放，加强实际应用。这些建设成果，为业务工作的开展提供了有效技术支撑，为宏观决策信息化提供了支持，为群众办理事务带来了方便。同时，组织编制标准体系和标准化工作发展规划，组织国家标准和行业标准的申报立项，积极推进标准化工作，规范了业务流程和管理标准，逐步提高了公共服务的质量和水平。

规划财务工作任务繁重、责任重大，点多、线长、面广。对内，要为机关的运行提供保障、支撑和各种各样的服务，还要组织研究谋划事业发展和协调有关政策，许多工作很具体琐碎；对外，要与相关部门开展大量艰苦细致的协调工作，既要深入研究又要注意方式方法，为事业的发展赢得更多的支持与配合。其中的辛苦，同志们感受至深。去年规划财务工作的成绩，是在面对国际金融危机挑战、工作任务非常繁重、各省厅局机构合并的情况下取得的，可以说是，非常之年，采取非常之举，建立非常之功，值得充分肯定。同志们牢固树立大局意识、责任意识，奋发进取、齐心协力，以饱满的工作热情、向上的精神状态，在应对一系列挑战和新考验中不断推进工作向前发展。同志们不断增强服务意识、创新服务手段、完善服务机制，低调做事、换位思考，努力提高服务水平，树立了综合部门的良好形象。同志们既坚持原则，又灵活主动，积极加强与有关部门的协调沟通，争取更多的理解，争取广泛的支持，把各方面的力量凝聚到推进我们的工作上来，有力推动了各项工作的落实。总之，一年来，同志们做了大量艰苦细致、卓有成效的工作。在此，我代表部党组，向规划财务部门的同志们和分管工作的厅局领导，致以诚挚的慰问并表示衷心的感谢！

2010年是应对国际金融危机的关键之年，也是国内外经济形势最为复杂的一年，人力资源和社会保障各项工作任务依然十分繁重。今年还是实施“十一五”规划的最后一年，也是“十二五”规划的编制之年。各级规划财务部门要在全面推进工作的同时，切实把“十二五”规划编制工作作为各项工作的重中之重，统筹协调，狠抓落实，为今后一个时期人力资源和社会保障事业的发展打下坚实基础。

一、充分认识编制“十二五”规划的重要意义

“十二五”时期是全面实现建设小康社会奋斗目标承上启下的关键时期，是深入贯彻落实科学发展观、构建社会主义和谐社会的重要时期，也是深化重要领域和关键环节改革的攻坚时期。认真编制人力资源和社会保障事业发展“十二五”规划纲要，科学谋划事业发展的思路，不断完善促进事业发展的政策措施，对于解决好人民群众最关心、最直接、最现实的利益问题，保障和改善民生，推动人力资源和社会保障事业不断实现新发展，维护改革发展稳定大局，具有十分重要的意义。

（一）编制“十二五”规划是推动实现全面建设小康社会目标的具体体现。党的十七大立足实际、放眼未来，明确提出了确保到2020年实现全面建设小康社会的奋斗目标，并把实现社会就业更加充分、基本建立覆盖城乡居民的社会保障体系、人人享有基本生活保障、基本形成合理有序的收入分配格局、更好实施人才强国战略等作为重要内容。同时，强调要着力保障和改善民生，努力使全体人民学有所教、劳有所得、病有所医、老有所养、住有所居，推动建设和谐社会。这些都充分体现了人力资源和社会保障工作在全面建设小康社会战略部署中的重要地位和作用，既是我们今后一个时期的根本任务，也是我们的奋斗目标和努力方向。我们必须在已有工作的基础上，充分认清所肩负的职责，正确把握形势任务，加强谋划，科学编制“十二五”规划，为推动实现全面建设小康社会的目标任务作出应有的贡献。

（二）编制“十二五”规划是人力资源和社会保障事业科学发展的客观需要。近年来，在党中央、国务院的正确领导下，人力资源和社会保障事业取得了长足进步。积极的就业政策不断完善，社会保障体系框架基本形成，工资收入分配制度改革稳步推进，人才队伍建设不断加强，人事制度改革不断深化，劳动关系保持和谐稳定。但是，必须清醒地认识到，我们的工作与党中央、国务院的要求相比，与科学发展观的要求相比，还有不小差距，还存在许多问题和不足，体制机制也还不完全适应。无论是解决就业热点问题，社会保障难点问题，收入分配焦点问题，还是加强人才队伍建设，发展和谐劳动关系，我们都面临着严峻的挑战。既有长期积累的问题，也有改革发展过程中出现的问题；既有当前亟待解决的现实问题，也有需要长远规划、深入研究的战略问题。这就要求我们必须立足当前、着眼长远，理清思路、科学谋划，着力于解决事业发展中的突出问题，增强工作的指导性和前瞻性，推动人力资源和社会保障事业全面协调可持续发展。

（三）编制“十二五”规划是更好地满足人民群众新期待的迫切要求。我们的所有工作都是围绕“人”来进行的。就业是民生之本，社会保障是民生之安，收入分配是民生之源，劳动关系是民生的润滑剂；人力资源是第一资源，人事制度改革和人才队伍建设也直接关系机关和企事业单位广大干部职工的切身利益。当前，我国经济实力大幅提升，人民生活水平加快提高，人们真切地感受到经济社会发展所带来的巨大变化。但是，必须清醒地认识到，人民日益增长的物质文化需要同落后的社会生产力之间的矛盾仍然没有变，从发展生产力到实现共同富裕要走的路还很长。反映在人力资源和社会保障领域，就是我们还有不少群众关心的问题没有切实解决好，群众就业需求比较高，部分群众缺乏社会保障，工资收入分配关系尚未理顺，束缚人才成长和作用发挥的因素仍然存在，基层公务员发展空间狭窄、激励机制还不足，侵害劳动者合法权益现象也还时有发生。这些都表明，人民群众对我们的工作非常关注，也非常期盼。这就要求我们必须牢固树立以人为本、执政为民的理念，统筹考虑各方面的关切，谋划好今后一个时期的制度建设和事业发展，制定实施合民心、顺民意的政策措施，促进民生的全面改善。

二、正确把握规划编制工作的规律

规划是事业发展的蓝图和行动纲领。世界许多国家，无论是传统计划经济国家，还是市场经济国家、发展中国家，普遍高度重视发展规划的编制和实施，在不同时期都以不同的方式利用规划来达到发展目的。原苏联及东欧社会主义国家通过实行指令性计划，推动了早期的较快发展和工业化；二战后，面对恢复经济的客观需要，西方资本主义国家尤其是北欧和西欧大都实施了国家经济计划，形成了战后发展的黄金时期；为了追赶先进国家，日本、韩国及一些发展中国家也相继制订了发展计划，带动经济高速发展。这些发展规划的制定和实施发挥了很好的成效。比较著名的一个例子，就是日本1961—1970年的国民收入倍增计划，通过该计划的有效实施，国民生产总值和国民收入实际年平均增长率分别达到11.6%和11.5%，先后超过法国和德国跃居世界第二位。

新中国成立后，除了1949年到1952年底经济恢复时期和1963年至1965年经济调整时期外，从1953年起，我国开始用计划指导经济建设，主要针对全国重大建设项目、生产力分布和重要经济比例关系编制年度计划或五年计划，都叫“国民经济计划”，一直沿用了30年。这些计划对各个时期的社会主义建设都发挥了重要作用。改革开放后，到1982年，我国开始编制“国民经济和社会发展计划”，增加了社会发展和人民生活方面的内容。随着社会主义市场经济的不断发展，计划中的指令性色彩逐渐淡漠，并从计划经济时期的以物为本转变为以人为本，从加快发展转变为科学发展，从倾斜发展转变为全面发展。到“十一五”时期，我国把过去的五年计划改为五年规划纲要。这些变化，既体现了宏观指导的重要作用，又描绘了国家发展的美好前景，鼓舞了斗志，增强了信心。目前，国民经济和社会发展规划在目标导向、平衡协调、资源优化配置、政策选择、规范约束和激励等方面发挥了重要的作用，已成为国家加强和改善宏观调控的重要手段，成为政府履行经济调节、市场监管、社会管理和公共服务的重要依据。

国家规划管理体系分为三级三类。三级就是国家级、省级和市县级规划；三类就是总体规划、专项规划和区域规划。人力资源和社会保障事业发展规划属于专项规划。规划的内容一般包括四个方面：一是发展背景和发展形势，二是指导思想、基本原则和发展目标，三是重点任务，四是政策措施和工程项目。近年来，各级人力资源社会保障部门按照国家总体安排和事业发展需要，编制并实施了多个专门的人才队伍建设规划、劳动和社会保障事业发展规划。规划工作越来越受到重视，内容更加全面，发布层次明显提升。2006 年，国务院批转发布了《劳动和社会保障事业发展“十一五”规划纲要》。各地的人力资源和社会保障规划很多也是由地方政府审批发布，较好发挥了对事业发展的引领作用。在规划编制过程中，各级规划财务部门积极发挥牵头组织作用，切实推进工作，也积累了很多好的经验和做法。规划编制工作具有自身的运行规律，我认为，做好新时期的规划编制工作，必须正确把握以下四个方面：

（一）必须突出规划的宏观性。突出宏观性就是要站得高。人力资源和社会保障规划涉及方方面面，就业是国家宏观调控的重要内容，社会保障是一项基本的社会经济制度，人才队伍建设是国家的重大发展战略，工资收入分配关系社会的公平正义，劳动关系是现代社会最基本的一种社会关系。我们必须站在经济社会发展全局的高度编制规划，把人力资源和社会保障事业发展放在全党全国工作的大局，放在各省区市党委、政府工作的大局中，紧紧围绕全面建设小康社会奋斗目标，去思考、去谋划，坚持扩大就业与经济社会发展相协调，完善社会保障体系与社会进步相适应，推进收入分配制度改革与经济发展水平相一致，维护劳动者权益与促进企业发展相结合，深化人事制度改革与推进政治体制改革相配套，加强人才队伍建设与更好实施人才强国战略要求相吻合。

（二）必须突出规划的前瞻性。突出前瞻性就是要看得远。规划期一般是五年，也有十年或更长时间的中长期规划。规划不同于年度计划，更突出前瞻性，着眼长远。我们必须具备开阔的眼光和战略性的思维，从战略的高度，正确把握大势，预见未来发展方向，谋划事业的发展。要全面、准确地把握与我们事业发展密切相关的国际国内经济、政治和社会发展的总体走势，把握工作的阶段性特征，准确认识事业发展面临的主要问题，准确认识推动事业发展的基本要求。体察这些大的走势，对照判断我们的工作是否与此相适应，分析这些大势对我们的工作提供了哪些有利条件和机遇，又出现了哪些新的矛盾和挑战，从而把握工作的总体目标和阶段性任务。

（三）必须突出规划的指导性。突出指导性就是要有的放矢。编制规划的目的是为了指导工作，不是在做论文，文章写得再漂亮，不解决实际问题不行。如果只是“纸上画画，墙上挂挂”，那就失去了编制规划的意义。我们必须紧紧围绕事业发展的需要，分析研判影响事业发展的重大问题、存在的突出矛盾和工作中的薄弱环节，对未来几年的工作进行合理安排，理清发展思路，明确发展目标和任务，规范工作步骤，创造实施保障条件，最终拿出能够指导工作的政策措施。同时，还要正确处理好理想模式和实际可行的关系。既要在理论上能够站得住，更重要的是能够在实际中可行，从实际出发提出政策建议，使政策措施具有现实性和可操作性。

（四）必须突出规划的指标性。突出指标性就是要做到有“数”。规划不是政策性文件，得有目标，有的目标，比如一些带有方向性、战略性的改革措施以及机制建设等，只能是定性的，但是许多目标得用指标去表达，用数据说话。这样才便于指导工作、考核工作，也能够更好地对规划实施情况进行评估。目前，规划主要有预期性指标和约束性指标两种。预期性指标，就是期望的发展目标，主要依靠市场主体的自主行为来实现。政府的主要职责是要创造一个好的宏观环境、制度环境和市场环境，使市场配置资源的基础性作用能够发挥好。约束性指标，就是在预期性指标的基础上，强化政府必须履行的职责，是政府必须实现、必须完成的指标。在“十一五”时期，基本养老保险参保人数就作为约束性指标，城镇新增就业人数、城镇登记失业率、转移农业劳动力等作为预期性指标，列入国家总体规划纲要，有力促进了事业发展。因此，我们必须深入研究分析，科学测算指标，尽可能地量化。

三、扎实做好“十二五”规划编制工作

国家发改委对“十二五”规划编制工作已进行了部署，要求必须根据国际环境的新变化和国内发展的新要求，在充分体现科学发展、和谐发展的战略思想，反映全面建设小康社会新要求的基础上，深化对一些全局性、战略性重大问题的研究，从解决经济社会发展的突出矛盾和问题入手，明确发展的思路，提出相应的措施。发改委对涉及我们工作领域的规划编制非常重视，近期对基层就业和社会保障公共服务体系建设问题到地方进行了调研，还专门到部里来听取我们对“十二五”期间人力资源和社会保障事业发展的意见和建议。我们要按照国家规划编制工作的总体要求，紧密结合自身实际，正确把握形势，统一思想、汇聚力量，进一步明确人力资源和社会保障事业发展的指导思想、基本原则、目标任务、战略重点和政策措施，使“十二五”规划真正经得起历史和实践的检验。

（一）深入分析事业发展的新形势新要求。深入分析形势是编制好规划的前提。只有如此，才能判定历史方位、找准着力点。我们一定要把思想和行动统一到中央对形势的分析判断上来，在各项工作的相互联系中明确发展方向，在各种有利和不利条件的相互转化中把握发展机遇。一是要正确把握做好工作的各种有利条件。我们正面临着难得的发展机遇，我国综合国力不断增强，公共财政体系建设不断加快，各级党委、政府高度重视解决民生问题，社会各界对人力资源和社会保障工作广泛认同和期待，各项制度基础也越来越扎实。我们必须进一步坚定信心，更好地发挥积极性和主动性，抓住有利条件，把握有利时机。二是要冷静面对工作面临的新情况新考验。今后一个时期，经济体制深刻变革、社会结构深刻变动、利益格局深刻调整、思想观念深刻变化，在给我们的事业带来发展进步的同时，也带来许多新的压力和考验，任务相当繁重，还有很多工作要做。我们必须进一步增强责任感和紧迫感，充分认识我们工作的复杂性艰巨性，增强忧患意识，保持清醒头脑，未雨绸缪，有所应对，把握主动。三是要正确把握后危机时期的新特征。我国已从国际金融危机中逐步走出。在应对国际金融危机的过程中，全系统把保就业作为工作的重中之重和重点任务，扎实做好工作，取得了显著的成绩。但是，也要看到，世界经济全面复苏将是一个缓慢、曲折、复杂的过程，我国经济回升的基础还不牢固，经济运行中的新老矛盾和问题相互交织，保持经济平稳较快发展仍需付出艰苦的努力。就业、社会保障等与经济发展密切相关，经济发展的不确定性和环境的复杂性，可能会给工作带来一些难以预料的问题和困难。我们必须把有效应对国际金融危机的许多好经验好做法制度化、长效化。同时，还必须密切跟踪形势的发展变化，加强储备性政策研究，进一步增强工作的前瞻性。四是要正确把握加快经济发展方式转变提出的新要求。保障和改善民生是发展经济的最终目的，也是实现扩大内需战略和推动经济发展方式转变的重大举措。扩大就业是保障和改善民生的头等大事，社会保障、工资收入分配等都直接关系到扩大消费需求。同时，加快经济发展方式转变，推进产业结构调整、推进自主创新等，也要求加快各类人才队伍的建设步伐。我们必须紧紧抓住难得的发展机遇，大力推进改革创新，完善体制机制，在转变经济发展方式中发挥突出的作用。

（二）正确处理事业发展中的重大关系。编制规划必须坚持统筹兼顾的根本方法，充分体现统筹兼顾的要求，处理好各方面的关系，使发展中的各个方面相互适应、相互协调。一是要正确处理和把握好局部与全局的关系。人力资源和社会保障工作是党和国家全局工作的重要组成部分，全系统的工作又是一个有机统一的整体，我们要有服务大局的意识、纵观大局的视野、把握大局的能力、服从大局的觉悟，注意从全局中找准位置，从全局出发来谋划工作，为全局工作的推进作出应有的贡献。二是要正确处理和把握好当前与长远的关系。无论是开发人力资源，还是做好社会保障工作，都面临一些急迫问题和历史遗留问题，必须尽快解决。我们必须把解决现实问题与谋划长远发展有机结合起来，在注重解决当前问题的同时，又要谋长虑远，使各项工作逐步制度化和规范化，加快完善制度的步伐，积极探索建立推进事业发展的长效机制。三是要正确处理和把握好继承与创新的关系。事业的发展进步总是在前人的基础取得的，每一个规划的编制和实施都是在长远战略目标的指引下，分阶段、分步骤实现的，不可能另起炉灶、推倒重来。“十二五”规划编制是一项全新的工作，是在新的历史条件下的五年规划，我们既要在全面总结“十一五”规划经验的基础上，坚持和发扬过去行之有效的好传统好做法，又要敢于打破思维定式，进一步解放思想，开阔思路，不断创新。四是要正确处理和把握好重点突破与整体推进的关系。重点就是我们工作中的主要矛盾，牵一发而动全局的大事，是整个工作的中心环节。只有把握好重点，才能更好地带动全局，也才能出成果、出亮点。就业、社会保障、收入分配、人才队伍建设，以及抓基层、打基础等，都是我们工作的重点。在编制规划中，必须切实做到突出重点任务，强化薄弱环节，并统筹谋划好其他各项工作。五是要正确处理和把握好改革发展稳定的关系。人力资源和社会保障的许多工作，政策性、群众性很强，政治性也很强，推进每一项改革都必然涉及利益关系的重大调整，稍有不慎，就容易引发其他群体的攀比，就可能出现问题。在编制规划、制定政策、完善制度的过程中，必须正确处理好改革发展稳定的关系，把推进工作的力度与社会可承受程度结合好，每一项改革举措都要注意衔接和配套，审慎设计。

（三）深入研究事业发展的重大问题。编制规划必须深入研究我们面临的一系列重大问题。只有如此，才能明确发展方向、战略重点和政策措施。为编制好“十二五”规划，部里确定了34个重大问题。去年10月，中财办部署了30多个“十二五”规划重大课题研究任务，我们承担了关于促进就业总体思路、完善社会保障体系、完善国民收入分配制度、人才战略研究4个课题。目前，重大课题研究取得了初步成果，这对于理清规划编制的思路非常必要。归纳起来，我认为，要加强8个方面的重大问题研究。一是实施扩大就业的发展战略。包括完善经济发展与扩大就业的良性互动机制，健全统筹城乡就业、城乡劳动者平等就业的制度，完善创业带动就业的政策措施，建立健全失业预警制度，加快规划和推进统一规范的人力资源市场建设等。二是加快建立覆盖城乡居民的社会保障体系。包括着力解决在公平性、流动性和可持续性方面存在的不足，以基本养老和基本医疗为重点完善各项社会保险制度，充分体现社会保障公平、普惠、共济的原则等。三是理顺工资收入分配格局。包括适应加大国民收入分配调整力度，提高劳动报酬在初次分配中的比重，建立健全职务与职级并行制度，推进事业单位绩效工资制度改革，逐步建立国家薪酬调查制度，不断完善职工工资水平决定机制、正常增长机制和支付保障机制等。四是全面实施人才强国战略。包括以高层次和高技能人才为重点，提高人才的自主创新能力，加强基层人才队伍建设，健全人才工作的体制机制，进一步改善人才成长的社会环境，加强农村实用人才队伍建设等。五是完善劳动关系协调机制、纠纷调处机制和监察执法机制。包括进一步加强基层仲裁调解和劳动保障监察执法机构队伍建设，完善劳动关系调整法律体系，全面实施劳动合同制度，充分发挥集体劳动关系协调机制作用，维护劳动者合法权益等。六是如何进一步深化人事制度改革。包括健全公务员法配套法规制度，加强公务员队伍建设，完善公务员分类管理体制，深化事业单位人事管理制度改革，完善职称和职业资格制度，探索中国特色军转安置制度等。七是加快信息化建设。包括以社会保障“一卡通”为重点，实现对各项业务工作、服务人群、信息系统功能、管理服务机构网络应用的覆盖。八是加强基层公共服务体系建设。包括以县以下基层公共服务平台建设为重点，统筹规划设计，加大资金投入，夯实基层基础，提升公共服务能力和水平等。

（四）高度重视重大项目的规划。规划项目是实施规划的重要载体和手段，也是规划编制的一个核心问题，必须争取在研究规划目标、重大改革和政策举措的同时，把工程项目设计好。“十一五”时期人才和劳动保障规划的一个突出特点就是明确提出了重点建设工程项目。比如，城乡统筹就业和培训、社会保障服务管理能力建设和劳动保障基础能力建设3个系统工程，共有13个项目，涵盖事业发展的主要领域。其中农村劳动力转移就业作为国家重点建设工程列入国家总体规划。各地结合自身实际，也明确了人力资源市场、公共实训基地、基层劳动保障服务平台、电话咨询服务系统、技师学院技工学校等建设项目。这些项目的实施，对加强基础和能力建设发挥积极的促进作用。这是我们的成功经验，应该很好地总结、继承并加以拓展。我们必须进一步提高对重点工程项目建设重要性的认识，注重项目为事业发展服务，为重点工作服务，为基层建设、基础建设服务。要深入分析、认真测算，统筹考虑，做好前期研究论证，提出一批“十二五”期间需要建设的关系全局、影响广泛、带动性强的重大项目，形成比较完整的规划项目库，实现重大政策措施和重大项目的有机结合，通过项目争取国家财政对人力资源和社会保障事业发展更多的支持。

（五）切实加强规划之间的相互衔接。规划编制是一项系统工程，各级各类规划之间相互关联、相互作用，必须切实加强规划衔接，既整体联动，又因地制宜、体现特色。总体规划是国家对经济社会发展的总体谋划，是战略性、纲领性、综合性规划，是编制本级和下级专项规划的依据。专项规划是总体规划在特定领域的具体化。要遵循下级规划服从上级规划、专项规划和区域规划服从总体规划、同级规划相互协调的原则，加强“十二五”规划编制与相关规划的衔接。人力资源和社会保障事业是经济社会发展的重要组成部分，位置越来越突出，首先要将事业发展的目标任务、主要指标、重大政策、保障措施、重大项目等列入总体规划之中，并在此基础上按照总体规划的要求，制定人力资源和社会保障专项规划，进行细化。同时，我们的专项规划要与人才、教育、社会保障、卫生等专项规划协调一致。各地在编制规划过程中，既要与部里的规划进行衔接，也要与本地区的总体规划有机衔接，并体现已发布的区域规划中涉及人力资源和社会保障工作的各项目标任务。“十二五”规划还要保持与“十一五”规划的连贯，是一种递进关系，无论目标任务、政策措施，还是工程项目，都要一脉相承，具有连续性和相对稳定性。

四、切实加强“十二五”规划编制工作的组织领导

编制“十二五”规划是关系人力资源和社会保障事业发展的大事，原则性、系统性、政策性、技术性都很强，任务十分艰巨。去年底，部里启动了规划编制工作。在全国人力资源和社会保障工作会议上，蔚民部长对全系统的规划编制工作提出了明确要求。各地按照政府的部署和部里的要求，也做了大量工作，有了一个好的开端。各级规划财务部门要进一步提高思想认识，加强领导，精心组织，高效率、高质量地完成好规划编制的各项工作。

（一）健全机制，明确责任。部党组高度重视“十二五”规划编制工作，审议了编制工作方案，专门成立了“十二五”规划编制工作领导小组，由我担任组长，部内相关司级单位参与。各地厅局主要领导也要亲自挂帅，成立专门工作机构，配备骨干力量，提供必要经费，做到机构到位、人员到位、经费到位。要建立和完善工作责任制，按照任务明确、责任明确、时限明确、要求明确的原则进行任务分解，落到实处，责任到人。要加强督促检查，及时跟踪工作进度，定期通报进展情况，做到有布置、有检查、有考评、有反馈。

（二）加强协调，争取支持。规划编制是一项全局性、综合性工作，各级规划财务部门作为牵头部门，要发挥综合协调作用，谋划和推动工作。对内，要加强业务指导和协调，做好日常工作调度，为规划编制各成员单位服好务；人力资源社会保障部门的其他各单位也要按照统一安排、分工协作的原则，积极支持配合，完成好本业务范围内的工作。对外，要主动加强与发展改革、财政等部门的协调，申请规划项目立项和预算安排，及时沟通规划编制信息，积极争取各方的理解和支持。

（三）上下联动，形成合力。规划编制需要举全系统之力完成任务。编制好“十二五”规划，是各级人力资源社会保障部门的共同责任。部里要加强对各地工作的指导，特别是根据不同情况，注重加强分类指导，鼓励地方创造性地开展工作，并注意认真总结推广典型经验。各地要牢固树立“一盘棋”思想，按照统一部署，规范操作，及时报告情况，反映问题和要求，提出建议。

（四）民主参与，集思广益。编制规划不仅是政府行为，也要反映公众要求，提高开放度。只有让社会各界共同认识规划、参与规划，才能协调各方利益，形成统一的思想，达成统一的共识，才能把规划目标转化为社会各界的自觉行动。在规划编制过程中，要注意提高社会的参与度，通过各种途径广泛宣传，鼓励建言献策，为公众开辟畅通的渠道。要充分发挥科研院所专家的作用，充分利用各方面的研究成果，建立健全专家咨询论证制度，鼓励参与重大问题的研究，作为规划编制的重要参考。

（五）抓好进度，保证质量。与“十一五”规划相比，这次部署“十二五”规划编制工作启动时间比较晚，留给各地编制规划的时间也相应缩短，只有一年左右的时间。尤其是大部分地区刚刚完成机构组建和职能整合任务，时间紧、任务重、难度大。要明确阶段性任务，倒排计划，狠抓编制进度，把握好编制工作的时限和时间节点。要加强规划编制管理，保障工作深度，提高工作质量，确保按期高效优质完成规划编制工作任务。

今年的工作任务十分繁重，我们要切实履行职责，振奋精神、扎实工作、开拓创新，以“十二五”规划编制为重点，全面推进各项规划财务工作，为人力资源和社会保障事业的发展作出积极的贡献。

把握形势　明确任务
努力开创信息化工作新局面

孙宝树

（2010年4月20日）

这次全国人力资源和社会保障信息化工作座谈会是经部党组批准召开的一次重要会议。会议的主要任务是：全面总结金保工程实施以来人力资源和社会保障信息化工作所取得的成绩和经验，深入分析当前及今后一个时期的形势和任务，部署今年的重点工作。刚才，赵锡铭同志通报了第二批金保工程示范城市验收结果。在此，我对通过验收的示范单位表示祝贺，希望这些地区再接再厉，继续努力，发挥好典型示范作用，不断取得新的进步。

一、充分肯定金保工程一期建设取得的成绩

金保工程是国家信息化总体布局的重要组成部分，纳入了国家“十二金”电子政务工程，在《2006—2020年国家信息化发展战略》中被列为信息化发展的战略重点。自2004年金保工程一期启动实施以来，各级人力资源社会保障部门紧紧围绕中心工作，克服困难、探索创新，大力推进信息化建设，取得了突出的成绩，实现了跨越式发展，对于推动转变政府职能、提升政务效率、提高公共服务质量发挥了重要作用。突出表现在以下几个方面：

（一）统一建设的格局基本形成。经过几年的建设，全系统信息化基础设施得到显著加强，不仅在性能上满足了当前业务开展，而且呈现出从分散到集中、从孤立到整合的良好发展态势。截至2009年底，全国地级以上人力资源社会保障部门均已建立了不同程度的数据中心，其中按照金保工程建设标准和要求，建成集中、统一、规范的数据中心270多个。一些暂未建成统一数据中心的地区，也大都实现了设备的统一调配。32个省级单位全部实现了与部中央数据中心的网络连接，319个地市实现了与省级数据中心的联网，占全国地市总数的89.1%。城域网已经连接到89.3%的社会保险经办机构和就业服务机构，并延伸到街道、社区、乡镇和定点医疗服务机构，覆盖全国的人力资源和社会保障信息网络架构初具规模。130多个地区经部里批准发放了社会保障卡，批准的发卡人数达1.5亿，实际持卡人数7 000多万。部里统一组织开发的核心应用软件已在绝大部分统筹地区部署实施，特别是山东、河南、安徽、广西、湖北、贵州、广东、辽宁、吉林、新疆等许多省份全省统一进行本地化，有力地促进了系统的统一和业务流程的规范。总体上看，一个以应用软件基本统一、数据集中管理为主要特征的、统一的技术支撑

平台已在全国基本形成，为各项业务的协同办理奠定了坚实的基础。

（二）信息化的作用日益突出。目前社会保险业务经办、就业服务、人力资源管理等工作普遍实现了信息化管理，经办效率和经办水平大幅度提高。各地已经建设的信息系统管理了数以亿计的单位和人员信息，数以万亿计的各项基金，且每天都随着业务办理而频繁更新。如果没有信息化的支撑，就业、社保、人力资源管理等各项业务工作，可以说是“寸步难行”。许多地区通过实施统一应用软件，在信息化手段支撑下实现了“五险合一”、“一单征收”、“一站式服务”，使经办模式从分散走向集中，经办地点从大厅走到网上，各项对公众的服务更加便捷，对基金的监管也从现场监督逐步走向现场与网络监督的有机结合。同时，对决策的支持更加及时、科学。这些成果直接推动了人力资源和社会保障工作向精细化、一体化、集约化转变。如浙江嵊州、义乌，辽宁大连等地应用核心平台三版，建立了以“人”为中心的管理服务模式，取得了良好效果；广东广州、四川成都、山东淄博等地探索建立了“前台统一受理，后台分开处理”的柜员制，方便了社会公众；上海、河南、山东日照、湖北荆州以及江苏南通、无锡等地通过基本信息共享等方式，实现了劳动就业与社会保险的业务联动；上海与浙江杭州、湖州建立了异地居住退休人员就医费用的委托代管，两地联网、定期结算；福建、江苏、云南、广东等地建设了省内跨地区就医结算系统，有效地解决了异地就医结算问题；广东江门、山东济南、江苏太仓等地通过分级权限管理，将一部分业务向基层窗口延伸，为参保人员提供就近服务。特别值得一提的是，在新农保相关政策研究和制定过程中，信息化工作同步推进，研发统一软件在全国各地推广部署，为新农保试点的顺利实施提供了坚实的保障。正是在信息化手段支持下进行的这些探索和创新，推动人力资源和社会保障管理服务水平迈上了一个新的台阶。此外，通过几年的信息化建设，各级人力资源社会保障部门普遍形成了强烈的信息化意识：政策研究考虑信息化是不是能够支撑，经办管理考虑信息系统的跟进，政策跟踪靠信息化手段对大量数据进行分析挖掘。信息化意识的建立，充分表明信息化工作的地位得到加强，信息系统的作用得到发挥，更重要的是信息化的理念已经渗入了我们的工作理念、工作方式，甚至是思维方式。这方面的作用是无形的，影响极其深远。

（三）服务大众的效果初步显现。各地利用信息化手段积极面向社会公众提供服务。截至 2009 年年底，全国地市级以上人力资源社会保障部门普遍建立了政府网站。272 个地级以上城市开通了“12333”专用公益服务电话号码，其中 204 个建立了有技术平台支持的电话咨询服务中心或依托全省统一的电话咨询服务中心开展工作。从各地的情况看，服务内容逐步丰富、服务方式手段逐步增加，已经成为人力资源社会保障部门联系人民群众的重要桥梁和纽带。上海市“12333”咨询电话自开通以来，累计电话总量超过 7 000 万个，北京市“12333”每天受理电话咨询约 15 000 多人次，都已成为当地极具影响力的服务品牌，受到了社会各界的广泛好评；吉林、贵州、河北、山西等 10 多个省份全省统一建设电话咨询服务中心，在服务大众上也取得了很好的成效。其中吉林省“12333”电话咨询服务中心开通三年来，不断创新服务方式，以其周到、良好的服务，获得了 2009 年度中国（亚太）最佳呼叫中心大奖。上海、北京、山东、广东深圳等许多省市通过网络开展网上办事，为社会公众提供互动式服务，不仅有效避免了经办大厅“人多拥挤”，而且使人民群众“足不出户”即可办理人力资源和社会保障业务，受到了群众和用人单位的普遍欢迎。街道社区平台的建设，不仅是把网络延伸到了社区，把经办窗口开到了社区，更是把各项人力资源和社会保障服务送到了群众身边。网络服务、电话服务、社区服务，这种多层次、多形式、高效就近便捷的服务体系，取得了人民群众欢心、业务部门省心、政府部门安心的共赢局面。

在大力推进金保工程建设的同时，人事人才领域信息化建设也取得了可喜的进展。开展了全国高级专家数据库、全国企业军转干部数据库、全国公务员基础信息数据库、国家荣誉数据库、参公管理数据库、国际职员后备人员管理数据库等的建设工作。全国副省级以上地区也不同程度地建立了上述各类业务数据库，有效地提高了人事人才工作的管理水平。如吉林省将党政机关公务员、事业单位职员的基本信息全部入库，实现动态化管理；北京、上海，以及山东青岛，广东广州、深圳等城市，以工资统发为抓手，建立了全市公务员基础信息数据库，实现了全市机关、事业单位人员工资联网发放；广州市建立了大学生网上择业快速路，在人力资源管理部门、学校、用人单位和公安户籍部门之间构建了协同办公环境；江苏省以信息化手段为依托，将人事人才业务纳入一张表单当中，实现了“一单式服务”。这些建立了人事人才基础数据库的省市大都实现了人事人才统计信息的自动生成，为制定政策和科学决策提供了及时、准确的依据。在中央国家机关和各地公务员招考工作中，借助互联网实现了多个环节的网上经办，极大地方便了社会报考人员，也提高了自身的工作效率，成为了不可或缺的支撑手段。人事人才领域信息化建设所做的这些探索和努力，不仅有效地提高了信息化水平，而且为人力资源和社会保障信息化建设的整体发展打下了良好的基础。

这些成绩的取得，是各级党委和政府高度重视的结果，也是人力资源社会保障系统从事信息化建设的同志们共同努力、扎实工作的结果。在此，我代表部党组向长期以来一直关心和支持人力资源和社会保障信息化工作的各级领导和各有关方面表示衷心的感谢，向奋战在信息化建设第一线的同志们致以诚挚的问候！

总结金保工程一期建设工作，主要有以下几个方面的基本经验：

第一，统一认识是前提。在推进信息化工作中，我们始终将统一认识作为事关全局的首要问题，摆在突出位置，通过学习、培训、宣传等多种手段，将全系统的思想认识统一到部里的规划部署和政策方针上来，统一到“统一建设、应用为先、体制创新、保障安全”的建设原则上来，统一到“一个重点、两个融合、三个转变、四个覆盖”的工作思路上来，统一到“全国一盘棋”、“数据向上集中、服务向下延伸”等建设理念上来。目前，建立“完整、正确、统一、及时、安全”的信息系统，以此全面加强人力资源社会保障系统整体行政能力、提升服务社会的水平，已成为各级人力资源社会保障部门的普遍共识。大家说“统一”的话，行“统一”的事，谋“统一”的格局，一个集全系统之力、共同推进人力资源和社会保障信息化工作的局面已经形成。

第二，领导重视是关键。信息化工作涉及的部门多，涵盖的业务广，需要进一步完善政策、优化流程、创新体制。如果没有各级领导，特别是厅局“一把手”的重视和支持，是难以顺利推进的。在金保工程建设之初，各地就普遍成立了“一把手”任组长的信息化工作领导小组，健全了工作机制，形成了“一把手”亲自抓，分管领导具体抓，信息化管理部门、规划财务部门、业务部门通力合作、齐抓共管的工作局面，保证了信息化建设的顺利开展。各地人力资源社会保障部门的领导能够靠前指挥，亲自协调争取资金，落实机构，研究解决各种难题，特别是在资源整合和体制机制创新过程中能够果断决策，亲自组织推动，保证了信息化建设的健康发展。可以说，没有各级领导的重视和支持，就没有人力资源和社会保障信息化建设的今天。

第三，良性互动是保证。信息化的建设过程，是依靠现代信息技术，不断优化人力资源和社会保障业务流程、提升服务手段、完善管理模式的过程，这里既涉及“业务”，又涉及“技术”，处理好二者的关系至关重要。许多地区业务部门积极参与到信息化建设当中，与信息化部门共同研究需求，梳理流程，清理数据，并积极将建设成果应用到实际工作当中，在信息化建设中发挥了重要作用。一些地区，如天津、江苏的南京和泰州、安徽的合肥和马鞍山、河北的邯郸和邢台、四川的攀枝花等，还在建立统一数据中心和整合各项资源的基础上，按照信息化管理的要求，调整了机构职能，优化了业务流程，提升了管理服务水平。还有些地区，虽然没有进行机构的调整，但也按照信息化管理的要求梳理了业务流程，完善了业务模式，规范了管理，提高了效率。实践证明，只有形成业务驱动技术、技术带动业务的良性互动机制，信息化建设才能健康、顺利地不断推向前进。

第四，夯实基础是保障。资金、机构、队伍、制度是人力资源和社会保障信息化建设的基础，只有把这些基础打牢，信息化建设才能取得长远发展。在资金筹措方面，各地规划财务部门做了大量艰苦的工作，进行了许多有益的探索，积极协调争取立项，广开门路筹集资金，并且通过建立健全相应的管理制度，确保有限的资金用在"刀刃"上，充分发挥资金的使用效率。许多地区还通过统一建设，避免了各个业务系统"零打碎敲"，也收到了集约化建设节约资金的效果。一些省份全省统一建设数据中心，统一建设"12333"电话咨询服务中心，统一采购软硬件设备，统一进行核心应用软件本地化实施；有的省份在建设项目上采用全省统一谈判的方式，争取到了非常大的优惠等。这些措施都节约了系统建设资金，值得进一步提倡。各地信息化机构建设也在稳步推进，地市级以上人力资源社会保障部门大都建立了专门的、统一的信息化综合管理机构，将分散在各部门的技术力量整合在一起，形成了稳定的信息化队伍，为建立统一、规范的人力资源和社会保障信息系统提供了组织保障。

第五，勇于创新是动力。信息化建设对人力资源社会保障部门来说，是新生事物，我们在管理体制、业务内容等方面的特殊性，决定了没有多少可借鉴的经验，也不可能沿着别人走过的足迹亦步亦趋，在资金、人才、技术、机制方面的障碍也非常大。同志们迎难而上，勇于探索，取得了一个又一个重要成果。在全国尚未立项，资金还不到位的情况下，充分利用社会力量，提前统一了全国应用软件，并形成了"后台研发一体化，前台服务竞争化"的良好局面。在统一标准尚未得到全面贯彻，各地数据质量普遍不高的情况下，从现实出发和基于安全性的考虑，提出了生产区、交换区、决策区三区科学划分、合理部署、分工合作的数据中心内部结构，优先保证了对经办工作的支持，也为提高数据准确性、标准化，为决策和监管打下了基础。面对各地经济条件、管理模式的不同，我们通过"示范城市"建设，形成了典型引路、以点带面、共同推进的良好局面。各地在推动信息化建设的过程中，遇到的问题可能不同，解决的方式和程度也可能不一样，但都有一个共同点，就是创造性地开展工作。可以说，如果没有创新这个动力，我们的建设进度会慢很多，应用效果也不会有今天这么明显。

以上五个方面，是人力资源和社会保障信息化建设的宝贵财富。我们要倍加珍惜，在今后的工作实践中继续坚持并不断发扬光大。

二、正确把握当前及今后一个时期的形势和任务

当前及今后一个时期，是全面建设小康社会承上启下的关键时期，是深入贯彻落实科学发展观、构建社会主义和谐社会的重要时期，也是深化重要领域和关键环节改革的攻坚时期。如何提高国家的信息化程度，对于推进经济社会发展、全面实现建设小康社会奋斗目标具有十分重要的意义。党中央、国务院高度重视信息化建设，把信息化提升到国家战略的高度，作为我国在21世纪头20年的一项重要任务，放在了优先的位置。党的十七大明确提出，要推行电子政务，强化社会管理和公共服务。这就要求我们必须正确认识和把握人力资源和社会保障信息化建设的新形势、新要求和新挑战，认清所肩负的历史使命，充分利用现代信息技术，努力实现各类人力资源和社会保

障信息及其处理的数字化、网络化、集成化和智能化，全面提升人力资源和社会保障管理服务能力和水平。一是要正确认识和把握人力资源和社会保障事业对信息化建设提出的新要求。随着人力资源和社会保障事业的不断发展，我们工作的服务对象规模持续扩大，城镇新增就业每年都在900万人以上，大量农村富余劳动力逐步转移；社会保障覆盖人数不断增加，五项社会保险参保接近10亿人次，并逐步向城乡所有居民扩展。我们工作的服务方式正由以稳定就业群体和用人单位为对象向频繁流动的就业群体和时常变动的参保个人转变。我们工作的服务项目正由以户籍为依托向大量的跨地区就业和人才流动、养老和医疗保险业务的关系转续、异地办理及结算等转变。我们工作的服务基础正加快向街道（社区）和乡镇（行政村）转变。我们的各项社会保险统筹层次也正在逐步提高。同时，我们的公务员管理、各类招考和鉴定也正日益动态化、公平化，决策逐步民主化、公开化。所有这些，都要求我们加快信息系统覆盖，加强各项业务协同办理的统一建设，强化多种形式、多种项目的系统应用，努力做到数据向上集中、服务向下延伸，把信息化工作提高到一个新水平，为群众提供高效便捷的服务。二是要正确认识和把握信息化建设面临的新趋势。当前，电子政务已成为世界各国信息高速公路应用领域中的重要组成部分，成为公共管理改革的重要内容，得到积极的推动，并按照“全能政府”的理念，逐步形成一种“互联治理”的新格局，即把信息技术作为公共服务创新和生产力提升的战略工具，加强政府机构之间、政府与公众之间以及政府与其他利益攸关方之间的合作，全面提升公共利益。从许多国家的情况看，电子政务建设呈现出一些新的发展趋势，主要表现在6个更加注重：更加注重以公众为中心，以公众需求为导向，强调进一步缩短政府服务与服务对象之间的距离；更加注重政府服务全面上网，通过“公共信息站”和自动柜员机等形式，为公众提供在线服务，提高服务质量；更加注重开展“单一窗口”和“一站式”服务，应用信息技术整合传统公共服务资源，实现业务协同；更加注重消除“数字鸿沟”，使每个人都有获得电子服务的权利，避免信息技术给人们带来的新障碍，促进信息公平；更加注重增强公众参与意识，通过在线政务公开、在线立法、公众参与等，发展“电子民主”；更加注重强化信息安全，积极应对电子政务的交互性、复杂性，采用安全技术，制定实施防范措施。目前，我国电子政务成熟度和推广应用与发达国家比还有不小差距，人力资源和社会保障信息化与国内一些领域相比，水平也还比较低。我们必须顺应信息化发展的潮流，跟上信息化发展的步伐，加快信息化建设，实现人力资源和社会保障工作的新跨越。三是要正确认识和把握信息化建设面临的有利条件和突出问题。做好信息化工作，具备很多有利条件，面临着难得的发展机遇，我国综合国力不断增强，公共财政体系建设不断加快，各级党委、政府高度重视解决民生问题，社会各界对人力资源和社会保障工作广泛认同和期待。全系统上下把信息化建设作为提升管理服务水平的关键环节和基础性工作，在加强统一建设、加快建设步伐等方面达成了充分共识，各项信息化建设的基础也越来越扎实。我们必须进一步坚定信心，更好地发挥积极性和主动性，抓住有利条件，把握有利时机。同时，也必须清醒地认识到，当前人力资源和社会保障信息化建设依然存在一些突出问题，各地发展水平尚不均衡，信息系统覆盖和应用有待进一步加快，系统安全保障能力尚需提高，资金、人才、机构、管理体制依旧困扰和制约着一些地区的建设进度等。我们必须进一步增强责任感和紧迫感，充分认识工作的复杂性和艰巨性，增强忧患意识，保持清醒头脑，扎实工作、迎难而上，努力开创信息化建设的新局面。

在去年8月召开的全国信息化工作座谈会上，我们提出了“突出一个重点，加强两个融合，推动三个转变，实现四个覆盖”的信息化工作基本思路，即按照“完整、正确、统一、及时、安全”的总要求，紧紧围绕人力资源和社会保障中心工作，突出社会保障“一卡通”这一重点；加强各业务领域信息化工作之间以及信息化工作与业务工作之间的有机融合；推动信息化工作从以城镇、职工为主，向统筹城乡、全面发展转变，从以本地为主、区域性建设，向全国协调、整体推进转变，从以支持管理经办为主，向经办、服务、监管、决策支持等全部功能转变；实现对各项业务工作、服务人群、信息系统功能、管理服务机构网络应用的“全覆盖”。这一建设思路是在深入分析形势基础上作出的科学判断，是指导信息化工作的基本要求。当前及今后一段时期，信息化工作任务就是要将这一思路落到实处，落实到系统的整体设计中，落实到各项工作上，最终落实在我们的各项建设任务当中。从人力资源和社会保障工作所处历史阶段的特点和推动事业可持续发展的需要出发，当前及今后一个时期人力资源和社会保障信息化建设的总体要求是：紧密围绕人力资源和社会保障事业的重点工作和发展方向，构建统一、高效、安全的信息系统应用支撑平台，实现各项业务领域之间、各地区之间的信息共享、协同办理和有效衔接，实现社会保障“一卡通”，为建立统一规范的信息化公共服务体系和科学有效的决策支持体系提供有力支持。实现这一总体要求，要努力完成四个方面的工作任务。

（一）构建适应于“一卡通”的技术保障环境。一是形成适合业务发展需要、分布合理的数据中心布局，实现人力资源管理与社会保障两大业务领域数据的集中统一管理，增强部、省两级数据中心功能，全面具备对实时业务开展的支撑能力。二是建成覆盖全国、联通城乡、“纵向到底、横向到边”的人力资源和社会保障信息网络，并实现与其他政府部门和相关机构的网络连接，确保信息及时、准确、无障碍地传输。三是加快发行社会保障卡，发卡人群涵盖所有社会保障覆盖人群，使其切实成为参保人员享有社会保障权益的重要标志。各地还要根据业务发展需要，及时改造社会保障卡应用终端，使其普遍具备受理异地卡的能力。四是构筑全国统一的人力资源和社会保障网络安全信任体系，建设部、省两级灾难备份中心，形成以部、省两级为基础的容灾备份布局，实现对重要应用系统的应用级灾难备份，确保系统的安全和服务的连续。在各项基础设施的建设中要充分利用金保工程一期的建设成果，最大限度地发挥既有成果的效用。

（二）形成支持跨地区协作的业务支撑体系。一是扩大业务领域。要在继续为既有各项业务工作提供信息化支持的前提下，更加注重将新农保等新开展的业务工作纳入统一的信息系统当中，还要根据今后一个时期人力资源和社会保障事业发展的总体规划和部署，为将要启动的各项业务工作提供技术保障。二是抓好系统整合。要根据建设统一的人力资源市场和建立覆盖城乡居民的社会保障体系的要求，搭建统一的技术支撑平台，实现人力资源管理与社会保障两大领域信息系统的有机衔接。三是建设统一的跨地区信息交换与结算平台，将社保关系转移、异地居住退休人员管理服务、异地就医联网结算、养老保险参保缴费集中查询服务、异地就业信息服务等跨地区业务纳入统一的支撑平台。四是全面加强与人口、组织机构管理、征信、金融、医疗服务等其他政府部门和社会服务机构的信息共享，实现业务流、信息流、资金流的联动，提高经办服务效率。需要指出的是，对于跨地区业务系统，我们进行了尝试和探索，并在部分地区进行了试点，今后将进入全面实施，这是信息化工作中一项最为艰巨的任务，是事关“一卡通”建设目标能否实现的重要方面，也是检验我们信息化建设成果的重要标志。对此大家一定要重视起来，切实抓出成效。

（三）建成多层次、全方位的信息化公共服务体系。一是全部地区开通“12333”咨询服务电话，并依靠有技术平台支持的咨询服务中心开展工作。搭建跨地区的“12333”电话接转平台，实现全国电话咨询服务中心的互联，形成“一地呼入、全国咨询”的服务模式。公考期间，开通12370公务员招考咨询电话，将其与“12333”共同纳入电话咨询服务体系。适时开通“12333”短信息服务。二是建设统一的网上服务平台，积极推进基于统一的安全信任体系和互联网技术的自助式网上业务办理，逐步扩大应用的业务范围，使网上缴费申报、网上审批受理、网上投诉举报成为业务办理的一种重要形式。三是继续开展基层平台建设，在街道社区和农村乡镇普遍建立综合的人力资源和社会保障信息窗口，在权限控制、确保安全的前提下，将尽可能多的服务功能通过网络延伸到基层，为社会公众就近提供服务。

（四）为宏观决策和基金监管提供有效支持。一是全面建立通过网络采集信息的采集机制，形成常规统计、抽样调查、网络采集等多渠道相结合的决策信息采集模式。在此基础上，建立部、省、地市三级人力资源和社会保障宏观决策数据库。二是进一步加强数据分析，建立针对各项人力资源和社会保障业务的、制度化的分析预测机制，实现包括统计分析、监测预警、预测分析、风险分析和精算在内的多层次决策支持模式。三是建立多部门网络互联、信息互通、数据共享的社会保险基金监管系统，利用现代信息技术手段全面支持各级社会保险基金非现场监督工作，促进事后监督向事前、事中监督转变。

三、扎实做好今年信息化建设的重点工作

关于今年的工作，年初部里印发了信息化工作要点。总的要求是：以社会保障“一卡通”为核心，以提升信息化应用水平为主线，以落实新农保、转移接续、新医改及异地就医联网结算等政策为重点，进一步完善信息化基础设施，拓展信息化应用领域，健全信息化服务体系，推动信息化工作再上新台阶。可以说，今年的工作要求都已经非常明确，各地要对照目标任务，找准方向，突出重点，加大力度，狠抓落实。下面，结合今年的工作任务，我强调几个方面的重点。

（一）科学编制信息化建设“十二五”规划。今年是实施“十一五”规划的最后一年，也是“十二五”规划的编制之年。3月初，在上海召开的全国人力资源和社会保障规划财务工作座谈会上，我们对编制人力资源和社会保障事业发展“十二五”规划工作做了专门部署。目前，部里和各地都正在紧锣密鼓地开展编制工作。信息化部门要积极参与到规划编制工作当中，配合规划财务等部门做好编制工作。同时，要在事业规划的总体框架内，根据事业发展的客观需要和实际可能，同步编制信息化建设“十二五”专项规划。这是信息化工作的一件大事，也是今年我们面临的一项重要任务。编制好规划，不仅有利于我们进一步理清思路，统一思想，明确目标，坚定方向，而且有利于全面把握业务发展对信息化工作的各项需求，及早进行谋划，统筹进行安排，更好地为中心工作服务。各地一定要高度重视，组织专门力量，明确时间进度，切实抓紧抓好。一是要摸清底数。规划不是空中楼阁，一定要建立在已有的基础上。各地要认真总结金保工程一期建设和信息化建设“十一五”规划实施的经验和得失，对当前情况做一次全面摸底，做到心中有数，这是我们做好规划的前提。二是跟踪业务。要把握好业务工作的发展趋势，认清业务工作对信息化建设提出的新需求，做好信息化规划与事业发展规划的衔接，使信息化规划切实符合业务的发展方向。三是集思广益。规划的编制过程是一个吸纳多方思想、不断理清思路的过程。要多听取信息化建设有关各方的建议，把各方面的意见广泛吸收到规划中来，形成举全系统之力，共谋信息化长远发展的良好局面。四是务求实效。规划既要适度超前，激励人心，又要实事求是、切实可行。规划的内容，必须精雕细琢，确实是今后的发展方向，可以操作。规划要避免编制完以后束之高阁，必须有相应的项目进行支撑，这一落脚点就是金保工程。我们要在编制规划的同时，同步做好金保二期立项工作。各地要配合部里做好一期工程的整体验收，为一期画上圆

满的句号，也要配合部里为二期做好谋划。要统筹“十二五”期间人力资源和社会保障各业务领域信息化建设需求，将其中需要信息化支持的内容全部纳入金保工程二期，通过项目这一载体，将规划落在实处。

（二）着力加强信息化建设基础。要按照“一卡通”的要求，推进技术保障环境的准备工作。一是要进一步完善信息化基础设施。在数据中心建设上，以提升部、省两级数据中心实时处理能力为重点，建立起全国跨省数据交换平台，在部分省份建立起省内跨地市数据交换平台。继续推进地市级数据中心的整合，探索建立中央、省、市三级数据中心之间业务数据交换机制。在网络建设上，以向基层延伸为重点，配合新农保试点工作，推进城域网向农村乡镇乃至有条件的行政村的延伸，确保在全部试点县都实现网络联通。同时，继续做好部、省、市三级网络贯通工作，提升网络性能，适应统筹层次提高和数据向上集中的需要。二是积极发行社会保障卡。“发卡”是“用卡”的前提，只有大部分地区发卡了，大部分群众持卡了，卡才能“通”得起来，才能“通”得有效果。要加快社会保障卡的发放进度，在继续做好城镇参保人员发卡的基础上，推进向农村参保居民的发卡工作，力争使持卡人数有较大增长。目前，一些省份计划全省统一开展社会保障卡的发放工作，黑龙江等省份已经实施，这对于加快发放，规范管理，保证统一性，是个很好的尝试，希望能够早日见到成效。已经发卡的地区，要进一步拓展发卡人群，力争早日实现参保人员人手一卡。在加快发卡的同时，要做好受理环境建设工作。部分试点地区要完成受理终端改造，具备受理其他地区社会保障卡的能力。

（三）切实保证重点业务工作的落实。今年的信息化建设任务非常重，需要大家统筹安排、全面推进。但是，我们也要突出重点，尤其是要下大气力做好人民群众高度关注、对人力资源和社会保障工作影响深远的各项建设任务。一是要完成新农保系统的建设任务。从各地新农保工作的开展情况来看，各项政策措施能否落实，关键在于基层的经办管理服务能力。检验经办管理能力水平的一项重要内容，就是信息化支撑手段。要全力做好相关工作，为新农保试点保驾护航。各地要基于全国统一的新农保政策和经办规程，加快部里统一组织开发的新农保业务管理信息系统部署实施进度，优先采用全省大集中的建设模式。今年新农保试点范围将进一步扩大到23%，不同省份分别在7月、10月启动，各地要在今年试点扩面启动前完成系统部署实施，确保第二批试点县起步时就有系统做依托，做到“试点增加一个县，系统就多覆盖一个县”。有条件的地区要推动新农保与新农合信息系统的融合。曾经开展老农保的地区，要做好新农保系统与老农保系统的衔接，确保平稳过渡。我们非常理解各地的苦衷，新农保制度的实施，给大家留的准备时间不多，但新农保业务工作的开展需要我们全力以赴，加快实施进度。因此，这项工作进展较慢的省份一定要采取非常之举，马上行动，各省厅信息部门的同志尤其要在这关键时刻，经得起考验，交上一份满意的答卷。二是全力做好社会保险关系转续的技术保障。如果说，新农保系统建设是我们向覆盖城乡迈出的重要一步，建设社会保险关系跨地区转移接续系统则是从各地分别建设向全国统一建设的标志。目前，跨地区的业务协作还主要通过手工或半手工方式开展，部里正在开展部级转移接续平台建设，目前已经具备对地方提供服务的能力，山西、上海、江苏作为第一批地区已经启动了对部级转移接续平台的接入工作。各地要积极接入，直辖市、计划单列市、省本级单位、省会城市要在7月底前实现接入，其他转移业务量大的城市也要比照执行，力争年内有三分之一以上的地市实现电子化支持的业务模式，为明年全部地市实现电子化模式奠定基础。接入部级平台可从城镇企业职工基本养老保险关系电子化转移起步，并逐步向医疗、失业等社会保险关系转移信息交换扩展。同时，各省也要比照部里的做法，选择省级转移接续平台的建设模式并推进建设工作，为省内转续提供支持，确保转续工作平稳实施。部里还将于下半年启动全国异地居住退休人员协查认证和全国基本养老保险参保缴费信息查询服务系统建设，各地要配合做好相关工作。三是做好新医改政策实施的技术保障。国务院医药卫生体制改革方案明确提出了提高医保统筹层次、实现与定点医疗机构联网结算、扩大职工和城镇居民医保覆盖面、加强门诊统筹等工作要求，这些工作都需要信息化手段的支持。国务院领导对医保的“实时结算率”提出了具体的目标，这是一项要求很高、难度很大、列入考核目标的硬指标。系统建设进度较慢的地区，要有一种只争朝夕的紧迫感，抓紧“补课”，力争在数据中心建设、统一应用软件使用、网络向定点医疗服务机构延伸、社会保障卡发放等方面迎头赶上，尽快实现持卡直接结算。即将开展的异地就医联网结算，既是对各地信息系统提出的要求，也是对跨地区协作系统提出的更高要求，信息化部门的同志要积极探索，把“异地持卡实时结算”作为党中央、国务院交给我们的一项神圣使命，坚决完成好。

（四）力争在整合、应用、安全上取得新突破。一是在整合上取得新突破。要按照建立统一的人力资源市场的要求，开展人才市场和劳动力市场信息系统的整合工作，建立统一的人力资源市场管理系统，全面支持对各类人员的管理，并为公共就业信息的异地交换与共享奠定基础。今年我们还将在前期情况调查的基础上，适时启动全国公务员管理信息系统、军转安置管理信息系统和技能人才管理系统的建设工作，加快劳动用工备案、劳动人事争议调解仲裁等业务领域信息化步伐，推动劳动保障监察“两网化”，为构建和谐劳动关系提供信息化支撑。这些工作从启动和实施开始，就要纳入统一的规划部署当中，按照一体化的要求统筹推进。二是在应用上取得新突破。继续抓好已启动的联网监测数据上传工作，在部分监测领域尚未上传数据的地区，要创造条件，务必于年内实现上传，并确保数据及时传输，力争到年底前五项保险联网监测在绝大部分省份普遍开展。要逐步拓宽联网监测业务范围。今年部里将适时启动新农保联网监测工作，各地要提前做好准备。要继续做好数据整理，提高数据质量，加强数据分析，切实发挥数据的效用。三是在服务上取得新突破。要根据机构改革的进度，进一步整合政府网站，形成统一的人力资源和社会保障网站体系，体现人力资源和社会保障部门的整体形象。要继续推进“12333”电话咨询服务中心建设。已经建成的地区，要积极扩展咨询范围，将服务领域从就业服务、社会保障工作，向其他领域扩展。同时，继续完善服务渠道、提高服务质量，做到拓宽广度、增加厚度、提升效度，为社会公众提供更加便捷的服务。进一步加强“12333”的宣传，提高社会影响力。四是在安全建设上取得新突破。要完成全国容灾备份建设规划工作，确定全国灾备中心布局及灾备系统建设策略，推动有条件的省份开展建设，为全面启动容灾中心和灾备系统建设奠定基础和积累经验。要继续推进网络安全信任体系建设，在试点的基础上，完成在部分省级单位的部署实施。加强数字证书的发放和应用工作，力争持证数量有大的提高，应用领域有新的扩展。

四、切实加强信息化工作的组织领导

今年的信息化工作任务十分繁重，既要紧跟重点业务的开展提供信息技术支撑，又要加强信息化基础建设，还要科学谋划今后一个时期的工作。各级人力资源社会保障部门要进一步提高思想认识，统一思想，加强领导，加大力度，强化措施，把人力资源和社会保障信息化工作扎实向前推进。

（一）加强领导，夯实队伍。当前，省市两级机构改革尚在进行当中，但无论机构怎样调整，信息化工作在人力资源和社会保障工作中承担的基础保障作用不会变，事业发展对信息化工作愈来愈强烈的需求不会变，因此，信息化工作只能加强，不能削弱。各级人力资源社会保障部门的领导同志要一如既往地把信息化工作作为“一把手”工程，切实肩负起领导责任。同时，要在机构改革过程中，注重加强信息化机构和队伍建设，将更多的高素质人才充实到信息化队伍当中，为信息化建设提供有力的组织保障。

（二）省市联动，形成合力。随着社保统筹层次的提高和跨地区业务的开展，省级人力资源社会保障部门在信息化工作中的作用越来越突出。省级的作用能否发挥出来，直接关系到全省信息化的整体进展，也影响到全国的互联互通。省里首先要抓好本级系统建设，为地市做好表率。对于新农保、跨地区交换平台等全省集中的系统，更要及时地、规范地建设好，为地市提供高质量的支持和服务。还要肩负起指导和推动地市信息化建设的责任，按照统一建设的要求，把地市组织起来，形成上下协调、步调一致，全省整体推进的工作局面。

（三）典型引路，全面推进。典型引路，一直是我们推进信息化工作的一个重要抓手。今天又有 50 个示范城市通过验收，连同首批通过验收的单位，总数已达 119 个。这 119 个地区要切实发挥典型作用，为其他地区做好示范。要认真总结示范城市的建设经验并及时推广，推动信息化建设的全面发展。按照计划，今年我们将在全国范围内开展“提升金保工程应用水平”主题活动。这是推进信息化工作的另一个抓手。各地要积极投入进来，力争在活动中树立起一批在应用创新上取得突破的典型地区，形成以应用促发展的工作局面。

（四）健全制度，规范管理。随着信息化建设的推进，信息化工作牵涉的部门越来越多，涉及的资金越来越大，无论是工程建设，还是已建成系统的运行维护，都需要有规范的制度作保障。要建立健全信息化工作管理制度，将建设、运行、管理等环节全部纳入规范化轨道，形成以制度管人、以制度管事、以制度保障运行的格局。规划财务部门要切实发挥在项目管理上的作用，严格执行国家关于政府采购和招投标制度，严把工程质量关，确保信息化建设经得起群众和历史的检验。

做好人力资源和社会保障信息化工作，使命光荣、责任重大。我们要切实履行职责，振奋精神、扎实工作、开拓创新，努力开创信息化建设新局面，为人力资源和社会保障事业全面协调可持续发展作出更大的贡献。

在博士服务团第10批工作总结暨第11批培训动员会议上的讲话

李智勇

（2010年11月12日）

今天，中央组织部和团中央在这里召开会议，总结上一批博士服务团工作，对新一批博士服务团成员进行培训和动员。首先，我代表中央组织部，向结束服务锻炼、载誉归来的第10批博士服务团成员表示热烈欢迎，向即将奔赴西部地区和革命老区服务锻炼的第11批博士服务团成员表示亲切问候，向为博士服务团工作付出辛勤劳动的有关地区和部门表示衷心感谢！

选派博士服务团是中组部和团中央贯彻落实西部大开发战略和人才强国战略、为西部地区提供人才和智力支持的一项重要举措。自1999年以来，已先后从中央国家机关、部分企事业单位和东部8省市选派了10批1 191名博士服务团成员，服务范围包括西部12个省区市和新疆生产建设兵团，江西、福建两省的革命老区以及吉林延边、湖北恩施、湖南湘西三个少数民族自治州。去年是博士服务团选派工作开展10周年，我们召开了10周年纪念座谈会，总结经验，宣传典型，探索博士服务团选派工作如何进一步创新发展。中央政治局委员、中央书记处书记、中央组织部部长李源潮亲切接见博士服务团成员及选派和接收单位的同志，对进一步做好博士服务团选派工作作出重要指示。李源潮同志高度评价博士服务团选派10年来发挥的积极作用，指出选派博士服务团创造了一种人才工作服务西部大开发的新模式，开辟了一条促进高层次人才锻炼成长的新途径，形成了一个经济开发、科技开发、人才开发有效结合的新机制，为推动西部发展作出了很大贡献。

一、第10批博士服务成员充分发挥知识优势和专业特长，为推动所到地区科技进步、经济发展和人才培养作出了积极贡献

选派第10批博士服务团正值这项工作开展10周年，临行前李源潮同志寄语博士服务团成员要虚心学习、发挥优势、多作贡献，加深对国情的了解和对人民群众的感情，在实践中磨炼意志、增长才干。一年来，第10批博士服务团成员认真学习贯彻李源潮同志指示精神，继承历届博士服务团优良传统，深入基层了解国情，走进群众体察民生，找准工作切入点，充分发挥科技参谋、桥梁纽带和培养人才的作用，以良好的精神状态和扎实的工作作风，圆满完成了服务锻炼任务。概括起来，主要有以下几个方面：

一是推动了科学发展。西部地区发展基础

相对落后，当前既要应对发展速度的压力，又要面临发展质量的要求，科学发展的任务很重。第10批博士服务团成员到岗后，一方面深入基层调查研究，全面了解当地经济社会发展情况，结合专业特长积极建言献策；另一方面，直接主抓或参与重点工作的规划实施和科研项目攻关，把科学发展的要求落实到具体工作中。在西藏地勘局挂职的覃志安博士，撰写了《西藏地勘局“十二五”发展规划设想》等重要政策建议，并组织编写了一系列重要规章文件，被评为国土资源系统援藏先进个人。挂任吉林延边州州长助理的韩景博士提出了许多重要政策建议，被纳入吉林省“十二五”规划和省城镇体系规划。挂任广西南宁市委常委、副市长的尹纯博士，认真组织开展南宁市财源建设规划设计工作，完成了《南宁市十年财源建设规划》，成功申报了全国可再生能源建筑应用示范城市项目。阮汝祥博士挂任重庆南岸区副区长，他抓住新兴产业发展机遇，积极协调国家物联网产业基地落户南岸区。王小成博士大力推进宁夏石嘴山市基础设施建设，引入北京市政投资公司、北京路桥集团公司参与该市重点项目建设。在陕西汽车集团有限责任公司、甘肃金川集团有限公司挂职的马凤军博士、蒋浩民博士积极开展大规模科技联合攻关，帮助企业解决了诸多技术瓶颈。

二是促进了交流合作。发挥桥梁纽带作用，扩大西部与东部、接收单位与选派单位间的交流合作，是博士服务团成员肩负的重要任务。第10批博士服务团成员依托选派单位和地区，找准优势互补、合作共赢的结合点，积极为挂职地区争取项目、技术支持和资金、人才智力支持。挂任江西赣州市副市长的侯邦安博士，牵线推进赣州核电项目，推动赣州市政府与中广核集团签订合作框架协议。挂任云南省国土资源厅副厅长的薛佩瑄同志，积极协调国土资源部在云南召开地下找水紧急协调会，并争取有关部门支持云南省抗旱地下找水资金。由浙江大学选派的何普明博士挂任福建福鼎市副市长，积极引进浙江大学茶学系教授团队，建设提取纯化茶多酚生产线，年产茶多酚300吨，将大幅提升当地白茶品质。挂任新疆农科院院长助理的袁会珠博士，促成了该院与中国农科院植保所的合作项目，还积极联系国内农业产业发展相关领域的著名专家学者到新疆指导工作。从广州到湖南湘西州挂职的田宇博士，积极牵线举办了广州市和湘西州党政、企业家代表团互访活动，还促成两地达成互派干部挂职交流机制。在内蒙古自治区挂职的刘宏伟博士，为当地与有关院校建立全面合作关系搭建了桥梁。

三是培养了一批人才。博士服务团成员都是有着较高知识水平的高层次人才，有的还是本行业本领域的专家骨干。搞好“传帮带”，帮助当地培养一支“本土”人才队伍，是博士服务团的又一重要价值所在。卢朝辉博士在挂任青海省人民医院副院长期间，每周举办一次专科病例讲座、省病例读片会，现场分析诊断疑难病例，一年来累计有1 400多名医生在实践中得到专业培训。在四川成都市国土局挂职的郭旭东博士，积极吸纳挂职单位科研人员参与自己承担的两个国家“十一五”科技支撑课题，并在当地设立了试点示范基地，通过共同开展课题研究培养带动当地科技人才。张开智博士帮助贵州毕节学院组建了采矿工程系，并实现了本科专业零的突破，为当地矿业人才培养作出了贡献。挂任新疆生产建设兵团天富电力公司副总经理的常福祥博士，邀请数位专家一起为兵团开设了2010年专业技术人员煤化工及高新技术高级研修班，加强了兵团在煤化工领域的专业技术人才队伍培养。

四是锤炼了作风。高层次人才到基层锻炼，既要在实践中炼才干，也要在关键时刻炼作风。童光毅博士挂任青海玉树州副州长，玉树地震发生后，他不顾刚做完手术不久的病体，离开病房赶赴救灾现场，第一时间建立电力抢修救灾队，科学快速布置电力恢复工作，灾后7天就实现主要电网设施基本恢复，供电负荷恢复到震前的70%，确保了抗震救灾工作顺利开展，被评为“全国抗震救灾模范人物”“青海省优秀党员领导干部”。同样在玉树州挂任副州长的杨志峰博士担任了抢险救灾指挥部基础设施保障和生产恢复组副组长，发挥了交通行业专家骨干的重要作用，为救灾交通保障和灾后交通规划编制等作了重要贡献。还有许多同志在地震、水旱灾区工作，在高原、偏远地区服务，大家不叫苦、不喊累，把在艰苦环境中奋斗的经历当做人生宝贵的一课，面对急难险重的任务顶得上、扛得住，展现了博士服务团成员良好的形象和作风。

总之，同志们通过投身西部大开发伟大实践，坚定了理想信念，通过与广大基层干部群众朝夕相处、并肩工作，强化了宗旨意识，加强了党性修养，通过把理论知识转化为推动发展的直接动力，培养了实干精神，增强了理论联系实际的能力。博士服务团一年的时间虽然不长，但却是奋斗的一年、奉献的一年、成长的一年，正如许多博士们讲的“锻炼一年、受益一生”。

二、适应深入实施西部大开发战略需要，不断增强博士服务团工作的针对性实效性

今年是实施西部大开发战略 10 周年，今后 10 年是深入推进西部大开发承前启后的关键时期。今年 7 月，中央召开了西部大开发工作会议，会议把人才工作摆在更加突出重要的位置，强调深入实施西部大开发战略要以科技和人才为支撑，人才工作是重要保障。博士服务团是人才工作服务西部大开发的重要内容，中央《关于深入实施西部大开发战略的若干意见》指出，要继续组织实施好博士服务团等重点人才开发工程。新形势新任务对博士服务团工作提出了更高要求，各地各部门要认真学习贯彻西部大开发工作会议精神，深入研究加强和改进博士服务团工作的思路举措，进一步深化认识、加大力度，增强工作的针对性实效性，为深入实施西部大开发战略提供更有力的人才支持。在这方面，我们有三点希望。

一是选派单位要增强大局意识，坚持从优选派。李源潮同志强调，要让人才到西部去的路越走越宽，把人才支持摆在西部大开发更加重要的位置。我们要认真贯彻落实这一重要指示。总的来看，选派单位对博士服务团工作是重视的，选派了一大批本单位优秀的中青年骨干参加博士服务团，这些同志普遍专业水平高、组织能力强、作风过硬，在服务锻炼中表现出色，受到了西部地区的广泛欢迎，许多人还走上了更加重要的工作岗位。从工作的实践效果来看，保证人选质量是博士服务团始终充满生机活力、深受西部欢迎的前提。但也要看到，近年来个别选派单位在这个问题上的认识还不是很到位，舍不得把骨干力量派下去，有个别单位放松了选派的条件要求，这对博士服务团工作、对人才工作是十分不利的。每批博士服务团服务锻炼只有一年，应该讲，这对大机关、大单位里的中青年骨干是难得的到基层锻炼成长的机会。希望各选派单位进一步增强大局意识、责任意识，把人员的选派和培养结合起来，坚持从严选派、从优选派，真正把那些素质好、作风实、有潜力的中青年骨干派下去锻炼。这既是服务西部大开发的切实举措，也是加强本部门、本单位人才队伍建设的有效渠道。

二是接收单位要认真研究人才需求，真正用好人才。满足西部地区人才需求是博士服务团工作的基本出发点和落脚点。一直以来，接收单位都将人才需求作为工作重点，紧密结合工作实际需要提出人才需求和岗位要求，这些人才需求有的着眼于制定产业或区域发展的宏观规划、政策措施，有的着眼于突破制约发展的重大技术难题，有的着眼于带动本地、本行业的人才队伍建设，都很有针对性，是博士服务团之所以能取得成效的重要保障。但我们也注意到，近几年有些地方上报的人选需求主要集中在直接关系经济建设的综合部门。有一种观点，认为引进一名大机关的博士可以争取更多的项目和资金，更有利于地方的发展。这是将人才需求异化为资金项目需求，不符合人才优先的发展理念。引进一个人解决一个技术瓶颈，开发一个新产品，进而盘活一家企业甚至带动一个产业，这样的例子屡见不鲜，关键是要找对人、用好人。如何找对用好人才，这是需要接收单位动脑筋、下工夫的。今年，中组部、团中央在选派政策上作了调整，机关干部原则上都不“高挂”，但是专业技术人才符合条件、确有需要的可以适当“高挂”，这也是从政策上进行合理的引导。希望接收单位树立长远眼光，重视人才对一个单位、一个行业发展的带动作用和影响。要按照深入实施西部大开发战略的部署，重点围绕转变经济增长方式和提升公共服务水平，深入研究分析急需紧缺的人才，针对性更强地提出人才需求。

三是各方面齐抓共管，不断改进管理和服务工作。李源潮同志多次提出，派出单位对参加博士服务团的同志要多关心、多支持、多帮助，为他们解除后顾之忧，对回来的同志，要安排好、使用好；接收单位要把博士服务团的同志当自己人，热情关心，严格要求，放手使用。博士服务团成员都是各单位比较重要的人才资源，经过基层的服务锻炼更有可能成长为难得的复合型人才，选派单位要重视对他们的跟踪培养和使用，特别是对那些在应对重大事件中经受考验、成绩突出的同志要予以重用。这方面，选派单位可以结合本部门、本单位人才培养实际，探索制定政策措施，有针对性地做好博士服务团成员的管理、培养和使用。接收单位要认真做好组织协调和服务工作，既要在生活上热情关心、工作上放手使用，又要在组织上严格管理，尽可能发挥他们的专长和优势，保证服务锻炼的效果。各级组织部门要结合西部大开发新形势加强整体规划，完善政策措施，加强工作指导和沟通协调。各级共青团组织要积极为博士服务团成员建言献策搭建平台，加强他们与本地青年人才的交流合作，搞好团队建设，为他们创造良好的环境。

三、对第 11 批博士服务团成员的四点希望

这次会后，第 11 批博士服务团成员就要奔赴各地新的岗位。希望同志们牢记肩负的职责，发扬博士服务团优良作风，特别要珍惜作为博士服务团成员的荣誉，在磨炼中成长，在实践中成才，以优异表现不辜负组织的期望。这里，我对大家提四点希望。

一是要胸怀大志。博士服务团成员不同于一般挂职干部，大家都是国家培养多年、学有专长的青年才俊，要把个人的理想抱负与国家民族的事业联系起来，把这一年的服务锻炼作为施展学识才华、报答国家社会的一次重要机会，在个人成长进步的历史上书写新的一页。当前，全党上下都在深入学习贯彻党的十七届五中全会精神，贯彻落实全国人才工作会议和西部大开发工作会议部署，同志们要认真学习贯彻中央精神要求，把这次服务锻炼与深入学习实践科学发展观、与深入实施西部大开发战略紧密结合起来，在基层实践中建功立业。

二是要找准定位。博士服务团成员到地方、到基层服务锻炼，许多同志都有一个角色定位转换的问题，从学者身份到领导身份，从部门机关到政府企业，从科研工作到实践工作，还要尽快融入新的工作集体和环境，同志们要尽快适应这个转变。到了地方，还要准确把握自己在班子里、在单位里的角色，服务锻炼期间组织上为大家安排了一定的职务，是为了大家更好地帮助地方工作，更好地锻炼提高。希望大家把职务和权力看轻一点，把事业和责任看重一点，紧紧地依靠挂职地方、部门的领导班子，与当地的同志们很好地团结合作，妥善处理好各方面的关系。往届许多博士都说，“脱下博士帽、甘当小学生”，这个态度很好，希望大家虚心向地方的干部群众学习讨教。

三是要务实工作。一方面，博士服务团的许多同志来自大机关、大单位，长期从事宏观层面、理论层面、政策层面的工作，务虚较多，到了地方上就必须学会做具体工作。这对大家是一个新的要求和考验。另一方面，大家下去的时间只有一年，一年时间一晃而过，不要做匆匆过客，无论做什么工作，都要把工作做实。怎样把工作做实？我想坚持从三个“实

际出发”很重要。一是从自身专业实际出发，找到学以致用的切入点，迅速发挥作用；二是从当地发展实际出发，按照工作职责，做好分管工作，量力而行、尽力而为，不搞形象工程；三是从派出单位工作实际出发，发挥桥梁纽带作用，促进与接收单位项目、技术、人才等多方位的合作。

四是要严格自律。同志们到西部去，代表各自所在的部门、单位，某种意义上也代表中组部和团中央，一定要对自己严格要求，不辜负组织的信任和群众的期待。过去，也确有个别同志表现不好，甚至出了问题，我们要引以为戒。要遵守政治纪律，比如民主集中制、廉洁从政等，到少数民族地区工作的，还要严格按党的民族政策说话办事。要严肃生活纪律，自觉抵制社会上不良的思潮和生活方式的影响，不该交往的人不交，不该去的场所不去。博士服务团经过 10 年、1 000 多名博士的努力，已经树立起良好的形象和品牌，希望同志们倍加珍惜，把博士服务团的好作风、好形象传承下去。

还要强调的是，同志们离开自己的家，离开舒适的大城市，离开熟悉的同事朋友，只身前往西部地区，工作上、生活上都会有许多不便之处，有些同志去的地方自然条件还比较艰苦，有的地方民情社情相对复杂，希望同志们都能善自珍摄、劳逸结合，注意身体健康。最后，祝同志们在新的岗位上生活愉快、干有所成、学有所得，服务锻炼双丰收，在奉献西部经济社会发展的同时，体现人生的价值，向党和人民交一份精彩的答卷！

在海外高层次人才创新基地论坛上的讲话

李智勇

（2010年12月20日）

建设海外高层次人才创新创业基地，是同“千人计划”的实施一并提出来的，是“千人计划”的重要组成部分。截至目前，中央人才工作协调小组已经批准设立了67家人才基地，其中在高校和科研机构的创新基地共20家。今年6月，我们在大连“海创周”上举办了海外高层次人才创业基地论坛，提出了创业基地建设“人才特区”的7条标准。这次，我们请高校和科研机构的创新基地参会，交流工作经验，研讨创新基地建设“人才特区”的规律性问题。从刚才大家的发言来看，各单位都很重视人才基地建设，在引进和用好海外人才、创新人才体制机制等方面做了很多工作，取得了一定成效和经验。比如，北京生命科学研究所作为国内一个按新体制管理、以新体制运行的科研机构，各方面工作都有很强的示范性。这个所的创建和运行，得到了中央领导同志的关心和支持。李源潮同志昨天在全国人才工作座谈会和今天上午的讲话中，都谈到他们的做法，给予很高的评价。北大、清华积极协调校内资源，支持有关院所进行体制机制创新的尝试；中科院上海生命科学研究院探索建立现代人力资源管理制度，有效提升了人才队伍的创新能力和综合实力；中科院深圳先进技术研究院作为一个新建机构，着力推进产学研结合，在很短时间内形成了一批产业化成果；上海财经大学大胆探索采用“常任轨”制度（TenureTrack）和海外院长制度，吸引了一批优秀海外人才；苏州大学作为地方高校，以超常规的投入，延揽了一大批海外高层次人才，迅速提升了学校的整体实力，等等。

李源潮同志一直高度重视“人才特区”建设工作。在这次海外杰出青年学者座谈会上，对加大人才工作体制机制创新力度，为海外引进人才提供良好的工作生活环境提出了明确要求。我们要认真抓好落实。下面，我就加强“人才特区”建设讲三点意见。

第一，“人才特区”建设对推动人才工作体制机制创新具有特殊意义。创新人才工作体制机制是用好用活人才的关键。近年来，我国人才工作不断取得新的进展，但随着工作的深入，一些深层次的体制机制性矛盾和问题逐渐显现。比如，在一些高校和科研机构，“官本位”、行政化倾向严重，人才评价不够科学，人才流动存在制度性障碍等等。这些问题已经成为人才发展和创新创业的体制性障碍，各方面反映强烈，改革势在必行。在前两天召开的全国组织部长会议上，习近平同志、李源潮同志都讲到这个问题，要求采取措施尽快改变这一状况。但要真正改变这一状况，并不容易。因为体制机制涉及全局，调整起来阻力大，难度大，风险也大，需要时间，有一个过程。因此，以建设“人才特区”为试点，像改革开放初期建设经济特区那样，在一个较小的范围内进行试验和探索，取得经验后再进行推广，实践证明是可行且必要的。

上半年，中央下发了人才发展规划，将“创新机制”作为我国人才发展的主要指导方针之一，列专章对体制机制创新提出明确要求，并提出十大政策创新任务。同时要求，对创新难度大的政策，可以选择一些地方和单位先行试点，也可依托大型企业集团、高新技术园区、产业集群、海外高层次人才创新创业基地等，建立人才管理改革实验区。我们要充分认识建设“人才特区”的重要意义，按照人才发展规划的要求，抓住机遇，加快进度，力争在全国范围内率先将人才基地建成“人才特区”，为人才体制机制创新提供有益经验。

第二，建设“人才特区”的工作重点。综合近年来各方面“人才特区”建设的实践，以及有关专家对“人才特区”内涵、功能、标准等的研究，我认为，在高校、科研机构等创新基地建设“人才特区”，要将工作重点放在以下6个方面：一是集聚国际一流的领军人才。“人才特区”必须立足于占领国际科技发展前沿、产出国际一流科研成果的需要，大力引进和集聚一批国际一流人才，建设一流创新团队。二是建设国际化人才平台。“人才特区”的研究岗位应面向全球招聘；对人才、成果的评价，要实行国际同行评议；要与同领域国际知名研究机构建立合作关系，开展人才交流。三是采用科学的用人制度。“人才特区”要打破事业单位用人能进不能出的弊端，可借鉴一些国外高校实行的TenureTrack制度，改革和完善人事制度，确保人才队伍充满活力。四是赋予领军人才更大的自主权。“人才特区”应为领军人才充分发挥作用创造条件，在科研方向、科研时间、团队建设、经费使用等方面，给予他们更大的自主权。五是建立以科研和人才培养为中心的资源配置模式。“人才特区”要围绕“教授治校”“学者治所”，科学配置行政、后勤等服务体系和各方面资源。六是营造活跃的创新文化。“人才特区”要加强创新文化建设，在学术上鼓励探索、质疑、争鸣，鼓励创新、宽容失败、杜绝重复、拒绝浮躁，形成宽松自由活跃的学术氛围。总之，“人才特区”要有特别目标、特别人才和特殊政策、特殊机制、特殊保障，其管理方式、资源配置、运行机制等，都要服从服务于科研人才，以保障人才开展科研和人才培养工作为目的，以能有效激发人才的创新创造活力为检验标准。

第三，积极稳妥推进“人才特区”建设工作。体制机制创新是当前和今后一个时期人才工作的一项重要任务，我们要以贯彻落实《人才发展规划》为契机，努力探索，不断创新，积极稳妥地推进“人才特区”建设工作。一是要进一步解放思想、加大力度。解放思想是改革创新的前提。从目前工作情况看，各人才基地的发展不太平衡，人才基地内部的工作开展也存在不够协调的地方，距离建设“人才特区”的目标要求还有不小差距。各有关单位要进一步解放思想、加大力度，放开眼界、放开思路、放开胸襟，努力推动各项工作取得新突破。二是要积极探索“人才特区”建设的不同模式。刚才大家在发言中提出了不少好的经验和做法，如法人治理结构、现代大学制度、“常任轨”用人制度等等，值得各单位学习借鉴，结合本单位实际，大胆探索既顺应国际发展趋势、又符合我国国情的“人才特区”建设新路径。三是要突出重点，抓住关键环节。“人才特区”建设，关键在机制、核心在人才。要进一步加大海外高层次人才引进工作力度，建设一流科研团队；要放手使用引进人才，既要发挥他们在科技创新方面的领军作用，又要借助他们熟悉国际通用管理方式的优势，发挥他们在推动科研、教育、人才工作体制机制创新上的重要作用。四是要以点带面，不断扩大“人才特区”。目前除北京生命科学研究所外，大多数高校和科研机构都是将内部一个单位作为“人才特区”进行试点，采用“新人新办法、老人老办法”的方式。一方面，要加快特区内从双轨制到新机制的转换速度；另一方面，要及时推广特区实践证明行之有效的经验，扩大特区范围，以“点”的创新带动“面”的突破。中央人才工作协调小组下发的加强人才基地建设文件，已经提出了方向性意见，各单位要用好类似的政策规定，大胆进行创新实践。

人才基地主要负责同志要以宽阔的思路、宽阔的眼界和宽阔的胸襟抓“人才特区”建设。要在人社部、教育部、科技部、财政部、中科院等部门的指导下，以敢为人先的勇气、“舍我其谁”的闯劲推动政策创新，为其他单位作出示范、提供经验。中组部专项办将及时了解各人才基地的工作情况，协调工作，交流和推广好的做法和经验，放大“人才特区”的示范效应。

努力推动劳动人事争议调解仲裁工作新发展

杨志明

（2010 年 1 月 20 日）

党中央国务院十分重视和谐劳动关系和劳动争议处理机制建设。在各地贯彻温总理重要批示精神，全力保障“两节”期间企业工资支付和做好劳动纠纷处理工作的关键时期，我们召开全国劳动人事争议调解仲裁工作座谈会，既是对节前工资支付争议案件基本结案的督查，也是应对当前劳动争议案件仍然多发，“往前赶、起好步、开好局”的部署。会议的主要任务是：认真贯彻落实全国人力资源和社会保障工作会议精神，总结交流 2009 年调解仲裁工作新经验，研究分析劳动争议调解仲裁法实施中的新情况、新问题，探索新时期调解仲裁的特点和规律，推动今年调解仲裁工作在巩固企稳回升的形势中有新发展。下面，我讲三个方面的意见：

一、在应对金融危机中调解仲裁迎难而上，取得明显成效

受国际金融危机的冲击，2009 年是我国进入新世纪以来经济发展最为困难的一年，也是调解仲裁工作困难最为集中的一年。难在经济不确定因素多，案件总量居高不下；难在集体劳动争议案件多发，事急难处的局面难以改变；难在既要应对案多人少的高强度办案，又要面对机构改革人员思想波动，难以兼顾。全国各级调解仲裁部门按照去年尹蔚民部长关于“加大调解力度，完善办案制度，强化机构建设，提高队伍素质，加快资源整合”的重要批示和全国劳动人事争议调解仲裁工作座谈会部署，面对国际金融危机对劳动关系双方带来的不利影响，努力推动实现劳资两利；面对劳动合同法、调解仲裁法实施后劳动者维权意识明显增强的态势，不断提升办案质量和效率；面对机构改革中劳动人事争议处理制度整合后的新情况，重点推进“两基”建设取得新进展。

（一）在积极应对国际金融危机的影响中，重点解决仲裁办案中的四个突出问题，呈现出“两降一升”的态势。去年以来，在国际金融危机冲击、劳动关系领域历史积累的案件、免费仲裁等因素的共同作用下，劳动争议案件激增。对于突如其来的国际金融危机特殊时期的困难，对于建国 60 周年庆典维稳特殊阶段的要求，对于机构改革特殊条件的重要任务，各地按照“快立、快办、快结、办好”的原则，因地制宜，探索有效办案方式，从快解决突出问题。针对小额案件多问题，各地按照劳动人事争议仲裁办案规则，采取适用简易仲裁程序审理、终局裁决等方式结案，快速处理了一大批小额、简单争议案件。福建省着力改革庭审方式，优化办案程序，统一仲裁文书，及时有效地处理争议案件。青岛市按照法律规定审限，从仲裁员、庭长到仲裁院负责人、局领

导，环环定时，责任到人，提高工作效率，确保案件按期审结。针对积累案件多问题，部里对各地去年前三季度争议案件处理进展不均衡情况进行了通报，促进各地在年底前按法律规定的时限结案。上海市开展清理积案专项行动，集中帮助积案较多的区县处理。针对集体劳动争议案件多问题，各地加强与公安、信访、工会、企联及主管部门联动，去年上半年集体劳动争议案件多发，下半年开始下降。海南省指定专门人员重点办理拖欠农民工工资、社会保险待遇的集体劳动争议案件，对于携款逃匿的非法用工自然人，积极配合公安部门做好工作。针对拖欠农民工工资案件多问题，各地按照部里“做好‘两节’期间保障企业工资支付和劳动纠纷处理工作视频会议”和《关于积极主动做好“两节”期间预防和处理劳动纠纷工作的通知》要求，组织调度一批业务熟、工作能力强的仲裁员限时办结拖欠工资争议案件。各地都建立了优先立案、优先处理的农民工维权“绿色通道”。昆明市成立了农民工仲裁庭，采取有力措施集中处理农民工劳动争议案件。为积极应对金融危机，各地采取切实可行的政策措施，向前加强预防，向后加强裁审衔接。江西省劳动人事争议仲裁院向全省企业经营者、事业单位负责人发出应对经济形势变化防范用工风险的 16 项建议，指导用人单位减少经济性裁员，预防劳动争议发生。广州市加强裁审衔接，统一裁审规范，建立沟通机制，加快清理积案。

经过各地艰辛努力，去年全国各级劳动争议仲裁机构共立案受理争议案件 68.4 万件，比上年下降 1.3%；涉及劳动者人数 101.7 万人，比上年下降 16.3%，结案率 89.7%，比上年上升 4 个百分点，涉案金额 118.3 亿元。经过连续多年的案件上升和连续 18 个月案件激增，进入去年第三季度以来案件增幅出现“拐点”，案件总量急剧上升的势头得到初步遏制，减少了冲突性，增强了协调性，从总体上维护了劳动人事关系的和谐。

（二）在探索加快解决劳动争议中，重点在思路、方式、联动上下工夫，不断提升调解在争议处理中的基础作用。在应对金融危机中实施调解仲裁法，重在关口前移、重心下沉，柔性化处理争议，激活基层化解纠纷机制，培育调解仲裁工作新的增长点。制定调解指导性意见，探索调解工作新思路。去年部里着力分析调解在新时期处置劳动纠纷的基础作用，总结近年来各地有效做法，针对基层调解组织不健全、作用弱化等问题，会同司法部、全总、中企联下发了《关于加强劳动人事争议调解工作的意见》。《意见》提出了当前及今后一个时期调解工作的指导思想、政策措施和组织框架，推动调解工作朝着建立人力资源社会保障行政部门、司法行政部门、工会、企业代表组织协调配合、通力合作的劳动人事争议调解工作新格局的方向发展。拓展调解渠道，探索调解工作新方式。在企业预防争议方面，北京、江西等省市在部分国有大中型企业建立劳动争议调解中心，建设总部调解委员会牵头，延伸至分支机构、车间班组调解组织的企业内部上下联动的劳动争议调解工作网络。深圳市宝安区在非国有企业建立了“1＋3 劳资恳谈协商机制”，围绕“劳资一心，互爱共赢”的目标，从企业经营者到中层管理人员，再到基层员工都参与对话，经营者意图可以传递到基层员工，基层员工呼声可以直接反映给经营者，企业管理由单向变为互动，企业决策由单决变为共决，有效预防了争议。实践证明，搭建企业劳资对话平台是解决劳动纠纷的第一步和最基本的手段。企业和谐则盛，冲突则衰，对抗则败。在乡镇街道调解组织建设方面，广东横向建立人力资源社会保障行政部门主导，司法、工会、企联等共同参与的多元化调解格局；纵向把仲裁、信访、监察等职能捆绑在一起，建立“三合一”调解工作平台，将 60%的案件通过调解解决。云南在全省乡镇街道劳动保障所（站）加载调解职能，充实人员、增加设备、提供场所、配备车辆，统筹构建了乡镇街道劳动争议调解工作平台。在人事争议调解方面，哈尔滨市率先建立人事争议处理法律援助平台，切实维护当事人的合法权益。建立部门联动机制，探索调解工作新格局。江苏省建立了劳动争议调解组织调解、人民调解、行政调解、仲裁调解、司法调解“五位一体”的相互衔接、高效快捷的调解工作方式，构建了党和政府主导维护群众权益的新机制。山东省探索建立在党委政府统一领导下，人力资源社会保障、政法、经贸、法院、工会等 11 个部门和单位协同配合的劳动争议“全程调解”机制。调解在处理集体劳动争议方面的作用更加突出。河北省建立政府部门主导、多方参与的行政调解机制，着重处理重大集体劳动争议案件，以调解促和谐，成绩显著。据统计，去年通过各类调解组织调解处理的劳动人事争议比 2008 年上升了 8.5 个百分点，调解解决争议的基础性作用初步显现。

（三）在加强调解仲裁队伍建设中，重点推进仲裁机构实体化，争议处理效能正在逐步加强。各地在实践中逐步认识到实体化建设是调解仲裁队伍建设的重要内容，利用机构改革的有利时机，将原来分散的、局部的、零星的资源整合在一起，集中地推动实体化建设，使调解仲裁工作有了一个强有力的支撑。与前些年仲裁机构实体化建设停滞不前不同的是，去年实体化建设取得明显进展。推进以仲裁院为主要形式的实体性办案机构。从全国情况看，经济发达地区大部分市级基本实现仲裁机构实体化，县（市、区）级部分实现实体化。继浙江、黑龙江、河北、宁夏建立省级仲裁院后，去年江西、上海、广东、江苏、安徽等省市也相继组建了仲裁院。上海、江苏、浙江、重庆、山东、黑龙江等省市推动市、县仲裁机构实体化建设较快。江苏、浙江两省有 80％以上的市、县建立了仲裁院。杭州、宁波、南宁等市的仲裁机构实体化率达到 100％。上海市政府明确规定所属各区（县）建立劳动人事争议仲裁院，人员编制统一配置，实行参公管理。兰州市在中西部地区率先建立了正处级建制的仲裁行政管理和办案机构，配备了 22 名行政编制。充实办案力量。北京市制定了兼职仲裁员每审结一起案件，财政给予 300 元劳务费的政策，现拥有 500 余人的兼职仲裁员队伍。内蒙古自治区、济南市也出台了兼职仲裁员聘任和管理办法。改善办案条件。去年深圳市新建了 5 000 平方米办公大楼供仲裁院使用，实现了调解仲裁办案场所“一间房到一层楼再到一栋楼”的快速发展。成都市仲裁院建起了 2 000 平方米的工作场所，有效改善了办案环境和服务设施。有些地区在机构改革中统筹调剂，为仲裁院开辟专门办案办公场所。加大培训力度。部里去年重点对业务骨干进行培训，举办了调解仲裁机构负责人和仲裁员两个培训班，组织力量编写培训教材。各地加强调解员仲裁员培训工作，西藏自治区举办了全区劳动仲裁员资格培训班，新疆维吾尔自治区共培训调解员仲裁员 1 000 余人次，山东省连续举办 4 期调解员培训班，均取得较好效果。据初步统计，专职仲裁员大专以上文化程度的占 85.7％。

（四）在政府机构改革中，重点整合劳动人事争议调解仲裁两大系统资源，自上而下的框架初步形成。长期以来，劳动争议案件多、人少手，人事争议处理层次高、力量足，资源整合后既能发挥劳动争议处理机构长期立足基层、积累处理案件的实践能力，又能发挥人事争议处理机构层次高、办案力量足的优势。重点推进“三整合”：管理体制整合。地方机构改革后，全国 20 多个省区市成立了调解仲裁管理处，将人事争议处理与劳动争议处理的行政职能进行了有机整合。办案程序整合。劳动人事争议仲裁办案规则的出台，对新形势下劳动人事争议案件处理工作进行了统一的规范和指导，从上到下统一了劳动人事争议仲裁办案程序。办案机构整合。吉林省率先成立了全国第一家省级劳动人事争议仲裁委员会。安徽省从制度建设、工作指导、办案机构、队伍管理等方面入手，大力推进劳动人事争议处理工作整合。去年以来，劳动人事争议处理制度融为一体，进展迅速。

（五）在实施调解仲裁法中，重点制定操

作性强的配套规章政策，法律政策体系建设力度不断加大。配套规章政策是否制订得及时、得当，是否突出区域的差异性特点，是法律实施是否顺畅的重要条件。配套规章政策要对法律的操作性、技术性、细节性问题作出具体规定。及时制定并出台法律配套规章。部里在出台《劳动人事争议仲裁办案规则》的基础上，近日部务会议审议通过了《劳动人事争议仲裁组织规则》。加快制定调解配套规章政策。吉林省出台了“一个指导意见、两个专项通知、三个规范性办法”，搭建了劳动人事争议调解制度的基本框架。江西省出台了企业劳动争议调解中心调解规则，重庆市出台了人事争议调解规定，弥补了劳动人事争议调解程序政策的空白。加快制定仲裁配套规章政策。山东省制定并出台了劳动争议仲裁简易办案规则、人事争议仲裁办案规则、仲裁证据规则等一系列配套规章，保证了调解仲裁工作合法、规范、有序地开展。贵州省先后出台了错案追究、案件备案和仲裁监督等三个办法，将仲裁活动置于全程监督之下。加快制定裁审衔接规章政策。上海、江苏等省市仲裁委员会与高院联合下发了适用调解仲裁法的指导性意见，一般案件劳动仲裁机构处理，少部分疑难复杂案件经仲裁后由法院受理并进行司法审判，促进裁审衔接进一步顺畅。有的地区还探索仲裁委与法院联合发文，在仲裁机构设立劳动争议审判庭，做到“同裁同审，裁审一致”。各地都做到了因地制宜、各具特色、突出实效。

（六）在加强保障能力建设中，重点加强经费落实、信息化建设、统计分析工作，调解仲裁基础进一步夯实。基础工作是落实重点任务、推进事业发展的重要保障。各地想方设法加强基础工作，做到落实保障措施与加快事业发展相配套，加强基础工作与提升管理服务水平相适应，为调解仲裁事业科学发展提供了有力支持。保障经费落实。河北、山西、黑龙江、山东、湖北、湖南、广西等地区积极与财政部门联合发文，将仲裁经费列入同级财政预算，保障调解仲裁工作顺利开展。信息化建设效果显现。江苏省依托“金保工程”，通过劳动争议处理信息化管理系统规范办案程序，在全省所有地市统一安装了劳动争议处理软件系统，实现了整个办案流程的网络化运行。大连市引入 ISO 9001 质量管理体系，设计开发了新的调解仲裁管理系统，并以新系统作为监测调解仲裁服务全过程的平台，有力强化了调解仲裁工作能力。统计分析工作得到加强。去年3月部里召开全国劳动人事争议处理统计工作座谈会后，各地调解仲裁统计工作水平普遍提高。天津市设计了具有自动校核功能的电子统计报表，自去年起实现调解仲裁统计数据和重大案件信息全部网上电子报送，有效保证了统计数据的及时性和准确性。上海市在仲裁工作信息系统下开发了统计信息系统，做到统计数据实时更新、动态变化，并通过数据库的后台操作实现了统计报表的自动生成。

总结成绩，可以增强信心；看到问题，可以保持冷静。目前调解仲裁工作存在的突出问题：一是仲裁机构实体化建设进展不平衡。东部和中西部地区省会城市实体化建设进展快，中西部地区多数市、县仲裁院建设仅停留在筹划阶段，一些地区没有专门办案场所。现有专职仲裁员数量偏少，东部沿海省市仲裁员人均每个工作日办案在1件以上，比案件激增前增加了两倍。二是部分地区法律配套规章政策相对滞后。面对当前劳资矛盾复杂、争议类型多、经济利益案值上升快、诉求内容多样化的新情况，有效应对新问题的规章政策配套不够，一些地区操作性强的配套规章政策制度建设还停留在起草论证阶段，特别是贯彻调解仲裁法运用各地自主立法权，制定实施办法和裁审衔接政策还需要加快。三是少数地区仲裁经费保障尚未落实。法律规定仲裁不收费后，全国特别是中西部地区原本困难的调解仲裁工作经费更趋紧张。上述问题，需要我们在改革中化解，在发展中解决。

从总体上说，从党的十七大报告提出健全维护群众权益机制到去年政府工作报告强调加强劳动争议处理工作，从2008年调解仲裁管理司组建到去年自上而下普遍建立省、市两级调解仲裁体系建设，从经济快速发展中加强调解仲裁到应对金融危机中加快调解仲裁，从调解仲裁法颁布实施到各地制定贯彻法律的地方性法规规章，劳动人事争议调解仲裁已成为各级党委政府发展和谐劳动人事关系，巩固企稳向好基础的有力支撑，保持社会和谐不可忽视的重要力量。广大调解员仲裁员不辞劳苦、不畏艰难、不怕烦琐、不顾名利、不计得失，说尽千言万语、想尽千方百计、说服千家万户、受益千店万厂，以自己的辛勤努力，在应对当前困难中发挥了积极作用，有力维护了企事业单位劳动人事关系总体和谐和稳定。这些成绩的取得，与各级党委政府的大力支持分不开的，与全国劳动人事争议调解仲裁战线上的领导和同志们的共同努力紧密相连的，与有关部门和单位的有力配合密不可分的。借此机会，我代表人力资源社会保障部党组向辛勤工作在劳动人事争议调解仲裁一线的同志们致以崇高的敬意并表示衷心的感谢！向支持调解仲裁工作的各级领导，向有关部门和单位的领导、同志们表示诚挚的谢意！

二、探索新时期调解仲裁发展规律，拓宽有效路径

（一）积极探索调解仲裁工作特点。当前，我国经济发展进入关键期，改革进入攻坚期，社会矛盾进入凸显期。调解仲裁工作范围广，截至2008年年底，全国共有495.9万个企业法人单位，拥有从业人员3.4亿多人。其中，99%以上的企业为中小企业。事业单位有126万个，拥有工作人员3 000多万人，聚集了国有单位2/3以上的专业技术人员。从总体分析，每5家企业就会产生一起劳动争议，每300名职工就会有一名职工申请仲裁。在市场经济趋利性、法律法规渐进性和社会主义初级阶段长期性的共同作用下，劳动争议案件总量居高不下的趋势仍将持续一段时间。劳动人事争议呈现出以下特点：一是劳资矛盾不可避免性。市场经济条件下的劳动关系具有经济性与社会性兼有，平等性与从属性兼有，冲突性与协调性兼有的特点。由于产生利益的共生性、要求分配的合理性，容易引发劳动争议，从2008年东莞合俊玩具厂一夜倒闭致使约7 000名工人失业并被拖欠工资，到去年6月吉林通化钢铁公司因企业重组总经理被职工殴打致死的事例都说明了这一点。二是劳动争议阶段多发性。从国际经验看，人均GDP 1 000～3 000美元，既处于经济快速发展时期，又处于劳动争议多发期，人均GDP超过5 000美元，劳动争议案件数量将会逐步减少。我国正处在劳动争议多发期。在经济快速增长时期，争议案件多为个人劳动争议，以分享改革发展成果为主；在经济增速下行时期，集体劳动争议案件乃至群体性事件多发，以保障基本权益为主。三是劳动人事争议复杂性。当事人复杂，既有企业与职工（包括劳动合同制职工、劳务派遣工和农民工）、又有事业单位与工作人员，还有军队与文职人员。争议内容复杂，拖欠加班工资、欠缴社会保险费和事实劳动关系等历史积累的案件突出。诉求复杂，案件已由单一诉求向多维诉求发展，大部分案件都涉及劳动报酬、社会保险、经济补偿、违约金、赔偿金等内容，审理难度大。

（二）把握新时期调解仲裁工作总体思路和重点。当前及今后一个时期调解仲裁工作的总体思路是：鼓励和解、强化调解、完善仲裁、诉讼救济，最大限度地通过非诉方式解决劳动人事争议。

鼓励和解，要“以和为先”。在调解仲裁工作中，以人为本就是以人的劳动权、休息权、报酬权为本。在这些基本权益发生矛盾、冲突乃至对抗时，那就要和解先行，保障劳动者在和谐的环境中工作，在和谐的劳动关系中发挥才智，在和谐的氛围中处理纠纷。“化冲突为和解”，大冲突，大和解；小冲突，小和解，努力找到最佳利益平衡点。小案件，通过双方协商自愿和解；大案件，通过政府居中调停强制和解。

强化调解，要“以调促和”。调解是沟通、

是劝导、是说合，是一门值得研究的大众工作艺术。在多元化争议处理机制中，调解处于“第一道防线”的基础性地位。调解在我国具有悠久的历史传统，被称之为“东方经验”，国际上也有些做法可资借鉴。比如德国大多数中小企业都有工人代表负责和雇主商谈劳动争议，通过每周定期商谈进行劳动争议调解，取得便捷调解的积极效果。美国普遍存在着解决社会冲突中心及调解服务公司，通过专职和兼职的社会调解员，提供低成本、高效率的方式，避免了当事人有事就上诉法庭或无钱请律师的问题。当前在经济企稳回升需要巩固的重要时期，处理劳动争议案件既要依法维护劳动者合法权益，又要促进企业发展，多采用调解方式结案，做到“劳资两利”。

完善仲裁，要“分类处置”。“小额案件调解为主，一般案件简易当先”，即东部地区 1 万元以下、中西部地区 0.5 万元以下争议通过调解解决；1 万～5 万元的争议案件，由仲裁员独任审理，将 50%左右的小额案件通过调解和简易程序解决，发挥终局裁决在案件处理中的作用。对于大额案件，进入仲裁程序开庭快速审理；对于疑难复杂案件，做好裁审衔接。对于集体劳动争议要优先立案、优先审理、快速结案，防止人数多、影响大的集体劳动争议案件演变成群体性事件。集体劳动争议案件特别是群体性事件的处理，关系群众切身利益，反映调解仲裁工作水平，关乎党和政府形象，办好一案、影响一片。在案件处理中要坚持三方原则，这是劳动关系和劳动争议的特性所决定的，已经形成国际惯例。要通过发挥工会组织在职工中的号召力、雇主组织在企业中的影响力，以及政府居中的协调平衡作用，促使劳动关系双方达成共识，减少冲突，发挥三方原则的独特作用。通过分类精准化办案，不断提高案件审理质量和效率。

诉讼救济，要“裁审衔接”。要汲取人民法院提出的“司法能动”观念，借鉴从“裁判纠纷”到“预防纠纷”和“解决纠纷”的经验。促进裁审衔接，畅通援助和救济渠道，做好仲裁终局案件和仲裁逾期未审结案件与法院立案环节之间的衔接，对少数疑难复杂的大额案件，加强与人民法院的协调沟通。促进调裁衔接，做好人民法院发放支付令和调解协议书司法审查确认的衔接工作，提高调解效果。

探索调解仲裁工作总体思路，今后一个时期要重点抓好“基层调解组织建设和仲裁实体化基本建设”。为什么抓基层调解组织建设，主要是争议在基层、中小企业在基层、大多数职工在基层，基层调解员熟悉基层，争议在基层解决，成本最小，效果最好，历史是这样，现在是这样，将来一个时期也是这样。基层突破，全盘皆活。为什么抓仲裁实体化基本建设，仲裁不是研讨，不是论坛，是案件处理，是法律实施过程的结果，是能够给当事人带来实际利益的法律制度。实体化需要法律、制度、人员、场所这些基本要素以及水平、权威应有的社会公信力。抓住实体化建设，就抓住了“纲”，通过“三上一提高”实现仲裁办案上水平，硬件上档次，管理上台阶，提高争议处理效能。对上要争，争取机构和编制；对下要实，落实人员和经费保障。“急则办案，缓则强基”，推动“两基”建设既是治标治本的结合，也是抓近抓远的融合，要聚集力量，谋划“十二五”“两基”建设有新突破。

（三）调解仲裁工作面临的有利条件和挑战。

面临的有利条件：一是中央高度重视。温家宝总理在中央经济工作会议讲话时强调，要加强对影响社会稳定因素的分析和把握，完善维护社会稳定的体制机制，高度重视和正确处理新形势下人民内部矛盾，加强源头治理，依法按政策及时妥善处理群众反映的问题，切实抓好维护社会大局稳定工作。二是部党组提出明确要求。尹部长在全国人力资源和社会保障工作会议上用较大篇幅对调解仲裁工作提出具体要求。为落实温家宝总理的重要批示，在去年底召开的视频会议上，尹部长再次对加强劳动纠纷调处工作提出了明确要求。三是法律法规体系逐步完善。经过长期的探索和实践，初步形成了以调解仲裁法为基础，以公务员法、劳动合同法、劳动合同法实施条例、解放军文职人员条例、人事争议处理规定、劳动人事争议仲裁办案规则、劳动人事争议仲裁组织规则等“三法五条例规章”为主，有关政策集成配套的劳动人事争议调解仲裁法律体系。四是不断创造的实践经验夯实良好基础。从我国调解仲裁工作实践看，政府推动劳动人事争议调解仲裁工作的作用是必不可少的，政府是劳动纠纷的调解仲裁者和冲突控制者。调解仲裁者，主要指政府推动劳动关系双方依法建立内部劳动纠纷调解、集体协商等自主协商机制，在处理劳动争议时居中调解，依法作出公正裁决。冲突控制者，主要指政府在劳动关系双方发生严重冲突，甚至出现职工大规模集体上访、怠工、停工等群体性事件影响到社会稳定时，及时予以处置，必要时可依法采取一定的行政强制措施。政府在调解仲裁工作中发挥主导作用的同时，企业自主解决争议是主要的，在解决大量的、一般性的争议问题上发挥基础性作用；三方原则是重要的，需要进一步增强在研究解决普遍的、复杂的争议问题上发挥有效作用。

面临的挑战：一是案件形势依然严峻。在2008年各级劳动争议仲裁机构立案受理争议案件翻番的基础上，去年立案受理争议案件比2008年略有下降。劳动争议案件继续保持高位态势，并逐步由经济发达地区向内地省份蔓延。随着事业单位改革深化和各项法规的出台，人事争议将会多发，复杂程度增加。二是集体劳动争议案件冲突性增强，社会影响大。去年各级仲裁机构共立案受理集体劳动争议案件1.38万件，涉及劳动者近30万人。其中：3—12月共立案受理50人以上集体劳动争议案件486件，涉及劳动者6.2万人；涉及200人以上的案件85件。这些案件多发生在劳动密集型企业和中小企业，涉及人数多，且大部分是农民工或女职工，冲突性较强，处理难度大，有的甚至产生了不良的社会影响，引起了社会的广泛关注。三是案件处理和执行难，往往难以实现案结事了。在应对金融危机中，争议双方当事人冲突性增强，难以通过协商调解方式解决，相当部分企业生产经营严重困难，调解仲裁结果执行难度很大。

三、以务实创新精神，切实做好六项重点工作

今年是巩固企稳回升的关键时期，完成“十一五”规划和编制“十二五”规划任务十分繁重。调解仲裁工作的基本思路是：全面贯彻党的十七大和十七届三中、四中全会精神，深入贯彻落实科学发展观，认真落实全国人力资源和社会保障工作会议精神，抓住“一条主线，两个着力点”，进一步加大调解仲裁法实施力度，加强基层调解组织建设和仲裁实体化基本建设，将案件量的处置与质的提高同时并重，因地制宜、量力而行、稳中求进，努力实现“四降两升”（即争议案件立案总量、涉及劳动者总人数、集体劳动争议案件和涉及劳动者人数下降，调解率和仲裁结案率上升）的目标，推动调解仲裁工作取得新发展。

（一）落实调解工作指导意见，将大多数争议案件用柔性化方式及时处理。一是指导企业加大建立健全劳动争议调解委员会工作力度。通过企业调解组织预防劳动争议，调解产生的大部分劳动争议。50家大型国有企业劳动争议调解中心建设要取得实质性进展，提升企业自主解决争议的能力。暂时没有成立工会的中小企业、私营企业要推举职工代表负责调解工作。推动企业建立劳资沟通对话机制，在争议多发的出租汽车、餐饮服务、建筑等行业建立行业性调解组织。二是加强乡镇街道劳动争议调解组织建设。将工作重点放在尚未建立调解组织的中小企业争议预防和调解方面，并且指导、推动本区域内的劳动争议调解工作。充分发挥基层政府主导乡镇街道劳动争议调解的主渠道作用，乡镇街道劳动保障平台要加载劳动争议调解职能，企业密集、案件量大的乡镇街道应建立劳动争议调解中心。今年东部地区乡镇街道普遍建立劳动争议调解组织，并向

中西部地区特别是中心城市延伸拓展。三是建立协调配合的联动机制。首先要建立多方联动的应急调解协调机制。建立健全人力资源社会保障行政部门主导，工会、企业代表组织及主管部门共同参与的对突发性、集体性劳动人事争议应急调解协调机制，落实重大集体劳动人事争议信息报告制度。其次要做好调裁衔接的制度建设。指导调解组织和仲裁机构加强协调配合，鼓励仲裁机构委托调解组织进行调解，推行调解建议书制度，并做好调解组织出具协议书的审查确认工作。四是推动事业单位人事争议调解工作。加强主管部门对所属事业单位人事争议调解工作的指导，做到简单争议由事业单位内部调解解决，复杂争议由单位主管部门调解解决，将多数人事争议通过调解方式化解。推动在教育、科技、文化、卫生等事业单位及其主管部门建立人事争议调解组织。五是加强调解工作制度建设。优化调解程序，探索行之有效的调解工作方法技巧，针对用人单位的不同情况，分门别类地开展调解工作。通过上述措施，将50%左右的争议案件通过调解化解在企业、乡镇街道及社区。

（二）落实劳动人事争议仲裁组织规则，在大多数地（市）、县（区）建立仲裁院。今年是加强仲裁实体化基本建设的关键阶段，要加快推进实体化仲裁委员会办事机构建设，为提高争议处理效能提供基本条件。调解仲裁作为一项准司法制度，在应对金融危机中及时居中调解仲裁劳动争议，显示了中国特色劳动权益救济制度具有快捷、灵活、低成本的优势。实体化仲裁委员会办事机构要适应案件处理需要，并应达到以下要求：专门的办案机构，可称劳动人事争议仲裁院；专门的人员编制；纳入当地财政预算的工作经费保障；独立的办公场所及必要设施。一是重点推动仲裁组织体系建设。省级调解仲裁行政部门要加快本级劳动人事争议仲裁委员会组建，设计和布局好市、县仲裁院建设方案，并指导按照调解仲裁法规定的条件招聘仲裁员，把好入口关。二是加快组建仲裁委员会。各地要按照调解仲裁法要求和劳动人事争议调解仲裁制度整合的需要，及时调整劳动人事争议仲裁委员会，充实成员单位、落实工作责任，履行法定职责。有条件的地区，要借鉴江苏、上海的做法，实行“三方驻会”制度。上半年，省级劳动人事争议仲裁委员会都要组建到位；市、县也要随着机构改革逐步到位。三是按照劳动人事争议仲裁组织规则要求，将市、县两级仲裁实体化建设与机构改革同步推进。积极推动以地级以上城市和争议案件较多的县（市、区）为重点的劳动人事争议仲裁院建设。有条件的市、县两级仲裁院可与同级人力资源社会保障行政部门统筹考虑，承担案件处理和本行政区域的劳动人事争议仲裁管理、指导工作。各地要积极争取编制部门的支持，将专职仲裁员和其他工作人员纳入行政编制，暂时无法纳入的，应纳入参照公务员法管理事业单位编制，“能公则公，能参则参”均可。各地要将仲裁机构实体化建设，摆在调解仲裁工作的前端环节，通过先行试点、加强规划和调度、信息通报等方式，按时完成今年的实体化建设任务，部里也将在这方面加大督促检查力度。四是从实际出发加强仲裁庭建设。有条件的地区，仲裁院应有独立的、具有一定规模的办案场所和办案办公设备；财力条件有限的地区，可以改造现有设施，因地制宜地将院庭建设配套推进。

（三）落实劳动人事争议仲裁办案规则，不断提高仲裁办案的质量和效率。一是案件处理质量与结案率同时并重。要着力解决《劳动人事争议仲裁办案规则》执行中遇到的问题，开展案件处理情况普查，通过公布调解仲裁示范案例统一办案标准，进行仲裁办案经验交流，保持较高结案率。二是重点做好拖欠工资争议处理工作。要按照部里视频会议和通知的要求，开辟“绿色通道”，对符合立案条件的要当即立案，不符合立案条件的要说明理由并告知其他救济渠道；案件受理后，要及时安排开庭、快速裁决，不得以案件排期为由拖延案件处理。对事实清楚、权利义务明确的拖欠工资案件要适用简易程序处理。对符合裁决先予执行的拖欠工资案件，可以根据劳动者的申请裁决先予执行，帮助劳动者尽快拿到被拖欠的工资。确保实现农民工工资基本无拖欠、涉及农民工工资案件基本结案、群体性事件基本得到控制的目标。三是加大集体劳动争议案件处理力度。集体劳动争议案件多发的地区要研究深圳市借鉴美国、香港对劳资冲突设置“冷静期”的办法，建立政府发布恢复正常秩序命令的制度。要充分发挥工会组织、企业代表组织等仲裁委员会组成部门对处理集体劳动争议案件的作用。四是继续做好裁审衔接工作。与人民法院建立沟通协调机制，探索和创建仲裁程序与诉讼程序的有效衔接，提高仲裁裁决的执行效率。通过上述措施，仲裁结案率要达到90%以上。

（四）加强能力建设，提升调解仲裁队伍总体素质。加强调解仲裁队伍建设是做好劳动人事争议处理工作的重要基础性保障，要以法律知识运用能力、案件处理能力、应急处置能力、组织协调能力的培养为重点。一是扩大调解仲裁队伍。将再就业资金开发的政府公益性岗位拿出一部分，吸纳法律等调解仲裁相近专业大学毕业生充实基层调解人员队伍。利用机构改革有增有减的时机，有效解决专职仲裁员不足的问题。根据本地区争议案件数量和按期结案的实际需要配备仲裁员。充分发挥兼职仲裁员的作用，调动其参与案件处理的积极性，增加办案力量。二是大力开展调解员仲裁员培训。逐步建立“部里制证、分级管理、名单入库”的仲裁员管理机制，建立仲裁员培训教材体系，探索开展分层次、分类别的培训，切实提升调解员仲裁员的法律素养和办案能力，形成与法律实施相配套的组织体系。在以往培训的基础上，再用2年时间对各级仲裁员轮训一遍，与换发仲裁员证结合起来。三是加强调解仲裁队伍管理。要对调解员仲裁员进行严格管理，建立激励和约束机制。要特别关心和爱护工作在一线的调解员仲裁员，政治上充分信任、工作上严格要求、生活上关怀备至。努力建设一支政治素养高、业务能力强、具有较高职业水准的高素质调解仲裁队伍。

（五）改善工作条件，保障调解仲裁工作有能力取得新发展。调解仲裁工作保障条件非常重要，是提高工作质量的前提，是提高效能的基础，是专业化、职业化的保障。一是落实调解仲裁经费保障。重点落实法律关于劳动人事争议仲裁不收费，仲裁委员会的经费由财政予以保障的规定，要与仲裁实体化基本建设统筹考虑。二是建立全国标准统一的调解仲裁信息管理系统。要结合“金保工程”，推进调解仲裁信息化建设，逐步实现案件办理过程和结果的信息共享，提高案件的审理质量和效率。三是提升统计分析能力。劳动人事争议处理统计是反映劳动人事关系乃至社会稳定情况的晴雨表，特别是当前经济不确定因素增多，宏观经济由增速下降转变为企稳向好，通过对争议情况的统计，分析争议发生的规律和发展趋势，及时调整工作重点，就显得更加重要。因此，要加强调解仲裁统计分析工作，标准要统一、数据要准确、报送要及时，做到“小型案件有统计，大型案件有分析，群体性事件有应对”，为部里决策提供参考。四是编制好“十二五”规划。“十二五”规划是关系到调解仲裁事业发展的大事。要结合金融危机的新变化和国内发展的新要求，深化对调解仲裁工作前瞻性重大问题的研究，着力解决“十二五”期间事业发展面临的突出问题，探索建立具有处理渠道通畅、法律仲裁权威、预防功能强势的统一的劳动人事争议处理体制。

（六）落实各项目标任务，努力提高调解仲裁工作水平。制定政策难，抓落实更难，今年的工作任务和主要政策措施已经确定，关键是要抓好落实。一是通过加强学习抓好落实。要把调解仲裁业务学习放在首位，使每一个干部都精通本职业务知识。机构改革后，过去从事劳动争议处理与人事争议处理的同志要互相学习、互相借鉴、互促共进。二是通过创造性工作抓好落实。要创新思想，尊重基层首创精神，鼓励各地大胆进行体制机制创新，攻克难点问题，及时总结地方行之有效的新鲜经验，发挥先行探索和典型引路的作用，通过各种宣传方式产生“放大”效应，拓展加强劳动人事争议调解仲裁的路径。要创新方法，既不能把书本上的个别论断当作束缚自己思想和手脚的教条，也不能把实践中已见成效的东西看成完美无缺的模式。三是通过加强协调配合抓好落实。实践证明，大协调大解决，小协调小解决，不协调难解决。调解仲裁工作涉及方方面面，具有多方性、群众性和协同性的特点，要求政府部门、工会和企业组织以及社会各方面加强协调配合。要加强工作链条的协调配合，积极开展开放式协调，与有关部门和单位密切配合，形成共同推动调解仲裁事业发展的合力。同时，整合人力资源社会保障部门内部资源，形成有效的调解仲裁联动机制。四是通过加强领导抓好落实。各地要切实加强领导，精心组织实施，确保完成各项目标任务。要明确责任，建立健全目标责任制，层层分解各项目标任务，逐项落实到人，做到明确任务、明确责任、明确时限、明确要求。重点抓好企业和乡镇街道等劳动争议调解组织组建率、仲裁院组建率、50%劳动争议调解率、90%仲裁结案率等工作目标的落实。

多年来的劳动争议案例说明，注重劳动关系协调的长期积累，及时化解引发群体性事件的矛盾、纠纷，“厚积”可以不发，“薄积”易于多发，“不积”肯定要发。劳动人事争议调解仲裁是一项开拓性强的工作，也是一项可以有所作为的事业。做好新时期劳动人事争议调解仲裁工作系关企事业单位稳定，系关和谐社会建设，也是对整合劳动人事争议处理的实践检验。去年机构改革中从上到下推动体系建设有突破性进展，今年要从下到上推动调解组织和仲裁实体化“两基”建设取得新进展。各地要在当地党委、政府的领导下，以积极进取的精神和科学务实的态度，创造出各具特色的新鲜经验，为推进新时期调解仲裁工作新发展坚持不懈地努力。

构建充满创新活力的科研工作机制

——在全国劳动保障科研工作座谈会上的讲话

杨志明

（2010 年 8 月 24 日）

这次会议的主要任务是，总结去年以来的劳动保障科研工作，分析研究当前形势下劳动保障科研工作的特点，凝聚力量转变科研发展方式，努力构建充满创新活力的科研工作机制。

一、在应对金融危机中取得重要科研成果

去年以来，在国际金融危机冲击的非常时期，全国劳动保障科研战线的同志们紧扣就业、工资分配、劳动关系、社会保障、国际经验借鉴等方面的热点、难点问题，以应用性为主开展了多项研究工作，取得一批实用价值较高的重要成果，为国家和我们部里及地方的重要决策，提供了理论依据和技术支撑。主要包括：

（一）稳定就业岗位、开拓就业渠道研究。各科研院所从多个角度开展了应对金融危机的就业政策研究、以创业促进就业创建创业型城市政策问题研究、高校毕业生创业就业和农民工返乡就业创业等课题研究。把重点放在非常时期拓宽就业渠道和稳定就业岗位上。其中，由部劳科所承担的“应对金融危机的就业政策研究”，提出了应对金融危机中财政政策、货币政策、产业政策、农民工就业政策协调配套，促进创业带动就业，开展特殊时期职业培训等有较强针对性的意见，为制定“五缓四减三补两协商”的政策提供了理论依据。北京市劳科所开展的重点课题《发挥失业保险基金预防失业、促进就业功能问题研究》、河南省劳科所完成的 2009 年度河南省人民政府决策咨询重大研究课题《金融危机形势下的就业问题研究》，也都发挥了积极的作用。

（二）实行弹性政策稳定劳动关系问题研究。针对金融危机冲击的特点，按照应对金融危机由平常“三保”转向“三弹”的要求，即弹性的劳动用工管理、弹性的劳动工资和弹性参加社会保险，使金融危机中受到较大冲击的职工队伍以灵活变通的方式相对稳定了岗位。部里把“金融危机形势下劳动关系的新变化及对策研究”列为重点课题，部劳动工资所承担的这项研究成果得到部领导的充分肯定。四川省劳科所与省总工会还合作开展了区域性劳动关系变化的研究。

（三）以控高为重点的国企负责人薪酬管理等问题研究。针对去年社会上对国企高管薪酬过高的热议，部劳动工资研究所重点研究了“控高”政策，特别是控高机制的模拟测算，为我部起草《中央国有企业负责人薪酬管理指

导意见》提供了理论支撑。可以说，这是改革开放以来，在调控国有企业负责人薪酬问题上朝着结构合理、水平相当、管理科学的方向迈出的重要一步。基本模式是中央企业的平均工资乘 5 倍是基础年薪，在这个基础上再乘 3 倍是最高绩效年薪。我们对主要的金融企业都进行了实际模拟，调控总体平稳。各地研究机构联系当地实际，开展了一批应用性收入分配政策调查研究，天津市人力资源社会保障局组织科研人员深入到社区及部分企业，对工资集体协商中可能出现的问题开展调查，与市总工会配合完成了《工资集体协商条例（草案）》的起草、论证工作。

（四）构建覆盖城乡居民的社会保障体系问题研究。部社保所承担了国家社科基金重大项目《统筹城乡社会保障体系研究》，牵头与有关司局共同完成了《关于建立覆盖城乡居民社会保障体系的报告》，还开展了农村社会保障制度发展研究、城乡无保障老年居民养老保障问题研究、我国医疗保障体系研究、工伤预防管理体系研究、失业保险待遇标准确定及调整机制研究等社会保障相关问题的课题研究，得到了国务院领导和部领导的充分肯定。

（五）发展家庭服务业促进就业问题研究。按照国务院领导要求，作为我部一项重点工作安排，各研究机构组织开展了发展家庭服务业促进就业系列研究，在家庭服务业就业需求、劳动关系、配套政策和国际比较方面，进行了多角度、开创性研究，为起草《发展家庭服务业促进就业工作指导意见》提供了理论支持。

（六）国外劳动保障借鉴问题研究。部国际劳动保障研究所开展了国际金融危机对各国就业的影响及对策研究、国外企业高管薪酬研究与借鉴、国外企业经济性罢工处理机制研究、国外劳动争议调解仲裁效能研究等课题研究，在应对国际金融危机中，为制订有针对性的政策措施提供了有益的国际借鉴。

（七）创新实践研究基地公共服务体系建设研究。劳科院与成都市共同开展了该市统筹城乡劳动保障公共服务体系建设研究，与无锡市、太仓市合作开展了提升社会保险经办服务能力研究、劳动社会保障公共服务均等化实践研究，并在成都、无锡、太仓等地推动创新实践活动。组织各地研究机构和有关院校共同开展了“劳动保障区域协调发展研究”，取得积极成果。

（八）“十二五”规划若干重大问题研究。去冬今春，科研院所按照部里的安排，承担了“十二五”规划时期劳动保障总体发展思路和就业、劳动关系、工资分配、社会保障发展规划等重大问题研究。其中促进就业（含构建和谐劳动关系）、社会保障两项争取列入国家发改委 32 个专项。同时，我们还开展了农民工培训问题研究，为“十二五”期间开展大规模、多层次、实用性农民工技能培训提供了理论和技术支持。

（九）人力资源和社会保障政策仿真模拟系统开发研究。去年以来，劳科院组织各有关学科的专家，启动了政策仿真模拟系统开发研究。仿真研究实验室即将竣工，第一期 8 个模型和综合算法平台正在加紧研制。人力资源和社会保障政策仿真系统建设研究课题首次申报国家哲学社会科学重点项目获得批准立项。这标志着我国人力资源社会保障科学研究从分类专题研究向系统集成研究转变的思路和方法得到了社会科学界专家的认可，在支持科学决策的创新研究方法上，迈出了具有开拓性的关键一步。

同时，各研究机构还围绕低碳经济对人力资源和社会保障领域影响、人力资源社会保障标准化体系建设及中长期发展规划、劳动人事争议仲裁机构实体化建设、劳动监察“两网化”试点、职业能力测评及职业资格证书制度建设等问题，开展了一系列课题研究。相关大专院校在劳动科学基本理论和方法研究方面也取得了一批新的研究成果。研究成果主要通过三个渠道转化，一是政策建议直接被政府决策采纳，应用于相关政策措施制订；二是与改革试点方案结合，应用于创新实践；三是在核心期刊和重点报刊上发表或出版，应用于舆论导向和政策宣传。这些科研成果为应对危机、稳定就业局势、发展和谐劳动关系和完善社会保障体系，提供了决策参考和理论支持。

科研以人才为本，取得这些成果是人才积极作为的体现。我们最近做了一项基础性工作，把改革开放以来，特别是进入新世纪以来，在劳动保障科研领域从事专业研究的机构进行了汇总。我们看到，目前全国已经有数以百计的学科带头人，数以千计的专业研究骨干。通过培养、引进、交流，优化了劳动保障科研领域的人才结构，一批具有博士、硕士学位和海外留学经历的优秀中青年人才加入到我们的队伍中来，在重点科研课题中逐步挑起了大梁，承担起了重任。各地已有1/3的厅局建立了专门的劳动保障理论政策研究机构，河北、天津正在筹建研究院。全国200多所大专院校设立了劳动保障相关院系或专业研究机构，聚集了一大批优秀的教学科研人才，在更广的领域和更深的程度推动着劳动保障科学理论的研究、创新和发展。劳动保障科研已不是一个部门的单打独斗，而是一个社会科研力量的聚合。可以说，我国劳动保障科研队伍在改革开放和科学发展中壮大，形成了遍布全国、专业齐全、既着眼于国际形势变化、又紧密联系国内创新实践的科研人才队伍。这是我们劳动保障事业发展最可宝贵的资源，是创新劳动保障科学发展的有生力量。

回顾劳动保障科研工作，总结各地新鲜经验，借鉴国际有益做法，我们更加深切体会到，劳动保障科研工作具有鲜明的民生性、应用性、协同性和国际性。只要牢牢把握改善民生这条主线，注重应用性研究，坚持有关各方协同配合，不断开阔眼界，借鉴国际经验，劳动保障科研就能够有所作为、有所创新、有所发展、有所贡献。

二、后金融危机时期重点研究课题

当前我国正处在经济发展的关键期，深化改革的攻坚期，社会矛盾的凸显期。这就要求劳动保障科研工作在后金融危机时期有新的探索，对重大社会事件有所破解，任务十分艰巨。

当前，经济复苏给科研工作带来新机遇、新挑战。今年上半年，人力资源和社会保障工作实现“三增一稳”，即就业增长、企业职工工资增长、参加社会保险人数增长，劳动关系总体保持稳定。在经济企稳向好的同时，也出现了一些局部性、区域性、时段性的招工难问题、大学生就业困难问题、农民工总体上供大于求等问题。尤其是劳动者收入在初次分配中比重持续下降，引起党中央、国务院高度重视，在“十二五”期间将有根本性的解决措施。今年以来，部分企业职工要求加薪引发了一些集体性事件，引起了各方面的关注，如何应对企业工资收入分配领域中的突出矛盾，也成为热门话题。这些实践中出现的突出问题，正是我们科研工作不能回避的研究对象，要抓住机遇，集中精力，把后金融危机时期面临的突出问题作为重点科研攻关项目，力争有所突破、有所创新，为当前和今后一个时期人力资源和社会保障中心工作提供新的理论和技术支撑。

“十二五”期间，在实施就业优先的发展战略上，既有就业数量规模的扩大，又有绿色就业问题的提出。在实施人才优先发展战略上，既有经济结构调整中科技管理人才的培育，也有一大批以农民工为主的劳动者素质的提高。在实施统筹城乡社会全覆盖的社会保障发展战略中，既有扩大覆盖面，也有历史遗留问题等重点突出问题的解决。在开展和谐劳动关系中，既有建立工资正常增长机制，也有依法引导职工合理、理性的表达诉求的方式；既有解决小企业劳动合同签订率问题，也有解决大企业劳务派遣问题；既有应急处置群体性事件的机制，也有发挥“三方机制”把大量的突出矛盾解决在区域性的协调框架之下；既有事先预防为主加强劳动监察，也有事后化解矛盾加强调解仲裁。在企业收入分配上，我们现在主张“调高、扩中、提低”，就是按照适当控制高收入、扩大中间收入、提高低层收入的思路推进。在国际劳动保障重大问题上，我们现在更需要把发达国家、新兴国家在后金融危机时期解决突出矛盾问题新的进展情况进行借鉴。在支持科学决策上，要把重大政策仿真模拟应用好，为改革发展决策提供更多的科学实验数据。

上述几个方面的研究方向，要逐步进行论证筛选，形成重点科研课题，尽早动手。在人力、物力、财力等保障条件上，部里给予必要的支持，研究机构也要积极对外争取和开展合作。

三、努力构建具有活力的科研工作机制

去年底，部劳科院召开科研工作务虚会，提出科研工作要由追求数量增长向提高质量效益转变，由主要依赖物质资源投入向增加人力资本投资转变，由松散粗放管理向精细化科学管理转变，重在提升科研队伍素质和加强能力建设。在今年3月召开的劳科院职工代表大会上，这个基本思路得到广泛认同。科研工作的成绩不仅在于写了几篇文章，编了几本书，更在于科研成果的质量和应用效果。在科研工作中，要切实做到“事业留人有课题、感情留人有环境、待遇留人有收入”。

（一）积极探索不同于党政机关、企业的有特点的科研管理模式和运行机制。以课题为龙头实施项目精细化管理；以专业技术岗位职责为核心实施聘任合同管理；对科研设施以功能为依托实施统一维护开放使用管理；对科研经费实施以预算为依据课题组自主安排与财务监督审核相结合方式管理，等等。总之，要让一切科研资源按照科学规律有序组合，得到最大限度的开发利用。这几方面的工作做好了，有人才、有资金、有课题，有宽松的环境和灵活的机制，“十二五”期间的科研工作就会再上一个台阶。

（二）积极创新科研方法手段。胡锦涛总书记在纪念改革开放30周年讲话中讲过：“我们既不能把书本上的个别论断当作束缚自己思想和手脚的教条，也不能把实践中已见成效的东西看成完美无缺的模式”。要把握新特点，分析新情况，总结新经验，提出新措施，解决新问题，以此来增强工作的协调性，促进工作的开拓性，提高工作的时效性。在构建充满活力的科研工作机制上，人力资源社会保障事业发展的实践是鲜活的，科研工作要适应这样鲜活的实践。

“十二五”期间，要鼓励合作研究，拓宽研究领域，提升研究层次。要把科研领域资源聚合起来，研究一些重大课题，为国家重大决策提供理论和技术支撑。在研究特色上，如何把我们部在工作实践中遇到的紧迫的、重大的研究课题尽快传导到科研领域，以缩短研究周期，增强实用效果，使科研和决策紧密结合，这方面在“十二五”期间要有突出进展。在资源共享上，要充分利用信息技术发展和互联网优势，在保障国家信息安全和保护知识产权的前提下，最大限度的实现劳动保障科研信息的公开、共享。让信息资源成为科研体系的血液，在科研创新活动过程中顺畅地流淌。

形式是为内容服务的。从今年起，我们把部里原来每年一次的科研工作座谈会拓展为“全国劳动保障科研工作座谈会”，作为劳动保障科研体系交流信息、推动发展的重要平台，这次会议就是一个新的起点。在此基础上，每三年召开一次“中国劳动论坛”，邀请国家领导人出席并给予指导，通过论坛展示重大研究成果、沟通高端前沿信息、交流最新理论动态、研讨未来发展战略，使之成为一个展示我国劳动保障科研成就的国际交流平台。

四、关于新生代农民工的发展问题

农民工是我国改革开放和工业化、城镇化进程中涌现的一支新型劳动大军，为我国现代化建设、城乡协调发展作出了重大贡献。当前，新生代农民工已经成为农民工的主体，是我国现代化建设中具有活力的生力军。我国正处于工业化中后期阶段和城镇化加速推进阶段，促进新生代农民工的发展将为统筹城乡发展、转变经济发展方式、推进工业化和城镇化进程提供有利条件，是我国经济社会又好又快

发展一项重要而紧迫的任务。新生代农民工的发展问题，已经引起社会广泛关注，不仅是需要深入研究的理论问题，更是重大的社会实践问题。

（一）在城乡一体化中积极探索新生代农民工的发展道路

1. 农业劳动力转移是世界各国工业化、城镇化的普遍规律

发达国家的经验表明，在经济起飞的快速增长过程中，都经历了农业劳动力向非农产业转移和城镇快速转移的过程。一方面，工业化、城镇化对农业劳动力的需求大幅增加，带动了农业劳动力向非农产业和城镇的转移；另一方面，大量农业劳动力转移就业，在为工业化提供丰富人力资源的同时，促进了人口的聚集和城镇化的发展。

由于社会制度、经济发展、文化传统的差异，不同国家工业化、城镇化过程中的农村劳动力转移有不同的特点。英国经过近 200 年，在工业化进程中实现了典型的以圈地运动为特征的农村劳动力强制转移；美国大约用了 150 年，完成了工业化进程中农村劳动力自由迁移式的转移；日本政府进行有效干预，在近 100 年内快速实现了工业化进程中的农村劳动力转移；韩国在 20 世纪 50 年代中期后，通过利用外资集中发展工业的策略完成了工业化和农村劳动力的转移。这些国家都先后完成二元经济的转换，在工业化进程中实现了大规模的农业剩余劳动力的转移，农业劳动力在社会总劳动力中的比重都由 50%以上下降到 10%以下，英、美还不到 3%。

世界各国劳动力转移模式虽有不同，但有两个共同特点：一是工业化与城镇化互促共进；二是农业劳动力进城就业与进城生活协调发展。如果不是这样，就容易产生严重的失业和贫困现象，再加上政府缺乏有效的管理和服务，诱发城市病、贫民窟等一系列社会问题，给社会带来不稳定。不仅影响工业化进程，而且导致城市畸形发展。印度、巴西、墨西哥在农业劳动力转移的过程中发生过这样的现象，涌入城镇的大量农村劳动力没能享受经济社会发展成果，进而通过贫困传导机制影响到第二代、第三代的发展，制约了工业化和城镇化的发展。

2. 从我国实际出发，探索具有中国特色的农业劳动力转移道路

我国农业劳动力大规模转移是改革开放的产物。20 世纪 80 年代改革开放初期乡镇企业异军突起，大量农村劳动力离开土地进入乡镇企业，开创了以从事二、三产业为主的“就地进工厂”的就业局面。90 年代，随着对外开放和市场化进程的加快，东部沿海地区对劳动力需求旺盛，一大批农村劳动力进城务工经商，开创了农村劳动力“离乡进工厂”的新局面。进入新世纪，我国加入了世界贸易组织，在经济全球化中我国工业化、城镇化的快速发展，使农民工从数量、素质上都有了前所未有的发展，开创了农村劳动力“进厂又进城”的新的发展时期。到 2009 年，我国已有 2.3 亿农村劳动力实现了转移就业，其中近 2/3 进城务工经商，1/3 就地就近转移就业，在世界农业劳动力转移史上创出了具有中国特色的道路。

在我国工业化和城镇化进程中，农民工为农村增加了收入，为城镇创造了财富，为改革发展增添了活力。据有关研究机构测算，改革开放以来，农民工创造的价值对 GDP 的贡献率达到 21%。农民工在激烈的市场竞争中艰苦奋斗、坚韧不拔、努力进取，丰富了新一代产业工人奉献、坚忍、勇于承担的优秀品格，甚至连国际上颇具影响力的《时代》周刊以中国农民工形象为封面，将中国农民工评选为年度人物，充分肯定了他们在应对金融危机中对中国经济乃至全球经济增长的贡献。

农民工外出务工经商成为工业反哺农业、城市带动农村、发达地区帮扶落后地区的有效途径。农民工具有“劳动力、资金、技能双向流动”的特点，他们在务工经商中开阔了视野，掌握了一定技能，积攒了一些资金，在推进城市经济发展的同时，也为农村经济发展注

入了新的活力。他们的务工收入成为农村家庭收入的主要来源，2009年全国农民人均纯收入达5 153元，其中工资性收入占到40%，农民人均纯收入新增部分的一半以上来自农民工务工经商收入。上百万农民工带着资金、技能、管理经验返乡创业，加快了新农村建设。

新生代农民工为产业工人注入了新鲜血液，目前我国农民工制造业中占68.2%，建筑业中占79.8%，第三产业占52%，已经成为这三大基础产业的主力军。在这三大产业中，以低成本的竞争优势促进了产业发展，特别是促进了第三产业的发展，在中国工业化进程中功不可没。目前，农民工在城市从事苦、脏、险、累的工作岗位占70%以上，而且新生代农民工对城镇的未来发展也有广泛的追求和希望，他们的稳定转移是中国城市化取得成功的重要标志。

农民工流动就业蕴藏着深刻的经济体制变革因素，农村劳动力向非农产业和城镇大规模快速转移，冲破了城乡二元体制的束缚，也促进了传统劳动用工制度的变革，由计划经济下一厂定终生，向市场经济条件下一技养一生快速转变，也推动着消除对农民工流动就业的歧视性障碍，促进城乡一体化发展的体制变革，实现市场配制劳动力资源，推动着跨地区、跨城乡劳动力市场的形成。农民工与生俱来的市场经济特质，使他们对市场化改革抱有积极、支持态度，与市场需求相吻合。

农民工是我国城乡间最大的流动群体。由于我国农村土地承包制度的独特性，目前仍有一定数量的农民工农闲时进城打工，农忙时回家种田，大多数都在农村与城市之间双向流动，职业和身份没有实现同时转变，避免了大规模的“城市病”或“贫民窟”现象。但随着工业化和城镇化发展，尤其是中小城市的快速发展，将有大部分新生代农民工聚集并融入中小城市，部分新生代农民工融入大城市，实现新生代农民工的稳定转移和市民化。

3. 新生代农民工在我国城乡统筹发展的新阶段中，成为转变经济发展方式的生力军

我国总体上已经进入城乡统筹发展的新时期，为逐步融入城镇的新生代农民工提供了广阔的发展空间。我国以资源投入为主的粗放型经济发展方式已不可持续，转变经济发展方式是中国经济可持续发展的战略选择，国际金融危机对我国实体经济的冲击使之更为迫切。经济发展方式转变不仅包括生产方式、管理方式的转变，还包括生产要素流动和组合方式的转变，生产要素在量的方面由以第二产业为主向第三产业发展和转移，在质的方面由体力型向技能型转变。我国劳动密集型产业将是我国长期发展中吸纳就业的主要渠道，第二产业中富有特色的传统手工业是具有长期优势的劳动密集型产业，第三产业尤其是服务业中有许多属于劳动密集型企业。现在新生代农民工进城较多从事的家庭服务业的发展，不仅促进了产业结构调整，也拉动了服务消费，成为扩大内需、改善民生的现实选择。

具有活力的新生代农民工是我国人口红利的主要组成部分，也是未来10～20年宝贵的人力资源，他们为经济发展转变提供了人力资源的支撑，他们更能适应城乡统筹发展对人力资源的新要求。其中掌握一定技能的农民工或者是农民工技工、农民工技师，更适应经济结构转型和增长方式转变需要。新生代农民工的贡献，不仅有量的扩张，更有质的提高。从一定意义上讲，不仅适应着产业结构的升级，而且支持着“中国制造”向“中国创造”的转变。

当然，新生代农民工的素质亟待提高。部分地区招工难现象凸显出劳动力供求的结构性矛盾，反映了经济发展方式转变对劳动力市场带来的新挑战。加大对新生代农民工的人力资本投入，加强职业技能培训，对加快转变经济发展方式、提升产业的整体技术水平具有越来越重要的作用。

（二）新生代农民工的基本特点和需要解决的突出问题

1. 新生代农民工的基本特点

新生代农民工，通常指20世纪八九十年代

代出生的登记为农村户籍而在城镇就业的人群。新生代农民工主要是生长在农村，初高中毕业后进入城镇就业，他们有的随父母打工，也有独闯的。与老一代农民工相比，新生代农民工的优势主要体现在文化素质较高、视野开阔、易于融入城市。与老一代农民工背着蛇皮袋进城务工完全不同，新生代农民工更多是拖着拉杆箱进城。他们往往把自己看成“准城市人”，与城里人享有同等待遇方面有着更强烈的要求。也应看到，新生代农民工对农业生产缺少专注，对农村和土地没有强烈的眷恋之情，经历的困难相对较少，对可能遇到的挫折和挑战都需要有个磨炼的过程。

正是由于新生代农民工与老一代农民工在就业观念、生活方式、精神追求上表现出与父辈很大的差异，他们的权益诉求正发生着明显的变化，由以往进城挣钱回乡发展向进城谋职融入城市生活转变；由工资支付保障向要求参加社会保险等城市平等权益转变；由改善住宿条件向要求提供公共服务、享受企业发展成果转变。新生代农民工发展问题尤其要关注农民工群体在基本素质、外出动机、维权意识、价值实现等方面的新变化，分析新生代农民工的特点，更好地维护他们的切身利益，丰富他们的文化生活，满足他们的合理期待。

2. 新生代农民工发展中需要解决的突出问题

（1）新生代农民工就业面临日益突出的区域流动、技工供需、产业分布的结构性矛盾

今年年初，东部沿海地区部分企业出现招工难，经济复苏背景下企业订单数量快速回升，对农民工的用工需求短期内快速增加，而中西部地区农民工就地就近转移就业增多，分流了到东部沿海地区就业的农民工。同时，以新生代为主的农民工在择业中对提高劳动报酬、改善劳动条件、提供公共服务等方面有了新要求。也有部分企业对技工需求加大，而相当数量农民工的职业技能素质相对较低，难以适应用工需要。

从中长期来看，城镇化从 2009 年的 46.6％增加到 2025 年的 60％以上，每增加一个点，每年就需要转移 800 万～1 000 万农村劳动力，其中每年初高中毕业生 600 万人，加上上年累积的 100 万人，一般都在 700 万～800 万人。随着今后一段时间城镇化加快，这个数字还要扩大。所以，中长期内劳动力总量供大于求的格局基本不变，以新生代农民工为主的转移就业的结构矛盾更加突出。

一是区域流动矛盾。东部沿海地区用工需求持续上升与中西部地区用工需求快速上升并存将成为未来一个发展趋势，使农民工流动就业的区域供需不均衡成为突出矛盾，这将促进东部沿海地区率先进行产业升级和技术提升，增加对新生代农民工的人力资本投入，也促进中西部地区做好迎接东部地区产业梯度转移的准备，发挥当地在就业信息、生活习惯、文化习俗等方面的转移成本优势，促进农民工就近就地转移就业。2010 年上半年，农民工在本地就地就近转移，中部地区上升到 6％，西部地区上升到 8％，跨省输出到沿海地区只有 2％的增长，全部平均下来是 4％。

二是技工供需矛盾。随着企业对劳动者职业技能素质的要求不断提高，对技工的需求增长将快于对普工的需求增长。而目前相当数量的新生代农民工没有参加培训（参加培训的仅占 30％），技能水平总体偏低，就业能力不强，难以满足用人单位的需求，由此产生的招工难与就业难并存状况，将成为今后一个时期内的突出问题。这将需要政府、企业、院校、培训机构以前所未有的力度加强新生代农民工职业技能培训，适应市场需求，从源头上解决技能素质与用工需求相脱节的问题。

三是产业分布矛盾。目前大多数农民工从事以制造业、建筑业为主的第二产业，而我国调整经济结构、发展服务业，需要大量农民工到第三产业特别是服务业就业。服务业正在成为继制造业、建筑业后吸纳农民工的第三大行业。2009 年农村外出劳动力中，从事制造业的占 39％，建筑业占 17％，社会服务业占 11％，仅家庭服务业每年就要吸收新增 100 万

以上农民工就业。随着中国人口老龄化、家庭小型化、生活方式多样化以及生活节奏的加快，城乡居民对家庭服务的需求不断增加。我们初步做了一个研究，全国城镇现有1.9亿户家庭，即使平均有15%的家庭需要提供服务，也可提供2 900万个就业岗位，而目前全国家庭服务业从业人员只有1 500多万，还有1 400万人的岗位。所以，新生代农民工从事第三产业，尤其是从事家庭服务业具有广阔的前景，不用说达到像菲佣的程度，达到目前大中城市普遍需求的现阶段标准，对于解决农民工就业分布矛盾将发挥着越来越重要的作用。

（2）新生代农民工在融入城镇中面临技能偏低、缺乏住房和难以落户的障碍

新生代农民工成为现代产业工人主要的障碍是缺乏技能，目前新生代农民工技能水平总体偏低，参加技能培训的新生代农民工仅占到就业的30%，影响他们就业的稳定性，流动率高，有的时候甚至达到60%，影响他们融入城镇。所以，推动产业升级，要储备高素质的劳动力，不仅是应对金融危机的权宜之计，更是转变经济增长方式的长远之策。现在从广东中山开始，越来越多的城市在引进人才方面实施“高技能先落户、低技能后落户、无技能不落户”的政策，缺乏技能者只能成为城市过客，掌握技能者则被城市接纳。因此，解决新生代农民工的技能缺乏问题是当务之急，是解决农民工问题的关键所在。一旦农民工掌握了技能，他们在城市面临的诸多问题就全盘皆活。

我们做过一个调查，大量新生代农民工租住在地下室、工棚、集体宿舍，居住条件差，生活质量低，易于引发卫生、安全等问题，也存在夫妻两地长期分居带来的家庭和婚姻问题。为此，需要政府、企业、社会、个人共同努力，多渠道、多形式解决新生代农民的住房问题，使他们从城市的地下转到城市的地上，提供稳定的经济适用住房条件，从而加快城市化进程。

难以落户是新生代农民工成长为新市民的重要束缚。我国现有的户籍制度带有深刻的身份烙印，与之捆绑在一起的还有养老、教育、医疗、住房、低保等制度与福利的城乡差异。由于没有在城镇落户，新生代农民工很难在城镇安居乐业，往往被排挤在城镇公共服务体系之外，他们更多的是只能往返于城镇与农村之间，加大了社会成本。加快户籍制度改革，推动符合条件的农民工尤其是新生代农民工顺利地在城镇落户，是解决新生代农民工问题的治本之策。

（3）维护新生代农民工合法权益，面临部分企业拖欠工资、劳动合同签订率低和劳动条件差的突出问题

近几年，侵害农民工合法权益问题虽然得到了有效遏制，但是由于初级阶段的长期性、市场经济的趋利性和法制建设的渐进性，侵害农民工合法权益问题仍未根本解决，集中表现为“三低两多”，即农民工劳动合同签订率低、参加社会保险比例低、工资水平偏低，在一些高危行业和污染企业职业病和工伤事故多、劳动争议发案多，尤其是部分建筑企业拖欠工资，小企业劳动合同签订率更低，部分高危行业劳动条件差成为顽症。

（三）现阶段促进新生代农民工发展要做到“十有”

新生代农民工实现体面劳动，融入城市有尊严地生活，维护其基本权益，现阶段要做到“十有”。

1. 进城有工作，千方百计引导农民工有序外出就业，鼓励就地就近转移就业，扶持农民工返乡创业。就业是农民工的首要权益。要发挥政府投资、重大项目建设带动农民工就业的促进作用，优先招用农民工参加政府投资的重大项目建设；发挥机械、轻工等十大产业振兴规划对扶持中小企业农民工就业的吸纳作用；发挥大型企业承担社会责任、稳定农民工就业的带头作用；发挥农民工“就业一人、增收一户”的加法向“创业一人、带动一拨”的乘法转变的推动作用；发挥返乡农民工投身新农村建设的开拓作用；发挥组织劳务输出、培

育劳务品牌、建设劳务基地、发展家庭服务业、开展国际务工对农民工就业的支持作用，形成劳务经济的产业化发展。

2. 上岗有培训，制定全国农民工培训规划，建立政府培训基本补贴制度，实现培训就业一体化。在“十二五”时期达到“168”的阶段性目标，到2015年使有培训需求的农民工都能够得到1次以上的掌握实用技能的培训，每年培训600万以上向非农产业和城镇转移的农村劳动力，原则上培训补贴基本标准掌握在人均800元左右。使农民工学到技能，领到凭证，找到工作。

3. 劳动有合同，提高农民工劳动合同签订率。建筑业、餐饮业、家庭服务等流动性大的行业可使用简易合同，将大量通过亲朋好友介绍而达成的口头协议转变为适用于农民工的简易劳动合同；从口头管理变为契约管理。

4. 报酬有保障，建立工资支付保障制度，采取经济、行政、法律等手段解决拖欠农民工工资的问题。建立由地方政府主导、先行垫支、通过资产变现进行补充的欠薪应急周转制度。从法律层面制定《工资支付保障条例》，修改《刑法》时增加对欠薪逃匿等恶意拖欠工资行为追究刑事责任，修订《建筑法》时加大对拖欠工程款的惩戒力度，从源头上杜绝拖欠工资问题，规范工程转发包行为。

5. 生产有安全，重点加强高危行业农民工的安全保障检查，维护农民工职业安全卫生权益。建立农民工职业安全联合执法机制，加大煤矿、易爆易燃、危险化学品、建筑施工、道路交通等高危行业农民工安全培训监督执法力度。

6. 参保有办法，积极实施适合农民工特点的养老、医疗保险办法，稳步提高农民工的参保率。针对农民工群体规模大、工资水平低、流动性强、经济条件有限、个人状况多样化等特点，在社会保险政策、险种、费率、保障水平、管理手段等方面不断完善，为解决农民工社会保障作出了相应的制度安排。

7. 住宿有改善，进一步改善新生代农民工住房、子女教育、疾病防控等公共服务。鼓励有条件的城市将有稳定职业和居住一定年限的农民工逐步纳入城镇住房保障体系，加快改善农民工居住条件，由工棚向工房转变，有条件的向公寓发展。妥善安排义务教育阶段农民工子女就近入学。

8. 维权有渠道，加强农民工与用人单位和谐劳动关系建设。建立农民工劳动争议申诉“绿色通道”，建立人社部门主导，工会、企业代表组织及主管部门共同参与的突发性、集体性劳动人事争议应急调解协调机制。

9. 生活有文化，丰富新生代农民工文化精神生活，建设农民工综合服务中心，为他们工提供一站式服务。落实好对农民工集中居住点实施的“两看一上”工程，使农民工方便地看报纸、看电视，有条件的能够上网，满足新生代农民工日益增长的精神文化需求，充分认识手机、互联网、新兴媒体对高度聚集的新生代农民工的信息传递和文化影响。要吸收优秀农民工入党、入团，现在农民工党员不到1%，新生代农民工更低。要加强农民工党组织的建设，夯实党的群众基础。将党的政策传递到新生代农民工中去，将党和政府的温暖送到农民工中去。

10. 发展有目标，实现新生代农民工两个基本转变。一是从普通工人到技工的转变，有条件的还可以向技师、高级技师发展；二是从农民工向新市民转变，积极稳妥推进户籍制度改革。

新生代农民工在城乡统筹发展中是一个新的“星系”，当前社会上有追逐影星、歌星、笑星的热潮，而许多默默无闻、辛勤劳动、卓有贡献的农民工还鲜为人知。我们要努力构建和谐稳定的劳动关系，维护好农民工的合法权益，让城市包容他们、欢迎他们，为这个新的“星系”的茁壮成长创造一个良好的社会环境。新生代农民工充分发展之时，也是我国转变经济发展方式、统筹城乡发展、工业化和城镇化取得成效之日。

大力推进基层就业工作
为实现更加充分就业夯实基础

——在全国基层就业暨就业援助工作座谈会上的讲话

张小建

（2010年5月27日）

一、总结经验，提高认识，强化做好基层就业工作的意识

近几年，在落实积极就业政策过程中，我们推动基层就业工作主要抓了三方面内容：一是抓基层平台建设；二是抓充分就业社区建设；三是抓就业援助的落实。各地对此给予了高度重视，将三项工作紧密衔接，创造了很多行之有效的经验，取得了重要进展：

一是就业和社会保障基层平台已初步建立，形成了一支几十万人的工作队伍。2002年，中央12号文件提出，街道和工作任务重的乡镇可设立或确定负责劳动保障事务的机构。部里提出了“六到位”“三衔接”的工作要求，指导各地用几年的时间，在全国大部分地区初步建立起基层工作平台，并加强信息网络建设，组织开展基层劳动保障工作人员业务培训和资格考试。许多地方将基层平台建设纳入了当地公共服务基础建设统一规划，加强政策支持和资金保障，着力解决面临的实际问题；有的地方还着重提高和发挥基层平台服务功能，加强基层平台的能力建设，设立了综合性服务场所和服务窗口，并与市、区、街道实现了信息联网等，起到了很好的示范作用。目前，基层平台建设已由城市街道、社区和工作任务重的乡镇向所有乡镇和行政村推开。到2009年末，全国有97%的街道和89%的乡镇都建立了相应的工作机构，同时，88%的社区和41%的行政村聘用了专职或兼职的工作人员，拥有了一支几十万人的工作队伍，为基层就业工作的开展打下了坚实的基础。我们的这一平台承担着提供基础就业服务的任务，成为公共服务的前沿阵地；我们的这支队伍从事着落实具体就业政策的工作，成为就业工作的重要力量。因此，可以说，基层平台建设是中国就业工作的一项历史性建树。

二是创建充分就业社区活动在全国范围开展，涌现了一批充分就业社区典型。按照中央提出构建小康社会要实现比较充分就业目标的要求，部里及时总结了一些地方自发开展创建充分就业社区活动的经验，在全国进行推广，为逐步推进充分就业目标的实现摸索出一条成功之路。许多地方将创建活动纳入了各级政府年度就业工作目标考核体系，建立了政策落实、就业服务、实现就业等方面的定量指标与定性指标；还有的地方加强分类指导，对充分

就业社区进行细化，提出了充分就业援助社区、比较充分就业社区、先进社区和示范社区等不同标准，建立对达标社区动态评选的激励机制等等。通过试点和逐步推广，全国涌现出了一大批典型示范社区，由于政策落实好、服务质量高，不仅率先实现充分就业，并且在动态中保持稳定，成为充分就业社区的标杆，也带动了其他社区乃至所在城区、城市整体上向充分就业目标迈进。因此，可以说，创建充分就业社区是具有中国特色的一项重大创举。

三是就业援助普遍实施，初步形成了零就业家庭动态帮扶工作机制。从20世纪80年代后期解决年龄偏大、技能偏低的下岗职工再就业难的问题开始，到2002年中央12号文件首次提出建立再就业援助制度，各地普遍启动了就业援助工作，为就业困难对象提供专门的服务和帮助，逐步建立起了以公益性岗位安置和专项政策扶持为主要内容的就业援助方式。2007年，在总结一些地方率先开展零就业家庭专项帮扶工作的基础上，按照中央的统一要求，部里在全国组织开展零就业家庭就业援助工作，各地积极响应，普遍建立了“出现一户、援助一户、稳定一户”动态工作机制。2008年，《就业促进法》要求各级政府建立就业援助制度，对就业困难人员和零就业家庭实行优先扶持和重点帮助。在2007年到2009年的三年中，全国共帮助就业困难人员460万人实现再就业，帮助近33万户零就业家庭中40万人实现了就业，在稳定就业、促进就业方面发挥了重要的作用。因此，可以说，就业援助是政府直接面向人民群众强化公共服务最具实效的一项举措。

实践证明，这三项工作相互配合，同步开展，具有密切的内在联系：抓基层平台建设，是就业政策能够落实并取得实效的基本保障，是基层做好就业工作的前提条件；抓充分就业社区建设，是推动基层做实就业工作的重要抓手，是基层就业工作的最终目标；抓就业援助的落实，帮助困难群体就业，是落实积极就业政策的重点内容，是基层就业工作的主要任务。在过去几年里，我们从这三方面大力推进基层就业，对于做好全国就业整体工作已产生积极的促进作用。特别是在去年应对金融危机的过程中，基层平台反应迅速、工作扎实，为稳定就业局势作出巨大贡献，得到了各级党委、政府的赞许和全社会的认可。这次会议上，我们专门请了基层工作平台的代表。在此，我代表人力资源社会保障部，对他们以及他们所代表的工作在全国基层平台一线的工作人员们表示崇高的敬意和衷心的感谢！

总结起来，抓好基层就业工作的重要作用表现在三个方面：

首先，抓好基层就业是扩大就业并实现充分就业的主阵地。基层社区蕴涵着大量的就业机会，生产、生活服务岗位、社会化管理和公共服务岗位等社区就业岗位需求正在迅速成为就业新的增长点。依托基层平台开发就业岗位，是解决各类失业人员就业包括高校毕业生基层就业的重要渠道。正是因为抓好基层就业工作，推进实现社区充分就业，才能为有效应对失业风险和实现全社会的充分就业奠定坚实基础。

其次，抓好基层就业是落实就业政策的重要支柱。基层是落实就业政策的第一线，是联结政府部门与政策对象的桥梁和纽带。我们就业工作的各项底数和依据，来源于基层建立的基础台账和社会化管理。正是由于我们的基层工作人员承担了政策宣传、具体经办等细致工作，才能保证各项就业政策一竿子插到底，进家入户，落实到每一位劳动者。

再次，抓好基层就业是完善公共就业服务的重要基础。街道、乡镇、社区基层平台是公共就业服务机构延伸到城乡劳动者家门口的服务窗口，是直接掌握劳动者就业状况和需求，开展人本服务的平台。正是基层就业平台的建立发展和作用发挥，中国公共就业服务体系才能做到落地生根，蓬勃发展。

各地在推进基层就业中，有许多好的体会，可以作为今后基层就业工作要遵循的基本原则和工作方法：一是服务大局。这三项工作都是人力资源社会保障部门想政府之所想、急百姓之所急的重要工作。因此，必须紧紧围绕就业工作总体要求，主动服务大局，才能得到全社会的重视和支持，才能有力地推动工作顺利开展。二是以人为本。搞好服务是基层就业工作的出发点和落脚点。因此，必须牢固树立人本服务理念，坚持落实新三化的要求，以劳动者的实际需要为第一目标，完善功能，精细服务，才能受到群众的普遍欢迎和认可。三是制度推动。创新做法和有效措施只有形成制度才能取得持久的效果。因此，要从构建长效机制和推行规范服务入手，使基层就业不断巩固扩展，使基层平台真正成为公共就业服务体系的基层窗口并有效运行，在开展公共服务和落实政策中发挥出更大的作用。四是做实基础。扎实的基础工作是各项就业政策措施落实到基层和人头的根本保证。因此，必须依托和充分发挥基层平台的作用，做好基础管理服务工作，做实摸底调查和基础数据统计工作，做细一对一帮扶工作，才能使就业工作有的放矢，取得实效。希望各地认真总结本地的经验，提炼工作体会，摸索工作规律，在今后推动基层就业工作过程中继续坚持和贯彻。

二、明确工作任务，全面推进基层就业工作

按照就业政策落实年的要求，今年要把做好基层就业工作作为一项重要任务，推进就业援助精细化、长效化；促进充分就业社区提升水平、稳定扩展；健全基层平台、强化能力建设，由此来夯实就业工作的新的基础，建立起就业工作长效机制，为我国城乡实现更加充分就业铺平道路。今年上半年，部里分别对做好就业援助工作、创建充分就业社区工作和基层平台建设工作下发了三个文件，提出了一些新的要求。这次会议，就是以此为指导，贯彻落实这些要求。文件已经发给大家，我着重强调三个问题：

（一）要做实就业援助，实现精细化、长效化的目标。

各地要将做实就业援助作为今年就业的重点工作。针对目前就业援助工作中存在的管理粗放、服务针对性不强、政策落实不到位三个突出问题，我们提出了“精细化、长效化”的工作目标。贯彻部里文件，要从以下三方面重点切入：

一是切实完善登记认定和动态管理制度。就业援助对象的登记认定和动态管理是整个工作的基础。只有明确了谁是援助对象，我们才有可能为他们提供针对性的、有效的服务。部里在总结地方经验，并广泛征求基层意见的基础上，提出要对所有的援助对象发放《就业援助卡》，就是要求各地以此为抓手，明确援助对象身份，突出持证人享受政策和接受服务的权利义务，为政府有效实施援助提供扎实的基础。

二是按照精细化的要求全面落实就业援助各项服务措施。所谓精细化，就是要将援助对象作为优先服务的重点群体进行分类帮扶，针对每个援助对象的具体状况，设计安排专门的服务项目和政策措施，实施“一人一策”的援助。这就需要对就业援助各个环节制定专门的服务流程和服务标准，明确服务的内容、时间和效果要求，使援助对象在各级公共就业服务机构都得到有效的帮助。

三是通过完善相关制度健全就业援助长效机制。就业援助已不是临时性、突击性的工作，要作为政府对困难群体提供的一项长期性、重点性公共服务，要靠制度性安排和制度性保障来建立长效机制。因此，要完善工作保障制度，优先保障就业援助工作所需的政策、资金、人员、设备设施等基本条件，加强基层就业服务能力建设；要健全信息管理制度，将援助对象的实名信息纳入公共就业服务信息系统统一管理；要建立绩效管理制度，研究制定就业援助工作绩效考核指标体系和考核办法，形成工作成效与奖励挂钩的激励机制，并向基层平台和基层工作人员倾斜。

（二）要建设一批充分就业示范社区，实现提升水平、稳定扩展的目标。

创建充分就业社区活动从试点向全面推开以来，已经取得了很好的效果。各地要在过去创建充分就业社区工作基础上，进一步稳定已有的工作成果，并及时总结经验予以推广和扩展，建立起一整套规范的创建充分就业社区工作制度。为了起到典型引路、以点带面，通过先进带动后进的作用，今年要重点开展省级充分就业星级社区和国家级充分就业示范社区认定两项活动。这次部里已经认定了首批国家级充分就业示范社区，就是想起到一个带动作用。各地要安排建设一批省级充分就业星级社区，在三年内达标，做到工作相对稳定、规范有序。在星级基础上再建设一批具有示范作用的国家级充分就业社区，作为样板在全国推广，推动充分就业社区建设。各地要从四个方面认真组织实施：

一是要加强组织领导，将国家级示范社区和省级星级社区认定活动纳入创建充分就业社区工作整体部署，加大各级政府对认定活动的组织推动力度。

二是要严格认定标准，结合各地实际，对照标准细化指标，坚持公开、公平、公正的原则，真正评定出就业工作任务较重、善于创新、成效显著、示范性强的社区，确保认定工作质量。

三是要对国家级充分就业示范社区和省级充分就业星级社区实行动态管理，定期由各省、自治区、直辖市组织复查，经复查合格的继续认定，不合格的取消资格。

四是要研究建立创建充分就业社区和保持充分就业社区的长效机制，将创建活动中的有效措施上升为规范化、制度化，形成有效推动工作继续开展的激励机制。

（三）要进一步健全和强化就业工作基层平台，实现巩固成果、加强保障、提高素质的目标。

基层平台已经成为整个人力资源社会保障工作的重要基础。鉴于它的重要性，部里今年下发了《关于进一步整合资源加强基层劳动就业社会保障公共服务平台和网络建设的指导意见》。针对基层就业工作平台基础不扎实、管理不清晰、职责不明确、服务不到位等问题，我们又下发了《关于进一步加强基层平台就业工作若干问题的意见》，目的就是要强化基层平台对就业工作的支撑作用。各地要重点从四个方面做好工作：

一是要加强规范化和标准化建设。各地要按照部里的要求统一机构名称，明确服务场所建设标准和设备配置标准。已经建立起基层平台的地区，要进一步强化服务功能，规范服务流程，提高服务水平。尚未建立基层平台的地区，要在建设过程中整体设计、统一推进。

二是要进一步明确基层平台在促进就业方面的工作职能。街道、乡镇平台设立的专门服务场所或服务窗口，要向劳动者和用人单位提供基本的公共就业服务，同时承担组织、指导、协调、监督社区、行政村平台开展工作的职能；社区、行政村平台设立的专门服务窗口，要重点在开展上门入户服务和基础工作上做文章，特别是在入户摸底、建立台账、了解需求、动态更新上下工夫。这里还要重点强调一下，就业系统各层次有不同的工作职能，要层层发力，层层负责，才能将整体工作搞好。基层平台的人力、物力有限，不能将所有工作都压在基层平台上，因此，要进一步明确基层特别是社区就业工作的职能，科学设置省、市、区（县）、街道（乡镇）、社区（行政村）各级的就业工作任务，充分调动和发挥出各级公共就业服务机构的作用，支持基层就业工作。

三是要落实好基层平台的保障措施。重点在资金、人员方面切实提供支持。有条件的地方，要切实把基层平台工作人员的工资、工作经费纳入财政预算，以满足当地就业工作需要、保证公益性就业服务和就业援助的提供为原则，保障基层就业工作的顺利开展。要采取政府购买服务、费随事转、以奖代补等多种形式，根据工作任务完成情况给予经费支持。对社区、行政村特定公益性岗位吸纳符合政策条件人员的，还要及时落实社保补贴和岗位补贴，建立激励机制，以保证骨干队伍。

四是要提高基层服务人员的工作能力和素质。要合理配置基层平台工作人员，优化人员结构，改进和完善聘用办法，通过加强岗位培训，切实提高工作人员的能力素质。重点要解决社区和行政村工作人员素质不高、总量不足、待遇偏低、社会保险不落实等问题，并为乡镇、街道以上单位选人用人开辟途径。要切实采取措施，为基层平台工作人员职业生涯设计畅通渠道，采取“一级协理员、二级协理员”的形式，对劳动保障协理员划分不同级别，通过考核上岗，落实岗位责任，实行绩效工资，使基层劳动保障协理员能够有上升的空间和发展的余地，以此来吸引高素质人才，稳定骨干队伍，实现长期发展。

需要再强调的是，劳动就业社会保障基层平台建设是一个整体，在一个点上，是相互支撑相互结合的。所以，要与基层社保经办、基层劳动关系协调等工作做到统筹兼顾，共同发展，相互促进，希望各地在这个方面能做得更好，创出更新鲜的经验。

认清形势　明确任务
扎实推进统一规范的人力资源市场建设

——在全国人力资源市场建设座谈会上的讲话

张小建

（2010年6月11日）

一、统一思想，进一步明确人力资源市场工作重要性紧迫性

（一）落实扩大就业发展战略和人才强国战略需要发挥市场机制配置的基础性作用。我国是人力资源大国，人力资源能否充分开发利用，不仅关系着经济社会发展大局，并且关系整个国家民族的命运前途。人力资源开发利用主要包括教育培训和劳动就业，其重要标志是人力资源素质的提高，劳动者的充分就业和人才的优化配置。在推进人力资源开发利用中，市场机制具有极其重要的地位和基础性作用。一方面，就业是民生之本。党的十七大明确提出：实施扩大就业的发展战略，提高劳动者素质，实现更加充分的就业。这就需要加强政府引导，运用市场机制，构建统一规范、竞争有序的人力资源市场，解决供大于求的总量性矛盾和结构性矛盾，促进劳动力的合理有序流动。另一方面，人才是强国之基。党中央、国务院刚刚召开的全国人才工作会议明确提出：建立健全政府宏观管理、市场有效配置、单位自主用人、中介组织提供服务、人才自主择业的人才管理体制和流动配置机制，建立健全与国家区域发展战略相配套的区域人才交流合作机制，促进人才资源有效配置。这是中央立足于经济社会发展全局，对加强人才队伍建设提出的更高要求。因此，我们一定要强化对做好人力资源市场工作重要地位和作用的认识，为国家就业、人才两大战略的实施作出应有的贡献。

（二）将人才和劳动力两个市场整合为人力资源市场，势在必行。中央在加快行政体制改革的部署中提出了整合人才市场和劳动力市场，建立统一规范的人力资源市场的历史任务。过去，我们是按部门分工，分别对人才和劳动力市场进行培育和推动发展，在实践中初步形成了促进就业和推进人力资源开发并行、公共服务与经营性服务并重、有形市场和无形市场相结合的服务体系，不仅完成了从统包统配向市场化配置的根本性转变，并且在帮助城乡劳动者就业、推进各类人才流动开发和配置、践行“劳动者自主择业，市场调节就业、政府促进就业”方针等方面发挥了积极作用。

党的十七大明确提出把科学发展观作为我国经济社会发展的重要指导方针。科学发展观体现在人的管理上，一是科学的人才观，打破人才的身份界限，不论干部工人，不论有无学历，鼓励人人可以成才。二是科学的就业观，打破劳动者的城乡界限和区域、部门界限，使所有就业群体平等享受就业政策和就业服务。这些变化必然要求改革管理体制，以适应人力资源的统一管理和充分开发利用的需要。

当前，推进人力资源市场建设面临很好机遇。一是党的十七大明确提出建立统一规范的人力资源市场和建立健全公共就业服务体系的要求，指明了市场发展的方向。二是就业促进法、劳动合同法和即将出台的社会保险法，以及中央关于人才工作最新部署和扩大就业的方针政策，构建了市场建设良好的制度环境。三是劳动和人事两个部门的合并，有利于进一步打破原有干部和工人的身份界限，为统一管理体制和机制创造了有利条件。四是经过多年的努力，公共就业服务和经营性服务已形成相应的组织体系。因此，我们要将思想认识统一到中央的决策上来，切实完成管理体制改革的任务。

（三）建设统一规范的人力资源市场，必须明确工作方向和路径。在工作方向上，要深入实践科学发展观，以更大程度地发挥市场机制的作用为基础，以实现充分就业和人才开发配置为宗旨，通过整合与改革，实现政策、制度的统一，在健全完善公共就业服务，加强市场监督和管理，规范发展人力资源服务业上取得重大突破和新的进展。

在总体目标上，要实现管理体制统一——打破各种分割，形成人力资源市场统一的管理体制、统一的法律法规体系、统一的政策制度。要实现运行机制健全——形成政府部门宏观调控和提供公共服务、市场主体公平竞争、中介组织规范服务的运行格局。要推进公共服务完善——健全工作体系、完善服务制度、提升服务能力，形成财政保障有力、运行效率较高的公共服务体系。要引导经营性服务健康发展——形成与公共服务优势互补的格局，满足不同层次主体的服务需求。促进人力资源服务的规范化、标准化，提高专业化、信息化、国际化水平。要实行政府职能根本转变——推进政府部门所属机构的体制改革，实现公共服务与经营性服务的分离，使政府职能从直接办市场转变为宏观指导、公共服务和市场监管。

当前的机构改革和市场整合，为我们创造了对公共服务和市场服务两大体系进行整体规划和重组的机遇：统一公共服务管理制度、构建新的公共就业人才服务体系；统一市场的监管制度和规范，构建新的市场监管机制；制定发展人力资源服务业的政策，为市场服务发展提供指导和支持。还要鼓励社会力量参与市场服务，最终形成公共服务体系健全完善，市场经营性服务并行发展，市场监管规范有效的新的格局。我们要按此目标，稳步推进整合工作和人力资源市场的整体建设。

二、努力探索，统一规范的人力资源市场建设工作初见成效

面对新形势和新要求，我们努力探索，使工作有了新进展。

（一）稳步推进机构改革，构建工作新体系。新部根据机构改革的要求，专设了人力资源市场司，负责拟订人力资源市场发展政策和规划，指导监督对市场的规范和管理，为形成全国统一的人力资源市场监管体系奠定了基础。从各地机构改革情况看，省一级都设立了职能对应的行政处室。随着机构改革的逐步到位，从中央到地方省级、城市级工作系统将基本形成，承担起推动人力资源市场建设，特别是发展人力资源服务业和统一市场监管的重要任务。整合后新组建的人力资源市场管理系统，在人力资源社会保障工作全局中具有重要地位，将同整合后新组建的公共就业人才服务系统一道，履行为扩大就业发展战略和人才强国战略服务的职能。机构改革以来，我们紧紧围绕部里中心工作要求，从加强基础研究、着力做好机构改革过渡期的管理衔接着手，在系统上下的共同努力下，使工作有了一个崭新的开局，为形成衔接有序、高效紧凑、上下贯通的工作体系奠定了基础。

（二）加强理论政策研究，统一认识明确方向。统一思想认识是做好工作的前提。为更好地把握建立统一规范人力资源市场的基本内涵、形势要求、方向任务和工作路径，从2008年下半年开始，部里主要抓了两项工作。一是组织有关单位共同成立课题组，开展研究，形成《人力资源市场建设研究报告》，并印发各省。二是按照部里拟定“十二五”规划的要求，起草《人力资源市场“十二五”规划》，现正作进一步论证。目前，吉林、山东、陕西、青海等省也积极开展了相关专题研究和“十二五”规划制定工作。这些对于在机构改革过程中统一各方共识，明确工作方向，打下了很好的基础。

（三）加强市场统一监管，解决紧迫问题。为适应市场统一监管的要求，切实履行新的职能，全面做好机构改革过渡期间的市场管理工作，我们着重抓了三方面工作。一是下发了《关于进一步加强人力资源市场监管有关工作的通知》《人力资源市场招聘会突发事件应急预案》，对监管机构设置、统一行政许可、做好招聘活动监管、统一换发许可证等工作提出了明确的指导意见。二是会同工商、公安等部门在全国范围内持续开展清理整顿人力资源市场秩序专项行动。三是组织进行了《人力资源市场条例》初稿以及招聘会审批管理规定、人力资源服务机构审批管理办法等配套法规起草和前期调研论证工作，并成立全国人力资源服务行业标准化技术委员会，着手制定相关的行业技术标准。各地认真落实部里要求，并从本地实际出发，积极推进工作取得新的进展。北京市通过加强在管理体制、行政执法、队伍建设、档案管理、信息发布、行业标准等方面的统一管理，有力地促进了市场整合，形成了良好的市场环境。江苏、湖北、河北及深圳等地通过加强年审、实行网上统一许可、服务规范公示等方式，加强对市场秩序的监管力度。河南、黑龙江、辽宁及长春、厦门、武汉等地通过举办人力资源市场从业人员培训班的方式，宣讲新的法规政策，加强对行业队伍的管理。通过大家共同努力，实现了市场秩序的平稳运行，市场监管体制的逐步顺畅和新旧管理工作体制的顺利转变。

（四）培育新的亮点，推进服务业发展。在经济体制转轨和社会转型的关键时期，通过推动人力资源服务行业发展，不仅能够更大程度地发挥市场机制在人力资源配置中基础性作用，并且可以成为我国经济社会发展新的增长点。促进人力资源服务业发展是适应建设人力资源市场要求提出的一个新的发展思路，也是新部成立面向未来的一项崭新任务。目前，在《国家人才工作中长期发展规划》、国家服务业和部里就业工作、人力资源市场建设等方面的“十二五”规划稿中，都已将大力推动人力资源服务业发展作为重要内容。为切实推进人力资源服务行业发展并形成产业扶持引导政策，从各地情况看，不少地方已经行动起来。上海市筹建“中国上海人力资源服务产业园区”并获部里批准，以集聚产业效应，推进跨越发展。广东省根据CEPA协议安排，扩大人力资源服务业开放力度，为落实港澳地区服务提供者提供优惠政策。北京市通过创造良好发展环境，吸引知名人力资源服务机构落户。海南省在实施国际旅游岛建设和“人才强省”战略中，明确将人力资源服务业作为重点发展领域。重庆及广州、大连等地也在发展服务业的框架内，明确了人力资源服务业的发展政策。

（五）完善机制，继续推进人才资源市场化配置工作。促进人力资源有效开发和合理配置是人力资源市场建设工作的出发点和落脚点。我们从三方面开展工作：一是按照中央领导批示精神，联合有关部门统筹实施了“选聘到村任职”“特岗计划”“西部计划”“三支一扶计划”等四个项目。圆满完成2008年、2009年的“三支一扶”工作，为拓宽高校毕业生就业渠道，培养青年人才，促进新农村建设发挥了积极作用。同时，还主动配合做好高校毕业生就业工作，组织了2008年、2009年全国人力资源市场高校毕业生就业服务周，全国人力资源市场高校毕业生就业网络招聘会、国家级经济技术开发区高校毕业生就业联合招聘会，取得了很好社会效果。二是继续加强与长三角、泛珠三角、东北地区、京津冀、西北五省、中部六省等区域人才服务合作机制的指导联系，推动人才服务跨区域合作不断走向深入，并根据部里与湖北、广东、安徽、甘肃等省的人力资源社会保障合作协议安排，加强与各省在人力资源市场建设上的工作合作。还与联合国开发计划署合作，组织举办了两期面向东北、西部地区培训人力资源市场骨干的高级研修班。三是紧紧围绕大局，指导各地做好干部援疆援藏组织工作，以及为中央国家机关和中央企业从京外调干和接收毕业生等重要的人才服务保障工作。研究改革人才流动相关政策，引导人才向经济社会发展急需方向、重点工程、重大项目和优先发展的产业流动。

在充分肯定成绩的同时，我们还要清醒地看到面临的困难和问题。一是人力资源市场仍然存在的体制性分割，城乡分割、身份分割、地区分割等突出问题，使市场机制的作用难以充分发挥。二是服务体系发展水平不高，特别是公共就业服务不充分和经营性服务专业化市场化程度较低等问题，使服务难以满足社会发展需求；三是监管力度不足，特别是对影响人力资源市场的健康发展的行为缺乏有效监管等问题，使市场供求主体权益难以保障。四是在机构变革中，人力资源市场工作队伍的职能定位还需要进一步明确，与就业、人才、监察工作队伍建立起协调配合的机制还需要加强沟通磨合，上下的整合对接还难以一步到位；五是人力资源服务业的整体实力和社会认知度还很不够，建立完整有效的政策扶持体系还缺乏有效抓手；还有市场法制建设和市场信息监测等工作也亟待加强。因此，我们要认真学习贯彻蔚民部长的批示精神，统一思想，明确方向，找准定位，真正实现职能机构有机整合、工作力量形成合力。

三、把握重点，扎实推进人力资源市场建设工作

党中央、国务院的高度重视，实施人才强国战略和就业优先的发展战略的要求，既是我们推进工作的动力，也是下一步努力的方向。当前和今后一个时期，人力资源市场建设工作要按部里总体部署安排，明确指导思想，即：以邓小平理论和“三个代表”重要思想为指导，深入贯彻落实科学发展观，坚持民生为本、人才优先的宗旨，以统一人力资源市场管理为突破口，以大力发展人力资源服务业为重点，以增强市场机制的活力为核心，以构建人力资源市场体系为基础，加快整合步伐，推动统一规范、更加开放的人力资源市场建设，为实施人才强国战略和就业优先发展战略服务。

（一）从统一市场管理切入，建立工作基础。统一管理是建立统一规范的人力资源市场的体制基础，也是当前市场建设的首要工作，是市场机制发挥作用的重要保障。我们在促进市场活力的同时，必须不断加强和创新管理。当前，要重点做好三个方面的统一：

统一法规和制度。加快《人力资源市场条例》立法进程，完善对市场行为的管理制度，制定招聘会管理、网络招聘管理、经营性人力资源服务机构管理等规定，构建人力资源市场法规制度体系。推进管理工作的法制化、规范化、制度化、科学化，鼓励地方按照统一要求，结合实际，先行探索和出台本地的人力资源市场法律法规。

统一监管。继续落实《关于进一步加强人力资源市场监管有关工作的通知》，逐步建立政府监管、机构公开、协会自律、社会监督的人力资源市场监管体系。综合运用法律、经济、行政技术等手段，有效解决管理中的突出问题。以更换许可证为契机，以市场准入和退出为杠杆，对经营性人力资源服务机构实施统一管理、统一监督、统一许可制度。进一步提升市场日常监管能力，构建市场监管工作网络和信息系统，推进市场诚信建设。联合公安、工商等部门，完善联合执法机制，加大整顿市场秩序力度。开展市场监管和执法培训活动，加强监管队伍建设。

统一标准。加快推进行业标准化建设，建立健全行业标准体系。抓紧制定业务形态的服务标准。积极应对网络招聘业务发展的新趋势，加紧制定网络招聘服务标准。对传统人力资源服务产品，在制定标准后要注意做好宣传和推广工作。对人力资源流程外包、人力资源管理咨询等新兴服务产品，要加强调查研究，逐步形成标准。

（二）以加快行业发展为支柱，扩展工作阵地。发展人力资源服务业是机构改革以后，摆在我们面前的一项新任务，也是人力资源市场建设的核心工作，更是市场机制发挥作用的广阔领域。当前，要着重做好行业发展的整体谋划，以项目带动行业全面发展。

努力构建完整的人力资源服务业政策体系。要把人力资源服务业发展纳入人力资源社会保障工作大局，在“十二五”总体规划中予以体现，做到主动围绕大局，在大局中有为有位。要抓好《关于促进人力资源服务业发展的意见》的拟定，作为今后一个时期促进人力资源服务业发展的纲领性文件。部里要加紧协调，争取在年底前与各部门会签下发。人力资源服务业发育比较成熟的地方，鼓励先行探索，率先制定产业发展意见和规划。

实施促进人力资源服务业发展的重大项目。当前国家围绕转变发展方式实施了一系列产业发展战略，并着力推动产业升级和转移。这是人力资源服务业实现跨越式发展的重大机遇。我们一定要乘势而上，要加强产业、行业人力资源特别是人才工作的统筹规划和分类指导，围绕重点领域，开展人才需求预测，定期发布紧缺和急需人才目录。要总结上海人力资源服务产业园区建设的经验，适时推广，依托中心城市建立专业化人力资源服务产业发展基地，争取财政、信贷以及其他融资方面的扶持和优惠，形成服务企业相对集中、产业集聚发展并辐射区域的规模效应。发展基地要注意借助国家级经济技术开发区、科技园区、创业园区等现有资源，纳入各类园区建设总体规划，享受相关政策优惠。

培育和发展各类人力资源服务企业。通过政策引导和扶持，鼓励规模化、品牌化发展，支持业务相近、资源相通的人力资源服务企业按照优势互补、自愿结合的原则，通过兼并、收购、重组、联盟等方式，建立一批实力雄厚、影响力大、核心竞争力强的人力资源服务企业集团。鼓励发展有市场、有特色的中小人力资源服务企业，形成多层次、多元化的人力资源服务企业集群，增加服务供给。实施人力资源服务智力密集和知识产权战略，以企业为主体，以市场需求为导向，推进人力资源服务领域的管理创新、服务创新和产品创新，并支持企业“走出去”参与国际竞争。

（三）以加强市场信息监测体系为手段，强化对市场调节掌控能力。人力资源市场信息监测体系是反映市场运行情况的重要方式和基本手段。在这方面，业内一些服务机构做得比较好，开展了薪酬和劳动成本、农民工流动、高校毕业生就业等方面的专项统计调查工作，在社会上形成了一定的影响。新部组建以来，为应对金融危机保就业、回应“招工难”等社会热点，我们启动了就业快速调查、企业岗位流失调查等工作，都是直接从服务机构、输入地用人企业、输出地乡村采集数据，进行分析并向社会发布，实际效果很好。这些，都为市场信息监测体系建设提供了启发和借鉴。下一步，要做好两项工作：

要在继续搞好公共服务体系信息统计工作的同时，充分发挥各类人力资源服务企业的作用，建立人力资源市场供求信息数据的直接采集渠道。依托现有的信息统计系统和企业的调查力量，在扩大统计覆盖面的同时，注重结合社会热点难点问题开展专题调查。加强信息分析研究能力建设和成果定期发布机制，为科学决策提供参考。

分步骤进行信息监测体系建设。近期内，要建立信息数据调查的直通渠道，依托一线服务机构直接面向供求双方采集市场相关数据信息，进行抽样分析，建立人力资源市场调查的快速反应机制。时机成熟后，通过试点推广，逐步建立覆盖各类人群、各类业务、各类机构的监测平台，形成在劳动者、用人单位、服务行业有广泛影响的监测体系。希望有条件的地方发挥主动性，积极探索有地方特色的市场监测体系，为下一步在全国范围内推开做好准备。

（四）以整合两个市场为统一的人力资源市场为契机，推进公共服务与经营性服务逐步分离，同步发展。这次机构改革将两个市场整合为一，要解决三大问题。一是将原分属两个部门举办的公共就业与公共人才服务统一整合起来；二是将原属两个部门审批管理的经营性服务机构、服务企业统一管理起来；三是将原属政府部门办的服务机构实行公共服务与经营性服务科学划分后逐步分离。改革要既要坚持原则，又要因地制宜，具体要把握好以下几个方面：

整合加强公共服务。要按部里与中编办合发116号文件的要求，明确公益性职能定位，确保公共财政支持和保障，并解决好机构编制问题。在整合中要保留阵地和实力，强化服务功能，发挥重要作用，并有计划地推进体制、制度、管理的统一，做到统一规划和实施、统筹管理和安排，形成公共服务的合力。

理顺行政、事业和企业的关系。行政单位负责规划政策和监管职能，事业单位承担公共服务和受行政委托的行政事务职能。对经营性的业务项目，在进行科学划分后，从公共服务剥离，转为下属企业去做，企业在人力资源服务业发展的政策引导扶持下发展，成熟后走向社会。

完善相关配套政策。公共服务机构的整合，需要公共政策和公共财政来保障；经营性服务的管理，要依法进行，将严格监管和引导健康发展相结合。经营性服务企业的转化，要研究加快产权制度改革、完善法人治理结构的政策，使其尽快成为市场主体。允许条件成熟的企业经过批准，探索实行股权激励机制的试点。要制定支持经营性服务机构参与公益服务的具体措施，扶持发展其提高服务整体能力。

（五）综合运用市场配置和行政管理手段，努力落实中央对人才工作提出的新任务。刚刚召开的全国人才工作会议和前不久下发的《国家中长期人才发展规划纲要（2010—2020年）》对人才工作提出了新的更高的要求。为贯彻落实会议和规划要求，在加强人才资源配置方面的相关工作上，强调四个方面：

加强平台载体建设，促进人才配置工作服务发展。努力贴近国家重点项目产业的人才资源配置需求，通过市场供求信息统计，制定发布紧缺急需人才目录，为人才引进提供信息平台；在建设统一规范、更加开放的人力资源市场基础上，发展专业性、行业性人才市场。围绕国家区域经济发展战略布局，建立产业人才配置专业化服务载体，加强区域合作，促进产业人才的有效配置。通过组织相关活动，探索与资本、技术市场衔接的办法和渠道，为人才创新创业服务。

完善人才流动政策体系。加强对人才流动的政策研究拟订工作，按照中央有关规定，研究配套推进户口迁移政策调整，落实人才跨区域、跨行业流动的社会保险关系转移接续办法，进一步破除人才流动的身份、户籍、所有制等方面的体制性障碍。制定双向挂职、短期工作、项目合作等灵活多样的人才柔性流动政策，引导党政机关、科研院所和高等学校专业技术人才向企业、社会组织和基层一线有序流动。配合有关部门研究制定人才住房，解决家属子女就业入学等方面的政策等工作。加强人才安全管理，配合相关部门探索重要人才的流动预测，规范流动程序的方法和途径。

发展人才公共服务。落实胡锦涛总书记提出的落实政府人才服务的职能的要求，无论是整合后的还是尚未整合的人才服务机构，都要发挥好现有机构中公共服务职能作用，并结合各地经济社会发展需要，开发人才公共服务新的功能，如整合政策资源，建立打破干部工人界限的统一的人才引进平台。加快建立社会化的人才档案公共管理服务系统。研究解决人才档案的管理体系方面的政策、管理规范和体系建设问题等。

加强人才项目的实施。按照中央部署，配合中央组织部，加强和改进干部援藏援疆工作，组织实施第一批干部对口支援青海藏区建设等工作。开展这些工作，行政调配是必要手段，但也要改进方式，引进新机制，讲究供求对接。同时，要继续实施高校毕业生基层培养计划，做好高校毕业生“三支一扶”计划实施工作，做好高校毕业生面向基层就业项目统筹实施工作。配合有关部门，对有关“城乡人才对口扶持”“推进万名医师支援农村卫生”“城镇教师支援农村教育”“社会工作者服务社会主义新农村建设”“科技人才下乡支农”等项目的相关政策开展协调工作。

（六）加强领导，夯实基础，抓好工作落实。人力资源市场建设工作涉及面广，任务艰巨。要从以下四方面加紧健全各项工作机制，注重分类指导和协调沟通，打牢工作发展基础。

加强领导，健全工作机制。各地要把人力资源市场建设工作摆上重要议程。主要领导要高度重视，分管领导要深入研究、抓好落实。在陆续启动的地市及以下的机构改革中，要指导地市切实加强职能机构和队伍建设，配备专门人员，提供必要经费，确保相关职能得到加强不被削弱，形成上下贯通的工作机制。同时，要加强人力资源服务行业协会组织建设，充分发挥协会“服务、自律、协调”功能。

结合实际，创造性地开展工作。由于各地情况不同，各地人力资源市场建设工作存在很大差异。各地要把统一要求和实际情况结合起来，在服务民生和人才开发的大局中，有区别、有重点地推进工作。要积极总结基层创造的经验，学习兄弟省区市和部门的好做法。要加强与发改委、财政、工商、税务等部门的沟通、协调，积极争取他们的政策支持，相互配合，形成合力。

打好基础，建立长效机制。统一规范的人力资源市场建设工作，是人力资源社会保障部门组建的一项重要标志性内容。目前，这项主要工作还属于全新起步，在建设目标、发展模式、组织队伍等方面都有很大变化。面对新形势、新任务，必须扎实做好基础性工作，加强研究，科学制订规划，完善信息统计制度，改进工作方式方法等，为这项工作长远发展创造条件。

注重学习，提高队伍综合能力。人力资源市场建设是我们工作的新领域，对我们的工作能力提出了新要求。要切实加强学习，并贯穿到日常工作的各个环节，提高把握服务业发展和市场管理规律的能力。要开展深入细致的调查研究，对于具有一定代表性的重点工作，要注重总结以往人事劳动部门的好经验，又要善于抓住整合中的好典型，以典型引路，综合运用和发挥整合优势推进工作。要抓住事关全局的关键问题，开展专题研究，争取以关键问题的突破带动整体工作的进展，带动区域乃至全国工作。要加大工作指导力度，广泛、深入地开展业务培训，切实提高工作队伍整体素质。

深化改革　开拓创新　努力提高公务员管理科学化水平

——在全国行政机关公务员管理工作会议上的报告

杨士秋

（2010 年 1 月 5 日）

在全国组织部长会议和全国人力资源社会保障工作会议召开不久，今天我们召开全国行政机关公务员管理工作会议。部党组对这次会议高度重视，蔚民部长亲自出席会议并作了重要讲话，充分肯定了一年来公务员管理工作取得的成绩，深刻分析了公务员管理工作面临的形势和任务，就如何贯彻中央深化干部人事制度改革的重要决策部署，以改革创新的精神做好公务员管理工作提出了明确要求。蔚民同志的讲话着眼全党全国工作大局，立足公务员管理工作实际，对于我们做好明年乃至今后一段时期工作具有非常重要的指导意义，我们一定要深入学习领会，认真贯彻落实。下面，我就 2009 年公务员管理工作情况和 2010 年的工作部署及要求，作个报告。

一、求真务实，开拓进取，2009 年公务员管理工作取得明显成效

2009 年，在党中央、国务院的正确领导下，在部党组和各级党委、政府的高度重视及各方面的大力支持下，公务员管理工作坚持围绕中心，服务大局，全面实施公务员法，大力推进公务员制度建设和队伍建设，各项工作都取得了明显成效。

（一）公务员制度建设取得新进展。配套法规建设进程加快。为规范公务员辞职、辞退行为，畅通“出口”，制定出台了《公务员辞去公职规定（试行）》《公务员辞退规定（试行）》；为净化考试环境，制定出台了《公务员录用考试违纪违规行为处理办法（试行）》；为严肃机关纪律，会同相关部门制定颁布了 3 个专项处分规章。经过积极努力，国家荣誉制度建设迈出了实质性步伐。公务员分类管理和聘任制试点继续深化：公安机关执法勤务机构人民警察警员职务套改工作取得突破，约 90 万公安民警开始实施职务套改；工商行政管理系统行政执法类公务员管理试点工作已经启动，税务、海关等部门行政执法类公务员分类管理试点方案业已形成；在总结经验的基础上，就专业技术类公务员管理规定起草中的重点难点问题进行了深入研究，进一步理清了思路；深圳市公务员职位分类试点正式开展；在总结深圳、上海浦东和证监会聘任制公务员试点经验的基础上，着手起草聘任制公务员管理规定。全国参照管理集中审批基本结束，工作重点已逐步转到解决遗留问题特别是加强日常管理上来。

（二）公务员管理机制进一步完善。在公务员进入机制方面，全年有500万人次参加公务员考试，通过考试录用为各级机关充实12万名公务员。在考试录用工作中坚持基层导向，加大从基层和生产一线考录公务员的力度，要求省级以上机关录用有基层工作经历人员的比例达到60%以上。通过加强考录相关课题理论和技术研究、加强专家队伍建设等措施，全国各级公务员考录工作科学化、规范化水平不断提高。在公务员选拔任用机制方面，积极推进公务员公开遴选工作，加大竞争上岗工作推进力度，并进一步明确了公务员日常登记的范围、程序，日常登记管理得到加强。在公务员考核奖励机制方面，认真落实中央关于建立促进科学发展的干部考核评价机制的意见，进一步完善了加强公务员平时考核和年度考核工作的政策措施。一些地区和部门推行“360°考核”、绩效考核、目标责任制考核及量化测评，取得了良好的效果。及时召开全国考核奖励工作经验交流会，对做好新形势下公务员考核奖励工作作出了部署。在公务员监督约束机制方面，加强了对基层公务员监督约束机制建设，开展了违反公务员法责任追究工作的调研，研究制定了公务员处分条例的有关配套政策。贯彻实施公务员申诉规定，推进了公务员申诉公正委员会组建工作。

（三）公务员队伍建设不断加强。一是全面展开公务员大规模培训工作，通过开展对口培训、新录用公务员初任培训、处级公务员任职培训、培训管理者培训、基层公务员培训，积极推进全国公共管理硕士（MPA）专业学位教育，公务员教育培训的覆盖面不断扩大，公务员思想政治水平和履行岗位职责的能力进一步提高。一些地区和部门创新培训方式，推行网络培训、自主选学和学分制培训，培训的针对性、实效性不断增强。二是成功开展了“人民满意的公务员”表彰活动。在各地和各有关部门层层评选推荐的基础上，会同中组部、中宣部评选出第七届全国“人民满意的公务员”和“人民满意的公务员集体”并召开表彰大会，表彰了49名先进个人和31个先进集体。温家宝总理亲切接见会议代表并发表重要讲话，张德江副总理在表彰大会上作了重要讲话。各地共表彰545名先进个人和325个先进集体。这项活动在社会上产生了良好反响，对公务员队伍建设起到了重要的促进作用。三是推进了公务员职业道德建设，加强了公务员纪律和法规教育。四是各地区、各部门积极探索加强基层公务员队伍建设的政策措施，在全系统广泛调研的基础上，形成了加强基层公务员队伍建设的初步思路和措施。

（四）立足本职服务大局的水平进一步提高。一是圆满完成国庆60周年相关工作。在各有关部门和各省区市的共同配合下，组织了26类1 000多名先进模范出席国庆招待会和国庆观礼活动。配合中宣部等部门开展“100位为新中国成立作出突出贡献的英雄模范人物和100位新中国成立以来感动中国人物”评选工作。各地和各有关部门按照统一部署，开展了国庆60周年走访慰问先进模范工作。这些活动的开展，对于弘扬英模精神，引领社会风尚都发挥了积极的作用。二是主动服务国家区域发展战略和重点工作。有针对性地开展大规模对口培训，为四川、甘肃等地震灾区举办了灾后重建培训班，为新疆、西藏举办了处置突发事件、危机管理、社区管理、人力资源社会保障工作等方面的培训班。承担对口培训任务的地区精心组织，周密安排，有力地支持了灾区和边疆经济发展和社会稳定。三是积极配合做好有关体制改革工作。按照党中央、国务院的部署和要求，会同有关部门制定实施了2009年政法干警招录培养体制改革试点工作实施方案，组织实施了从武警部队反恐分队退役士兵中录用公安机关人民警察工作，成功组织了成品油税费改革有关部门接收人员的考试工作，如期完成了铁路公安系统人员过渡工作。

（五）公务员管理基础建设和系统自身建设不断加强。一是与组织部门积极配合，完成了公务员法实施以来的首次全国公务员年度统计工作，为公务员管理和工作决策提供了基础数据。二是会同有关部门共同推进公务员管理信息系统建设工作，初步明确了总体思路和工作机制，目前正在制订工作方案，开展需求分析和数据指标研究。部分省市已先行先试，为公务员管理信息系统建设积累了经验。三是加强基础研究。国家局和一些省区市共同配合，围绕重点工作，开展了一批课题研究，初步形成了具有创新性和前瞻性的科研成果。四是加强自身建设。各级公务员管理部门在深入学习实践科学发展观活动和机构改革中，按照建设“模范部门”、打造“过硬队伍”以及“四个形成”（思想上达成共识、工作上形成合力、制度上形成统一、文化上形成风格）的要求，不断提高自身建设水平。国家公务员局举办了首期公务员局长培训班，加强公务员管理业务培训；两次召开务虚会分析形势，谋划思路，推动工作。各地在机构改革过程中，保持了工作的连续性和稳定性，做到了机构改革与业务工作两不误。

回顾一年来的工作，确实有许多值得认真总结之处，体会较深的主要有四点：一是必须坚持以科学发展观为统领。我们在学习实践活动中，紧紧围绕“完善公务员管理机制，加强公务员队伍建设，促进科学发展”这个主题，找出了公务员管理工作中不适应科学发展的突出问题并认真加以整改，使我们正确地把握了工作方向，有力地推动了公务员管理各项工作的科学发展。二是必须坚持围绕中心，服务大局。我们自觉把公务员管理工作纳入党和国家工作大局来谋划和推进，在大局下定位，在大局下行动。一方面，积极承担、认真完成了一系列党中央、国务院和部党组交办的组织先进模范人物代表参加建国60周年庆典活动、开展“人民满意的公务员”表彰等重要工作，另一方面，在考试录用、选拔任用、表彰奖励、培训监督各个环节，都认真贯彻中央关于干部人事制度改革的方针政策，主动贴近和服务大局，使我们的工作在服务大局中得以加强，也使我们这支队伍在服务大局中得到锻炼和提高。三是必须坚持突出重点，统筹兼顾。在公务员管理工作头绪多、任务重的情况下，我们全系统科学谋划摆布，创新工作方式，坚持以重点项目突破带动全面工作推进，实现了机构改革与业务工作两不误，双促进。四是必须坚持以人为本，管理服务并重。公务员管理工作做的是人的工作，我们始终坚持把以人为本作为公务员管理工作的出发点和落脚点，寓管理于服务之中，从而得到了各方面的肯定、理解和支持。

在肯定成绩的同时，我们也要清醒地看到，公务员管理工作与中央的要求、人民的期盼还有较大的差距，主要表现在：公务员管理某些方面和环节的制度建设相对滞后；公务员管理机制还有待完善，在贯彻德才兼备以德为先的用人标准、完善竞争性选任方式、日常和年度考核等方面还有很多工作要做；公务员队伍的整体素质还需要进一步提高，基层公务员队伍建设亟待加强。我们要正视这些问题，加大改革力度，努力加以解决。

二、抓住机遇，乘势而上，扎实做好2010年公务员管理工作

今年是“十一五”的最后一年，也是全面贯彻中央深化干部人事制度改革的一系列重要决策部署的重要一年。党中央高度重视干部人事制度改革，不久前颁发了深化干部人事制度改革《规划纲要》，胡锦涛总书记专门就深化干部人事制度改革作出重要批示，习近平同志也作出了重要指示。各级公务员管理部门要切实把思想和行动统一到中央的精神上来，增强责任感和使命感，全力以赴做好全年的公务员管理工作。

2010年公务员管理工作的总体要求是：坚持以邓小平理论和“三个代表”重要思想为指导，深入贯彻落实科学发展观，按照党的十七大和十七届四中全会精神以及全国组织部长会议和全国人力资源社会保障工作会议部署，围绕全面实施公务员法和2010—2020年深化干部人事制度改革规划纲要，以改革创新的精神和求真务实的态度，加快完善公务员制度，

健全公务员管理机制，提高公务员管理工作科学化水平，全面推进公务员队伍思想政治建设、能力建设、作风建设和反腐倡廉建设，努力建设一支政治坚定、业务精湛、作风过硬、人民满意的公务员队伍。主要做好以下四个方面的工作。

（一）以配套法规建设和分类管理为重点，加快完善公务员制度。制度建设带有全局性、根本性。抓住了制度建设这个龙头，就能有效带动整个公务员管理工作。今年要在已有工作基础上，加大力度推进公务员制度建设。

一是继续推进公务员法配套法规建设。目前尚未出台的几项配套法规，大都有了一定的基础，有的已经酝酿多年。对已有较好基础的法规，要抓紧修改完善，争取尽快出台；对情况复杂、认识不尽一致的立法项目，也要深入研究论证，积极向前推进。具体任务是：制定出台公务员转任规定、公务员回避规定、聘任制公务员管理规定、新录用人员试用期管理办法、公务员录用特殊体检标准，抓紧研究制定专业技术类公务员管理规定、行政执法类公务员管理规定、违反公务员法责任追究办法，会同相关部门研究制定公务员专项处分规章，推进行政执法人员资格制度建设。公务员法配套法规建设已进入第五个年头，我们要对几年来配套法规建设的情况进行总结分析，根据新形势、新情况，对配套法规的建设作出新的规划安排，为中长期公务员制度建设打好基础。

在推进立法的同时，要加快制定和完善相关政策措施，特别是要加大对政策法规落实情况的监督检查，确保各项制度落到实处。今年是公务员法颁布五周年，我们将会同有关部门召开纪念公务员法颁布实施五周年座谈会，组织开展公务员法执行情况的集中检查，并适时开展单项配套法规落实情况的专项检查，探索建立公务员法落实情况监督检查的长效机制。

二是下大力气推进分类管理制度建设。分类管理是实施公务员科学化管理的基础。没有科学合理的分类，公务员科学化管理就无从谈起。对于推进分类管理，蔚民部长在讲话中提出了明确要求，我们要切实抓紧抓好。目前，公安人民警察分类管理改革已迈出实质性步伐，工商行政管理系统行政执法类公务员试点工作正在实施，税务、海关系统行政执法类试点已经开始启动，证监会和上海浦东新区、深圳市聘任制试点工作已实际运行近两年，取得了阶段性成果，积累了有益的经验，分类管理工作正在深入推进。今年，这几项工作都要提速，改革的步子要迈得更大一些，争取有所突破。要在加强对有关地方、部门分类管理和聘任制试点工作指导的基础上，加快行政执法类、专业技术类和聘任制公务员管理配套法规的起草和论证工作，以便尽快从整体上推进分类管理。同时，要按照中央的要求，配合有关单位抓紧研究建立公务员职务与职级并行的制度，为2012年前制定和试行干部职级晋升和管理办法创造条件。

三是进一步做好公务员登记和参照管理工作。这是实施公务员法的重要基础性工作和公务员制度建设的重要环节。在集中登记和集中审批基本完成的情况下，这两项工作都面临着向规范管理转变的任务，也都还有一些遗留问题需要审慎研究解决。在公务员登记方面，要按照《关于进一步做好公务员登记工作的通知》要求，加强工作指导、业务培训和监督检查，推动各级机关依法做好公务员登记备案工作，切实维护公务员登记工作的严肃性和权威性，严把公务员队伍“进口”。要按照规定的范围和程序，做好公务员登记信息的采集和分析工作，实现对公务员队伍进出情况的动态监测。在参照公务员法管理方面，要继续严格执行参照管理审批的标准和程序，从严控制规模、范围和比例。要将工作的重心从审核审批转到规范管理上来。要加强调查研究，针对参照管理工作中的重点难点问题，进一步明确相关政策。

（二）以提高科学化水平为目标，健全公务员管理机制。公务员队伍的生机和活力，要靠科学的公务员管理机制作保障。经过多年的探索，我们已经初步建立了一套具有中国特色的公务员管理机制，但还不够健全，特别是在科学性上还有很大的完善空间。十七届四中全会明确提出，要坚持民主、公开、竞争、择优，形成充满活力的选人用人机制。为贯彻这一要求，今年公务员管理工作主要围绕以下五个方面抓好机制建设。

一是完善公务员进入机制。把好“入口”是公务员队伍建设的首要环节。要认真落实中央关于录用有基层工作经历人员的精神，探索从优秀工人、农民等生产一线人员中考录公务员的办法，加大从基层一线选拔公务员力度，推广和完善从优秀村干部、社区干部中考录乡镇、街道公务员的办法。2010 年度中央机关及其省级直属机构录用有基层工作经历人员的比例要进一步提高到 70%以上。到 2012 年，中央机关和省级机关录用公务员，除部分特殊职位外，均应从具有两年以上基层工作经历的人员中考录。这里有一个十分重要的问题，就是我们要千方百计引导和鼓励优秀的大学毕业生、一流的人才到基层去锻炼成长，使之成为考录高素质公务员的源泉。我们还要努力提高公务员考录科学化水平，在坚持依法考录和公平考录的基础上，把科学考录作为当前的主攻方向，努力达到招录机关满意、考生满意、社会满意的目标。要继续加强公务员考录的基础科研工作，促进研究成果的转化应用，不断提高试题质量，研究开发新题型，推进试题题库建设。要加强公务员考录基础建设，建立公务员考录专家委员会，建立健全公务员考试测评机构，加强对考务机构的指导与监督，推进考录信息化工作。在组织实施 2010 和 2011 年度公务员考试录用工作的过程中，要认真贯彻落实公务员录用考试违纪违规行为处理办法，严肃考风考纪，让公务员考录干干净净。各地还要按照有关政策要求，认真做好机场公安转制人员过渡等工作。

二是完善公务员任用机制。这里的核心是实行竞争机制。中央明确要求，要加大竞争性选拔干部工作力度，完善公开选拔、竞争上岗制度，并明确提出“到 2015 年，每年新提拔厅局级以下委任制党政领导干部中，通过竞争性选拔方式产生的，应不少于三分之一”。根据我们去年的统计，在 2008 年职务得到晋升的公务员中，采用公开选拔和竞争上岗方式所占的比例为 22%，分地区看，有 17 个省份低于这一比例，最低的还不到 1%。可见推进这项工作的任务十分繁重。完成中央提出的规划目标，需要采取更实的措施，付出更大的努力。一要不断扩大竞争上岗的覆盖面。通过对规划目标进行年度分解、加强督促指导、交流推广经验等手段，使竞争性选任方式覆盖到所有具备条件的行政机关，并在此基础上逐步提高比例。二要会同有关部门进一步完善竞争上岗相关管理规定，突出岗位特点，注重能力实绩。三要会同有关部门研究制定公务员公开遴选办法，组织开展中央国家机关公开遴选试点工作，推动上级机关面向下级机关和基层一线公开遴选优秀公务员。同时，还要切实加强公务员日常任用管理工作，严格执行公务员调任规定，进一步规范调任资格条件和程序；组织开展新录用公务员任职定级情况调研，进一步明确有关政策。

三是健全公务员考核评价机制。考核是公务员管理的基础，考核结果是选准用好公务员的基本依据。中央围绕健全促进科学发展的干部考核评价机制，出台了“一个意见、三个办法”，为完善公务员考核评价机制指明了方向，提供了依据。我们要切实贯彻中央要求，把健全公务员考核评价机制作为今年的一项重点工作，着力解决公务员考核流于形式的问题。要以岗位职责为基础和依据，研究制定符合科学发展观要求的县乡基层公务员考核指标体系。制定进一步加强公务员平时考核和年度考核工作的意见，建立健全平时考核制度，严格年度考核制度，全面考核公务员德才表现。总结推广民意调查、实绩分析、定性与定量相结合等考核方法，强化考核结果在选拔任用、培养教育、管理监督、激励约束等方面的运用，使考核评价工作真正成为公务员综合素质和选拔任用的“度、量、衡”。

四是健全公务员激励约束机制。强化监督、实施有效的激励约束是加强公务员队伍建设的重要手段。中央针对当前干部管理中出现的管理不严、监督不力、失之于宽、失之于软的问题，出台了进一步从严管理干部的意见，我们要认真贯彻落实，从严管理公务员队伍。要深入贯彻实施行政机关公务员处分条例，研究制定严肃公务员工作纪律的有关规定和公务员纪律惩戒有关问题的政策措施，依法开展纪律惩戒工作。要坚持精神奖励与物质奖励相结合，以精神奖励为主的原则，对在工作中表现突出的公务员和公务员集体给予表彰奖励。要贯彻实施公务员申诉规定，推进公务员申诉公正委员会的组建，逐步完善公务员申诉案件审理办法，确保当公务员权益受到侵害时，有维护合法权益的渠道和机制。

五是健全公务员退出机制。畅通“出口”是促进公务员队伍新陈代谢、实现良性循环的需要。李源潮同志在部署干部人事制度改革《规划纲要》任务时明确提出，要建立健全干部退出机制，使干部队伍的新老交替、优进绌退制度化。近年来，我们在公务员退出机制方面，加强了公务员辞去公职、辞退制度建设，今年要切实抓好两项规定的贯彻落实。对于不愿在机关工作的，允许依法依规辞职另谋他业；对于不适合机关工作、纪律松弛、工作涣散、屡教不改的，依法予以辞退。同时，要研究完善规定实施中的有关具体政策，会同有关部门修订公安机关、司法行政机关人民警察辞退办法。

（三）以人民满意为宗旨，切实加强公务员队伍建设。去年，国家公务员局委托中国人事科学研究院开展了行政机关公务员能力标准结构和胜任状况课题研究，从初步分析结果看，公务员的管理服务对象对行政机关公务员各项基本能力和主要工作的满意度在70%左右，属于中等偏上水平。这一抽样调查结果与我们对公务员队伍整体状况的判断基本吻合，既反映了近年来公务员队伍能力建设和作风建设的成效，同时也说明公务员队伍的能力素质与人民群众的要求相比还有较大差距，还需要以人民满意为根本目的，下气力不断加强公务员队伍建设。今年要采取三个方面的措施。

一是深入开展“做人民满意的公务员”活动。在全国第七届“人民满意的公务员”和“人民满意的公务员集体”表彰大会上，温家宝总理要求全国公务员做勤奋学习的模范、努力工作的模范、清正廉洁的模范，张德江副总理强调要从思想政治建设、能力建设、作风建设、制度建设和反腐倡廉建设五个方面抓好公务员队伍建设，指明了今后一个时期公务员队伍建设的目标、方向和重点。各级公务员管理部门要按照温家宝总理和张德江副总理的要求，把做“人民满意的公务员”活动深入持久地开展下去，使之制度化、长期化，成为公务员队伍建设的有效抓手和载体。这次会议后，还将专门对全系统深入开展做“人民满意的公务员”活动进行部署。各地各部门都要以全心全意为人民服务为宗旨，以让人民满意为目标，围绕坚定理想信念、恪守职业道德、提高能力素质、培养优良作风、加强廉政建设等内容，创新活动形式，引导广大公务员争做人民满意的公务员。这项活动从内容上看有很强的综合性，但从抓法上要突出重点，根据公务员队伍建设的需要，可以在不同的阶段突出不同的主题。今年乃至今后一个时期，要把职业道德建设作为主题突出抓好。德才兼备、以德为先，是党的十七大之后中央反复强调的用人标准。在公务员管理工作中要把德的标准放在首位，尤其是加强职业道德建设更为迫切。公务员肩负管理国家和社会的神圣职责，其职业道德水平对于能否履行好职责至关重要。抓好职业道德建设，就抓住了公务员队伍建设的根本，就抓住了“让人民满意”的关键。要在已有的公务员行为规范的基础上，研究制定中国特色的公务员职业道德规范，大力加强公务员职业道德教育。还要进一步规范新录用公务员宣誓制度，并研究探索实行领导职务公务员任职宣誓制度。

二是加强公务员队伍能力建设。能力建设

是公务员队伍建设的永恒主题。当前要着力抓好教育培训和实践锻炼两个环节。一要认真组织开展新一轮公务员大规模培训。党的十七届四中全会强调，要加强和改进干部教育培训工作，增强培训实效，更好完成大规模培训干部、大幅度提高干部素质的任务。落实到公务员培训上，今年的工作主要是制定《2011—2015年公务员培训纲要》，部署“十二五”公务员培训工作，加大培训教育改革创新力度，深化“四类培训”，配合有关部门开展公务员自主选学工作，开展中央国家机关司（局）级公务员培训，支持少数民族地区、国家重点扶贫地区等国家重点项目的公务员培训，在全国公务员中开展保密培训教育，研究行政机关公务员培训课程体系，加强网络培训和培训管理信息化建设。各地区、各部门在开展培训工作时，一定要注重围绕大局，贴近公务员需求，创新理念和方式，从传统的“灌输式”方法向现代培训方法转变，从学员被动参训向自主选学和互动提高转变，在针对性和实效性上下工夫，使培训内容真正转化为实际的工作能力。二要强化实践锻炼。加强能力建设，既要靠教育培训，更要靠实践锻炼。要注重把日常工作实践作为提高公务员能力的主要途径，在同一过程中收到作贡献和长才干的双重效果。对机关中缺乏基层工作经历的年轻公务员，要有计划地安排到基层培养锻炼。要不断完善相关政策，鼓励和引导公务员到改革和建设的第一线去，到条件艰苦和困难较多的地方去，到基层和群众最需要的地方去经受考验、砥砺品质、锤炼作风、增长才干。

三是加强基层公务员队伍建设。目前，工作在县级以下基层的公务员占全国公务员队伍总数的60%左右，是我国公务员队伍的主体。加强基层公务员队伍建设，对于提高我国公务员队伍的整体素质，推动我国经济社会的科学发展，巩固党的执政基础，都具有重要的基础性作用。围绕加强基层公务员队伍建设，一要会同有关部门研究加强基层公务员队伍建设的政策建议，切实解决当前基层公务员队伍建设中面临的突出问题；二要探索建立来自基层一线的公务员培养选拔链，形成高素质优秀人才到县乡基层去、上级机关公务员从县乡基层来的良好局面；三要以县区、乡镇、街道和一线执法部门为重点，加强基层公务员教育培训。通过上述措施，力求在建立面向基层的公务员选用制度、拓展职业发展空间、提高素质、健全体现科学发展观和正确政绩观的考核机制、加强监督和管理等方面取得实效。

（四）充分发挥职能作用，切实做好政府表彰奖励工作。政府表彰奖励工作是国务院赋予公务员主管部门的一项重要职责，我们要切实履行好。要继续推进国家荣誉制度建设，积极配合有关部门加快国家勋章和国家荣誉称号法、国务院表彰奖励工作条例的立法进程。会同有关部门做好2010年全国劳模推荐、评选等工作，组织召开全国劳模表彰大会。加强部级荣誉称号和表彰奖励综合管理，严格执行表彰奖励申报审批制度，加强对部门评选表彰工作的指导和监督，加大对各种评选表彰活动的规范力度。建立省部级以上荣誉称号数据库。组织开展先进模范人物休假疗养、走访慰问等活动。继续做好《汶川特大地震抗震救灾志·英模人物》分卷编纂工作。

三、振奋精神，真抓实干，确保今年各项工作任务的落实

今年公务员管理工作的各项任务已经明确，关键在于落实。各级公务员管理部门要按照“四个明确”（明确任务、明确责任、明确时限、明确要求）的要求，狠抓工作落实，务求取得实效。

（一）加强组织领导，抓好重点工作。此次机构改革，公务员管理职能更加明确，力量得到加强。目前，绝大多数省区市已经成立了公务员局，一半左右已经挂牌运行。机构和人员已经到位的省份，要尽快把重点转到抓全局工作、抓队伍建设上来。机构组建还没有完成的省份，要落实到位。省级公务员管理部门要加强对市县级公务员管理部门组建工作的指

导。各级公务员管理部门要积极争取党委政府的支持，围绕党委政府工作大局，立足自身职能，积极主动地开展工作，有所作为。要突出重点，瞄准难点，集中精力抓大事，集中力量抓落实。国家公务员局在全面部署工作的基础上，继续按照以重点带动整体的思路，研究提出了今年要集中力量抓好的十个重点项目，包括：加快公务员法配套法规和国家荣誉制度建设、深化分类管理和聘任制试点、组织公务员公开遴选试点、扩大录用有基层工作经历人员、推进公务员录用考试科学化、深入开展“做人民满意公务员”活动、筹备召开全国劳模表彰大会、制定“十二五”公务员培训纲要、加强公务员职业道德建设、推进公务员管理信息系统建设。这十项工作都是落实中央深化干部人事制度改革部署的重要工作，是全国公务员管理系统共同的任务，各地、各部门要协同配合，采取有力措施，切实抓出成效。同时，要在重点工作的带动下，统筹抓好其他各项工作。

（二）夯实工作基础，提高工作效率。基础建设是我们开展工作的重要前提，对于我们新组建的机构来说更为重要。要切实抓好“三基一化”（基本制度、基础资料、基本功和信息化）建设，保持工作规范高效运转。继续做好公务员统计工作，完善统计指标体系，为公务员管理决策提供可靠的数据支撑。加快推进公务员管理信息系统建设，做好公务员管理信息系统建设需求分析和数据标准研究，制定好建设方案，着力建起一套畅达、快捷、精准的信息系统，为公务员科学化管理提供全面及时的信息服务。要着眼“十二五”规划的制订，围绕公务员管理基础理论和热点难点问题，深入开展基础性和战略性课题研究，注重发挥相关学科专家学者在公务员管理中的科学决策咨询作用。

（三）推进政务公开，加强舆论宣传。和谐的舆论环境是我们开展工作的重要保证。如果正面的声音跟不上、影响小，负面的东西就会占据舆论的阵地。我们在制定和实施各项政策时，都要同步考虑舆论引导和宣传工作，让社会各方面更多地理解和支持公务员管理工作。要积极推进政务公开，建设好公务员管理门户网站，依法及时公开和发布公务员管理工作信息，充分满足人民群众的知情权、参与权、表达权、监督权。重视运用新闻媒体深入宣传公务员管理政策，宣传实践中创造的好做法好经验，用正确的舆论导向占领宣传的主阵地，牢牢把握舆论的主动权。及时掌握舆情动态特别是网上舆情，建立快速灵敏的舆情监测机制和反应机制，加强对热点问题的舆论引导，去伪存真、扶正抑偏，防止和化解不当炒作。

（四）加强自身建设，树立良好形象。各级公务员管理部门要按照建设“模范部门”、打造“过硬队伍”和“四个形成”的要求，不断加强自身建设，培育追求卓越、严格管理、团结和谐的机关文化，树立新机构、新队伍的良好形象。一是加强学习。要在全系统形成浓厚的学习氛围，坚持向书本学、向群众学、向实践学、向基层学。要加强系统培训，立足岗位学习，强化实践锻炼，不断提高系统干部队伍综合素质，增强创新能力。二是严格管理。好的队伍是在严格的制度约束下、严格的措施管理下锻炼成长的。各级公务员管理部门要继续抓好制度的建立和健全，尤其要抓好制度的执行，高标准，严要求，通过严格管理，建设一个好班子，一支好队伍。三是转变作风。抓每项工作都要扎扎实实，一抓到底。要深入实际调查研究，掌握实情，正视矛盾，破解难题。要在全系统大兴密切联系群众之风、求真务实之风、艰苦奋斗之风、批评和自我批评之风，抓好廉政建设，树立新部门创新务实、风清气正的良好形象。

同志们，新时期公务员管理工作任务艰巨，使命光荣，大有可为。让我们在以胡锦涛同志为总书记的党中央领导下，以邓小平理论和“三个代表”重要思想为指导，深入贯彻落实科学发展观，深化改革，开拓创新，为提高公务员管理的科学化水平而不懈努力！

与时俱进　勇于创新
努力推动公务员竞争上岗工作科学发展

——在公务员竞争上岗工作经验交流会上的讲话

杨士秋

（2010年5月11日）

这次会议是公务员法实施以来、国家公务员局成立之后召开的第一次专题总结公务员竞争上岗工作的经验交流会。会议的主要任务是：深入贯彻落实党的十七大和十七届四中全会精神，深入贯彻落实全国组织部长会议、《2010—2020年深化干部人事制度改革规划纲要》（以下简称《规划纲要》）座谈会和全国行政机关公务员管理工作会议精神，总结、交流竞争上岗工作经验，进一步推动行政机关的竞争上岗工作。

一、围绕中心、服务大局，竞争上岗工作取得重要进展

公务员制度建立和推行十几年来，各级行政机关坚持以邓小平理论和“三个代表”重要思想为指导，深入贯彻落实科学发展观，认真执行党的干部路线方针政策和公务员法，不断完善公务员选拔任用机制，积极推进竞争上岗工作，使这项工作呈现出良好的发展态势，取得重要进展。

（一）注重建章立制，竞争上岗制度体系不断完善。竞争上岗制度经历了一个逐步发展的过程。在20世纪80年代初步探索的基础上，90年代，随着《国家公务员暂行条例》《党政领导干部选拔任用工作暂行条例》和《关于党政机关推行竞争上岗的意见》等法规文件的颁布施行，竞争上岗在全国范围内逐步推开。2000年，中办印发《深化干部人事制度改革纲要》，进一步明确指出“党政机关内设机构中层领导职务出现空缺，提倡采用竞争上岗的方式确定任职人选”。2002年，中央颁布《党政领导干部选拔任用工作条例》，明确规定竞争上岗是党政领导干部选拔任用方式之一，并规范了竞争上岗的适用范围和程序。2004年，中办印发《党政机关竞争上岗工作暂行规定》，标志着竞争上岗工作迈上制度化、科学化、规范化轨道。2006年1月1日，公务员法施行，为竞争上岗工作的开展提供了法律依据。这些政策法规，构成了比较完备的竞争上岗制度体系。多年来，各地各部门高度重视竞争上岗工作，不断深化对竞争上岗的理解和认识，紧密结合实际，制定了竞争上岗的具体实施办法、方案和细则等文件，并积极吸收竞争上岗工作的实践成果，不断充实和完善相关规定，使竞争上岗制度具有较强的指导性和可操作性。北京市研究制定了《党政机关推行

竞争上岗的意见》，并采取编写政策问答、举办培训班等措施，使大家加深理解，提高认识；在此基础上，大多数市级机关和区县制定了具体实施办法，形成了适合本地区实际的竞争上岗制度体系。重庆市在2004年出台竞争上岗实施细则后，2008年又以市委办公厅的名义下发《党政机关竞争上岗工作实施办法》，2009年根据新形势新任务进一步加以修订，为竞争上岗工作提供了有力的制度保证。

（二）精心组织实施，竞争上岗工作逐步规范。多年来，特别是2004年《党政机关竞争上岗工作暂行规定》颁发以来，原人事部、国家公务员局采取多种形式，努力推动行政机关开展竞争上岗工作。各地各部门精心组织，积极落实。一是严格按照程序实施。竞争上岗包括制订方案、报名、笔试面试、民主测评、组织考察、讨论决定、任职等程序。在竞争上岗工作中，各地各部门考虑周全、措施得力，使各个环节有效衔接，工作有条不紊，操作有序规范。有的地方和部门通过制定竞争上岗工作流程图、考场规则等措施，不断规范此项工作。一些省、市行政机关还在开展竞争上岗前，将实施方案报同级公务员主管部门备案，以便做好审核和把关工作。江苏省公务员主管部门事先审核拟开展竞争上岗单位的职位、职数，建立了职位、职数审核制度。海关总署统一规范全系统竞争上岗工作，实行各个环节加权逐轮淘汰，择优选拔人员。二是注重把原则要求贯穿工作始终。在竞争上岗的过程中，各地各部门坚持民主、公开、竞争、择优的方针，主动公开实施方案、竞争职位、资格条件、综合成绩、考察人选等内容，提高了工作的公开性和透明度；广泛听取群众的意见和建议，接受大家的评判和监督，较好地落实了群众的知情权、参与权、选择权和监督权；党委（党组）集体研究任职人选，综合各方面情况，坚持好中选优，实现了组织意图、群众意见和个人意愿的有机结合。湖北省黄石市坚持做到竞争上岗政策、过程、结果“三个透明”，自觉接受群众监督。农业部总结了“三荐三考”、“六点一线”的经验，体现了竞争上岗原则要求，得到广大群众的认可。三是形成合力抓好落实。各级公务员主管部门注重加强对行政机关竞争上岗工作的指导，并积极做好有关服务保障工作。各实施机关党组（党委）加强对竞争上岗工作的领导，普遍成立了领导小组，主要领导或分管领导担任组长，亲自动员部署，及时督促检查。纪检监察部门与人事部门积极配合，实行全程监督。各单位既对上岗人员提出要求，又认真做好落选人员的思想工作，使他们能够放下包袱，轻装前进，营造了良好的竞争氛围。质检总局在2009年针对拿出的职位多、报名参加人员多等情况，在方案制订、职位确定、笔试面试、考察等各个环节，做到总局与直属局之间、总局人事司与业务司等部门之间密切配合，确保了竞争上岗工作圆满完成。

（三）积极探索创新，竞争上岗重点难点问题得到有效解决。随着竞争上岗工作深入开展，出现了一些新问题，比如，如何提高笔试面试的针对性，如何实现将考试成绩与平时工作业绩结合起来进行评价，如何更好地实施民主测评，等等。面对这些问题，各地各部门积极探索，大胆创新，有力地推进了竞争上岗工作开展。一是在笔试、面试方面，有些地方和单位根据职位职责所必备的基本知识、基本素质和能力命题，引入案例分析、结构化面试、情景模拟等现代人才测评方法；有的地方和单位注重加强基础建设，建立竞争上岗题库和面试考官库。天津市河西区突出职位特点，将12个科级职位分成机关性、社会性和专业性三大类，在笔试、面试中分别确定相应的测试重点，增强了考试的针对性。吉林省吉林市每次考试都准备几套不同的题本，考前抽签决定，保证了笔试工作顺利进行。工商总局在笔试中纳入工商行政管理理论和全国工商行政管理工作会议内容，面试增加了岗位适应性试题，进一步解决好“需要什么考什么”的问题。二是在将考试成绩与工作业绩结合方面，有些单位将民主推荐、年度考核和挂职锻炼等情况折合成分数，分别计算到笔试和面试成绩中，较好地实现了竞争上岗与公务员日常管理工作的有机结合。财政部把公务员近三年的年度考核成绩纳入竞争上岗总成绩，较好地防止了“会考不会干”的人员在竞争上岗中胜出的偏差。三是在民主测评方面，有些地方和单位采取分项量化测评办法，划分档次，分项打分，综合评定，形成比较完整的测评体系。青岛市探索实行按职务层次分层计票、加权计分，体现了组织选拔与群众评价的有机统一。公安部积极探索选拔性与资格性相结合的竞争方式，优化测评方法，引入“二次平均法”计算民主测评得分，确保测评成绩的客观公正。四是在理论研究和工作机制方面，有些地方和单位不等不靠，开拓创新，积极进行理论研究和实践探索。教育部坚持理论与实践相结合，开展了机关司局长胜任力模型课题研究，为竞争上岗工作提供了理论支持。辽宁省部分地区行政机关采取由公务员主管部门统一组织笔试的工作方式，实行资源整合，有效降低了行政成本。有的省市将落选人员中的优秀人才纳入视野，作为后备人才进行培养，建立人才储备库。此外，各地、各部门还有许多亮点工作，我不再一一列举。总之，这些改革和创新，对推动竞争上岗走向科学化都具有积极的意义。

经过多年的发展，竞争上岗工作已经站在新的起点上。回顾这些年竞争上岗的生动实践，可以得到一些认识和体会。概括起来，主要有以下六个方面：一是必须自觉服从服务于党和国家工作大局，做到竞争上岗工作在大局下定位，在大局下谋划，在大局下行动。二是必须坚持党管干部原则，始终贯彻执行党的干部路线方针政策，严格按照干部管理权限和规定程序办事，切实加强组织领导，保证竞争上岗工作的正确方向。三是必须坚持德才兼备、以德为先的用人标准，树立正确的用人导向，引导广大公务员把精力用到刻苦学习、提高素质上，把工夫下到勤奋工作、建功立业上。四是必须坚持民主、公开、竞争、择优的方针，提高群众的参与度，增强工作的透明度，创造良好的竞争环境，确保选准、用好公务员，促进更多的优秀人才脱颖而出。五是必须坚持求真务实、改革创新，运用科学的方法和手段，实现择优选人用人的目标要求。六是必须坚持加强制度建设，用制度管人，靠制度管事，实现竞争上岗工作的制度化、规范化。在今后的工作中，我们要坚持和运用好这些经验，结合新的实践，不断丰富和发展。

虽然竞争上岗工作取得了一定成绩，但是仍然存在着一些问题和不足。一是还有一些单位领导和部分公务员对竞争上岗的思想认识有待进一步提高；二是竞争上岗发展很不平衡，有些单位竞争上岗工作还没有开展起来，有的单位前几年抓得比较紧，近几年又有所松懈，甚至弃之不用了；三是有的单位竞争上岗工作还不够规范，随意性较大，程序和环节不严密、不完整；四是有的单位民主机制不够健全，民主测评的科学性、真实性还有待进一步增强；五是有的单位竞争上岗科学化水平不够高，考试命题的针对性不够强，等等。对这些问题和不足，我们要充分重视，努力在今后的工作中切实加以解决。

二、统一思想，提高认识，坚定做好竞争上岗工作的决心和信心

前面讲到，竞争上岗工作中存在的第一个问题，就是思想认识问题。为了使竞争上岗工作顺利推进、健康发展，我们首先要进一步统一思想，提高认识，明确推行竞争性选拔干部方式的重要性和必要性，坚定做好竞争上岗工作的决心和信心。

（一）实行竞争上岗是被实践证明了的选拔人才的好方式。从各地、各部门多年实践情况看，竞争上岗之所以能够越来越受到重视，越来越被广泛地推开，就是因为它符合人才发现和选用的要求，符合社会发展进步的趋势，与传统选人用人方式相比，具有更多的优越性。一是竞争上岗摆脱了过去论资历、熬年头等用人观念的束缚，打破了部门和身份的限制，通过竞争比较看优劣，综合德才表现用干部，促进了优秀人才脱颖而出，增添了机关公务员队伍的活力。二是竞争上岗改进了过去个人推荐、组织考察的传统做法，引入科学的竞争机制，变带有很大主观色彩的“伯乐相马”为比较客观的“赛场选马”，让符合条件的人员在同一起跑线上竞争，为优秀人员搭建了崭露头角的平台，更加体现了公平、公正。三是竞争上岗破除了以往干部选拔任用工作的封闭性和神秘化，把竞争的原则、条件和程序明白地告诉广大干部群众，请大家来参与、评判、选择、监督，使选拔任用工作更加公开、透明。许多单位反映，实行竞争上岗后，广大公务员变压力为动力，学习意识、进取意识有了较大增强，能力素质有了较大提高，机关的工作作风有了较大转变，有力地促进了各项工作任务的完成。

（二）实行竞争上岗是匡正选人用人风气的有效手段。防止和纠正选人用人上的不正之风，惩治和消除选人用人上的腐败现象，是我们党反腐倡廉建设的一个重要方面。选人用人风气的好坏，直接影响公务员队伍的素质和形象，影响党的执政地位。匡正选人用人风气，需要标本兼治、综合治理、多管齐下，其中十分重要的是要有制度性安排，靠体制机制来保障和规范。竞争上岗无疑是一种比较好的公务员选拔任用机制，可以保证选人用人权在阳光下运行，能够有效排除和遏制托人说情、跑官要官、买官卖官等不正之风和腐败现象，让这些不良的东西没有施展的余地和可钻的空子；能够有效形成正确的用人导向，使大家不再去用心找靠山、挖门子、拉关系，而专心致志提高自身素质，做好本职工作；能够有效提高选人用人的公信度，使组织更有威望，干部群众心里更服气、更踏实。

（三）实行竞争上岗是进一步贯彻落实中央关于深化干部人事制度改革要求的具体体现。现在，竞争上岗已不仅仅是作为一种自发的实践探索，也不仅仅是作为一种号召和倡导，而是作为一项重要的制度安排，作为深化干部人事制度改革的重要内容。特别是在去年11月中央颁布的《规划纲要》中，已把“加大竞争性选拔干部工作力度”作为11个重点突破项目之一，提出了具体要求。《规划纲要》指出，要“完善公开选拔、竞争上岗制度”，“坚持标准条件，突出岗位特点，注重能力实绩，完善程序方法，改进考试测评工作，提高竞争性选拔干部工作的质量。到2015年，每年新提拔厅局级以下委任制党政领导干部中，通过竞争性选拔方式产生的，应不少于三分之一”。这一段话既讲明了怎样提高竞争上岗工作的质量，又提出了规划目标，充分表明了中央加大通过竞争性方式选拔干部力度的决心。我们必须按照中央的要求，坚定有力、扎实有序地推进竞争上岗工作。

我们不仅要从整体上认识竞争上岗的重要性、必要性，而且也要注意解决具体的思想问题。目前，有的人对竞争上岗尤其是对其中的考试环节还有一些认识上的误区，比较有代表性的，一是认为“竞争上岗考的是知识，考不出能力，即使能够反映出知识和能力水平，也反映不出思想道德状况”；二是认为“竞争上岗导致干得好不如考得好”；三是认为“考上的人员高分低能”。形成这些看法事出有因，但这些看法本身有失偏颇，不够全面。首先，考试虽然是竞争上岗的重要环节，但并不是全部内容，考试解决不了的问题，比如反映不出思想道德状况，可以通过民主测评、考察等其他程序解决，考试的不足比如反映不出平时工作表现，可以通过纳入日常考核和年度考核成绩等措施来弥补；其次，考试本身也在不断改进和完善，特别是从改进笔试、面试命题和方式上可以有效提高测评的针对性和科学性；最后，虽然有时可能出现个别实际工作能力较低的人员考了高分，或者能力强的人员没有考好，但不能简单地得出高分必定低能的结论，更不能得出低分必定高能的结论。无数实践恰恰证明，通过竞争上岗得到提拔和重用的人员，绝大多数都是素质高、能力强的，这是必须肯定的主流。

总的看，推行竞争上岗这种竞争性选拔方

式，上有中央要求，下有群众基础和实践经验，方向是正确的，实际效果也越来越明显，我们要坚定不移地搞下去，并在实践中不断地加以完善，绝不能因噎废食，更不能半途而废。要通过坚持和完善，使竞争上岗焕发出更加旺盛的生机和活力。

三、与时俱进，勇于创新，努力推进竞争上岗工作新发展

当前和今后一段时期，全国行政机关推进竞争上岗工作的总体思路是：深入贯彻党的十七大、十七届四中全会精神，以邓小平理论和“三个代表”重要思想为指导，深入贯彻落实科学发展观，按照全国组织部长会议、《规划纲要》座谈会和全国行政机关公务员管理工作会议的部署要求，坚持党管干部原则，坚持德才兼备、以德为先用人标准，坚持民主、公开、竞争、择优方针，紧密结合实际，勇于改革创新，不断提高竞争上岗工作的科学化、民主化、制度化水平，全面加强竞争上岗工作，努力建设一支善于推动科学发展、促进社会和谐的高素质公务员队伍。

（一）加大工作力度，确保完成中央提出的规划目标

据统计，在全国2008年职务得到晋升的公务员中，采用公开选拔和竞争上岗方式所占比例为22%，分地区看，有17个省份低于这一比例，最低的还不到1%，距离中央提出的到2015年每年不少于1/3的目标还有较大差距。我们要加大力度，采取更实的措施，不折不扣地完成中央提出的规划目标。

一要增强竞争上岗工作的计划性。各级行政机关每年在年初要对机关内部中层以下领导职位的配备情况进行一次摸底分析，对照中央的规划目标，做好年度安排。在空缺职位上，积极开展竞争上岗，按计划、有步骤地组织实施。

二要保持竞争上岗工作的连续性。目前尚未开展竞争上岗的行政机关，要注重学习、借鉴已开展单位的有益经验，结合本单位实际，抓紧开展起来；已经开展竞争上岗的单位，要继续加强和改进，逐步提高竞争上岗人员的比例，并掌握好工作节奏，避免出现“一年组织几次、几年不再组织”或者“上级机关说了就搞，没说就不搞”的现象，使这项工作深入、持续地开展。

三要体现竞争上岗人员的广泛性。对于竞争的职务层次，根据干部管理权限，可由处、科级职务扩展到司局级职务竞争。对于只在小范围组织竞争的单位，可适当地扩大范围，在本机关或本系统内开展竞争，也可根据需要允许所属事业单位符合条件人员参加。对于人员较少、难以形成有效竞争的单位，公务员主管部门可组织跨地区、跨部门联合竞争，以便降低成本，提高效率。

（二）把握特点规律，不断提高竞争上岗工作的科学化水平

科学设计和实施，是竞争上岗保持生机和活力的关键所在。要注重把握竞争上岗的特点和规律，在重要环节上下工夫，进一步提高竞争上岗的科学化水平，让干得好的考得好，能力强的选得上，作风实的出得来，使优秀人才能够脱颖而出。

一要在提高笔试面试的质量上下工夫。要在加强对竞争职位特征、职责要求分析的基础上，提出机关不同层次、不同职位类别公务员所需的能力素质要求。针对这些素质要求，科学设计考题，坚持“用什么考什么”，重点测试应试者的实际能力和水平，真正体现竞争上岗考试的科学导向作用。要不断研究开发新题型，努力提高试题的有效性，还要加强考官队伍建设，形成一支结构合理、规模适当、素质优良的命题和面试考官队伍。

二要在提高民主测评的质量上下工夫。要根据德、能、勤、绩、廉等项内容，细化测评要素，使测评的内容看得见、摸得着，可量、可测、可比，形成科学的测评指标体系。要按照知情度、关联度和广泛性、代表性原则科学界定参加民主测评人员范围，力求让知情人投知情票、说知情话。要保证人数要求，参加民

主测评的人数必须达到应参加人数的80%以上。要针对不同类型、不同层次参加人员在不同层面的民主测评，经过科学分析设计不同的权重比例。要针对不同内设机构人员的数量和结构差异大、民主测评成绩可比性不够强的问题，积极研究探索科学的计分方法，确保民主测评成绩的客观公正。要辩证分析、正确运用民主测评的结果，防止简单地以票取人，既不能让大胆工作、敢于负责的老实人吃亏，也不能让不讲原则、不负责任的“老好人”得利。

三要在提高组织考察的质量上下工夫。现在，一些地方和部门对干部考察还存在着标准空泛化、方法简单化、结论公式化的问题。在竞争上岗考察过程中，要坚持德才兼备、以德为先的用人标准，进一步规范、细化考察内容，设计科学的考察方法，组织精干的考察人员，切实做好这项工作。要把竞争上岗考察与平时考核结合起来，积极探索将干部的平时表现和年度考核结果纳入竞争上岗总成绩的做法。要按照党的十七届四中全会提出的要求，积极探索差额考察，对同一职位的考察人选要进行综合衡量、全面比较、客观评价，真正做到好中选优、优中选强，实现人岗相适。

（三）着力扩大民主，不断提高竞争上岗工作的民主化水平

公务员工作、生活在群众之中，群众对他们的优劣和功过最了解、最清楚，也最有发言权。在竞争上岗中，只有扩大民主，进一步落实广大干部群众的知情权、参与权、选择权和监督权，才能保证选好人、用好人，提高选人用人的公信度。

一要进一步拓宽民主渠道。要把竞争上岗的原则、条件和程序交给群众，把竞争上岗的过程亮给群众，取得群众对竞争上岗工作的理解和支持。要让群众广泛地参与到竞争上岗中来，通过多种渠道充分表达自己的意愿，行使自己的民主权利。要认真听取群众的意见和建议，切实尊重民意，对多数群众不拥护、不赞成、不满意的干部，绝不能提拔使用。

二要进一步加强民主监督。要采取设立意见箱、公示栏、公布举报电话等方式，让群众对竞争上岗进行全程监督，使选人用人权在阳光下运行。要进一步建立健全信访举报的受理、核查和反馈机制，做到有声音、有行动、有落实，切实取信于民。要建立相关部门的联动工作机制，充分发挥本机关纪检、监察、机关党委等部门的职能作用，严肃查处测评拉票、考试失泄密等违纪行为，保证竞争上岗工作正常有序开展。

三要进一步提高民主质量。在充分调动广大群众参与竞争上岗工作积极性的同时，还要注意引导他们正确行使民主权利，顾大局、秉公心，客观公正地评价参加竞争上岗人员。要贯彻民主集中制原则，进一步提高民主决策的质量。按照《规划纲要》的要求，在决定人选时，积极探索差额票决的办法，保证选人用人决策的公正性。

（四）加强制度建设，不断提高竞争上岗工作的制度化水平

制度更具根本性、全局性、稳定性和长期性。多年的实践证明，竞争上岗，选贤任能，关键要靠好的制度和机制。制度越完善，机制越科学，“暗箱操作”的空间就越小，选出的公务员就越合适，群众满意度就越高。要完善、宣传、执行好制度，发挥好制度的保证作用。

一要把竞争上岗的制度完善好。要及时对竞争上岗中的好经验、好做法进行总结提炼，用制度的形式固定下来，坚持下去。竞争上岗不仅涉及选拔任用工作的方方面面，还与干部考核、培训、监督等工作紧密相连，要注重各项制度之间的衔接、配套，形成较为完备的制度体系和长效机制。

二要把竞争上岗的制度宣传好。要通过多种渠道，采取有效措施，加大对竞争上岗的宣传力度，使广大干部群众充分了解竞争上岗的意义、做法和成效，特别要针对一些思想认识问题进行宣讲，释疑解惑，形成有利于推进竞争上岗的舆论导向和良好氛围。要注意工作方法，及时总结和宣传典型经验，用典型指导和

推动工作。

三要把竞争上岗的制度执行好。要严格按照竞争上岗的有关规定办事，做到坚持标准不走样、执行程序不变通。要加强对制度执行情况的监督检查，发现问题要及时纠正，切实整改，坚决维护制度的严肃性。这里还要明确一点，今后各单位竞争上岗的实施方案，要及时报送同级公务员主管部门进行审核把关，以保证竞争上岗工作的规范化。

四、加强领导，密切配合，切实把竞争上岗工作落到实处

各地各部门要高度重视竞争上岗工作，做到组织领导到位、工作措施到位、人员保障到位，使竞争上岗工作能够顺利推进，圆满完成。

（一）要加强领导，明确责任。竞争上岗工作能否开展、开展得好不好，很大程度上取决于各级领导的认识水平和重视程度。各级行政机关要把竞争上岗作为一项重要工作来抓，科学谋划，统筹安排部署，及时研究解决工作的问题和困难。人事部门的同志要及时向本单位党组（党委）请示汇报竞争上岗工作，争取重视和支持。要努力形成和不断完善党组（党委）统一领导，人事部门具体组织，有关部门密切配合，干部群众广泛参与的工作格局。要明确相关责任，主要领导亲自抓，分管领导直接抓，有关人员具体抓，一级抓一级，层层抓落实。

（二）要上下联动，横向互动。上级公务员主管部门要加强对下级部门工作的指导和帮助；下级公务员主管部门要及时向上级反映存在的问题，提出有针对性的意见和建议。各级公务员主管部门要认真履行职能，对同级行政机关竞争上岗工作加强指导和监督，主动搞好服务；各级行政机关要认真组织实施，并及时向公务员主管部门反映情况和意见，共同把这项工作抓实做好。

（三）要统筹安排，精心组织。竞争上岗工作是一项政治性、政策性和操作性都很强的工作，牵动一个单位的全局，涉及大家的切身利益，必须通盘考虑，科学设计，严密组织。竞岗过程中一旦出了纰漏，就会直接影响最后的结果。因此，哪一个环节都不能放松，哪一个问题都要认真对待。作为竞争上岗的直接组织者，各级公务员主管部门一定要以高度负责的精神和严谨细致的作风开展工作，确保竞争上岗顺利进行、健康发展。

把握新机遇　明确新思路 努力实现职业能力建设事业新发展

王晓初

（2010 年 4 月 8 日）

今天我们召开全国职业能力建设工作座谈会，主要任务是：学习领会中央领导同志重要指示精神，深入贯彻落实全国人力资源社会保障工作会议部署，进一步明确工作思路和工作任务，努力推动职业能力建设事业实现新发展。

一、服务大局，团结协作，2009 年职业能力建设工作取得积极进展

2009 年是我国进入新世纪以来经济发展最为困难的一年，同时也是人力资源社会保障部门迎接严峻挑战、取得不平凡成绩的一年。面对国际金融危机对我国经济和就业带来的严重冲击和影响，全国职业能力建设战线全体同志按照党中央、国务院关于保增长、保民生、保稳定的决策部署，坚持服务就业和经济发展的大局，大力加强职业技能培训，深化技工院校改革，积极推进技能人才队伍建设，各项工作取得明显进展。

（一）实施特别职业培训计划取得积极成效。为应对国际金融危机对就业的严重影响，2009 年年初，我部会同发改委、财政部及时启动实施了特别职业培训计划。部里先后两次召开视频会议进行动员和部署，并按季度对计划实施情况进行调度。各地积极行动，成立领导机构，抓紧制定配套文件和实施方案，从落实培训补贴、拓展培训对象、加强培训管理、创新管理手段等方面加大力度，推动这项工作取得了积极成效。2009 年全国共组织开展各类培训达 3 000 余万人次，其中，政府财政补贴的各类职业培训约 2 160 万人次。去年特别职业培训计划的实施有三个特点：一是突出了培训重点。将困难企业职工、返乡农民工、失业人员、新成长劳动力作为培训重点。一些地方还结合实际，将培训对象拓展到城镇退役军人、生态移民等群体，并将符合条件的人员纳入劳动预备制培训范围。二是加大了培训补贴落实力度。各地加强与财政部门的协调，加大对职业培训的资金投入。有的明确了就业专项资金中用于培训补贴的资金，提高了培训补贴在就业专项资金中的比例；有的提高了补贴标准，简化了补贴程序；有的在补贴定点机构的同时，积极探索补贴企业或个人的有效办法。三是加强规范管理。针对培训工作中存在的突出问题，我部会同财政部先后下发了一系列文件，对加强培训管理、规范资金使用、强化培训监督提出明确要求。各地进一步健全制度，完善措施，加大监管力度。有的加强信息化管理，对培训全过程实行动态监控；有的建立了

补贴资金使用情况抽查和专项审计制度，对确保培训质量和资金安全产生了积极作用。

（二）技能人才队伍建设稳步发展。各地继续深入贯彻落实中央关于进一步加强高技能人才工作的意见精神，采取有效措施，推动技能人才队伍建设稳步发展。2009 年全国新培养高级工 151.6 万人；新培养技师和高级技师 41.8 万人，比上年增长 9.7%。一是继续加大高技能人才培养力度。各地充分发挥国家高技能人才培养示范基地的主体作用，积极推进公共实训基地建设，深入开展校企合作，加快培养企业急需高技能人才。二是健全技能人才多元评价机制。在进一步规范社会化职业技能鉴定的同时，紧密结合企业生产实际，努力探索企业技能人才评价模式，推进企业技能人才评价工作。三是统筹规划和组织开展职业技能竞赛系列活动。我部会同有关部门和行业（中央企业），全年共组织国家级竞赛 26 项，其中，国家级一类竞赛 3 项，国家级二类竞赛 23 项。各地也广泛开展了各种形式的技能竞赛和群众性岗位比武活动，带动了上千万名企业职工和技工院校学生参加竞赛活动。四是进一步优化高技能人才成长环境。去年国庆 60 周年观礼活动和中组部暑期专家休假活动都专门邀请了高技能人才代表参加，充分体现了党和国家对高技能人才的重视，增强了他们的荣誉感。我部以“技能就业、技能成才”为主题，首次组织各地集中开展了技能人才队伍建设暨技工院校招生宣传活动，产生了良好的社会反响。各地也采取有力措施，在高技能人才选拔表彰、提高待遇和相关政策上取得新的突破。

（三）技工院校改革发展进一步深化。各地指导技工院校扎实做好招生、就业、教学改革等工作，进一步突出培养特色，提升办学能力。一是办学规模进一步扩大。面对国际金融危机影响下企业用工需求减少和各类职业院校生源总体下降的新情况，各级人力资源社会保障部门和各技工院校积极行动，提前部署，采取多种有效措施，抓紧做好技工院校招生组织宣传和就业服务等工作，全年完成招生 196 万人（含劳动预备制 40 万人），在校生数达到 414 万人，比上年增长 4.2%，年培训量达到 484 万人次，比上年增长 21%，毕业生平均就业率达 96%以上。二是办学实力进一步增强。2009 年，我部积极配合国家发改委做好当年新增国债资金项目的审核工作，共下达技工学校项目 132 个，资金总计达 3.6 亿元。各地也纷纷采取措施加大投入，有的争取到专项资金用于技工院校实训基地建设；有的加大协调力度，将技工院校纳入当地职业教育建设资金补助范围；有的运用扩大失业保险基金支出范围试点政策加大公共实训基地建设投入。技工院校办学条件得到进一步改善。三是教学改革进一步深化。为进一步提高技工院校培养质量，我部制定印发了开展一体化课程教学改革试点工作的文件，并在 25 所学校启动试点，积极探索理论教学与技能训练融通合一的技能人才培养新模式。同时，继续推进通用职业素质训练课程试验性教学工作，不断提高学生的职业素质和综合职业能力。

（四）职业技能鉴定工作进一步推进。2009 年，各地、各行业部门继续完善职业资格证书制度，推进职业技能鉴定工作，全国有 1 492 万人参加了职业技能鉴定，1 232 万人获得了职业资格证书。一是加强职业资格和鉴定工作管理。按照国务院清理规范各类职业资格相关活动的要求，我部认真规范各地、各部门职业资格活动和鉴定行为，同时，进一步做好试验性鉴定相关项目的下放和后续衔接工作。各地也积极采取措施，加强职业技能鉴定规章制度建设，强化对鉴定过程各个环节的规范管理。二是强化鉴定质量管理。我部加强了国家级质量督导员培训和考核工作，同时，设立了鉴定质量投诉举报电话，畅通了社会监督的渠道，强化了对鉴定质量问题的处理。各地通过进一步完善质量通报制度、鉴定所（站）红黑榜制度，认真履行鉴定质量管理责任书等措施，加强对鉴定质量的日常督导和管理。三是严格证书核发管理。针对职业资格证书管理中存在的问题，我部专门制定下发文件，对加强证书核发管理工作提出明确要求。积极推进职业资格证书信息查询系统建设，目前已完成各省市证书查询系统建设和数据采集工作，实现了第一步工作目标。

（五）基础工作进一步加强。一是加快法规规章建设。去年 8 月，《职业技能培训和鉴定条例（草案）》公开向社会征求意见后，我们配合国务院法制办多次进行了调研论证，目前，正抓紧做好进一步修改工作。有不少省市也正在结合实际，研究制定相关地方性法规。二是加强师资培训。我部继续实施高技能人才师资培训示范项目，组织近 800 名骨干教师参加数控机床维修新技术等专业培训；组织开展了创业培训师资的选拔和培训；举办了第二期技工院校校长高级研修班，受到技工院校的普遍欢迎。各地也都结合实际，加大了对技工院校和职业培训机构教师、管理人员的培训力度，有的地方还积极协调解决技工院校教师编制问题，为提升教师专业素质，稳定教师队伍奠定了基础。三是加强标准、教材的开发修订工作。我部启动了职业分类大典修订工作，组织专家进行前期论证；组织开发了 84 个国家职业技能标准；修订颁布了涵盖 7 大类 120 个主体专业的《全国技工院校专业目录》；公布了 269 种国家级职业培训规划教材和特别职业培训用书目录；开展了 2009 年版职业技能鉴定国家题库启用和配发工作，推动国家题库地方分库和行业分库建设。四是做好技工院校助学金发放管理和免学费政策的落实工作。我部专门成立负责这项工作的办公室，加强管理和工作指导。地方也相继成立相应机构，为技工院校学生资助政策的落实奠定了基础。

回顾总结过去一年的工作，成绩十分显著，成绩也来之不易。这是党中央、国务院领导高度重视和正确领导的结果，是各级党委政府和有关部门及社会各方面大力支持的结果，是全国职业能力建设战线全体同志齐心协力、共同努力的结果。

在肯定成绩的同时，我们也要清楚地看到工作中还存在不少突出问题，例如：职业技能培训在解决就业结构性矛盾和加强技能人才队伍建设中的基础性地位还不牢固；就业压力和培训需求与培训能力之间的矛盾突出，职业技能培训总体投入不足；培训针对性、有效性不强的问题仍然比较突出；制约技工院校发展的体制和政策等因素仍然存在；职业技能鉴定质量问题还比较严重；民办职业培训管理还不够规范等。对于这些问题，我们一定要高度重视，进一步解放思想，大胆创新，积极探索有效措施加以解决。

二、认清形势，明确任务，进一步增强做好职业能力建设工作的紧迫感和责任感

2010 年，是全面实现“十一五”规划目标，并着眼谋划“十二五”乃至更长时期发展的关键一年。国际金融危机的影响还在持续，我国经济回升的基础还不稳定、不巩固、不平衡，人力资源社会保障工作的压力和挑战还很大。我们一定要准确把握和认真分析职业能力建设工作面临的新形势，进一步统一思想，提高认识，切实增强工作的紧迫感和责任感。

（一）加强职业能力建设工作，是党中央、国务院的明确要求。最近一个时期，党中央、国务院领导同志对加强职业培训和技能人才队伍建设作出了一系列重要指示。去年 12 月 21 日，胡锦涛总书记视察广东省珠海市高级技工学校时指出：“技能型人才在推进自主创新方面具有不可替代的重要作用”，“没有一流的技工，就没有一流的产品”，并希望技工院校同学们刻苦学习文化科学知识，潜心钻研专业技能，努力成为高素质技能型人才。在今年 2 月初举办的省部级主要领导同志专题研讨班上，温家宝总理要求各地加大职业培训力度，提高劳动者整体素质和就业能力。习近平副主席在研讨班结束时的总结讲话中，对积极推动技能人才培养，深化技工院校教学改革，研究制定支持技工院校发展的政策措施，不断提升技工院校和公共培训机构的培训能力提出了明确要求。今年 3 月 22 日，李克强副总理考察了新疆化工技师培训学院实训基地，对学校开展订

单培训，帮助贫困家庭学生掌握一技之长实现就业的做法给予了充分肯定。张德江副总理在今年全国人力资源社会保障工作会议和近期多次批示、指示中，反复强调要大力加强职业技能培训工作，充分发挥企业和技工院校作用，增强培训的针对性和有效性，加快培育有一技之长的技能人才，促进就业。最近，张德江副总理又明确提出要总结各地职业技能教育培训工作的先进经验，适时召开一次全国会议。今年全国人大《政府工作报告》也明确要求："继续加强职业技能培训，重点提高农民工和城乡新增劳动力的就业能力"，并指出"人才是第一资源，要统筹推进各类人才队伍建设，突出培养创新型科技人才、经济社会发展重点领域专门人才和高技能人才，建设人力资源强国"。《政府工作报告》与党和国家领导同志的上述重要指示，体现了党中央、国务院对加强职业技能培训、加快培养高素质技能型人才的高度重视，体现了对技能人才在国家经济社会发展中的重要作用和技工院校办学特色的充分肯定，提出了大力发展技工教育和职业技能培训的明确要求，为我们做好下一步工作指明了方向。

按照党中央、国务院的部署要求，今年人力资源和社会保障工作会议把"民生为本、人才优先"作为全系统工作的主线。职业能力建设工作一头连着民生，一头连着人才，既直接关系到实施扩大就业发展战略，促进和稳定就业这一民生问题的头等大事，又是实施人才强国战略，加强高技能人才队伍建设的重要内容，在国家经济社会发展的大局中，在人力资源和社会保障工作的全局中，地位非常重要，作用不可忽视。

（二）加强职业能力建设工作，是千方百计扩大就业、稳定就业局势的重要举措。当前和今后一个时期，我国就业形势依然十分严峻，各种就业矛盾相互交织，职业技能培训在扩大和稳定就业中肩负重任。一是劳动力总量供大于求的尖锐矛盾迫切要求提高劳动者的就业能力和创业能力。我国城镇每年需要就业的人员超过 2 400 万人，其中高校毕业生数量今年将达到 630 万人，初、高中毕业后未能升学的"两后生"约 520 万人。而我们每年能提供的就业岗位只有大约 1 200 万个。巨大的供求缺口以及由此产生的激烈竞争，必然要求劳动者不断提高就业能力和创业能力，为实现竞争就业和自主创业打好基础。二是技能与岗位不匹配造成的就业结构性矛盾迫切要求改善劳动者的职业技能。当前，在一些地区，出现了企业"招工难"和求职者"就业难"并存的现象，且有加剧之势，其间原因很复杂，但从中可以看出，随着我国经济发展方式转变和产业升级、转移，就业的结构性矛盾将越来越突出，迫切要求我们通过大力加强职业技能培训，提高培训的针对性和有效性，改善劳动者职业技能，以缓解就业结构性矛盾的压力。三是加快推进城镇化进程迫切要求提高农村转移劳动者的职业技能和创业能力。随着城镇化的不断推进，引导农村劳动力向非农产业转移是必然趋势。进一步加大职业培训力度，使农村劳动者掌握一技之长，提高他们在非农领域的就业创业能力，对于加快我国城镇化进程具有重要意义。

（三）加强职业能力建设工作，是加快转变经济发展方式、调整优化经济结构的迫切需要。当前，我国正处于加快转变经济发展方式、推进经济结构调整的关键时期，迫切要求进一步加大人力资源开发力度，加快建设一支高素质产业工人队伍。一是加快转变经济发展方式迫切要求提高技术工人队伍整体素质。这次国际金融危机给了我们一个深刻的警示：长期以来我国经济增长过分依赖廉价劳动力比较优势和资源能源大量投入的局面将难以为继，转变经济发展方式已刻不容缓。转变经济发展方式，关键是要促进我国经济增长由原来的高投入、高耗能、低技能、低附加值向提高技术含量、提升产品结构、提高产品附加值转变。"没有一流的技工，就没有一流的产品"。加快转变经济发展方式必将带来对高素质产业工人特别是具有自主创新能力的高技能人才的新一轮的更大需求。二是推进重点产业调整振兴和培育发展战略性新兴产业要求加快技能人才培养。为应对国际金融危机的挑战，推动我国经济实现可持续发展，国务院批准了汽车、钢铁、电子信息、装备制造、纺织等重点产业调整和振兴规划，同时，要求大力发展新能源、新材料、节能环保、生物医药、信息网络和高端制造产业等新兴战略性产业。重点产业调整振兴计划的实施和新兴战略性产业的发展，不仅需要一批高端研发人才和高层次专业技术人才，同时也需要一大批掌握精湛技能和高超技艺的高技能人才作支撑。三是产业转型带来的就业转型迫切要求增强劳动者的工作能力和职业转换能力。随着经济发展方式的转变，节能减排和低碳技术的逐渐推广和先进技术在传统产业的应用，一些传统产业正在加快转型和调整，迫切要求对从业人员进行新技术、新技能、新工艺培训，不断提高他们适应现有岗位的工作能力和适应新职业的职业转换能力，从而为产业结构调整和转型升级创造条件。

（四）加强职业能力建设工作，是贯彻落实《国家中长期人才发展规划纲要（2010—2020年）》的现实要求。不久前，党中央、国务院通过了《国家中长期人才发展规划纲要（2010—2020年）》，对做好新时期人才工作包括高技能人才工作做出了新的战略部署。高技能人才是我国人才队伍的重要组成部分，而职业能力建设工作是加强高技能人才队伍建设的主要途径。《纲要》从适应走新型工业化道路和产业结构优化升级的需要出发，明确提出了到2020年高技能人才队伍总量要达到3 900万人，占技能劳动者总量的28%以上，其中，技师、高级技师达到1 000万人左右。这就意味着我们要在11年内，新培养1 268万名高技能人才（其中技师、高级技师491万人），相当于年均培养115万人（其中技师、高级技师45万人）。与我们现有的培养基础和培养能力相比，高技能人才培养的任务依然非常艰巨。

我们一定要认真学习领会《政府工作报告》和党中央、国务院领导同志的一系列重要指示精神，深入贯彻落实全国人力资源社会保障工作会议提出的要求，认真贯彻实施《国家中长期人才发展规划纲要（2010—2020年）》的部署，从服务就业和经济发展的大局出发，进一步统一思想，提高认识，切实增强做好职业能力建设工作的自觉性和责任感，大力发展技工教育，不断加强职业技能培训，加快推进技能人才队伍建设，为稳定就业局势、实现经济社会又好又快发展提供有力的技能人才支撑。

三、明确思路，开拓创新，努力实现职业能力建设事业新发展

按照党中央、国务院的总体部署和全国人力资源社会保障工作会议的要求，2010年，职业能力建设工作要紧紧围绕更好实施人才强国战略和扩大就业的发展战略，坚持“民生为本、人才优先”的工作主线，以实施国家高技能人才振兴计划为龙头，以实施特别职业培训计划为重点，深入推进技工院校改革，不断加强职业技能鉴定质量管理，进一步创新完善有利于加强职业技能培训，加快技能人才队伍建设的政策措施和制度机制，使职业能力建设工作在服务就业和经济发展方面发挥更加积极的作用。重点做好以下六个方面的工作：

（一）落实人才中长期规划纲要要求，推动高技能人才队伍建设实现跨越式发展。《国家中长期人才发展规划纲要（2010—2020年）》是新中国成立以来第一次编制的人才发展规划，充分体现了党中央、国务院对人才工作的高度重视。《纲要》进一步明确了人才发展的战略目标和指导方针，确立了人才优先发展的战略布局，明确了高端引领、整体开发的人才队伍建设思路，提出健全重在使用的人才工作体制机制和政策体系，并设计了一批具有引领性、创新性、示范性的重大人才工程。《纲要》的颁布实施，必将为我国包括高技能人才在内的人才工作带来新的发展机遇。各级人力资源社会保障部门要紧紧抓住《纲要》出台的有利时机，乘势而上，奋发有为，采取切实有效措施，推动高技能人才队伍建设实现跨越式发展。一是抓紧制定高技能人才队伍建设

中长期发展专项规划。按照《纲要》要求，目前我部正在组织编制高技能人才队伍建设中长期发展专项规划，各省区市也在编制本地人才发展规划。各地要在搞好摸底调查的基础上，立足本地区高技能人才工作现状，着眼未来经济社会发展需求，认真谋划和研究高技能人才队伍建设中长期发展的战略思路、目标任务和政策措施，重点针对高技能人才工作中体制机制等方面的突出问题，深入分析原因，提出解决对策，将高技能人才队伍建设纳入本地人才发展总体规划和经济社会发展总体规划，统筹部署和推动。二是启动实施国家高技能人才振兴计划。国家高技能人才振兴计划是《纲要》提出的十二项国家重大人才工程之一，也是引领今后11年我国高技能人才队伍建设的重要工程。其主要内容是实施一批重点项目，包括高技能人才培训示范基地建设项目、公共实训基地建设项目和技能大师工作室建设项目等，进一步完善高技能人才培养、评价、使用、激励的体系、制度和机制，推动高技能人才队伍建设加快发展。各地要按照工程计划的统一部署和要求，结合地方实际，抓紧制定具体实施方案。要积极争取当地党委、政府的重视和支持，加强组织领导，完善政策措施，落实配套资金，确保计划的顺利启动实施和各项目标任务的完成。

（二）继续深入实施特别职业培训计划，不断提高培训促进就业的实效。特别职业培训计划是党中央、国务院应对国际金融危机影响促进就业一揽子政策措施中的一项重要内容，对于提高劳动者职业素质、稳定就业局势具有重要作用。这项工作3月初部里曾专门召开视频会进行部署。会后，大部分省立即行动，制订了实施方案，落实了补贴资金，但是，还有一些省工作进展比较缓慢，希望各地一定要高度重视，将特别职业培训计划的实施纳入当地就业工作总体部署，今年力争实现“四个突破”：一是在提高培训的针对性和有效性上取得突破。要根据促进就业和服务经济发展的实际需要，将企业新吸纳农民工培训、“两后生”劳动预备制培训和创业培训作为重点，并根据不同群体的特点和需要，实施好分类培训，切实提高培训的针对性和有效性，努力实现“培训一人、就业一人”和“就业一人、培训一人”的目标。二是在发挥企业主体作用上取得突破。企业既是用人的主体，也是培训的主体。由企业来开展上岗培训和技能提升培训，既是稳定农民工就业的最好手段，也是促进培训与就业有机结合的有效措施。各地要采取多种措施鼓励企业开展培训，认真落实将培训费用直补用工企业的办法，支持企业对所招收农民工开展上岗培训，对在职职工开展技能提升培训，实现就业与培训一体化。三是在加大资金投入上取得突破。各地要积极协调财政部门，进一步加大促进性就业支出特别是职业技能培训资金支出的力度。要按照三部门文件要求，根据培训的规模、成本、期限等情况，认真做好培训资金的需求测算工作，提高就业专项资金用于职业培训的比例，确保职业培训资金的需要。同时，要合理确定各类培训的补贴标准，制定切实可行的补贴办法。四是在规范培训管理上取得突破。各地要严格按照有关文件要求，切实加强对承担培训任务的技工院校和培训机构的认定和管理工作。要建立完善开班申请、过程检查、结业审核三项基本制度，强化对培训全过程的监管。同时，要抓紧建立全省联网的职业培训补贴信息管理系统，将各培训机构的名称、专业（工种）、等级、期限、收费标准、培训人员等信息向社会发布，加强社会监督。今年部里将继续按季度对各地计划实施情况进行调度，这个月下旬还将举办特别职业培训计划政策研修活动，下半年，将对各地政策落实和计划执行情况进行调研检查。此外，各地还要进一步加强对民办培训机构设立审批和办学监管工作，引导民办培训机构依法办学，规范发展。

（三）深入推动技工院校创新发展，不断提升培养能力。当前，技工院校改革发展已经到了“十字路口”。面对整个职业教育大发展的新形势，面对经济结构调整和产业升级对技能人才的新需求，面对中等职业学校办学逐步趋同的新挑战，如何推动技工院校进一步深化改革，创新发展，形成新的比较优势，已成为我们必须抓紧研究解决的重要课题。为此，部里研究制定了大力推进技工院校改革发展的意见，核心就是指导技工院校坚持高端引领、多元办学、内涵发展，进一步深化改革，创新机制，不断提升培养能力，加快形成具有中国特色的现代技工教育培训体系。为此，要着力抓好以下四个方面工作：一是加大投入，提升硬实力。要积极争取各方面的投入，特别是加大财政资金支持力度，除了中等职业教育基础能力建设项目、中等职业教育实训基地建设项目、城市教育费附加等经费方面为技校争取平等的政策外，还要加大高技能人才工作专项经费投入，对在高技能人才培养方面作出突出成绩的技工院校给予奖励和支持，同时，要用好用足现有职业培训补贴政策，加大职业培训资金投入。各地还要结合实际，积极争取财政部门支持，加大公共实训基地建设资金投入，探索对紧缺技能人才培养给予补贴等，不断强化技工院校基础能力建设，提升技工院校硬实力。二是突出特色，强化软实力。要进一步突出技工院校的职业化办学特色，将校企合作作为基本办学制度，认真总结经验，创新多种形式的校企合作模式，努力实现校企互利双赢。要指导技工院校按照我部新修订的专业目录设置和调整专业，组织招生和安排教学。要大力开展一体化课程教学改革试点，制定技能人才培养标准，开发一体化课程教学标准和教材，推进一体化教学场所和师资队伍建设，加强现代化教学手段的研发和应用，不断提高学生的综合职业能力和创新创业能力。三是完善政策，增强吸引力。要综合运用人力资源社会保障部门的职能优势，从开展技工院校“一体化”课程认证考核、教师职称评定、毕业生待遇、招收军队士官、从工人中招录公务员以及技能人才与专技人才相互贯通等政策入手，抓紧研究落实支持技工院校发展的政策措施，不断优化技工院校发展环境，增强技工院校的吸引力。四是加大宣传，扩大社会影响力。要采取多种形式广泛宣传各级党委、政府重视支持技工院校发展和技能人才队伍建设的重要指示和重大政策，宣传技工院校的办学特色和培养成效，宣传高技能人才典型事迹和重大贡献，同时，每年定期举办技能人才队伍建设暨技工院校招生宣传活动，并发动街道乡镇劳动保障工作平台和公共就业服务机构开展宣传，扩大技工院校的社会影响力。

（四）完善职业技能鉴定管理制度，强化职业技能鉴定质量管理。今年是开展职业技能鉴定工作的第 17 个年头。17 年来，职业技能鉴定工作稳步推进，社会影响力不断扩大，但也存在以假乱真、以乱坏好、以低顶高等突出问题，严重影响了职业资格证书制度的权威性和公信力，直接危及职业技能鉴定事业的可持续发展。2010 年，要按照“完善制度、规范管理、狠抓质量、树立信誉”的原则，进一步加强职业技能鉴定工作，推动职业技能鉴定工作实现“四个转变”：由扩大规模、注重质量向质量第一、兼顾规模转变；由治理假、乱、低问题的应急治标措施向标本兼治，构建质量建设的长效机制转变；由社会效益和经济效益兼顾向明确不营利的公共服务性质，更加突出社会效益第一转变；由注重外部质量监管向注重内外部质量管理相结合转变。为此，要重点抓好以下四方面工作：一是完善管理制度体系。健全新职业申报审批发布制度，进一步完善鉴定考务管理、证书核发管理等一系列与职业技能鉴定相关的制度。加快推进全国职业资格证书查询系统建设，今年在省市联网的基础上，要完成 15 家重点行业（企业）联网查询。二是规范鉴定运行管理。各地要严格按照国家有关规定，认真组织实施职业技能鉴定。同时，要不断完善鉴定管理方式和手段，加强信息化建设，推动鉴定管理科学化、规范化。三是狠抓鉴定机构管理。要加强鉴定所（站）的设立审批和监督管理，进一步推进鉴定机构质量管理体系建设，提高鉴定工作质量。下半年，部里将开展专项检查行动，重点对各类鉴定所（站）进行清理和规范，同时，查处不按规定乱发职业资格证书的行为。四是树立鉴定质量信誉。坚决纠正和防止降低鉴定质量、损害鉴定工作声誉的行为，确保职业资格证书制度健康发展。

（五）统筹规划全国职业技能竞赛系列活动，大力开展高技能人才评选表彰工作。一方面，要紧密结合企业、院校的实际和需求，组织开展好2010年全国职业技能竞赛系列活动，特别是第三届全国技工院校技能大赛和第四届全国数控技能大赛，并积极探索与国际技能大赛相衔接的办法。同时，积极争取加入世界技能组织，为组织我国优秀选手参加国际技能竞赛创造条件。各地区、各部门可根据今年国家整体安排，按照突出特色、做强品牌、讲求实效、搞好宣传的工作原则，统筹组织实施本地区、本部门的竞赛工作，统筹安排竞赛数量和工种，避免同工种、同类型的竞赛活动重复举行；另一方面，今年将组织开展第十届中华技能大奖、全国技术能手、国家技能人才培育突出贡献奖单位、个人的评选表彰工作，开展第二批中国高技能人才楷模评选活动，同时，还要做好第二批享受国务院颁发政府特殊津贴高技能人才人选的推荐选拔工作。各地要按照部里的统一部署和要求做好相关的选拔和推荐工作，并可结合实际，开展多种形式的表彰活动，在全国掀起新一轮学技能、比技能、争当能手的高潮。

（六）加强基础建设，提升职业能力建设系统工作水平。一是加强师资和管理人员队伍建设。今年，我部将继续开展高技能人才师资示范培训和骨干技工院校校长高级研修活动，同时，也正在与有关部门协商，拟组织部分技校校长和教师到发达国家学习考察职业培训先进经验，以进一步开阔视野，提升能力。各地也要积极创造条件，开展形式多样的培训和交流活动，不断提高教师队伍专业素质和校长的管理能力。二是做好大典修订和标准、题库开发等工作。在调研和分析国内外职业分类特点和发展趋势基础上，组织专家研究起草职业分类大典修订技术方案，并统一部署组织各行业部门开展修订工作。同时，适应经济社会和职业发展需要，进一步规范新职业申报审批和发布工作。加强职业技能标准、题库的开发和修订。继续抓好技工院校学生资助政策的落实，各地要抓紧成立专门机构，加强对这项工作的指导和管理，推动技工院校全部使用“电子注册与统计信息管理系统”，做好学生学籍注册，确保国家助学金发放和免学费政策的落实。三是抓好教材开发和管理服务工作。部里将结合“一体化”课程教学改革、高技能人才培养和特别职业培训计划实施的需要，进一步加大教材建设的投入和开发力度。各地要加强对技工院校按规定使用公共课教材和专业课教材的指导和监督，并指导培训机构选用经部里认定的优质教材，以确保培训质量。此外，我部还将抓紧制定农村实用人才统计指标体系和开展摸底调查工作，为加强农村实用人才队伍建设奠定基础。四是整合资源，形成合力。目前，省级政府机构改革基本完成，尽管各地机构设置有所不同，但总体看，职业能力建设系统的力量得到了发展壮大，各地要充分整合和发挥好职业能力建设行政处室、鉴定指导中心、工考办、培训指导中心、教研室、就业局相关处（科）室、协会等方面的力量，明确职能，发挥优势，相互合作，整体联动推动工作，同时，也要进一步加强与就业、人力资源市场、专技、规划财务、农民工等单位的协调配合，相互支持，共同推进职业能力建设事业的可持续发展。

做好当前和今后一个时期的职业能力建设工作，对于保持就业局势稳定，服务经济发展方式转变具有非常重要的意义。让我们按照党的十七大提出的总体要求，深入贯彻落实科学发展观，全面贯彻党中央、国务院领导同志一系列指示精神和全国人力资源社会保障工作会议的要求，抓住新机遇，拓展新思路，坚定信心，奋发有为，改革创新，努力推动职业能力建设事业取得新的发展，为促进就业和经济社会发展作出新的贡献！

规范管理　完善制度
全面推进事业单位公开招聘工作

王晓初

（2010 年 7 月 5 日）

为贯彻落实《2010—2020 年深化干部人事制度改革规划纲要》和《国家中长期人才发展规划纲要（2010—2020 年）》，深入推进事业单位人事制度改革，今天我们在青岛召开全国事业单位公开招聘工作座谈会。会议的主要任务是：总结事业单位公开招聘工作情况，交流经验，并就规范管理、完善制度，全面推进事业单位公开招聘工作进行研讨。

一、积极探索，改革创新，事业单位公开招聘工作取得显著成效

长期以来，事业单位在计划经济体制下一直实行与机关相同的人事管理制度，新进人员主要采用国家统一分配、组织调配和吸收录用等方式。这样的选人用人方式存在着选才视野狭窄，缺乏竞争机制，信息不公开，缺少客观标准等弊端，在一些地区和单位给用人上的腐败和不正之风造成了可乘之机。改革开放以来，随着社会主义市场经济体制的逐步建立，按照建立机关、企业、事业单位分类管理人事制度的要求，机关建立了公务员制度，国有企业建立了现代企业制度。事业单位全面推行聘用制度和岗位管理制度，不断深化人事制度改革，在选人用人方面也进行了积极探索。

根据《深化干部人事制度改革纲要》（中办发［2000］15 号）精神，2000 年，中组部、原人事部印发了《关于加快推进事业单位人事制度改革的意见》（人发［2000］78 号），明确提出在事业单位实行公开招聘制度。2002 年 7 月，国务院办公厅转发了《关于在事业单位试行人员聘用制度的意见》（国办发［2002］35 号），要求事业单位除涉密岗位等确需使用其他方法选拔人员的以外，都要试行公开招聘。按照文件精神，不少地区进行了积极探索，内蒙古、辽宁、吉林、江苏、安徽、福建、河南、湖北、湖南、海南、云南、陕西、宁夏、青海等省区市陆续开展了公开招聘试点工作。在总结各地实践经验的基础上，2005 年底，原人事部颁布《事业单位公开招聘人员暂行规定》（人事部令第 6 号），对事业单位公开招聘的范围、原则、程序等作出了规定，明确要求自 2006 年 1 月 1 日起开始执行。

2006 年以来，各地各部门按照国家统一部署，积极行动，从实际出发，创造性地开展公开招聘工作，取得了显著成效。

一是不断扩大推行范围。6 号令颁布以来，各地各部门积极贯彻文件精神，在试点实践基础上，加大工作力度，不断扩大公开招聘

制度的推行范围。据不完全统计，5年来，全国参加事业单位公开招聘的有1 100多万人，实际聘用154万多人，聘用比约为7：1。其中，江苏省公开招聘人数超过了20万人，上海、山东、广东三个省市超过了10万人。教育部、人力资源社会保障部、工信部、交通运输部、水利部、农业部、体育总局、中科院等部门和单位公开招聘达到新进人员总数90%以上。

二是积极完善政策措施。为了推行公开招聘制度，各地各部门在贯彻落实6号令的过程中，结合本地区、本部门实际，积极制定实施办法，不断完善政策措施。截至目前，全国有25个省（区、市）制定了公开招聘实施意见，中央国家机关有12个部门和单位制定了公开招聘办法。辽宁、四川、陕西、宁夏等省（区）和一些地市，还结合实际，出台了公开招聘实施细则。

三是努力探索公开招聘方法。各地在实践中不断探索公开招聘的方式方法。如江苏、浙江、广东等省对公开招聘统一部署，但对具体组织方式不作统一要求，根据实际需要和干部管理权限，由事业单位、事业单位主管部门或政府人力资源社会保障部门分别组织。单位规模较大，招聘岗位较多的，由事业单位自行组织。专业性强、招聘任务较集中的，由事业单位主管部门组织。事业单位规模较小且分散的，人力资源社会保障部门统一组织。北京、上海等地人力资源社会保障部门主要提供公开招聘服务，每年定期组织分类的公开招聘考试平台，事业单位根据实际需要自愿选择。辽宁、山东统一组织省属事业单位特定岗位的公开招聘，云南、新疆统一组织地（市）所属事业单位公开招聘，重庆、四川统一组织省（市）所属事业单位公开招聘。

四是加快提高新进人员整体素质。通过公开招聘，事业单位进人引入了公平竞争机制，把住了人员进口关，提高了新进人员的整体素质。据对部分省市和国务院有关部门近两年的不完全统计，地方通过公开招聘新进人员具有大学本科以上学历的已经超过70%，部门新进人员具有研究生以上学历的超过80%。新进人员的专业结构、工作能力也有明显提高。

目前，事业单位新进人员公开招聘工作已经在全国全面推开，初步建立了公开、竞争、择优选拔新进人员的制度框架，大大拓宽了事业单位选人视野，一大批优秀人才通过公平竞争进入事业单位，提高了队伍素质，改善了队伍结构，遏制了用人上的不正之风，符合事业单位特点的选人用人机制正在逐步形成。

同时也要看到，公开招聘工作中还存在一些不容忽视的问题：一是发展不平衡。总体看，全国大部分省市全面开展了公开招聘工作，但中央部委推行缓慢。各地省属事业单位公开招聘工作推行较好，县级以下事业单位的推行工作相对滞后。部分地方和单位尚未开展公开招聘工作。二是制度尚不完善。一些地方和部门公开招聘制度规定缺位，有些只是转发了6号令。一些地方把公开招聘简单等同于公务员的“凡进必考”，违背不同类型事业单位对岗位和人员的多样化需求，简单依靠集中组织大规模的统一考试，一张考卷定乾坤。三是政策落实不到位。公开招聘组织实施中，程序不规范、政策规定执行不严格、招聘条件“因人画像”或设置歧视性要求等问题时有发生。人力资源社会保障部门监督、指导的力度不够。四是违纪行为造成恶劣影响。近几年在基层事业单位公开招聘中发生了一些违纪案件，出现了“内部招聘”“人情招聘”“舞弊招聘”和违反回避规定等违法、违纪、违规问题，在社会上造成了恶劣影响，引起了中央领导的高度重视。

对公开招聘工作中出现的新情况、新问题，我们要高度重视，深入研究，坚定不移地坚持改革的方向，通过不断深化改革，创新发展来加以解决。

二、认清形势，解放思想，提高对事业单位公开招聘工作的认识

当前，事业单位人事制度改革迎来了新的

形势和发展机遇。中央最近下发的《深化干部人事制度改革规划纲要》和《国家中长期人才发展规划纲要》为进一步深化事业单位人事制度改革指明了方向，提出了要求。分类推进事业单位改革的工作正在试点，即将全面启动。事业单位人事制度改革，作为事业单位整体改革的重要组成部分，正在进一步深化。根据国务院领导的要求，我们起草了《关于进一步深化事业单位人事制度改革的意见》，作为整体改革的配套文件，进一步明确了人事制度改革的指导思想、目标和主要任务。行业体制改革进程加快，文化体制改革、医药卫生体制改革、教育体制改革等对进一步深化事业单位人事制度改革提出了新要求。

事业单位人事制度改革的进一步深化，既为公开招聘的全面实施提供了新动力，也对公开招聘工作提出了新要求。公开招聘是深化事业单位人事制度改革的重要内容，是规范事业单位进人行为，提高进人质量的重要制度保障。作为继公务员实行考试录用制度之后，干部人事制度改革的又一项“阳光工程”，事业单位公开招聘制度的建立，得到了社会各界的肯定，得到了人民群众的欢迎。我们一定要从深化干部人事制度改革的战略高度，从加强事业单位人员队伍建设的全局出发，从加强党风廉政建设的大局定位，深刻认识事业单位公开招聘工作的重要意义。

第一，推行公开招聘是深化干部人事制度改革的重要任务。民主、公开、竞争、择优是干部人事制度改革的基本方针，推行公开招聘制度，就是对这一方针的贯彻落实和具体体现。《深化干部人事制度改革规划纲要》明确要求在事业单位全面推行公开招聘。我们要认真贯彻落实干部人事制度改革总体部署，把推行公开招聘工作作为当前深化事业单位人事制度改革的一项重要任务抓紧抓好。

第二，推行公开招聘是实施人才强国战略的重要抓手。事业单位聚集了大量人才，其中专业技术人员约占全国专业技术人员总量的44%，是我国人才队伍的重要组成部分。下大力气加强事业单位人才队伍建设，是实现我国2020年进入世界人才强国行列战略目标的必然选择。推行公开招聘，严把事业单位人员进口，是加强队伍建设的起始点，是凝聚优秀人才，提升事业单位人才队伍整体素质的必由之路。

第三，推行公开招聘是实现公民平等就业的重要途径。公平正义比太阳还要有光辉。就业是公民的基本权利，平等就业是社会公平正义的重要体现。当前，我国就业形势，特别是大学生就业形势十分严峻。随着我国社会事业加快发展，事业单位已经成为仅次于企业的吸纳就业的重要渠道。公开招聘从制度上保证了公民通过平等竞争到事业单位担任公职的权利，是社会公平正义最直接、最鲜明的体现。

第四，推行公开招聘是加强党风廉政建设的重要体现。用人腐败是最大的腐败，人民群众对此深恶痛绝。惩治用人腐败一直是党风廉政建设的重要内容，也是一个难题。公开招聘制度保证了事业单位选人用人上的公开透明，强化了社会和舆论的监督，从制度上限制了以权谋私、权钱交易，遏制了选人用人上的不正之风，有利于预防腐败，进一步加强党风廉政建设。

公开招聘作为一项新的制度设计，在推行过程中，还需要我们根据事业单位的实际，进一步深入研究，更准确地把握规律，不断深化认识。下面，我结合贯彻《深化干部人事制度改革规划纲要》和《国家中长期人才发展规划纲要》精神，对推行公开招聘制度再谈几点认识。

第一，公开招聘关键是建立事业单位选人用人新机制。随着社会主义市场经济体制的建立，计划经济体制下形成的选人用人机制已经不能适应事业单位发展的需要，必须改革，采用公开、竞争的办法。实行公开招聘制度，有利于实现事业单位人事管理的科学化、制度化和规范化，也有利于遏制用人上的不正之风。同时，我们必须看到，事业单位与机关不同，其工作领域广泛、种类繁多，专业性、行业性特点十分显著，岗位和人员需求的多样性非常突出。这就决定了事业单位招聘工作人员的方式与公务员不同，不能采用公务员大规模集中统一考试录用的办法。因此，我们反复强调，公开招聘的核心是“公开”，只有“公开”才能实现公平公正，要通过公开、竞争、择优，建立符合事业单位特点的新进人员选拔聘用机制。我们不赞同将事业单位公开招聘简单地称之为“凡进必考”。事业单位的公开招聘必须充分尊重事业单位的用人特点和岗位需求，绝不能“一刀切”，要在建立机制上下工夫。

第二，公开招聘要坚持统一规范、分类指导、分级管理。这是6号令确定的公开招聘制度的基本模式。统一规范就是要规范公开招聘的主要原则、制度框架、基本程序和基本要求，建立统一的制度。各级各类事业单位都要在制度内组织实施公开招聘。分类指导就是要充分尊重教科文卫体等不同行业，教学、科研、医疗、文化、社会服务、机关服务等不同类型事业单位的特点，充分尊重各类工作人员的专业特点，分类实施公开招聘，特别是考试考核的方式、考试考核的内容都应根据行业、专业及岗位特点确定。分级管理就是要按照事业单位分级管理体制，分层级管理事业单位公开招聘工作，分层级落实权限、落实分工、落实责任、落实组织实施、落实监督检查，真正做到权限清晰、分工明确、责任到人、监督到位。要切实转变政府职能，坚持政府宏观管理与落实单位用人自主权相结合，积极创新实现统一规范、分类指导、分级管理的有效办法。

第三，公开招聘要探索符合不同类型事业单位特点的具体方式。由于事业单位及其岗位、人员的多样性，公开招聘也应根据事业单位及其岗位、人员的特点，探索不同的具体方式，核心是把适合的人才在需要的时候选聘到合适的岗位上。这就要求我们对公开招聘的具体组织方式、招聘时间、选拔评价内容、选拔评价方法进行多方面探索和创新。一般来讲，考试是公开招聘的一种重要方式，但不是唯一方式。对于急需引进的高层次人才、紧缺人才，特别是具有高级职称的人员，公开的评审、答辩等直接考核的办法也许更恰当。考试也可以采取笔试、面试、说课、实际操作等多种方式进行，充分发挥各种方式在科学评价应聘人员适应特定岗位的能力和素质上的优势，全面、准确、公正地评价应聘人员。需要指出的是，那种不顾不同类型事业单位特点、不顾不同类型专业岗位需求，搞“一刀切”式的所谓“公共科目”笔试的办法是不可取的。我们不赞同对教学、医疗、科研、工程等专业技术岗位应聘人员统一进行所谓的“行政职业能力测试”，这不符合专业技术岗位的基本特征和要求，也不符合专业技术人员的特点和成长规律。

第四，明确人力资源社会保障部门在事业单位公开招聘中的地位和作用。人力资源社会保障部门是事业单位人事工作的政府综合管理部门，因此，也是事业单位公开招聘的综合管理部门。人力资源社会保障部门要按照中央的要求，切实转变职能，充分发挥好管制度建设、管指导规范、管监督检查、管招聘服务的职能作用，组织、协调、管理好本地区的公开招聘工作。一是要加快制度建设。根据6号令的要求，制定、完善公开招聘的基本政策规定，建立统一的公开招聘制度。同时要会同行业主管部门完善分行业的公开招聘办法，部署各事业单位制定公开招聘办法，形成完善的管理体系。二是要加强指导规范。分类指导各级各类事业单位公开招聘工作，严格招聘计划审核审批，严格招聘工作方案的备案审核，确保每次公开招聘工作的各个环节、各项程序、具体办法都符合基本制度要求，严格规范操作。三是要强化监督检查。作为综合管理部门，我们要切实发挥好督导员、裁判员的作用，主动深入基层，采取各种有效方式，加强对每次公开招聘工作的监督，及时发现问题，及时纠正问题，对违规操作，违法乱纪行为要严肃处理。四是要大力做好招考服务。事业单位公开招聘涉及报名、试题命制、考务组织、成绩评判等多个环节，技术性很强。人力资源社会保障部门都有专门的人事考试机构，有一支专业化的队伍。要牢固树立服务意识，发挥专业化优势，为各级各类事业单位公开招考搭建考试平台，提供高水平的专业化考试服务，或提供考务指导。

第五，公开招聘必须维护社会公平正义。公开招聘制度是一项关系公平正义的重要制度。事业单位工作人员是公职人员，对公职人员的招聘，社会公众具有知情权、参与权和监督权。因此，中央领导和全社会对这项工作高度关注。在事业单位公开招聘中出现的任何问题，特别是违法违规事件，都会对党和政府的工作造成严重影响。我们必须高度重视公开招聘工作的公平公正问题。公开招聘制度要通过完善的制度设计和信息公开、过程公开、结果公开，保障公平，维护正义。我们必须把维护公平正义的原则落实到公开招聘的各个环节，坚决杜绝“内部招聘”“人情招聘”、内定名单、设置歧视性条件、试题泄密、考场舞弊等各种违法违规事件，严格执行回避制度、保密制度、集体决策制度，坚决打击事业单位公开招聘中的各种腐败现象，严肃查处各种违法违纪行为，严肃处理有关责任人，确保公开招聘制度公平、公正。

三、加大力度，突出重点，推动事业单位公开招聘工作深入开展

事业单位公开招聘事关人民群众的切身利益，工作做好了就会为改革发展作出更大贡献，工作出了问题就会成为矛盾焦点。我们一定要以高度的责任感和使命感，全面推进公开招聘工作。当前和今后一个时期的工作思路是：以邓小平理论和“三个代表”重要思想为指导，深入贯彻落实科学发展观，按照深化干部人事制度改革和加强人才队伍建设的总体要求，坚持德才兼备、以德为先的用人标准，贯彻民主、公开、竞争、择优的原则，以公开公平公正为核心，以科学考试考核为载体，完善制度，创新方式，分类指导，规范管理，建立符合事业单位特点的选人用人机制，努力把各类优秀人才凝聚到事业单位中来。当前，要重点做好以下六个方面的工作：

（一）进一步扩大公开招聘范围

推行事业单位公开招聘制度，要做到大口径、全覆盖、重基层。一是“大口径”。事业单位新进人员，除国家政策性安置、按干部人事管理权限由上级任命及涉密岗位等确需使用其他方法选拔任用人员外，都要实行公开招聘。要确保公开招聘制度作为事业单位进人制度的权威性和严肃性，禁止以各种名义规避公开招聘要求。二是“全覆盖”。要加大推行工作力度，没有部署启动的地区和部门，要尽快建立制度。我们的目标是，到 2012 年，基本实现公开招聘制度在全国各级各类事业单位的全覆盖。三是“重基层”。今明两年，要重点做好县级以下事业单位公开招聘制度的建立和组织实施工作。要结合医疗卫生体制改革，加强对公立医院、乡镇卫生院以及城市社区卫生服务中心等医疗机构公开招聘工作的指导。

（二）认真落实“公开”这个关键

要紧紧抓住信息公开、过程公开、结果公开，全面落实公开原则。一是坚持信息公开发布。事业单位招聘人员信息，如招聘的岗位、招聘人员数量、应聘人员条件、招聘的办法、考试考核的时间等，要面向社会公开发布。二是拓宽信息发布渠道。除了在政府人力资源社会保障部门网站上免费公布之外，也可以在人力资源市场网站、招聘单位及主管部门网站或者其他媒体上公布。三是信息发布后不得擅自更改。要把住信息公告关，确保经核准、备案的招聘信息一经公布，严格执行，不得擅自更改。海南三亚小额贷款担保中心招聘事件，暴露了基层事业单位在具体组织实施中擅自更改招聘岗位条件的问题，引起了社会强烈反响，我们要吸取教训。四是确保招聘过程公开透明。要确保公开招聘过程中，及时公布资格审查、考试考核、面试等环节的进展情况，明确和细化相关要求。五是健全公示制度。拟聘人员应在招聘信息发布的范围内进行公示，更及时、在更广的范围接受社会监督。

（三）全面履行政府部门管理服务职责

政府人力资源社会保障部门要认真履行好公开招聘工作综合管理部门的职责，切实转变职能，将工作的重心放在培育良好的制度环境、确立严格的操作规范、建立有效的监督机制和提供专业化、高质量的服务上。要充分认识权利与义务对等，责任与风险共存。在各类公开招聘工作中，人力资源社会保障部门和有关部门、有关单位必须明确分工、明确任务、明确责任、明确要求，确保公开招聘顺利实施。人力资源社会保障部门要重点做好招聘计划的审核、审批和招聘方案的核准备案工作，加强对公开招聘工作全过程的监督。确需由人力资源社会保障部门直接组织的招聘考试，或提供考试平台服务，要严格规范实施，确保不出安全事故。事业单位主管部门也要切实履行对事业单位公开招聘工作的指导和管理职责。各地各部门要加快完善政策措施，尚未制定本地区本部门公开招聘实施办法的，要抓紧制定，在2011年3月份前出台。已经出台实施办法的，要分类细化要求，完善公开招聘组织工作规程。要根据事业单位公开招聘工作的实际需求，创新考试考核方法，充分发挥考试、人才等服务机构的优势，搭建考试考务服务平台，为不具备直接组织公开招聘条件的事业单位提供服务。要进一步落实事业单位在公开招聘新进工作人员中的自主权。

（四）大力加强对基层工作的指导

针对县级以下事业单位公开招聘制度推行进展相对缓慢、操作不规范，问题比较集中的现状，各地要突出工作重点，加大指导力度，推动基层事业单位公开招聘工作的全面开展和规范有序。要充分考虑县级以下事业单位数量大、规模小、较分散的实际情况，研究制定切实可行的政策措施，指导和规范公开招聘工作。省级人力资源社会保障部门要指导地市严格按照规定的监管职责，对县属事业单位招聘计划进行核准。要进一步加强对县级以下从事公开招聘工作人员和事业单位领导人员的培训，经常性地进行工作交流研讨，不断提高他们自觉执行政策的能力和水平，尽快使从事这项工作的每一位同志，都成为精通本职业务的行家里手。要通过宣讲政策，树立典型，及时纠错等措施，引导基层事业单位公开招聘工作快速健康发展。

（五）严格执行各项工作纪律

各地各部门要落实好公开招聘工作中有关公开制度、回避制度、考试保密制度等方面的各项规定。在公开发布的招聘信息中，要明确有关人员回避的要求，便于社会监督。对于违反回避规定的公开招聘行为，应当及时予以纠正，对相关人员作出处理，造成不良影响的，要及时启动问责机制。开展公开招聘时，应当设立并公布监督电话或信箱，受理有关投诉或者举报，并及时反馈调查处理情况。对新闻媒体反映的问题，要及时调查，妥善处理。要结合实际，探索完善加强监督检查的办法，严肃查处公开招聘工作中的违规进人行为。对于社会影响恶劣的案件要一查到底，绝不姑息。对于违反规定的事业单位和有关人员要按照规定予以严肃处理。

（六）切实加强组织领导

各级人力资源社会保障部门要充分认识公开招聘工作对于深化事业单位人事制度改革，加强事业单位工作人员队伍建设，促进事业单位整体发展的重要作用，切实加强组织领导，狠抓落实。分管这项工作的领导和有关同志要深入基层调查研究，切实为事业单位排忧解难。要大力加强与事业单位主管部门的协调力度，建立有效的配合协作机制，充分调动各方面的积极性，共同落实和完善好这项制度。要坚持正面宣传，重视网上舆情，主动引导舆论，畅通信息渠道，为公开招聘工作的开展营造良好的舆论氛围。要切实加强对突发性事件的舆情研判，持续跟踪、及时处置，第一时间发布权威消息，突发事件和重大舆情要及时上报同级党委政府和上级人力资源社会保障部门。

今年已经时间过半，事业单位人事制度改革的任务还很重，我们要按照中央的要求和部党组的部署，统筹抓好各项任务的落实。工作重点，一是要继续加快推行聘用制度。今年各地各部门要进一步加大力度、加快进度，继续扩大推行面，争取完成今年全国签订聘用合同人员比例达到90％的目标。在此基础上，探索不同行业、不同类型事业单位实行聘用合同制度的具体办法。二是要大力推进岗位设置管理实施工作。各地各部门要抓好岗位设置管理工作任务的落实，做到今年内全部市（地）级以上机关、40％的县级机关所属事业单位完成岗位设置。今年底，我们将开展实施情况调查，对各地完成情况进行通报。三是加快事业单位人事立法建设步伐。目前，我们正配合国务院法制办研究修改《事业单位人事管理条例》，将在近期面向社会公开征求意见，各地各部门要协助有关部门做好《条例》征求意见工作。

新时期新阶段，事业单位人事制度改革迎来了新的机遇，面临新的挑战，任务艰巨，责任重大。我们要以饱满的精神状态和扎实的工作作风，坚定信心，锐意进取，埋头苦干，以全面推进事业单位公开招聘工作的实际行动，推动事业单位人事制度改革的新发展！

扎实推进新形势下机关党建工作
为人力资源社会保障事业发展提供坚强保证

——人力资源社会保障部直属机关临时党委工作报告

何　宪

（2010年3月24日）

一、新部组建以来机关党建工作的回顾

部直属机关临时党委是于2008年新部组建后，经部党组同意，报中央国家机关工委批准成立的。自成立以来，在中央国家机关工委和部党组的正确领导下，直属机关临时党委和各级党组织坚持以邓小平理论和“三个代表”重要思想为指导，深入贯彻落实科学发展观，全面贯彻党的十七大和十七届三中、四中全会精神，以加强党的执政能力建设和先进性建设为重点，以新部组建和推动新部彻底融合为契机，围绕中心、服务大局，全面加强新形势下机关党的思想建设、组织建设、作风建设、制度建设和反腐倡廉建设，各级党组织的创造力、凝聚力和战斗力进一步增强，党员的先锋模范作用进一步发挥，为圆满完成人力资源社会保障各项工作任务提供了强有力的思想、政治和组织保证。

（一）深入抓好理论武装工作，加强党员干部思想政治建设。各级党组织按照党的理论创新每推进一步、理论武装就要跟进一步的要求，不断加强理论武装工作，有力促进了党员干部思想政治建设水平的提高。一是加强学习的组织领导。部党组高度重视理论武装工作，每次重要学习活动都及时做出指示、提出要求。部党组中心组紧密结合党和国家的工作重点，围绕人力资源社会保障中心工作，带头学习和讨论。部属各单位、外专局、公务员局党组织坚持把加强理论武装工作摆上重要位置，紧密结合单位实际，制订具体学习方案，做出周密安排，明确具体责任人，狠抓落实，取得明显的学习效果。部机关临时党委在抓理论武装工作中，注重突出重点，区分层次，加强对学习的督促检查，及时总结推广基层党组织在抓学习上的新成果和新经验，不断把学习引向深入。二是突出学习重点。按照中央国家机关工委和部党组的统一部署，积极引导各级党组织和广大党员干部深入学习中国特色社会主义理论体系，深入学习社会主义核心价值体系，深入学习党的十七届三中、四中全会精神，深入学习胡锦涛总书记在庆祝中国共产党成立88周年、纪念改革开放30周年、新中国成立60周年等大会上一系列重要讲话精神，不断提高广大党员干部思想政治素质和政策理论水平。三是坚持多措并举抓好学习。坚持集中学习与个人自学相结合、学习与研讨相结合的方

式；既有中心组学习、支部学习，又有个人自学；还组织了脱产培训、专题辅导、知识竞赛、参观考察，发放学习参考资料，充分利用报刊、网络、专栏等载体，增强学习的针对性和实效性，提高了学习效果。部机关临时党委还充分发挥直属机关党校作为培训处级党员干部主渠道、主阵地的作用，已举办 2 期处级党员干部党校培训班，培训处级干部 37 名。通过坚持不懈地抓理论武装工作，广大党员干部进一步增强了贯彻落实科学发展观的自觉性和坚定性，进一步加深了对党的基本理论、基本路线、基本方针和基本经验的理解认识，提高了政治理论素养，提升了服务科学发展、推进人力资源社会保障中心工作的能力和水平。

（二）扎实开展深入学习实践科学发展观活动，提高党员干部推动科学发展的能力和水平。按照中央的统一部署和要求，认真开展了深入学习实践科学发展观活动和整改落实后续工作，取得很好成效。一是认真做好学习实践活动的组织实施工作。在学习实践活动中，我们严格落实中央明确的“规定动作”，同时采取了一些结合实际的“自选动作”，扎实做好学习实践活动的组织与实施工作，取得了明显成效，受到了中央指导检查组的好评。在中央学习实践活动领导小组组织召开的第一批中央国家机关学习实践活动经验交流会上，我部作为会议 4 个发言单位之一，介绍了我部开展学习实践活动的经验和做法。在对学习实践活动满意度测评中，认为满意和比较满意的达到 98.65％。通过开展学习实践活动，切实达到了“党员干部受教育、科学发展上水平、人民群众得实惠”的预期目的。二是坚持把开展学习实践活动作为加强党的建设的重要契机。我们坚持把加强机关党的建设作为一项重要而紧迫的任务来抓，充分利用开展学习实践活动这个良好契机，积极引导各级党组织和广大党员干部进一步增强全局意识，牢固树立“一盘棋”思想，自觉服从大局、维护大局、服务于大局，积极营造心齐气顺、风正劲足、团结和谐、奋发向上的氛围，在加强理论武装、突出实践特色、贯彻群众路线、注重舆论引导、提高党员干部能力素质等方面，都取得很好成效，使机关党的思想、组织、作风、制度和反腐倡廉建设得到全面加强。三是切实巩固和发展好学习实践活动成果。学习实践科学发展观是当前和今后一个时期的重大政治任务，需要持之以恒、常抓不懈。我部学习实践活动结束后，部党组高度重视整改落实工作，多次召开会议听取汇报，研究部署整改落实工作，始终强调要坚持思想不松、工作不停、标准不降、力度不减，切实巩固和发展好学习实践活动成果。部机关临时党委加强工作指导，各单位狠抓落实，通过“回头看”活动，进一步增强了贯彻落实科学发展观的责任感和自觉性，进一步促进了人力资源社会保障中心工作任务的完成，进一步转变了发展思路和工作方式方法，进一步推动了部机关自身建设。

（三）大力加强党的基层组织建设，增强各级党组织的创造力、凝聚力和战斗力。各级党组织从巩固党的执政地位和保持党的先进性的战略高度出发，坚持把做好基层党组织建设作为加强机关党建工作的重要环节来抓。一是基层党组织得到及时建立健全。新部刚组建，部机关临时党委即下发了《关于抓紧做好基层党组织建设工作的通知》，部机关和公务员局各单位及时建立了党组织，进行了换届或委员增补，2 个事业单位新成立了党委。各单位党组织认真落实“一岗双责”的工作责任制，确保党建工作与业务工作两不误、两促进、两提高。二是基层党组织工作科学化和规范化水平得到有效提高。部机关临时党委结合新部组建实际，先后制定下发了我部《关于加强党员经常性教育的实施办法》《关于建立健全基层党建工作责任制的实施办法》《关于加强和改进流动党员服务管理的实施意见》和《基层党支部工作细则》等健全党建工作长效机制的文件，有力促进了基层党组织工作的制度化、规范化和科学化。三是基层党组织教育、管理与服务工作得到全面加强。各单位党组织严格党的组织生活，认真落实“三会一课”制度，不断创新形式，丰富内容，不断提高党员教育的针对性和实效性。认真做好党员发展工作，积极加强日常的培养、教育和考察工作。近两年来，先后举办入党积极分子培训班2期，对要求入党的92名积极分子进行了集中培训，发展新党员46名，预备党员转正55名，为党组织增添了新鲜血液。积极开展创先争优活动和民主评议党员活动，连续两年对民主评议出来的143名优秀共产党员进行表彰奖励，营造了学习先进、弘扬正气、积极向上的氛围，发挥了典型示范的效应。四是基层党组织的战斗堡垒作用和党员的先锋模范作用得到充分发挥。在2008年抗击严重低温雨雪冰冻灾害、抗击汶川特大地震灾害、服务北京奥运会等重大任务和突发事件中，部属各单位、外专局、公务员局党组织在部党组的正确领导下，坚决贯彻落实党中央的决策部署，全力以赴、精心组织、协同配合，为夺取抗震救灾全面胜利、圆满完成奥运会安全保障工作作出了积极贡献。在部党组的带领下，广大党员干部职工和离退休干部职工积极响应中央的号召，主动向灾区捐款195.3万元，交纳特殊党费219.71万元，捐赠衣被3 654件。特别是面对国际金融危机的严重冲击，各级党组织和广大党员干部认真贯彻落实中央的决策部署，把思想和行动统一到中央对经济形势的分析判断和对工作的总体部署上来，统一到部里的中心工作上来，及时制定了应对经济形势做好人力资源社会保障有关工作的10项措施；会同有关部门研究制定了减轻企业负担、稳定就业局势的5项措施、促进高校毕业生就业的8项措施、做好当前农民工工作的6项措施、做好当前就业工作的26项措施和稳定劳动关系的指导意见；建立了10省市就业快速调查制度，等等。这些为保持经济平稳较快发展作出了积极贡献，有力保障了中央和部党组重大决策部署的贯彻实施，在服务保增长、保民生、保稳定的工作大局中充分发挥了党组织和党员的积极作用。

（四）着力加强文明和谐机关建设，推进新部组建与彻底融合。新部组建伊始，部党组提出了“思想上达成共识、工作上形成合力、制度上形成统一、文化上形成风格”的要求。各级党组织认真贯彻落实“四个形成”的要求，紧密结合广大党员干部职工思想和工作实际，积极开展各项活动，采取有效措施，在加强文明和谐机关建设方面发挥了积极推动作用。一是认真做好思想政治工作。在新部组建期间，各级党组织按照部党组关于“思想不乱、工作不断、队伍不散”的要求，充分发挥思想政治优势，采取各种有效形式，及时了解掌握党员干部职工的思想状况，及时与大家开展谈心活动，沟通思想，交流感情，解疑释惑，有针对性地做好思想政治工作，确保机构改革期间各项工作平稳、有序进行；广大党员干部职工坚持从大局出发，正确处理局部利益与整体利益、眼前利益与长远利益、个人利益与集体利益的关系，坚决服从机构改革需要，体现出很强的党性原则和基本素质，为新部组建与融合作出了积极贡献。二是以人为本关心党员干部职工。各级党组织针对党员干部关心的重点、热点、难点问题以及存在的实际困难，注重把尊重人、关心人、教育人、帮助人贯穿到机关党建工作的始终，在做好深入细致思想政治工作的同时，坚持办实事、办好事，采取走访慰问等形式，积极帮助党员干部特别是困难党员、职工和离退休干部职工解决在工作和生活中遇到的实际困难，让受到帮助的同志切切实实感受到党组织的温暖。三是充分发挥群团组织作用。切实加强对工青妇等群团组织的领导，充分发挥群团组织的桥梁纽带作用，收到良好成效。及时健全了各级工会、共青团和妇女组织，举办了专兼职工会主席、团支部书记、妇委会干部培训班，积极为他们按照各自章程开展工作创造条件，不断丰富了党员干部职工的文化生活。在部机关临时党委的领导下，机关工会针对机关工作的特点，开展了一系列文体活动，并配合部机关临时党委组织了部2009年、2010年新春联欢会；共青团围绕纪念五四运动90周年和国庆60周年，精心组织“你在他乡还好吗”服务流动人口与农民工宣传活动，积极参加中央国家机关“依法治国”方队国庆群众游行；妇委会积极参加中央国家机关妇工委组织的“我与改革开放共成长”演讲比赛，举办妇女健康知识讲座等，群团组织的各项活动积极促进了新部融合和机关的团结和谐。近两年来，先后有2个司级单位和1名同志荣获中央国家机关“创建文明机关、做人民满意公务员”活动先进单位和先进个人；1个司级单位荣获中央国家机关“五一劳动奖状”，2名同志荣获“五一劳动奖章”；1个单位荣获首都“迎国庆、讲文明、树新风”活动先进单位和国庆60周年群众游行活动优秀组织单位。四是精心组织庆祝新中国成立60周年系列活动。根据中央关于庆祝新中国成立60周年工作安排和有关要求，坚持把开展庆祝新中国成立60周年系列活动作为党员干部政治生活中的一件大事来抓，部机关临时党委认真组织了包括演讲比赛、书法摄影展、征文、歌咏大会在内的庆祝新中国成立60周年系列活动。由于部党组高度重视，各单位积极参与，使整个活动开展得隆重热烈、喜庆祥和，鼓舞了士气，增进了团结，凝聚了力量，从而进一步激发了广大党员干部职工的爱国热情，展示了广大党员干部职工的良好状态和精神风貌，增强了广大干部职工做好本职工作的责任感和使命感，有力促进了文明和谐机关建设。

（五）牢固树立为民、务实、清廉的机关形象，推进机关作风建设和反腐倡廉建设。各级党组织始终把加强机关作风建设和反腐倡廉建设摆在突出的位置，坚持标本兼治、综合治理、惩防并举、注重预防的方针，扎实推进教育、制度、监督并重的惩治和预防腐败体系建设，不断提高机关作风建设和反腐倡廉建设工作水平。一是因势利导，加强教育。组织党员干部认真学习十七届中央纪委四次、五次全会精神和国务院廉政工作会议精神，积极开展理想信念、党性党风党纪、廉洁从政和艰苦奋斗教育。采取观看反腐倡廉教育专题片、讲廉政党课、推进廉政文化建设等形式加强廉政教育和警示教育。邀请最高人民检察院的同志作预防职务犯罪专题报告。举办纪检委员培训班，进一步提高了专兼职纪检干部的思想业务素质和履行纪检工作职责的能力、水平。组织党员干部参加《建立健全惩治和预防腐败体系2008—2012年工作规划》知识答题活动。为各单位党员干部购买发放《从政提醒》、廉政准则等学习资料。通过开展党风廉政宣传教育，进一步强化了广大党员干部遵纪守法和廉洁自律的意识，筑牢拒腐防变的思想防线。二是建章立制，完善制度。及时制定了《中共人力资源和社会保障部直属机关纪律检查委员会工作规则》，明确了机关临时纪委的职责任务和主要工作。积极配合驻部纪检组、监察局下发了《人力资源社会保障部党风廉政建设责任制实施办法》《领导干部定期汇报党风廉政情况暂行办法》等6项制度，对落实党风廉政建设责任制和定期汇报党风廉政建设情况作出了明确规定。指导有关单位对工程建设、资金分配、证书印制、招标投标等工作建章立制，防止腐败现象发生。三是加强监督，狠抓落实。与驻部纪检组、监察局一起听取部属54个司局单位的主要负责同志的廉政汇报，了解和掌握党员领导干部个人廉洁自律和单位党风廉政建设情况。按照部治理“小金库”工作领导小组安排，对有关单位进行抽查。按照职责分工，对我部副司级和处级干部竞争上岗、政府采购、医保药品目录调整等重点环节进行监督。扎实做好信访和查办案件工作，注意发现和解决苗头性、倾向性问题。配合驻部纪检组、监察局，及时将中央惩治预防腐败2008年至2012年《工作规划》及中央纪委2009年反腐倡廉工作任务《分工意见》涉及我部任务分解到相关司局，明确工作内容、目标要求、完成时限和落实措施。加强督促检查，对落实惩防体系建设任务进行抽查，指导有关单位从制度建设入手抓好各项工作的落实，有力推进了党风廉政建设工作的开展。

回顾两年来的机关党建工作，有许多经验和体会值得认真总结。概括起来，主要有以下几个方面：

一是做好机关党建工作，必须围绕中心、服务大局。围绕中心，服务大局，这是机关党建工作的大方向、大原则。各级党组织牢固树立“围绕中心抓党建、抓好党建促发展”的思想，坚持把机关党建工作与人力资源社会保障中心工作有机结合起来，切实做到机关党建工作与业务工作两手抓、两手硬。

二是做好机关党建工作，必须突出重点、统筹兼顾。两年来，各级党组织紧密结合实际，讲究工作方法，努力增强工作的计划性，注意处理好多与少、主与次、重与轻、急与缓的关系，坚持“规定动作”和“自选动作”相结合，紧密结合我部实际，统筹考虑，稳步推进，确保机关党建工作取得扎实的效果。

三是做好机关党建工作，必须以人为本、促进和谐。各级党组织始终坚持以人为本的理念，并将其融入机关党建工作之中，积极着眼于人的全面发展，及时了解和掌握广大党员干部职工的思想状况和实际要求等情况，努力将机关党组织的教育、管理、监督、服务等职能贯穿到各项业务工作的全过程，渗透到广大党员干部职工工作生活的各个方面。

四是做好机关党建工作，必须把握时机、争取主动。党建工作特别是思想政治工作需要根据形势和工作要求的变化，及时把握时机，积极主动，才能收到较好效果。在新部组建期间，在工作任务特别繁重的阶段，在有的干部职工产生思想波动的时候，各单位党组织不断增强工作的针对性，及时开展有效的思想政治工作，确保干部职工思想和队伍的稳定。

五是做好机关党建工作，必须与时俱进、开拓创新。各级党组织对机关党建工作中一些好的传统和做法结合新的实践予以丰富和发展，始终坚持在继承中求创新，在改革中求发展，在发展中求提高。同时，还根据新的形势和要求，积极探索机关党建工作的新途径、新办法，从而使新形势下机关党的建设在工作部署上有新思路，在工作内容上有新拓展，在工作方法上有新突破，在工作落实上有新成效。

回顾新部组建以来的工作，我们深感成绩来之不易，经验弥足珍贵。这是中央国家机关工委、部党组高度重视和正确领导的结果，是我部各级党组织、外专局、公务员局党组织积极支持、党务工作者努力工作、广大党员热情参与的结果。在此，我代表部直属机关临时党委，向所有关心、支持直属机关党建工作的各位领导和同志们，表示衷心的感谢和崇高的敬意！

在总结工作、肯定成绩的同时，我们也清醒地感到，我们的工作同党的十七大提出的以改革创新精神加强党的建设的要求相比，从完成日益繁重的人力资源社会保障工作任务的客观要求来看，还存在一些问题，需要进一步加强和改进。主要是：对基层党组织的分类指导做得还不够；有的单位思想政治工作还缺乏针对性和有效性；有的党员干部加强自身学习的自觉性还不够强；有的党员发挥先锋模范作用还不够明显等等。对此，我们要高度重视，在今后的工作中切实采取有力措施加以解决和改进。

二、对今后几年机关党建工作的建议

今后几年，是我们国家全面建设小康社会的关键时期，也是人力资源社会保障事业改革发展的重要时期。最近，中央先后召开了党的十七届四中全会、中央经济工作会议、十七届中央纪委五次全会等一系列重要会议，对党和国家各方面工作进行了部署，特别是党的十七届四中全会明确提出了加强和改进新形势下党的建设的总体要求、目标任务、重要举措，这对我们认真做好当前和今后一个时期机关党建工作具有十分重要的指导意义。我们一定要深入学习领会，紧密结合实际，认真抓好落实。

今后几年机关党建工作总体要求是：坚持以邓小平理论和“三个代表”重要思想为指导，深入贯彻落实科学发展观，按照党的十七大和十七届四中全会关于加强党的建设总体部署，以党的执政能力建设和先进性建设为主线，以建设为民、务实、清廉机关为目标，以加强机关党员干部党性锻炼和改进机关作风为重点，以开展讲党性、重品行、做表率活动为载体，牢牢把握服务中心、建设队伍两大根本任务，求真务实、开拓创新，发挥优势、积极作为，全面推进机关党的思想、组织、作风、制度和反腐倡廉建设，努力提高部直属机关党建工作科学化水平，为推动人力资源社会保障事业科学发展提供坚强的思想、政治和组织保证。按照这一总体思路，今后在做好经常性机关党建工作的同时，要着重做好以下五个方面的工作：

（一）坚持不懈地加强理论武装工作，着力提高学习型党组织建设水平。坚持不懈地抓好理论武装工作，是提高广大党员干部思想素质的必然要求，也是推进学习型党组织建设的现实需要。各单位党组织要把握理论武装重点，紧密结合人力资源社会保障工作实际，组织党员干部深入学习中国特色社会主义理论体系，坚定理想信念，牢固树立共产党人的核心价值观。要坚持不懈地抓好党的路线方针政策和形势任务教育，引导党员干部深刻理解和把握中央的重大决策部署。要加强和改进领导班子中心组学习，推动完善以党组中心组为龙头、局处级干部为重点、加强党员干部教育、党支部抓落实的理论武装格局。要大力发扬理论联系实际的优良学风，坚持把学习理论与解决工作中的重点、热点、难点问题相结合，在指导实践、推动工作上体现出学习成果来。要充分发挥机关党校理论教育主渠道作用，不断提高党校培训工作质量。这里特别需要指出的是，建设学习型党组织是当前和今后一个时期党建工作的重点。最近，中央和中央国家机关工委先后印发了《关于推进学习型党组织建设的意见》，对建设学习型党组织作出了全面部署。部机关党委也在结合我部实际，制定具体的实施办法。各单位党组织一定要充分认识建立学习型党组织的重要意义，建立健全学习制度，制订符合实际的学习计划，探索完善各种学习形式，结合工作和思想实际，开展专题学习、专题讲座、专题讨论。要努力营造良好的学习环境，形成浓厚的学习风气，不断提高党员干部的思想政治水平，切实把各级党组织建设成为学习型党组织，把各级领导班子建设成为学习型领导班子。

（二）坚持不懈地加强党员服务、教育、管理工作，不断增强基层党组织的生机与活力。党的基层组织是党执政的组织基础，担负着把党的路线方针政策落实到基层的重要责任。各单位党组织要突出加强党的执政能力建设和先进性建设这条主线，以建设学习型党组织为载体，着力提高基层党组织的学习能力、教育能力、创新能力、服务能力，不断强化学习功能，激发组织活力。要积极发扬党内民主，坚持和完善民主集中制，鼓励党员干部讲真话、实话、心里话，拓宽党员参与党内事务的渠道，充分发挥党员在党内生活中的主体作用。要认真贯彻落实好《中国共产党党和国家机关基层组织工作条例》，及时健全基层党组织，加强对党支部书记和支部委员的培训，提高党务干部抓党建、带队伍、促发展的意识和能力，不断提高机关党组织建设工作的制度化、规范化、科学化水平。要继续开展丰富多彩的文体活动，继续办好每年的春节联欢会，活跃机关文化生活。

（三）坚持不懈地加强作风建设和反腐倡廉建设，牢固树立为民、务实、清廉的机关形象。加强作风建设和反腐倡廉建设是机关党建工作的重要内容，必须常抓不懈。各单位党组织要按照《人力资源和社会保障部贯彻落实“建立健全惩治和预防腐败体系 2008—2012 年工作规划”的实施意见》要求，切实做到对党员干部严格要求、严格教育、严格管理、严格监督。要积极引导广大党员干部不断增强党的宗旨意识，特别是针对年轻党员干部的实际，着力加强党史教育、党的优良传统教育，增加实践锻炼，加深对人民群众的感情。要深入开展理想信念、党性党风党纪、廉洁从政和艰苦奋斗教育，加强廉政文化建设，通过正反两方面的典型案例教育广大党员干部正确对待自己手中的权力，形成浓厚的以廉为荣、以贪为耻的文化氛围。要深入开展“讲党性、重品行、作表率”活动，坚持把讲党性、重品行、作表率活动作为推进党建工作有效载体，与“创建文明和谐机关、争做人民满意公务员”活动有机结合起来，与创先争优活动有机结合起来，与推进学习型党组织建设结合起来，教育引导党员干部牢固树立群众观念，强化公仆意识，大兴密切联系群众、求真务实、艰苦奋斗、批评与自我批评之风，切实解决在思想作风、工作作风和党性修养方面存在的突出问题，通过活动的深入开展进一步树立良好的机关作风。要认真学习好、贯彻好中央刚刚印发的《中国共产党党员领导干部廉洁从政若干准则》，进一步建立健全风险防范机制，针对新形势下党员干部违纪违法的特点和规律，完善规章制度，努力形成反腐倡廉制度体系和权力运行监控机制。要强化监督检查，认真落实党风廉政建设责任制，把党内监督贯穿到各项工作中，与日常教育管理有机结合起来，拓宽监督渠道，创新监督手段，不断提高监督实效。

（四）坚持不懈地加强对机关党建工作的组织领导，切实落实好机关党建工作责任制。各单位党组织特别是主要负责同志，一定要充分认识做好机关党建工作的重要性，坚持“一岗双责”，努力做到党建工作与业务工作同研究、同部署、同检查、同落实、同总结。要进一步完善各单位主要负责人带头抓党建，其他班子成员主动协助抓，各处室具体抓，一级抓一级、层层抓落实的党建工作格局。要牢固树立“不抓党建就是失职、抓不好党建就是不称职”的理念，努力提高理论素养和党建工作水平，坚持统筹兼顾、合理安排，积极主动地把机关党建工作抓实抓好。部机关党委要做好沟通协调，继续加强与相关部门的密切配合，各负其责，齐抓共管，形成合力，共同把我部机关党的各项工作任务落实好。各单位党组织要牢固树立围绕中心抓党建、抓好党建促发展的理念，始终以保证和促进人力资源社会保障工作发展的成果作为衡量和检验机关党建工作成绩的主要指标，总结建立抓好党建与完成业务工作两者相互促进的具体办法和措施，切实落实好机关党建工作责任制。

（五）坚持不懈地加强对机关党建工作特点和规律的总结与探讨，努力推进新形势下机关党建工作创新发展。部属各单位、外专局、公务员局党组织要着眼实际需要和新的实践，不断研究新情况，解决新问题，对现行的工作制度及时进行补充、完善，把行之有效的工作经验和做法用制度的形式固定下来，使之规范化。要根据形势发展变化，广泛深入开展调查研究，深化对机关党建重大问题的思考，探索回答好机关党建如何“走在前头”、如何建设学习型党组织、如何发挥机关党组织在干部队伍建设中的作用等现实问题，不断形成规律性认识，更好地指导工作实践。要认真学习借鉴兄弟部门和地方有关省市机关党的建设的好经验好做法，不断提高机关党建工作的质量和效率。要善于运用新知识、新手段、新途径、新举措，不断改变传统的管理模式和工作方式，使机关党建工作更好地体现时代性、把握规律性、富有创造性。要引导、鼓励离退休党员干部积极开展符合自身特点的学习教育和文体活动，不断提高对离退休党员干部的服务工作水平。要及时发现和总结典型经验，充分发挥先进典型的示范、激励和感召作用。要充分发挥工青妇等群众组织的桥梁纽带作用，通过广泛的思想政治工作和多种形式的活动，不断提高机关党建工作的覆盖面和吸引力，真正把教育人、引导人、激励人的工作落到实处。要适时组织提高机关党的建设科学化水平学习研讨和经验交流活动，不断推进机关党建理论和实践创新。

各位代表、同志们，做好机关党建工作，关系重大、责任重大。让我们紧密团结在以胡锦涛同志为总书记的党中央周围，以邓小平理论和“三个代表”重要思想为指导，深入贯彻落实科学发展观，开拓进取、扎实工作，不断开创机关党建工作的新局面，为推进人力资源社会保障事业科学发展作出新的更大贡献！

在全国军队转业干部安置工作总结座谈会上的讲话

何　宪

（2010 年 3 月 30 日）

“两会”胜利闭幕不久，我们在南京召开全国军队转业干部安置工作总结座谈会，总结去年的军转工作，研究当前工作面临的形势和任务，这对于我们安排部署和做好今年的军队转业干部安置工作非常重要。

一、去年工作取得突出成效

2009 年是我国历史发展进程中非常重要的一年，也是军转工作取得突出成效的一年。在党中央、国务院、中央军委的亲切关怀和正确领导下，经过各级党委、政府和军队各级组织的共同努力，圆满完成了军转工作的各项任务，为促进经济社会发展和军队建设，促进社会稳定，作出了重要贡献。在此，我代表国务院军队转业干部安置工作小组，向奋战在军转工作一线的军队和地方的同志们，致以崇高的敬意！向关心、重视和支持军转工作的领导和同志们，表示衷心的感谢！

回顾去年工作，取得的成绩是显著的，具体表现在以下五个方面：

（一）第五次全国军转表彰大会圆满成功。第五次全国军转表彰大会的成功召开，是去年工作的突出亮点。2001 年以来，军转工作取得了明显成绩，特别是圆满完成了军队体制编制调整改革期间转业干部安置任务，确保了中央战略决策的顺利实现。为总结经验，表彰先进，在全社会进一步营造关心支持军转工作的良好氛围，推动军转工作改革发展，经中央批准，去年 6 月 2 日，第五次全国军转表彰大会在北京隆重召开，胡锦涛、温家宝、李长春、习近平、李克强等中央领导同志亲切接见了全体会议代表，习近平同志代表中央发表了重要讲话。近平同志在重要讲话中总结回顾了新中国成立以来特别是改革开放 30 多年来军转工作取得的显著成绩，高度概括了军转工作在长期实践中形成的“五个必须”的宝贵经验，深刻阐述了推进中国特色退役军官安置制度建设要牢牢把握“四个结合”的总体要求，对做好新世纪军转工作作出了全面部署，提出了新的更高的要求，为当前和今后一个时期军转工作改革发展指明了方向。这次会议是新中国成立以来规格最高、规模最大、影响最深的一次军转工作盛会，各级党委政府、各有关部门和军队各级组织做了大量扎实细致的工作，各省区市、副省级市、中央国家机关有关部门和军队各大单位、省军区（卫戍区、警备区）的领导参加了会议，张德江副总理、李继耐主任作了重要讲话，尹蔚民部长作了工作报告。会议表彰了158名模范军转干部、150个军转工作先进单位和155名先进军转工作者，李源潮同志亲自宣读了表彰决定。这次会议的胜利召开，极大地激励了各级党委政府和军队各级组织关心重视和切实做好军转工作的政治责任感和历史使命感；极大地激励了广大军转工作者投身军转事业、做好军转工作的热情；极大地激励了广大军转干部保持人民军队优良传统，在改革开放和社会主义现代化建设中再立新功的积极性和创造力。这次会议是军转工作发展历程中一个非常重要的里程碑，具有十分重要而深远的历史意义。我们今后一个时期的主要任务，就是要全面深入地贯彻落实好这次会议的部署要求，努力开创军转工作的新局面。

（二）计划分配军转干部安置任务顺利落实。2009年全国有4.2万名军队干部转业地方工作，其中计划分配3.7万，占安置总数的88%。各地区各部门和军队有关方面积极采取有效措施，确保了计划分配军转干部得到妥善安置。一是严格执行安置计划。各级党委、政府和各有关部门始终坚持政治任务观念不动摇，想方设法挖掘安置潜力，拓宽安置渠道，党政机关带头接收军转干部，中央和国家机关积极发挥表率作用，军队各级组织全力配合地方做好移交和接收工作，保证了安置任务顺利落实。宁夏实施“五项措施”和“八个公开”，率先完成了年度安置任务；北京采取“市区联动、交叉进行”的方式，落实安置计划进度明显加快；贵州对机构改革编制满员单位，采取先接收、后调整的办法保证安置计划落实。据统计，去年全国安置到党政机关和参公单位的占计划分配总数的79%，事业单位的占20%，企业的占1%；安置在直辖市、省会城市和计划单列市的占67%，1.02万名随调随迁配偶、子女得到了妥善安排。二是切实突出安置重点。各地区、各部门坚持把师团职干部作为接收安置工作的重点，采取使用空出的领导职位、增加非领导职数以及先进后出、带编分配等办法，确保了1万余名师团职干部得到妥善安排。广西实行优惠政策，引导符合进南宁、柳州、桂林安置的团职干部到其他中等城市工作；山东、山西采取允许超职数配备或增加非领导职数等办法安排团职干部；湖北坚持对服役时间长和贡献大的军转干部照顾安排，规定正团职和获二等功以上奖励的功臣模范可直接带编分配；四川和重庆继续实行照顾政策，对参加抗震救灾等重大任务中立功受奖的军转干部从优安置。去年，全国对3 700余名获战时三等功、平时二等功以上奖励的功臣模范和长期在艰苦边远地区工作以及从事飞行、舰艇等特殊岗位工作的军转干部，在安置去向、工作分配、职务安排等多方面给予了照顾。三是改进完善分配办法。认真贯彻胡锦涛总书记重要批示精神，会同有关部门对计划安置工作进行了深入研究，基本形成了改进工作的意见。各地进一步总结探索军转干部安置与其服役期间德才表现、贡献挂钩和考核选调、考试考核、双向选择相结合的分配办法。江苏进一步完善“量化考核、积分选岗”的分配办法，吉林实行按照接收岗位分类组织军转干部考试，河北、河南、云南在省直单位建立考试考核量化计分的新办法，安徽、浙江、江西、湖南等省以及青岛、济南、深圳、武汉、南京等市也结合实际积极推进分配办法改革工作，取得了明显成效，推动了公平公正公开的军转安置工作机制的建立。

（三）自主择业军转干部管理服务工作稳步推进。去年，全国共接收5 300名自主择业军转干部。自主择业安置方式实行9年来，全国共有102 540名军转干部选择自主择业，占同期军转干部总数的19.1%，占符合自主择业条件军转干部总数的43.1%。各地在以往工作的基础上，结合新的实际，大力加强管理服务的各项工作。一是日常管理服务工作取得新的进展。各地积极探索日常管理服务新路子，上海开展“五个必访”，将自主择业军转干部始终纳入组织视线；新疆制定自主择业军转干部异地管理办法，推进管理服务制度化规范化；青海、西藏等省市采取网站、手机短信、QQ即时通信等形式与异地就业生活人员建立联系、掌握情况；内蒙古和大连、长春等省市在社区建立自主择业军转干部党支部和管理服务站，日常管理服务工作得到较好落实。二是协助就业创业工作取得新的成效。各地加大就业创业扶持指导力度，逐步形成管理服务部门牵头、多方联动的就业创业扶持工作机制。有的省通过人才市场举办专场招聘会、就业推介会，为自主择业干部及时提供就业信息；有的省积极与用人单位联系沟通，与民营企业、民办高校建立长期合作，为自主择业干部就业牵线搭桥；有的省通过协助落实减免税收等优惠政策，鼓励扶持自主择业干部创办经济实体。甘肃召开全省自主择业军转干部就业创业事迹报告会，鼓励和引导自主择业干部积极就业创业；福建为到龙岩等4城市创业的自主择业干部给予1万元财政补贴扶持，这些措施都取得了较好的效果。全国自主择业军转干部平均就业率保持在78%左右。三是管理服务机构建设得到新的加强。各地继续加强自主择业管理服务机构建设，目前已有22个省区市建立了省级管理服务机构，199个地级市（区）建立了管理服务机构，670余名工作人员专职或兼职从事自主择业管理服务工作，管理服务工作体系得到进一步加强。同时，根据军队调整规范津贴补贴项目和移交地方安置的军队退休干部退休生活费调整的情况，去年还对自主择业军转干部退役金进行了第4次调整，人均月增加退役金1 090元，进一步完善了退役金正常调整机制。

（四）军转干部教育培训工作取得积极进展。去年是《关于加强和改进军队转业干部教育培训工作的意见》（国转联［2008］5号）下发实施的第一年。按照5号文件要求，军转教育培训工作着重在内容及学时规范、方式创新和渠道拓展上下工夫。一是结合实际制定贯彻措施。各省区市按照要求，因地制宜，普遍制定了贯彻落实5号文件精神的实施意见和细则，对推进教育培训工作创新发展作出了综合规划，20余个省区市已将贯彻落实措施上报备案。二是进一步规范计划分配军转干部培训。按照5号文件要求，会同相关单位研究拟定了军转培训大纲，对军转培训教材体系进行了规划论证，规范了计划分配军转干部培训内容。各地分层次开展全员适应性培训，军转干部适应性培训时间平均达到5天以上。加强专业培训的组织实施，上海、河南、重庆、广东、海南等省区市进一步规范和完善专业培训内容，开办了行政管理、电子政务、公共安全与突发事件处理等60多个专业培训课程，上岗前培训普遍增加到320学时以上。去年有3.56万名军转干部参加了上岗前培训，参训率达91%。三是积极开展自主择业军转干部个性化培训。依托清华大学继续教育学院，启动实施了自主择业军转干部网络培训试点工作，目前已有12个省区市参加试点，4 000多名自主择业军转干部在线学习。各地积极开展培训机构认证工作，长春、昆明等市筹措资金建立专门培训基地，黑龙江、辽宁、天津、陕西等省市举办物业管理、市场营销等多种就业培训班，北京联合新东方、用友软件等知名企业创建自主择业军转干部就业创业实训基地，等等，进一步提高了自主择业军转干部教育培训的针对性和有效性。

（五）部分企业军转干部解困和稳定工作成效显著。去年，重大活动多、敏感节点多，维护企业军转干部稳定的任务十分艰巨。各级党委、政府对解困工作高度重视，坚决贯彻中央的决策部署，在确保各项解困政策落实到位的基础上，进一步加大思想政治和宣传教育工作力度，进一步健全完善多部门协调配合、齐抓共管的工作机制，有力维护了企业军转干部总体稳定。

回顾去年的军转工作，有几个比较突出的新特点：

一是军转工作在全局工作中的地位进一步提高。军转工作是关系改革发展稳定大局的政治任务，只有站在维护党和国家工作全局、维护国防和军队建设大局的高度，把军转工作摆上突出位置，精心安排部署，才能确保中央关于军转安置工作的方针政策得到不折不扣地贯彻执行。去年，在经济发展最为困难，“保增长、保民生、保稳定”的任务十分紧迫繁重的情况下，党中央、国务院、中央军委仍然十分关心军转工作。去年6月，胡锦涛总书记等中央领导同志亲自接见了第五次全国军转表彰大会全体代表；去年一年，总书记对做好军转工作作出了3次批示，政治局常委作出了21次批示。各省区市党委政府坚持把军转工作纳入重要议事日程，主要领导同志亲自研究部署军转工作，出席本省区市军转表彰大会，接见会议代表，发表重要指示或作出专门批示，亲自协调解决军转工作中遇到的突出矛盾和问题。大家深切感受到，党中央的亲切关怀，各级党委政府和领导对军转工作的高度重视与支持，进一步提高了军转工作在全局工作中的地位，为做好军转工作提供了十分重要的政治和组织保证。

二是探索改进军转工作的力度进一步加大。新形势下，把军转工作同社会各项改革同步推进，有效缓解军转工作的突出矛盾和困难，是推动军转工作发展的必然要求。去年，各地结合实际，着力建立健全公平公正公开的安置机制，进一步改进分配办法，增强了工作的规范化和透明度，受到了中央的充分肯定和军转干部的普遍欢迎；着力配置好军转干部人才资源，进一步拓宽安置渠道，积极引导军转干部到中小城市和基层工作，逐步缓解大城市和党政机关的安置矛盾；着力提高军转干部胜任地方工作的能力，进一步改进培训方式和手段，探索了培训前移，实施了网络培训，开展了形式多样的个性化培训，增强了培训的针对性和有效性；着力规范和完善自主择业管理服务体系，加强机构建设，规范管理内容，增强服务能力，管理服务水平得到新的提高。探索改进取得的一项项成果，增强了大家克服困难做好工作的信心和勇气，推动了中国特色退役军官安置制度建设，推动了军转工作新的发展。

三是典型引导的作用进一步增强。树立和宣传军转工作的先进典型，加强正面引导，既是军转工作的重要内容，也是推动工作的重要手段。去年，我们宣传和表彰了一大批先进典型，这是军转工作历史上树立典型最多、范围最广、声势最大，也是效果最好的一年。我们树立的模范军转干部典型，主要突出了在基层和一线工作的军转干部；树立的先进单位典型，主要突出了落实政策好、完成任务好的接收单位；树立的先进个人典型，主要突出了热爱军转事业、认真履职尽责的一线工作同志。树立和宣传这三个方面的典型，极大地激发了广大军转干部、接收单位和军转工作者学先进、争先进、当先进的政治热情和工作积极性，也为更好地培养典型、更多地涌现典型创造了条件。典型示范引导工作的进一步加强，不仅扩大了军转工作的影响，也为我们进一步做好军转工作创造了有利环境和氛围。

总的来看，去年我们坚持政治任务观念、坚持以人为本理念、坚持统筹兼顾方法、坚持团结协作传统、坚持改革创新精神，在困难和压力都比较大的情况下，军转工作取得了明显成效，得到了各方面的充分肯定，成绩来之不易，经验弥足珍贵，值得进一步总结好、继承好、弘扬好。在肯定成绩的同时，我们也要清醒地看到工作中存在的一些矛盾和问题。计划分配方面，由于军转干部主要集中在大城市，大城市的党政机关安置矛盾比较突出，师团职干部安排职务也越来越困难；自主择业方面，管理服务工作还需要认真规范和改进，扶持就业创业工作也需要加强；教育培训方面，有的针对性和有效性还不是很强，有的自主择业军转干部的培训工作还很薄弱；解困维稳方面，有的工作还不够深入扎实，确保总体稳定的任务还很艰巨。此外，还存在有的地区工作部署较晚、工作进度较慢、安置周期过长等问题。对于这些矛盾和问题，我们要客观地认识和分析，有些需要通过我们的努力，认真改进和完善；有些需要适应国家和军队干部人事制度改革的要求，通过军地共同努力，逐步研究和解决。

二、今年工作的主要任务

今年是继续应对国际金融危机、保持经济平稳较快发展、加快转变经济发展方式的关键一年，是全面实现“十一五”规划目标、为“十二五”发展打好基础的重要一年。军转工作关系国家和军队建设大局，做好今年的军转工作，意义十分重大。

今年军转工作的总体要求是：以邓小平理论和“三个代表”重要思想为指导，深入贯彻科学发展观，认真落实第五次全国军转表彰大会精神，紧紧围绕“抓落实、促发展、保稳定”这条主线，以制定“十二五”规划为契机，以完善政策制度为重点，以加强能力建设为支撑，圆满完成今年的军转安置任务，努力推动军转工作创新发展，不断推进中国特色退役军官安置制度建设。

按照这个总体要求，初步考虑，今年我们要着重抓好以下几个方面的工作：

（一）抓落实，认真完成军队转业干部安置任务。一是做好计划分配军转干部安置工作。各地要积极克服困难，充分挖掘潜力，拓宽安置渠道，千方百计落实安置计划。要按照中央领导同志的指示精神和统一部署，研究改进计划分配军转干部安置工作，进一步完善措施、创新办法、规范程序、强化监督，树立重德才、重实绩的安置导向。要制定优惠政策措施，鼓励和引导军转干部到基层一线工作，促进军转干部人才资源的合理分布，确保今年军转安置任务圆满完成。二是做好自主择业军转干部管理服务工作。要加强规范化、制度化建设，进一步明确各级管理服务机构的职责和任务，规范管理服务工作的内容和标准，研究出台加强自主择业军转干部管理服务工作的指导意见。要有针对性地完善相关政策，指导各地根据中央文件精神完善相应的配套政策。要继续加大就业创业扶持指导力度，完善就业创业扶持工作机制，大力开发自主择业军转干部人才资源。三是做好军转干部教育培训工作。要着眼培训与安置的有机结合，进一步增强军转干部教育培训工作的针对性和有效性，提升军转干部适应地方工作的能力，促进接收安置工作。要加强组织引导，不断拓展自主择业军转干部个性化培训路子，提高自主择业军转干部就业创业能力。要加强教育培训工作经费的监管，会同相关部门研究出台经费管理使用办法。要继续开展网络课堂试点，进一步推动网络化教育培训工作。

（二）促发展，积极推进中国特色退役军官安置制度建设。在第五次全国军转表彰大会上，习近平同志指出，建设中国特色退役军官安置制度，是坚持和发展中国特色社会主义的一个重要组成部分。他强调要立足当前、着眼长远，积极稳妥推进中国特色退役军官安置制度建设，坚持把军转干部指令性安置同人才资源市场化配置更好地结合起来，坚持把军转安置制度改革同国家和军队相关制度改革更好地结合起来，坚持把服从服务国家经济社会发展需要同促进军队转业干部全面发展更好地结合起来，坚持把借鉴其他国家好的经验做法同立足我国国情军情更好地结合起来。我们要深入贯彻落实近平同志的指示精神，认真落实中央赋予我们的这样一项重要战略任务。在具体工作中，要注重以下两个方面：一方面，要正确把握改革创新的原则方向。改革创新军转工作，研究调整本地区军转安置的配套政策措施，一定要严格执行中央政策，坚持把有利于贯彻落实中央政策精神作为改进工作的出发点；一定要遵循中国特色社会主义市场机制下人才配置的基本规律，在指令性安置与市场化配置上寻找改进工作的结合点；一定要采取积极的改革方式和态度，在兴利除弊、推陈出新中把握改进工作的落脚点；一定要充分考虑军队和军转干部的承受能力，在保持政策的连续性与渐进性中把握改进工作的切入点；一定要立足自身实际和现有条件，在积极争取支持、主动解决矛盾中把握改进工作的着力点，使军转工作改革创新始终朝着正确的方向有序有力地推进。另一方面，要勇于探索大胆实践。军转工作改革创新的舞台在基层，成效在实践。

这方面，各地探索实践的热情和积极性一直很高，对于推进军转安置制度建设是非常有益的。我感到，当前探索实践的关键，是要找准主攻方向和切入点。要针对军队、地方干部队伍和人才队伍建设的实际需要，变“被动安置”为“主动配置”；要采取有效措施，实现军转干部在地域、行业“两个去向”上的合理分布和人才资源的优化配置；要从长远建设出发，建立促进军转教育培训与全国干部大培训有机融合和企业军转干部解困维稳的长效机制。要坚持自下而上的探索与自上而下的推进相结合，尊重基层的首创精神，鼓励从实际出发，积极探索，大胆实践，及时总结推广；要坚持改革探索与贯彻落实好现行政策并重，一手抓安置制度创新，一手抓政策制度执行，并在实践中不断完善。同时，要坚持把宣传思想工作贯穿于探索实践全过程，引导军转干部、接收单位积极支持和参与探索实践。

（三）保稳定，全力做好部分企业军转干部解困维稳工作。今年企业军转干部工作面临的形势仍然不容乐观，任务还很艰巨。要严格按照中央联席会议第十四次全体会议统一部署和有关要求，切实做到思想不松懈、力度不减弱、标准不降低、工作上水平。一是健全完善解困政策落实的措施办法。在对解困政策落实情况进行逐省、逐项梳理分析的基础上，认真研究解决政策落实过程中的突出矛盾和问题，不断完善相关措施办法，建立长效机制，保证企业军转干部收入随国家经济的发展逐步提高。二是不断巩固解困维稳工作机制。要健全完善多部门协调配合、齐抓共管的维稳工作机制，共同分析研判形势，共同部署开展工作，最大限度形成整体工作合力。同时，要进一步加强对重点地区工作的联合督导检查，充分发挥基层工作力量，确保将影响稳定的苗头隐患化解在初始阶段。三是切实发挥思想政治工作优势。要讲求思想政治工作的方式、方法，宣传党的政策，要旗帜鲜明，理直气壮。要注重总结典型经验，对工作成绩突出的地区和部门，对自觉维护大局稳定的企业军转干部，要予以肯定和宣传。同时，要通过多种方式，切实提高一线同志开展思想政治工作的能力和水平。

三、做好今年工作需要强调的几个问题

今年的军转工作任务仍然十分艰巨繁重。各级军转部门的同志要保持清醒的头脑，以更加奋发有为的精神和更加优良的作风，推动军转各项工作落到实处。

（一）要进一步提高认识。做好军转工作，是一项重要的政治任务。当前，国际国内形势发展错综复杂。从国际看，金融危机尚未明显减弱，外部环境不稳定、不确定因素依然较多，各种敌对势力针对我国的渗透破坏活动从未停止，这些都对国家安全发展构成了威胁；从国内看，我国继续处在经济社会发展的重要战略机遇期和社会矛盾凸显期，保持经济平稳较快发展，维护社会和谐稳定，加强国防和军队建设，有效应对多种安全威胁的任务艰巨繁重。我们要充分认清军转工作在党和国家工作全局中的重要地位，充分认清做好军转工作对国防军队建设和改革发展稳定的重要作用，进一步增强责任感、紧迫感和使命感，争取党委政府和领导更加重视军转工作，争取各部门各单位和社会各方面更加支持军转工作，切实加强领导，精心组织实施，认真落实责任，确保完成军转工作各项目标任务。

（二）要严格执行中央政策。落实好中央确定的各项安置政策规定，是做好工作的前提和重要保证。近年来，党中央、国务院、中央军委先后下发了［2001］3号、［2007］8号两个重要文件，有关部门出台了一系列配套政策，形成了较为完善的政策法规体系，这是做好军转工作的基本依据。我们要从维护中央政策法规的政治性、权威性、严肃性的高度，严格执行好每一项政策规定，切实解决好军转干部的安置去向、工作分配、职务安排、工资待遇、教育培训、社会保障以及家属子女安置等问题。要继续把师团职干部作为安置重点，安排好他们的工作和职务，照顾安排好功臣模范

和长期在艰苦边远地区、特殊岗位工作的军转干部。要继续动员各方面积极接收军转干部，为军转干部到地方工作创造更好的条件、提供更大的支持。要带着责任、带着感情做工作，充分认识到我们安排好一个军转干部，就是给地方改革发展稳定增添一份力量；安排好一个军转干部，就能对军队建设发展产生积极的影响。

（三）要采取措施克服困难。目前，军转工作面临不少现实矛盾和困难，解决好这些矛盾和困难，需要我们按照科学发展观的要求，结合实际，因地制宜，主动作为，力争取得突破。要重视军转工作公开透明的问题，认真改进移交、安置各个环节的工作，使信息更加公开，程序更加规范，工作更加透明，导向更加鲜明。上半年，我们将会同有关部门下发文件，提出改进计划安置工作的指导意见。要重视师团职干部安排难的问题，坚持以往好的做法，结合领导班子建设实际，对个人有意愿且符合任职条件的，可以在全省范围内统一调配和安排；继续采取空出领导职位、先进后出、带编分配、增加非领导职数等切实措施，安排好他们的工作和职务。对增加的非领导职数，也可以采取单列、专用等办法。要重视大城市和党政机关安置难的问题，进一步拓宽事业单位安置渠道，事业单位实行人事制度改革的，对接收的军转干部在订立聘用合同、人事档案管理等方面，要参照本单位同等条件人员制定切实的保障办法；要研究制定更加优惠的政策措施，引导军转干部到中小城市、乡镇等基层单位工作，到艰苦地方建功立业，促进军转干部人才资源的合理配置。要重视编制缺口的问题，把军转安置同机关自然减员、招录公务员等统筹考虑，在预留空编、正常增编、使用政法专项编等方面，想方设法予以解决。去年，宁夏采取使用25%的正常增编、10%的行政空编、20%的政法专项编，并要求安置到参公管理单位的军转干部不少于20%，较好地解决了安置军转干部所需编制的矛盾。宁夏虽然安置人数相对较少，但在解决编制缺口问题上使出了实招，值得各地学习借鉴。总之，只要我们正视矛盾困难，采取积极措施，想方设法解决，就一定能推动工作不断创新发展。

（四）要密切军地协作。军队和地方之间团结协作、密切配合、相互理解和支持，是多年来军转工作形成的好传统，也是做好军转工作的关键所在，我们要长期坚持。近年来，军队综合考虑干部队伍建设需要和地方接收安置工作实际，采取了压缩生长干部培养规模、实行非现役文职人员制度、加大退休安置力度等一系列措施，加强军队干部总量调控，减少了干部转业的人数，有效缓解了地方的安置压力。在安置过程中，部队各级组织牢固树立“一盘棋”思想，充分体谅地方的困难，坚持把协助地方党委政府落实安置任务作为重要职责，积极配合地方做了大量的工作，为确保军转干部思想稳定、确保移交安置平稳有序、确保安置任务顺利落实作出了贡献。地方的同志要主动加强与部队的沟通联系，认真听取部队同志的意见建议，安置工作中有问题一起研究、有困难一起克服，同心协力做好军转工作。

（五）要掌握好工作节点。按照时间节点开展工作，是军转工作的一个传统，也是军转工作的一个特殊要求。过去坚持得比较好，也形成了工作惯例。近几年，由于安置数量一直在较高位运行，地方工作任务和压力都比较重，有的地区出现了跨年度安置的问题。跨年度安置问题的发生，不仅影响了安置工作的正常秩序，增加了地方安置压力和成本，也给部队管理工作增加了难度。对于这个问题，我们要认真对待，明确职责，从部署工作、推进工作、落实工作的各个环节分析查找处理，研究提出解决的办法。全国军转安置计划下达后，各地要有一个工作时间表，对工作进度作出整体部署和安排，从本地区安置计划的编制、下达到执行、落实，明确各阶段工作的时间节点。这样，有利于进一步提高工作效率，切实解决好当前安置周期过长以及少数地区跨年度安置的问题。

（六）要加强自身建设。完成军转工作各项任务，队伍是保证。经过多年的实践锻炼，我们建设了一支政治意识强、大局观念好、工作作风过硬的军转工作队伍。面临新形势新任务，进一步加强队伍建设仍然十分必要。要加强学习，当前，最根本的就是要结合工作实际，加强理论学习，领会好第五次全国军转表彰大会精神，吃透军转工作政策规定。要进一步转变工作作风，牢固树立服务意识。要深入实际，调查研究，加强督促检查，及时发现问题、解决问题，不断增强执行力，确保安置任务的完成。要勤勉尽责，廉洁自律，防止和纠正不正之风。多年来，各级军转部门注重严格要求、严格管理、严格监督，发挥了较好的作用，今后要继续保持和发扬，在工作中坚持原则，公道处事、公正用权、公平待人，切实维护好军转工作队伍的良好形象。

同志们，推进军转工作改革发展使命光荣、责任重大。我们要以满腔的热情、创新的精神、务实的作风、扎实的工作，贯彻落实好中央的决策部署，千方百计把军队转业干部安排好，千方百计把军转工作各项任务完成好，为经济社会发展和国防军队建设作出新的更大的贡献！

坚持保基本、强基层、建机制
全面完成今年医改各项任务

胡晓义

（2010 年 6 月 24 日）

这次医疗保险工作专题座谈会的主要任务是，学习贯彻 2010 年全国深化医药卫生体制改革工作会议精神，总结交流医改一年多来的经验，进一步深入分析面临的形势，对今年人力资源社会保障系统承担的医改重点工作特别是医疗保险工作进行再动员再部署。

一、认真学习、深刻领会全国医改工作会议精神

今年是深化医药卫生体制改革承前启后、攻艰克难的关键一年，中央高度重视，周密部署。4 月初，国务院办公厅印发了《关于印发医药卫生体制五项重点改革 2010 年度主要工作安排的通知》（国办函［2010］67 号），明确了今年医改工作 16 项主要任务和 59 项工作指标。5 月中旬，中央组织部、国家行政学院等举办了深化医药卫生体制改革省部级干部专题研讨班。5 月 21 日，召开了 2010 年全国深化医药卫生体制改革工作会议，李克强副总理出席并作重要讲话；国务院医改办与各省市政府签署了目标任务责任书，这是中央和省市政府对人民群众的庄严承诺，体现了中央坚定不移地推进医改的信心和决心。

李克强副总理在讲话中全面总结了医改一年多来的进展和成效。在医疗保障方面，他特别提到了全民医保制度的建立，是中国历史上的第一次，这是对医疗保障制度改革的高度评价；对江苏等地改革医保支付方式、天津等地整合医保经办管理资源等做法，也作为经验予以充分肯定。李克强副总理指出，随着改革向纵深推进，综合性、复杂性进一步显现，面临一系列新的形势和挑战。在这种情况下，要适应现代化发展阶段的新要求，适应人民群众的新期待，进一步增强使命感和紧迫感，上下一心、迎难而上，坚定不移地把医改推向深入。在推进改革过程中，他强调一个重要原则就是“保基本、强基层、建机制”，今年各项改革都要围绕这个原则来展开。前一阶段，各地都已经对全国医改工作会议精神和李克强副总理的讲话进行了传达，部里最近专门印发了做好人社系统承担的医改工作任务的通知。下面，结合我自己的学习和今年的医疗保险工作，谈几点认识。

（一）立足“保基本”，扩大医保覆盖面，提高保障和服务水平。在去年着力扩大医疗保险覆盖面，提高公平性、可及性的基础上，今年医疗保险制度“保基本”的重点是提高保障水平和经办服务水平，让人民群众进一步切实

感受到医改的实惠。我理解“保基本”有3层意思：一是从国情出发，量力而行，低水平起步。医疗保障水平，无论是项目范围还是相关标准的确定，都要与经济发展水平相适应，与各级财力相适应。当前重点是解决人民群众的大病医疗负担问题。二是要做到制度的可持续，要汲取一些福利国家政府包揽过多、负担沉重、效率低下的教训，坚持医疗保险费用分担等基本原则，避免泛福利化倾向。三是尽力而为，有所行动。当前，随着财政收入增长，政府对医疗保障的投入不断增加；医疗保险基金运行平稳，有一定结余；技术支撑条件大大改善，经办服务能力逐步提高。因此，我们有能力、也有必要适当提高保障和服务水平，让老百姓感受到政府的态度和作为，增强对改革的信心。

围绕“保基本”，今年国务院对医疗保险制度建设提出了明确要求，主要有5项重点任务：一是进一步扩大覆盖面，城镇医保参保人数达到4.1亿人。这项任务已在5月底实现，但要抓住各级党委政府高度重视的有利时机继续推进，特别是利用好9月份学生开学这段时间，做好工作，将尽可能多的群众纳入医保范围。二是提高待遇水平。要充分利用居民医保政府补助标准提高至120元的契机，在60%的统筹地区建立城镇居民医保门诊统筹，居民医保政策范围内住院费用报销比例达到60%以上，封顶线提高到相应群体当地年收入的6倍以上。三是推行直接结算。今年80%的统筹地区要实现直接结算，解决群众反映突出的“垫支”和“跑腿”问题。要通过加强信息系统建设、建立预付金制度、提高统筹层次、探索区域协作机制等办法推进，确保完成这一目标。四是做好医保关系转移接续工作。7月1日医保关系转移接续工作将启动，各地要按照全国统一的经办规程的要求，抓紧时间做好准备，明确登记管理和转移接续的具体实施办法和流程，协调好部门间关系，保证平稳实施。五是配合国家基本药物制度实施。做好医保药品目录调整实施工作，目标是确保基本药物全部纳入医保报销范围，报销比例明显高于非基本药物。从目前情况看，各地乙类目录调整工作总体进展慢于预期，大多数省（区）完成调整工作，但也有少数省市工作进展较慢，要加快工作节奏。上述这些工作大部分都有量化指标，也纳入到各省签订的责任书中，是我们对国务院和广大参保人员的郑重承诺，各地务必确保完成任务。

（二）着力“强基层”，促进基层医疗卫生机构增强服务能力。加强基层医疗卫生服务能力，是这次医改解决“看病难、看病贵”问题的重要举措，将深刻影响卫生资源配置，引导群众的就医习惯，也将对医疗保险产生重大影响。我们要找准人社系统在“强基层”中的定位。从今年工作部署看，基层医疗卫生服务体系建设有3方面与医疗保险密切相关：一是加快社区服务机构建设，提高基层医疗卫生服务能力，有利于吸引更多群众在社区就医，降低整个社会的医疗服务成本。这改变了医疗保险的外部环境，要求医保与之形成互动，促进资源配置结构调整，主要是通过提高基层医疗机构报销比例，引导患者更多地到社区就医，以降低费用，方便群众。二是明确基层医疗机构的功能定位和服务模式，主要是与居民建立相对稳定的服务关系，提供基本药物、基本医疗和公共卫生服务，在健康管理、常见病多发病诊疗中发挥主体作用。这种稳定服务关系的建立，将对医疗保险门诊统筹付费方式的选择产生重大影响，有利于按人头付费、总额预付等的推行。我们要顺势而为。三是发展全科医生制度，探索建立全科医生（个人或团队）与居民建立服务契约关系。这将使医疗保险定点管理产生重大变革，将从某个单位的定点管理变为对自然人的管理，对医疗保险管理有重大影响。

我们是负责人力资源和社会保障综合管理的部门，除了医疗保险之外，也要做好基层医疗卫生机构的工资和人事管理等工作：一是落实绩效工资。各省份（除西藏外）要尽快将本省份公共卫生和基层医疗卫生事业单位实施绩效工资的意见报相关部门备案，确保年底前公共卫生事业单位和已实施基本药物制度的基层医疗卫生事业单位的绩效工资基本兑现到位。二是配合做好以全科医生为重点的基层医疗卫生队伍建设规划的启动实施工作。开展全科方向、专科方向住院医师规范化培训以及医疗卫生人才业务知识和专业技能培训。鼓励和引导医疗卫生人才到基层服务，健全基层医疗卫生人才使用机制。基层医疗卫生机构改革是一个大题目，触及很多深层次的体制机制问题，研究推进这项工作，一要坚持解放思想，实事求是；二要坚持实践第一，注重走群众路线；三要坚持重大改革先行试点，循序推开；只有这样，才能保证改革积极平稳有序的发展。

（三）突出“建机制”，推动医药卫生体系规范有效运转。深化医药卫生体制改革的关键在于机制转换，今年医改工作将机制建设放到了突出位置，四项改革重点都与医疗保险密切相关。一是完善基本药物招标采购机制。中央将这一机制作为药价控制的关键环节，如何完善招标采购操作和管理办法，将对基本医疗保险用药管理、谈判机制等产生重要影响。二是完善基层医疗卫生机构补偿机制。基层机构实行基本药物制度后，保障运行所必需的收支缺口原则上应由财政“兜底”解决，也可以探索医保购买服务等方式进行补充。各地要积极配合、大力支持基层医疗卫生机构改革，但一定要通过购买服务的方式，推动实现机制转换，不得用医保基金直接补助或变相补助医疗机构实行零差率后减少的收入。医疗保险购买服务要与医疗保险费用支付方式相结合，注意切断基层医疗机构药品费用与经济收入的直接联系。三是形成医院协作、运行和竞争机制。在公立医院改革方面，要充分发挥医疗保险对医疗服务的监督和制约作用，特别是要加快推进医疗保险付费制度改革，激励医院完善内部运行机制，自觉规范医疗行为。在医疗保险定点上，要做到公立和非公立医疗机构一视同仁，将符合条件、管理规范的非公立医疗机构纳入定点，促进各类医疗机构共同发展、有序竞争。四是医改资金筹措机制。近年来，政府对医疗保障的投入逐步加大，涉及解决历史遗留问题、居民参保补助、经办服务能力建设等方面。要按照中央要求，从长计议，逐步把筹资方式固定下来，形成可持续发展的长效机制。

在医疗保险管理方面，也要着力进行机制探索，如推行付费方式改革，选择部分病种开展按病种付费试点；探索经办机构与医药提供方建立谈判机制；探索城乡统筹的管理机制；探索委托商业保险机构经办医疗保险业务等。机制建设虽非量化的硬指标，但涉及医疗保险制度的长远建设，也是难点，各地要高度重视，有条件的地方要在认真研究基础上，因地制宜提出具体实施办法，并在实践中不断完善。

二、积极推进门诊统筹工作，提高医疗保障待遇水平

开展门诊统筹，将门诊常见病、多发病医疗费纳入支付范围，将使医疗保险制度发展更协调，保障功能更全面，有利于减轻人民群众医疗费用负担，扩大受益面，提高制度吸引力。去年部里印发了《关于开展城镇居民基本医疗保险门诊统筹的指导意见》（人社部发[2009] 66 号），不少地方进行了积极探索。到去年底，全国有 400 多个城市开展了门诊统筹工作，受益人群达 6 000 万人次，平均政策支付比例达 40%左右，成效初步显现，创造了一些经验，也反映出了一些问题。今年门诊统筹工作的基本要求，概括起来说就是“确保一个目标，依托两个平台，把握三个原则”。

（一）确保完成 60%的目标

城镇居民医保门诊统筹扩大到 60%的统筹地区，这是国务院交给我们的今年的硬任务，各级政府今年为民办实事的一项硬指标，必须保证完成。60%是对全国门诊统筹面上工作的总体要求，这个目标实现了，就为明年全面推开奠定了基础，从而有力地支撑医改 3 年让群众得实惠目标的实现，也可以为完善职工医保制度中的门诊政策创造经验、提供路径。

有条件的地区要确定更高的目标。

（二）注重依托社区和信息化两个平台

第一，依托社区卫生服务平台。开展门诊统筹工作，目的之一就是要实现基本医疗保险与基层医疗卫生服务、基本药物、基本公共卫生服务的结合，促进基层卫生服务平台和基本药物的使用，逐步控制并减少住院率和住院天数，合理调节卫生资源在住院和门诊之间的分配格局。但从部分地方情况看，搞了门诊统筹之后，基层医疗门诊量上来了，而大医院门诊量和住院天数仍然高位运行。造成这种情况的原因很多，医疗保险要在合理调节资源上发挥更加积极的作用。一是要建立参保人首诊定点选择制度。原则上先将普通疾病门诊统筹放在基层，凡是符合条件的基层医疗机构，都可以作为首诊医疗机构由参保人选择，并定期重新选择，以形成参保人“用脚投票”的机制，促进基层医疗机构竞争。二是要建立基层医疗机构服务质量评价制度和退出机制。医保机构是评价主体之一，更重要的是组织“利益攸关方”——参保人参与评价。对不能为参保人提供优质服务的医疗机构，要形成明确、科学、稳妥的退出程序。三是要推动建立双向转诊制度。要协调相关部门研究制订双向转诊规定和措施，力争做到有序上转、顺畅下转。但医保机构对双向转诊不可越俎代庖，在法律框架下，要找准自身定位，重引导，不强制；增推力，不增“关口”。一些地方已经在双向转诊方面进行了一些有益探索，如有些地方将大医院和基层医疗机构“打包”在一起让病人选择等。各地可以相互学习借鉴。

第二，依托信息系统平台。门诊医疗发生频率高、费用控制难。要加强信息系统建设，逐步将医疗保险信息网络延伸到基层医疗卫生机构，实现门诊就医数据及时上传，方便监控和反欺诈工作的开展，为直接结算提供技术支撑。要根据门诊医疗费用发生的特点，尽快研究开发信息系统的相应管理模块，提高信息系统实现自动监控和审核的能力。如果暂时做不到联网的地区，也要从计算机单机管理开始，做好数据的采集和存储。

（三）把握好三个基本原则

第一，惠及群众。医保政策制定部门和经办机构，没有自己的特殊利益，一切政策和举措的出发点和落脚点，都是使参保人利益最大化。门诊统筹也应以此为准则，具体体现在三个方面：一是门诊统筹的覆盖范围尽可能最大化，原则上应与居民医保一致，不宜再就某一类人群单独设计门诊统筹政策；但在一个时期，可以在普惠基础上，针对社会反映较大的一些疾病或治疗方案，提出一些特殊的计划。二是资金使用效率尽可能最大化，尽量减轻参保人负担。从今年起，居民医保将提高财政补贴标准，个人筹资标准也将适当提高。各地要认真测算，门诊统筹原则上不再单独筹资。三是在经办服务方面，要优化经办服务流程，针对参保居民首诊、转诊及急诊等就医行为，设计合理的门诊就医服务流程，实现直接结算，使群众方便最大化。

第二，循序渐进。门诊统筹必须遵循社会保险的基本规律，不能搞成免费福利制度。各地发展差异大，门诊统筹中不确定因素多，因此更要慎重稳妥，循序渐进。保障范围和水平要从严从低起步，今后随着经济发展水平、基金承受能力等逐步提高。有条件的地区可以一步到位，依托社区医疗机构，实现居民医保覆盖人群全部纳入，门诊常见病、多发病全部纳入；条件不成熟的地区，也可以先从群众反映负担较重的门诊大病、慢性病起步，拓宽统筹基金支付的门诊大病的病种范围，逐步摸索经验。要合理确定支付标准。门诊医疗有风险频率高、道德风险大等特点，起步阶段原则上要保留起付线、共付线和封顶线，以利于在制度建立初期控制支出风险；经过一段时间实践后，可以再逐步调整。

第三，统筹协调。门诊统筹处于医药卫生体制改革多个领域的交叉点上，必须处理好各方面的关系。主要是：当前和长远的关系，当前政策既要有效，又不能为今后完善政策设置障碍；住院、门诊大病和普通门诊的关系，要分清轻重缓急，分步实施，分类处理；要合理确定医疗服务范围，门诊统筹医疗服务范围要和已有的医疗保险医疗服务范围有关规定相衔接，起步阶段从严控制，如药品目录可以先从甲类药品起步；门诊统筹与医改相关工作的关系，要充分考虑基层卫生服务体系的发展、基本药物制度的实施、全科医生制度等方面的影响。

今年，部里选择了12个省14个城市作为居民医保门诊统筹重点联系城市，集中力量研究门诊统筹管理机制上的难点问题，探索建立保障有力、运转协调、机制健全、风险可控的门诊统筹办法。请相关各省和部里一起，共同做好指导工作，发挥这些城市的示范作用，进一步推动面上工作开展。

三、积极探索付费方式改革，完善医疗保险管理机制

（一）充分认识付费方式改革的重要意义

第一，付费方式改革是医改部署中的重要内容，直接涉及深化医药卫生体制改革的多个领域，是深化医药卫生体制改革的关键环节之一。中央医改文件明确要求积极探索基本医疗保险付费方式改革，提出“强化医疗保障对医疗服务的监控作用，完善支付制度，积极探索实行按人头付费、按病种付费、总额预付等方式，建立激励与奖惩并重的有效约束机制”。今年，“选择50种临床路径明确的病种进行按病种付费试点”和探索多种付费方式又列入国务院办公厅《医药卫生体制五项重点改革2010年度主要任务安排》。深化医药卫生体制改革中的诸多任务如公立医院运行机制的转变、加强公立医院服务监管、设立药事服务费、加强全科医生制度建设等都对基本医疗保险付费方式的改革提出了迫切要求。

第二，付费方式改革是基本医疗保障制度建设的内在要求，是基本医疗保险基金控制的实现途径，是加强医疗服务监管的重要抓手。付费方式与筹资机制，是基本医疗保险制度的基本内涵。在原始形态的医疗服务市场中，患者个人与医疗服务机构的信息是不对称的；建立医疗保险制度以后，医保机构作为参保人员利益的代表购买医疗服务，可以解决医疗机构信息垄断的问题。医保机构作为参保人员利益代表，通过设计合理的付费方式等途径，购买质量优良、价格合理的服务，使购买方也有了平等的话语权。医疗保险付费方式是基金支出控制的闸门，是医疗保险医疗服务管理中最直接的手段。不同的付费方式会对基金产生不同的影响，会对医疗机构形成不同的经济诱导并产生不同的医疗行为。国外近年来也在积极推进付费方式改革，德国从2002年开始的医疗保险制度改革，其核心内容之一就是付费方式改革，推行按疾病诊断相关组（DRGs）付费为主的付费方式。法国2004年以颁布《社会保障支付法》为标志，实施了大规模卫生机构支付方式的改革（T2A计划）。意大利国家医疗卫生服务系统先后于1992年和1999年进行了两次改革，分别以建立预付制（PPS）付费方式和实行多种预付制付费方式并存为重点，均是以医疗服务支付方式作为改革的核心内容。国外的经验表明，付费方式改革对医改进程的推动乃至其成败具有决定性作用。

第三，推进付费方式改革的时机成熟，迫切需要加快研究探索。随着全民医保制度的稳步推进和保障水平的持续提高，目前医疗保险已经覆盖了大部分人群，医疗保险基金的规模也越来越大。医疗保险基金已经占到城市公立医疗机构收入的一半以上，而且这个比例还在持续上升。基本医疗保险作为医疗卫生服务的购买方，团购优势和调节供方行为的杠杆作用日益增强，对加快完善探索付费方式改革提出了更为迫切的要求，全面推进付费方式改革的时机已经成熟。目前，医改正在快速推进，政府投入不断加大，医保基金支出规模不断增加，必须加快进行付费方式改革的研究，使增加的支出真正让人民群众受益。

（二）探索付费方式改革的基本取向

近年来，各地不同程度地开展了付费制度改革的探索，取得了初步成效，为控制医疗费

用不合理增长，引导医疗服务行为发挥了积极作用。从各地的实践并结合国际经验看，付费方式改革的趋势是由单一付费方式向多种付费方式组合的复合式付费方式发展。具体来说，就是在总结按项目付费经验基础上，探索按人头付费、按病种付费、总额预付等方式并存的复合式付费方式。

付费方式大体可以分为以按项目付费为代表的后付制和以按人头付费、按病种付费、总额预付为代表的预付制。后付制对医疗保险机构来说是一种被动付费制，是由医疗保险机构在费用发生后按医疗机构报送的所发生的医疗费用为基础向医疗机构进行支付。预付制对医疗保险机构来说是一种预算支付制，是由医疗保险机构在医疗服务活动开始之前就预先决定给医疗机构的补偿标准。从有利于充分满足医疗服务需求的角度，一般选择后付制；从有利于控制费用的角度，一般选择预付制。由于付费方式涉及医、患、保多个主体，任何一种医疗保险付费方式都有其优势和缺陷：按人头付费和总额预付最有利于费用控制，但可能出现医疗服务提供不足；按项目付费有利于满足患者的医疗需求，保证医疗服务质量，但容易造成医疗过度，费用失控；按单病种付费既有利于费用控制，又能保持适度医疗服务，但适用范围较窄，对医疗机构和经办机构的要求较高，管理难度大，成本高。付费方式选择的直接目的是既控制不合理费用，又满足患者的基本医疗需求。但任何一种付费方式都很难同时满足这两个目标。只有将多种支付方式结合起来，才能充分发挥长处，避免和限制其短处。因此，付费制度改革的基本取向是，从单一付费方式改为复合式付费方式，充分发挥预付制方式控制医疗费用的优势，并用其他后付制支付方式弥补医疗服务的不足，实现控制费用与保障服务的平衡。

（三）付费方式改革的基本原则

第一，坚持因地制宜，分类指导。任何一种付费方式都与一个地区的经济社会发展水平、医疗机构服务水平、经办管理能力等密切相关。因此，付费方式改革必须因地制宜，不能照抄照搬国际上或国内其他地区的经验；对各地付费方式改革的指导，也要区别情况，有针对性地进行。

第二，坚持以我为主，循序渐进。付费方式改革本质上属于基本医疗保险管理范畴，因此，改革付费方式要发挥医疗保险机构的主导作用。如在按病种付费试点中，病种的选择、结算标准的确定等，医疗保险管理部门要主动研究，加强经验和数据积累，充分利用自身的信息资源优势，发挥谈判机制的主动引导作用。付费方式改革不是一蹴而就的事，在改革试点过程中要把握方向和节奏，突出重点，逐步推开。

第三，坚持机制转换，政策与管理并重。要充分发挥医疗保险付费方式在引导和监管医疗服务行为上的机制效应，促进医院采取有效的措施适应改革，转换运行机制。要加强医疗服务质量管理，进一步细化和完善定点服务协议，既要以机制转换解决按项目付费条件下的多检查、多开药、开贵药的问题，也要防止其他付费方式下分解住院、分解处方或降低医疗服务质量的现象。积极探索建立与定点医疗机构的谈判机制，推行定点医疗机构信用等级制度，把定点医疗机构信用等级评定与质量保证金、医疗费用预付比例等挂钩。完善多种付费方式下的医疗服务及费用支出监控措施，加大对医疗机构骗保行为的打击力度。

四、对当前医药卫生体制改革中几个问题的思考

医药卫生体制改革是一场全面、系统的改革，随着改革向纵深推进，综合性、复杂性进一步显现，作为四大体系之一的医疗保障体系与其他领域改革的关系也越来越密切。我们要按照中央提出的目标、任务和要求，坚持“广覆盖、保基本、多层次、可持续”的原则，妥善处理医疗保险与其他各个系统的关系，合力推动改革深化。下面，我就当前医药卫生体制改革中的有关问题，通报一些情况，谈几点个

人思考。

（一）关于医疗保险城乡统筹。目前，我国城乡医疗保险制度分设、管理分离、资源分散的问题突出，给推进城乡统筹、实现社会公平、提高管理效率等带来了障碍。最近，全国人大、全国政协结合制订“十二五”规划，分别就这一问题进行了重点调研。从调研情况看，不少地方按照中央医改文件要求进行了积极探索。据初步统计，目前探索医疗保险城乡统筹的地区有天津、重庆和宁夏3个省级行政区、21个地级城市和103个县（区、市），呈现出由东部沿海地区向中西部地区发展，由中小城市向大城市发展，由个别城市向全省（区）发展的态势。根据“三定方案”规定，统筹城乡医疗保障体系建设是人社部门的职责所在，各地要积极研究和探索。在探索中应注意：一是明确方向，坚定信心。医疗保险城乡统筹符合中国经济社会发展趋势，中央有明确要求，社会各界有共识，制度、管理、组织等方面也具备整合的基础，可以说是势在必行。对此，我们要有充分的信心，坚持统筹城乡的方向不动摇。二是因地制宜，循序渐进。要从本地实际出发，选择适合本地特点的城乡统筹的路径，可以先从理顺管理体制入手，统一信息标准，整合经办资源，再逐步考虑制度框架的统一。当前，统一制度框架的重点是居民医保和新农合。职工医保与这两项制度在资金来源、筹资标准和缴费机制上有较大差别，整合要十分慎重。对城乡居民医保，在基本制度框架统一的前提下，可以采取“一制多档”的形式，允许城乡居民自由选择参保档次。三是加强指导，做好协调。对城乡统筹的医保体系的探索是实现社会公平、和谐的举措，是推进公共服务均等化的措施，符合科学发展观的要求。各省市要摒弃部门偏见，站在全局高度向政府汇报，加强与有关部门的协调，减少推进过程中的障碍。对实施城乡统筹管理整合的地区，要在移交前对新农合基金进行全面审计，了解基金的运行情况。对新农合一些行之有效的做法，要继续坚持，切实做到实行城乡统筹后人民群众医疗待遇不降低、看病报销更方便。“十二五”是我国医药卫生体制改革的关键时期，也是推进医疗保险城乡统筹的重要机遇期，各地要把医疗保险的城乡统筹纳入到“十二五”规划之中，明确实施步骤，努力在“十二五”期间基本实现城乡统筹的目标。

（二）关于基本医疗保障待遇水平。提高待遇水平是今年医疗保障工作的重点之一，国务院已经提出了具体要求，这是政府对人民群众的承诺，必须完成。在提高待遇水平过程中，要注意把握好几个原则：一是坚持“基本保障”原则。“基本保障”的核心是基金的承受能力问题，提高保障水平一定要与经济发展和基金承受能力相适应。出台每一项提高待遇的政策前，都要按照“以收定支，收支平衡”的原则进行认真研究和测算。二是明确保障的重点。当前，我国医疗保障的重点仍然要以“保大病”为主，要首先考虑提高大病、重病患者等重点人群的医疗保障待遇。提高保障水平，不仅是提高基金支付比例，也包括科学调整基本医疗服务包的范围，如适当扩大药品、诊疗项目等的支付范围等。三是统筹考虑职工和居民、城市和农村的保障水平。今后几年，侧重提高城乡居民医保的筹资和保障水平，职工医保住院病人报销水平要控制在75%左右，以缩小城乡和各种制度间的待遇差距。各地提高报销比例要适度，充分考虑福利的刚性和对周边地区的影响。职工医保统筹基金结余较多的地区，在达到国家规定的保障水平后，要首先考虑用结余的基金解决“双基数”、退休人员参保等问题；如果基金仍有较多结余，要下决心降低费率，以减轻企业负担，降低参保门槛。四是坚持分担机制，避免泛福利化倾向。坚决反对脱离国情实际的过高许诺，即使是有钱的地区，也不应打出“全民免费医疗”的旗号。国际国内的经验和相关研究表明，个人分担20%～30%的医疗费对于控制费用有效，也不会过多增加参保人员负担。在提高待遇过程中，既要保障基本医疗待遇，也要注意保持适当的共付比例。五是注意区分医疗保险与公共卫生的关系。近来，有人建议将预防保健、健康体检、戒烟、疫苗等费用纳入医保支付。我认为，这些措施从总体上有利于提高人民健康水平，降低社会医疗成本。但应明确划分公共卫生和医疗保险的责任，属于公共卫生范畴的费用应当由政府财政支出，而不能由单位与个人缴费为主的医疗保险基金来承担。

（三）关于将残疾人康复项目纳入医保支付范围。党中央、国务院对残疾人康复工作高度重视，《中共中央国务院关于促进残疾人事业发展的意见》（中发［2008］7号）要求逐步将符合规定的残疾人医疗康复项目纳入医疗保险支付范围。做好残疾人康复工作，对于恢复、改善和重建残疾人的身心功能，提高残疾人的生存质量，促进其重返社会，减轻社会负担等具有重要意义，也是社会文明、进步的表现。对医疗保险来说，将符合规定的康复项目纳入支付范围，有利于充分发挥基层社区作用，减少住院，控制医疗保险基金支出。下一步，我们要按照中央要求，积极稳妥推动将康复项目纳入医疗保险的工作。一是坚持基本保障。康复项目的选择以治疗性为主，从低水平起步，适当兼顾康复治疗的功能评定。二是坚持统筹城乡。各项社会保险康复项目范围要统筹考虑，注重城乡居民公平需求。同时要注重地方实际，国家规定基本的康复项目，各地根据实际条件可以有所补充。三是坚持综合平衡。以残疾人康复项目为突破，统筹考虑残疾人群体特殊需求与一般病患者群体需求之间在医保基本资源分配上的平衡关系，照顾好社会各群体的利益诉求。四是坚持科学决策。纳入基本医疗保险报销范围的康复项目要由专家评审决定，保证康复项目选择的科学性与权威性。五是坚持严格管理。确定纳入基本医疗保险报销范围的康复项目的同时，对其临床使用和基金支付提出管理要求。要做好与原有基本医疗保险医疗服务项目管理规定的衔接，既要有所突破，也不能产生冲突。部里近期将组织专家研究制定准入性康复项目目录，希望各地配合做好相关工作。

（四）关于药品价格相关问题。近来，有关药品价格等问题的报道较多。6月中旬有媒体披露，部分新进入国家医保目录的品种价格出现大幅上涨，在网络上形成热点。对此，国家发展改革委迅速作出反应，表示：对于进入国家医保目录前的药品突击涨价的行为，发展改革委将严格成本核查，属于不合理涨价的，定价时一律不予认可；对于进入目录后、政府定价前涨价的，将责令相关企业恢复原价。此外，最近反映招标采购问题的报道也较多，如基本药物全省招标后价格出现上涨等。对于这些问题，国务院有关部门正在认真进行研究。药品价格、招标采购等与医疗保险密切相关，我们虽然不是主管机构，但也要配合做好相关工作。一是要认真履行职责，积极配合发展改革、卫生等部门做好药品价格管理、招标采购等工作，保证工作的有序开展。二是依法行政，做好药品费用支付工作。要严格按照国家有关价格和招标采购的规定，做好目录内药品费用的支付工作，及时足额支付符合规定的药品费用。三是工作中注意发现问题，积极提出建议。药品价格对医疗保险基金支出水平影响重大，在医疗保险用药管理过程中，对于药品价格等问题要进行专门分析，注意从中发现问题，及时通报给药品价格和招标采购主管机构。

（五）关于委托商业保险经办医疗保险业务。中央医改文件要求“在确保基金安全和有效监管的前提下，积极提倡以政府购买医疗保障服务的方式，探索委托具有资质的商业保险机构经办各类医疗保障管理服务”。近年来，河南洛阳、广东湛江等地也开展了一些探索。在当前医疗保险经办机构人员、编制、经费严重不足的情况下，利用社会资源参与经办管理，有利于加强医疗保险管理，为人民群众提供更加方便的服务。对此，我们要统一思想，提高认识，鼓励各地积极探索委托管理。要注意把握好几个原则：一是积极稳妥，有序推进。委托管理是一项新机制，涉及基金安全、医疗服务管理、参保人员就医报销等多个方面，要坚持试点先行的原则，取得成熟经验后再逐步有序推开，切忌一哄而上。二是委托管理与规范补充保险同步进行。随着“封顶线”的逐步提高，各地要考虑逐步将大额医疗费用补助并入基本保险。今后，除公务员医疗补助外，社会保险经办机构原则上不再经办补充保险业务，人力资源社会保障部门主要负责补充保险政策制定和监管，统筹衔接好基本医保与商业健康保险的关系。三是在委托过程中要保证基金安全、保障参保人员的合法权益。社保机构是基金管理的主体，实行委托管理后仍然要承担基金管理者的责任。要注意加强监督管理，做到参保人员的待遇不受影响、就医结算更加方便。要杜绝出现商业保险公司从基金中牟利的现象发生。四是要明确委托的内容，重点是医疗服务监督和医疗费用审核。原则上涉及医疗保险基金管理、信息管理、医疗机构定点和结算等管理工作不得委托。

（六）关于加强医疗保险运行分析。2009年是新医改方案实施的第一年，我们对上年医保运行情况和政策实施效果进行了分析，总的判断是运行平稳、保障待遇稳步提高，具体表现：一是参保人数突破4亿，超额完成国务院医保扩面任务。二是基金支出增幅高于收入增幅13.4个百分点，统筹基金当期结存减少，累计结存可支付月数降低，基金使用效率提高。三是缓、减缴费近78亿元，减轻了企业负担，为应对金融危机发挥了作用。四是财政补助力度加大，解决了困扰多年的历史遗留问题。五是参保人员受益范围继续扩大，待遇水平稳中有升。但也发现了一些突出问题，特别是医疗费用支出增幅抬头的势头明显，如参保职工平均住院率为11.14%，比上年增长13.7%；三级医院次均住院费用10 252元，较上年增长8.1%。各地要根据当地实际，加强医疗保险运行分析，对医疗费用过快增长等事关重大、带有趋势性的问题要认真研究，拿出切实的解决办法。

医改已经进入关键时期，一方面长期积累的深层次矛盾已经显现，需要逐步解决；另一方面人民群众对医改有了新的更高的要求。让我们紧密团结在以胡锦涛同志为总书记的党中央周围，高举中国特色社会主义伟大旗帜，坚持以邓小平理论和“三个代表”重要思想为指导，深入贯彻落实科学发展观，坚定信心，勇于探索，迎难而上，扎实工作，确保完成党中央、国务院交给我们的医疗保险的各项任务，为推进中国特色医疗保障体系建设，早日实现为全体人民病有所医提供制度保障的目标作出新的更大贡献。

贯彻实施新《工伤保险条例》推动工伤保险事业新发展

——在全国学习贯彻新《工伤保险条例》动员部署视频会议上的讲话

胡晓义

（2010年12月21日）

《关于修改〈工伤保险条例〉的决定》已于2010年12月8日经国务院常务会议讨论并原则通过，自2011年1月1日开始实施。今天，我们召开电视电话会议，主要任务就是推动各地深入学习贯彻修改后的《工伤保险条例》(以下简称新《条例》)，部署条例实施前的准备工作。

一、充分认识新《条例》颁布实施的重要意义

自2004年1月1日《工伤保险条例》实施以来，在国务院的正确领导、各部门的大力支持和全系统的不懈努力下，工伤保险事业取得了显著进展，适应社会主义市场经济的新型工伤保险制度已经建立，集中体现在四个方面：一是参保人数大幅增加。截至2010年11月底，工伤保险参保人数达1.61亿人，比2003年年底的4 575万人增加了1.15亿人，增长了2.5倍。全面实施了“平安计划”，农民工参保人数达到6 276万人。二是基金规模成倍增长。2009年工伤保险基金总收入240亿元，比2003年的38亿元增长了5.31倍。到2009年年底，工伤保险基金累计结余400多亿元。三是享受待遇人数持续上升。从2004年到2009年，全国累计有1 000多万人次享受了工伤医疗待遇，有400多万人享受了工伤保险津贴、抚恤等待遇。积极推进解决老工伤历史遗留问题，已逐步将老工伤人员纳入工伤保险统筹管理。四是公共服务水平不断提高。普遍建立了工伤认定、劳动能力鉴定和待遇发放一条龙的服务体系。2004年至2009年，共为400多万人进行了工伤认定，受理了劳动能力伤残鉴定200多万人次，为工伤职工提供了较好的服务。在确保工伤职工待遇发放的同时，逐步推进了工伤预防和工伤康复试点工作。2008年以来积极应对四川特大地震等自然灾害，确保了灾区工伤职工的待遇发放。

工伤保险事业的发展，对保障职工的工伤权益，分散用人单位工伤风险，维护社会和谐稳定发挥了重要作用。但是，随着我国社会经济的快速发展，现行的工伤保险制度也逐步显现出了一些不足和欠缺，比如覆盖范围还不够

宽，保障水平还不够高，保障功能还不太全等，需要对《工伤保险条例》进行修订和完善。这次《工伤保险条例》的修订，对完善工伤保险制度，更好地保护广大职工的合法权益、促进构建社会主义和谐社会，都具有十分重要的意义。

（一）新《条例》的颁布实施，是深入贯彻落实以人为本的科学发展观的内在要求。党的十七届五中全会通过的《中共中央关于制定国民经济和社会发展第十二个五年规划的建议》明确要求，要更加注重保障和改善民生，对加快推进覆盖城乡居民的社会保障体系建设，扩大保障范围，提高保障标准都做出了全面部署。新《条例》正是按照中央“十二五”规划建议的要求，深入贯彻落实科学发展观，以为广大职工提供更好的基本公共服务为核心，对扩大工伤保险适用范围和工伤认定范围、增强参保强制性、提高工伤待遇水平、增加工伤预防费支出等方面内容都进行了修订和完善，做出了更全面、更科学、更具有可持续性的制度安排。这使工伤保险制度能够惠及更多的职业人群，使工伤职工的基本生活得到更好的保障，使广大职工能够分享改革发展的成果，充分体现了科学发展观的内在要求，体现了发展为了人民、发展依靠人民、发展成果由人民共享的以人为本的理念。新《条例》的颁布实施，必将更好地保护劳动者和用人单位的合法权益，必将进一步推动构建社会主义和谐社会，完全符合深入贯彻落实科学发展观的本质要求。

（二）新《条例》的颁布实施，是贯彻实施社会保险法的重要内容。社会保险法已于2010年10月28日颁布，自2011年7月1日起施行。社会保险法是新中国成立以来第一部社会保险制度的综合性法律，是一部着力保障和改善民生的重要法律。社会保险法确立了我国社会保险体系建设的总体框架、基本方针、基本原则和基本制度，其中对工伤保险做出了具体明确的规定，为工伤保险制度的完善和发展指明了方向。新《条例》是社会保险法颁布后第一部修订的配套法规，是贯彻实施社会保险法的具体体现，也是当前加强社会保障法制建设的又一件大事。新《条例》的颁布实施，使社会保险法中有关工伤保险方面的惠民政策更具有可操作性并提前得以落实，对推进社会保险法的贯彻实施具有重要的作用。

（三）新《条例》的颁布实施，是完善工伤保险制度的重大举措。从1988年地方出台工伤保险规定开始工伤保险改革试点，到1996年制订出台《企业职工工伤保险试行办法》，再到2004年《工伤保险条例》颁布实施，工伤保险立法层次不断上升，工伤保险制度不断完善。经过20多年的探索和努力，我们初步建立起了适应社会主义市场经济体制要求的工伤保险制度体系，在工伤认定、劳动能力鉴定、待遇标准和经办管理等方面都有了比较完整具体的规定。但是，目前我国的工伤保险制度还是以工伤补偿为主，工伤预防和工伤康复的政策规定相对较弱。作为工伤保险制度三大支柱之一的工伤预防，由于原《工伤保险条例》中未作明确的规定，其相关制度的建立和完善缺乏有效的法规支撑，一直只处于试点和探索之中。新《条例》在进一步完善待遇保障制度的基础上，明确了工伤预防费的使用规定，以法规形式确立了工伤预防工作在工伤保险制度中的地位。社会保险法和新《条例》对工伤康复费用支出也做出了更加明确的规定，使我国的工伤康复事业有了有力的法律支撑。社会保险法的出台，新《条例》的颁布实施，使工伤预防、工伤补偿和工伤康复三位一体的法律制度框架最终形成，从而使我国的工伤保险制度实现了由单纯的事后补偿向事前的积极预防的转变，由治疗性康复向以职业康复为核心、促进工伤职工回归社会的工伤康复的转变。这些重大的调整变化，构成了新的更高的起点，对推进工伤保险事业的科学发展具有非常重要的意义。

（四）新《条例》的颁布实施，是工伤保险事业发展的新机遇。目前，工伤保险事业的发展面临许多任务和挑战。工伤保险还未实现职业人群的全覆盖，科教文卫等事业单位的工作人员尚未纳入制度的保障范围，扩面任务依然任重道远。随着我国工业化、城镇化的加速，就业形式的多元化，工伤事故和职业病仍呈多发态势，如何做好工伤事故和职业病的预防和待遇保障工作，是工伤保险制度面临的艰巨任务。同时，如何坚持以人为本，按照中央推进公共服务均等化的要求，为广大工伤职工和用人单位提供更加优质的服务，也是工伤保险制度需要改革创新的重要内容。在这样一个新的历史发展阶段，新《条例》的颁布实施，完善了三位一体的制度框架，拓宽了工伤保险制度的发展空间，为工伤保险制度的进一步完善提供了新的机遇；填补了事业单位人员参保的制度空白，提高了参保的强制性，为工伤保险的参保扩面工作提供了新的机遇；出台了简化认定程序、方便单位和职工的新规定，为工伤保险工作进一步规范管理、便民利民、提高效率提供了新的机遇。我们要牢牢抓住这些机遇，不断推进工伤保险事业的发展。

二、正确理解和把握新《条例》的主要内容

《工伤保险条例》自2006年启动研究修订工作以来，历经四年多的时间。其间，2009年修订稿面向全社会广泛征求了意见，可以说修订后的新《条例》是社会各方面集体智慧的结晶，也是实践成果的总结提炼。新《条例》坚持以人为本，与社会保险法等法律制度衔接统一，在现行工伤保险制度的基础上，对制度适用范围、待遇水平、基金支出项目、工伤认定程序和范围等方面的规定进行了修订和完善。各级人力资源社会保障部门、社保经办机构和劳动能力鉴定机构，要加强学习和研究，准确把握这部法规的精神实质和主要内容，以下六个方面是新《条例》的“亮点”，应当着重领会和认真贯彻。

（一）扩大了工伤保险适用范围。新《条例》对制度适用范围进行了扩展，将工伤保险的适用范围扩大到了不参照公务员法管理的事业单位、社会团体，以及民办非企业单位、基金会、会计师事务所、律师事务所等组织，做到应保尽保。

（二）调整扩大了工伤认定范围。将认定范围从原来的上下班途中机动车事故伤害，扩大到非本人主要责任的交通事故以及城市轨道交通、客运轮渡和火车事故伤害，惠及了更多的职工群众，既体现了社会公平原则，也符合实践发展的需要。对上下班途中由于本人主要责任造成的交通事故伤害，如无证驾驶、驾驶无牌机动车、酒后驾车等导致的伤亡，因其具有相当的主观故意且社会危害性较大，所以不列在工伤认定范围之内。

（三）简化了工伤认定程序。新《条例》设置了工伤认定的简易处理程序，对于事实清楚、双方无争议的工伤认定申请的认定时限，由原来规定的60天缩短为15天，并取消了工伤认定争议处理中行政复议前置的规定，缩短了工伤认定时间。

（四）大幅度提高了工伤保险待遇。按照《国务院关于进一步加强企业安全生产工作的通知》（国发［2010］23号）的要求，新《条例》将因工死亡职工的一次性工亡补助金标准，从原来的48至60个月的统筹地区上年度职工月平均工资，提高至按上年度全国城镇居民人均可支配收入的20倍发放，比原标准增长了2倍多。同时对伤残职工的一次性伤残补助金做了调整，将一至四级、五至六级和七至十级伤残职工的一次性伤残补助金标准分别增加了3个月、2个月和1个月的本人工资。

（五）增加了基金支出项目。借鉴了国际经验和部分地区的实践做法，明确了将工伤预防的宣传、培训等费用纳入基金支付的规定，并且授权我部会同财政、卫生和安全生产监督管理等部门制定工伤预防费的提取比例、使用和管理办法。这为我们开展工伤预防工作提供了经费保障。将原由用人单位支付的工伤职工“住院伙食补助费”“统筹地区以外就医的交通食宿费”以及“终止或解除劳动关系时的一次性医疗补助金”，改由工伤保险基金统一支付。

这进一步规范统一了工伤职工的待遇标准，保证了工伤职工待遇的及时发放，同时减轻了参保用人单位的负担，有助于提高企业参加工伤保险的积极性。

（六）加大了强制力度。新《条例》增加了行政复议和行政诉讼期间不停止支付工伤职工治疗工伤的医疗费用的新规定，使工伤职工能够得到及时救治，也从制度上遏制少数用人单位恶意诉讼的企图。同时，社会保险法也对工伤待遇垫付问题进行了明确规定，使职工的工伤保险待遇能够尽快得以落实。新《条例》增加了对不参加工伤保险和拒不协助工伤认定调查核实的用人单位的行政处罚规定，提高了工伤保险的强制性。这些规定加大了工伤保险的强制力度，更好地保护了广大职工的工伤保险权益。

除了以上六个主要方面外，这次条例修订对方便用人单位参保、再次和复查鉴定期限等内容也作出了明确的规定。

三、切实做好新《条例》的贯彻实施工作

新《条例》于 2011 年 1 月 1 日就要正式实施，比社会保险法早了半年。实施前有大量的准备工作要做，时间紧、任务重。各级人力资源社会保障部门要结合部里对社会保险法的贯彻部署，进一步增强责任感和紧迫感，加强组织领导，认真履行职责，采取切实有力的措施，按照倒计时的方式统筹安排好新《条例》的贯彻实施工作。

（一）全面开展学习培训工作。要贯彻实施好新《条例》，首先就是要认真组织学习和培训，全面准确地领会和把握其精神实质，统一各方面的思想认识。通过学习培训，深刻认识新《条例》颁布实施的重要意义，增强工作的积极性、主动性。部里 12 月份集中举办 3 期社会保险法培训班，其中将专题讲解工伤保险相关内容。参加学习的同志回到地方，要马上成为“教师”，分级组织培训。部里明年初还将举办专题培训班，对省级和统筹地区人力资源社会保障部门负责工伤保险工作的同志进行培训，各地要积极参加。工伤保险工作专业性、政策性都很强，各级人力资源社会保障部门要制定周密的学习培训计划，抓紧开展新《条例》的学习培训工作，明年上半年要将本地区从事工伤保险工作的同志轮训一遍。单位领导特别是分管领导同志，要带头学习研究，工伤保险行政部门、经办机构、劳动能力鉴定机构等相关业务部门的每一位同志都要认真学习，深刻理解《工伤保险条例》修订的主要内容和精神实质，切实提高依法行政的能力和水平。

（二）广泛开展宣传普及工作。工伤保险涉及广大职工的切身利益，备受社会关注。各级人力资源社会保障部门要高度重视，把新《条例》的宣传作为当前宣传工作的重点之一来抓。部里将下发新《条例》宣传提纲，各地要按照统一要求，结合本地区实际情况，制订切实可行的宣传方案，做好新《条例》的宣传普及工作。工作中要将企事业单位职工和农民工作为宣传的重点人群。要充分利用广播、电视、报纸、杂志、网络等各种新闻媒体，采取群众喜闻乐见的宣传方式，深入到企业、街道和社区。12 月 30 日，部里将组织全国各地集中开展一次宣传活动，广泛宣传这次《工伤保险条例》修订的主要内容和重要意义，各地要因地制宜组织好这次集中宣传活动。通过宣传，提高广大劳动者依法维护自身合法权益的意识，增强用人单位遵法守法的自觉性，让全社会充分了解工伤保险制度的功能和主要内容，还要与相关医疗机构、司法机关等单位协调沟通好，为新《条例》的贯彻实施营造良好的社会氛围。

（三）抓紧修订完善配套政策法规。完善相关的配套法规和政策，是贯彻实施新《条例》的重要条件。部里已经着手开始了清理，拟尽快对《工伤认定办法》和《非法用工单位伤亡人员一次性赔偿办法》进行修订，并制定劳动能力鉴定管理等办法。做好这项工作，地方各级人力资源社会保障部门特别是省级人力资源社会保障部门，要对地方现行相关的法

规、规章和规范性文件进行全面清理，凡不符合社会保险法和新《条例》规定的，要抓紧修改或废止。在清理过程中，要充分考虑工伤保险政策稳定性、连续性和待遇刚性强的特点，妥善处理好新旧制度的衔接，实现政策的平稳过渡。对于各地实施条例的办法，以及条例授权地方制定的标准，如改由基金支付的一次性医疗补助金标准、住院伙食补助费用标准、统筹地区以外就医的交通食宿费用标准等，各地要抓紧研究制定和完善，尽早出台新的标准。

（四）确保从1月1日起新《条例》顺利实施。再过10天，新《条例》就要正式实施。按照依法行政原则，作为政府社会保险主管部门，必须严格执行新《条例》。特别要重视几个重点环节：一是覆盖面扩大后，要为新纳入人群提供参保登记服务；二是对工伤伤残职工执行新的待遇标准，一时无法准确确定的，也要先预支，并向相关人员做好说明解释工作；三是严格按程序认定工伤和处理争议；四是严格执行相关处罚措施。同时，还要认真测算基金收支情况，确保基金安全。我们预计落实新《条例》的各项待遇，基金支出会大增，部分统筹地区会动用一些结余，这是正常现象，但对风险要有预判、有数据、有措施。

（五）切实加强组织领导。贯彻实施好新《条例》，关键是要加强领导、落实责任。各级人力资源保障部门要把贯彻实施新《条例》工作作为当前的重要任务，切实加强组织领导。部里已经成立了贯彻实施新《条例》的领导小组，制订了贯彻实施工作方案。各省级人力资源社会保障部门也要建立相应领导协调机制，结合本地区实际制订具体工作方案，对新《条例》的学习培训、宣传和完善配套规章等都要明确任务、划分责任、提出要求。要加强对贯彻实施工作的指导、监督和检查，主动与财政、卫生、安监、机构编制等部门沟通，争取支持和配合，共同做好新《条例》的贯彻实施工作。要提高工作的预见性，采取有效措施，认真研究解决新《条例》实施中的新情况、新问题，把新《条例》的实施工作做好、做实。同时，各级人力资源社会保障部门要充分利用新《条例》颁布实施的有利条件，适应工伤保险新形势、新任务、新发展的需要，加强机构队伍建设，为工伤保险事业的持续健康发展奠定良好的基础。

工伤保险工作涉及广大职工的切身利益，任务艰巨，责任重大。我们要深入贯彻落实科学发展观，贯彻党的十七届五中全会和中央经济工作会议精神，齐心协力，开拓创新，扎实工作，全面贯彻实施新《条例》，推动工伤保险事业取得新发展。

加强配合　狠抓落实
全面实施促进就业的税收扶持政策

信长星

（2010 年 11 月 2 日）

一、冷静客观地看待就业工作面临的形势

今年以来，在党中央、国务院的正确领导下，经过各地区、各部门和社会各方面的共同努力，就业工作取得积极进展。1—9 月份，全国城镇新增就业 931 万人，下岗失业人员再就业 440 万人，就业困难人员就业 126 万人。三项主要指标的完成情况均好于去年，其中就业困难人员的就业人数达到同期历史最高水平。第三季度末，全国城镇登记失业率为 4.1%，比去年底下降了 0.2 个百分点，低于预期控制目标。高校毕业生和农民工就业形势稳定向好。就业局势的稳定，为应对金融危机、保障和改善民生、维护社会和谐稳定作出了重要贡献。

在看到成绩的同时，我们也应该清楚地看到，当前和今后一个时期，我国就业形势依然十分严峻，劳动者充分就业的需求与劳动力总量过大、素质不相适应的矛盾还十分突出，特别是还面临着转轨过程中失业人员再就业、青年就业和农村劳动力转移就业等多重就业压力相互叠加、相互交织的复杂局面，就业任务十分艰巨。而就业工作所面临的宏观经济形势更加复杂多变，不确定因素仍然较多。从国际看，国际金融危机的深层次影响尚未消除，特别是随着国际贸易摩擦增多、人民币升值压力加大，以及能源价格持续上涨，如何有效稳定企业用工、防止新的岗位流失，将是一个不得不长期面对的课题。从国内看，调整经济结构、淘汰落后产能、企业关闭破产和重组改制等，将不可避免地带来岗位流失，产生新的失业。这些都需要我们有所考虑，有所应对。

就业是民生之本，也是安国之策。促进充分就业是让更多人分享经济社会发展成果的重要途径，也是落实科学发展观、构建社会主义和谐社会的内在要求。党的十七届五中全会明确提出，坚持把保障和改善民生作为加快转变经济发展方式的根本出发点和落脚点，对促进就业提出了明确要求，强调要把解决高校毕业生、农村转移劳动力、城镇就业困难人员就业问题作为工作重点，实施更加积极的就业政策，大力发展劳动密集型产业、服务业和小型微型企业，多渠道开发就业岗位，鼓励自主创业，促进充分就业。胡锦涛总书记在 APEC 人力资源开发部长级会议上明确指出，应该把充分就业作为经济社会发展的优先目标，实施充分就业的发展战略。这些重要论述为进一步做好就业工作指明了方向，我们要深入学习领

会，进一步增强责任感和使命感，毫不动摇地把就业工作作为优先目标、头等大事和第一位的任务，毫不动摇地实施积极的就业政策，千方百计促进就业增长，努力保持就业局势的长期稳定。

二、全面把握促进就业税收扶持政策的内容和要义

运用税收政策来促进就业和扶持创业，一直是积极就业政策的一个重要支柱，是稳定就业和扩大就业的一项重要措施，深受广大企业和下岗失业人员的欢迎，效果十分显著。2003年至2008年，全国累计有680万下岗失业人员通过税收扶持政策实现了再就业。国务院领导对调整完善税收扶持政策高度重视，温家宝总理、李克强副总理、张德江副总理、刘延东国务委员都作出了重要批示，指出这是一项稳定和扩大就业的好政策，重点突出，十分必要及时，要求各部门做好宣传工作，抓好政策落实，支持就业工作，并要求在具体执行中尽量简化手续。领导同志的重要批示，既是对四部门前一阶段工作的肯定，更体现了对就业工作的高度重视，是对我们进一步做好工作的鼓励和鞭策。

近年来，促进就业的税收扶持政策一直将着力点放在两个方面：即帮扶就业困难人员就业和鼓励劳动者创业。新出台的税收扶持政策在继续突出这两大重点的基础上，顺应就业形势的新变化，进一步补充、完善、拓展了政策内容和对象范围，为应对后国际金融危机挑战，全面推进“十二五”时期的就业工作提供了更强有力的政策支撑。概括地讲，本轮政策有三个鲜明特点：

一是创业政策惠及面更广。促进以创业带动就业，这是党的十七大确定的一个重大发展战略。促进创业是劳动者实现就业、增加收入的重要途径，是扩大就业的不竭源泉和动力，是当前及今后一个时期我国就业工作的重中之重。为劳动者创业提供税收优惠，通过政府让利的方式，减轻劳动者的创业成本和经营压力，有助于帮助劳动者成功创业，有助于发挥以创业带动就业的倍增效应。这一轮鼓励创业的税收政策，将对象范围从国有企业下岗失业人员扩展到了应届高校毕业生、登记失业半年以上人员、零就业家庭和低保家庭人员，以及符合条件的进城务工农村劳动者，覆盖了当前就业工作的三大重点群体，进一步体现了政策的普惠性。

二是探索打破区域限制。由于管理手段和信息化水平跟不上，过去促进就业的税收扶持政策主要限定在本省范围内。为适应劳动者流动性日益增强的趋势，特别是为适应高校毕业生、农村进城务工劳动者跨地区就业创业的现实需要，本轮税收政策首次以创业地为基准，以失业登记为载体，打破了区域限制，进一步畅通了劳动者跨地区享受扶持政策的渠道，进一步体现了政策的公平性。

三是保持鼓励企业吸纳就业的政策力度不减。鼓励企业吸纳就业的定额税收减免政策原定执行到今年底。考虑到这项政策的实施有利于降低企业用工成本，鼓励企业更多地吸纳就业困难人员就业，增加他们的就业机会，提高他们的收入水平，同时也有利于有针对性地做好淘汰落后产能、节能减排以及地方国有企业改革中的职工安置和再就业工作，因此决定鼓励企业吸纳就业的税收扶持政策继续实施，且力度不减，这体现了政策的连续性。

总之，新一轮促进就业税收扶持政策，针对性强、含金量高、覆盖面广，意义十分重大。各级人力资源社会保障部门要深入学习领导同志的重要批示精神，全面把握政策内容，积极推进政策落实，充分发挥税收扶持政策促进就业的积极作用。

三、认真抓好促进就业税收扶持政策的落实

2011年是“十二五”规划的开局之年，也是实施新一轮税收扶持政策的第一年，做好政策实施的各项准备工作十分重要。现在距离政策实施仅有不到两个月的时间，还有大量的

工作要做，各级人力资源社会保障部门要进一步增强责任意识，切实履行部门职责，主动加强与有关部门的协调配合，精心做好各项准备，确保新一轮税收扶持政策顺利实施。

一要加快出台地方政策文件。各级人力资源社会保障部门要主动与财政、税务、教育等部门沟通联系，在当地政府的领导下，尽快研究确定本地区落实促进就业税收扶持政策的工作方案，明确任务分工，倒计时地安排好各项工作。要结合本地实际，细化政策规定，完善操作办法。同时要加强统计调查等基础工作，跟踪分析政策实施情况，及时解决政策落实中出现的新情况、新问题。

二要不断优化政策办理流程。各级人力资源社会保障部门要进一步增强服务意识，公开办事程序，明确办理时限，公示申请享受税收扶持政策的具体办法。有条件的地方要积极协调财政、税务等部门，固定时间、固定场所，形成“一站式”服务机制，建立落实税收扶持政策的“绿色通道”。

三要努力夯实政策实施基础。为加强政策衔接和落实，部里已下发了就业失业登记证管理办法。各级人力资源社会保障部门要按照文件规定，加快招标采购进度，加快印制政策凭证，细化政策实施各个环节的衔接，确保明年1月1日起企业和劳动者都能够凭证享受政策。要全面启动登记失业人员的凭证管理制度、劳动者就业失业状态的信息监测制度以及享受扶持政策的信息管理制度，力争在较短时间内打造出全国统一的就业信息监测平台，为劳动者跨地区享受扶持政策提供便利。

四要大力开展政策宣传工作。就业政策关系人民群众的切身利益，社会关注度高，政策性强。各级人力资源社会保障部门要高度重视宣传工作，积极会同有关部门采取多种宣传方式和途径，大力宣传党和政府的决策部署，宣传税收扶持政策的主要内容、享受的条件、程序和办法，让劳动者充分了解政策，运用政策。

五要全面推进各项就业政策的贯彻落实。各级人力资源社会保障部门要以启动实施税收扶持政策为抓手，结合高校毕业生就业服务周、再就业援助月等专项活动，以及创业型城市创建等重点工作，全方位落实促进劳动者创业、鼓励企业吸纳就业、帮扶就业困难人员就业等各项积极的就业政策。同时，要进一步完善公共就业服务体系，提高公共就业服务水平，努力为城乡劳动者提供免费、均等、高效的公共就业服务。

最后，我想借此机会，代表人力资源社会保障部向长期以来关心支持就业工作并作出积极努力的财政、税务、教育系统的同志们表示衷心的感谢！希望各地区、各有关部门认真学习领会这次会议特别是三部门领导同志的重要讲话精神，抓紧做好政策实施工作：一是抓紧时间向当地党委政府分管领导和就业工作联席会议做好汇报，对贯彻落实工作作出具体安排，明确任务，明确责任，明确时限，明确要求，在当地党委政府的领导下，积极主动会同联席会议各成员单位做好各项准备工作。二是在各自系统内认真组织好学习传达和贯彻落实，切实做到工作计划安排到位，政策研究制订到位，工作责任落实到位。三是加强部门间协调配合，加大政策完善和工作推动力度，结合本地实际，及时制定政策文件和操作实施办法，大力开展政策宣传工作。同时，密切跟踪政策实施情况，对工作中发现的问题共同研究，及时解决。

希望各级人力资源社会保障部门要进一步加强与各有关部门的配合，凝聚工作合力，共同抓好落实，努力把就业这件事关保障和改善民生的头等大事抓好抓实，为实现“十二五”时期经济社会发展目标任务作出新的贡献。

以改革创新精神推进创业型城市创建工作

信长星

（2010年12月7日）

这次全国创建创业型城市工作绩效考评会议的主要任务是：总结交流创业型城市创建工作经验，研究部署下一阶段的创建工作，推动创建工作有声有色扎实开展。

一、准确判断当前和今后一个时期的就业形势

今年以来，按照党中央、国务院的部署和要求，各地区、各部门认真实施扩大就业的发展战略和更加积极的就业政策，将就业作为保障和改善民生的头等大事，以解决高校毕业生、农村转移劳动力、城镇就业困难人员就业问题为重点，着力加大就业岗位开发和政策扶持力度，着力加强公共就业人才服务，着力提升劳动者就业能力，着力推进以创业带动就业，有针对性地采取了一系列政策措施，取得了明显成效，较好地完成了就业工作的各项目标任务，保持了就业局势的稳定。据统计，今年1—10月份，全国城镇新增就业1 024万人，完成全年目标任务900万人的114%；下岗失业人员再就业479万人，完成全年目标任务500万人的96%；就业困难人员就业138万人，完成全年目标任务100万人的138%。截止到三季度末，全国城镇登记失业率为4.1%，低于控制目标。在经济形势十分复杂、就业工作难度很大的背景下，取得这样的成绩是来之不易的，得益于党中央、国务院的正确领导和各地各部门的共同努力，得益于经济平稳较快发展对就业的强力拉动，得益于更加积极的就业政策效力的充分发挥，同时也得益于我们各级人力资源社会保障部门特别是就业工作战线同志们的艰苦努力、辛勤工作和真情付出。

在肯定成绩以提高工作信心的同时，我们更要充分认识就业工作面临的新形势、新问题，以不断增强工作的责任感和紧迫感。必须看到，当前及今后一个时期，我国就业形势依然十分严峻，就业压力依然很大，就业任务依然十分繁重。得出这种判断的依据在于：

第一，我国劳动力供大于求的总量压力依然很大。“十二五”时期，我国人口将达到13.7亿人，劳动年龄人口增长仍处在高峰期，城镇需就业的劳动力年均2 500万人，比“十一五”多100万人。综合考虑继续保持经济平稳较快增长、城镇化加速、服务业加快发展等有利因素，以及出口增速趋缓、结构调整产生新的失业等不利因素，假定经过努力每年城镇新增就业岗位能继续保持在900万个，再加上补充自然减员，年均也只能提供1 200万个就业机会，劳动力供求缺口仍多达1 300万人左右。

第二，青年就业、农村劳动力转移就业和

失业人员再就业三大群体就业问题依然突出。“十二五”期间，以大学生为主体的青年就业问题十分突出，高校毕业生数量不断增加，年均规模为 667 万人，加上往届未就业的毕业生，每年总量超过 800 万人。农村劳动力转移就业压力仍然很大，农业富余劳动力目前仍有 1 亿多。每年结转的城镇登记失业人员 1 000 万人，解决历史遗留的下岗失业问题和结构调整中新的失业问题工作难度将进一步加大。

第三，就业的结构性矛盾更加尖锐。“十二五”时期是全面建设小康社会的关键时期，是深化改革开放、加快转变经济发展方式的攻坚时期。这一时期经济社会发展的主题是科学发展，主线是加快转变经济发展方式。加快转变经济发展方式的主攻方向是推进经济结构战略性调整，这就对实现社会就业更加充分的目标提出了新的更高的要求，其中一个比较突出的问题，就是如何在应对就业总量压力的同时，逐步化解过去长期存在、经济结构战略性调整中会更加凸显的就业结构性矛盾。一方面，劳动力技能素质与产业结构优化升级、转变发展方式不相适应的矛盾更加突出。尤其是随着技术进步的加快和产业转型升级，技能人才短缺问题将愈加突出。另一方面，在中西部地区、贫困地区、资源枯竭城市、少数民族地区，仍将面临城镇就业难问题。同时值得关注的是，用工短缺问题也有从东部沿海地区向内地蔓延的趋势，技术工人和一线普工双短缺已经成为人力资源市场中的一个突出问题。春季农民工招工难与秋季大学生就业难、部分企业“招工难”与求职者“就业难”同时并存，表明我国就业的结构性矛盾正在变得更加复杂。

第四，“十二五”前期，我国就业仍将处于后金融危机的影响中。世界经济复苏的基础仍然薄弱，我国外需在短期内恐怕难以恢复到以往水平。贸易保护主义明显抬头，欧美等发达国家为了缓解本国就业压力，采取了许多贸易保护主义措施，并对我人民币升值施加巨大压力，将对我国外贸企业造成重大影响，对我国就业也增加较多变数。这一切也使得“十二五”期间解决我国的就业问题更加具有不确定性。

总之，我们要冷静看待就业工作面临的严峻形势，充分估计今后一个时期就业的总量压力和结构性矛盾，综合考虑未来扩大就业的有利因素和不利因素，增强工作的预见性，增强做好工作的责任感和使命感。按照党的十七届五中全会对就业工作提出的新要求，全面加强“十二五”时期的就业工作，毫不动摇地继续把就业工作作为优先目标、头等大事和第一位的任务，毫不动摇地实施更加积极的就业政策，继续将解决高校毕业生、农村转移劳动力、城镇就业困难人员就业问题作为工作重点，充分发挥市场机制在人力资源配置中的基础性作用，多渠道开发就业岗位，大力加强职业培训和就业服务工作，大力推动以创业带动就业，不断扩大就业规模，优化就业结构，提高就业质量，努力保持就业局势的稳定。

二、充分认识以创业带动就业的重要意义

创业是最重要的经济活动。创业的过程就是一个发现机会、整合资源的过程，就是一个促进科技转化、机制创新的过程，就是一个创造社会财富、增加就业机会、满足人类自身物质文化需求的过程。

发现、培养和激发人的创新创业能力，是人力资源开发最重要的任务。实现到 2020 年全面建设小康社会的宏伟蓝图，一项重要的指标就是实现社会就业更加充分。这是一项艰巨而繁重的任务。实现社会就业更加充分，至少应该包括四个方面内容：一是人力资源得到比较充分的开发和利用，人力资源优势得到充分发挥，这是实现社会就业更加充分的出发点。二是就业机制比较完善，就业渠道畅通，劳动者自主择业、自主创业的环境良好，这是实现社会就业更加充分的条件。三是使有劳动能力和就业愿望的劳动者都能得到就业机会或处于积极准备就业的状态，失业率控制在社会可承受的水平，这是实现社会就业更加充分的标志。四是大多数劳动者实现就业且比较稳定，

并通过不断提高就业质量持续地增加收入，这是实现社会就业更加充分的结果。实现社会就业更加充分，迫切需要不断开拓就业渠道，培育就业新的增长点，其中一个重要方面就是通过创业带动更多的劳动者就业。

创业之于就业，其意义至少有三个方面：一是创业是扩大就业的“主发动机”。创业是劳动者自筹资金、自找项目、自主经营、自担风险创造就业岗位来带动就业的过程，最具有内生动力，最具有拉动力，也最具有潜力。如果说，就业是民生之本，那么，创业则是就业之源，是拉动就业的不竭动力。二是创业对就业具有倍增效应。统计表明，在我国1人创业平均可以带动3人就业。同时，创业还具有增强劳动者抵御风险能力的效应，有利于分散大规模失业风险。即使遇到金融危机这样大的冲击，劳动者也可以通过自身努力抵御风险，寻找新的生存和发展机会，而不会坐等求靠在政府身上。这一点，在过去两年我国应对国际金融危机中已被充分证明。三是创业有利于促进就业格局的改善。如果创业的人越来越多，创业带动就业的人越来越多，创办的企业实体越来越多，人力资源市场的活力就会大大增强，市场就业的机制就会越来越健全，就业格局也就会随之发生深刻变化。

创业也是建设创新型国家的内在要求。我国现在已成为一个制造业大国，但还不是强国，其原因就在于我们自主创新的品牌和核心技术都非常少。我们最缺少的就是创新，最需要迎头赶上的就是创新。中央提出要建设创新型国家，这是一个重大战略决策，是一项长期的战略目标。建设创新型国家，就要提高自主创新能力，进一步营造鼓励创新的环境，努力造就世界一流科学家和科技领军人才，注重培养一线的创新人才，使全社会创新智慧竞相迸发，各方面创新人才大量涌现。促进以创业带动就业，创建创业型城市，是与建设创新型国家，建设创新型城市的目标相一致的，核心就在于充分调动各方面积极因素，构造一种创新的环境和氛围，激发起全社会的创造活力，让有利于创业的思想活跃起来，使劳动者的创业激情迸发出来，把各领域的创业潜能挖掘出来，更好地服务于建设创新型国家这样一个目标。

总之，我们要充分认识创业的重大意义，按照中央的要求，把促进以创业带动就业作为扩大就业的一个战略重点，摆在更加重要的位置来加以推动，不断强化创业带动就业的各项工作。

三、认真总结各地创建创业型城市的工作经验

2008年9月，国务院印发了促进以创业带动就业工作指导意见。两年来，各地按照国务院的部署和要求，立足当地实际，积极探索创新，相继出台了一系列政策措施，做了大量卓有成效的开创性工作，特别是在完善创业政策措施、健全创业服务平台、探索创业项目制度、开展各类创业推进活动等方面，工作扎实有效，为营造创业氛围，改善创业环境，开拓创业带动就业工作新局面，鼓励更多劳动者创业和带动更多劳动者就业发挥了重要作用。

部党组和尹蔚民部长对这项工作高度重视，多次专题研究，作出安排部署。前不久，尹部长在河南省委报送的新乡市以创业带动就业的一篇调查报告上批示：对创建创业型城市做得好的地方，可通过简报予以交流，以推动这项工作有声有色扎实开展。这次会议就是对尹部长批示的贯彻落实。按照国务院要求，2009年1月，我部会同各省区确定在85个城市开展全国创业型城市的创建工作，去年3月我部召开各创建城市市长参加的专门会议进行部署，去年11月我部又会同中组部专门举办市长研讨班进行推动。两年来，各创建城市开拓进取、勇于创新，工作开展得有声有色，创造了许多好的经验，充分体现了排头兵作用。按照创建工作总体安排，今年上半年我们会同各省区对各创建城市五大体系建设情况进行了中期考评。从考评结果看，绝大多数创建城市较好地完成了五大体系建设任务，各项创业扶

持政策得到了较好落实，创业培训、创业服务覆盖到各类人群，每年新创企业数量及其带动就业人数都有大幅度增加。

在组织领导体系建设方面，一是加强了对创建工作的组织领导。普遍成立了以市政府领导为组长、政府有关部门和工青妇等社会团体参加的创建创业型城市工作领导小组，并将创业工作纳入社会经济发展规划。二是明确了创建目标任务。各创建城市都制订了创建工作方案，明确了工作目标及实施步骤，制定了工作措施，并将任务分解至各成员单位，明确创建工作责任，为合力推进创建工作打下了坚实基础。三是形成了鼓励创业的社会舆论氛围。各创建城市通过举办各类创业论坛、创业大赛、创业沙龙等主题活动，表彰和树立典型，大力弘扬创业精神，营造了一种支持创业、鼓励创业、崇尚创业的社会舆论氛围。

在政策扶持体系建设方面，各创建城市积极落实促进以创业带动就业的各项政策措施，进一步加大创业扶持力度，在市场准入、行政管理、税费减免、小额担保贷款、场地安排、财政资金补贴等方面出台了一系列更加优惠的扶持政策，是五大体系建设中力度最大、亮点最多、最具创新性的工作。一是清理了阻碍创业的各种壁垒，进一步降低创业准入门槛，将法律、法规未禁止的行业和领域向各类创业主体开放，实行非禁即入。一些城市允许出资设立1人有限责任公司；有的城市建立企业预备期登记制度，对在申请设立非公司制企业过程中一般条件欠缺，一年内能够完善的筹备企业，先行核发营业执照。二是清理和规范了涉及创业的行政审批事项，开辟了创业的“绿色通道”。有的城市实现“三个缩减 30%”，即保留的行政审批事项至少缩减 30%，投资创业项目审批事项至少缩减 30%，单项审批时限至少缩减 30%，取得较好效果。三是积极推动金融产品和服务创新。许多城市设立了创业投资引导基金，成立由政府引导基金参股、多家企业共同投资的创业投资有限公司，为处于初创期及发展期的中小企业搭建融资平台。尤为值得肯定的是，绝大多数城市小额担保贷款工作出现前所未有的好局面，贷款人数和发放额成倍增加。据统计，截止到今年二季度末，85 个创建城市累计受理贷款申请 72.4 万笔，累计发放 65.3 万笔，累计发放贷款总金额为 288.4 亿元，扶持自主创业总人数为 68.4 万人，带动就业总人数为 238.4 万人。一些城市还进一步扩大了小额担保贷款覆盖范围，分别提高了对个人、合伙经营、劳动密集型小企业的贷款额度。对确因生产经营需要且还款信誉良好的创业人员，实行二次贷款。四是大部分城市实行了有利于创业的税收和费用减免政策。一些城市取消 100 多项行政事业性收费和几十项涉农收费项目，对返乡创办企业实施一系列优惠政策。五是各创建城市积极利用各类产业园区、闲置厂房、专业化市场等建立创业园、创业孵化基地，对创业人员提供场地租金补贴。许多城市都为创业者免费提供场地。六是部分省区以及创建城市建立了创业发展资金。内蒙古自治区要求设立自治区、盟市、旗县（市、区）三级创业发展资金，列入财政预算专项安排。不少城市由财政出资安排创业专项资金，用于创业培训、创业服务、创业项目推介、创业场地补贴等。这些政策措施，为推动创建工作开展发挥了关键作用。

在创业培训体系建设方面，一是创业培训范围进一步扩大，大部分城市将有创业愿望和培训需求的城乡劳动者全部纳入创业培训对象范围，实现创业培训全覆盖。越来越多的省份将普通高校毕业学年有意愿参加创业培训的学生纳入公共创业培训范围，在高校和技校建立了创业培训点。二是更加注重提高创业培训质量。许多城市出台了创业培训课程技术参考标准、创业培训质量管理办法、创业培训教学质量管理实施细则等，对创业培训过程进行监督管理，极大提高了创业培训合格率。有的城市通过业绩介绍、素质测评和课堂试讲等环节，率先启动了创业培训师资选评工作。三是探索创业培训新模式。有的城市建立了网上创业培训学院，充分发挥互联网和现代教育技术优势。许多城市引入多种创业实训技术，开展创业实训。

在创业服务体系建设方面，对多数省区和创建城市来讲，创业服务体系建设是一项新的工作任务。两年来这项工作进展很快，不少地方创造性地采取了许多新的做法。一是进一步完善创业指导服务组织。绝大多数城市成立了创业指导服务中心，其中大部分城市成立了市、县（区）两级创业指导服务中心，部分城市成立了市、县（区）、乡镇（街道）、村（社区）四级创业指导服务中心。有的城市还成立了创业促进会、创业者协会。二是创业服务队伍建设进一步加强，普遍建立了创业服务人员队伍。在创业指导服务机构配备工作人员，并建立由企业家、创业成功人士、专家学者及政府工作人员共同组成的创业服务专家队伍。有的城市在各县（区）创业服务中心、乡镇（街道）创业服务所和村（社区）创业服务站均配备了专职工作人员。三是创业服务内容和形式更具针对性，针对不同人群通过不同形式组织开展了项目开发、方案设计、风险评估、开业指导、融资服务、跟踪扶持等“一条龙”创业服务。一些城市建立了创业网站，绝大部分城市都建立了创业项目库并与我部完成了链接。许多城市开辟了公共创业服务网和创业服务热线，提供政策咨询、信息查询等多项服务，打造多渠道、便捷化的服务平台。

在工作考核体系建设方面，普遍建立了创业带动就业统计指标体系和统计制度，把创业带动就业的主要工作指标纳入就业工作目标责任制度。有的城市将创建工作目标任务确定为民生工程目标任务，纳入全市就业工作考核体系。一些城市把创业带动就业的主要工作列入对各区、市直各部门年度目标任务考核内容，把创建工作的各项任务纳入了政府年度绩效考核内容，成员单位把创建工作作为一把手责任并与市长签订了工作目标责任书，列入督办问责事项。

总结各地的经验，有四条是带有普遍性的。一是必须加强组织领导，建立强有力的创业带动就业工作领导机构。凡是创建工作搞得好的城市，无一不是党委、政府主要领导高度重视，分管领导亲自抓，各有关部门共同参与。只有这样，才能把各有关部门和社会方方面面的积极性调动起来，共同落实好创建工作任务。二是必须将创业型城市创建工作与城市经济社会发展紧密结合起来。凡是创建工作搞得有特色的城市，无一不是紧密围绕当地优势产业和特色产业，挖掘和开发了一批有地方特色的创业项目，拓宽创业领域和创业市场。只有这样，才能把创建城市的创业优势和潜力发挥出来。三是必须在落实促进创业政策措施的同时，结合实际不断创新政策措施，不断改善管理和服务水平。凡是创建工作推动力度大的城市，无一不是政策创新力度大，政策落实效果好。只有这样，才能营造良好的创业政策环境，把劳动者的创业热情和积极性激发出来。四是必须运用典型引路的方法，树立创业典型。凡是创建工作氛围浓厚的城市，无一不是重视抓宣传、树典型，营造创业的浓厚氛围。只有这样，才能弘扬创业精神，打造创业文化，使崇尚创业的社会价值观真正树立起来。这四条经验是我们这批 85 个创建城市在实践中积累的宝贵财富，对指导带动全国的工作具有启发借鉴意义。当然，除上述四点外，各地还有其他许多更加鲜活、各具特色的经验，我们应当深入发掘、及时总结推广。

目前，创业带动就业工作中还存在不少困难和问题，归纳起来主要有五个方面：一是创业环境有待改善。创业门槛还比较高，市场准入和退出机制尚不健全。一些行业性、区域性、经营性创业壁垒依然存在，劳动者创业领域仍受到某些限制。一些地方行政监管不够规范、不够透明，多头收费、乱收费的现象仍时有发生，中小企业和个体户负担较重。二是创业政策有待完善。虽然近年来我国实施了小额担保贷款等一系列政策，鼓励金融机构为中小企业提供融资服务，但是资金紧张、融资困难仍然是创业者面临的难题。三是创业能力有待提高。目前，创业者主要是城镇下岗失业人员、返乡农民工等。一些创业者缺乏创业知识和技能，常常不知道如何创业，从哪里着手创业，怎么管理企业，导致创办企业成功率较低，存活期较短。大多数高校和中学都没有开展创业教育和相关培训课程。四是创业服务有待加强。专业化中介组织发展滞后，会计、银行、法律、管理咨询、注册代理等社会化服务资源比较稀缺。政府在行政审批、创业咨询等方面的服务也相对缺乏。五是创业意识有待培养。创业活动不仅需要创业意愿，更需要有敢为人先、勇于创业、不怕挫折的创业精神。在我国适龄劳动人口中，希望创业、愿意创业、敢于创业的人数比例偏低，城镇居民有创业意愿的比例不到5%。大学毕业生的创业比例不到1%，而发达国家大学生的创业比例已达到20%左右。对上述问题，我们要高度重视，认真对待，在今后的工作中逐步加以解决。

四、扎实推进促进以创业带动就业工作

当前，促进以创业带动就业已经有了一个很好的工作基础，特别是85个创建城市五大体系的创建工作，为下一步全面推进以创业带动就业工作积累了实践经验。今后一个时期，我们要把促进以创业带动就业工作作为就业工作的重点来抓，以落实新的促进创业的税收政策为契机，以创建创业型城市为抓手，以鼓励更多劳动者创业和带动就业为目标，全面推进促进以创业带动就业工作。

明年，促进以创业带动就业要重点抓好以下四项工作：一是抓好促进创业税收新政策的贯彻落实。明年1月1日起，新一轮促进就业的税收扶持政策将全面实施，各地人力资源社会保障部门要进一步加强与有关部门的协调配合，结合当地实际，抓紧制定相关政策文件和具体操作办法，加强政策宣传，加大工作力度，推动政策落实。要密切跟踪和关注税收政策的执行情况，及时研究解决政策执行中存在的问题。一部分失业人员、进城务工农村劳动者和大学毕业生是新纳入创业税收政策对象范围的人群，要重点做好他们的政策宣传和落实工作，确保政策实施效果。二是继续推进“大学生创业引领计划”的全面实施。今年以来，各地按照我部要求，积极开展大学生创业工作，引领计划的落实工作在一些地方开展得不错，给全国带了个好头，起到很好的示范作用。明年，引领大学生创业的数量要进一步增加，各地要以新的税收政策为推动力，积极会同有关部门帮助更多大学生创业。工作手段和形式也要进一步多样化。我们将在适当时候以多种方式组织交流，联合教育部、团中央以及一些重点院校和行业、企业进一步深入推进这项工作。三是进一步强化创业服务。要将创业服务作为重点工作来抓。制定出台创业公共服务体系发展规划，指导推动全国创业公共服务体系建设。及时总结各地创业服务的好做法，在创业服务组织体系建设，服务内容、形式和手段等方面推出一批典型，并通过行之有效的手段扩大交流，全面推动创业服务工作。四是对全国创业型城市进行考核评估。明年第一季度我们将组织开展全国创业型城市考评工作。在此基础上，在更大范围内推动开展创业型城市创建工作，适时启动第二批国家级创业型城市创建工作。这两年，不少地区已经确立了一批省级创建城市并开展了创建工作，取得了不错的成绩，为开展第二批国家级创业型城市创建工作奠定了坚实基础。

各地要继续做好创业型城市创建工作，基本要求就是巩固、完善和发展。主要抓好四个方面工作：一是继续做好整改工作。国家级创建城市要在今年评估的基础上，针对工作中存在的问题，加强整改，进一步加强和完善五大体系建设相关工作。同时，积极配合做好明年考评各项基础工作。二是继续有重点地深入推进五大体系建设。要更加突出工作重点，更加注重工作实效，更加扎实地推进创建工作。组织领导体系建设重在部门联动，目标是进一步使各有关部门形成工作合力，共同推动创业工作；政策扶持体系建设重在营造环境，目标是进一步使劳动者享有更多、更公平的创业机会；创业培训体系建设重在培训质量和创业成

功率，目标是进一步使更多的接受培训的劳动者提高创业技能，实现成功创业；创业服务体系建设重在创业项目开发和创业组织体系建设，目标是进一步使更多劳动者享受优质高效、均等化的公共服务；工作考核体系建设重在创业工作效果，目标是进一步提升政府工作绩效。三是及时制订明年的创业带动就业工作计划。明年一部分城市将基本完成创建阶段的工作，以创业带动就业工作将站在一个新的更高的起点上。创建城市要在当地党委政府领导下，制订好 2011 年工作计划，上半年要以全国创业型城市考评为重点，下半年要以建立创业带动就业工作长效机制为重点。各省区要进一步加强对创建城市工作的指导。四是开展经验交流和宣传。各省区和创建城市要以本次会议为契机，认真总结前一阶段工作，在本省区和本城市加大对创建工作中典型经验的宣传推广力度，进一步扩大和分享创建工作成果。

创建创业型城市，促进以创业带动就业，意义重大，使命光荣。我们要按照十七届五中全会的要求，以改革创新精神扎实做好工作，为做好新形势下的就业工作作出更大的贡献！

突出重点　狠抓落实
全面推进部直属机关党风廉政建设工作

——在部直属机关党的工作会议上的讲话

袁彦鹏

（2010 年 3 月 19 日）

一、关于 2009 年主要工作情况

2009 年，按照中央纪委全会的部署和国务院廉政工作会议的要求，紧密结合我部实际，全面推进部机关党风廉政建设和反腐败工作，有力地促进了广大党员干部作风转变，保障了中心任务的顺利完成。

（一）明确任务，落实责任，惩防体系建设取得新的进展。认真落实中央关于惩防体系建设规划分工，及时将涉及我部牵头或协办任务分解到有关司局，明确了任务、完成时限和落实措施。部属各单位充分发挥职能作用，推动任务完成。先后制定了公务员辞职、辞退规定，下发了规范中央企业负责人薪酬管理指导意见，推动实施事业单位绩效工资政策，积极研究制定公务员法配套法规、事业单位人员处分规定，配合有关部门做好我部职责范围内的协助办理事项。另一方面，下大气力抓好部直属机关惩防体系建设，研究制定了部党风廉政建设责任制实施办法和领导干部定期汇报党风廉政建设情况、新任职党员领导干部廉政谈话等办法。去年底组织开展了对惩防体系建设和反腐倡廉工作落实情况的督促检查，在部属各单位自查的基础上，对 24 个单位进行了抽查。总体上看，各单位贯彻落实情况较好，反腐倡廉的责任体系和工作机制普遍建立，各项制度日趋健全，监督检查进一步加强，惩防体系建设取得明显成效。

（二）加强教育，强化自律，党员干部反腐倡廉意识进一步增强。继续深入开展学习实践科学发展观活动，引导党员干部特别是领导干部增强政治意识、责任意识和忧患意识。组织党员干部传达学习中央纪委第四次全会和国务院第二次廉政工作会议精神。以学习党章和党内法规为重点，抓好党性党风党纪教育。举办反腐倡廉专题报告会，坚持给机关新录用人员上廉政课，利用正反典型开展先进性教育、警示教育和廉政教育，刊登“扬正气、促和谐”廉政公益广告、廉政警言警句等，教育和引导党员干部牢固树立正确的权力观、地位观和利益观，自觉从政治、思想、道德、作风和纪律五个方面加强党性修养。广大党员干部的精神风貌和作风发生了积极的变化。

（三）突出重点，注重预防，监督检查力度逐步加大。部属各单位认真履行职责，坚持将党风廉政建设与业务工作一起研究、一起部

署、一起检查，有力地保障了中央关于人力资源社会保障工作重大决策部署的落实。加强对权力运行情况的监督，继续清理行政审批和行政许可事项，规范各类行政行为。监督检查重要部位和关键环节，确保权力运行的规范、公开、透明。如在调整医保药品目录工作中，及时制定工作制度和廉政规定，通过网站公布工作方案，主动接受各方监督。在金保工程建设、重要物资采购招标投标，以及人员调动接收、公务员考录、军转干部安置、职业资格认证、技术职称评定等方面，积极推行民主决策、决策公开、行政问责和绩效管理等制度，防止发生违规违纪问题。将廉政建设纳入部属各单位年终考核，坚持领导班子民主生活会、领导干部述职述廉、诫勉谈话、报告个人有关事项、任职廉政谈话、廉政承诺等制度，监督力度逐步加大。

（四）纠建并举，源头治理，纠风专项治理工作有新的成效。继续会同国务院纠风办等10部门抓好社保基金专项治理工作，深入地方督促检查自查整改和检查验收工作情况，研究解决历史遗留的和检查发现的问题。通过专项治理，基本摸清了社保基金家底和运行现状，梳理了存在的问题，完善了政策和规定，建立健全了内控制度、要情报告制度和信息披露制度，查处了一批挤占挪用基金的案件，解决了一些历史遗留的拖欠和少缴漏缴社会保险费等问题。深入开展就业资金专项检查，督促地方切实整改检查和审计发现的问题，分析发生问题的原因，从制度上堵塞漏洞，逐步完善资金管理使用的制度体系，推动就业政策的落实。严肃考风考纪，颁布了《公务员录用考试违纪违规行为处理办法》，完善了人事考试管理、回避等制度，坚持对公务员录用考试、专业技术人员考试和职业技能鉴定考试的巡视，开展考风考纪情况督查调研，严肃处理违反考试纪律的案件。认真贯彻落实中央厉行节约八项措施，压缩因公出国（境）团组，减少出国境人数，控制车辆购置及运行费用、公务接待及电油水费用。对“小金库”进行全面清查，主动纠正和整改问题。

（五）改进作风，提升服务，政风行风建设深入推进。深化创建“优质服务窗口”活动。下发了创建优质服务窗口活动的意见，明确创建内容、标准和考核、表彰措施。有关司局认真指导督促地方扎实抓好服务窗口的规范化、标准化建设，窗口单位的服务意识、工作作风、办事效率和依法行政水平进一步改进和提升。积极推进政务公开，梳理和审核公开内容，编制公开目录和公开指南，推行社会听证、专家咨询、新闻发布等新的公开形式，利用报刊、网站发布信息，解答疑问，确保涉及群众利益、社会普遍关注的人力资源社会保障政策及时、准确向社会公开。

总体上看，2009年部直属机关党风廉政建设工作成效明显，广大党员干部廉洁自律状况是好的。但也要看到，我们的党风廉政建设还存在一些差距。比如抓党风廉政工作的方式比较单一，在教育、自律、制度、监督和工作机制等方面缺乏创新和针对性。有的单位领导廉政风险意识不强，对本单位的廉政风险点找得不准确、不全面，对重点部位和关键环节的监督还存在制度和管理漏洞。个别领导干部法制观念淡薄、依法行政意识不强，在财务管理、资金使用、出国团组组织实施中还存在标准不高、把关不严的问题，尤其是每年的审计都会发现一些问题。

二、关于2010年的工作任务

根据中央纪委全会的要求，结合我部实际，今年党风廉政建设工作重点要把握好三个方面：一是要确保中央关于人力资源社会保障重大决策部署的贯彻落实。随着各项民生政策的密集出台和人事制度改革的深化，要把严肃政治纪律、保证政令畅通放在更加突出的位置，抓好对中央各项决策部署落实情况的监督检查，确保各项业务工作不发生大的问题。二是要更加注重预防和源头治理。人力资源社会保障工作面临的情况日趋复杂，廉政风险点增多，一些方面正在成为腐败现象易发多发的领域。要不断完善适合新部特点的惩治和预防腐败体系，加强对党员干部的教育，强化对重点部位和关键环节的监督，注重源头治理，确保部直属机关的干部不出大的问题。三是要提高做好新形势下党风廉政建设工作的能力。要充分发挥纪检监察工作的纪律保障作用，紧贴部中心工作，健全责任体系，完善廉政制度，强化监督检查，严肃查处案件，切实提高抓好新形势下党风廉政工作的能力。基于以上三点，今年机关党风廉政建设重点要抓好以下工作：

（一）深化党风廉政教育和党员干部廉洁自律。要进一步抓好党员干部特别是领导干部理想信念、党风党纪、廉洁从政、艰苦奋斗教育。把反腐倡廉纳入干部教育培训规划和教学计划，有计划、分层次地抓好廉政专题教育和经常性教育，利用正反典型开展先进性教育、警示教育和岗位廉政教育。把学习、宣传和落实中央今年1月下发的《中国共产党党员领导干部廉洁从政若干准则》作为今年工作的重点，使党员领导干部明确什么能做，什么不能做，做得怎么样，怎样才能改，通过严格自律预防腐败的发生。

（二）继续完善和认真落实反腐倡廉制度。要建立健全决策权、执行权、监督权既相互制约又相互协调的权力结构和运行机制，特别要完善科学民主的决策机制，对涉及全局的重大事项决策、重要干部任免、重大项目安排、大额资金使用，必须坚持集体决策。完善对重点部位和关键环节的监督制度，进一步摸清本单位容易出现问题的重点部位和关键环节，切实做到重点部门、重点岗位、重要环节明确，各项管理制度完善，业务流程和内控机制健全，同时建立健全重点岗位人员轮岗交流制度。研究制定对部属事业单位巡视的规定。完善干部选拔任用监督机制和加强财政资金监管等制度。完善并落实对领导干部的监督制度，坚持新任职领导干部廉政谈话、廉政承诺制度，严格执行领导干部民主生活会、重大事项报告、述职述廉以及诫勉谈话、函询、质询等制度和报告个人有关事项的规定。研究制定我部党政领导干部问责规定。

（三）强化监督检查工作。要加强对中央关于人力资源社会保障决策部署落实情况的监督检查，坚决纠正有令不行、有禁不止的行为，严肃查处违规违纪案件。加强廉政监察和效能监察，监督检查人力资源社会保障工作任务的完成情况，特别是对扩大和稳定就业政策、完善社会保障体系、人事制度改革措施等落实情况的检查。加强对党员领导干部遵守廉洁从政若干准则、领导干部竞争上岗、干部任用等情况的监督检查，防止发生违规违纪问题。

（四）积极推进专项治理工作。按照中央纪委的部署，深入开展工程建设领域突出问题专项治理工作。监督检查部社保中心大楼建设项目和北戴河培训中心改造等工程项目的实施，制定工程建设廉政规定，签订廉政责任书，监督项目设计、施工、监理及重要材料、设备采购等环节招投标活动，确保工程项目审批和建设依法合规，使每项工程都成为阳光工程、廉洁工程和安全工程。继续推进“小金库”治理工作，解决好去年“小金库”清理中发现的问题，完善治理工作长效机制。严格执行中央厉行节约的通知精神，加强出国（境）团组管理，严格控制团组数量和规模，严格国家专项经费资助的出国（境）培训项目审批和其他培训项目审核，在组织实施外事计划中严格执行中央的规定和各项纪律要求。继续加强公务车使用管理，规范公务接待，解决好各种庆典、研讨会和论坛过多过滥的问题。巩固社保基金专项治理成果，完善社保基金监管政策法规，抓紧出台社会保险基金管理使用违法违纪行为处分规定。深化就业资金专项检查，完善就业资金分配、管理、使用及质询、问责和跟踪反馈制度，确保就业资金安全高效使用。建立新型农村养老保险基金监管制度，抓好城镇居民医疗保险基金管理使用和企业年金投资专项检查。认真落实《公务员录用考试违纪违规行为处理办法》和《专业技术人员资格考试违纪违规行为处理规定》，加强对公务员考录、专业技术人员职称考试和职业技能鉴定考试的检查和巡视，抓紧制定考试管理规范和标准，强化考试安全管理措施，严肃查处考试违法违纪行为，确保考试安全，维护考试的公平、公正。

（五）全面推进政风行风建设。要切实加强机关党员干部的作风建设。按照学习实践科学发展活动中梳理出的党员干部作风上存在的问题，从思想作风、学风、工作作风、领导作风和生活作风等方面加强建设，认真整改。教育和引导党员干部特别是领导干部讲党性、重品行、作表率，打造部直属机关“为民、务实、清廉”形象。继续指导系统服务窗口抓好规范化、标准化建设，认真组织好系统优质服务窗口创建、评选和表彰活动，大力宣传创建优质服务窗口的好做法、好经验，推动创建活动深入持久开展，树立起系统良好的政风行风。继续深化政务公开工作，完善政务公开制度，规范公开程序，扩大公开范围，创新公开载体，使权力在阳光下运行。

三、关于抓好工作落实的几点要求

部直属机关是人力资源社会保障系统的领导机关，既要抓好自身的党风廉政建设，发挥好表率作用，又肩负着抓好业务工作领域防治腐败的职责，地位重要，责任重大。

（一）高度重视，切实加强组织领导。反腐倡廉建设是加强党的建设的重要工作。部属各单位领导班子是本单位党风廉政建设的责任主体，主要领导要承担起第一责任人的政治责任，切实把党风廉政建设纳入总体工作规划，全面分析和研究本单位党风廉政建设和惩防体系建设工作的薄弱环节，把反腐倡廉建设同业务工作紧密结合起来，通盘考虑、统筹谋划，抓好责任分解，认真组织落实，实现业务工作和廉政建设协调推进。坚持管行业必须管行风、抓业务必须抓廉政，认真负责地抓好分管业务领域的预防腐败工作，确保中央关于人力资源社会保障重大决策部署的落实。

（二）严格遵守廉政制度，提高制度的执行力。近几年来，从中央到我部再到部属各单位，相继制定了一系列反腐倡廉的制度，虽然有些制度还需要进一步完善，但严格遵守制度，提高制度的执行力是当前面临的主要矛盾。只有切实做到用制度管人、管事、管权，才能保证权力在正确的轨道上运行，才能保证我们的事业健康发展，才能保证我们的干部不犯错误，因此要不断加强制度宣传教育，使党员干部增强制度意识，熟悉制度内容，严格按制度办事。要把制度执行情况纳入党风廉政建设责任制考核和领导干部述职述廉的内容，对执行制度不力的坚决追究责任。

（三）加强督促检查，确保各项工作落到实处。监督检查是落实惩防体系建设，推动反腐倡廉政工作的重要措施。部属各单位要加强对党风廉政建设各项工作，特别是惩防体系分工任务和反腐倡廉重点工作任务落实情况的监督检查，把专项检查和综合性检查、定期检查和经常性检查贯穿于全年工作始终，发现问题及时纠正。针对不同监督事项、重点部位和关键环节，研究探索有效的监督内容、形式和方法，提高监督的针对性、有效性。注意发挥监督检查的整体功能，对检查中发现的问题及时督促整改，对带有普遍性的问题研究治本措施，使检查中发现的问题切实得到解决，体制机制制度漏洞切实得到弥补，党风廉政建设各项工作任务切实得到落实。

认清当前面临的形势 扎实推进系统党风廉政建设

——在全国人力资源社会保障系统党风廉政建设工作座谈会上的讲话

袁彦鹏

（2010 年 4 月 13 日）

经部党组同意，今天我们召开全国人力资源社会保障系统党风廉政建设工作座谈会，这是新部组建后以部党风廉政建设工作领导小组名义召开的第二个全国性会议。会议的主要任务是，贯彻落实第十七届中央纪委第五次全会、国务院第三次廉政工作会议和人力资源社会保障工作会议精神，紧密结合我们系统的特点和实际，回顾总结 2009 年的党风廉政建设工作，研究部署今年反腐倡廉工作任务，认清形势，统一思想，扎实推进人力资源社会保障系统党风廉政建设工作。

一、狠抓落实，2009 年系统党风廉政建设工作取得新成效

2009 年各级人力资源社会保障部门紧紧围绕保增长、保民生、保稳定这条主线，按照部党风廉政建设工作领导小组年初的部署和系统党风廉政建设工作座谈会的安排，紧密结合实际，扎实推进反腐倡廉建设，在增强党员干部廉政勤政意识、提升部门管理服务水平、推进系统政风行风建设、维护群众切身利益等方面做了大量富有成效的工作。

（一）监督检查工作有新成效

去年省市两级政府先后进行机构改革，人力资源社会保障部门既要完成自身机构改革，又要做好在金融危机背景下以稳定就业和完善社会保障体系为重点的各项工作。在面临双重压力的情况下，各级人力资源社会保障部门把强化监督检查作为推动机构改革和人力资源社会保障中心工作的重要措施。一方面，注意在机构改革中加强对党员干部的教育和管理，严肃政治纪律、组织人事纪律和财经纪律，对机构设置、人员安排、职位调整、资产处置等情况实施严格监督，确保了机构改革期间思想不乱、工作不断、队伍不散、国有资产不流失，营造了团结和谐、积极向上的氛围，实现了新机构的职能整合和人员融合。另一方面，高度重视党风廉政建设对中心工作的保证和促进作用，坚持将党风廉政建设与业务工作一起研究、一起部署、一起检查。围绕中心工作健全监督机制，开展检查工作，推动中央关于稳定就业、完善社会保障体系等一系列人力资源社

会保障重大决策部署的贯彻落实。除了完成部里统一组织的监督检查外，各地还结合实际，对就业补助资金的分配使用、城镇居民医疗保险扩面、企业军转干部稳定、义务教育教师绩效工资实施，以及社会保障公共服务设施灾后重建等工作开展专项监督检查，及时发现问题，督促整改，有效地保证了政令畅通，推动了人力资源社会保障中心任务的完成。

（二）对重点部位和关键环节的监督有新举措

各地根据机构改革后的新情况，进一步明确了容易发生问题的重点部位和关键环节，并对权力运行过程中的风险进行了认真分析，积极查找监督管理漏洞和机制制度缺陷。研究加强管理、强化权力监督制约的办法和措施，探索建立科学民主决策制度，完善议事规则和决策程序，健全专家评审、社会公示与听证，决策评估和反馈纠偏等规范权力运行的制度规定。健全和完善民主生活会、个人有关事项报告、述职述廉、诫勉谈话、函询等制度。建立健全决策、执行、监督既相互制约又相互协调的权力运行机制。认真清理行政审批和行政许可事项，统一行政权力运行流程，规范审批程序、标准、时限，明确相应责任，实行接办分离和程序公开，实施电子实时监控。监督检查财政补助资金管理使用、医疗保险药品目录调整、退休审批、社会保险待遇审核、金保工程建设、物资设备采购招投标、干部任用、人员调动招收、公务员录用、军转干部安置、职业资格认证、技术职称评定等情况，防止发生违规违纪问题。

（三）专项治理工作有新进展

一是深入开展社保基金专项治理工作。各级人力资源社会保障部门认真按照专项治理部际领导小组的部署和要求，与监察、财政、审计等部门联合行动，抓好专项治理自查整改和检查验收阶段工作。经过近2年时间的努力，基本摸清了基金家底，掌握了基金运行现状，梳理了存在的问题，完善了监督管理政策，健全了内部控制、要情报告和信息披露等制度，解决了一些挤占挪用基金，特别是历史遗留的拖欠和少缴漏缴社会保险费等问题，为进一步强化基金监管，规范基金运行打下了良好基础。二是继续开展就业资金专项检查。去年6月，部里召开视频会议，通报审计署检查发现的问题，部署就业资金专项检查工作。随后组织检查组对部分省市核查和整改情况进行督导。各地人力资源社会保障部门普遍加强了对就业资金的监管，检查资金审批、拨付和使用情况，查找问题、完善制度、规范程序，努力从源头解决就业资金管理使用中的问题。同时，全面清理整顿社会培训机构，坚决取缔不具备资质的培训机构。建立健全培训管理、培训实名制和网上公示等制度。12个省区市还对审计署反映的35个劳动就业管理部门骗取挪用再就业资金和63家职业中介和职业培训机构骗取就业再就业资金等问题进行了调查处理。三是严肃考风考纪。加强对工作人员教育，落实工作责任。完善考试管理、回避等制度，强化对人事考试及职业资格考试各环节的监管。利用政府网站、社会媒体公示考试结果，接受社会监督。坚持对公务员录用考试、专业技术人员考试和职业技能鉴定考试的巡视，监督检查工作人员履行职责和考场纪律等情况，严防考试作弊和试卷泄密、丢失，确保考试安全。

（四）政风行风有新提升

一是深化创建“优质服务窗口”活动。新部组建后，把提升窗口单位管理和服务水平作为政风行风建设的重要抓手，下发了开展创建“优质服务窗口”活动的意见。各级人力资源社会保障部门大都成立了创建活动领导小组，制定了具体实施办法，根据窗口的职责、任务、服务对象，细化创建内容和标准。全面调查窗口现状，摸清窗口底数，搞好职能整合，下大气力改善服务环境，完善相关制度，抓好管理规范化、服务标准化建设。窗口的服务意识、工作作风、办事效率和依法行政水平进一步改进和提升。二是开展政风行风评议活动。各地人力资源社会保障部门把民主评议活动作为转变机关作风，加强政风行风建设和干部职工队伍建设的重要载体，积极参加当地政府组织的民主评议政风行风活动。通过开通“行风热线”、设置意见箱、召开座谈会、走访、问卷调查、网上调查、下发征求意见函，以及邀请人大代表、政协委员、特邀监督员和行风评议代表参加检查等形式，搭建与服务对象对话的平台，广泛听取意见，全面接受监督。对反映在服务意识、工作作风、办事效率等方面存在的问题及建议，认真梳理、分析原因、制定措施、限期整改并及时反馈。一些厅局多次被评为政风行风建设先进单位，不少厅局排在参评单位前列，受到群众好评。三是推进政务公开工作。各省区市人力资源社会保障部门完成机构整合后，按照新的职能清理服务事项，重新编制政务公开目录和公开指南。修订政务公开实施意见，明确公开原则、内容和程序。在沿用传统公开形式的基础上，积极推行社会听证、专家咨询、新闻发布等新的公开形式，充分利用报刊、网站、服务窗口等平台发布信息、宣传政策、受理举报、解答疑问。重视抓好对政务公开的检查和考核，及时发现和整改问题，严格落实责任追究制度，确保涉及群众利益、社会普遍关注的人力资源社会保障政策及时、准确向社会公开，使群众的知情权、参与权和监督权得到较好落实。

（五）在发挥查办案件治本功能上有新成果

各级人力资源社会保障部门把查办案件工作摆上重要议事日程，加强领导，明确职责，严肃查处违法违纪案件。同时十分重视从案件中吸取教训，认真分析案发原因和规律，有针对性地采取防范措施，充分发挥查办案件的治本功能。一是认真处理群众来信来访。进一步完善信访举报登记、交办、反馈等制度，规范处理程序。注意从来信来访、专项治理和监督检查中排查问题线索，扩大案源渠道。二是严肃查处一批违法违纪案件。各地普遍加大了对信访举报反映的问题、审计查出的问题、专项治理和专项检查发现的问题的查处力度。对尚构不成违纪的，及时谈话提醒或责成当事人作出说明。对干部失职渎职、违纪违法和侵害群众切身利益的问题，认真调查处理。主要涉及骗取挪用就业资金、侵占挪用医保基金、违规办理退休以及贪污受贿等问题。三是充分发挥查办案件的治本功能。部里对有关社保基金案件和就业资金案件的案情进行深入分析，发现管理漏洞和制度缺陷，有针对性地采取措施加强管理和完善相关制度。同时，将社保基金、就业资金违纪违法典型案件印发系统相关机构工作人员，进行警示教育。地方人力资源社会保障部门也充分利用上海社保基金案、贵州就业培训资金案等典型案例教育干部职工，以案释法，以案明纪。使查办案件在预防腐败中的震慑、教育作用和防范功能得到较好发挥。

对人力资源社会保障部门来说，2009 年是压力巨大、任务繁重、挑战严峻的一年。在这种情况下，各级人力资源社会保障部门坚持“两手抓，两手都要硬”的方针，始终把反腐倡廉建设放在重要位置，有力地保证了各项工作的顺利推进。回顾一年来的工作，我们的经验和体会主要有三个方面：一是紧贴中心，服务大局。把反腐倡廉建设放在党和国家工作大局中来定位、来谋划，提出围绕严肃政治纪律、强化监督制约、深化专项治理和推进政风行风建设这“四条主线”，努力促进中央关于人力资源社会保障重大决策部署的贯彻落实、构建惩治和预防腐败体系、维护好群众切身利益、打造部门新形象。二是突出重点，强化监督。把监督检查的重点放在落实中央一揽子促进就业和完善社会保障体系的决策部署上，放在本部门容易发生问题的重点部位和关键环节上，结合实际，突出抓好社保基金专项治理、就业资金专项检查、严肃考风考纪，以及对医疗保险药品目录调整等工作的监督检查，督促有关部门完善监管制度和规定，规范工作流程，督促党员干部增强法纪观念，廉洁高效工作，使中央重大决策部署在系统得到较好落实，人力资源社会保障工作顺利开展。三是协调配合，形成合力。及时将中央纪委、省区市纪委和部里部署的党风廉政建设工作进行分解。承担任务的业务主管部门充分发挥职能优势，细化任务，明确责任，认真组织实施，严格目标考核，确保各项任务落到实处。纪检监察机构依法履行职责，协助部门党组抓好党风廉政建设的组织实施和检查指导工作，形成了上下联动，层层负责，齐抓共管的局面。

在肯定成绩的同时，也应看到存在一些问题和不足，如中央关于人力资源社会保障重大政策密集出台，如何保证政令畅通，确保这些重大政策落实，还缺乏完善、长效的监督机制和纪律保证机制；加强对重点部位和关键环节的监督，有效防止腐败，还缺乏科学、管用的方法，有些领域违规违纪现象呈现多发态势；在党风廉政建设任务十分繁重的情况下，如何完善领导体制和工作机制，落实好责任制，提高新形势下纪检监察干部履行职责的能力，还需进一步研究探索；推动系统党风廉政建设的工作方式单一，方法不多，力度不大，工作发展很不平衡。这些问题需要在今后工作中认真研究解决。

二、明确任务，扎实推进2010年系统党风廉政建设工作

根据中央要求和人力资源社会保障工作实际，今年人力资源社会保障系统党风廉政建设工作要重点把握好三个方面：一是要充分发挥好纪律保证作用，确保中央关于人力资源社会保障重大决策部署落实到位。随着各项民生政策密集出台和人事制度改革逐步深化，要把严肃政治纪律、确保政令畅通放在更加突出的位置，加强对各项决策部署执行情况的监督检查，保证人力资源社会保障业务工作不发生大的问题。二是要更加注重预防和源头治理，确保系统广大干部廉洁从政。随着人力资源社会保障工作任务加重，难度加大，情况日趋复杂，各种矛盾突显，廉政风险点增多，一些方面已经成为腐败现象易发多发领域。要努力构建适合新形势需要的惩治和预防腐败体系，加强对重点部位和关键环节的监督，对干部严格要求、严格教育、严格管理、严格监督，确保我们的干部不出大的问题。三是要提高做好新形势下党风廉政建设工作的能力。进一步发挥纪检监察工作职能作用，健全领导体制，落实责任制，加强教育，强化监督，严查案件，切实提高抓党风廉政工作的能力。在去年召开的系统党风廉政建设工作座谈会上，我们明确提出要坚持紧贴人力资源社会保障中心任务，围绕四条主线做好党风廉政建设工作。今年仍然要围绕这四条主线开展工作，重点是在制度创新上要有新突破，在抓好工作落实上要有新举措。

2010年，人力资源社会保障系统党风廉政建设和反腐败工作的基本要求是：以党的十七届四中全会精神为指导，以科学发展观为统领，认真按照第十七届中央纪委第五次全会、国务院第三次廉政工作会议和全国人力资源社会保障工作会议的要求，紧密结合实际，继续围绕严肃政治纪律、强化监督制约、深化专项治理、推进政风行风建设“四条主线”，积极推进反腐倡廉建设，创新制度机制，加强监督检查，完善责任体系，为确保人力资源社会保障事业健康发展，推进中央保增长、调结构、促改革、惠民生重大决策部署的贯彻落实发挥纪律保障作用。重点抓好以下工作：

（一）加强对中央关于人力资源社会保障重大决策部署贯彻落实情况的监督检查，确保政令畅通

近年来，中央高度重视民生和社会建设，在促进就业、完善社会保障体系、推进人事制度和收入分配制度改革、构建和谐劳动关系等方面作出了一系列重大决策。国家陆续颁布了一大批涉及人力资源社会保障的法律法规，以及保障和改善民生的政策措施。党风廉政建设工作的首要任务就是要确保这些重大决策和法律法规得到贯彻落实。我们要认真履行职责，加强对《公务员法》《劳动法》《劳动合同法》《就业促进法》《劳动争议调解仲裁法》等法律法规执行情况的监督检查，督促工作人员严格依法办事，防止发生有法不依、执法不严、违

法不究，以及滥用职权、贪赃枉法、以权压法等行为。监督检查中央一揽子促进就业政策，监督检查养老保险关系异地转移接续、医疗保险异地就医等社会保险政策的贯彻落实情况，监督检查公务员法规制度、事业单位聘用制度、推进事业单位实施绩效工资政策的落实情况。要把全面检查和重点检查、经常性检查和专项检查、专门监督与各方面监督、传统监督方式和现代科技手段结合起来，统筹运用廉政监察和效能监察等手段，督促各级人力资源社会保障部门及其工作人员讲党性、守纪律、顾大局，充分认识人力资源社会保障工作在党和国家工作大局中的重要地位和作用，坚持做到下级服从上级、局部服从全局、全党服从中央，在思想上、行动上与党中央保持高度一致，积极按照中央的部署和要求抓好工作落实。对落实政策态度不坚决、措施不得力的，要严肃追究责任。

（二）加强对重点部位和关键环节的监督制约，确保行政权力规范运行

机构改革完成后，人力资源社会保障部门干部队伍加强、业务领域拓宽、职能权限增加、管理和监督难度增大。我们要把监督重点放在权力运行上，放在容易发生问题的重点部位和关键环节上。一是加强党员干部的党性党风党纪教育。组织党员领导干部认真学习《廉政准则》，带头遵守《廉政准则》，着力解决领导干部廉洁自律方面的突出问题，引导他们牢固树立正确的权力观、地位观和利益观，夯实廉洁从政的思想基础，筑牢拒腐防变的道德防线，慎用手中的权力。督促党员干部进一步改进工作作风，严格按照程序和时限办理行政事务，防止发生推诿、拖延、越权和以权谋私等违规违纪行为。建立和完善作风监督评议机制，纠正行政不作为、乱作为和严重损害群众利益等问题，使各级领导干部确实做到政治坚定、作风优良、纪律严明、勤政为民、恪尽职守、清正廉洁。二是建立健全结构合理、配置科学、程序严密、制约有效的权力运行机制，规范干部的从政行为。要围绕制权、管钱、用人三个环节，进一步摸清本部门权力相对集中、容易发生问题的重点部位和关键环节，看这些部位和环节制度是否完善、职责是否明确、工作程序是否规范、监督机制是否健全。要健全民主集中制、专家咨询、集体决策、社会公示与听证、决策评估、合法性审查等制度，最大限度减少以权谋私、权钱交易的体制机制漏洞，确保行政权力依法、公正、透明运行。三是采取多种形式监督行政权力。要加强对干部人事权、行政审批权、资金管理使用权，以及工程建设项目、重要物资采购等情况的监督，特别是对重点人员、重点岗位、重要事项的监督。充分发挥党内监督的作用，坚持民主生活会、重大事项报告、经济责任审计、干部考核、述职述廉、诫勉谈话和函询等制度，坚持领导班子主要负责同志定期向纪检组汇报廉政情况和新任领导干部廉政谈话、廉政承诺制度，坚持干部任免事前征求纪检监察机构的意见。同时积极探索利用现代科技手段监控权力运行的有效方法，大力推进行政权力网上运行、网上监督。纪检监察机构要协助党组抓好督促检查，严肃处理违反规定的行为，确保党员干部特别是领导干部正确行使手中的权力。

（三）加强对社保基金、就业资金和各类考试的监管，推动专项治理取得实效

今年中央对就业、社保的资金投入进一步增多，这些资金一分一厘都来自于民，管好用好这些资金责任重大。各类考试人多面广，关乎社会稳定。要继续把社保基金、就业资金管理使用和严肃考风考纪作为专项检查的重点。一是巩固社保基金专项治理成果。社会保障已成为腐败现象易发多发领域，要继续加大监督检查力度，确保基金安全。在基金监管制度建设上，要研究起草监督管理条例、非现场监督工作规则和养老保险基金个人账户投资运营办法，抓紧出台社会保险基金管理使用违法违纪行为处分规定，从法规制度上保证基金规范运营。在基金运行上，要积极推进养老保险基金预算管理，进一步完善基金民主决策程序和业

务流程、严格执行内控制度和信息披露制度，实现基金管理各环节有序衔接、相互制约。在基金监督上，督促整改专项治理发现的问题，排查基金风险隐患，追缴被挤占挪用和违规违纪的基金，以及欠缴的社会保险费等。同时，还要有计划分步骤扎实抓好城镇居民医疗保险基金管理使用和企业年金基金投资情况的专项检查。在新型农村社会养老保险试点中，一开始就要对基金进行严格监管，切实防止虚报、冒领、贪污、侵占、挪用等问题的发生。二是深化就业资金专项检查。近几年，一些社会培训机构在培训中偷工减料，甚至骗取套取就业补助资金，牟取非法利益。少数主管职业技能培训的部门和人员收受贿赂，在社会上造成恶劣影响。要紧紧围绕中央确定的就业目标，积极开展监督检查工作，重点检查扩大就业的政策措施落实情况，特别是中央拨付就业专项补助资金管理使用情况，加强对落实就业政策、资金管理使用、工作人员履行职责和依法办事等情况的日常监督，纠正资金监管不严，拨付不透明和滥用职权，牟取私利，骗取套取就业资金等问题。要建立健全分配、管理、审核、拨付既相互衔接又相互制约的资金运行机制，坚持资金分配集体研究决定、资金拨付使用定期公示、资金支出结果定期报告，以及资金监督管理质询、问责和跟踪反馈等制度，从制度上保证就业资金安全，提高使用效率。三是进一步规范各类考试。要抓紧制定人事及职业资格考试管理规范和标准，完善各项考试制度、明确监管责任、严格试卷管理、强化考试安全管理措施。要认真落实《公务员录用考试违纪违规行为处理办法》，继续开展对人事及职业资格考试巡视工作，加大对公务员录用考试、专业技术人员考试和职业技能鉴定考试的监督力度，重点检查制度是否健全，责任是否明确，试卷是否安全。最近发生的广西公务员考试泄题事件，性质极其恶劣，破坏了公务员考试的严肃性。内部人员作案，极大地损害了政府公信力和人力资源社会保障部门的形象。涉及考生多，直接危及社会稳定。各地要从这起泄题事件中认真吸取教训，举一反三，既要从严教育和管理工作人员，又要严肃查处考题泄密、试卷丢失等违法违规问题，实行严格问责，确保考试安全。

除抓好上述三项专项检查外，还要根据中央纪委关于惩防体系建设的分工意见，监督检查医疗保险药品目录调整、解决工资拖欠特别是农民工工资拖欠、维护失地农民社会保障权益，以及配合有关部门抓好纠正医药购销和医疗服务不正之风等工作。继续规范机关事业单位津贴补贴，规范各类培训班，严格公务员录用及劳务市场公共服务收费标准，切实维护人民群众合法权益。

（四）加强政风行风建设，提升管理服务水平

人力资源社会保障部门承担着十分重要的社会管理和公共服务职能，我们的服务意识、工作作风、办事效率和质量直接影响政府形象，关系群众切身利益。要高度重视政风行风建设，不断提高工作人员素质，提升管理和服务水平。一是抓好优质服务窗口创建和表彰活动。人力资源社会保障系统现有近 23 万个服务窗口。各级人力资源社会保障部门要在整合窗口职能的基础上，以创建优质服务窗口活动为契机，督促指导窗口单位特别是基础相对薄弱的县级服务窗口和乡镇（街道）、社区服务站（所）下大气力抓好规范化、标准化建设，优化服务环境、完善工作制度、规范服务标准、简化办事手续、推行便民利民措施，纠正在工作作风、服务态度、服务质量和依法办事等方面存在的突出问题。部党组决定今年底对全国人力资源社会保障系统优质服务窗口进行表彰。表彰工作方案已经部务会通过并已印发，这次会上要作专门部署。各地要按照评选范围、标准、表彰名额和要求抓好评选推荐工作，真正把严格依法行政、优质高效服务、办事公开透明、工作作风优良和监督机制完善的服务窗口评选出来。各派驻纪检监察机构要加强对创建和表彰活动的组织协调、督促指导，注意培养和树立不同层次不同类型的示范窗

口，大力宣传他们的好做法好经验，通过典型示范和激励作用，在全系统形成学先进、赶先进的氛围，推动创建活动深入持久开展。二是全面推进政务公开工作。要把政务公开作为加强对权力的监督制约、从源头预防腐败的重要举措。以构建阳光政务为目标，主动推进政府信息公开、决策公开、行政权力运行公开。认真按照“公开是原则，不公开是例外”的要求，及时公开社会广泛关注、事关群众利益的事项，特别是就业创业扶持政策、技能培训、社会服务，以及基本养老保险、失业保险、医疗保险等社保基金管理使用等方面的信息。进一步完善公开制度，规范公开程序，创新公开载体，积极推行社会听证、专家咨询、新闻发布和网上审批、网上服务等新的公开形式。健全和完善政务公开监督检查、考核评价、激励惩处、责任追究等制度，确保涉及群众切身利益、需要群众广泛知道的事项，以及法律和国务院规定需要公开的事项依法、及时、准确地向社会公开。三是积极开展民主评议政风行风活动。民主评议政风行风是抓好内部管理，加强队伍建设，提高管理与服务水平的有效手段，也是加强党风廉政建设的迫切需要。要积极参加当地政府组织的民主评议政风行风活动，对评议中群众反映的问题，媒体和网络披露的问题，积极应对不回避，主动查处不护短，认真查找工作差距，纠正不良作风，改进服务质量。各地民主评议的内容、做法、评议结果、群众反映的问题及整改情况要及时向部里报告。

三、落实责任，确保党风廉政建设各项工作取得实效

面对新的形势和任务，我们一定要增强政治意识、大局意识和责任意识，从健全责任体系、创新体制机制、完善制度规定、提高履职能力等方面着手，确保系统的广大干部廉洁从政，各项业务工作健康发展。

（一）健全和完善党风廉政建设的责任体系

各级人力资源社会保障部门领导班子是党风廉政建设的责任主体，要坚持管行业必须管行风，抓业务必须抓廉政，把反腐倡廉建设与业务工作紧密结合，通盘考虑、统筹谋划，认真抓好落实。领导班子主要负责同志要承担起第一责任人的政治责任，不仅要管好班子、带好队伍，而且对党风廉政建设重要工作、重大问题要亲自研究、部署和指挥。领导班子其他成员要坚持“一岗双责”，抓好分管职责范围内的党风廉政工作。业务主管部门要发挥职能优势，对各自业务领域的党风廉政建设工作发挥主导作用，对牵头主抓和协助办理的工作，主动承担，积极配合。纪检监察机构要主动向党组请示汇报工作，出好主意，当好参谋，协助抓好党风廉政建设的组织协调、督促指导工作。要加强对落实党风廉政建设责任制的检查和考核，将考核结果纳入党政领导班子和领导干部综合考核评价体系，对失职渎职的领导干部实行严格问责。要定期报送党风廉政建设情况，各省区市人力资源社会保障厅（局）开展党风廉政建设的半年和全年工作总结，分别于每年 7 月上旬和 12 月上旬向部里报送。

（二）建立适应新形势要求的惩治和预防腐败制度体系

建立健全预防腐败的制度体系是从源头上预防腐败的根本途径。各级人力资源社会保障部门要把制度建设贯穿于反腐倡廉各个环节，在完善制度上下工夫。既要重视基本制度建设又要重视具体实施细则的完善，既要重视实体性制度建设又要重视程序性制度配套，努力使各项制度彼此衔接、相互协调。要在制度创新上下工夫，根据新部门的职能特点、容易发生问题的重点部位和环节，研究制定廉政制度和规定。要将有效的监控做法和经验用制度的形式固定下来，改变用习惯代替制度的现象。要在提高制度执行力上下工夫，加强对制度的宣传教育，增强党员干部执行制度的自觉性。加大对制度执行情况的监督检查，确保各项制度规定不折不扣贯彻执行，努力形成一套用制度管权、按制度办事，靠制度管人的有效机制。

（三）以改革创新精神探索有效监督的方式方法

这些年，我们虽然在监督检查方面做了大量工作，但监督方式方法不多，效果还不明显。各级人力资源社会保障部门要以改革创新精神，进一步完善监督检查体系，探索和建立监督检查的长效机制。要把定期检查和经常性检查结合起来，前移监督关口，加强对党员干部特别是领导干部廉洁自律、行使权力和执行制度的监督。进一步完善党内监督机制、权力运行监控机制、重大事项决策监督机制，积极探索监督的有效途径和方式方法，拓宽监督渠道，增强监督的针对性和实效性。要注意发挥监督的整体功能，对检查中发现的问题及时督促整改，对带有普遍性的问题研究治本之策。对落实中央政策措施不力、严重损害群众利益，特别是因不履行或不正确履行职责，造成严重后果的，要严格责任追究。认真剖析典型案件，提出完善体制机制、推进改革的对策建议。要总结宣传、学习借鉴有效监督的做法和经验，不断提高监督的整体能力和水平。

（四）努力提高新形势下纪检监察干部的履职能力

纪检监察干部队伍素质和能力直接关系党风廉政建设的成效。机构改革后，人力资源社会保障部门职能增加、任务加重，纪检监察工作面临的新情况、新问题也日趋增多，要适应新形势、新任务的需要，认真解决在思想观念、工作思路、创新意识、工作方式、精神状态、履职能力等方面存在的差距。要以开展“做党的忠诚卫士，当群众的贴心人”主题实践活动为载体，抓好队伍自身建设，特别要重视抓好制度建设，制定和完善一些现实急需、条件相对成熟的内部管理制度，以制度加强管理，用制度推动工作。要抓好教育培训，部里今年将举办系统纪检监察干部培训班，各地也要加强纪检监察干部培训工作，使干部的知识结构、工作视野、综合素质得到改善和提升。要加强作风建设，教育引导干部增强政治意识和责任意识、公正意识和原则意识、群众意识和服务意识、法制意识和表率意识，努力造就一支信念坚定、求真务实、秉公执纪、严于律己、甘于奉献的纪检监察干部队伍。

同志们，2010 年系统党风廉政建设工作任务十分繁重，各级人力资源社会保障部门要按照人力资源社会保障工作会议和这次会议精神，统筹考虑安排，合理摆布力量，以更加坚决的态度、更加有力的措施、更加扎实的工作，完成好今年党风廉政建设各项任务，为确保中央重大决策部署的贯彻落实，推进人力资源社会保障事业健康发展作出新的贡献。

三、重 要 文 件

国务院关于加强职业培训促进就业的意见

国发［2010］36号

各省、自治区、直辖市人民政府，国务院各部委、各直属机构：

改革开放以来，我国职业培训工作取得了显著成效，职业培训体系初步建立，政策措施逐步完善，培训规模不断扩大，劳动者职业素质和就业能力得到不断提高，对促进就业和经济社会发展发挥了重要作用。与此同时，职业培训工作仍不适应社会经济发展、产业结构调整和劳动者素质提高的需要，职业培训的制度需要进一步健全、工作力度需要进一步加大、针对性和有效性需要进一步增强。为认真落实《国家中长期人才发展规划纲要（2010—2020年）》《国家中长期教育改革和发展规划纲要（2010—2020年）》要求，全面提高劳动者职业技能水平，加快技能人才队伍建设，现就加强职业培训促进就业提出如下意见：

一、充分认识加强职业培训的重要性和紧迫性

（一）加强职业培训是促进就业和经济发展的重大举措。职业培训是提高劳动者技能水平和就业创业能力的主要途径。大力加强职业培训工作，建立健全面向全体劳动者的职业培训制度，是实施扩大就业的发展战略，解决就业总量矛盾和结构性矛盾，促进就业和稳定就业的根本措施；是贯彻落实人才强国战略，加快技能人才队伍建设，建设人力资源强国的重要任务；是加快经济发展方式转变，促进产业结构调整，提高企业自主创新能力和核心竞争力的必然要求；也是推进城乡统筹发展，加快工业化和城镇化进程的有效手段。

（二）明确职业培训工作的指导思想和目标任务。职业培训工作的指导思想是：深入贯彻落实科学发展观，以服务就业和经济发展为宗旨，坚持城乡统筹、就业导向、技能为本、终身培训的原则，建立覆盖对象广泛、培训形式多样、管理运作规范、保障措施健全的职业培训工作新机制，健全面向全体劳动者的职业培训制度，加快培养数以亿计的高素质技能劳动者。

当前和今后一个时期，职业培训工作的主要任务是：适应扩大就业规模、提高就业质量和增强企业竞争力的需要，完善制度、创新机制、加大投入，大规模开展就业技能培训、岗位技能提升培训和创业培训，切实提高职业培训的针对性和有效性，努力实现“培训一人、就业一人”和“就业一人、培训一人”的目标，为促进就业和经济社会发展提供强有力的技能人才支持。“十二五”期间，力争使新进入人力资源市场的劳动者都有机会接受相应的职业培训，使企业技能岗位的职工得到至少一次技能提升培训，使每个有培训愿望的创业者都参加一次创业培训，使高技能人才培训满足产业结构优化升级和企业发展需求。

二、大力开展各种形式的职业培训

（三）健全职业培训制度。适应城乡全体

劳动者就业需要和职业生涯发展要求，健全职业培训制度。要统筹利用各类职业培训资源，建立以职业院校、企业和各类职业培训机构为载体的职业培训体系，大力开展就业技能培训、岗位技能提升培训和创业培训，贯通技能劳动者从初级工、中级工、高级工到技师、高级技师的成长通道。

（四）大力开展就业技能培训。要面向城乡各类有就业要求和培训愿望的劳动者开展多种形式就业技能培训。坚持以就业为导向，强化实际操作技能训练和职业素质培养，使他们达到上岗要求或掌握初级以上职业技能，着力提高培训后的就业率。对农村转移就业劳动者和城镇登记失业人员，要重点开展初级技能培训，使其掌握就业的一技之长；对城乡未继续升学的应届初高中毕业生等新成长劳动力，鼓励其参加1～2个学期的劳动预备制培训，提升技能水平和就业能力；对企业新录用的人员，要结合就业岗位的实际要求，通过师傅带徒弟、集中培训等形式开展岗前培训；对退役士兵要积极开展免费职业技能培训；对职业院校学生要强化职业技能和从业素质培养，使他们掌握中级以上职业技能。鼓励高等院校大力开展职业技能和就业能力培训，加强就业创业教育和就业指导服务，促进高校毕业生就业。

（五）切实加强岗位技能提升培训。适应企业产业升级和技术进步的要求，进一步健全企业职工培训制度，充分发挥企业在职业培训工作中的重要作用。鼓励企业通过多种方式广泛开展在岗职工技能提升培训和高技能人才培训。要结合技术进步和产业升级对职工技能水平的要求，通过在岗培训、脱产培训、业务研修、技能竞赛等多种形式，加快提升企业在岗职工的技能水平。鼓励企业通过建立技能大师工作室和技师研修制度、自办培训机构或与职业院校联合办学等方式，结合企业技术创新、技术改造和技术项目引进，大力培养高技能人才。鼓励有条件的企业积极承担社会培训任务，为参加职业培训人员提供实训实习条件。

（六）积极推进创业培训。依托有资质的教育培训机构，针对创业者特点和创业不同阶段的需求，开展多种形式的创业培训。要扩大创业培训范围，鼓励有创业要求和培训愿望、具备一定创业条件的城乡各类劳动者以及处于创业初期的创业者参加创业培训。要通过规范培训标准、提高师资水平、完善培训模式，不断提高创业培训质量；要结合当地产业发展和创业项目，根据不同培训对象特点，重点开展创业意识教育、创业项目指导和企业经营管理培训，通过案例剖析、考察观摩、企业家现身说法等方式，提高受培训者的创业能力。要强化创业培训与小额担保贷款、税费减免等扶持政策及创业咨询、创业孵化等服务手段的衔接，健全政策扶持、创业培训、创业服务相结合的工作体系，提高创业成功率。

三、切实提高职业培训质量

（七）大力推行就业导向的培训模式。根据就业需要和职业技能标准要求，深化职业培训模式改革，大力推行与就业紧密联系的培训模式，增强培训针对性和有效性。在强化职业技能训练的同时，要加强职业道德、法律意识等职业素质的培养，提高劳动者的技能水平和综合职业素养。全面实行校企合作，改革培训课程，创新培训方法，引导职业院校、企业和职业培训机构大力开展订单式培训、定向培训、定岗培训。面向有就业要求和培训愿望城乡劳动者的初级技能培训和岗前培训，应根据就业市场需求和企业岗位实际要求，开展订单式培训或定岗培训；面向城乡未继续升学的应届初高中毕业生等新成长劳动力的劳动预备制培训，应结合产业发展对后备技能人才需求，开展定向培训。

（八）加强职业技能考核评价和竞赛选拔。各地要切实加强职业技能鉴定工作，按统一要求建立健全技能人才培养评价标准，充分发挥职业技能鉴定在职业培训中的引导作用。各级职业技能鉴定机构要按照国家职业技能鉴定有关规定和要求，为劳动者提供及时、方便、快捷的职业技能鉴定服务。完善企业技能人才评价制度，指导企业结合国家职业标准和企业岗位要求，开展企业内职业技能评价工作。在职业院校中积极推行学历证书与职业资格证书“双证书”制度。充分发挥技能竞赛在技能人才培养中的积极作用，选择技术含量高、通用性广、从业人员多、社会影响大的职业广泛开展多层次的职业技能竞赛，为发现和选拔高技能人才创造条件。

（九）强化职业培训基础能力建设。依托现有各类职业培训机构及培训设施，加大职业培训资源整合力度，加强职业培训体系建设，提高职业培训机构的培训能力。在产业集中度高的区域性中心城市，提升改造一批以高级技能培训为主的职业技能实训基地；在地级城市，提升改造一批以中、高级技能培训为主的职业技能实训基地；在经济较发达的县市，提升改造一批以初、中级技能培训为主的职业技能实训基地，面向社会提供示范性技能训练和鉴定服务。完善职业分类制度，加快国家职业技能标准和鉴定题库的开发与更新，为职业培训和鉴定提供技术支持。加强职业培训师资队伍建设，依托有条件的大中型企业和职业院校，开展师资培训，加快培养既能讲授专业知识又能传授操作技能的教师队伍。实行专兼职教师制度，建立和完善职业培训教师在职培训和到企业实践制度。根据职业培训规律和特点，加强职业培训特别是高技能人才培训的课程体系、培训计划大纲以及培训教材的开发。

（十）切实加强就业服务工作。加强覆盖城乡的公共就业服务体系建设，为各类劳动者提供完善的职业培训政策信息咨询、职业指导和职业介绍等服务，定期公布人力资源市场供求信息，引导各类劳动者根据市场需求，选择适合自身需要的职业培训。基层劳动就业和社会保障公共服务平台要了解、掌握培训需求，收集、发布培训信息，积极动员组织辖区内各类劳动者参加职业培训和职业技能鉴定，及时提供就业信息和就业指导，协助落实相关就业扶持政策，促进其实现就业。

（十一）鼓励社会力量开展职业培训工作。各地要根据国家有关法律法规规定，明确民办职业培训机构的师资、设备、场地等基本条件，鼓励和引导社会力量开展职业培训，在师资培养、技能鉴定、就业信息服务、政府购买培训成果等方面与其他职业培训机构同等对待。同时，要依法加强对各类民办职业培训机构招生、收费、培训等环节的指导与监管，进一步提高民办职业培训机构办学质量，推动民办职业培训健康发展。

（十二）完善政府购买培训成果机制。各地要建立培训项目管理制度，完善政府购买培训成果机制，按照“条件公开、自愿申请、择优认定、社会公示”的原则，制定承担政府补贴培训任务的培训机构的基本条件、认定程序和管理办法，组织专家进行严格评审，对符合条件的向社会公示。要严格执行开班申请、过程检查、结业审核三项制度。鼓励地方探索第三方监督机制，委托有资质的社会中介组织对培训机构的培训质量及资金使用情况进行评估。

四、加大职业培训资金支持力度

（十三）完善职业培训补贴政策。城乡有就业要求和培训愿望的劳动者参加就业技能培训或创业培训，培训合格并通过技能鉴定取得初级以上职业资格证书（未颁布国家职业技能标准的职业应取得专项职业能力证书或培训合格证书），根据其获得职业资格证书或就业情况，按规定给予培训费补贴；企业新录用的符合职业培训补贴条件的劳动者，由企业依托所属培训机构或政府认定培训机构开展岗前培训的，按规定给予企业一定的培训费补贴。对通过初次职业技能鉴定并取得职业资格证书或专项职业能力证书的，按规定给予一次性职业技能鉴定补贴。对城乡未继续升学的应届初高中毕业生参加劳动预备制培训，按规定给予培训费补贴的同时，对其中农村学员和城市家庭经济困难学员给予一定生活费补贴。

（十四）加大职业培训资金投入。各级政府对用于职业培训的各项补贴资金要加大整合力度，具备条件的地区，统一纳入就业专项资金，统筹使用，提高效益。各级财政要加大投入，调整就业专项资金支出结构，逐步提高职业培训支出比重。有条件的地区要安排经费，对职业培训教材开发、师资培训、职业技能竞赛、评选表彰等基础工作给予支持。由失业保险基金支付的各项培训补贴按相关规定执行。

（十五）落实企业职工教育经费。企业要按规定足额提取并合理使用企业职工教育经费，职工教育经费的60%以上应用于一线职工的教育和培训，企业职工在岗技能提升培训和高技能人才培训所需费用从职工教育经费列支。企业应将职工教育经费的提取与使用情况列为厂务公开的内容，定期或不定期进行公开，接受职工代表的质询和全体职工的监督。对自身没有能力开展职工培训，以及未开展高技能人才培训的企业，县级以上地方人民政府可依法对其职工教育经费实行统筹，人力资源社会保障部门会同有关部门统一组织培训服务。

（十六）加强职业培训资金监管。各地人力资源社会保障部门要会同财政部门加强对职业培训补贴资金的管理，明确资金用途、申领拨付程序和监管措施。2012 年底前，各省（区、市）地级以上城市要依托公共就业服务信息系统建立统一的职业培训信息管理平台，对承担培训任务的培训机构进行动态管理，对参训人员实行实名制管理，不断提高地区之间信息共享程度。要根据当地产业发展规划、就业状况以及企业用人需要，合理确定并向社会公布政府补贴培训的职业（工种），每人每年只能享受一次职业培训补贴。要按照同一地区、同一工种补贴标准统一的原则，根据难易程度、时间长短和培训成本，以职业资格培训期限为基础，科学合理地确定培训补贴标准。根据培训对象特点和培训组织形式，在现有补贴培训机构方式的基础上，积极推进直补个人、直补企业等职业培训补贴方式，有条件的地区可以探索发放培训券（卡）的方式。要采取切实措施，对补贴对象审核、资金拨付等重点环节实行公开透明的办法，定期向全社会公开资金使用情况，审计部门依法加强对职业培训补贴资金的审计，防止骗取、挪用、以权谋私等问题的发生，确保资金安全，审计结果依法向社会公告。监察部门对重大违纪违规问题的责任人进行责任追究，涉及违法的移交司法机关处理。

五、加强组织领导

（十七）完善工作机制。地方各级人民政府、各有关部门要进一步提高对职业培训工作重要性的认识，进一步增强责任感和紧迫感，从全局和战略的高度，切实加强职业培训工作。要把职业培训工作作为促进就业工作的一项重要内容，列入重要议事日程，定期研究解决工作中存在的问题。要建立在政府统一领导下，人力资源社会保障部门统筹协调，发展改革、教育、科技、财政、住房城乡建设、农业等部门各司其职、密切配合，工会、共青团、妇联等人民团体广泛参与的工作机制，共同推动职业培训工作健康协调可持续发展。

（十八）科学制定培训规划。各地要根据促进就业和稳定就业的要求，在综合考虑当地劳动者职业培训实际需求、社会培训资源和能力的基础上，制定中长期职业培训规划和年度实施计划，并纳入本地区经济社会和人才发展总体规划。各地人力资源社会保障部门要结合本地区产业结构调整和发展状况、企业用工情况，对劳动力资源供求和培训需求信息等进行统计分析，并定期向社会发布。充分发挥行业主管部门和行业组织在职业培训工作中的作用，做好本行业技能人才需求预测，指导本行业企业完善职工培训制度，落实职业培训政策措施。

（十九）加大宣传表彰力度。进一步完善高技能人才评选表彰制度，并对在职业培训工作中作出突出贡献的机构和个人给予表彰。充分运用新闻媒体，广泛开展主题宣传活动，大力宣传各级党委、政府关于加强职业培训工作的方针政策，宣传技能成才和成功创业的典型事迹，宣传优秀职业院校和职业培训机构在职业培训方面的特色做法和显著成效，营造尊重劳动、崇尚技能、鼓励创造的良好氛围。

二〇一〇年十月二十日

国务院办公厅关于进一步做好农民工培训工作的指导意见

国办发［2010］11号

各省、自治区、直辖市人民政府，国务院各部委、各直属机构：

近年来，各地区、各部门认真贯彻落实《国务院关于解决农民工问题的若干意见》（国发［2006］5号）和《国务院办公厅转发农业部等部门2003—2010年全国农民工培训规划的通知》（国办发［2003］79号），农民工培训工作取得显著成效，政策措施逐步完善，培训力度不断加大，农民工职业技能明显提高。但也应当看到，农民工培训工作仍然存在着培训项目缺乏统筹规划、资金使用效益和培训质量不高、监督制约机制不够完善等问题。为提高农民工技能水平和就业能力，促进农村劳动力向非农产业和城镇转移，推进城乡经济社会发展一体化进程，经国务院同意，现就进一步做好农民工培训工作提出如下指导意见：

一、基本原则和主要目标

（一）基本原则。

1. 统筹规划、分工负责。把农民工培训工作纳入国民经济和社会发展规划，按照地方政府分级管理，职能部门各负其责，农民工工作协调机制统筹协调的原则，建立相互配合、有序运行的工作机制。

2. 整合资源、提高效益。根据企业和农民工的实际培训需要，整合培训资源，统筹安排、集中使用农民工培训资金。按照同一地区、同一工种补贴标准统一的原则，科学制定培训补贴基本标准，规范培训项目管理，严格监管培训资金使用。

3. 政府支持、市场运作。加大政府培训投入，增强培训能力，加强规范引导。发挥市场机制在资金筹措、培训机构建设、生源组织、过程监管、效果评价等方面的积极作用，鼓励行业、企业、院校和社会力量加强农民工培训。

4. 突出重点、讲求实效。重点发挥企业和院校产学结合的作用，加强农民工职业技能培训、在岗技能提升培训、创业培训和农村实用技术培训。着力提升培训质量，使经过培训的农民工都能掌握一项实用技能，提高培训后的就业率。

（二）主要目标。按照培养合格技能型劳动者的要求，逐步建立统一的农民工培训项目和资金统筹管理体制，使培训总量、培训结构与经济社会发展和农村劳动力转移就业相适应；到2015年，力争使有培训需求的农民工都得到一次以上的技能培训，掌握一项适应就业需要的实用技能。

二、搞好培训工作统筹规划

（三）制定实施新一轮培训规划，抓好培训项目的组织实施。按照我国经济发展、经济结构调整、产业布局和农业农村经济发展人才需求，科学统筹和把握农村劳动力转移就业的力度和节奏，制定新一轮全国农民工培训规划，纳入国民经济和社会发展中长期规划。各省（区、市）以及相关部门要根据国家农民工培训规划并结合实际，编制本地区、本行业的农民工培训规划和年度计划，明确农民工培训的规模和重点，科学规划培训机构的类型、数量和布局，认真抓好组织实施。

（四）明确培训重点，实施分类培训。根据农民工的不同需求，进一步规范培训的形式和内容，提高培训质量和效果。外出就业技能培训主要对拟转移到非农产业务工经商的农村劳动者开展专项技能或初级技能培训。技能提升培训主要对与企业签订一定期限劳动合同的在岗农民工进行提高技能水平的培训。劳动预备制培训主要对农村未能继续升学并准备进入非农产业就业或进城务工的应届初高中毕业生、农村籍退役士兵进行储备性专业技能培训。创业培训主要对有创业意愿并具备一定创业条件的农村劳动者和返乡农民工进行提升创业能力的培训。农村劳动者就地就近转移培训主要面向县域经济发展，重点围绕县域内农产品加工、中小企业以及农村妇女手工编织业等传统手工艺开展培训。

（五）以市场需求为导向，增强培训针对性。建立培训与就业紧密衔接的机制，适应经济结构调整和企业岗位需求，及时调整培训课程和内容。重点加强建筑业、制造业、服务业等吸纳就业能力强、市场容量大的行业的农民工培训。做好水库移民中的农民工培训工作。以实现就业为目标，根据产业发展和企业用工情况，组织开展灵活多样的订单式培训、定向培训，增强培训的针对性和有效性。根据县域经济发展人才需求，开展实用技能培训，促进农村劳动力就地就近转移就业；结合劳务输出开展专项培训，培育和扶持具有本地特色的劳务品牌，促进有组织的劳务输出。

（六）创新农民工培训机制。国务院农民工工作联席会议要组织协调有关部门建立培训项目管理制度，完善政府购买培训成果的机制，保证承担培训任务的院校、具备条件的企业培训机构及其他各类培训机构平等参与招投标，提高培训质量。鼓励有条件的地区探索推行培训券（卡）等有利于农民工灵活选择培训项目、培训方式和培训地点的办法。充分发挥社会各方面参与培训的积极性，建立促进农民工培训的多元投入机制。落实好中等职业教育国家助学金和免学费政策，力争使符合条件的农村劳动力尤其是未能继续升学的初、高中毕业生都能接受中等职业教育。逐步实施农村新成长劳动力免费劳动预备制培训。

三、建立规范的培训资金管理制度

（七）以省级统筹为重点，集中使用培训资金。各省（区、市）要将农民工培训资金列入财政预算，进一步加大农民工培训资金投入，并按照统筹规划、集中使用、提高效益的要求，将中央和省级财政安排的各项农民工培训资金统筹使用，各部门根据职责和任务，做好相关培训工作，改变资金分散安排、分散下达、效益不高的状况。国家有关部门要依据新一轮全国农民工培训规划和年度计划，统筹安排农民工培训资金，对地方予以适当补助。

（八）制定农民工培训补贴基本标准。各省（区、市）要进一步完善农民工培训补贴政策，按照农民工所学技能的难易程度、时间长短和培训成本，以通用型工种为主，科学合理地确定培训补贴基本标准，并根据实际情况定期予以调整，以使农民工能够掌握一门实用技能。各中心城市或县（市）要按照同一工种补贴标准相同的原则，确定具体的补贴标准。优先对未享受过政府培训补贴的农民工进行职业技能培训，避免多部门重复培训。

（九）对培训资金实行全过程监管。各地要加强对农民工培训资金的管理，明确申领程序，严格补贴对象审核、资金拨付和内外部监管。建立健全财务制度，强化财务管理和审计监督。以完善培训补贴资金审批为重点，进一步加强基础工作。建立享受培训补贴政策人员、单位的基础信息数据库，有效甄别培训补贴申请材料的真实性，防止出现冒领行为。财政扶贫培训资金只能用于贫困家庭劳动力的培训补贴。

（十）按照谁审批谁负责的原则，严肃查处违规违纪行为。要按照政府信息公开的有关规定向社会公开培训资金使用管理情况，接受监察、审计部门和社会的监督。健全培训补贴资金与培训成本、培训质量、就业效果挂钩的绩效评估机制，严肃查处套取培训资金的行为。对有虚报、套取、私分、截留、挪用培训补贴资金等行为的单位和个人，要根据有关规定严肃查处，并按照谁审批谁负责的原则，追究相关单位和人员的责任。涉嫌犯罪的，要依法移送司法部门处理。

四、充分发挥企业培训促进就业的作用

（十一）加强产学结合的企业培训。完善企业与院校联合开展培训的政府激励机制，各级政府和有关部门要积极支持企业开展农民工培训，鼓励企业特别是劳动密集的大型企业与院校联合举办产学结合的农民工培训基地，鼓励中小企业依托职业学校、职业培训机构培训在岗农民工，鼓励有条件的企业为职业学校和培训机构提供实习场所和设备，鼓励有一定规模的企业举办农民工业余学校。

（十二）强化企业培训责任。企业要把农民工纳入职工教育培训计划，确保农民工享受和其他在岗职工同等的培训待遇，并根据企业发展和用工情况，重点加强农民工岗前培训、在岗技能提升培训和转岗培训。鼓励企业依托所属培训机构或委托所在地定点培训机构，结合岗位要求和工作需要，组织农民工参加技能提升培训。鼓励企业选送农民工参加脱产、半脱产的技能培训和职业教育，推动技术工人特别是高级技工的技能提升培训。鼓励企业组织农民工参加职业技能竞赛。

（十三）发挥行业的指导作用。行业主管部门要对本行业依托企业开展的农民工培训进行协调和指导，充分发挥行业管理优势，在培训标准、培训内容和专业师资队伍建设等方面，加强对农民工培训的监督检查。要结合行业特点和企业用工需求，办好职业学校和培训基地。各级行业组织要积极发挥作用，优化培训资源配置，做好行业人力资源预测，为企业提供培训信息等中介服务，重点抓好校企合作，形成一批具有一定规模、富有特色的农民工培训项目。

（十四）落实企业培训资金。积极探索培训资金直补用人单位的办法。对用人单位吸纳农民工并与其签订 6 个月以上期限劳动合同，在劳动合同签订之日起 6 个月内由用人单位组织到职业培训机构进行培训的，按照有关规定对用人单位给予职业培训补贴。企业要按照规定足额提取职工教育经费，在岗农民工教育和培训所需费用从职工教育培训经费中列支。职工教育培训经费要按规定使用，不得挪作他用，使用情况要向职工代表大会或员工大会报告。鼓励行业、企业建立农民工培训奖励基金，扶持农民工参加学习与培训。

五、努力提高培训质量

（十五）加大培训组织工作力度。逐步建立和完善农民工培训的政策法规，通过多种渠道大力宣传有关政策，督促指导行业、企业、基层劳动保障工作站点和培训机构做好各类培训的组织工作，广泛动员农民工参加培训。充分发挥人力资源市场、群团组织以及互联网、新闻媒体的作用，及时发布培训项目、培训机构、教学师资、实训设备等方面的信息，为农民工自主选择培训机构和培训项目提供便利条件。积极引导和规范培训机构组织生源的行为。

（十六）规范培训管理，加强绩效评估。各地区和有关部门要建立农村劳动力培训台账和转移就业台账，对培训对象实行实名制管理。制定农民工培训质量效益评估指标体系，统一培训考核指标、考核程序和考核办法。积极探索第三方监督机制，委托有资质的社会中介组织对培训机构的培训质量及资金使用情况进行评估。规范培训工作管理流程，加强对培训工作全程的监管考评，做到培训信息公开、审核结果公示、培训过程透明、社会参与监管。

（十七）严格培训结业考核和发证制度。对于培训机构承担的财政补贴培训项目，要建立统一规范的结业考核程序，加强对考核过程、考核结果和证书发放的监督检查。农民工参加职业技能培训，按规定程序和要求考核合格后，颁发培训合格证书、职业能力证书或职业资格证书。鼓励农民工参加职业技能鉴定，职业技能鉴定机构要积极支持企业开展培训考核和技能鉴定工作。对经鉴定合格并获得职业资格证书的农民工，要按照规定给予一次性职业技能鉴定补贴。要加强对从事高危行业和特种作业农民工的专门培训，按照有关规定持证上岗。

六、强化培训能力建设

（十八）加强培训基地建设，增强实训能力。要按照农民工培训总体规划和布局，在全国主要劳动力输出和输入地区，依托现有培训资源提升改造农民工培训示范基地。承担培训任务的机构要有符合规定条件的教学设施和实训设备，保证参加培训的农民工得到足够的实训时间，达到上岗实际操作的要求。充分利用和优化配置现有教育培训资源，共建共享共用，提高培训资源利用效率。依托农村党员干部远程教育网、农村中小学远程教育网等资源，推广农民工网络培训、广播电视教育和电化教育。新增农民工培训资源要符合区域发展规划，重点投向欠发达地区和薄弱环节。

（十九）规范农民工培训机构管理。各地方农民工工作协调机制要组织有关部门制定农民工培训机构资质规范，明确培训机构在资金、师资、设备、场地等方面的必备条件。按照公开、公平、公正的原则，根据规定的条件和程序，通过招投标方式，面向全社会选择农民工培训机构，确定其承担的培训项目和工种，并向社会公开发布。建立培训机构动态管理和退出机制，对不合格的农民工培训机构定期进行清理整顿。承担农民工培训任务的院校、具备条件的企业培训机构和其他各类培训机构要发挥优势，起到农民工培训主阵地的作用，其他农民工培训机构要加强基础建设，提高培训能力和办学水平。

（二十）加强培训基础工作。加强农民工培训专兼职师资队伍建设，鼓励高校毕业生和各类优秀人才到基层农民工培训机构服务。根据农民工培训工作的实际需要，抓好培训教材规划编写和审定工作。有关部门要切实做好农民工培训统计工作，准确统计参加培训项目的实际人数。充分利用和整合现有资源，加强公共就业服务信息网络建设，建立培训资源数据库，提供统一高效、互联互通的农民工培训信息，提高农民工培训教学和管理的信息化水平。发挥基层劳动保障工作平台的作用，及时掌握用人单位和农民工的培训需求，为农民工培训管理和服务提供准确、及时的信息。

七、加强组织领导

（二十一）完善统筹协调机制。国务院农民工工作联席会议负责全国农民工培训的统筹规划、综合协调和考核评估，联席会议成员单位按照相关政策规定和各自职责，根据统一规划和年度计划，指导各地具体组织实施农民工培训工作。各地要进一步完善农民工工作协调机制，充分发挥人力资源社会保障、发展改革、教育、科技、财政、住房城乡建设、农业、扶贫等有关部门和工会、共青团、妇联等组织的作用，相互协作，共同做好农民工培训工作。人力资源社会保障部门主要负责向城市非农产业转移的农村劳动者技能培训的政策制定和组织实施；农业部门主要负责就地就近就业培训的政策制定和组织实施；教育部门主要负责农村初、高中毕业生通过接受中等职业教育实现带技能转移的政策制定和组织实施。

（二十二）强化地方政府责任。做好农民工培训工作的主要责任在地方。地方各级政府要把农民工培训工作列入议事日程，按照分级管理的原则，建立领导责任制和目标考核制，对本地区农民工培训进行统一管理和监督检查，要充实必要的工作力量，努力建设一支高素质的农民工培训工作队伍，对在农民工培训工作中做出突出成绩的单位和个人要给予奖励。

（二十三）开展先进经验交流。要探索农民工培训的客观规律，加强对中长期农民工培训发展规划以及政策的分析研究，及时总结推广农民工培训工作的新鲜经验。要注意学习借鉴国外农村劳动力转移就业培训和移民培训的有益经验，开展农民工培训工作领域的国际合作与交流。

各省（区、市）和国务院有关部门要根据本指导意见制定具体实施办法，确保各项政策措施落到实处，及时将贯彻落实本指导意见的办法和实施情况报告国务院农民工工作联席会议办公室。

二〇一〇年一月二十一日

国务院办公厅关于发展家庭服务业的指导意见

国办发［2010］43号

各省、自治区、直辖市人民政府，国务院各部委、各直属机构：

家庭服务业是以家庭为服务对象，向家庭提供各类劳务，满足家庭生活需求的服务行业。大力发展家庭服务业，对于增加就业、改善民生、扩大内需、调整产业结构具有重要作用。为进一步贯彻落实《国务院关于加快发展服务业的若干意见》（国发［2007］7号）要求，经国务院同意，现就发展家庭服务业提出如下指导意见：

一、基本原则和发展目标

（一）基本原则。立足国情，从现阶段实际出发，坚持市场运作与政府引导相结合，大力推进家庭服务业市场化、产业化、社会化；坚持政策扶持与规范管理相结合，积极实施扶持家庭服务业发展的产业政策，倡导诚信经营，加强市场监管，规范经营行为和用工行为；坚持满足生活需求与促进经济结构调整相结合，通过发展家庭服务业，为家庭提供多样化、高质量服务，带动相关服务行业发展，扩大服务消费；坚持促进就业与维护权益相结合，努力吸纳更多劳动者尤其是农村富余劳动力转移就业，妥善处理好家庭服务机构、家庭与从业人员之间的关系，维护好从业人员合法权益。

（二）发展目标。到2015年，建立完善发展家庭服务业的政策体系和监管措施，形成多层次、多形式共同发展的家庭服务市场和经营机构，家庭服务供给与需求基本平衡；从业人员数量显著增加，职业技能水平不断提高，劳动权益得到维护。到2020年，惠及城乡居民的家庭服务体系比较健全，能够基本满足家庭的服务需求，总体发展水平与全面建设小康社会的要求相适应。

二、统筹规划家庭服务业发展

（三）制定实施发展规划。根据国民经济和社会发展中长期规划及服务业发展主要目标，制定全国家庭服务业中长期发展规划。各地区要根据国家规划和本地区实际情况制定本地区规划，明确发展目标和保障措施。各有关部门要制（修）订相关行业规划和专项规划。研究制定家庭服务业发展评价体系，促进发展规划的实施。

（四）统筹各类业态发展。研究制定家庭服务业发展指导目录，明确不同时期发展重点及支持方向。适应人口老龄化和生活节奏加快的趋势，重点发展家政服务、养老服务、社区照料服务和病患陪护服务等业态，满足家庭的基本需求；加快基本养老服务体系建设，积极发展社区日间照料中心和专业化养老服务机构，支持社会力量参与公办养老服务设施的运营，开展多层次的养老服务；鼓励发展残疾人居家服务。适应经济社会发展水平和居民消费变化，因地制宜发展家庭用品配送、家庭教育等业态，满足家庭的特色需求。结合社会主义新农村建设，逐步发展面向农村尤其是中心镇的家庭服务。

（五）培育家庭服务市场。以非公有制经济为主体，鼓励各种资本投资创办家庭服务企业。除法律、行政法规另有规定外，对设立家庭服务企业不得提高注册资本最低限额。推进家庭服务领域对外开放，积极引进境外投资。鼓励各种社会力量创办民办非企业单位和个体经济组织提供家庭服务，支持工会、共青团、妇联和残联等组织利用自身优势发展多种形式的家庭服务机构。鼓励家务劳动社会化，积极扩大家庭服务需求。政府面向困难群众提供的家庭服务类公共产品，要按照市场机制向社会购买。各地区家庭服务市场要向外地企业开放，不得设置市场壁垒。

（六）推进公益性信息服务平台建设。设立区域性家庭服务电话呼叫号码，整合资源，增加投入，实施家庭服务业公益性信息服务平台建设工程。充分发挥各方面信息资源的作用，利用公共服务电话、互联网等，扩大信息覆盖面和服务范围，为家庭、社区、家庭服务机构提供公益性服务，实现互联互通、信息共享。依托家庭服务业公益性信息服务平台，健全供需对接、信息咨询、服务监督等功能，整合各类家庭服务资源，对家庭服务机构的资质、服务质量进行监督评价，形成便利、规范的家庭服务体系。

（七）发挥社区的重要作用。实施社区服务体系建设工程，统筹社区内家庭服务业发展。根据各类服务特点，将洗染、废旧物资回收利用、家用电器及其他日用品修理、社区保洁、社区保安等需要就近提供的家庭服务站点纳入社区服务体系建设之中。合理布局，扶持社区内家庭服务业场所建设，通过依托各类社区服务设施改造建设、以奖代补等方式，为家庭服务机构提供场所设施。鼓励不设服务场所的各类家庭服务机构与医疗服务机构、社区管理和服务机构等加强合作，增强可持续发展的能力。支持大型家庭服务企业运用连锁经营等方式到社区设立各类便民站点。加快社区综合信息服务平台建设，支持社区居民自治组织为家庭提供信息服务，支持社会组织开展互助志愿服务活动。

三、实行发展家庭服务业的扶持政策

（八）鼓励各类人员到家庭服务业就业、创业。把发展家庭服务业与落实各项就业扶持政策紧密结合起来，完善促进就业政策体系，鼓励农村富余劳动力、就业困难人员和高校毕业生到家庭服务业就业、创业。对各类家庭服务机构招用就业困难人员，签订劳动合同并缴纳社会保险费的，按规定给予社会保险补贴。对在家庭服务业灵活就业的就业困难人员，按规定给予社会保险补贴。对自主创业从事家庭服务业的农民工、高校毕业生和就业困难人员，按规定提供开业指导、创业培训、小额担保贷款、人事劳动档案保管和跟踪服务等“一条龙”服务。高校毕业生从事家庭服务业的，在报考公务员、应聘事业单位工作岗位时可按有关规定视同基层工作经历。鼓励开发家庭服务业公益性岗位，安排就业困难人员。落实促进残疾人就业的有关政策，鼓励和扶持具备劳动能力的残疾人从事家庭服务业。

（九）加强就业服务。强化覆盖城乡的公共就业服务体系，特别是加强街道、乡镇、社区就业服务平台建设，为家庭服务从业人员免费提供政策咨询、就业信息、职业指导和职业介绍服务，为家庭服务机构招聘人员和家庭雇用家政服务员提供推荐服务。在全国劳动力主要输出地区，整合并提升现有劳务基地资源，培育和扶持具有本地特色的家庭服务劳务品牌，强化输出地与输入地的对接，促进有组织的劳务输出。

（十）积极发展中小型家庭服务企业。充分发挥中小型家庭服务企业在行业发展中的骨干作用。地方各级人民政府和有关部门要将国家关于促进中小企业发展的政策措施落实到家庭服务企业，为企业设立、经营等提供便捷服务，将符合条件的企业纳入中小企业发展专项资金、小企业创业基地和中小企业信息服务网络给予积极扶持。加大对中小型家庭服务企业的多元化融资支持，拓宽融资渠道，扩大信贷抵押担保物范围，建立健全信用风险分散转移机制，推进金融产品和服务方式创新。鼓励兴办从事家庭服务的个体经济组织，为家庭提供灵活多样的服务，在行业发展中起到重要补充作用。切实减轻企业负担，严肃查处乱收费、乱罚款及各种摊派行为。

（十一）支持一批家庭服务企业做大做强。积极引导有条件的家庭服务企业规模化、网络化、品牌化经营，在行业发展中发挥带动作用。支持企业通过连锁经营、加盟经营、特许经营等方式，整合服务资源、扩大服务规模、增加服务网点、建立服务网络，除有特别规定外，企业设立连锁经营门店可持规定的文件和材料，直接到所在地工商行政管理机关申请办理登记手续。支持符合条件的企业按照相关规定进入境内外资本市场融资。支持企业建立和完善现代企业制度，积极开展技术、管理和服务创新，加强品牌开发、宣传和推广，形成有竞争力的知名品牌。

（十二）加大对家庭服务业的财税扶持力度。充分利用服务业发展专项资金和引导资金，将家庭服务业作为促进服务业发展的支持重点，进一步加大支持力度。中央和地方用于社会事业和民生工程的资金，要将发展家庭服务业纳入扶持范围。落实扶持中小企业发展的税收优惠政策，按有关税收政策规定，对符合条件的小型微利企业给予税收优惠。中小型家庭服务企业缴纳城镇土地使用税确有困难的，可按有关规定向省级财税部门或省级人民政府提出减免税申请；中小型家庭服务企业因有特殊困难不能按期纳税的，可依法申请在 3 个月内延期缴纳；对符合条件的员工制家政服务企业给予一定期限（3 年）免征营业税的支持政策。从事家庭服务的个体经济组织符合条件的，可以按照现行有关规定享受免收行政事业性收费优惠政策。

（十三）实施促进家庭服务业发展的其他政策措施。支持商业保险机构开发家庭服务保险产品，推行家政服务机构职业责任险、人身意外伤害保险等险种，防范和化解风险。制订土地使用总体规划、城市总体规划要充分考虑家庭服务业发展需要，搬迁关闭不适应城市功能定位的工业企业而退出的土地，要在供地安排上适当向养老服务等家庭服务机构倾斜，城市新建居住小区要预留规划面积，优先考虑家庭服务业站点发展的需要。完善价格政策，使养老服务机构与居民家庭用电、用水、用气、用热同价，其他家庭服务机构逐步实现不高于工业用电、用水、用气、用热价格。

四、逐步规范家庭服务业市场秩序

（十四）开展服务标准制（修）订和贯彻实施工作。研究制（修）订家庭服务各业态服务标准，推进服务标准化试点，逐步扩大标准覆盖范围。各地区、行业协会和企业要积极开展标准化工作，切实抓好家庭服务业国家标准、行业标准和地方标准的贯彻实施。按照让家庭满意、让从业人员满意的要求，推行服务承诺、服务公约、服务规范，提高服务质量。

（十五）加强市场监管。依法规范家庭服务机构从业行为，开展市场清理整顿，加强市场日常监管，严肃查处违法经营行为，坚决取缔非法职业中介，维护家庭消费者合法权益。制订家政服务机构资质规范，设立家政服务机构或其他组织拟从事家政服务经营的，须向有关部门备案。

（十六）完善行业自律机制。大力加强家庭服务业行业协会建设，在开办经费、办公场地、人员配备等方面给予扶持，为协会开展行业交流、人才培训、行业自律等工作提供有利条件。行业协会要在政府主管部门指导下，推动家庭服务机构开展规范化建设，拟订行业服务公约和家庭服务协议示范文本，开展服务质量评定、调解服务纠纷、调查处理违反行规行为，并配合有关部门开展行业统计、制订行业服务标准和行业工资指导价位。

（十七）积极推进诚信建设。大力开展家庭服务从业人员职业道德教育、家庭服务机构诚信经营教育和家庭守信教育，形成供需各方相互信赖、安全可靠的市场环境。要将职业道德作为从业人员岗前培训的内容。逐步健全失信惩戒和守信褒扬机制，在家庭服务机构资质评级以及日常监管、表彰奖励中，要重点考核诚信经营情况，将家庭服务供需各方诚信情况纳入社会信用体系，并与其他部门的诚信记录联网。

五、提高从业人员职业技能

（十八）加强职业技能培训。把家庭服务从业人员作为职业技能培训工作的重点，落实培训计划和农民工培训补贴等各项政策，按照同一地区、同一工种给予同一补贴的原则，统一培训补贴基本标准，统一培训机构资质规范，统一培训考核标准、考核程序和考核办法。以规模经营企业和技工院校为主，充分发挥各类职业培训机构、行业协会以及工青妇组织的作用，根据当地家庭服务市场需求和用工情况，开展订单式培训、定向培训和在职培训。依托各类职业技能培训机构，加强家庭服务从业人员实训基地建设，实施家政服务员、养老护理员和病患陪护员等家庭服务从业人员定向培训工程，对家政服务、养老服务和病患陪护服务等机构招聘从业人员进行培训的，按规定给予培训补贴。各级财政要加大对定向培训工程的投入，落实好国家有关加强职业院校的教材开发、师资培训、实训基地等基础能力建设的政策。

（十九）推进职业技能鉴定工作。按照家庭服务业发展需要，完善职业分类，加快制（修）订国家职业标准。探索符合家庭服务职业特点的鉴定模式，鼓励从业人员参加职业技能鉴定或专项能力考核，经鉴定考核合格并获得证书的，按规定给予一次性鉴定补贴。做好初、中、高级职业资格衔接工作，构建家庭服务从业人员从初、中、高级工到技师、高级技师的发展通道。家庭服务机构应坚持先培训后上岗制度，完善技能水平与薪酬挂钩机制，引导从业人员积极参加培训和鉴定考核，鼓励家庭选择持有家庭服务职业资格证书或专项职业能力证书的从业人员提供服务。

（二十）加强经营管理和专业人才培养。将家庭服务业经营管理和专业人才培养纳入国家专业技术人才中长期规划并抓好落实。支持高等院校和技工院校开设家庭服务业相关专业，培养从事家庭服务的经营管理人才和中高级专业人才，鼓励有条件的家庭服务机构与高等院校、技工院校合作，建立家庭服务人才培养基地和实习基地。加大家庭服务业职业经理人培训工作力度，提高经营管理者的素质，完善家庭服务业人才交流和激励约束机制，引导人才合理流动。

六、维护从业人员合法权益

（二十一）规范家庭服务机构与家庭及从业人员的关系。国务院有关部门要研究制定适应家政服务特点的劳动用工政策及劳动标准，促进家政服务员体面劳动。招聘并派遣家政服务员到家庭提供服务的家政服务机构，应当与员工制家政服务员签订劳动合同或简易劳动合同，执行家政服务劳动标准，家政服务机构应当与家庭签订家政服务协议。以中介名义介绍家政服务员但定期收取管理费等费用的机构，要执行员工制家政服务机构的劳动管理规定。引导家庭与通过中介组织介绍或其他方式自行雇用的非员工制家政服务员签订雇用协议，明确双方的权利和义务。其他家庭服务机构及其从业人员应当依法签订劳动合同，执行劳动法律法规一般规定。

（二十二）维护家政服务员劳动报酬等权益。有关部门要定期公布家政服务员工资指导价位，促进工资水平逐步提高。家政服务机构支付给员工制家政服务员的工资不得低于当地最低工资标准。家政服务机构向员工制家政服务员收取管理费的，不得高于规定的比例。员工制家政服务员可以实行不定时工作制，家政服务机构及家庭应当保障其休息权利，具体休息或补偿办法可结合实际协商确定。

（二十三）以灵活方式鼓励从业人员参加社会保险。非员工制城镇户籍家政服务员可以灵活就业人员身份，自愿参加城镇企业职工基本养老保险和城镇职工基本医疗保险或城镇居民基本医疗保险。非员工制农业户籍家政服务员可以自愿参加新型农村社会养老保险、新型农村合作医疗，或以灵活就业人员身份自愿参加城镇职工基本医疗保险或城镇居民基本医疗保险。工伤保险及其他有条件的社会保险险种要针对家政服务员特点，实行灵活便捷的参保缴费方式，并做好转移接续工作。家庭服务机构及其从业人员应当按规定参加社会保险、缴纳社会保险费。

（二十四）建立多渠道维护从业人员权益机制。按照“鼓励和解、加强调解、加快仲裁、衔接诉讼”的要求，及时妥善处理家庭服务机构与从业人员之间的劳动争议。建立包括企业调解、基层调解及区域性调解、社会调解的工作网络，将简单争议化解在基层。通过简化受理立案程序、适用简易程序审理，提高仲裁效率。加强与人民法院的沟通，促进裁审衔接。加大监察执法力度，依法查处家庭服务机构违反劳动保障法律法规的行为。对家庭与非员工制家政服务员之间因履行雇用协议引起的民事纠纷，引导当事人依法通过人民调解、行业协会调解、诉讼等渠道解决。依法在家庭服务企业中建立工会。各级工会、共青团、妇联和残联组织要发挥各自优势，通过政策咨询、法律援助、维权热线等方式，配合有关部门做好家庭服务从业人员权益维护工作。

七、加强发展家庭服务业工作的组织领导

（二十五）建立工作协调机制。建立由人力资源社会保障部牵头、有关部门单位参加的发展家庭服务业促进就业部际联席会议制度，组织研究发展家庭服务业促进就业的重大问题，推动制定和完善相关政策法规、规划计划和措施。联席会议成员单位要按照各自职责，认真贯彻落实国家关于发展家庭服务业促进就业的各项政策措施。联席会议办公室要搞好统筹协调，促进工作落实。其他有关部门也要做好涉及家庭服务从业人员的文化生活、公共卫生、计划生育、党团和工会建设等各项工作。发展家庭服务业促进就业的主要责任在地方，县级以上地方人民政府要根据本地实际建立和完善相应的部门协调机制，充实工作力量，加强对这项工作的领导。

（二十六）加快政策法规建设。逐步完善涉及家庭服务业的投资、金融、劳动关系、社会保障、社会组织等方面的政策法规，积极推动家政服务、养老服务、社区照料服务和病患陪护服务以及其他家庭服务业态的法规规章和政策措施的制（修）订工作。各地要结合实际制定出台地方法规规章，增强操作性，为发展家庭服务业促进就业提供法制保障。

（二十七）加强统计调查和信息交流。研究建立家庭服务业统计调查制度，充实统计力量，增加经费投入，规范统计标准，完善统计调查方法和指标体系，提高统计数据的准确性和及时性，及时掌握行业发展情况，为国家宏观调控和制定规划、政策提供依据。促进有关部门和行业协会信息交流，开展国际合作与交流，借鉴吸收国外发展家庭服务业促进就业的成功做法。

（二十八）加大宣传力度。大力宣传发展家庭服务业的方针政策，宣传家务劳动社会化的新观念，宣传家庭服务从业人员的社会贡献，引导家庭及社会尊重家庭服务从业人员。及时总结推广各地区、各部门创造的新鲜经验，对作出突出成绩的先进集体和个人给予表彰，组织开展家庭服务职业技能竞赛，努力提高家庭服务从业人员的社会地位，为家庭服务业发展营造良好的社会氛围。

发展家庭服务业工作涉及面广、政策性

强，各地区、各有关部门要高度重视，注意研究新情况、分析新问题、总结新经验，不断探索中国特色家庭服务业发展规律，切实推动家庭服务业发展。发展家庭服务业促进就业部际联席会议要将落实本指导意见的情况及时向国务院报告。

二〇一〇年九月二十六日

国务院办公厅转发发展改革委　卫生部等部门关于进一步鼓励和引导社会资本举办医疗机构意见的通知

国办发［2010］58号

各省、自治区、直辖市人民政府，国务院各部委、各直属机构：

发展改革委、卫生部、财政部、商务部、人力资源社会保障部《关于进一步鼓励和引导社会资本举办医疗机构的意见》已经国务院同意，现转发给你们，请认真贯彻执行。

鼓励和引导社会资本举办医疗机构，有利于增加医疗卫生资源，扩大服务供给，满足人民群众多层次、多元化的医疗服务需求；有利于建立竞争机制，提高医疗服务效率和质量，完善医疗服务体系。各地区、各有关部门要解放思想、转变观念，充分认识鼓励和引导社会资本举办医疗机构的重要意义。要抓紧清理和修改涉及非公立医疗机构准入、执业、监管等方面的文件，结合实际制定和完善鼓励引导社会资本举办医疗机构的实施细则和配套文件，消除阻碍非公立医疗机构发展的政策障碍，促进非公立医疗机构持续健康发展。要加强政策解读，引导社会各界正确认识非公立医疗机构在医疗卫生服务体系中的重要地位和作用，为社会资本举办医疗机构营造良好氛围。

国务院办公厅

二〇一〇年十一月二十六日

关于进一步鼓励和引导社会资本举办医疗机构的意见

发展改革委　卫生部　财政部　商务部　人力资源社会保障部

坚持公立医疗机构为主导、非公立医疗机构共同发展，加快形成多元化办医格局，是医药卫生体制改革的基本原则和方向。为贯彻落实《中共中央　国务院关于深化医药卫生体制改革的意见》（中发〔2009〕6号）、《国务院关于印发医药卫生体制改革近期重点实施方案（2009—2011年）的通知》（国发〔2009〕12号）精神，完善和落实优惠政策，消除阻碍非公立医疗机构发展的政策障碍，确保非公立医疗机构在准入、执业等方面与公立医疗机构享受同等待遇，现就鼓励和引导社会资本举办医疗机构提出以下意见：

一、放宽社会资本举办医疗机构的准入范围

（一）鼓励和支持社会资本举办各类医疗机构。社会资本可按照经营目的，自主申办营利性或非营利性医疗机构。卫生、民政、工商、税务等相关部门要依法登记，分类管理。鼓励社会资本举办非营利性医疗机构，支持举办营利性医疗机构。鼓励有资质人员依法开办个体诊所。

（二）调整和新增医疗卫生资源优先考虑社会资本。非公立医疗机构的设置应符合本地区区域卫生规划和区域医疗机构设置规划。各地在制定和调整本地区区域卫生规划、医疗机构设置规划和其他医疗卫生资源配置规划时，要给非公立医疗机构留有合理空间。需要调整和新增医疗卫生资源时，在符合准入标准的条件下，优先考虑由社会资本举办医疗机构。

（三）合理确定非公立医疗机构执业范围。卫生部门负责对非公立医疗机构的类别、诊疗科目、床位等执业范围进行审核，确保非公立医疗机构执业范围与其具备的服务能力相适应。对符合申办条件、具备相应资质的，应予以批准并及时发放相应许可，不得无故限制非公立医疗机构执业范围。

（四）鼓励社会资本参与公立医院改制。要根据区域卫生规划，合理确定公立医院改制范围。引导社会资本以多种方式参与包括国有企业所办医院在内的公立医院改制，积极稳妥地把部分公立医院转制为非公立医疗机构，适度降低公立医院的比重，促进公立医院合理布局，形成多元化办医格局。要优先选择具有办医经验、社会信誉好的非公立医疗机构参与公立医院改制。公立医院改制可在公立医院改革试点地区以及部分国有企业所办医院先行试点，卫生部门要会同有关部门及时总结经验，制定出台相关办法。在改制过程中，要按照严格透明的程序和估价标准对公立医院资产进行评估，加强国有资产处置收益管理，防止国有资产流失；按照国家政策规定制定改制单位职工安置办法，保障职工合法权益。

（五）允许境外资本举办医疗机构。进一步扩大医疗机构对外开放，将境外资本举办医疗机构调整为允许类外商投资项目。允许境外医疗机构、企业和其他经济组织在我国境内与我国的医疗机构、企业和其他经济组织以合资或合作形式设立医疗机构，逐步取消对境外资本的股权比例限制。对具备条件的境外资本在我国境内设立独资医疗机构进行试点，逐步放开。境外资本既可举办营利性医疗机构，也可以举办非营利性医疗机构。鼓励境外资本在我国中西部地区举办医疗机构。

香港、澳门特别行政区和台湾地区的资本在内地举办医疗机构，按有关规定享受优先支持政策。

（六）简化并规范外资办医的审批程序。中外合资、合作医疗机构的设立由省级卫生部门和商务部门审批，其中设立中医、中西医结合、民族医医院的应征求省级中医药管理部门意见。外商独资医疗机构的设立由卫生部和商务部审批，其中设立中医、中西医结合、民族医医院的应征求国家中医药局意见。具体办法由相关部门另行制定。

二、进一步改善社会资本举办医疗机构的执业环境

（七）落实非公立医疗机构税收和价格政策。社会资本举办的非营利性医疗机构按国家规定享受税收优惠政策，用电、用水、用气、用热与公立医疗机构同价，提供的医疗服务和药品要执行政府规定的相关价格政策。营利性医疗机构按国家规定缴纳企业所得税，提供的医疗服务实行自主定价，免征营业税。

（八）将符合条件的非公立医疗机构纳入医保定点范围。非公立医疗机构凡执行政府规定的医疗服务和药品价格政策，符合医保定点相关规定，人力资源社会保障、卫生和民政部门应按程序将其纳入城镇基本医疗保险、新型农村合作医疗、医疗救助、工伤保险、生育保险等社会保障的定点服务范围，签订服务协议进行管理，并执行与公立医疗机构相同的报销政策。各地不得将投资主体性质作为医疗机构申请成为医保定点机构的审核条件。

（九）优化非公立医疗机构用人环境。非公立医疗机构与医务人员依法签订劳动合同，按照国家规定参加社会保险。鼓励医务人员在公立和非公立医疗机构间合理流动，有关单位和部门应按有关规定办理执业变更、人事劳动关系衔接、社会保险关系转移、档案转接等手续。医务人员在学术地位、职称评定、职业技能鉴定、专业技术和职业技能培训等方面不受工作单位变化的影响。

（十）改善非公立医疗机构外部学术环境。非公立医疗机构在技术职称考评、科研课题招标及成果鉴定、临床重点学科建设、医学院校临床教学基地及住院医师规范化培训基地资格认定等方面享有与公立医疗机构同等待遇。

各医学类行业协会、学术组织和医疗机构评审委员会要平等吸纳非公立医疗机构参与，保证非公立医疗机构占有与其在医疗服务体系中的地位相适应的比例，保障非公立医疗机构医务人员享有承担与其学术水平和专业能力相适应的领导职务的机会。

（十一）支持非公立医疗机构配置大型设备。支持非公立医疗机构按照批准的执业范围、医院等级、服务人口数量等，合理配备大型医用设备。

非公立医疗机构配备大型医用设备，由相应卫生部门实行统一规划、统一准入、统一监管。各地制定和调整大型医用设备配置规划应当充分考虑当地非公立医疗机构的发展需要，合理预留空间。卫生部门在审批非公立医疗机构及其开设的诊疗科目时，对其执业范围内需配备的大型医用设备一并审批，凡符合配置标准和使用资质的不得限制配备。

（十二）鼓励政府购买非公立医疗机构提供的服务。鼓励采取招标采购等办法，选择符合条件的非公立医疗机构承担公共卫生服务以及政府下达的医疗卫生支农、支边、对口支援等任务。支持社会资本举办的社区卫生服务机构、个体诊所等非公立医疗机构在基层医疗卫生服务体系中发挥积极作用。

非公立医疗机构在遇有重大传染病、群体性不明原因疾病、重大食物和职业中毒以及因自然灾害、事故灾难或社会安全等事件引起的突发公共卫生事件时，应执行政府下达的指令性任务，并按规定获得政府补偿。

鼓励各地在房屋建设、设备购置及人员培养等方面，对非公立医疗机构给予积极扶持。

（十三）鼓励对社会资本举办的非营利性医疗机构进行捐赠。鼓励企业、事业单位、社会团体以及个人等对社会资本举办的非营利性医疗机构进行捐赠，并落实相关税收优惠政策。鼓励红十字会、各类慈善机构、基金会等出资举办非营利性医疗机构，或与社会资本举办的非营利性医疗机构建立长期对口捐赠关系。

（十四）完善非公立医疗机构土地政策。有关部门要将非公立医疗机构用地纳入城镇土地利用总体规划和年度用地计划，合理安排用地需求。社会资本举办的非营利性医疗机构享受与公立医疗机构相同的土地使用政策。非营利性医疗机构不得擅自改变土地用途，如需改变，应依法办理用地手续。

（十五）畅通非公立医疗机构相关信息获取渠道。要保障非公立医疗机构在政策知情和信息、数据等公共资源共享方面与公立医疗机构享受同等权益。要提高信息透明度，按照信息公开的有关规定及时公布各类卫生资源配置规划、行业政策、市场需求等方面的信息。

（十六）完善非公立医疗机构变更经营性质的相关政策。社会资本举办的非营利性医疗机构原则上不得转变为营利性医疗机构，确需转变的，需经原审批部门批准并依法办理相关手续；社会资本举办的营利性医疗机构转换为非营利性医疗机构，可提出申请并依法办理变更手续。变更后，按规定分别执行国家有关价格和税收政策。

（十七）完善非公立医疗机构退出的相关政策。非公立医疗机构如发生产权变更，可按有关规定处置相关投资。非公立医疗机构如发生停业或破产，按照有关规定执行。

三、促进非公立医疗机构持续健康发展

（十八）引导非公立医疗机构规范执业。非公立医疗机构作为独立法人实体，自负盈亏，独立核算，独立承担民事责任。非公立医疗机构要执行医疗机构管理条例及其实施细则等法规和相关规定，提供医疗服务要获得相应许可。严禁非公立医疗机构超范围服务，依法严厉打击非法行医活动和医疗欺诈行为。规范非公立医疗机构医疗广告发布行为，严禁发布虚假、违法医疗广告。卫生部门要把非公立医疗机构纳入医疗质量控制评价体系，通过日常监督管理、医疗机构校验和医师定期考核等手段，对非公立医疗机构及其医务人员执业情况进行检查、评估和审核。

建立社会监督机制，将医疗质量和患者满意度纳入对非公立医疗机构日常监管范围。发挥医疗保险对医保定点机构的激励约束作用，促进非公立医疗机构提高服务质量，降低服务成本。

（十九）促进非公立医疗机构守法经营。非公立医疗机构要严格按照登记的经营性质开展经营活动，使用税务部门监制的符合医疗卫生行业特点的票据，执行国家规定的财务会计制度，依法进行会计核算和财务管理，并接受相关部门的监督检查。非营利性医疗机构所得收入除规定的合理支出外，只能用于医疗机构的继续发展。对违反经营目的、收支结余用于分红或变相分红的，卫生部门要责令限期改正；情节严重的，按规定责令停止执业，并依法追究法律责任。营利性医疗机构所得收益可用于投资者经济回报。非公立医疗机构要按照临床必需的原则为患者提供适当的服务，严禁诱导医疗和过度医疗。对不当谋利、损害患者合法权益的，卫生部门要依法惩处并追究法律责任。财政、卫生等相关部门要进一步完善和落实营利性和非营利性医疗机构财务、会计制度及登记管理办法。充分发挥会计师事务所对非公立医疗机构的审计监督作用。

（二十）加强对非公立医疗机构的技术指导。人力资源社会保障和卫生等部门要按照非公立医疗机构等级，将其纳入行业培训等日常指导范围。各地开展医疗卫生专业技术人才继续教育、技能人才职业技能培训、全科医生培养培训和住院医师规范化培训等专业人员教育培训，要考虑非公立医疗机构的人才需求，统筹安排。

（二十一）提高非公立医疗机构的管理水平。鼓励非公立医疗机构推行现代化医院管理制度，建立规范的法人治理结构，加强成本控制和质量管理，聘用职业院长负责医院管理。支持社会资本举办医院管理公司提供专业化的服务。鼓励非公立医疗机构采用各种方式聘请或委托国内外具备医疗机构管理经验的专业机构，在明确权责关系的前提下参与医院管理，提高管理效率。指导非公立医疗机构依法实施劳动合同制度，建立和完善劳动规章制度。

（二十二）鼓励有条件的非公立医疗机构做大做强。鼓励社会资本举办和发展具有一定规模、有特色的医疗机构，引导有条件的医疗机构向高水平、高技术含量的大型医疗集团发展，实施品牌发展战略，树立良好的社会信誉和口碑。鼓励非公立医疗机构加强临床科研和人才队伍建设。

（二十三）培育和增强非公立医疗机构的社会责任感。非公立医疗机构要增强社会责任意识，坚持以病人为中心，加强医德医风建设，大力弘扬救死扶伤精神，加强医务人员职业道德建设和人文精神教育，做到诚信执业。鼓励非公立医疗机构采用按规定设立救助基

金、开展义诊等多种方式回报社会。进一步培育和完善非公立医疗机构行业协会，充分发挥其在行业自律和维护非公立医疗机构合法权益等方面的积极作用。

（二十四）建立和完善非公立医疗机构投诉渠道。非公立医疗机构可以采取行政诉讼及行政复议等形式，维护自身在准入、执业、监管等方面的权益。可以向上级有关部门投诉，接到投诉的部门应依法及时处理，并将处理结果书面正式通知投诉机构。

（二十五）此前有关规定与本意见不一致的，以本意见为准。

中华人民共和国人力资源和社会保障部令

第 5 号

《劳动人事争议仲裁组织规则》已于 2010 年 1 月 19 日经人力资源社会保障部第 38 次部务会议通过，并商中央机构编制委员会办公室同意，现予公布，自公布之日起施行。

部长　尹蔚民

二〇一〇年一月二十日

劳动人事争议仲裁组织规则

第一章　总　　则

第一条　为公正及时处理劳动、人事争议，根据《中华人民共和国劳动争议调解仲裁法》以及《中华人民共和国公务员法》《中国人民解放军文职人员条例》等有关法律法规，制定本规则。

第二条　劳动人事争议仲裁委员会（以下称仲裁委员会）由人民政府依法设立，专门处理劳动、人事争议（以下称争议）案件。仲裁委员会经费依法由财政予以保障。

第三条　仲裁委员会处理争议案件实行仲裁庭制度。

第四条　人力资源社会保障行政部门负责指导本行政区域的争议调解仲裁工作，组织协调处理跨地区、有影响的重大争议，负责仲裁员的管理、培训等工作。

第二章　仲裁委员会及其办事机构

第五条　仲裁委员会按照统筹规划、合理布局和适应实际需要的原则设立，由省、自治区、直辖市人民政府依法决定。

第六条　仲裁委员会由干部主管部门代表，人力资源社会保障等相关行政部门代表，军队及聘用单位文职人员工作主管部门代表，工会代表，用人单位代表等组成。

仲裁委员会组成人员应当是单数。

第七条　仲裁委员会设主任一名，副主任和委员若干名。仲裁委员会主任由行政部门代表担任。

第八条　仲裁委员会依法履行下列职责：

（一）聘任、解聘专职或者兼职仲裁员；

（二）受理争议案件；

（三）讨论重大或者疑难的争议案件；

（四）对仲裁活动进行监督。

第九条 仲裁委员会应当每年至少召开两次全体会议，研究本委职责履行情况和重要工作事项。

仲裁委员会主任或者三分之一以上的仲裁委员会组成人员提议召开仲裁委员会会议的，应当召开。

仲裁委员会的决定实行少数服从多数原则。

第十条 仲裁委员会可以下设实体化的办事机构，具体承担争议调解仲裁等日常工作。办事机构名称和仲裁员等工作人员按照地方人民政府规定进行规范和配备。

第十一条 仲裁委员会组成单位可以派兼职仲裁员常驻办事机构，参与争议调解仲裁活动。

第三章 仲 裁 庭

第十二条 仲裁委员会处理争议案件应当组成仲裁庭，实行一案一庭制。

第十三条 处理下列争议案件应当由三名仲裁员组成仲裁庭，设首席仲裁员：

（一）十人以上集体劳动、人事争议；

（二）有重大影响的争议；

（三）仲裁委员会认为应当由三名仲裁员组庭处理的其他案件。

简单案件可以由一名仲裁员独任仲裁。

第十四条 记录人员在仲裁庭上负责案件庭审记录等相关工作。

记录人员不得由本庭仲裁员兼任。

第十五条 仲裁庭组成不符合规定的，仲裁委员会应当予以撤销并重新组庭。

第十六条 仲裁委员会应当有专门的仲裁场所。仲裁场所应悬挂仲裁徽章，张贴仲裁庭纪律及注意事项等，并配备必要的办案设备。

第十七条 当事人和旁听人员应当遵守仲裁庭纪律，未经仲裁庭许可，不得进行录音、录像、拍照以及其他妨碍庭审的活动。

第十八条 仲裁员在仲裁活动中应当着正装，佩戴仲裁徽章。

第四章 仲 裁 员

第十九条 仲裁员是由仲裁委员会聘任，依法调解和仲裁争议案件的专业工作人员。

仲裁员分为专职仲裁员和兼职仲裁员。

第二十条 仲裁委员会可以依法聘任一定数量的专职仲裁员，也可以根据办案工作需要，依法从干部主管部门、人力资源社会保障行政部门、军队及聘用单位文职人员工作主管部门、工会、企业组织等相关机构的人员以及专家、学者、律师中聘任兼职仲裁员。

第二十一条 仲裁委员会聘任仲裁员时，应当从符合《中华人民共和国劳动争议调解仲裁法》第二十条规定的仲裁员条件的人员中选聘。

第二十二条 仲裁员自被仲裁委员会聘任之日起，即具有以下职责：

（一）依法调解和仲裁争议案件；

（二）法律法规规定的其他职责。

第二十三条 人力资源社会保障行政部门负责对拟聘任的仲裁员进行聘前培训。

担任地（市）、县（区）仲裁委员会仲裁员的，参加省、自治区、直辖市人力资源社会保障行政部门组织的仲裁员聘前培训。担任省、自治区、直辖市仲裁委员会仲裁员和副省级城市仲裁委员会仲裁员的，参加人力资源社会保障部组织的聘前培训。

第二十四条 人力资源社会保障行政部门负责每年对本行政区域内的仲裁员进行业务培训。

第二十五条 被聘任的仲裁员，由人力资源社会保障行政部门发给仲裁员证和仲裁徽章。

第二十六条 仲裁委员会应当设仲裁员名册，并予以公告。

省、自治区、直辖市人力资源社会保障行政部门应当将本行政区域内仲裁委员会聘任的仲裁员名单报送人力资源社会保障部。

第二十七条 仲裁员聘期一般为三年，由仲裁委员会负责考核，考核结果作为解聘和续聘的依据。

第二十八条 仲裁员在聘期内有工作岗位变动、考核不合格以及按照本规则规定应予解聘等情形的，仲裁委员会应当予以解聘。

第二十九条 仲裁委员会对聘期届满未被续聘的仲裁员、被解聘的仲裁员、辞职的仲裁员以及其他原因不再聘任的仲裁员，应当及时收回仲裁员证和仲裁徽章，并予以公告。

第五章 仲裁监督

第三十条 仲裁委员会应当依法对本委聘任的仲裁员以及仲裁活动进行监督，包括对仲裁申请的受理、仲裁庭组成、仲裁员的仲裁活动等进行监督。

第三十一条 仲裁委员会发现应当受理而在法定期限内未予受理或者已经出具不予受理通知书的争议案件，申请人尚未向人民法院提起诉讼的，应当在书面征求申请人同意后，及时予以受理，并撤销已经出具的不予受理通知书。

第三十二条 仲裁员不得有下列行为：

（一）徇情枉法，偏袒一方当事人；

（二）滥用职权，侵犯当事人合法权益；

（三）利用职权为自己或者他人谋取私利；

（四）隐瞒证据或者伪造证据；

（五）私自会见当事人及其代理人，接受当事人及其代理人的请客送礼；

（六）故意拖延办案、玩忽职守；

（七）擅自对外透露案件处理情况；

（八）在任职期间担任仲裁案件的代理人；

（九）其他违法乱纪的行为。

第三十三条 仲裁员有本规则第三十二条规定情形的，仲裁委员会视情节轻重，给予批评教育、解聘等处理；仲裁员所在单位也可以根据国家有关规定给予处分；构成犯罪的，依法追究刑事责任。

第三十四条 记录人员应客观记录案件庭审等情况，不得有因偏袒一方当事人而不客观记录、故意涂改记录或者将案件处理过程中应当保密的情况泄露给特定当事人等行为。

记录人员违反前款规定的，参照本规则第三十三条的规定处理。

第六章 附　　则

第三十五条 仲裁员证由人力资源社会保障部制作并免费发放。

仲裁徽章由人力资源社会保障部统一样式。

第三十六条 本规则自颁布之日起施行。

原劳动部 1993 年 11 月 5 日颁布的《劳动争议仲裁委员会组织规则》（劳部发［1993］300 号）、1995 年 3 月 22 日颁布的《劳动仲裁员聘任管理办法》（劳部发［1995］142 号）以及原人事部 1999 年 9 月 6 日颁布的《人事争议仲裁员管理办法》（人发［1999］99 号）同时废止。

中华人民共和国人力资源和社会保障部令

第 6 号

《人力资源社会保障行政复议办法》已于 2010 年 2 月 25 日经人力资源社会保障部第 41 次部务会议审议通过，现予公布，自发布之日起施行。

部长　尹蔚民

二〇一〇年三月十六日

人力资源社会保障行政复议办法

第一章　总　　则

第一条　为了规范人力资源社会保障行政复议工作，根据《中华人民共和国行政复议法》（以下简称行政复议法）和《中华人民共和国行政复议法实施条例》（以下简称行政复议法实施条例），制定本办法。

第二条　公民、法人或者其他组织认为人力资源社会保障部门作出的具体行政行为侵犯其合法权益，向人力资源社会保障行政部门申请行政复议，人力资源社会保障行政部门及其法制工作机构开展行政复议相关工作，适用本办法。

第三条　各级人力资源社会保障行政部门是人力资源社会保障行政复议机关（以下简称行政复议机关），应当认真履行行政复议职责，遵循合法、公正、公开、及时、便民的原则，坚持有错必纠，保障法律、法规和人力资源社会保障规章的正确实施。

行政复议机关应当依照有关规定配备专职行政复议人员，为行政复议工作提供财政保障。

第四条　行政复议机关负责法制工作的机构（以下简称行政复议机构）具体办理行政复议事项，履行下列职责：

（一）处理行政复议申请；

（二）向有关组织和人员调查取证，查阅文件和资料，组织行政复议听证；

（三）依照行政复议法实施条例第九条的规定，办理第三人参加行政复议事项；

（四）依照行政复议法实施条例第四十一条的规定，决定行政复议中止、恢复行政复议审理事项；

（五）依照行政复议法实施条例第四十二

条的规定，拟订行政复议终止决定；

（六）审查申请行政复议的具体行政行为是否合法与适当，提出处理建议，拟订行政复议决定，主持行政复议调解，审查和准许行政复议和解协议；

（七）处理或者转送对行政复议法第七条所列有关规定的审查申请；

（八）依照行政复议法第二十九条的规定，办理行政赔偿等事项；

（九）依照行政复议法实施条例第三十七条的规定，办理鉴定事项；

（十）按照职责权限，督促行政复议申请的受理和行政复议决定的履行；

（十一）对人力资源社会保障部门及其工作人员违反行政复议法、行政复议法实施条例和本办法规定的行为依照规定的权限和程序提出处理建议；

（十二）研究行政复议过程中发现的问题，及时向有关机关和部门提出建议，重大问题及时向行政复议机关报告；

（十三）办理因不服行政复议决定提起行政诉讼的行政应诉事项；

（十四）办理或者组织办理未经行政复议直接提起行政诉讼的行政应诉事项；

（十五）办理行政复议、行政应诉案件统计和重大行政复议决定备案事项；

（十六）组织培训；

（十七）法律、法规规定的其他职责。

第五条 专职行政复议人员应当具备与履行行政复议职责相适应的品行、专业知识和业务能力，并取得相应资格。各级人力资源社会保障部门应当保障行政复议人员参加培训的权利，应当为行政复议人员参加法律类资格考试提供必要的帮助。

第六条 行政复议人员享有下列权利：

（一）依法履行行政复议职责的行为受法律保护；

（二）获得履行行政复议职责相应的物质条件；

（三）对行政复议工作提出建议；

（四）参加培训；

（五）法律、法规和规章规定的其他权利。

行政复议人员应当履行下列义务：

（一）严格遵守宪法和法律；

（二）以事实为根据，以法律为准绳审理行政复议案件；

（三）忠于职守，尽职尽责，清正廉洁，秉公执法；

（四）依法保障行政复议参加人的合法权益；

（五）保守国家秘密、商业秘密和个人隐私；

（六）维护国家利益、社会公共利益，维护公民、法人或者其他组织的合法权益；

（七）法律、法规和规章规定的其他义务。

第二章　行政复议范围

第七条 有下列情形之一的，公民、法人或者其他组织可以依法申请行政复议：

（一）对人力资源社会保障部门作出的警告、罚款、没收违法所得、依法予以关闭、吊销许可证等行政处罚决定不服的；

（二）对人力资源社会保障部门作出的行政处理决定不服的；

（三）对人力资源社会保障部门作出的行政许可、行政审批不服的；

（四）对人力资源社会保障部门作出的行政确认不服的；

（五）认为人力资源社会保障部门不履行法定职责的；

（六）认为人力资源社会保障部门违法收费或者违法要求履行义务的；

（七）认为人力资源社会保障部门作出的其他具体行政行为侵犯其合法权益的。

第八条 公民、法人或者其他组织对下列事项，不能申请行政复议：

（一）人力资源社会保障部门作出的行政处分或者其他人事处理决定；

（二）劳动者与用人单位之间发生的劳动人事争议；

（三）劳动能力鉴定委员会的行为；

（四）劳动人事争议仲裁委员会的仲裁、调解等行为；

（五）已就同一事项向其他有权受理的行政机关申请行政复议的；

（六）向人民法院提起行政诉讼，人民法院已经依法受理的；

（七）法律、行政法规规定的其他情形。

第三章　行政复议申请

第一节　申请人

第九条　依照本办法规定申请行政复议的公民、法人或者其他组织为人力资源社会保障行政复议申请人。

第十条　同一行政复议案件申请人超过 5 人的，推选 1 至 5 名代表参加行政复议，并提交全体行政复议申请人签字的授权委托书以及全体行政复议申请人的身份证复印件。

第十一条　依照行政复议法实施条例第九条的规定，公民、法人或者其他组织申请作为第三人参加行政复议，应当提交《第三人参加行政复议申请书》，该申请书应当列明其参加行政复议的事实和理由。

申请作为第三人参加行政复议的，应当对其与被审查的具体行政行为有利害关系负举证责任。

行政复议机构通知或者同意第三人参加行政复议的，应当制作《第三人参加行政复议通知书》，送达第三人，并注明第三人参加行政复议的日期。

第十二条　申请人、第三人可以委托 1 至 2 名代理人参加行政复议。

申请人、第三人委托代理人参加行政复议的，应当向行政复议机构提交授权委托书。授权委托书应当载明下列事项：

（一）委托人姓名或者名称，委托人为法人或者其他组织的，还应当载明法定代表人或者主要负责人的姓名、职务；

（二）代理人姓名、性别、职业、住所以及邮政编码；

（三）委托事项、权限和期限；

（四）委托日期以及委托人签字或者盖章。

申请人、第三人解除或者变更委托的，应当书面报告行政复议机构。

第二节　被申请人

第十三条　公民、法人或者其他组织对人力资源社会保障部门作出的具体行政行为不服，依照本办法规定申请行政复议的，作出该具体行政行为的人力资源社会保障部门为被申请人。

第十四条　对县级以上人力资源社会保障行政部门的具体行政行为不服的，可以向上一级人力资源社会保障行政部门申请复议，也可以向该人力资源社会保障行政部门的本级人民政府申请行政复议。

对人力资源社会保障部作出的具体行政行为不服的，向人力资源社会保障部申请行政复议。

第十五条　对人力资源社会保障行政部门按照国务院规定设立的社会保险经办机构（以下简称社会保险经办机构）依照法律、法规规定作出的具体行政行为不服，可以向直接管理该社会保险经办机构的人力资源社会保障行政部门申请行政复议。

第十六条　对依法受委托的属于事业组织的公共就业服务机构、职业技能考核鉴定机构以及街道、乡镇人力资源社会保障工作机构等作出的具体行政行为不服的，可以向委托其行使行政管理职能的人力资源社会保障行政部门的上一级人力资源社会保障行政部门申请复议，也可以向该人力资源社会保障行政部门的本级人民政府申请行政复议。委托的人力资源社会保障行政部门为被申请人。

第十七条　对人力资源社会保障部门和政府其他部门以共同名义作出的具体行政行为不服的，可以向其共同的上一级行政部门申请复议。共同作出具体行政行为的人力资源社会保障部门为共同被申请人之一。

第十八条 人力资源社会保障部门设立的派出机构、内设机构或者其他组织，未经法律、法规授权，对外以自己名义作出具体行政行为的，该人力资源社会保障部门为被申请人。

第三节 行政复议申请期限

第十九条 公民、法人或者其他组织认为人力资源社会保障部门作出的具体行政行为侵犯其合法权益的，可以自知道该具体行政行为之日起60日内提出行政复议申请。

前款规定的行政复议申请期限依照下列规定计算：

（一）当场作出具体行政行为的，自具体行政行为作出之日起计算；

（二）载明具体行政行为的法律文书直接送达的，自受送达人签收之日起计算；

（三）载明具体行政行为的法律文书依法留置送达的，自送达人和见证人在送达回证上签注的留置送达之日起计算；

（四）载明具体行政行为的法律文书邮寄送达的，自受送达人在邮件签收单上签收之日起计算；没有邮件签收单的，自受送达人在送达回执上签名之日起计算；

（五）具体行政行为依法通过公告形式告知受送达人的，自公告规定的期限届满之日起计算；

（六）被申请人作出具体行政行为时未告知公民、法人或者其他组织，事后补充告知的，自该公民、法人或者其他组织收到补充告知的通知之日起计算；

（七）被申请人有证据材料能够证明公民、法人或者其他组织知道该具体行政行为的，自证据材料证明其知道具体行政行为之日起计算。

人力资源社会保障部门作出具体行政行为，依法应当向有关公民、法人或者其他组织送达法律文书而未送达的，视为该公民、法人或者其他组织不知道该具体行政行为。

申请人因不可抗力或者其他正当理由耽误法定申请期限的，申请期限自原因消除之日起继续计算。

第二十条 人力资源社会保障部门对公民、法人或者其他组织作出具体行政行为，应当告知其申请行政复议的权利、行政复议机关和行政复议申请期限。

第四节 行政复议申请的提出

第二十一条 申请人书面申请行政复议的，可以采取当面递交、邮寄或者传真等方式递交行政复议申请书。

有条件的行政复议机构可以接受以电子邮件形式提出的行政复议申请。

对采取传真、电子邮件方式提出的行政复议申请，行政复议机构应当告知申请人补充提交证明其身份以及确认申请书真实性的相关书面材料。

第二十二条 申请人书面申请行政复议的，应当在行政复议申请书中载明下列事项：

（一）申请人基本情况：申请人是公民的，包括姓名、性别、年龄、身份证号码、工作单位、住所、邮政编码；申请人是法人或者其他组织的，包括名称、住所、邮政编码和法定代表人或者主要负责人的姓名、职务；

（二）被申请人的名称；

（三）申请行政复议的具体行政行为、行政复议请求、申请行政复议的主要事实和理由；

（四）申请人签名或者盖章；

（五）日期。

申请人口头申请行政复议的，行政复议机构应当依照前款规定内容，当场制作行政复议申请笔录交申请人核对或者向申请人宣读，并由申请人签字确认。

第二十三条 有下列情形之一的，申请人应当提供相应的证明材料：

（一）认为被申请人不履行法定职责的，提供曾经申请被申请人履行法定职责的证明材料；

（二）申请行政复议时一并提出行政赔偿

申请的，提供受具体行政行为侵害而造成损害的证明材料；

（三）属于本办法第十九条第四款情形的，提供发生不可抗力或者有其他正当理由的证明材料；

（四）需要申请人提供证据材料的其他情形。

第二十四条 申请人提出行政复议申请时错列被申请人的，行政复议机构应当告知申请人变更被申请人。

申请人变更被申请人的期间，不计入行政复议审理期限。

第二十五条 依照行政复议法第七条的规定，申请人认为具体行政行为所依据的规定不合法的，可以在对具体行政行为申请行政复议的同时一并提出对该规定的审查申请；申请人在对具体行政行为提出行政复议申请时尚不知道该具体行政行为所依据的规定的，可以在行政复议机关作出行政复议决定前向行政复议机关提出对该规定的审查申请。

第四章 行政复议受理

第二十六条 行政复议机构收到行政复议申请后，应当在5日内进行审查，按照下列情况分别作出处理：

（一）对符合行政复议法实施条例第二十八条规定条件的，依法予以受理，制作《行政复议受理通知书》和《行政复议提出答复通知书》，送达申请人和被申请人；

（二）对符合本办法第七条规定的行政复议范围，但不属于本机关受理范围的，应当书面告知申请人向有关行政复议机关提出；

（三）对不符合法定受理条件的，应当作出不予受理决定，制作《行政复议不予受理决定书》，送达申请人，该决定书中应当说明不予受理的理由和依据。

对不符合前款规定的行政复议申请，行政复议机构应当将有关处理情况告知申请人。

第二十七条 人力资源社会保障行政部门的其他工作机构收到复议申请的，应当及时转送行政复议机构。

除不符合行政复议法定条件或者不属于本机关受理的行政复议申请外，行政复议申请自行政复议机构收到之日起即为受理。

第二十八条 依照行政复议法实施条例第二十九条的规定，行政复议申请材料不齐全或者表述不清楚的，行政复议机构可以向申请人发出补正通知，一次性告知申请人需要补正的事项。

补正通知应当载明下列事项：

（一）行政复议申请书中需要修改、补充的具体内容；

（二）需要补正的证明材料；

（三）合理的补正期限；

（四）逾期未补正的法律后果。

补正期限从申请人收到补正通知之日起计算。

无正当理由逾期不补正的，视为申请人放弃行政复议申请。

申请人应当在补正期限内向行政复议机构提交需要补正的材料。补正申请材料所用时间不计入行政复议审理期限。

第二十九条 申请人依法提出行政复议申请，行政复议机关无正当理由不予受理的，上一级人力资源社会保障行政部门可以根据申请人的申请或者依职权先行督促其受理；经督促仍不受理的，应当责令其限期受理，并且制作《责令受理行政复议申请通知书》；必要时，上一级人力资源社会保障行政部门也可以直接受理。

上一级人力资源社会保障行政部门经审查认为行政复议申请不符合法定受理条件的，应当告知申请人。

第三十条 劳动者与用人单位因工伤保险待遇发生争议，向劳动人事争议仲裁委员会申请仲裁期间，又对人力资源社会保障行政部门作出的工伤认定结论不服向行政复议机关申请行政复议的，如果符合法定条件，应当予以受理。

第五章　行政复议审理和决定

第三十一条　行政复议原则上采取书面审查的办法，但是申请人提出要求或者行政复议机构认为有必要的，可以向有关组织和人员调查情况，听取申请人、被申请人和第三人的意见。

第三十二条　行政复议机构应当自行政复议申请受理之日起7日内，将行政复议申请书副本或者行政复议申请笔录复印件发送被申请人。被申请人应当自收到申请书副本或者申请笔录复印件之日起10日内，提交行政复议答复书，并提交当初作出具体行政行为的证据、依据和其他有关材料。

行政复议答复书应当载明下列事项，并加盖被申请人印章：

（一）被申请人的名称、地址、法定代表人的姓名、职务；

（二）作出具体行政行为的事实和有关证据材料；

（三）作出具体行政行为依据的法律、法规、规章和规范性文件的具体条款和内容；

（四）对申请人行政复议请求的意见和理由；

（五）日期。

被申请人应当对其提交的证据材料分类编号，对证据材料的来源、证明对象和内容作简要说明。

因不可抗力或者其他正当理由，被申请人不能在法定期限内提出书面答复、提交当初作出具体行政行为的证据、依据和其他有关材料的，可以向行政复议机关提出延期答复和举证的书面申请。

第三十三条　有下列情形之一的，行政复议机构可以实地调查核实证据：

（一）申请人或者被申请人对于案件事实的陈述有争议的；

（二）被申请人提供的证据材料之间相互矛盾的；

（三）第三人提出新的证据材料，足以推翻被申请人认定的事实的；

（四）行政复议机构认为确有必要的其他情形。

调查取证时，行政复议人员不得少于2人，并应当向当事人或者有关人员出示证件。

第三十四条　对重大、复杂的案件，申请人提出要求或者行政复议机构认为必要时，可以采取听证的方式审理。

有下列情形之一的，属于重大、复杂的案件：

（一）涉及人数众多或者群体利益的案件；

（二）具有涉外因素的案件；

（三）社会影响较大的案件；

（四）案件事实和法律关系复杂的案件；

（五）行政复议机构认为其他重大、复杂的案件。

第三十五条　公民、法人或者其他组织对人力资源社会保障部门行使法律、法规规定的自由裁量权作出的具体行政行为不服申请行政复议，在行政复议机关作出行政复议决定之前，申请人和被申请人可以在自愿、合法基础上达成和解。申请人和被申请人达成和解的，应当向行政复议机构提交书面和解协议。

书面和解协议应当载明行政复议请求、事实、理由和达成和解的结果，并且由申请人和被申请人签字或者盖章。

行政复议机构应当对申请人和被申请人提交的和解协议进行审查。和解确属申请人和被申请人的真实意思表示，和解内容不违反法律、法规的强制性规定，不损害国家利益、社会公共利益和他人合法权益的，行政复议机构应当准许和解，并终止行政复议案件的审理。

第三十六条　依照行政复议法实施条例第四十一条的规定，行政复议机构中止、恢复行政复议案件的审理，应当分别制发《行政复议中止通知书》和《行政复议恢复审理通知书》，并通知申请人、被申请人和第三人。

第三十七条　依照行政复议法实施条例第四十二条的规定，行政复议机关终止行政复议的，应当制发《行政复议终止通知书》，并通知申请人、被申请人和第三人。

第三十八条 依照行政复议法第二十八条第一款第一项规定，具体行政行为认定事实清楚，证据确凿，适用依据正确，程序合法，内容适当的，行政复议机关应当决定维持。

第三十九条 依照行政复议法第二十八条第一款第二项规定，被申请人不履行法定职责的，行政复议机关应当决定其在一定期限内履行法定职责。

第四十条 具体行政行为有行政复议法第二十八条第一款第三项规定情形之一的，行政复议机关应当决定撤销、变更该具体行政行为或者确认该具体行政行为违法；决定撤销该具体行政行为或者确认该具体行政行为违法的，可以责令被申请人在一定期限内重新作出具体行政行为。

第四十一条 被申请人未依照行政复议法第二十三条的规定提出书面答复、提交当初作出具体行政行为的证据、依据和其他有关材料的，视为该具体行政行为没有证据、依据，行政复议机关应当决定撤销该具体行政行为。

第四十二条 具体行政行为有行政复议法实施条例第四十七条规定情形之一的，行政复议机关可以作出变更决定。

第四十三条 依照行政复议法实施条例第四十八条第一款的规定，行政复议机关决定驳回行政复议申请的，应当制发《驳回行政复议申请决定书》，并通知申请人、被申请人和第三人。

第四十四条 行政复议机关依照行政复议法第二十八条的规定责令被申请人重新作出具体行政行为的，被申请人应当在法律、法规、规章规定的期限内重新作出具体行政行为；法律、法规、规章未规定期限的，重新作出具体行政行为的期限为60日。

公民、法人或者其他组织对被申请人重新作出的具体行政行为不服，可以依法申请行政复议或者提起行政诉讼。

第四十五条 有下列情形之一的，行政复议机关可以按照自愿、合法的原则进行调解：

（一）公民、法人或者其他组织对人力资源社会保障部门行使法律、法规规定的自由裁量权作出的具体行政行为不服申请行政复议的；

（二）当事人之间的行政赔偿或者行政补偿纠纷；

（三）其他适于调解的。

第四十六条 行政复议机关进行调解应当符合下列要求：

（一）在查明案件事实的基础上进行；

（二）充分尊重申请人和被申请人的意愿；

（三）遵循公正、合理原则；

（四）调解结果应当符合有关法律、法规的规定；

（五）调解结果不得损害国家利益、社会公共利益或者他人合法权益。

第四十七条 申请人和被申请人经调解达成协议的，行政复议机关应当制作《行政复议调解书》。《行政复议调解书》应当载明下列内容：

（一）申请人姓名、性别、年龄、住所（法人或者其他组织的名称、地址、法定代表人或者主要负责人的姓名、职务）；

（二）被申请人的名称；

（三）申请人申请行政复议的请求、事实和理由；

（四）被申请人答复的事实、理由、证据和依据；

（五）进行调解的基本情况；

（六）调解结果；

（七）日期。

《行政复议调解书》应当加盖行政复议机关印章。《行政复议调解书》经申请人、被申请人签字或者盖章，即具有法律效力。

调解未达成协议或者调解书生效前一方反悔的，行政复议机关应当及时作出行政复议决定。

第四十八条 行政复议机关在审查申请人一并提出的作出具体行政行为所依据的规定的合法性时，应当根据具体情况，分别作出下列处理：

（一）如果该规定是由本行政机关制定的，应当在30日内对该规定依法作出处理结论；

（二）如果该规定是由其他人力资源社会保障行政部门制定的，应当在7日内按照法定程序转送制定该规定的人力资源社会保障行政部门，请其在60日内依法处理；

（三）如果该规定是由人民政府制定的，应当在7日内按照法定程序转送有权处理的国家机关依法处理。

对该规定进行审查期间，中止对具体行政行为的审查；审查结束后，行政复议机关再继续对具体行政行为的审查。

第四十九条 行政复议机关对决定撤销、变更具体行政行为或者确认具体行政行为违法并且申请人提出行政赔偿请求的下列具体行政行为，应当在行政复议决定中同时作出被申请人依法给予赔偿的决定：

（一）被申请人违法实施罚款、没收违法所得、依法予以关闭、吊销许可证等行政处罚的；

（二）被申请人造成申请人财产损失的其他违法行为。

第五十条 行政复议机关作出行政复议决定，应当制作《行政复议决定书》，载明下列事项：

（一）申请人的姓名、性别、年龄、住所（法人或者其他组织的名称、地址、法定代表人或者主要负责人的姓名、职务）；

（二）被申请人的名称、住所；

（三）申请人的行政复议请求和理由；

（四）第三人的意见；

（五）被申请人答复意见；

（六）行政复议机关认定的事实、理由，适用的法律、法规、规章以及其他规范性文件；

（七）复议决定；

（八）申请人不服行政复议决定向人民法院起诉的期限；

（九）日期。

《行政复议决定书》应当加盖行政复议机关印章。

第五十一条 行政复议机关应当根据《中华人民共和国民事诉讼法》的规定，采用直接送达、邮寄送达或者委托送达等方式，将行政复议决定送达申请人、被申请人和第三人。

第五十二条 下级行政复议机关应当及时将重大行政复议决定报上级行政复议机关备案。

第五十三条 案件审查结束后，办案人员应当及时将案卷进行整理归档。案卷保存期不少于10年，国家另有规定的从其规定。保存期满后的案卷，应当按照国家有关档案管理的规定处理。

案卷归档材料应当包括：

（一）行政复议申请的处理

1. 行政复议申请书或者行政复议申请笔录、申请人提交的证据材料；

2. 授权委托书、申请人身份证复印件、法定代表人或者主要负责人身份证明书；

3. 行政复议补正通知书；

4. 行政复议受理通知书和行政复议提出答复通知书；

5. 行政复议不予受理决定书；

6. 行政复议告知书；

7. 行政复议答复书、被申请人提交的证据材料；

8. 第三人参加行政复议申请书、第三人参加行政复议通知书；

9. 责令限期受理行政复议申请通知书。

（二）案件审理

1. 行政复议调查笔录；

2. 行政复议听证记录；

3. 行政复议中止通知书、行政复议恢复审理通知书；

4. 行政复议和解协议；

5. 行政复议延期处理通知书；

6. 撤回行政复议申请书；

7. 规范性文件转送函。

（三）处理结果

1. 行政复议决定书；

2. 行政复议调解书；

3. 行政复议终止书；

4. 驳回行政复议申请决定书。

（四）其他

1. 行政复议文书送达回证；

2. 行政复议意见书；

3. 行政复议建议书；

4. 其他。

第五十四条 案卷装订、归档应当达到下列要求：

（一）案卷装订整齐；

（二）案卷目录用钢笔或者签字笔填写，字迹工整；

（三）案卷材料不得涂改；

（四）卷内材料每页下方应当居中标注页码。

第六章 附 则

第五十五条 本办法所称人力资源社会保障部门包括人力资源社会保障行政部门、社会保险经办机构、公共就业服务机构等具有行政职能的机构。

第五十六条 人力资源社会保障行政复议活动所需经费、办公用房以及交通、通信、摄像、录音等设备由各级人力资源社会保障部门予以保障。

第五十七条 行政复议机关可以使用行政复议专用章。在人力资源社会保障行政复议活动中，行政复议专用章和行政复议机关印章具有同等效力。

第五十八条 本办法未规定事项，依照行政复议法、行政复议法实施条例规定执行。

第五十九条 本办法自发布之日起施行。劳动和社会保障部 1999 年 11 月 23 日发布的《劳动和社会保障行政复议办法》（劳动和社会保障部令第 5 号）同时废止。

中华人民共和国人力资源和社会保障部令

第 7 号

《关于废止和修改部分人力资源和社会保障规章的决定》已于 2010 年 11 月 1 日经人力资源社会保障部第 50 次部务会议通过，现予公布，自公布之日起施行。

部长　尹蔚民

二〇一〇年十一月十二日

关于废止和修改部分人力资源和社会保障规章的决定

按照《中华人民共和国立法法》规定和国务院有关要求，我部对现行人力资源和社会保障规章进行了全面清理。经研究，决定废止和修改部分人力资源和社会保障规章。现将废止和修改的规章目录予以公布。

附件：1. 废止的人力资源和社会保障规章目录

2. 修改的人力资源和社会保障规章目录

附件 1

废止的人力资源和社会保障规章目录

序号	制定机关	规章名称	文号	施行日期	废止理由
1	劳动部	企业劳动争议调解委员会组织及工作规则	劳部发［1993］301 号	1993.11.5	其制定依据《中华人民共和国企业劳动争议处理条例》已被《中华人民共和国劳动争议调解仲裁法》代替
2	劳动部	违反《中华人民共和国劳动法》行政处罚办法	劳部发［1994］532 号	1995.1.1	已被《中华人民共和国劳动合同法》《劳动保障监察条例》等法律法规代替
3	劳动部	劳动行政处罚若干规定	劳动部令第 1 号	1996.10.1	已被《劳动保障监察条例》等法律法规代替
4	人事部	国家公务员考核暂行规定	人核发［1994］4 号	1994.3.8	已被 2007 年 1 月 4 日颁布施行的《公务员考核规定（试行）》代替
5	人事部	国家公务员职务任免暂行规定	人核培发［1995］37 号	1995.3.31	已被 2008 年 2 月 29 日颁布施行的《公务员职务任免与职务升降规定（试行）》代替
6	人事部	国家公务员辞职辞退暂行规定	人核培发［1995］77 号	1995.7.18	已被 2009 年 7 月 24 日颁布施行的《公务员辞去公职规定（试行）》《公务员辞退规定（试行）》代替
7	人事部	国家公务员申诉控告暂行规定	人核培发［1995］91 号	1995.8.11	关于公务员申诉，已被 2008 年 5 月 14 日颁布施行的《公务员申诉规定（试行）》代替；关于公务员控告，公务员法已作原则规定，暂行规定中有关内容与公务员法表述不一致
8	人事部	国家公务员出国培训暂行规定	人外发［1995］110 号	1995.9.21	其制定依据《国家公务员暂行条例》已被废止，其内容已不符合公务员培训的需要
9	人事部	国家公务员职务升降暂行规定	人发［1996］13 号	1996.1.29	已被 2008 年 2 月 29 日颁布施行的《公务员职务任免与职务升降规定（试行）》代替
10	人事部	国家公务员被辞退后有关问题的暂行办法	人发［1996］64 号	1996.7.19	已被 2009 年 7 月 24 日颁布施行的《公务员辞退规定（试行）》代替
11	人事部	副省级市国家公务员非领导职务设置实施办法	人发［1996］86 号	1996.9.13	已被 2006 年 4 月 9 日颁布施行的《综合管理类公务员非领导职务设置管理办法》代替

附件 2

修改的人力资源和社会保障规章目录

序号	制定机关	规章名称	文号	施行日期	修改条文
1	劳动人事部、国家教委	技工学校工作条例	劳人培［1986］22号	1987.1.1	将名称修改为“技工学校工作规定”
2	人事部	全民所有制事业单位辞退专业技术人员和管理人员暂行规定	人调发［1992］18号	1992.10.16	将第十七条中引用的“《治安管理处罚条例》”修改为“《中华人民共和国治安管理处罚法》”
3	劳动部	劳动监察员管理办法	劳部发［1994］448号	1995.1.1	将第十四条中引用的“《国家公务员暂行条例》”修改为“《中华人民共和国公务员法》”；将第十五条中的“行政处分”修改为“处分”
4	劳动部、公安部、外交部、外经贸部	外国人在中国就业管理规定	劳部发［1996］29号	1996.5.1	将第二十六条中引用的“《中华人民共和国企业劳动争议处理条例》”修改为“《中华人民共和国劳动争议调解仲裁法》”
5	人事部	专业技术人员资格考试违纪违规行为处理规定	人事部令第3号	2005.1.1	将第十六条中引用的“《中华人民共和国治安管理处罚条例》”修改为“《中华人民共和国治安管理处罚法》”

中华人民共和国人力资源和社会保障部令

第 8 号

新修订的《工伤认定办法》已经人力资源和社会保障部第 56 次部务会议通过，现予公布，自 2011 年 1 月 1 日起施行。劳动和社会保障部 2003 年 9 月 23 日颁布的《工伤认定办法》同时废止。

部长　尹蔚民

二〇一〇年十二月三十一日

工伤认定办法

第一条　为规范工伤认定程序，依法进行工伤认定，维护当事人的合法权益，根据《工伤保险条例》的有关规定，制定本办法。

第二条　社会保险行政部门进行工伤认定按照本办法执行。

第三条　工伤认定应当客观公正、简捷方便，认定程序应当向社会公开。

第四条　职工发生事故伤害或者按照职业病防治法规定被诊断、鉴定为职业病，所在单位应当自事故伤害发生之日或者被诊断、鉴定为职业病之日起 30 日内，向统筹地区社会保险行政部门提出工伤认定申请。遇有特殊情况，经报社会保险行政部门同意，申请时限可以适当延长。

按照前款规定应当向省级社会保险行政部门提出工伤认定申请的，根据属地原则应当向用人单位所在地设区的市级社会保险行政部门提出。

第五条　用人单位未在规定的时限内提出工伤认定申请的，受伤害职工或者其近亲属、工会组织在事故伤害发生之日或者被诊断、鉴定为职业病之日起 1 年内，可以直接按照本办法第四条规定提出工伤认定申请。

第六条　提出工伤认定申请应当填写《工伤认定申请表》，并提交下列材料：

（一）劳动、聘用合同文本复印件或者与用人单位存在劳动关系（包括事实劳动关系）、人事关系的其他证明材料；

（二）医疗机构出具的受伤后诊断证明书或者职业病诊断证明书（或者职业病诊断鉴定书）。

第七条　工伤认定申请人提交的申请材料

符合要求，属于社会保险行政部门管辖范围且在受理时限内的，社会保险行政部门应当受理。

第八条 社会保险行政部门收到工伤认定申请后，应当在15日内对申请人提交的材料进行审核，材料完整的，作出受理或者不予受理的决定；材料不完整的，应当以书面形式一次性告知申请人需要补正的全部材料。社会保险行政部门收到申请人提交的全部补正材料后，应当在15日内作出受理或者不予受理的决定。

社会保险行政部门决定受理的，应当出具《工伤认定申请受理决定书》；决定不予受理的，应当出具《工伤认定申请不予受理决定书》。

第九条 社会保险行政部门受理工伤认定申请后，可以根据需要对申请人提供的证据进行调查核实。

第十条 社会保险行政部门进行调查核实，应当由两名以上工作人员共同进行，并出示执行公务的证件。

第十一条 社会保险行政部门工作人员在工伤认定中，可以进行以下调查核实工作：

（一）根据工作需要，进入有关单位和事故现场；

（二）依法查阅与工伤认定有关的资料，询问有关人员并作出调查笔录；

（三）记录、录音、录像和复制与工伤认定有关的资料。调查核实工作的证据收集参照行政诉讼证据收集的有关规定执行。

第十二条 社会保险行政部门工作人员进行调查核实时，有关单位和个人应当予以协助。用人单位、工会组织、医疗机构以及有关部门应当负责安排相关人员配合工作，据实提供情况和证明材料。

第十三条 社会保险行政部门在进行工伤认定时，对申请人提供的符合国家有关规定的职业病诊断证明书或者职业病诊断鉴定书，不再进行调查核实。职业病诊断证明书或者职业病诊断鉴定书不符合国家规定的要求和格式的，社会保险行政部门可以要求出具证据部门重新提供。

第十四条 社会保险行政部门受理工伤认定申请后，可以根据工作需要，委托其他统筹地区的社会保险行政部门或者相关部门进行调查核实。

第十五条 社会保险行政部门工作人员进行调查核实时，应当履行下列义务：

（一）保守有关单位商业秘密以及个人隐私；

（二）为提供情况的有关人员保密。

第十六条 社会保险行政部门工作人员与工伤认定申请人有利害关系的，应当回避。

第十七条 职工或者其近亲属认为是工伤，用人单位不认为是工伤的，由该用人单位承担举证责任。用人单位拒不举证的，社会保险行政部门可以根据受伤害职工提供的证据或者调查取得的证据，依法作出工伤认定决定。

第十八条 社会保险行政部门应当自受理工伤认定申请之日起60日内作出工伤认定决定，出具《认定工伤决定书》或者《不予认定工伤决定书》。

第十九条 《认定工伤决定书》应当载明下列事项：

（一）用人单位全称；

（二）职工的姓名、性别、年龄、职业、身份证号码；

（三）受伤害部位、事故时间和诊断时间或职业病名称、受伤害经过和核实情况、医疗救治的基本情况和诊断结论；

（四）认定工伤或者视同工伤的依据；

（五）不服认定决定申请行政复议或者提起行政诉讼的部门和时限；

（六）作出认定工伤或者视同工伤决定的时间。

《不予认定工伤决定书》应当载明下列事项：

（一）用人单位全称；

（二）职工的姓名、性别、年龄、职业、身份证号码；

（三）不予认定工伤或者不视同工伤的依据；

（四）不服认定决定申请行政复议或者提起行政诉讼的部门和时限；

（五）作出不予认定工伤或者不视同工伤决定的时间。

《认定工伤决定书》和《不予认定工伤决定书》应当加盖社会保险行政部门工伤认定专用印章。

第二十条 社会保险行政部门受理工伤认定申请后，作出工伤认定决定需要以司法机关或者有关行政主管部门的结论为依据的，在司法机关或者有关行政主管部门尚未作出结论期间，作出工伤认定决定的时限中止，并书面通知申请人。

第二十一条 社会保险行政部门对于事实清楚、权利义务明确的工伤认定申请，应当自受理工伤认定申请之日起15日内作出工伤认定决定。

第二十二条 社会保险行政部门应当自工伤认定决定作出之日起20日内，将《认定工伤决定书》或者《不予认定工伤决定书》送达受伤害职工（或者其近亲属）和用人单位，并抄送社会保险经办机构。

《认定工伤决定书》和《不予认定工伤决定书》的送达参照民事法律有关送达的规定执行。

第二十三条 职工或者其近亲属、用人单位对不予受理决定不服或者对工伤认定决定不服的，可以依法申请行政复议或者提起行政诉讼。

第二十四条 工伤认定结束后，社会保险行政部门应当将工伤认定的有关资料保存50年。

第二十五条 用人单位拒不协助社会保险行政部门对事故伤害进行调查核实的，由社会保险行政部门责令改正，处2 000元以上2万元以下的罚款。

第二十六条 本办法中的《工伤认定申请表》《工伤认定申请受理决定书》《工伤认定申请不予受理决定书》《认定工伤决定书》《不予认定工伤决定书》的样式由国务院社会保险行政部门统一制定。

第二十七条 本办法自2011年1月1日起施行。劳动和社会保障部2003年9月23日颁布的《工伤认定办法》同时废止。

中华人民共和国人力资源和社会保障部令

第 9 号

新修订的《非法用工单位伤亡人员一次性赔偿办法》已经人力资源和社会保障部第 56 次部务会议通过，现予公布，自 2011 年 1 月 1 日起施行。劳动和社会保障部 2003 年 9 月 23 日颁布的《非法用工单位伤亡人员一次性赔偿办法》同时废止。

部长　尹蔚民

二〇一〇年十二月三十一日

非法用工单位伤亡人员一次性赔偿办法

第一条　根据《工伤保险条例》第六十六条第一款的授权，制定本办法。

第二条　本办法所称非法用工单位伤亡人员，是指无营业执照或者未经依法登记、备案的单位以及被依法吊销营业执照或者撤销登记、备案的单位受到事故伤害或者患职业病的职工，或者用人单位使用童工造成的伤残、死亡童工。

前款所列单位必须按照本办法的规定向伤残职工或者死亡职工的近亲属、伤残童工或者死亡童工的近亲属给予一次性赔偿。

第三条　一次性赔偿包括受到事故伤害或者患职业病的职工或童工在治疗期间的费用和一次性赔偿金。一次性赔偿金数额应当在受到事故伤害或者患职业病的职工或童工死亡或者经劳动能力鉴定后确定。

劳动能力鉴定按照属地原则由单位所在地设区的市级劳动能力鉴定委员会办理。劳动能力鉴定费用由伤亡职工或童工所在单位支付。

第四条　职工或童工受到事故伤害或者患职业病，在劳动能力鉴定之前进行治疗期间的生活费按照统筹地区上年度职工月平均工资标准确定，医疗费、护理费、住院期间的伙食补助费以及所需的交通费等费用按照《工伤保险条例》规定的标准和范围确定，并全部由伤残职工或童工所在单位支付。

第五条　一次性赔偿金按照以下标准支付：

一级伤残的为赔偿基数的 16 倍，二级伤残的为赔偿基数的 14 倍，三级伤残的为赔偿基数的 12 倍，四级伤残的为赔偿基数的 10 倍，五级伤残的为赔偿基数的 8 倍，六级伤残的为赔偿基数的 6 倍，七级伤残的为赔偿基数的 4 倍，八级伤残的为赔偿基数的 3 倍，九级伤残的为赔偿基数的 2 倍，十级伤残的为赔偿基数的 1 倍。

前款所称赔偿基数，是指单位所在工伤保险统筹地区上年度职工年平均工资。

第六条 受到事故伤害或者患职业病造成死亡的，按照上一年度全国城镇居民人均可支配收入的 20 倍支付一次性赔偿金，并按照上一年度全国城镇居民人均可支配收入的 10 倍一次性支付丧葬补助等其他赔偿金。

第七条 单位拒不支付一次性赔偿的，伤残职工或者死亡职工的近亲属、伤残童工或者死亡童工的近亲属可以向人力资源和社会保障行政部门举报。经查证属实的，人力资源和社会保障行政部门应当责令该单位限期改正。

第八条 伤残职工或者死亡职工的近亲属、伤残童工或者死亡童工的近亲属就赔偿数额与单位发生争议的，按照劳动争议处理的有关规定处理。

第九条 本办法自 2011 年 1 月 1 日起施行。劳动和社会保障部 2003 年 9 月 23 日颁布的《非法用工单位伤亡人员一次性赔偿办法》同时废止。

关于公布现行有效人力资源和社会保障规章目录的公告

人社部公告［2010］1号

按照《中华人民共和国立法法》规定和国务院的有关要求，依据《全国人民代表大会常务委员会关于修改部分法律的决定》（中华人民共和国主席令第18号），我们对现行人力资源和社会保障规章进行了全面清理，对规章名称不规范、引用法律法规名称不一致的规章进行了修改。其他内容需要修改的规章，将在今后立法工作中统筹考虑。

现将已于2010年11月1日经人力资源和社会保障部第50次部务会审议通过的《现行有效人力资源和社会保障规章目录》予以公布。

特此公告。

附件：现行有效人力资源和社会保障规章目录

二〇一〇年十一月十二日

附件

现行有效人力资源和社会保障规章目录

序号	制定机关	规章名称	文号	施行日期
1	人力资源社会保障部	企业职工带薪年休假实施办法	人社部令第1号	2008.9.18
2	人力资源社会保障部	劳动人事争议仲裁办案规则	人社部令第2号	2009.1.1
3	人力资源社会保障部、国家档案局	社会保险业务档案管理规定（试行）	人社部令第3号	2009.9.1
4	人力资源社会保障部	公务员录用考试违纪违规行为处理办法（试行）	人社部令第4号	2009.11.9
5	人力资源社会保障部	劳动人事争议仲裁组织规则	人社部令第5号	2010.1.20
6	人力资源社会保障部	人力资源社会保障行政复议办法	人社部令第6号	2010.3.16
7	人力资源社会保障部	关于废止和修改部分人力资源和社会保障规章的决定	人社部令第7号	2010.11.12
8	人事部	关于调整使用不当、不能充分发挥专长的留学回国人员工作的办法	人调发［1990］8号	1990.4.14
9	人事部	全民所有制机关、事业单位职工人数和工资总额计划管理暂行办法	人计发［1990］17号	1990.8.14
10	人事部	全民所有制事业单位专业技术人员和管理人员辞职暂行规定	人调发［1990］19号	1990.9.8
11	人事部、中国人民银行	国家机关、事业单位工资基金管理暂行办法	人计发［1990］20号	1990.11.9
12	人事部	企事业单位评聘专业技术职务若干问题暂行规定	人职发［1990］4号	1990.11.10
13	人事部	干部调配工作规定	人调发［1991］4号	1991.2.4
14	人事部	全民所有制事业单位辞退专业技术人员和管理人员暂行规定	人调发［1992］18号（人社部令第7号修改）	1992.10.16（2010.11.12）
15	人事部	国家公务员职位分类工作实施办法	人职发［1994］2号	1994.1.11
16	人事部	关于改进国务院各部门从北京外调（迁）人有关人员审批办法的暂行规定	人调发［1994］3号	1994.3.25
17	人事部	专业技术资格评定试行办法	人职发［1994］14号	1994.10.31
18	人事部	机关、事业单位工人技术等级岗位考核暂行办法	人薪发［1994］50号	1994.12.22
19	人事部	职业资格证书制度暂行办法	人职发［1995］6号	1995.1.17
20	人事部	国家机关、事业单位贯彻《国务院关于职工工作时间的规定》的实施办法	人薪发［1995］32号	1995.5.1
21	人事部、财政部	有条件的事业单位实行工资总额同经济效益指标挂钩暂行办法	人计发［1995］51号	1995.4.24
22	人事部	全国专业技术人员继续教育暂行规定	人核培发［1995］131号	1995.11.1

续表

序号	制定机关	规章名称	文号	施行日期
23	人事部	事业单位工作人员考核暂行规定	人核培发［1995］153号	1995.12.14
24	人事部	国家公务员任职回避和公务回避暂行办法	人发［1996］48号	1996.5.27
25	人事部	国家公务员职位轮换（轮岗）暂行办法	人发［1996］70号	1996.7.31
26	人事部	国家不包分配大专以上毕业生择业暂行办法	人发［1996］5号	1996.1.9
27	人事部	机关、事业单位增人计划卡暂行管理办法	人发［1996］55号	1996.6.17
28	人事部、公安部、国家粮食储备局	高等学校毕业生就业后调整办法	人发［1997］7号	1997.1.8
29	人事部	人事统计工作管理暂行办法（试行）	人发［1997］78号	1997.10.1
30	人事部	公务员申诉案件办案规则	人发［1998］76号	1998.8.20
31	人事部、国家工商总局	人才市场管理规定	人事部令第1号（人事部令第4号修订）	2001.10.1（2005.4.22）
32	人事部、商务部、国家工商总局	中外合资人才中介机构管理暂行规定	人事部令第2号（人事部令第5号修订）	2003.11.1（2005.6.24）
33	人事部	专业技术人员资格考试违纪违规行为处理规定	人事部令第3号（人社部令第7号修改）	2005.1.1（2010.11.12）
34	人事部	事业单位公开招聘人员暂行规定	人事部令第6号	2006.1.1
35	人事部	公务员录用规定（试行）	人事部令第7号	2007.11.6
36	人事部、商务部、国家工商总局	关于《中外合资人才中介机构管理暂行规定》的补充规定	人事部令第8号	2008.1.1
37	人事部	机关事业单位工作人员带薪年休假实施办法	人事部令第9号	2008.2.15
38	劳动人事部、国家教委	技工学校工作规定	劳人培［1986］22号（人社部令第7号修改）	1987.1.1（2010.11.12）
39	劳动部	女职工禁忌劳动范围的规定	劳安字［1990］2号	1990.1.18
40	劳动部、国家税务局	城镇集体所有制企业工资同经济效益挂钩办法	劳薪字［1991］46号	1991.10.5
41	劳动部	职业技能鉴定规定	劳部发［1993］134号	1993.7.9
42	劳动部、财政部、国家计委、国家体改委、国家经贸委	国有企业工资总额同经济效益挂钩规定	劳部发［1993］161号	1993.7.9
43	劳动部、人事部	职业资格证书规定	劳部发［1994］98号	1994.2.22
44	劳动部	劳动监察员管理办法	劳部发［1993］448号（人社部令第7号修改）	1995.1.1（2010.11.12）
45	劳动部	企业职工患病或非因工负伤医疗期规定	劳部发［1994］479号	1995.1.1
46	劳动部	企业经济性裁减人员规定	劳部发［1994］447号	1995.1.1
47	劳动部	违反和解除劳动合同的经济补偿办法	劳部发［1994］481号	1995.1.1
48	劳动部	工资支付暂行规定	劳部发［1994］489号	1995.1.1
49	劳动部	就业训练规定	劳部发［1994］490号	1995.1.1

续表

序号	制定机关	规章名称	文号	施行日期
50	劳动部、国家体改委	股份有限公司劳动工资管理规定	劳部发［1994］497号	1995.1.1
51	劳动部	未成年工特殊保护规定	劳部发［1994］498号	1995.1.1
52	劳动部	关于企业实行不定时工作制和综合计算工时工作制的审批办法	劳部发［1994］503号	1995.1.1
53	劳动部	企业职工生育保险试行办法	劳部发［1994］504号	1995.1.1
54	劳动部	违反《劳动法》有关劳动合同规定的赔偿办法	劳部发［1995］223号	1995.5.10
55	劳动部、财政部、审计署	国有企业工资内外收入监督检查实施办法	劳部发［1995］218号	1995.4.21
56	劳动部、审计署	社会保险审计暂行规定	劳部发［1995］329号	1995.10.1
57	劳动部、公安部、外交部、外经贸部	外国人在中国就业管理规定	劳部发［1996］29号（人社部令第7号修改）	1996.5.1（2010.11.12）
58	劳动部	劳动行政处罚听证程序规定	劳动部令第2号	1996.10.1
59	劳动部、国家经贸委	企业职工培训规定	劳部发［1996］370号	1996.10.30
60	劳动部、国有资产管理局、国家税务总局	劳动就业服务企业产权界定规定	劳部发［1997］181号	1997.5.29
61	劳动部	技工学校教育督导评估暂行规定	劳动部令第9号	1997.9.1
62	劳动保障部	社会保险登记管理暂行办法	劳动保障部令第1号	1999.3.19
63	劳动保障部	社会保险费申报缴纳管理暂行办法	劳动保障部令第2号	1999.3.19
64	劳动保障部	社会保险费征缴监督检查办法	劳动保障部令第3号	1999.3.19
65	劳动保障部	招用技术工种从业人员规定	劳动保障部令第6号	2000.7.1
66	劳动保障部	中华技能大奖和全国技术能手评选表彰管理办法	劳动保障部令第7号	2000.8.29
67	劳动保障部	失业保险金申领发放办法	劳动保障部令第8号	2001.1.1
68	劳动保障部	工资集体协商试行办法	劳动保障部令第9号	2000.11.8
69	劳动保障部	社会保险基金监督举报工作管理办法	劳动保障部令第11号	2001.5.18
70	劳动保障部	社会保险基金行政监督办法	劳动保障部令第12号	2001.5.18
71	劳动保障部	社会保险行政争议处理办法	劳动保障部令第13号	2001.5.27
72	劳动保障部、国家工商总局	中外合资中外合作职业介绍机构设立管理暂行规定	劳动保障部令第14号	2001.12.1
73	劳动保障部	社会保险稽核办法	劳动保障部令第16号	2003.4.1
74	劳动保障部	工伤认定办法	劳动保障部令第17号	2004.1.1
75	劳动保障部	因工死亡职工供养亲属范围规定	劳动保障部令第18号	2004.1.1
76	劳动保障部	非法用工单位伤亡人员一次性赔偿办法	劳动保障部令第19号	2004.1.1
77	劳动保障部	企业年金试行办法	劳动保障部令第20号	2004.5.1
78	劳动保障部	最低工资规定	劳动保障部令第21号	2004.3.1

续表

序号	制定机关	规章名称	文号	施行日期
79	劳动保障部	集体合同规定	劳动保障部令第 22 号	2004.5.1
80	劳动保障部、银监会、证监会、保监会	企业年金基金管理试行办法	劳动保障部令第 23 号	2004.5.1
81	劳动保障部	企业年金基金管理机构资格认定暂行办法	劳动保障部令第 24 号	2005.3.1
82	劳动保障部	关于实施《劳动保障监察条例》若干规定	劳动保障部令第 25 号	2005.2.1
83	劳动保障部	台湾香港澳门居民在内地就业管理规定	劳动保障部令第 26 号	2005.10.1
84	劳动保障部	中外合作职业技能培训办学管理办法	劳动保障部令第 27 号	2006.10.1
85	劳动保障部	就业服务与就业管理规定	劳动保障部令第 28 号	2008.1.1
86	劳动保障部	关于废止部分劳动和社会保障规章的决定	劳动保障部令第 29 号	2007.11.9

关于延续企业年金基金管理机构资格的通告

人力资源和社会保障部通告第1号

根据《企业年金基金管理机构资格认定暂行办法》（劳社部令第24号）规定，我部对有效期届满、提出延续申请的企业年金基金管理机构的资格，组织专家进行了评估，并征求了中国银监会、中国证监会、中国保监会的意见，决定给予延续。现公布如下：

一、受托人资格

中国建设银行股份有限公司、中国工商银行股份有限公司、招商银行股份有限公司、上海国际信托有限公司、长江养老保险股份有限公司、中国人寿养老保险股份有限公司、泰康养老保险股份有限公司。

二、账户管理人资格

中国建设银行股份有限公司、中国民生银行股份有限公司、中国银行股份有限公司、中国人寿养老保险股份有限公司、泰康养老保险股份有限公司、平安养老保险股份有限公司、长江养老保险股份有限公司。

三、托管人资格

中信银行股份有限公司、上海浦东发展银行股份有限公司、中国农业银行股份有限公司、中国民生银行股份有限公司。

四、投资管理人资格

国泰基金管理有限公司、工银瑞信基金管理有限公司、广发基金管理有限公司、泰康资产管理有限责任公司、中国人保资产管理股份有限公司、长江养老保险股份有限公司。

二〇一〇年十一月十六日

关于企业年金基金投资管理人资格的通告

人力资源和社会保障部通告第 2 号

根据《国务院对确需保留的行政审批项目设定行政许可的决定》（国务院令第 142 号）和《企业年金基金管理机构资格认定暂行办法》（劳社部令第 24 号）规定，我部组织了对中国人寿养老保险股份有限公司企业年金基金投资管理人资格申请和中国人寿资产管理有限公司不再从事企业年金基金投资管理申请的评审。经企业年金基金管理机构资格认定专家评审委员会评审，并商中国银监会、中国证监会、中国保监会同意，现公布如下：

授予中国人寿养老保险股份有限公司企业年金基金投资管理人资格。2011 年 7 月中国人寿资产管理有限公司企业年金基金投资管理人资格到期后，不再申请延续。

中国人寿养老保险股份有限公司和中国人寿资产管理有限公司要密切配合，在尊重委托人意愿的前提下，做好业务移交工作，确保基金安全，切实维护好委托人利益。

二〇一〇年十一月十六日

人力资源和社会保障部　国家海洋局
关于表彰全国海洋系统先进集体
和先进工作者的决定

人社部发［2010］2号

天津市、河北省、辽宁省、上海市、江苏省、浙江省、福建省、山东省、广东省、广西壮族自治区、海南省、大连市、宁波市、厦门市、青岛市、深圳市人力资源社会保障（人事、劳动保障）厅（局）、海洋厅（局），国家海洋局局属各单位、机关各部门：

近年来，在党中央、国务院的正确领导下，全国海洋系统广大干部职工高举中国特色社会主义伟大旗帜，坚持以邓小平理论和“三个代表”重要思想为指导，深入贯彻落实科学发展观，解放思想，开拓进取，扎实工作，为促进海洋事业又好又快发展，努力建设海洋强国作出了积极贡献，涌现出了一大批先进集体和先进个人。

为表彰先进，弘扬正气，激励全国海洋系统广大干部职工进一步做好新时期海洋工作，人力资源社会保障部、国家海洋局决定，授予中国海监天津市总队等25个集体“全国海洋系统先进集体”荣誉称号；授予于华等20名同志“全国海洋系统先进工作者”荣誉称号。被授予“全国海洋系统先进工作者”荣誉称号的人员，享受省部级劳动模范和先进工作者待遇。希望受表彰的先进集体和先进个人珍惜荣誉，谦虚谨慎，戒骄戒躁，再接再厉，不断取得新的更大的成绩。

全国海洋系统广大干部职工要以受表彰的先进集体和先进个人为榜样，学习他们爱岗敬业、无私奉献的高尚品德，学习他们勤奋学习、刻苦钻研、不断进取的开拓精神，学习他们任劳任怨、求真务实的工作作风，更加紧密地团结在以胡锦涛同志为总书记的党中央周围，勇于创新，团结拼搏，努力开创我国海洋事业的新局面，促进经济社会的全面协调可持续发展，为构建社会主义和谐社会作出新的更大贡献。

附件：1. 全国海洋系统先进集体名单（略）

2. 全国海洋系统先进工作者名单（略）

二〇一〇年一月七日

人力资源和社会保障部　水利部关于表彰全国水利系统先进集体劳动模范和先进工作者的决定

人社部发［2010］3号

各省、自治区、直辖市人力资源社会保障（人事、劳动保障）厅（局）、水利（水务）厅（局），新疆生产建设兵团人事局、劳动保障局、水利局，水利部机关各司局和直属各单位：

近年来，全国水利系统广大干部职工在党中央、国务院的正确领导下，坚持以邓小平理论和“三个代表”重要思想为指导，深入贯彻落实科学发展观，开拓进取，扎实工作，各项水利事业发展取得显著成就，为我国经济社会发展、社会主义新农村建设、保障广大人民群众生命财产安全作出了积极贡献，涌现出一大批先进集体和个人。

为表彰先进，树立典型，进一步激发水利系统广大干部职工的积极性和创造性，进一步推动水利的改革和发展，人力资源社会保障部、水利部决定，授予北京市水文总站等80个单位“全国水利系统先进集体”荣誉称号；授予赵华等31名同志“全国水利系统劳动模范”荣誉称号，授予段伟等169名同志“全国水利系统先进工作者”荣誉称号。被授予“全国水利系统劳动模范”“全国水利系统先进工作者”荣誉称号的人员，享受省部级劳动模范和先进工作者待遇。希望受到表彰的先进集体和个人珍惜荣誉，戒骄戒躁，再接再厉，为水利事业发展再创新的业绩。

全国水利系统广大干部职工要以受表彰的先进集体和个人为榜样，更加紧密地团结在以胡锦涛同志为总书记的党中央周围，继续发扬“献身、负责、求实”的水利行业精神，以高度的政治责任感和使命感，勇于创新，开拓进取，努力做好各项水利工作，为推动传统水利向现代水利、可持续发展水利的转变，促进水利事业更好更快发展作出新的更大的贡献。

附件：1. 全国水利系统先进集体名单（略）

2. 全国水利系统劳动模范名单（略）

3. 全国水利系统先进工作者名单（略）

二〇一〇年一月七日

中共中央组织部　人力资源和社会保障部国家公务员局关于追授沈浩同志全国“人民满意的公务员”荣誉称号的决定

人社部发［2010］4号

各省、自治区、直辖市党委组织部，政府人力资源社会保障（人事）厅（局）、公务员局，中央和国家机关各部委、各直属机构、各人民团体组织人事部门，新疆生产建设兵团党委组织部、人事局：

近年来，在党中央、国务院的正确领导下，全国广大公务员努力践行全心全意为人民服务的宗旨，为促进经济社会发展作出了突出贡献，涌现出一大批人民满意的公务员。沈浩同志就是其中的优秀代表。

沈浩，男，1964年5月生，安徽萧县人，1986年7月加入中国共产党，同年参加工作，生前任安徽省财政厅副调研员。2004年2月，沈浩同志被选派任凤阳县小溪河镇党委副书记，小岗村党委第一书记、村委会主任等职务。沈浩同志在小岗村任职6年，始终以党和人民的事业为重，对基层农民群众怀有深厚的感情，全心全意为小岗村百姓服务，尽心尽力让小岗人民满意，以实际行动践行科学发展观，以模范行为践行了为人民服务的根本宗旨，树立了新时期公务员的良好形象，赢得了各级党委政府的充分肯定和广大人民群众的高度评价。小岗村群众两度在他三年任期届满时，集体摁手印强烈挽留他继续担任村党委书记。2009年11月6日，他因积劳成疾，猝逝在工作一线，年仅45岁。

沈浩同志事迹感人至深，催人奋进。为表彰沈浩同志的先进事迹，弘扬其崇高精神，引导广大公务员以沈浩同志为榜样，牢记宗旨，转变作风，投身基层、服务百姓，中央组织部、人力资源社会保障部和国家公务员局决定追授沈浩同志全国“人民满意的公务员”荣誉称号。

全国广大公务员要学习他对党和人民无限忠诚，理想信念坚定，自觉践行科学发展观的政治品质；学习他心系群众、服务人民、全心全意为人民服务的公仆情怀；学习他解放思想、与时俱进、不断创新的改革精神；学习他扎根基层、勤奋敬业、求真务实的优良作风；学习他舍己为公、无私奉献、淡泊名利的崇高境界；学习他严于律己、清正廉洁的高尚品德，更加紧密地团结在以胡锦涛同志为总书记的党中央周围，高举中国特色社会主义伟大旗帜，深入贯彻落实科学发展观，坚定信心，振奋精神，改革创新，锐意进取，立足本职岗位，勤奋扎实工作，为实现经济社会又好又快发展作出新的更大贡献。

二〇一〇年一月十一日

人力资源和社会保障部　公安部关于追授朱晓平等5名同志全国公安系统一级英雄模范荣誉称号的决定

人社部发［2010］5号

各省、自治区、直辖市人力资源社会保障（人事、劳动保障）厅（局）、公安厅（局），新疆生产建设兵团人事局、劳动保障局、公安局：

北京时间2010年1月13日，海地首都太子港发生里氏7.3级强烈地震，造成重大人员伤亡和财产损失。正在当地执行维和任务的公安部装备财务局局长朱晓平、国际合作局副局长郭宝山、装备财务局调研员王树林、国际合作局维和警察工作处主任科员李晓明、警务保障局政府采购工作处副处长赵化宇同志不幸遇难、以身殉职。

朱晓平等5名同志从警以来，始终牢记并努力实践全心全意为人民服务的宗旨，忠实履行人民警察的神圣职责，爱岗敬业，顽强拼搏，锐意进取，扎实工作，出色完成各项工作任务，将全部的青春和热血奉献给了公安事业，为维护国家安全和社会稳定、服务经济社会发展作出了突出贡献。特别是他们积极投身国际维和工作，不怕牺牲、不辱使命，为维护世界和平的崇高事业不懈奋斗，直至生命的最后一刻。

他们的先进事迹，充分体现了“忠诚可靠、秉公执法、英勇善战、纪律严明、无私奉献”的新时期人民警察精神，他们不愧为党和人民的忠诚卫士、国际维和事业的先锋，他们是全国200万公安民警的杰出代表，是全国公安机关和广大公安民警学习的榜样。为表彰先进，弘扬正气，人力资源社会保障部、公安部决定，追授朱晓平、郭宝山、王树林、李晓明、赵化宇同志“全国公安系统一级英雄模范”荣誉称号。

全体公安民警要以朱晓平、郭宝山、王树林、李晓明、赵化宇同志为榜样，坚定不移地高举中国特色社会主义伟大旗帜，更加紧密地团结在以胡锦涛同志为总书记的党中央周围，以邓小平理论和“三个代表”重要思想为指导，深入贯彻落实科学发展观，进一步推动公安工作又好又快发展，做党的忠诚卫士和人民群众的贴心人，切实担负起巩固共产党执政地位、维护国家长治久安、保障人民安居乐业、服务经济社会发展的重大政治和社会责任，为构建社会主义和谐社会、维护世界和平作出新的更大的贡献。

二○一○年一月十八日

人力资源和社会保障部　国家档案局 解放军总政治部关于授予刘义权同志 “全国档案系统先进工作者”荣誉称号的决定

人社部发［2010］9号

各省、自治区、直辖市人力资源社会保障（人事、劳动保障）厅（局）、档案局，新疆生产建设兵团人事局、劳动保障局、档案局，各军区、各军兵种、各总部、军事科学院、国防大学、国防科学技术大学、武警部队政治部：

近年来，全国档案系统广大干部职工在党中央、国务院的正确领导下，坚持以邓小平理论和“三个代表”重要思想为指导，深入贯彻落实科学发展观，开拓进取，扎实工作，档案事业发展取得显著成就，涌现出一大批优秀人物，刘义权同志就是其中的杰出代表。

刘义权，男，汉族，1950年7月出生，四川德阳人，1968年3月入伍，中共党员，解放军档案馆原馆员，2006年4月退休后被返聘，2008年7月担任该馆中美军事档案合作办公室专家成员。刘义权同志从事档案工作38年来，始终把忠诚于党与忠于职守统一起来，把理想信念体现在爱岗敬业的自觉行动上，亲手征集革命历史档案11万余件，接收军事档案71万余件，为建设军队档案资源体系作出了突出贡献。特别是退休返聘后，他身患癌症仍牢记使命，以顽强的意志奋战在中美军事档案合作一线，为推动中美两军务实合作作出了积极贡献。作为一名军队档案工作者，刘义权同志在平凡的岗位上创造出非凡的业绩，是践行当代革命军人核心价值观的先进战士，是我国档案战线的时代楷模，是当代共产党员的优秀代表。中共中央总书记、国家主席、中央军委主席胡锦涛作出重要指示，希望全国档案工作者学习刘义权同志的先进事迹和崇高精神。

为表彰先进，树立典型，进一步激发全军广大官兵、全国档案系统广大干部职工的事业心、责任感，推动军队建设和档案工作又好又快发展，人力资源和社会保障部、国家档案局、解放军总政治部决定：授予刘义权同志“全国档案系统先进工作者”荣誉称号，享受省部级劳动模范和先进工作者待遇。

全军广大官兵、全国档案系统广大干部职工要向刘义权同志学习，学习他忠诚于党、献身使命的坚定信念，牢记全心全意为人民服务的根本宗旨，坚决完成党和人民赋予的各项任务；学习他刻苦钻研、精益求精的敬业精神，把本职岗位作为增长才干、施展才华、建功立业的舞台，努力创造一流业绩；学习他淡泊名利、无私奉献的崇高品质，忠实践行社会主义核心价值体系和当代革命军人核心价值观，始终保持共产党人和革命军人高尚的价值追求。全军广大官兵、全国档案系统广大干部职工要以刘义权同志为榜样，更加紧密地团结在以胡锦涛同志为总书记的党中央周围，高举中国特色社会主义伟大旗帜，深入贯彻落实科学发展观，团结拼搏，扎实工作，为构建社会主义和谐社会、推进国防和军队现代化建设而努力奋斗！

二〇一〇年一月二十七日

人力资源和社会保障部　教育部　卫生部关于进一步规范入学和就业体检项目维护乙肝表面抗原携带者入学和就业权利的通知

人社部发［2010］12号

各省、自治区、直辖市人力资源社会保障（人事、劳动保障）厅（局）、教育厅（教委）、卫生厅（局），新疆生产建设兵团人事局、劳动保障局、教育局、卫生局：

近年来，国家对保障乙肝表面抗原携带者入学（含入幼儿园、托儿所，下同）、就业权利问题高度重视，就业促进法、教育法、传染病防治法等法律明确规定，用人单位招用人员，不得以是传染病病原携带者为由拒绝录用；受教育者在入学、升学、就业等方面依法享有平等权利；任何单位和个人不得歧视传染病病原携带者。2007年原劳动和社会保障部、卫生部下发《关于维护乙肝表面抗原携带者就业权利的意见》，要求用人单位在招、用工过程中，除国家法律、行政法规和卫生部规定禁止从事的工作外，不得强行将乙肝病毒血清学指标作为体检标准。但目前仍有不少教育机构、用人单位在入学、就业体检时违规进行乙肝病毒血清学项目检查，并把检查结果作为入学、录用的条件；一些地方行政机关监督检查不到位，违法追究不落实，乙肝表面抗原携带者入学、就业受限制现象仍时有发生。为进一步维护乙肝表面抗原携带者公平入学、就业权利，现就有关问题通知如下：

一、进一步明确取消入学、就业体检中的乙肝检测项目

医学研究证明，乙肝病毒经血液、母婴及性接触三种途径传播，日常工作、学习或生活接触不会导致乙肝病毒传播。各级各类教育机构、用人单位在公民入学、就业体检中，不得要求开展乙肝项目检测（即乙肝病毒感染标志物检测，包括乙肝病毒表面抗原、乙肝病毒表面抗体、乙肝病毒e抗原、乙肝病毒e抗体、乙肝病毒核心抗体和乙肝病毒脱氧核糖核苷酸检测等，俗称“乙肝五项”和HBV－DNA检测等，下同），不得要求提供乙肝项目检测报告，也不得询问是否为乙肝表面抗原携带者。各级医疗卫生机构不得在入学、就业体检中提供乙肝项目检测服务。因职业特殊确需在入学、就业体检时检测乙肝项目的，应由行业主管部门向卫生部提出研究报告和书面申请，经卫生部核准后方可开展相关检测。经核准的乙肝表面抗原携带者不得从事的职业，由卫生部向社会公布。军队、武警、公安特警的体检工作按照有关规定执行。

入学、就业体检需要评价肝脏功能的，应当检查丙氨酸氨基转移酶（ALT，简称转氨酶）项目。对转氨酶正常的受检者，任何体检组织者不得强制要求进行乙肝项目检测。

二、进一步维护乙肝表面抗原携带者入学、就业权利，保护乙肝表面抗原携带者隐私权

县级以上地方人民政府人力资源社会保障、教育、卫生部门要认真贯彻落实就业促进法、教育法、传染病防治法等法律及相关法规和规章，切实维护乙肝表面抗原携带者公平入学、就业权利。各级各类教育机构不得以学生携带乙肝表面抗原为理由拒绝招收或要求退学。除卫生部核准并予以公布的特殊职业外，健康体检非因受检者要求不得检测乙肝项目，用人单位不得以劳动者携带乙肝表面抗原为由予以拒绝招（聘）用或辞退、解聘。有关检测乙肝项目的检测体检报告应密封，由受检者自行拆阅；任何单位和个人不得擅自拆阅他人的体检报告。

三、进一步加强监督管理，加大执法检查力度

入学、就业体检有关工作要依照修订后的《公共场所卫生管理条例实施细则》《公务员录用体检通用标准（试用）》、招生体检工作相关规定的要求执行。县级以上地方人民政府人力资源社会保障、教育、卫生部门要抓紧对现行有关政策进行清理，凡属本部门发布的与本通知规定不一致的文件，自接到本通知之日起不再执行；属于地方人民政府发布的，其人力资源社会保障、教育、卫生部门要依据职责，向所属人民政府提出废止或修改的建议，自接到本通知之日起30日内完成废止或修改工作。

教育部门要按照修改后的招生体检工作相关规定，进一步规范入学体检表格内容。县级以上地方人民政府教育部门要加强对教育机构的监督检查，督促教育机构在招生体检中严格执行本通知相关规定，及时制止、纠正违规进行乙肝项目检测的行为；对教育机构违反本通知规定，要求学生进行乙肝项目检测的，要及时制止、纠正，给予通报批评，并对其直接负责的主管人员和其他直接责任人员进行处分。

县级以上地方人民政府人力资源社会保障行政部门要加强对用人单位招工、招聘体检和技工院校招生体检的监督检查，督促用人单位、技工院校严格执行本通知的规定；对用人单位违反本通知规定，要求受检者进行乙肝项目检测的，要及时制止、纠正，并依照《就业服务与就业管理规定》给予罚款等处罚；对技工院校违反本通知规定，要求学生进行乙肝项目检测的，要及时制止、纠正，给予通报批评，并对其直接负责的主管人员和其他直接责任人员进行处分。

县级以上地方卫生行政部门要加强对本行政区域内医疗卫生机构及其医务人员开展体检的监督管理，确保医疗卫生机构及其医务人员按照本通知规定，停止在入学、就业体检中进行乙肝项目检测，并保护受检者的隐私。对违反本通知规定进行乙肝项目检测，或泄露乙肝表面抗原携带者个人隐私的医疗卫生机构，卫生行政部门要及时纠正，给予通报批评；违规情节、后果严重的，禁止其开展体检服务。对泄露乙肝表面抗原携带者隐私的医护人员，县级以上卫生行政部门要依照执业医师法第三十七条、《护士条例》第三十一条的规定给予警告、责令暂停执业活动或者吊销执业证书的处罚。

县级以上地方人民政府人力资源社会保障、教育、卫生部门要设立并公布投诉、举报电话，认真受理投诉、举报；要督促党政机关在录用人员体检中带头执行不检测乙肝项目的规定。

人力资源社会保障、教育、卫生行政部门要对本通知的贯彻落实作出专门部署，并按照职责分工，明确监督检查对象，落实责任人，对其工作人员和下级部门履行本通知规定职责的情况加强监督。上级人力资源社会保障、教育、卫生部门发现下级部门，各人力资源社会保障、教育、卫生部门发现本行政机关工作人员未按照本通知要求履行职责，有失职、渎职行为的，要在职权范围内及时予以纠正，并依照《行政机关公务员处分条例》第二十条的规定给予记过、记大过、降级、撤职或者开除的处分。各级人力资源社会保障、教育、卫生部门要自觉接受监察机关对本行政机关履行本通知规定职责情况的检查，配合监察机关依法查处失职、渎职行为。

四、加强乙肝防治知识和维护乙肝表面抗原携带者合法权益的法律、法规、规章的宣传教育

县级以上地方人民政府人力资源社会保障、教育、卫生部门要高度重视乙肝防治知识和相关法律、法规、规章的宣传教育工作，制订宣传方案，做出工作安排。人力资源社会保障部门要积极帮助用人单位了解相关规定，引导劳动者依法维护自身权益。教育部门要面向教育机构开展系列宣传教育，将乙肝病毒传播途径与防治基本知识纳入中小学相关课程。卫生部门要把加强乙肝防治宣传教育工作纳入当地健康教育规划，广泛宣传乙肝科学知识以及维护乙肝表面抗原携带者权利的法律、法规、规章。县级以上地方人民政府人力资源社会保障、教育、卫生部门要密切配合同级广电、新闻出版部门，充分发挥广播、电视、报刊、网络等媒体的作用，采取多种形式宣传乙肝防治的科学知识，让老百姓看得懂、易接受、印象深。县级以上地方人民政府卫生部门要密切配合工商行政管理部门加强对乙肝治疗和药品虚假广告的查处和打击，防止其误导公众。有关宣传活动要充分发挥专家的作用。要通过宣传引导，帮助社会公众全面正确了解乙肝防治知识，消除公众在与乙肝表面抗原携带者一起工作、学习问题上的疑虑，形成有利于乙肝表面抗原携带者入学、就业的良好社会氛围。

县级以上地方人民政府人力资源社会保障、教育、卫生部门要密切关注本通知的执行情况，广泛收集社会反映，及时了解和处理维护乙肝表面抗原携带者入学和就业权利中遇到的新情况、新问题；对可能出现的情况制定应对预案。各省、自治区、直辖市人民政府人力资源社会保障、教育、卫生部门要在本通知执行一段时间后，就本地区执行通知的情况联合开展专项检查，并于2010年10月底前将检查情况向人力资源社会保障部、教育部、卫生部报告；各县级以上地方人民政府人力资源社会保障、教育、卫生部门要将本地区、本部门落实本通知中发生的重大问题，及时向上级人力资源社会保障、教育、卫生部门报告。

二〇一〇年二月十日

人力资源社会保障部　国家发展和改革委员会 财政部关于进一步实施 特别职业培训计划的通知

人社部发［2010］13号

各省、自治区、直辖市人力资源社会保障（人事、劳动保障）厅（局）、发展改革委、财政厅（局）：

为应对国际金融危机对我国就业局势的影响，人力资源社会保障部、财政部、国家发展改革委决定于2009—2010年联合实施特别职业培训计划。2009年，各地按照要求，认真落实各项政策措施，取得了积极成效。但是，目前培训工作中也存在着培训针对性不强、资金使用效益不高、监管措施不到位等问题。为贯彻落实《中共中央国务院关于加大统筹城乡发展力度进一步夯实农业农村发展基础的若干意见》（中发［2010］1号）和《国务院办公厅关于进一步做好农民工培训工作的指导意见》（国办发［2010］11号）精神，进一步提高职业培训的针对性、有效性，充分发挥职业培训促进就业的作用，现就做好2010年特别职业培训计划实施工作通知如下。

一、突出培训重点

实施特别职业培训计划，要以促进就业和服务经济发展为出发点，以企业吸纳农民工培训、劳动预备制培训和创业培训为工作重点，进一步加大资金投入力度，适当扩大培训规模，下大力气提高培训质量和效果，努力实现“培训一人、就业一人”和“就业一人、培训一人”的目标。

二、大力开展在岗农民工和困难企业职工技能培训

对企业吸纳的进城求职的农村劳动者和困难企业的在岗职工，要根据企业岗位要求和企业技术改造升级的需要，重点开展岗位培训和技能提升培训。各地人力资源社会保障部门要积极会同行业、企业主管部门，重点开展建筑业、制造业、服务业等行业在岗农民工培训和困难企业职工培训。

企业吸纳进城求职的农村劳动者，并与其签订6个月以上期限劳动合同，在劳动合同签订之日起6个月内由企业依托所属培训机构或定点培训机构进行职业技能培训的，对企业给予一定的职业培训补贴。企业组织开展培训之前，应向人力资源社会保障部门提交培训计划大纲、录用农村劳动者花名册（应包括姓名、性别、年龄、籍贯、身份证号等基本信息）、劳动合同复印件、身份证复印件。培训结束后，企业凭继续履行劳动合同人员花名册、职业培训合格证书（职业技能资格证书），委托定点培训机构开展培训的还应提供职业培训机构开具的行政事业性收费票据（或税务发票）

等，向当地人力资源社会保障部门申请职业培训补贴。人力资源社会保障部门审核、财政部门复核后，由财政部门将职业培训补贴资金直接拨入企业在银行开立的基本账户，同时将资金支付情况抄送人力资源社会保障部门。

对困难企业组织开展的职工在岗或轮岗培训，要按照《人力资源和社会保障部、财政部、国家税务总局关于进一步做好减轻企业负担稳定就业局势有关工作的通知》（人社部发［2009］175号）和《人力资源和社会保障部、发展改革委、财政部关于实施特别职业培训计划的通知》（人社部发［2009］8号）执行。

三、切实加强劳动预备制培训

对未能继续升学的农村初高中毕业生（即“两后生”），鼓励其参加6～12个月（1～2个学期）的劳动预备制培训，提升技能水平和就业能力。各地人力资源社会保障部门要会同有关部门，采取有力措施，指导技工院校扩大劳动预备制招生规模，加大校企合作力度，围绕国家产业振兴规划和当地产业结构调整对后备技能人才的需求，强化定向培训和技能实训。按照中发［2010］1号文件的要求，对参加劳动预备制培训后取得初级以上职业资格证书的农村“两后生”，给予培训费补贴，逐步实施农村新成长劳动力免费劳动预备制培训。

四、积极开展中短期实用技能培训

对登记失业人员、进城求职农村劳动者、登记求职的高校毕业生，要结合企业的实际需要和劳动者就业要求，积极开展中短期（1—6个月）实用技能培训。各地人力资源社会保障部门要结合农村转移劳动者向城市非农产业转移和有组织的劳务输出需求，结合失业人员和高校毕业生特点以及就业需求，充分发挥基层劳动保障工作平台的组织作用，依托定点培训机构开展订单式培训，突出培训的针对性和有效性。

五、全面推进创业培训

重点对有创业愿望并具备一定创业条件的登记失业人员、进城求职农村劳动者及返乡农民工、登记求职的高校毕业生，开展不少于10天的创业培训。要结合当地产业发展和创业项目，根据不同对象的特点，因材施教，增强创业培训的实效性，并注重创业培训与小额担保贷款、税费减免等扶持政策的衔接，着力提高创业成功率和稳定经营率。

六、提高培训资金使用效率

各省（自治区、直辖市）要根据职业培训需求，加大资金投入，提高就业专项资金用于职业培训补贴的比例，切实保障职业培训资金需要；要完善职业培训补贴标准制定办法，根据培训专业（工种）的培训成本和培训期限，按照培训的课时数，合理确定在岗农民工培训、劳动预备制培训、中短期实用技能培训和创业培训等各类职业培训补贴标准。各级人力资源社会保障部门要会同财政部门采取有效措施，对补贴对象审核、资金拨付等重点环节实施公开透明的监督管理办法，确保资金安全。各级人力资源社会保障部门要配合发展改革部门，继续加强中等职业教育基础能力建设，对承担转移培训任务的技工学校，在改善办学条件方面给予重点支持，推动培训计划顺利实施。

七、强化培训机构管理

各级人力资源社会保障部门、财政部门要按照《人力资源社会保障部、财政部关于进一步规范农村劳动者转移就业技能培训工作的通知》（人社部发［2009］48号）规定，坚持面向社会各级各类职业院校和职业培训机构，通过招投标方式认定承担各类培训任务的培训单位。要建立专家评审、纪检监察部门监督、就业联席会议相关成员单位共同参与的培训机构认定机制，要对申请承担培训任务的各类培训机构的设备设施、教学实训场地、师资配备和教材选用等情况进行重点考察。要将承担培训任务的培训机构名称、培训专业（工种）及等级、培训期限、收费标准等情况统一向社会公布。各级人力资源社会保障部门要加强对承担培训任务的各类机构的监督检查，建立开班申请、过程检查、结业审核三项制度，强化培训全过程监管。

八、加强组织领导

各地人力资源社会保障、财政、发展改革部门要高度重视特别职业培训计划的组织实施，要成立主要领导负总责，分管领导牵头，相关单位齐抓共管的工作协调机制，并将特别职业培训计划实施情况作为就业工作目标考核的重要内容。各地要根据就业形势和劳动者就业需求变化情况，以及劳动者培训需求确定培训人数，并由人力资源社会保障部门逐级上报，省级人力资源社会保障部门汇总，报人力资源社会保障部备案。

九、做好基础服务工作

各地人力资源社会保障部门要充分发挥街道（乡镇）劳动保障工作平台的作用，动员符合条件的各类劳动者参加职业培训，动员技工院校和各类职业培训机构承担培训任务。要逐步建立全省（自治区、直辖市）统一的信息管理系统，对定点培训机构实行动态管理，对参训人员实行实名制管理，并与当地公共就业服务信息系统间共享相关信息。职业技能鉴定机构要为劳动者提供公平、公正、便捷的技能鉴定服务，按规定落实就业困难人员、进城务工农村劳动者的职业技能鉴定补贴，并适当减免鉴定费用。公共就业服务机构要根据企业用工和劳动者就业状况，通过多种渠道及时发布用工信息，提供政策咨询、职业指导和职业介绍等就业服务。

十、定期报送工作进展情况

各地要根据本通知精神，结合地区实际情况，尽快研究制定2010年实施特别职业培训计划的方案并组织实施。各地人力资源社会保障部门要确定工作责任人和联系人。各省（自治区、直辖市）的工作方案和工作联系人情况请于2010年2月底之前上报人力资源社会保障部。为更好地了解各地工作进展情况，各省（自治区、直辖市）人力资源社会保障部门要将《2010年特别职业培训计划实施进展情况》（见附件），于每季度结束后10日内报送人力资源社会保障部职业能力建设司。

附件：2010年特别职业培训计划实施进展情况（略）

二〇一〇年二月十日

人力资源和社会保障部　公安部关于追授沈战东同志全国公安系统一级英雄模范荣誉称号的决定

人社部发［2010］17号

各省、自治区、直辖市人力资源社会保障（人事、劳动保障）厅（局）、公安厅（局），新疆生产建设兵团人事局、劳动保障局、公安局：

近年来，全国公安机关和广大公安民警在党中央、国务院和地方各级党委、政府的坚强领导下，坚持以邓小平理论和“三个代表”重要思想为指导，深入贯彻落实科学发展观，不断开创公安工作和公安队伍建设新局面，为维护国家安全和社会稳定，保卫改革开放和社会主义现代化建设，保障人民群众安居乐业作出了突出贡献，涌现出一大批英雄模范人物。沈战东同志就是其中的优秀代表。

沈战东，男，汉族，1982年1月出生，河南省新郑市人，中共党员，2005年10月参加公安工作，大学文化，三级警司，生前任河南省郑州市公安局特巡警支队特警四大队民警。沈战东同志从警4年来，始终牢记并努力实践全心全意为人民服务的宗旨，忠实履行党和人民赋予的神圣职责，爱岗敬业，恪尽职守，顽强拼搏，无私奉献，在平凡的岗位上作出了不平凡的业绩。他先后出色完成了青海藏区维稳、四川汶川抗震救灾、北京奥运安保等重大任务，参与处置各类突发事件上百起，受到上级机关和当地群众的充分肯定，曾荣立三等功一次、获嘉奖一次、多次被评为优秀公务员并在河南省公安特警比武竞赛中被评为“大练兵业务能手”。新疆“7·5”事件发生后，他主动请缨赴新疆执行维稳任务。期间，他舍家忘我，全力维护社会秩序，真心诚意地为当地群众排忧解难，为维护新疆社会稳定和民族团结作出了积极贡献。2010年1月30日凌晨，他在结束一天维稳巡逻勤务返回驻地后，继续备勤，因劳累过度晕倒在岗位上，经抢救无效光荣牺牲，年仅28岁。

沈战东同志的先进事迹，充分体现了“忠诚可靠、秉公执法、英勇善战、纪律严明、无私奉献”的新时期人民警察精神，是广大公安民警学习的榜样。为表彰先进，弘扬正气，人力资源社会保障部、公安部决定，追授沈战东同志“全国公安系统一级英雄模范”荣誉称号。

全体公安民警要以沈战东同志为榜样，坚定不移地高举中国特色社会主义伟大旗帜，更加紧密地团结在以胡锦涛同志为总书记的党中央周围，以邓小平理论和“三个代表”重要思想为指导，深入贯彻落实科学发展观，进一步推动公安工作又好又快发展，做党的忠诚卫士和人民群众的贴心人，切实担负起巩固共产党执政地位、维护国家长治久安、保障人民安居乐业、促进经济社会发展的重大政治和社会责任，为构建社会主义和谐社会、谱写人民美好生活新篇章作出新的更大的贡献。

二〇一〇年二月二十五日

人力资源和社会保障部关于表彰 2009年度全国技术能手的决定

人社部发［2010］18号

各省、自治区、直辖市人力资源社会保障（人事、劳动保障）厅（局），新疆生产建设兵团人事局、劳动保障局，国务院有关部门人事劳动保障部门，中华全国总工会，有关中央企业：

为贯彻落实《中共中央办公厅国务院办公厅关于进一步加强高技能人才工作的意见》（中发办［2006］15号），进一步加强高技能人才队伍建设，根据我部职业技能竞赛管理有关规定，为表彰在2009年度国家级各类职业技能竞赛活动中取得优异成绩的选手，我部决定授予王学法等243名同志（名单附后）“全国技术能手”荣誉称号，颁发奖章、证书和奖牌。

希望受表彰的个人以这次获得的荣誉为新的起点，戒骄戒躁，继续学习新知识和新技能，不断提高运用新知识解决新问题、运用新技能创造新业绩的能力，积极参与技术革新与项目攻关，主动发挥传帮带的示范引领作用。希望广大劳动者向受表彰的“全国技术能手”学习，立足岗位，刻苦钻研技术，努力提高技能水平。希望各地区、各行业部门认真贯彻落实党的十七大精神，以科学发展观为指导，大力实施人才强国战略，加强职业技能培训，广泛开展职业技能竞赛活动，为我国高技能人才队伍建设和全面建设小康社会作出更大贡献。

附件：2009年度全国技术能手名单（略）

二〇一〇年三月十八日

人力资源和社会保障部　卫生部关于修订《公务员录用体检通用标准（试行）》及《公务员录用体检操作手册（试行）》的通知

人社部发［2010］19号

各省、自治区、直辖市人力资源社会保障（人事）厅（局）、公务员局、卫生厅（局），新疆生产建设兵团人事局、卫生局，国务院各部委、各直属机构人事（干部）部门：

根据人力资源社会保障部、教育部、卫生部联合下发的《关于进一步规范入学和就业体检项目维护乙肝表面抗原携带者入学和就业权利的通知》（人社部发［2010］12号）规定，现就修订《公务员录用体检通用标准（试行）》及《公务员录用体检操作手册（试行）》有关事项通知如下：

一、将《公务员录用体检通用标准（试行）》第七条“各种急慢性肝炎，不合格。乙肝病原携带者，经检查排除肝炎的，合格”修订为“各种急慢性肝炎，不合格”。

二、修订《公务员录用体检操作手册（试行）》第3篇第7条“关于肝炎”的内容（具体见附件）。

三、将《公务员录用体检操作手册（试行）》第2篇“体检项目及操作规程”中第1.3.5条3）“甲状腺肿大的分度：Ⅰ度，不能看出肿大但能触及者；Ⅱ度，能看到肿大也能触及但不超出胸锁乳突肌前缘者；Ⅲ度，甲状腺肿大超过胸锁乳突肌前缘者”修订为“甲状腺肿大的分度：Ⅰ度，不能看出肿大但能触及者；Ⅱ度，能看到肿大又能触及，但在胸锁乳突肌以内者；Ⅲ度，超过胸锁乳突肌外缘者。”

四、将《公务员录用体检操作手册（试行）》第2篇“体检项目及操作规程”中第6.3.3第八行“血清ALT高于参考值上限1倍以上”修订为“血清ALT超过参考值上限2倍以上”。

五、将《公务员录用体检操作手册（试行）》第2篇“体检项目及操作规程”中7.2第3）条“暂时不作结论：一般是指需要做进一步检查”修订为“暂时不作结论：一般是指需要复检，或做进一步检查”。

六、将《公务员录用体检操作手册（试行）》第3篇“《公务员录用体检通用标准（试行）》实施细则”中1.1.6第4）第（14）“偶发良性早搏”修订为“偶发早搏”。

七、将《公务员录用体检操作手册（试行）》第3篇“《公务员录用体检通用标准（试行）》实施细则”中1.1.6第4）第（20）第五行“伴有心动过速史的预激综合征等”修订为“预激综合征等”。

八、将《公务员录用体检操作手册（试行）》第3篇“《公务员录用体检通用标准（试行）》实施细则”中10.3.3“本《手册》将空腹血糖受损（IFG）的界限值修订为5.7－

6.9mmol/L”修订为“本《手册》将空腹血糖受损（IFG）的界限值修订为 5.6－6.9mmol/L”。

各地各部门要认真执行修订后的《公务员录用体检通用标准（试行）》及《公务员录用体检操作手册（试行）》，切实做好公务员录用体检工作。

附件：《公务员录用体检操作手册（试行）》第 3 篇第 7 条“关于肝炎”修订内容

二〇一〇年三月八日

附件

《公务员录用体检操作手册（试行）》第 3 篇第 7 条“关于肝炎”修订内容

第七条 各种急慢性肝炎，不合格。

7.1 条文解释

肝脏和人体其他部位一样，也可以因为各种原因而有炎症、肿大、疼痛及肝细胞坏死，表现在肝脏生化检查上就是血清丙氨酸氨基转移酶（ALT）和天冬氨酸氨基转移酶（AST）水平显著升高。引起肝炎的病因很多，临床上最常见的是由肝炎病毒引起的病毒性肝炎，此外还有酒精性肝炎、药物性肝炎、自身免疫性肝炎、遗传代谢性肝病等多种类型。肝炎对人体健康危害很大，特别是病毒性肝炎已被列为法定乙类传染病，后期有可能发展成为肝硬化，因此，各种类型的现症肝炎患者，无论是急性或慢性，一经诊断，均作不合格结论。

7.1.1 病毒性肝炎 是由肝炎病毒引起的常见传染病，具有传染性较强、流行面广泛、发病率高等特点。临床上主要表现为乏力、食欲减退、恶心、呕吐、肝区疼痛、肝脏肿大及肝细胞损害，部分患者可有黄疸、发热。按致病病毒的不同，病毒性肝炎可分为多种类型，目前国际上公认的病毒性肝炎有甲型、乙型、丙型、丁型、戊型肝炎 5 种。其中甲型、戊型肝炎临床上多表现为急性经过，属于自限性疾病，经过治疗多数患者在 3～6 个月恢复，一般不转为慢性肝炎；而乙型、丙型和丁型肝炎易演变成为慢性，少数可发展为肝炎后肝硬化，极少数呈重症经过。慢性乙型、丙型肝炎与原发性肝细胞癌的发生有密切关系。

7.1.2 其他肝炎 包括酒精性肝炎、药物性肝炎、自身免疫性肝炎、缺血性肝炎、遗传代谢性肝病、不明原因的慢性肝炎等，简述如下：

1）酒精性肝炎：由于长期大量饮酒所致的肝脏损害。除酒精本身可直接损害肝细胞外，酒精的代谢产物乙醛对肝细胞也有明显毒性作用，因而导致肝细胞变性及坏死，并进而发生纤维化，严重者可因反复肝炎发作导致肝硬化。在临床上，酒精性肝炎可分为 3 个阶段，即酒精性脂肪肝、酒精性肝炎和酒精性肝硬化，它们可单独存在或同时并存。

2）药物性肝炎：肝脏是药物浓集、转化、代谢的重要器官，大多数药物在肝内通过生物转化而清除，但临床上某些药物会损害肝细胞，导致肝细胞变性、坏死及肝脏生化检查异常，引起急性或慢性药物性肝炎，如异烟肼、利福平、磺胺类等。药物导致的肝细胞损伤可分为两大类，一类是剂量依赖性损伤，即药物要达到某一高剂量时才会导致肝细胞损伤，如酒精性肝炎；另一类是过敏性药物中毒，即个体对某些药物会发生强烈的过敏反应，一旦服用这些药物（与剂量大小无关）便可引发肝细胞损伤，这类患者多数伴随其他相关过敏性表现，如急性荨麻疹、血液中嗜酸粒细胞增多等。

3）自身免疫性肝炎：本病主要见于中青年女性，起病大多隐匿或缓慢，临床表现与慢性乙型肝炎相似。轻者症状多不明显，仅出现肝脏生化检查异常；重者可出现乏力、黄疸、皮肤瘙痒等症状，后期常发展成为肝硬化，常伴有肝外系统自身免疫性疾病，如甲状腺炎、溃疡性结肠炎等。

4）缺血性肝炎：缺血性肝炎是由于各种相关原发疾病造成的肝细胞继发性损害，如心血管疾病导致心脏衰竭，静脉血液无法回流心脏而滞留在肝脏，导致肝脏发生充血肿大、肝细胞变性坏死及肝脏生化检查异常。

5）遗传代谢性肝病：指遗传代谢障碍所致的一组疾病。其共同特点是具有某种代谢障碍，病变累及肝脏同时累及其他脏器和组织，故临床表现除有肝肿大及肝功能损害外，同时伴有受损器官、组织的相应症状、体征及实验室检查异常。如肝豆状核变性、血卟啉病、糖原累积症、肝淀粉样变等。

6）不明原因的慢性肝炎：不是一种特定类型的肝炎，仅指目前病因、病史不明的一些肝炎的统称。随着医学科学技术的发展，这些疾病将会找出特定的病因而逐渐减少。据估计，这类肝炎中约四分之一为病毒所致。

7.2　诊断要点

1. 肝脏检查：

1）常规检测 ALT 及 AST，这两种酶在肝炎潜伏期、发病初期均可升高，有助于早期诊断。

2）腹部 B 超：病毒性肝炎的声像图往往呈弥漫性肝病表现，但药物性肝炎、酒精性肝炎、肝硬化、各种代谢性疾病所致的肝病等也可呈弥漫性改变，在声像图上很难鉴别，因此，必须结合临床和其他检查结果进行综合分析。

弥漫性肝病声像图表现：急性期特点为肝脏肿大，肝实质回声偏低，光点稀疏，部分患者可出现胆系改变，出现胆囊壁增厚，黏膜水肿呈低回声。迁延性者呈肝脏增大，肝回声增强，不均，光点粗大，可伴脾脏增大或/和门静脉内径增宽。

2. 判定标准：

1）血清 ALT 或 AST 增高超过参考值上限 2 倍（如正常参考值上限为 X，超过参考值上限 2 倍是指超过 2X），不合格。

2）血清 ALT 或 AST 增高不超过参考值上限 2 倍，但 B 超声像图呈弥漫性肝病表现（脂肪肝除外），不合格。

作为一种选拔性体检，受检者的流行病学资料、临床症状及病因学资料往往不可靠，体征一般也不明显，故体检中应主要依据肝脏生化、腹部 B 超检查诊断或排除肝炎。

7.3　注意事项

7.3.1　所有关于肝炎的检测项目中，一律不许进行乙肝项目检测。

7.3.2　公务员体检中的肝脏生化检查是指 ALT 及 AST 这两项，若检测数值较参考值上限轻度异常（即不超过参考值上限 2 倍），而其他检测结果均正常，可直接做出体检合格的结论。

7.3.3　肝炎的诊断包括临床诊断、病原学诊断及病理诊断。作为体检，只需根据判定标准作出是否合格的结论，有创性的肝脏穿刺病理学诊断方法不宜作为辅助检查项目。

人力资源和社会保障部关于推进工伤保险市级统筹有关问题的通知

人社部发［2010］20号

各省、自治区、直辖市人力资源社会保障（劳动保障）厅（局），新疆生产建设兵团劳动保障局：

《工伤保险条例》实施以来，工伤保险覆盖范围不断扩大，参保人数快速增加，政策标准和管理服务逐步完善，工伤保险制度在维护职工权益、分散用人单位风险、促进社会和谐稳定方面日益发挥出重要作用。但由于多种原因，目前仍有相当一部分地区工伤保险实行县级统筹，统筹层次低，基金规模小，化解风险能力差，已成为制约工伤保险事业健康发展的突出问题之一。为落实《工伤保险条例》，加快推进工伤保险市级统筹工作，现就有关问题通知如下：

一、充分认识建立工伤保险市级统筹工作的重要意义

建立工伤保险市级统筹，是进一步贯彻落实《工伤保险条例》，完善工伤保险制度、推进工伤保险事业发展的需要。提高工伤保险统筹层次，扩大基金规模，有利于提高工伤保险基金抵御风险的能力，更安全、更有效地保障工伤职工权益；有利于进一步提高基金使用效率；有利于不断提高工伤保险保障水平，并统筹解决好老工伤等历史遗留问题；有利于加快推进预防、补偿、康复三位一体工伤保险制度体系建设，为工伤职工提供更全面、更周到的服务。各地要从深入贯彻落实科学发展观、保障民生的全局和推进工伤保险事业全面发展的高度，将提高统筹层次作为完善工伤保险制度的一项重要任务，加大工作力度，切实加快推进工伤保险市级统筹工作。

二、进一步明确工伤保险市级统筹工作的重点

建立工伤保险市级统筹，核心是实现工伤保险基金统筹，关键是基金在全市范围统筹调剂使用，基础是统一参保缴费办法、待遇支付等项政策标准和规范工伤认定、劳动能力鉴定、工伤预防、工伤医疗和工伤康复等项管理服务。

目前，尚未实现市级统筹的地区，应结合本地实际，明确工作重点。要统一参保范围和参保对象，按《工伤保险条例》和有关政策规定推进各类用人单位和职工参加工伤保险；统一行业差别费率标准，做好征缴工作；统一基金管理，实行全市基金收支预算管理制度，有条件的地区要实现基金统收统支，其他地区也要统一基金财务管理制度和使用办法，加大基金市级调剂力度，逐步实现全市范围内统一调度和使用基金；统一制定工伤认定和劳动能力鉴定办法，规范认定和鉴定程序；统一工伤保险待遇支付标准；统一经办流程和信息系统。

三、切实抓好工伤保险市级统筹的组织实施工作

实行工伤保险市级统筹是一项系统工程，各地要切实加强领导，密切配合，结合本地实际情况，制订推进工伤保险市级统筹的具体工作方案。要明确市、县（区）两级工伤保险机构职责划分，科学制定实行市级统筹的各项管理办法和工作程序，充分发挥市、县（区）两级工伤保险机构的作用，建立职责清晰、运行顺畅、服务便捷的工作机制，保障工作的顺利开展。要进一步加强基金征缴，规范基金管理，强化监督检查，确保工伤保险待遇及时足额支付，确保工伤保险基金安全。2010 年底，在全国范围内基本实现工伤保险市级统筹。在推进市级统筹工作中，有条件的省份要建立省级调剂金制度。在实行市级统筹后，仍存在统筹地区基金平衡问题的省份，可以探索建立工伤保险省级统筹。通过工伤保险统筹层次的提高，使工伤保险制度进一步完善，工伤职工的权益得到更好的保障。

二〇一〇年三月十五日

人力资源和社会保障部关于撤销安徽国风集团有限公司等28个博士后科研工作站设站资格的通知

人社部发［2010］21号

各省、自治区、直辖市人力资源社会保障（人事、劳动保障）厅（局），新疆生产建设兵团人事局、劳动保障局，解放军总政治部干部部：

为加强博士后科研流动站（以下简称流动站）、博士后科研工作站（以下简称工作站）建设，提高博士后工作质量，推动博士后工作健康发展，2009年，人力资源社会保障部组织开展了对2005年12月31日以前设站且未参加2005年评估的流动站、工作站，以及2005年评估结果为基本合格和不合格的流动站、工作站，共996个流动站、工作站（其中流动站495个，工作站501个）的评估工作。

根据《博士后科研流动站和工作站评估办法》和本次评估的实际情况，经研究决定，撤销安徽国风集团有限公司博士后科研工作站等28个工作站（见附件）设站资格，并予以公布。在撤销的工作站中，有9个是因为2005年和2009年连续两次评估不合格，有19个是因为企业破产、改制或重组兼并等原因丧失了设站基础条件。

加强博士后质量保障体系建设，提高博士后工作质量是博士后工作的重点，开展博士后工作评估是提高博士后工作质量的重要举措。希望有关省、自治区、直辖市和有关部门博士后工作管理部门以此为契机，重点做好以下工作：一是加强制度建设，根据本地区经济社会发展需要，以及博士后工作开展情况，制定好博士后工作发展规划和管理细则，做好宏观管理工作；二是加强日常管理，加大对本地区、本部门设站单位的指导和监督力度，全面掌握各设站单位博士后工作基本情况，指导和帮助各设站单位加大博士后研究人员招收力度，稳步扩大博士后研究人员招收规模；三是加强服务，做好博士后研究人员出站就业、人才与科技项目交流，工作站与流动站的联合招收等服务工作；四是建立预警机制，对招收情况不好和管理工作不规范的设站单位适时提出警告，加大帮扶力度，督促其做好博士后工作，推进博士后工作健康发展。希望各设站单位认真总结博士后工作经验，不断提高博士后管理工作水平，提高博士后培养质量，为经济社会发展和科技创新作出新的更大的贡献。

附件：撤销设站资格的博士后科研工作站名单（共28个）

二〇一〇年三月十九日

附件

撤销设站资格的博士后科研工作站名单（共28个）

序号	所在省市	单位名称
1	安徽省	安徽国风集团有限公司
2	安徽省	安徽省科苑股份有限公司
3	北京市	北京科宇联合干细胞生物技术有限公司
4	北京市	北京燕山华尔森实业集团
5	北京市	朗讯科技贝尔实验室
6	北京市	清华紫光股份有限公司
7	黑龙江	鸡西煤矿机械公司
8	湖北省	湖北潜江制药股份有限公司
9	湖南省	湖南华南光电（集团）有限责任公司
10	湖南省	嘉瑞新材料科技股份有限公司
11	湖南省	湘火炬投资股份有限公司
12	江苏省	金陵石化有限责任公司
13	江苏省	太仓友联电器厂
14	辽宁省	沈阳化工集团公司
15	辽宁省	中国北车集团大连机车车辆有限公司
16	内蒙古	中国航天科工集团第六研究院四十六所
17	山东省	济南正昊化纤新材料有限公司
18	山东省	山东德棉集团有限公司
19	山东省	颐中烟草（集团）有限公司
20	山东省	中国轻骑集团有限公司
21	陕西省	西安大唐电信有限公司
22	陕西省	咸阳偏转集团公司
23	上海市	雀巢研发中心上海有限公司
24	四川省	四川迪康集团股份有限公司
25	四川省	四川托普软件投资股份有限公司
26	新　疆	新疆库尔勒香梨股份有限公司
27	浙江省	杭州富通计算机软件有限公司
28	浙江省	宁波成功信息产业股份有限公司

人力资源和社会保障部关于印发进一步整合资源加强基层劳动就业社会保障公共服务平台和网络建设指导意见的通知

人社部发［2010］22号

各省、自治区、直辖市人力资源社会保障（人事、劳动保障）厅（局），新疆生产建设兵团人事局、劳动保障局：

《关于进一步整合资源加强基层劳动就业社会保障公共服务平台和网络建设的指导意见》已经第42次部务会通过，现印发给你们，请及时转发，并结合实际提出贯彻落实要求。

二〇一〇年三月三十日

关于进一步整合资源加强基层劳动就业社会保障公共服务平台和网络建设的指导意见

基层劳动就业社会保障公共服务平台和网络是政府社会管理与公共服务体系的重要组成部分，是人力资源和社会保障政策落实和工作落实的重要载体。随着我国人力资源和社会保障事业不断发展和服务领域不断拓宽，基层劳动就业社会保障公共服务平台和网络不健全、职能不完善、队伍力量弱、服务能力不足等问题日益突出，成为制约人力资源和社会保障事业可持续发展的瓶颈。为提高基层劳动就业社会保障公共服务能力，加快政府职能转变，满足人民群众日益增长的公共服务需求，现就加强基层劳动就业社会保障公共服务平台和网络建设提出如下意见：

一、指导思想、基本原则和总体目标

（一）指导思想：以邓小平理论和“三个代表”重要思想为指导，深入贯彻落实科学发展观，紧紧围绕统筹城乡就业和加快建立覆盖城乡社会保障体系的目标，按照转变政府职能、强化社会管理和公共服务的要求，通过有效整合资源，健全完善县以下基层劳动就业社会保障公共服务平台和网络，全面提高服务能力和水平，为广大人民群众提供规范、便捷、高效的公共服务。

（二）基本原则：坚持公益性质，注重服务的公平性、可及性和均等化；坚持政府主办与购买服务相结合，充分利用社会资源参与公共服务；坚持统筹规划，整合现有公共服务资源，健全基层劳动就业社会保障公共服务平台和网络；坚持属地管理，结合实际，因地制宜，循序渐进。

（三）总体目标：第一阶段，从2010年开始到2012年的3年时间内，以公共就业、社会保障、劳动关系协调、劳动争议调解和劳动保障监察为重点，有效整合各项服务资源，明确职能职责，完善服务设施，保障工作经费，在全国街道、乡镇和社区、行政村基本建立健全劳动就业社会保障公共服务平台和网络；第二阶段，从2013年开始到“十二五”末，社会保障“一卡通”经过试点全面实施，基本实现基层劳动就业社会保障公共服务的规范化、专业化、信息化、网络化的目标，城乡居民能够就近享受到劳动就业和社会保障公共服务。

二、整合资源，明确职责

（四）将建立健全基层劳动就业社会保障公共服务平台和网络纳入工作规划。要将基层劳动就业社会保障公共服务体系建设纳入当地“十二五”规划，有计划、有步骤地建立健全街道、乡镇劳动就业社会保障公共服务平台和社区、行政村劳动就业社会保障公共服务网络。争取所有街道、乡镇都建立劳动就业社会保障服务中心（所），所有社区、行政村都设立劳动就业社会保障服务站（协管员）。各地也可根据区域分布和服务人数等实际情况，在邻近的乡镇或行政村建立共用的服务平台和网络。街道、乡镇已经建立多功能公共服务平台的地区，劳动就业社会保障公共服务中心（所）要主动设立办事窗口。

（五）完善街道、乡镇劳动就业社会保障公共服务功能。已经建立街道、乡镇劳动就业社会保障公共服务平台的地区，要强化服务功能，逐步增加和健全劳动关系协调、劳动争议调解、劳动保障监察、人事人才、失业登记、职业培训、劳务输出、农民工监测、农民工权益维护等服务功能，并进一步规范服务流程，提高服务水平。有条件的地区可主动承担其他公共服务功能。尚未建立街道、乡镇劳动就业社会保障公共服务平台的地区，在建设过程中要整体设计、统一推进。

（六）创新社区、行政村劳动就业社会保障公共服务网络运行模式。社区、行政村劳动就业社会保障公共服务站点一般应与其他公共服务项目整合资源，统筹推进建设，主要通过政府购买服务方式来实现。社区、行政村可以设置特定公益性岗位、聘用专职协管员，也可以由居委会、村委会工作人员兼职完成相关任务，按完成任务数量、质量给予经费和报酬。服务人口较多的城市社区，也可以建立与街道劳动就业社会保障服务平台类似的专门机构，工作人员可由街道服务机构派出。

三、注意规范化和标准化建设

（七）统一机构名称。街道、乡镇劳动就业社会保障公共服务平台可以统称为“××街道（乡、镇）劳动就业社会保障服务中心（所）”，社区、行政村劳动就业社会保障公共服务网络可以统称为“××社区（村）劳动就业社会保障服务站”。今后，国家将逐步建立全国统一的基层劳动就业社会保障公共服务标准和标识。

（八）明确服务场所建设标准。基层劳动就业社会保障公共服务平台和网络的建设要以满足工作需要、方便群众和经济实用为原则，综合考虑服务对象数量、地理交通、服务半径、服务内容等因素，结合当地经济发展水平，适当考虑未来发展需要合理确定。具体标准由省级人力资源社会保障部门制定。

（九）明确设备配置标准。街道、乡镇劳动就业社会保障公共服务中心（所）的基本配置包括：计算机及配套设备（服务器、网络）、办公设备、档案存放设备及其他设备。同一省份内基层劳动就业社会保障公共服务平台的设备配置标准应大体一致。

四、加强队伍建设，提高人员素质

（十）理顺管理体制。街道、乡镇劳动就业社会保障公共服务中心（所），接受同级党委、政府的领导，同时接受县级人力资源社会保障部门的业务指导。街道、乡镇劳动就业社会保障服务中心（所）属公共服务性质，应积极争取纳入全额预算事业单位管理。社区、行政村劳动就业社会保障服务站点，设置特定公益性岗位和聘用专职协管员的，由街道、乡镇中心（所）直接管理和监督，居委会、村委会应给予积极支持；由居委会、村委会人员兼职的，接受社区、行政村党组织和居委会、村委会的领导，同时接受街道、乡镇劳动就业社会保障服务中心（所）的业务指导。

（十一）合理配置工作人员。各地应根据辖区内的服务对象数量，综合考虑辖区内的就业人口、用人单位数量、辖区面积、工作任务量、经济社会发展水平等因素，合理配置基层劳动就业社会保障公共服务平台和网络的工作人员，定岗定责，并实行动态管理。街道、乡镇劳动就业社会保障公共服务平台一般每6 000名左右服务对象应配置1名工作人员。

（十二）优化人员结构。制定基层劳动就业社会保障公共服务人员聘用资格标准，不断改进和完善聘用办法。采取公开招聘形式吸纳高校毕业生充实基层劳动就业社会保障公共服务队伍；鼓励“三支一扶”、大学生村官、西部志愿者等人员，专职或兼职从事基层劳动就业社会保障服务。

（十三）加强岗位培训。加大岗位培训力度，强化定岗、定向培训，努力实现基层劳动就业社会保障公共服务工作人员一岗多责、一专多能。要注重培训质量，增强培训的针对性和实效性，切实提高工作人员的业务素质、操作技能和服务水平，建设一支专业化、多功能的基层劳动就业社会保障公共服务工作人员队伍。

（十四）加强队伍作风建设。深入开展创建优质服务窗口活动，切实加强基础管理，规范工作人员的服务行为，增强服务意识。建立考核奖励机制，对基层劳动就业社会保障公共服务工作人员定期进行考核和奖励，发挥先进典型的示范带动作用，激发工作人员的积极性。

五、改善保障条件，推进信息化建设

（十五）支持基础设施建设。各地人力资源社会保障部门要积极协调政府相关部门，为街道、乡镇劳动就业社会保障公共服务平台建设提供必要的建设用地和建设资金。国家对中西部地区基层劳动就业社会保障公共服务平台基础设施建设、基本设备配置等给予必要的资金和政策支持。

（十六）保证街道、乡镇服务平台工作经费。要积极争取将街道、乡镇劳动就业社会保障公共服务平台的工作经费、人员经费和项目经费全额纳入同级财政预算，保证经费来源，确保工作人员享有合理的工资待遇。县级人力资源社会保障部门要积极争取同级政府对街道、乡镇劳动就业社会保障公共服务平台给予适当经费支持。同一街道、乡镇劳动就业社会保障公共服务平台的各类工作人员待遇水平要大体平衡。

（十七）优先推进信息化建设，尽快实现基层劳动就业社会保障工作信息联网。各地“金保工程”二期立项和实施要向基层劳动就业社会保障公共服务平台和网络倾斜，优先保证基层开展公共服务必需的设备、软件开发和网络建设投入。研究制定统一的编码体系和信息标准，加快信息网络建设，实现公共服务、信息网络的全覆盖。街道、乡镇平台和社区、行政村服务站点要实现与省、地市、县三级劳动就业社会保障管理服务机构的业务联网，首先与县级实现联网，业务协同处理，信息资源共享。

（十八）逐步统一各项公共服务应用软件。组织开发全国统一的标准版业务管理信息系统，在保证信息系统基本思路、基本框架、基本功能和指标体系全国统一的前提下，各地要积极采用系统参数配置的方式实现对本地政策和经办模式的支撑。对于确需本地化的地区，要按照“最少、必须”的原则，以省为单位开展，以保证应用软件的统一和业务流程的规范。全国统一的标准版业务管理信息系统应当具有很强的兼容性，能够兼顾劳动就业和社会保障之外开展各类业务的需要。

（十九）积极推进电子政务和政务公开。对可以通过互联网提供的公共服务，要借助有关政府网站，建设基于互联网的网上服务系统，提供网上办事、网上信息查询服务，提高公共服务效率。进一步推进政务公开，完善12333电话咨询服务中心功能，逐步将各项公共服务纳入群众咨询范围。

（二十）大力推行社会保障卡。按照全国统一的标准、规范和管理要求，整合基层劳动就业社会保障各项公共服务功能，加快发行和应用社会保障卡，早日实现全国“一卡通”，努力做到为各类服务对象记录一生、服务一生、保障一生。

六、加强组织领导

（二十一）明确工作责任。省、地市和县三级人力资源社会保障部门，都要高度重视本地区基层劳动就业社会保障公共服务体系建设工作。要成立专门的领导小组和工作机构，明确责任和分工，形成一级抓一级、层层抓落实的领导体制和工作机制。

（二十二）制订实施方案。各级人力资源社会保障部门要按照本指导意见的要求，因地制宜，统筹规划，抓紧制订推进方案和实施办法，周密部署，精心组织实施。特别是县级人力资源社会保障部门，要切实履行责任，积极争取同级党委、政府的重视和支持，把基层劳动就业社会保障公共服务平台和网络建设纳入当地党委、政府的重要议事日程，并积极协调有关部门加大对基层劳动就业社会保障公共服务体系建设的投入和支持力度，帮助解决建设中遇到的困难和问题。

（二十三）加强分类指导和检查评估。要加强对基层劳动就业社会保障公共服务体系建设的分类指导。经济条件较好的地区要优先发展，加快建设进度；其他地区要因地制宜，积极创造条件，保证基本的服务功能。要对基层劳动就业社会保障公共服务平台和网络建设情况进行检查和评估，及时发现新情况，研究解决新问题，确保基层劳动就业社会保障公共服务平台和网络建设取得突破性进展，为促进人力资源和社会保障事业可持续发展，解决好涉及人民群众切身利益的重大民生问题奠定坚实的基础。

人力资源和社会保障部　教育部　财政部　中国人民银行　国家税务总局　国家工商行政管理总局关于实施2010高校毕业生就业推进行动大力促进高校毕业生就业的通知

人社部发［2010］25号

各省、自治区、直辖市人民政府：

2009年，在党中央、国务院的高度重视和正确领导下，有关部门、各地区、各高校和社会各界共同努力，克服国际金融危机造成的严重冲击，实现了普通高等学校毕业生（以下简称高校毕业生）就业的基本稳定。2010年，全国高校毕业生将达630万人，就业任务十分繁重。各地区、各部门要高度重视，继续把高校毕业生就业摆在当前就业工作的首位，通过实施“2010高校毕业生就业推进行动”，进一步加强高校毕业生就业工作。经国务院同意，现就有关问题通知如下：

一、“2010高校毕业生就业推进行动”的总体安排和目标任务

（一）总体安排：进一步落实和完善《国务院办公厅关于加强普通高等学校毕业生就业工作的通知》（国办发［2009］3号）所提出的各项政策措施，健全市场机制，广开就业门路，强化就业服务。在2010年工作中，要更加注重拓展高校毕业生到城乡基层、中西部地区、中小企业和自主创业的就业渠道；更加注重开展有针对性、实效性的就业服务；更加注重强化高校毕业生就业能力，转变就业观念；更加注重做好基础工作，逐步建立并完善促进高校毕业生就业的长效机制。

（二）目标任务：努力使应届高校毕业生离校时初次就业率达70%左右，当年底总体就业率达80%以上；有就业意愿的离校未就业高校毕业生都能参与到相关就业准备活动中，得到免费公共就业服务；相关领域制度改革和长效机制建设得到进一步深化。

二、“2010高校毕业生就业推进行动”主要内容

（一）实施“岗位拓展计划”，大力拓展高校毕业生就业渠道

1. 拓展产业就业岗位。结合战略性新兴产业发展，创造更多智力密集型就业机会。结合扩大内需、结构调整和产业调整振兴规划，把推进战略性新兴产业发展和产业升级作为新的就业增长点，不断拓展相关产业的就业规模，开发适合高校毕业生的就业机会。支持鼓励相关行业和产业与高校联合开展专项岗位对

接活动，全方位促进高校毕业生就业。

2. 拓展企业就业岗位。大力疏通高校毕业生到各类企业就业的主渠道，特别是拓展到中小企业、非公有制企业的就业空间。进一步清理制度性障碍，做好劳动保障和人事代理服务，切实解决档案管理等问题，认真落实直辖市以外城市对企业招用普通高校专科以上毕业生的落户政策。加强执法监督检查，保障到中小企业、非公有制企业就业的高校毕业生的合法权益。建立多层次服务外包企业与高校毕业生就业对接体系，落实相关优惠政策鼓励服务外包企业积极吸纳高校毕业生就业。

3. 拓展科研项目就业岗位。继续实施和完善鼓励科研项目单位吸纳和稳定高校毕业生就业的有关政策，进一步做好科研项目单位聘用高校毕业生作为研究助理或辅助人员参与重大科研项目研究在户口、档案管理、社会保险等方面的工作，并完善组织管理。鼓励中央大型企业科研项目吸纳高校毕业生作为研究助理或辅助人员。

4. 拓展基层就业岗位。进一步开发适合高校毕业生的基层管理和公共服务岗位。实施“高校毕业生社区就业计划”，开发社区管理就业岗位和养老服务、社会工作等领域的社区公益就业岗位，力争全国每个社区至少配备1名高校毕业生。鼓励医学类高校毕业生到乡镇卫生院工作，充实农村基层卫生服务队伍。拓宽农科高校毕业生到农村基层就业渠道，积极引导农科毕业生到基层农技推广服务一线工作。按照统一征集岗位、统一发布公告、统一组织考试、统一服务管理的原则，统筹实施2010年“选聘高校毕业生到村任职”“三支一扶（支教、支农、支医和扶贫）”“大学生志愿服务西部计划”“农村义务教育阶段学校教师特设岗位计划”等基层项目，做好各项目之间政策衔接，进一步落实并完善对项目期满人员的就业政策措施。各地要尽快制定实施鼓励地方高校毕业生面向本辖区艰苦边远地区基层单位就业的学费补偿和国家助学贷款代偿办法。

5. 继续做好征集高校毕业生入伍服义务兵役工作。各地要及早启动2010年高校毕业生入伍预征工作，进一步完善相关政策，理顺工作体制，简化工作程序，并认真做好应征入伍服义务兵役毕业生的学费补偿和助学贷款代偿工作。

（二）实施“创业引领计划”，大力推进高校毕业生自主创业，稳定灵活就业

1. 加强创业教育和培训，提高创业意识。各高校要开设相关课程对大学生进行创业教育，加强创业教育师资队伍和教材建设。鼓励和支持大学生参加创业培训，落实创业培训补贴政策。鼓励和支持有条件的地区和高校举办大学生创业大赛等活动，并探索与有关风险投资基金等结合，推进高校毕业生创业。

2. 强化创业服务。将大学生创业工作纳入各地创业带动就业工作总体规划，实行创业培训、项目开发、小额担保贷款等一体化运作和服务。充分利用大学科技园、经济技术开发区、高新技术开发区、工业园区等资源，建设完善创业实习基地以及孵化基地。

3. 完善创业扶持政策。对高校毕业生初创企业，可按照行业特点，合理设置资金、人员等准入条件，并允许注册资金分期到位。允许高校毕业生按照法律法规规定的条件、程序和合同约定将家庭住所、租借房、临时商业用房等作为创业经营场所。对应届及毕业2年以内的高校毕业生从事个体经营的，自其在工商部门首次注册登记之日起3年内，免收登记类和证照类等有关行政事业性收费；登记求职的高校毕业生从事个体经营，自筹资金不足的，可按规定申请小额担保贷款，从事微利项目的，可按规定享受贴息扶持；对合伙经营和组织起来就业的，贷款规模可适当扩大。完善整合就业税收优惠政策，鼓励高校毕业生自主创业。

4. 稳定灵活就业。对灵活就业高校毕业生申报就业的，提供免费劳动保障和人事代理服务，做好社会保险关系等的接续。落实符合就业困难人员条件高校毕业生灵活就业的社会保险补贴政策，逐步实现就业的稳定。

（三）实施“就业服务与援助计划”，为高校毕业生提供免费公共就业服务

1. 加强就业服务与就业指导。要强化对高校毕业生的就业指导，加强思想政治教育，引导高校毕业生树立正确择业观。高校要建立完善就业指导服务机构，开设就业指导课并作为必修课程，提高高校毕业生求职就业能力。大力发展适合高校毕业生求职特点的互联网就业服务，加强对网络招聘市场的监管。开展公共就业服务进校园活动，为高校毕业生提供“三个一”服务：送一批就业岗位信息进校园；组织专家开展一次就业政策咨询和职业指导活动；提供一本就业手册。人力资源社会保障部门与教育部门、公共就业（人才）服务机构与高校毕业生就业服务机构要加强高校毕业生离校前后管理服务工作的衔接，实现信息资源共享。要以离校未就业高校毕业生为重点，建立“未就业高校毕业生信息库”，确立“一对一”的帮扶工作机制，通过举办高校毕业生就业服务周、就业服务月等专项活动，对凡是需要就业信息服务的，至少提供三次基本符合其条件的就业信息；凡是希望提高职业技能的，至少提供一次职业技能培训机会；凡是符合享受扶持政策的，帮助其落实有关扶持政策。各地、各高校还要针对女大学生特点，强化有针对性的就业服务，促进就业公平。

2. 做实高校毕业生就业见习和职业技能培训，提高就业能力。高校要加强与地方政府、行业协会、企业等的联系与合作，共建以促进就业为目的的实践教学和实习实训基地。高职院校要积极推进“双证书”制度，与行业企业实施多种形式的“订单式”人才培养。加大生产性实训教学安排，确保学生毕业前有一定时间的顶岗实习学习经历，并积极探索建立相关制度。各地要根据全国2010年组织35万高校毕业生就业见习的工作任务，层层分解落实，建立工作目标责任制。进一步动员一批资质较好的用人单位作为高校毕业生实习见习基地，大力开发见习岗位。进一步健全见习管理制度，提高见习质量，落实见习毕业生的基本生活补助政策，鼓励见习单位积极招用见习毕业生。公共就业（人才）服务机构要开设见习登记窗口，完善见习服务。各地要结合市场需求和个人意愿，组织未就业高校毕业生参加职业技能培训和创业培训，落实相关政策。

3. 强化困难高校毕业生就业援助。各地要将就业困难高校毕业生纳入当地就业援助整体工作中，提供及时的援助。落实困难高校毕业生免费参加各类招聘活动、公务员与国有企事业单位招考免收其报名和体检费用、参加职业技能培训和鉴定等政策。落实基层公共管理和服务岗位就业高校毕业生的社会保险补贴、公益性岗位补贴等政策。对在大城市聚居的长期失业高校毕业生，各地要高度重视，采取有力措施，加强就业服务和援助，保障其合法权益。

4. 做好少数民族高校毕业生就业工作。鼓励少数民族地区的少数民族未就业高校毕业生参加职业技能培训，符合条件的按规定给予职业培训补贴。对少数民族地区结合实际开发的基层医疗卫生服务、农牧业生产指导、生态环境保护等基层公益性岗位，安置少数民族就业困难毕业生的，给予社会保险补贴和公益性岗位补贴。各专门项目招募人员时要向少数民族高校毕业生予以倾斜。少数民族地区招录公务员和招聘事业单位工作人员，以及在少数民族地区的国有大中型企业招用员工，同等条件下优先招录少数民族高校毕业生。

三、“2010高校毕业生就业推进行动”组织实施

（一）加强领导，明确责任。当前和今后一个较长时期，以高校毕业生为主的青年就业成为我国就业的重要矛盾。促进高校毕业生就业，事关人才强国战略和建设创新型国家，事关经济社会和谐发展，事关青年长远发展，需要高度重视。要把高校毕业生就业放在当前就业工作的首位，纳入当地就业工作的总体规划，明确目标，强化责任，加强考核和督查。进一步健全高校毕业生就业工作领导机构和协

调机制，各地就业工作联席会议成员单位要把高校毕业生就业作为重要内容，制定具体的工作措施，按季通报工作进展情况，落实工作责任，共同做好高校毕业生就业工作。深入推进国办发［2009］3号文件的全面落实，进一步完善、充实和细化政策项目，有条件的地区可以扩大实施范围，相应提高标准。进一步完善操作方法，畅通政策落实渠道。对政策落实薄弱环节、重点问题进行认真梳理和重点督查，有针对性地提出整改指导意见。

（二）进一步完善高校毕业生就业管理制度和人力资源市场管理制度，促进公平就业。各地要根据《中华人民共和国就业促进法》《中华人民共和国劳动合同法》，进一步完善就业管理服务，做好就业登记、失业登记等工作，深化与高校毕业生就业相关的报到管理、户籍、干部人事等制度改革，促进人才合理流动。要完善高校毕业生就业统计制度，健全高校毕业生就业统计指标体系和统计工作体制。各级人力资源社会保障部门和教育部门要加强沟通，建立离校前后高校毕业生就业信息统计会商制度，及时掌握高校毕业生就业工作进展情况。要健全人力资源市场管理制度，引导各类中介服务机构诚实守信，规范经营，提高服务水平。加强对各类招聘会的管理，大力开展人力资源市场清理整顿工作，严厉打击各类违法违规行为。各地要认真落实《人力资源社会保障部、教育部、卫生部关于进一步规范入学和就业体检项目，切实维护乙肝表面抗原携带者入学和就业权利的通知》（人社部发［2010］12号）要求，取消就业体检中的乙肝检测项目，维护公平就业权利。

（三）加大对高校毕业生就业工作资金支持力度。各高校要根据就业形势和就业工作任务要求，把高校毕业生就业工作经费纳入学校年度经费支出计划，满足高校毕业生就业工作的实际需要，特别是支持家庭困难毕业生求职就业的需要。各地要按规定对落实高校毕业生就业相关政策和就业服务所需资金给予保障。

（四）深化高等教育改革。教育部门和高校要以社会需求为导向，优化高等教育结构，加大学科和专业结构调整力度，提高人才培养的适应性。要深入开展市场需求调研，加强对各类专业人才需求的规律性研究，对就业状况不佳的专业要客观分析，区别情况采取有力措施予以调整。切实把高校毕业生就业状况作为评价高等学校办学效果的重要指标，省级教育部门要继续深入落实就业状况与高校发展相关工作适度挂钩的制度，切实把毕业生就业工作状况作为学校招生计划安排、质量评估、经费投入、专业设置和班子考核等重要依据。

（五）广泛开展形式多样的宣传活动。各地要大力宣传党和国家对高校毕业生就业的高度重视，宣传促进高校毕业生就业的政策措施，宣传高校毕业生到基层就业、到中小企业和非公有制企业就业、自主创业的先进典型，宣传各地各部门好的做法和经验，努力营造良好的舆论氛围和社会环境。引导高校毕业生自觉转变就业观念，把自身的发展与社会需要紧密结合，到基层、到西部、到祖国最需要的地方建功立业。

各地要按照本通知要求，结合本地实际，创造性开展工作，制定切实有效的政策措施，大力推进2010年高校毕业生就业。

二〇一〇年四月七日

人力资源和社会保障部关于加强就业援助工作的指导意见

人社部发［2010］29号

各省、自治区、直辖市人力资源社会保障厅(局)，新疆生产建设兵团人事局、劳动保障局：

为全面履行就业促进法赋予的就业援助工作职责，切实做好就业困难人员和零就业家庭就业工作，实现就业援助工作精细化、长效化，现提出以下指导意见：

一、明确就业援助工作的目标任务

（一）按照精细化、长效化的要求，确立就业援助工作的目标任务。目前，我国大多数地区已初步形成了就业援助制度，创造了很多切实有效的工作经验，但在工作中还存在着管理方式粗放、服务针对性不强、政策落实不到位等突出问题。面对严峻的就业形势和繁重的就业任务，为更多更好地帮助就业援助对象实现就业，必须按照精细化、长效化的要求，全面加强就业援助工作。各地要将符合条件的人员全部纳入就业援助范围，普遍实行就业援助对象实名制动态管理，精心组织实施专业化和个性化就业援助，全面落实各项扶持政策，建立“出现一人，认定一人，扶助一人，稳定一人”的就业援助工作机制，努力使未就业的援助对象获得更具针对性的重点帮助以及时就业，确保已就业的援助对象切实享受政策扶持以稳定就业。

二、强化登记认定和动态管理工作

（二）明确对象范围条件，确定帮扶政策措施。就业援助对象包括就业困难人员和零就业家庭成员。就业困难人员是指因身体状况、技能水平、家庭因素、失去土地等原因难以实现就业，以及连续失业一定时间仍未能实现就业的人员。就业困难人员的具体范围，由省、自治区、直辖市人民政府根据本行政区域的实际情况规定。零就业家庭成员是指法定劳动年龄内的家庭人员均处于失业状况的城市居民家庭中的登记失业人员。各地要结合本地区实际，明确援助对象范围条件、申报条件和经办程序，细化援助服务要求标准，确定相关扶持政策具体内容。

（三）完善登记认定办法，强化动态管理。各地要简化登记认定程序，使各类援助对象都能够在社区进行登记。对未进行失业登记的，要首先进行失业登记，并核发就业失业登记证明；对符合援助对象条件的，要按照规定程序及时予以公示认定，核发就业援助卡（就业援助卡管理办法见附件），就业援助卡与就业失业登记证明同时使用。要及时掌握援助对象的就业状态和具体情况，以社区台账和信息系统为载体，做到基本信息登记造册和动态信息及时更新。对无正当理由不接受就业援助服务或已不符合就业援助对象条件的人员，不再作为援助对象对待。

三、按人本服务的要求实现就业援助精细化

（四）实施分类帮扶，落实跟踪服务。各地要根据每一位援助对象的需求和特点，研究制订个性化的援助方案，设计安排专门的服务路径和援助措施，以援助协议的方式实施“一人一策”的重点帮扶。要为已就业的援助对象提供主动的跟踪服务，街道和乡镇、社区和行政村基层平台工作人员要主动上门提供服务，县级以上公共就业服务机构要定期安排人员深入基层，及时了解掌握援助对象享受政策情况，帮助他们解决就业过程中遇到的实际困难。

（五）提供优先服务，提高服务成效。各级公共就业服务机构都要将援助对象作为优先服务的重点群体，按照人本服务要求，对就业援助各个具体工作环节，制定并实施特殊的服务流程和服务标准，明确各项援助工作的内容、时间和效果要求，实行“首问负责制”，将责任落实到具体工作机构和工作人员，使援助对象在各级公共就业服务机构能够优先得到标准化、专业化的重点帮助。

（六）大力开发岗位，全面落实政策。各地要大力开发公益性岗位，结合当地经济社会发展需要拓展岗位范围，扩大岗位规模，及时落实岗位补贴和社保补贴政策，完善公益性岗位开发和管理制度。要引导鼓励企业吸纳援助对象，帮助企业及时享受到相关政策。要积极帮助一批援助对象自主创业，着力做好创业培训、开业指导、小额贷款和跟踪服务等“一条龙”服务工作。要将短期内未就业的援助对象及时组织到职业培训中，并落实职业培训补贴政策。

四、用制度化的安排实现就业援助长效化

（七）健全就业援助工作基本制度。各地要在总结就业援助工作成功经验的基础上，形成并完善就业援助各主要工作环节的制度化安排，包括登记认定制度、动态管理制度、分类帮扶制度、跟踪服务制度等，并加强对各项制度落实情况的监督管理，确保各项工作全面、顺利地开展，实现就业援助工作常态化、规范化。

（八）完善就业援助工作保障措施。各地要优先保障就业援助工作所需的政策、资金、人员、设备、设施等基本条件，进一步优化落实政策的经办程序，完善政策补贴资金保障机制。要进一步加强街道和乡镇、社区和行政村基层平台基础设施和就业服务能力建设，为基层平台开展就业援助各项基础工作提供有力支持和帮助。要充实基层平台就业工作人员力量，加强人员业务培训，全面推行劳动保障协理人员职业资格培训鉴定工作，不断提高他们的政策和业务水平。

（九）增强信息化对就业援助工作支撑力度。各地要全力推进就业援助工作信息化工作，将各项管理信息和服务信息纳入公共就业服务信息系统统一管理，有计划、分阶段地实现就业援助全程信息化管理，在“十二五”期间，以地级城市或省级地区为单位，全面实现就业援助对象登记认定信息、就业状态信息、援助服务信息、享受政策信息的统一采集、统一使用、统一管理。实行社会保障卡的地区要将就业援助工作基本信息纳入社会保障卡。

（十）实行就业援助工作绩效管理。各地要研究制定就业援助工作绩效考核指标体系和考核办法，根据各级促进就业行政部门、县级以上公共就业服务机构和基层工作平台分别承担的就业援助工作职责和完成任务的具体情况，全面实施就业援助工作专项绩效考核，并建立健全就业援助工作成效与奖励挂钩的激励机制。激励机制要重点向基层平台和基层工作人员倾斜。

五、加强就业援助工作的组织领导和宣传工作

（十一）加强组织领导，完善工作机制。各级人力资源社会保障部门要对本地区就业援助工作进行统一规划部署，明确相关机构的职责任务，形成主管领导亲自抓、行政职能部门政策支持、工作机构和基层平台共同实施的就业援助工作格局。要将就业援助工作列入当地就业工作联席会议重要议程，加强与相关部门的联系协作，重点落实完善就业援助政策、增强基层平台能力和保障补贴资金等工作，为提升就业援助工作水平和实效提供有力保障。各地要进一步加强就业援助工作指导，实施季度调度制度，逐级上报工作进展情况，并按照《就业援助工作情况》（人社统 EP8 号）要求，按季度上报就业援助工作统计报表。

（十二）加大就业援助工作宣传力度。各地要采取贴近群众的宣传形式，做到政策宣讲到人、措施说明到位，帮助就业困难人员了解就业援助具体政策措施。要通过各种媒体广泛宣传政府为就业困难人员和零就业家庭提供帮助的具体政策和工作措施，努力营造全社会关心和支持就业援助工作的良好氛围。

附件：就业援助卡管理办法（略）

二〇一〇年四月二十九日

人力资源和社会保障部　中华全国总工会 中国企业联合会/中国企业家协会关于 印发全面推进小企业劳动合同制度 实施专项行动计划的通知

人社部发［2010］30号

各省、自治区、直辖市人力资源社会保障厅（局）、总工会、企业联合会/企业家协会，新疆生产建设兵团劳动保障局、总工会、企业联合会/企业家协会：

现将《全面推进小企业劳动合同制度　实施专项行动计划》印发给你们，请结合当地实际制订具体实施方案，认真贯彻落实。

各省、自治区、直辖市和新疆生产建设兵团的实施方案请于5月底前报送人力资源社会保障部劳动关系司备案。

二〇一〇年四月三十日

全面推进小企业劳动合同制度　实施专项行动计划

小企业是国民经济和社会发展的重要力量，是我国吸纳就业的重要渠道。在小企业全面实施劳动合同制度，对于构建和谐稳定的劳动关系，促进小企业又好又快发展，维护社会和谐稳定，具有十分重要的意义。劳动合同法施行以来，各类小企业贯彻实施劳动合同制度工作取得了较大进展，但是从总体上看，小企业劳动合同签订率低、劳动用工行为不规范的问题仍然比较突出，损害了劳动者的合法权益，影响了劳动关系和谐稳定。为进一步贯彻落实劳动合同法，推动小企业构建和谐稳定的劳动关系，营造有利于小企业发展的良好环境，国家协调劳动关系三方会议决定，在全国开展全面推进小企业劳动合同制度实施专项行动（以下简称专项行动）。

一、指导思想

以邓小平理论和“三个代表”重要思想为指导，深入贯彻落实科学发展观，认真贯彻党的十七大和十七届三中、四中全会精神，坚持维护劳动者合法权益与促进小企业又好又快发展相结合，着力提高小企业劳动合同签订率和履行质量，逐步提升劳动用工管理水平，整体部署、因企制宜、分类指导、加强服务，推动建立规范有序、公正合理、互利双赢、和谐稳定的社会主义新型劳动关系。

二、目标任务

从2010年至2012年，用三年时间基本实现小企业与劳动者普遍依法签订劳动合同。其中，2010年力争小企业劳动合同签订率达到65%以上，2011年力争小企业劳动合同签订率达到80%以上。小企业普遍依法规范工资支付和工时管理，按规定参加社会保险。

三、行动措施

（一）加强对小企业劳动用工的动态监管。依据原国家经贸委、原国家发展计划委员会、财政部、国家统计局2003年发布的《中小企业标准暂行规定》，组织力量对小企业劳动用工情况开展摸底调查，全面摸清辖区内小企业户数、职工人数以及劳动合同签订等底数。在此基础上，加强劳动用工备案制度建设，指导小企业建立职工名册，督促企业对招用职工和订立（续订）、解除或终止劳动合同情况及时办理劳动用工备案手续，按照信息准确、规范、统一的要求加快建立健全劳动用工信息数据库，实现对小企业劳动用工的动态管理。

（二）加强劳动合同法律法规宣传和培训。深入开展普法宣传教育，充分利用广播、电视、报刊、网络等各类新闻媒体，采取生动活泼、通俗易懂的形式，广泛宣传开展专项行动的主要内容和重要意义，宣传实施劳动合同制度对维护小企业和职工双方合法权益的重要性，重点宣传劳动合同法律法规和政策，增强小企业和广大职工的劳动合同法律意识，为推进劳动合同制度实施营造良好的舆论氛围。进一步创新宣传方式，在每年企业招用职工旺季集中开展宣传月活动，深入小企业集中的街道、工业园区、楼宇和就业服务机构等场所，通过走访企业、现场咨询、以案说法、发放宣传册、张贴宣传画等方式，增强宣传的针对性和实效性。加大劳动法律知识培训力度，研究制订小企业经营管理者培训工作计划，力争用三年时间对辖区内的小企业经营管理者轮训一遍，增强小企业依法用工的自觉性，提高劳动合同管理水平和能力。有计划地加强对基层工会干部和广大劳动者的劳动法律知识培训，在对劳动者的各类职业技能培训中安排相关内容，通过培训提高基层工会维护小企业职工合法权益的能力，增强劳动者依法维权和遵纪守法、诚信履约意识。

（三）加强对小企业实施劳动合同制度的指导和服务。结合每年春节后开展的农民工劳动合同签订“春暖行动”等活动，主动深入小企业特别是招用农民工比例大且劳动合同签订率低的企业，指导其与职工依法签订劳动合同，继续分类制定并推荐使用规范、简明、实用的劳动合同文本，引导企业根据生产经营实际与职工协商确定合同期限、劳动报酬、工作内容等必备条款，切实解决一些企业与职工签订劳动合同条款不完备、内容不合法、权利义务不对等的问题。编制印发小企业劳动用工操作指南，指导小企业加强劳动合同基础管理，规范劳动合同签订、续订、变更、履行、解除、终止等行为，实现劳动合同制度的有序运行。研究制定并推广适合小企业的劳动规章制度制定规程和体现不同行业特点的劳动规章制度示范文本，指导、帮助小企业制定完善劳动规章制度，建立健全招工登记、工资支付、保险缴费、考勤等书面记录，促进劳动用工管理制度化和规范化，切实提高劳动用工管理水平。

（四）加强对小企业的支持和帮扶。认真贯彻落实《国务院关于进一步促进中小企业发展的若干意见》（国发［2009］36号），主动了解掌握辖区内小企业的生产经营状况，配合有关部门采取切实有效措施，加大对小企业的支持力度，帮助其解决实际困难。研究制定有利于小企业参加社会保险的扶持措施，对小企业吸纳困难人员就业、签订劳动合同并缴纳社会保险费的，要积极帮助其按规定申领养老、医疗和失业保险补贴。对受金融危机影响较大的困难小企业，要及时帮助其申请享受在一定期限内缓缴社会保险费和社会保险补贴或岗位补贴、在岗培训补贴。引导小企业与职工就工资、工时、劳动定额开展协商，对符合实行综合计算工时和不定时工作制的小企业，要为其申请提供便利。

（五）加强劳动监察执法和劳动争议调处工作。将小企业实施劳动合同制度情况作为劳动保障监察执法的重要内容，加强日常巡查、书面审查、举报投诉专查和专项执法检查，督促小企业依法规范用工。在劳动保障监察执法中要落实执法维权与服务企业、支持企业发展相结合的各项举措，注重对小企业违法行为的预防和教育，把帮扶小企业体现在执法的全过程。对不依法与职工签订劳动合同、不按时足额支付工资、不按规定参加社会保险的，可发送监察建议书或责令其限期改正；拒不改正的，依法予以处罚。加大劳动争议调解仲裁力度，通过调解柔性化处理争议，发挥简易程序、终局裁决的作用，及时依法处理小企业与职工因订立、履行劳动合同发生的劳动争议，切实维护争议双方当事人的合法权益。

四、组织实施

各级人力资源社会保障部门、工会和企业联合会/企业家协会要充分认识开展专项行动的重要性，进一步增强责任感和紧迫感，切实加强领导，落实责任。要在当地党委、政府领导下，由人力资源社会保障部门牵头，成立三方专门领导小组和工作机构，建立人力资源社会保障部门内部劳动关系、劳动保障监察、劳动争议处理、农民工工作等单位和工会、企业组织分工明确、密切配合的工作机制，主动争取工商、税务、安全监管等行政管理部门和妇联、共青团等组织的配合支持，形成推进专项行动的合力。要统筹规划，结合本地实际制订专项行动具体实施方案，明确年度目标任务、工作措施和时间进度，并将工作任务完成情况列入目标责任考核内容。进一步改进完善劳动合同签订情况的调查统计工作，加强对工作进展情况的督促检查和考核，形成层层抓落实的目标责任制。要认真总结实践经验，注重选出和推广实施劳动合同制度的先进街道（乡镇）、工业园区和小企业，发挥典型示范带动作用，不断扩大工作效果。要深入基层加强调查研究，及时发现专项行动中出现的新情况，研究解决新问题，确保专项行动顺利实施。

各级人力资源社会保障部门要结合加强基层劳动就业社会保障公共服务平台和网络建设，加快在街道、乡镇服务平台和社区、行政村服务网络增加劳动关系工作职能，配备专兼职劳动关系协调员，同时指导有条件的小企业配备专职或兼职劳动合同管理员，为开展专项行动提供队伍支撑。

人力资源和社会保障部关于实施大学生创业引领计划的通知

人社部发［2010］31 号

各省、自治区、直辖市人力资源社会保障厅（局），新疆生产建设兵团人事局、劳动保障局：

为贯彻落实党中央、国务院“促进以创业带动就业”的战略部署，鼓励、引导和支持大学生自主创业，根据人力资源和社会保障部、教育部、财政部、中国人民银行、国家税务总局、国家工商行政管理总局《关于实施 2010 高校毕业生就业推进行动大力促进高校毕业生就业的通知》（人社部发［2010］25 号）要求，我部决定组织实施“大学生创业引领计划”。现将该计划要点指南印发你们，请结合实际，制订本地实施计划方案，并认真组织实施。

附件：大学生创业引领计划

二○一○年五月四日

附件

大学生创业引领计划（要点指南）

一、指导思想

贯彻落实党中央、国务院促进以创业带动就业的战略部署，坚持政府促进、社会支持、市场导向、自主创业的基本原则，发挥政府部门、公共服务机构和高等学校的职能作用，调动社会各方面力量，采取一系列鼓励、引导和扶持措施，强化创业意识，提升创业能力，改善创业环境，健全创业服务，引导和带领一大批大学生通过创业实现就业。

二、工作目标

2010—2012 年，三年引领 45 万名大学生实现创业。其中，2010 年不少于 10 万人，2011 年不少于 15 万人，2012 年不少于 20 万人。有创业愿望并具备一定条件的大学生都得到创业培训，准备创业的大学生都得到创业指导服务。市场导向的大学生创业机制初步建立。

三、主要任务

（一）开展大学生创业培训（实训）。按规定认定创业培训（实训）机构，选评一批创业培训师和讲师。探索建立模拟公司、信息化创业实训平台等，组织有创业愿望的大学生参加创业培训（实训）或演练。进行求职登记的毕业生按规定享受培训补贴。积极会同教育等有关部门，邀请创业成功人士为在校大学生传授创业经验，组织开展形式多样的大学生创业竞赛活动，积极开展在校大学生创业培训（实训）服务。

（二）对大学生创业给予政策扶持。大学生创业符合规定条件的，可享受注册资金优惠、小额担保贷款、税费减免等扶持政策。将大学生创业见习纳入就业见习总盘子实行统筹管理。鼓励支持大学毕业生开办网店从事创业实践活动，提供创业辅导和便利条件。积极会同有关部门多渠道建立创业专项扶持资金。多渠道拓展大学生创业融资渠道。

（三）为大学生创业提供指导服务。建立大学生创业项目库，举办创业项目展示和推介引导活动；积极会同教育部门和高等院校，为在校大学生提供创业指导服务，将创业指导与创业教育、创业培训（实训）紧密结合，指导大学生制定创业计划书，为大学生制定创业路线图。建立完善大学生创业导师制度，组织一批有社会责任感的企业家和专业人士成立大学生创业导师团、专家志愿团等；建立创业大学生俱乐部、创业大学生联谊会等多种形式的大学生创业交流平台。发挥创业指导服务中心及公共就业服务机构的作用，提供形式多样的创业服务。

（四）为大学生创业提供孵化服务。积极会同有关部门，充分整合政府、企业、高校、社会团体等多方资源，发挥小企业创业基地、科技企业孵化器等现有园区和孵化基地的优势，建立一批大学生创业园，为创业大学生提供低成本的生产经营场所和企业孵化服务；将创业实训、创业孵化、创业指导相结合，细化、规范服务流程，建立不同阶段大学生创业的全方位、阶梯形的创业孵化服务体系；根据当地实际，会同有关部门完善创业场地、创业设施等硬件建设，制定大学生创业园区房租补贴、经营场地补贴政策。

四、保障措施

（一）加强领导，明确分工。充分发挥就业工作联席会议作用，会同有关部门成立引领大学生创业工作指导小组，统一负责本计划的组织实施。正在开展创业型城市创建工作的地区，本计划的组织实施由创建工作领导小组统筹安排。加强各部门行动之间的协调配合，确保本计划顺利实施。

（二）制订方案，抓好落实。各省、自治区、直辖市要根据本计划制订实施方案，将目标任务和各项措施细化分解并落实。开展工作进展调度通报，开展年度工作总结和绩效考评，将考评结果纳入就业工作绩效考核范围。加强工作调研和业务指导，及时解决问题，确保将本计划的各项任务落到实处。

（三）突出重点，强化推动。建立重点地区和行业（领域）工作推进机制。要指导创业型城市创建城市以及其他高校毕业生数量较多、创业环境较好的地区，将本地区大学生创业引领计划纳入促进创业带动就业和创建工作重要内容，重点推进。要根据当地实际确定一批重点行业（领域）（如信息技术、服装服饰、文化创意、物流、动漫、电子商务等），鼓励指导行业协会、社团组织根据本计划制订引领大学生在本行业（领域）创业的行动计划，报我部备案后在有条件的地方组织实施。

（四）树立典型，宣传引导。开展评选表彰活动，树立一批创业大学生、创业导师、支持创业金融机构、大学生创业基地典型。总结工作经验，推动宣传交流，引导社会舆论，增进全社会对大学生创业的理解和支持，努力培育崇尚创业、褒奖成功、宽容失败的创业文化环境。

请各省、自治区、直辖市人力资源社会保障厅（局）将大学生创业引领计划三年总体计划和分年度实施方案于 5 月 31 日之前上报我部。计划实施情况请及时上报。

人力资源和社会保障部　中华全国总工会　中国企业联合会/中国企业家协会关于深入推进集体合同制度实施彩虹计划的通知

人社部发［2010］32号

各省、自治区、直辖市人力资源社会保障厅（局）、总工会、企业联合会/企业家协会，新疆生产建设兵团劳动保障局、总工会、企业联合会/企业家协会：

集体协商和集体合同制度是社会主义市场经济条件下调整劳动关系的重要法律制度。加强集体协商和集体合同制度建设，既有利于生产经营正常的企业改善劳动条件、保障职工共享经济发展成果，也有利于生产经营遇到困难的企业与职工同舟共济、共渡难关，对于促进企业发展、维护职工权益、构建和发展和谐稳定的劳动关系具有重要促进作用。近年来，特别是劳动合同法施行以来，各地按照国家协调劳动关系三方会议的部署，大力推进集体合同制度实施“彩虹”计划，取得了积极成效。但是，实践中也存在着不同地区之间工作进展不平衡、一些地区集体合同制度覆盖面不够广、协商机制不完善以及实效性不够强等问题。为进一步深入推进集体合同制度实施“彩虹”计划，更好地搭建企业与职工沟通协调的虹桥，现就有关问题通知如下：

一、指导思想

以邓小平理论和“三个代表”重要思想为指导，深入贯彻落实科学发展观，以构建和发展和谐稳定的劳动关系为目标，以工资集体协商为重点，坚持维护劳动者合法权益和促进企业健康发展相结合，整体部署，依法推进，因企制宜，分类指导，不断扩大集体合同制度覆盖面、增强集体协商和集体合同的实效性，推动完善劳动关系双方利益协调机制，努力实现企业与职工协商共谋、机制共建、效益共创、利益共享，促进劳动关系双方互利共赢、共谋发展。

二、目标任务

从2010年到2012年，力争用三年时间基本在各类已建工会的企业实行集体合同制度。其中，2010年集体合同制度覆盖率达到60%以上；2011年集体合同制度覆盖率达到80%以上。对未建工会的小企业，通过签订区域性、行业性集体合同努力提高覆盖比例。集体协商机制逐步完善，集体合同的实效性明显增强。

三、工作措施

（一）进一步加大集体合同法律法规宣传力度。充分利用广播、电视、报刊和互联网等新闻媒体，广泛宣传实施集体协商和集体合同制度对维护企业和职工合法权益的重要作用，深入宣传集体合同法律法规和政策，积极宣传开展集体协商签订集体合同的先进典型。创新宣传方式和宣传活动组织形式，增强宣传工作的针对性和实际效果。通过加强宣传引导，进一步提高企业、职工和社会各界对集体协商和集体合同制度重要性的认识，增强企业与职工开展平等协商的意识和自觉性，为推进集体合同制度实施营造良好的舆论氛围。

（二）进一步增强集体协商的针对性和实效性。把深化“共同约定行动”与加强集体合同制度建设结合起来。继续以工资集体协商为重点内容，以非公有制企业和劳动密集型企业为重点对象，推动企业与职工就工资水平（计件单价）、劳动定额等涉及劳动报酬的事项开展集体协商并订立专项集体合同，推进建立完善企业工资分配共决机制、职工工资正常增长机制和支付保障机制。加强对工资集体协商工作的分类指导，对生产经营正常、经济效益较好的企业，引导其重点就职工工资水平和增长幅度进行集体协商，实现职工工资随企业经济效益的提高相应增长；对生产经营遇到困难的企业，引导其重点通过协商薪酬努力稳定工作岗位、保障工资支付，鼓励和支持工会组织职工与企业开展以稳员增效、协商薪酬为重点内容的“共同约定行动”，促进双方共同应对困难，稳定劳动关系；对实行计件工资制的企业，引导其重点就劳动定额标准和计件单价进行集体协商，保障职工取得合理劳动报酬的权益和休息权。同时，要针对当前劳动关系中存在的女职工权益保护、劳动安全卫生等突出问题，推动开展集体协商，签订专项集体合同。

（三）进一步扩大集体协商和集体合同制度覆盖范围。积极推进企业集体协商工作，由企业工会代表职工或者上级工会指导企业职工推举的代表与企业开展平等协商，订立集体合同。同时，要大力推进行业性、区域性集体协商工作。在县级以下区域内非公有制小型企业、劳动密集型企业比较集中的乡镇、街道、社区和工业园区（经济技术开发区、高新技术产业园区），推动开展区域性集体协商，签订区域性集体合同。在同行业企业特别是建筑、采矿、餐饮服务等行业企业相对集中的县级以下区域内，要重点推动开展行业性集体协商，订立行业性集体合同；具备条件的地区可以根据实际情况，在县（市、区）一级积极探索开展行业性集体协商工作。

（四）进一步广泛开展集体协商“要约行动”。积极引导支持企业和工会开展“要约行动”，重点支持工会提出要约。基层工会要主动开展协商要约，上级工会要帮助和指导基层工会依法行使要约权。当前应把开展集体协商要约的重点放在五类企业，即没有开展集体协商和签订集体合同的企业；集体合同已经到期需要续签或重新签订的企业；没有开展工资集体协商和签订工资协议的企业；职工工资长期不增长、低增长，或50%职工工资低于当地职工平均工资50%的企业；实行经营者年薪制的国有和国有控股企业、集体企业。企业工会组织提出协商要约有困难的，上一级工会可依法代替企业工会提出协商要约。在未建工会的企业，上级工会要指导职工推举协商代表，并向企业提出协商要约。在非公有制小企业或同行业企业相对集中的县级以下区域内，可由区域工会组织或行业工会组织向相应的区域企业组织、行业协会提出协商要约；尚未建立基层企业组织的，也可直接向区域、行业所属企业提出协商要约。企业或企业组织也可就有关问题向职工方提出集体协商要约。

（五）进一步规范集体协商程序。要把依法规范集体协商程序作为增强集体合同实效性的重要措施，保证集体协商双方代表具有合法性，协商过程充分表达职工和企业方的意愿和要求，协商内容得到双方一致认可。一是要规范集体协商代表产生程序，指导双方严格按照法定程序产生协商代表，赋予其代表本方利益进行集体协商的权力。二是要规范集体协商启动程序，指导职工方或企业方协商代表以书面形式向对方提出协商要求，另一方积极予以回应。三是要规范集体协商会议程序，指导双方协商代表采取召开集体协商会议的形式，就协商事项进行充分讨论，形成集体合同草案。四是要规范审议通过程序，指导企业将经双方协商一致形成的集体合同草案依法提交职代会或者全体职工讨论通过，并由双方首席代表签字盖章。

（六）进一步加强集体协商主体能力建设。继续加强基层工会组织和基层企业组织建设。进一步扩大基层工会组织覆盖面，大力推进非公有制企业组建工会，积极推进建立县级以下区域性、行业性基层工会联合会，加强职业化基层工会干部队伍建设，稳步推进基层工会主席直接选举工作，加大对基层工会主席合法权益的保护力度，创新基层工会组织的工作机制，不断增强基层工会组织履行维权职责的能力和工作活力。进一步加强企业组织建设，加快建立县（市、区）企业联合会/企业家协会的步伐，支持加强其他基层企业组织、行业协会的建设，推动企业组织机构和工作网络向乡镇、街道、社区和工业园区延伸，积极培育企业方集体协商主体。继续加强对集体协商双方代表特别是职工代表的培训工作，采取举办培训班、组织现场观摩、召开交流研讨会等多种途径和形式，进一步加大对协商代表的劳动法律知识和协商技巧的专项培训力度，切实提高协商代表的集体协商能力和水平。

（七）进一步加强对集体协商工作的指导和服务。要组织力量深入企业、深入基层，主动为集体协商提供从确定协商代表、拟订协商议题到召开协商会议、起草合同文本等环节的全程指导。要制定推广集体协商指导手册以及适合本地区不同行业特点的企业、行业性、区域性集体合同示范文本和集体协商要约示范文本，供集体协商双方参考借鉴。要积极创造条件加强集体协商工作的专门指导机构和指导员队伍建设，聘请一批懂政策、精业务、会协商的专业人员担任专兼职集体协商指导员，为开展集体协商提供咨询服务等专业技术支持。要进一步建立健全最低工资制度和工资指导线、人力资源市场工资指导价位、行业人工成本指导信息等制度，适时调整最低工资标准，及时发布有关指导信息，为开展集体协商提供参考依据。加强集体协商争议协调处理工作，对在集体协商过程中发生的争议，要指导双方协商解决；双方当事人协商解决不成的，人力资源社会保障部门要及时组织同级工会和企业组织共同协调处理。

（八）进一步加强集体合同的审查管理和履约监督。加强集体合同审查备案工作，督促企业或企业组织将经双方首席代表签字的集体合同在规定时间内报送人力资源社会保障部门审查。人力资源社会保障部门要依法办理登记手续，及时对集体合同进行合法性审查并出具《审查意见书》，同时做好集体合同审查情况统计上报和审查资料存档工作。加强对集体合同履行情况的监督，指导集体协商双方代表及时将生效的集体合同以适当形式向本方全体人员公布，督促企业定期向职代会或全体职工报告集体合同履行情况，接受职工监督。对企业违反集体合同，侵犯职工权益的，工会要及时提出整改意见，督促企业纠正。对因履行集体合同发生争议的，工会应与企业协商解决；经协商解决不成的，工会可以依法申请仲裁、提起诉讼。

（九）进一步加强集体合同立法工作。依据劳动法、劳动合同法、工会法和有关部颁规章，积极参与和推动制订或修订本地区的集体合同法规或规章，增强法律、法规的操作性。要重点针对解决当前集体协商工作中存在的“不愿谈”“不敢谈”“不会谈”和“谈不成”等突出问题，认真总结实践经验，探索创新制度机制，及时将行之有效的政策措施上升为立法，为深入推进集体合同制度实施提供法制保障。

四、组织实施

（一）加强领导，落实责任。各级人力资源社会保障部门、工会和企业联合会/企业家协会要充分认识新形势下加强集体合同制度建设的重要性和紧迫性，把深入推进集体合同制度实施“彩虹”计划作为协调劳动关系、构建和谐社会的重要举措，进一步增强责任感和使命感，切实加强领导，明确责任。要争取当地党委、政府的重视和支持，把这项工作纳入党委、政府的重要议事日程。要在当地党委、政府领导下，建立由人力资源社会保障部门主要领导牵头，协调劳动关系三方主管领导具体负责，有关职能部门参加的工作协调领导机构，形成政府部门主导、三方协同、多方支持、企业和职工积极参与的工作机制。

（二）统筹规划，精心组织。各地要在已有工作基础上，统筹规划三年工作任务，结合本地区实际抓紧制定或完善具体实施方案，进一步明确年度目标任务、工作措施和时间进度。要将工作任务完成情况列入目标责任考核内容，加强对工作进展情况的检查考评和定期通报，形成一级抓一级、层层抓落实的工作责任制。各级协调劳动关系三方要深入基层联合开展调查研究，全面掌握推进集体合同制度实施的特点和规律，及时发现和解决工作中出现的新情况、新问题，认真做好信息交流和典型推广工作，不断拓宽工作思路，创新工作方法，推动“彩虹”计划顺利实施。

（三）密切配合，形成合力。各级协调劳动关系三方要充分发挥职能优势，相互支持，协调配合，共同做好“彩虹”计划实施工作。各级人力资源社会保障部门要充分发挥主导作用，切实抓好组织协调、政策制定和监督检查工作。各级工会要宣传发动广大职工积极参与“彩虹”计划，提高职工依法与企业开展平等协商的意识，提升基层工会和职工代表的集体协商能力和水平，加强对集体合同履行情况的监督。各级企业联合会/企业家协会要切实做好企业经营者的组织引导工作，提高经营管理人员对实施“彩虹”计划的认识，引导广大企业牢固树立平等协商、共享成果、和谐发展的经营理念。

二〇一〇年五月五日

人力资源社会保障部关于进一步加强基层平台就业工作若干问题的意见

人社部发［2010］37号

各省、自治区、直辖市人力资源社会保障厅（局），新疆生产建设兵团人事局、劳动保障局：

为进一步贯彻落实《关于进一步加强公共就业服务体系建设的指导意见》（人社部发［2009］116号）、《关于进一步整合资源加强基层劳动就业和社会保障公共服务平台和网络建设的指导意见》（人社部发［2010］22号），充分发挥基层劳动就业和社会保障公共服务平台（以下简称基层平台）在就业工作中的基础作用。现就进一步加强基层平台就业工作提出如下意见：

一、进一步明确任务职责

街道、乡镇平台设立专门服务场所或服务窗口，向劳动者和用人单位提供公共就业服务，并组织、指导、协调、监督社区、行政村平台开展公共就业服务工作，承担就业工作的基本职责，主要包括：负责组织开展就业法规政策的宣传和咨询；负责组织开展人力资源调查统计、动态管理工作；负责审核、上报就业登记、失业登记相关资料，组织开展登记失业人员日常管理工作；负责收集、发布就业信息，提供职业指导、职业介绍、农村劳动力转移就业等就业服务； 组织辖区相关人员参加职业培训、创业培训和职业技能鉴定；负责社区就业岗位开发，做好公益性岗位开发管理工作，开展创建充分就业社区活动；负责审核、上报就业困难人员认定资料，组织开展就业援助工作，协助落实就业政策；做好项目推荐、开业指导、小额担保贷款、跟踪服务等创业服务工作，指导开展信用社区创建工作；负责审核、上报灵活就业人员的就业情况，协助落实社会保险补贴政策；承担上级部门安排的其他就业服务工作。

社区、行政村平台设立专门服务窗口，并开展上门入户服务，承担就业工作的基本职责，主要包括：开展就业法规政策的宣传和咨询；开展城乡人力资源调查统计，建立基础台账，并及时更新信息变化情况，实行动态管理； 负责受理就业登记、失业登记申请和初审，承担登记失业人员日常管理等工作；收集、发布就业信息，开展职业指导、职业介绍、农村劳动力转移就业等就业服务；了解、掌握培训需求，收集、发布培训信息，组织推荐城乡劳动者参加职业培训、创业培训；协助开发社区就业岗位，推荐就业困难人员到公益性岗位就业，开展创建充分就业社区活动；掌握有创业意愿人员的信息，受理小额担保贷款申请，协助贷款回收，提供相关创业服务，开展信用社区创建工作；开展就业援助对象的调查摸底和日常动态管理工作，受理就业援助申请，建立管理台账和及时更新信息库，协助落实就业政策，为就业援助对象提供上门入户援助服务；调查、核实灵活就业人员的就业情况，协助落实社会保险补贴政策；承担上级部门安排的其他就业服务工作。

二、进一步加强基层平台就业工作人员队伍建设

各地应根据统筹城乡就业工作的需要，综合考虑辖区内的就业人口、辖区面积、经济社会发展水平，特别是新成长劳动力、高校毕业生、登记失业人员、就业困难人员、农村富余劳动力等人员的就业服务需求，合理配置基层平台工作人员。鼓励“三支一扶”、大学生村官、西部志愿者等人员，专职或兼职从事基层公共就业服务。采取公开招聘形式吸纳高校毕业生充实基层平台公共就业服务队伍。社区、行政村特定公益性岗位聘用符合条件人员的，可按规定给予岗位补贴和社会保险补贴，并根据职业能力水平和工作绩效相应提高岗位补贴标准，以保证骨干队伍的稳定。

三、进一步加强基层平台就业工作人员培训工作

各地要根据就业政策和工作要求的变化情况，制定培训规划，加强对基层平台就业工作人员的政策、业务和服务技能等培训，原则上对新上岗的人员要集中开展培训，对现有人员每年要至少进行一次岗位培训，全面推行劳动保障协理员职业资格培训鉴定工作。各级人力资源社会保障部门要积极完善保障措施，为基层平台工作人员拓宽职业生涯发展通道，注重从基层平台队伍中培养选拔优秀工作人员。

四、着力解决基层平台就业工作经费保障问题

各地要以满足当地就业工作需要、保证公益性就业服务和就业援助的提供为原则，保证基层平台开展就业工作的工作经费、人员经费和项目经费。采取政府购买服务、费随事转、以奖代补等多种方式，按照社区、行政村完成就业任务的数量、质量给予经费支持。对国家级充分就业示范社区和省（区、市）充分就业星级社区给予重点扶持。要全面实施基层平台就业援助工作专项绩效考核，建立健全基层平台和基层工作人员就业援助工作成效与奖励挂钩的激励机制。

五、强化组织领导

各级人力资源社会保障部门要切实加强对基层平台就业工作的督查，要深入基层做好指导和服务工作，在党委、政府的领导和有关部门的大力配合下，将基层平台公共就业服务优先纳入政府公共服务体系建设整体规划，加强基层平台就业服务规范化、标准化建设，做好与社会保障、劳动关系、劳动监察等方面工作的衔接，切实推进基层平台就业工作的开展。定期对基层平台的基础设施建设、队伍建设、资金保障、工作进展等情况进行督查，对服务好、群众满意、工作成效显著的基层平台和业绩突出的工作人员给予表彰奖励，对工作不力的单位和个人给予督导和批评，不断完善和提升基层平台就业工作水平。

二〇一〇年五月十九日

人力资源和社会保障部　教育部
关于追授王茂华同志全国模范老师
荣誉称号的决定

人社部发［2010］38号

各省、自治区、直辖市人力资源社会保障厅（局）、教育厅（教委），新疆生产建设兵团人事局、劳动保障局、教育局：

近年来，全国教育系统广大教师和教育工作者坚持以邓小平理论和“三个代表”重要思想为指导，深入贯彻落实科学发展观，认真实施科教兴国和人才强国战略，积极推进教育改革发展，努力办人民满意的教育，涌现出一大批教书育人、为人师表的先进模范人物。王茂华同志就是其中的优秀代表。

王茂华，男，中共党员，1983年11月出生，生前是江西省宜春市袁州区慈化镇伯塘中学教师。2002年7月宜春师范学校毕业，2004年8月起在伯塘中学任教。王茂华同志为人诚恳、关爱学生，注重修养、思想进步，工作认真负责，教育教学成绩突出。2010年3月21日14点45分，慈化镇伯塘村一村民家中，几个小孩在家玩火，不慎引起摩托车着火，火势迅速蔓延。刚回到家的王茂华老师闻讯赶到，当得知六名孩子被困在屋里，面对熊熊大火和一个随时会爆炸的煤气罐，他毫不犹豫，挺身而出，两次冲入火海，与其岳父一起救出了六个小孩，而他烧伤面积高达98%。人们见到全身被烧得焦黑，躺在地上动弹不得的王茂华老师时，他口中依然念叨着：孩子们没事就好！孩子们没事就好！王茂华同志最终因伤重不治，于5月2日凌晨1时19分在武汉市第三人民医院不幸去世，年仅27岁。

王茂华同志在危难时刻，舍生忘死，英勇救人，用实际行动诠释了社会主义核心价值观，用生命谱写了大爱之歌，充分展示了新时期人民教师的光辉形象和高尚师德。他的英雄事迹可歌可泣、令人震撼、催人奋进，在社会上引起了强烈反响，赢得了广大人民群众的高度赞扬。为大力表彰和学习宣传王茂华同志的先进事迹，弘扬他的崇高精神，树立典范，彰显先进，人力资源社会保障部、教育部决定追授王茂华同志“全国模范教师”荣誉称号。

全国教育系统广大教师和教育工作者要以王茂华同志为榜样，在以胡锦涛同志为总书记的党中央领导下，高举中国特色社会主义伟大旗帜，深入贯彻落实科学发展观，爱岗敬业、积极进取，关爱学生、甘于奉献，学为人师、行为世范，为全面建设小康社会、实现中华民族的伟大复兴而努力奋斗。

二〇一〇年五月二十二日

人力资源和社会保障部　财政部关于做好 2010 年城镇居民基本医疗保险工作的通知

人社部发［2010］39 号

各省、自治区、直辖市人力资源社会保障厅（局）、财政厅（局），新疆生产建设兵团劳动保障局、财务局：

2009 年，城镇居民基本医疗保险（以下简称城镇居民医保）制度在全国所有城市全面建立，参保人数继续快速增加，待遇水平进一步提高，城镇居民医保工作取得良好成效。为进一步贯彻落实《中共中央国务院关于深化医药卫生体制改革的意见》（中发［2009］6 号）和《国务院关于印发医药卫生体制改革近期重点实施方案（2009—2011）的通知》（国发［2009］12 号）的有关精神，做好 2010 年城镇居民医保工作，现就有关问题通知如下：

一、完善参保政策，巩固扩大覆盖面

2010 年各地要在全面建立城镇居民医保制度的基础上，巩固和扩大覆盖面，提高参保率，城镇居民医保参保率要达到 80%，有条件的地方要力争达到 90%，并将在校大学生全部纳入城镇居民医保。

各地要适应就业形式多样化和人员流动加剧、城镇化速度加快的形势，在鼓励灵活就业人员参加城镇职工基本医疗保险的基础上，采取有效措施，落实符合条件的灵活就业人员、农民工等流动就业人员可以选择参加城镇居民医疗保险的有关政策。对自愿选择参加城镇居民医保的灵活就业人员和农民工，不得以户籍等原因设置参保障碍。与此同时，各地要确定简捷规范的工作程序，做好保险关系的转移接续工作，方便灵活就业人员、农民工等流动就业人员参保和享受待遇。

要进一步推进大学生参保工作。各级人力资源社会保障部门要加强与有关部门的协调配合，充分发挥高校组织参保的作用。鼓励有经济负担能力的大学生参加商业医疗保险，并切实做好居民医保与商业保险的衔接，通过多层次保障体系，提高大学生医疗保障水平。

要着力探索缴费年限与待遇水平挂钩办法，有条件的地区要探索在较大范围内统一不同医保制度间缴费年限换算累计等办法，鼓励居民积极连续参保。

二、提高财政补助标准，健全筹资机制

2010 年各级财政对城镇居民医保的补助标准提高到每人每年不低于 120 元，其中中央财政对中西部地区按人均 60 元给予补助，对东部地区的补助标准同比例提高。地方财政负担确有困难的，提高补助标准可以分两年到位。省财政要切实负起责任，加大对困难市县的补助力度。要按照高校的隶属关系落实各级财政对于公办、民办和企业办高校学生参保的财政补助。各地要通过医疗救助等渠道，加大对各类困难人群的帮助力度，确保困难人群参保。各级财政部门要按照国家规定的补助标准

安排预算，按有关规定及时足额拨付补助资金，不得滞拨、缓拨。

在财政补助标准提高的同时，各地要根据经济发展、城镇居民可支配收入等情况，适当提高个人缴费水平。要按照《国务院关于开展城镇居民基本医疗保险试点的指导意见》（国发［2007］20号）的精神，进一步完善筹资政策。

三、提高待遇水平，逐步减轻参保人员个人负担

在提高筹资标准基础上，各地要按照以收定支、收支平衡、略有结余的原则，立足于减轻居民医疗费用负担，科学测算，合理提高城镇居民医保待遇水平。

要坚持基本保障，适当提高基层医疗卫生机构医疗费用基金支付比例，引导参保人员到基层医疗卫生机构就医。重点解决大病重病患者的医疗费用负担过重问题。要逐步缩小地区间、制度间待遇差距，体现制度公平性。

提高待遇水平要优先考虑提高基金最高支付限额，减轻大病重病患者的医药费用负担，2010年居民医保基金最高支付限额要提高到居民可支配收入的6倍以上。要逐步提高住院医疗费用基金支付比例，原则上参保人员住院政策范围内医疗费用基金支付比例要达到60％，二级（含）以下医疗机构住院政策范围内医疗费用基金支付比例要达到70％。各地要按照《关于开展城镇居民基本医疗保险门诊统筹的指导意见》（人社部发［2009］66号）要求开展门诊统筹工作，今年要在60％的统筹地区建立城镇居民医保门诊统筹。医疗保险基金结余较多的地方，可采取多种方式，加大对医疗负担过重的大病重病患者的保障力度。对儿童重大疾病患者，可以通过探索到指定医疗机构诊治、医疗保险基金对医疗机构按病种限额或定额结算、适当降低个人自付比例等方式，进一步减轻个人负担。

要将城镇居民医保参保人员住院分娩和产前检查发生的符合规定的医疗费用纳入城镇居民医保基金支付范围。

四、加强医疗保险管理，提升经办能力和水平

要切实加强基金管理，认真执行《关于加强城镇居民基本医疗保险基金和财政补助资金管理有关问题的通知》（财社［2008］116号）和《关于进一步加强基本医疗保险基金管理的指导意见》（人社部发［2009］67号），严格掌握基金支付范围，居民医保基金只能用于参保人员住院和门急诊医疗服务费用支出。要做好基金会计核算和统计分析工作，建立基金运行情况分析和风险预警制度，合理确定基金结余水平。要强化基金监管，加大监督检查力度，杜绝挤占、挪用、骗取基金等违法违规行为，确保基金安全运行。要逐步提高统筹层次，提升基金共济能力。

要强化医疗保险医疗服务管理。进一步完善就医引导机制，结合开展门诊统筹工作，将符合条件的基层医疗卫生机构纳入基本医疗保险定点范围，有条件的地方要探索建立首诊和双向转诊制度，充分发挥基层医疗卫生机构作用。根据各地基金承受能力，合理确定基金支付范围。要将自费药品和诊疗项目的控制指标纳入协议管理范围。完善费用结算办法，加快推进按病种、按人头付费、总额预付等支付方式改革，充分利用有关部门制定的临床路径等标准，合理确定结算标准。对实施基本药物零差率销售的医疗机构，可通过购买服务的方式，对其取消药品加成减少的收入给予合理补偿。要完善定点医疗机构考核评价体系，合理确定考核指标，实行定点医疗机构的分级管理，引导医疗机构加强内部管理、控制服务成本。要强化监督检查，探索建立医疗服务违规行为举报奖励制度，发挥社会监督作用。

要统筹加强社区服务平台建设，提升城镇居民基本医疗保险经办服务能力，对社区和学校应参保人员进行全面登记，了解掌握参保人员情况。要按照权利义务相对等的原则，设立更为灵活的缴费时间和待遇享受时间，方便居民参保和待遇享受。要规范管理服务行为，制定高效合理的经办服务流程，及时发放医疗保险证等凭证。要进一步加强信息系统建设，80%以上的统筹地区要实现医疗保险经办机构与定点医疗机构和定点药店的直接结算。要切实按照规定，加强区域间、不同医疗保险制度间经办机构协作，做好参保人员异地就医和医疗保险关系转移的管理服务工作。

今年是完成深化医药卫生体制改革近期重点工作目标，巩固和完善城镇居民医保制度的关键一年。各地要按照深化医药卫生体制改革的总体要求，坚持统筹协调，做好城镇居民医疗保险制度与其他医疗保障制度、相关医药卫生体制改革制度的衔接，有条件的地方，要积极探索城乡一体化的基本医疗保障管理制度。要精心组织，周密安排，抓好落实。各省（区、市）要切实承担责任，制订工作方案，加大对统筹地区的指导和监督。各统筹地区要制订具体实施计划，确保完成各项工作任务。人力资源和社会保障部、财政部将对各地工作落实情况适时进行督查。各地要加强宣传工作，坚持正确的舆论导向，合理引导社会预期。要注重制度和机制创新，积极探索解决工作推进中遇到的问题，重大事项要及时上报。

二○一○年六月一日

人力资源和社会保障部关于深入贯彻落实全国人才工作会议精神和国家中长期人才发展规划纲要（2010—2020年）的通知

人社部发［2010］40号

各省、自治区、直辖市人力资源社会保障厅（局），新疆生产建设兵团人事局、劳动保障局，各副省级市人力资源社会保障（人事、劳动保障）局，国务院各部委、各直属机构人事部门，部属各单位，外专局、公务员局：

5月25—26日，党中央、国务院召开了全国人才工作会议，对更好实施人才强国战略、加快建设人才强国作出了全面部署。会前，党中央、国务院颁发了《国家中长期人才发展规划纲要（2010—2020年）》（中发［2010］6号，以下简称《人才规划纲要》）。为更好学习贯彻全国人才工作会议精神、实施《人才规划纲要》，现就有关事项通知如下：

一、充分认识学习贯彻全国人才工作会议精神和《人才规划纲要》的重大意义

全国人才工作会议是党中央、国务院在我国改革发展关键阶段召开的一次具有深远意义的重要会议。胡锦涛总书记、温家宝总理、习近平副主席等中央领导同志，着眼于我国科学发展、长远发展大局，深刻阐述了加快建设人才强国的重要性和紧迫性，提出了一系列人才工作的重要思想，对加快建设人才强国进行了全面部署，充分说明我们党对人才工作重要性的认识达到了新的高度，对人才工作在党和国家工作全局中的战略性地位有了新的定位，标志着我国人才工作开启了新的发展篇章。《人才规划纲要》是我国第一个中长期人才发展规划，明确了新时期我国人才工作的指导方针、战略目标和总体部署，提出了加强人才队伍建设、创新体制机制、完善重大人才政策、实施重大人才工程的主要任务，是当前和今后一个时期全国人才工作的行动纲领。《人才规划纲要》的颁布实施是贯彻落实科学发展观、更好实施人才强国战略的重大举措，是在激烈的国际竞争中赢得主动的战略选择，对于加快我国经济发展方式转变、实现全面建设小康社会奋斗目标具有重大意义。

学习贯彻全国人才工作会议精神和《人才规划纲要》是人力资源社会保障部门当前和今后一个时期人才工作的中心任务。5月27日，中央组织部、人力资源社会保障部专门召开了贯彻落实《人才规划纲要》座谈会，李源潮同志对学习贯彻全国人才工作会议精神、实施《人才规划纲要》作了具体部署，强调要“思想落实、任务落实、政策落实、项目落实”。尹蔚民部长要求各级人力资源社会保障部门不断增强做好人才工作的责任感、使命感和紧迫感，“明确任务、明确责任、明确时限、明确要求”，认真落实好各项任务。各级人力资源

社会保障部门要深入学习胡锦涛总书记、温家宝总理、习近平副主席和李源潮同志的重要讲话精神，深入学习《人才规划纲要》，充分认识贯彻落实全国人才工作会议精神、实施《人才规划纲要》的重大意义，统一思想，提高认识，自觉把思想和行动统一到中央对人才工作的重大决策和战略部署上来，推动人才工作不断取得新进展。

二、切实抓好全国人才工作会议精神和《人才规划纲要》的组织学习

各级人力资源社会保障部门要按照“四个落实”和“四个明确”的要求，把组织学习全国人才工作会议精神和《人才规划纲要》作为当前的重大任务，紧密结合人力资源社会保障工作实际，切实抓紧抓好。

（一）突出学习重点。要组织干部职工认真学习，全面掌握全国人才工作会议和《人才规划纲要》的精神实质和核心内容。重点组织学习中央领导同志的重要讲话，深刻理解全国人才工作会议和《人才规划纲要》提出的新思想、新理念、新目标、新要求，深刻理解人才资源是经济社会发展第一资源的重要思想，深刻理解加快建设人才强国的重大意义，深刻理解人才发展的指导方针、战略目标、重点任务和重要举措，全面把握人力资源社会保障部门在贯彻落实人才工作会议和实施《人才规划纲要》中承担的重要职责和任务。

（二）丰富学习形式。要将学习全国人才工作会议精神和《人才规划纲要》纳入人力资源社会保障系统培训、学习计划，通过举办专题培训班、召开主题报告会、邀请专家辅导、开展专题研讨、进行理论征文等各种形式，形成多层次、多形式的学习格局。各级人力资源社会保障部门特别是人才工作部门要发挥表率作用，带头学习、深入学习，主要领导干部要认真抓学习、促学习，采取各种有效措施，在人力资源社会保障系统迅速掀起全国人才工作会议精神和《人才规划纲要》的学习热潮，营造良好的学习氛围。

（三）增强学习效果。要结合学习，认真分析查找人力资源社会保障部门人才工作中存在的问题和薄弱环节，明确今后改进工作的思路和方向；要结合学习，认真梳理人力资源社会保障部门承担的重要任务，明确今后一个时期工作的重点和要求；要结合学习，努力提高人力资源社会保障部门干部队伍的思想认识和能力素质，要学深学精学透，切实做到真学真懂真用，将中央领导同志和《人才规划纲要》提出的目标和要求，自觉转化为推动人才工作的科学理念、工作思路和实际行动。

三、认真贯彻落实全国人才工作会议精神和《人才规划纲要》，着力推进人才工作创新发展

按照《中央人才工作协调小组实施〈国家中长期人才发展规划纲要（2010—2020年）〉任务分工方案》（中组发［2010］10号）要求，在91项任务中，人力资源社会保障部牵头实施32项，参与实施35项。各级人力资源社会保障部门，要充分认识人力资源社会保障系统在贯彻落实全国人才工作会议精神和《人才规划纲要》中肩负的重要职责，按照中央的部署和要求，推动人才工作不断创新发展。

（一）着力加强以高层次人才、高技能人才为重点的人才队伍建设。队伍建设是人才发展的重要基础。《人才规划纲要》从突出培养造就创新型科技人才、大力开发经济社会发展重点领域急需紧缺专门人才、统筹推进各类人才队伍建设三个方面对人才队伍建设作出了部署，任务分解为33项，人力资源社会保障部门牵头实施10项，参与实施13项。各级人力资源社会保障部门要按照《人才规划纲要》的部署和要求，重点抓好专业技术人才和高技能人才队伍建设。

要切实加强专业技术人才队伍建设。以提高专业水平和创新能力为核心，以高层次人才和紧缺人才为重点，大力培养宏大的高素质专业技术人才队伍。进一步实施并完善21世纪百千万人才工程，完善政府特殊津贴制度，改

革完善博士后制度。要突出创新型科技人才培养，加大各重点领域紧缺人才和现代服务业人才培养。大力实施海外高层次人才引进计划、留学人员回国创业启动支持计划和海外赤子为国服务行动计划，创新引才机制，健全政策体系，完善服务体系，建立统一的海外高层次人才信息库和人才需求信息发布平台，加强留学人员创业园建设，努力掀起留学人员回国工作、创业和为国服务的热潮。积极构建分层分类的继续教育体系，突出创新精神和创新能力培养，大规模开展重点领域专门人才知识更新，大幅度提升专业技术人才队伍的整体素质。推进国家专家服务基地建设，实施万名专家下基层服务行动。改进专业技术人才收入分配等激励办法。加强基层专业技术人才队伍建设，改善基层专业技术人才工作、生活条件，拓展职业发展空间。注重发挥离退休专业技术人才的作用。

要进一步加大技能人才队伍建设力度。以提升职业素质和职业技能为核心，以技师和高级技师为重点，建设一支门类齐全、技艺精湛的高技能人才队伍。完善以企业为主体、职业院校为基础，学校教育与企业培养紧密联系、政府推动与社会支持相结合的高技能人才培养培训体系。加强职业培训，整合利用现有各类职业教育培训资源，建设一批示范性国家级高技能人才培养基地和公共实训基地。大力推行校企合作，加强职业教育培训“双师型”师资队伍建设，推行学历证书和职业资格证书“双证书”制度。制定高技能人才与工程技术人才职业发展贯通办法。建立高技能人才绝技绝活代际传承机制。完善国家高技能人才评选表彰制度。广泛开展各种形式的职业技能竞赛和岗位练兵活动。

要坚持高端引领，整体开发的指导方针，在突出重点的同时，统筹推进各类人才队伍建设。要加强产业、行业人才发展统筹规划和分类指导，围绕重点领域发展，开展人才需求预测，定期发布急需紧缺人才目录。要创新人才培养模式，加强领军人才、核心技术研发人才培养和创新团队建设，加强复合型人才培养，加大急需研发人才和紧缺技术、管理人才的培养力度。加强农村实用人才队伍建设，开展城乡人才对口扶持，做好“三支一扶”等高校毕业生服务基层项目。建立健全农村实用人才评价制度，加大对农村实用人才的表彰激励和宣传力度。进一步推进公务员队伍建设，大力提高公务员队伍能力素质，加强公务员作风建设。

（二）着力推进人才工作体制机制创新。体制机制创新是人才发展的关键。《人才规划纲要》贯彻以用为本的思想，提出了创新人才体制机制的一系列举措，在涉及人才管理体制改革和创新人才机制的 31 项工作任务中，人力资源社会保障部门牵头落实 18 项，参与实施 7 项。各级人力资源社会保障部门要紧紧围绕《人才规划纲要》提出的目标任务，着力推进人才工作体制机制创新。

要健全科学的职业分类体系，建立各类人才的能力素质标准；在企事业单位建立符合科技人员和管理人员不同特点的职业发展路径，促进科技人员潜心研究和创新。要加快职称制度和职业资格制度改革，完善重在业内和社会认可的专业技术人才评价机制，规范专业技术人才职业准入，完善专业技术人才职业水平评价办法和专业技术职务任职评价办法，积极稳妥推进中小学教师职称制度改革和工程师职称制度改革试点。要探索技能人才多元评价机制，逐步完善社会化职业技能鉴定、企业技能人才评价、院校职业资格认证和专项职业能力考核办法。要建立在重大科研、工程项目实施和急难险重工作中发现、识别人才的机制，健全举才荐才的社会化机制。要统筹协调党政机关和国有企事业单位收入分配，稳步推进工资制度改革，健全国有企业人才激励机制，重点向创新创业人才倾斜；建立完善事业单位岗位绩效工资制度，完善重点领域科研骨干人才分配激励办法，探索高层次人才、高技能人才协议工资制和项目工资制等多种分配形式；建立产权激励制度，制定知识、技术、管理、技能等生产要素按贡献参与分配的制度，研究制定人才补充保险办法。要分类推进事业单位人事制度改革，全面推行事业单位公开招聘、竞聘上岗和合同管理制度，建立以岗位绩效为基础的考核评价制度。要推进政府所属人才服务机构管理体制改革，实现政事分开、管办分离，大力发展专业性、行业性人才市场，健全人才市场服务体系，积极培育专业化的人才服务机构，充分发挥市场机制在人力资源配置中的基础性作用。要建立国家荣誉表彰制度，表彰在经济社会发展中作出杰出贡献的人才。

（三）着力完善重大人才政策。完善人才管理是提高人才工作水平的迫切要求。《人才规划纲要》针对当前人才发展急需解决的突出问题，提出了 10 项重大人才政策，其中人力资源社会保障部门牵头实施 2 项。各级人力资源社会保障部门要围绕《人才规划纲要》的政策目标，逐项分析，认真研究，加快建立健全政府宏观管理、市场有效配置、单位自主用人、人才自主择业的人才管理体制，推动政府人才管理职能向创造良好发展环境、提供优质公共服务转变。

要进一步加强人才法制建设，坚持依法规范、促进和保障人才发展，推进人才开发促进法和终身学习、工资管理、事业单位人事管理、专业技术人才继续教育、职业技能培训和鉴定、职业资格管理、人力资源市场管理、外国专家来华工作等方面法律法规的研究制定。要规范行政行为，推动人才管理部门进一步简政放权。要克服人才管理中存在的“行政化”“官本位”倾向，会同有关部门，研究建立与现代科研院所制度、现代大学制度和公共医疗卫生制度相适应的人才管理制度。要进一步消除人才流动中的城乡、区域、部门、行业、身份和所有制限制，完善社会保险关系转移接续办法；制定双向挂职、短期工作、项目合作等灵活多样的人才柔性流动政策，引导党政机关、科研院所和高等学校专业技术人才向企业、社会组织和基层一线有序流动。要会同有关部门，实施人才创业扶持政策，加强人才创业技能培训和创业服务指导，提高创业成功率。要实施更加开放的人才政策，推进专业技术人才职业资格国际、地区间互认，发展国际人才市场，制定维护国家重要人才安全的政策措施，积极支持和推荐优秀人才到国际组织任职。要完善政府人才公共服务体系，建立全国一体化的服务网络，健全人事代理、社会保险代理、企业用工登记、劳动人事争议调解仲裁、人事档案管理、就业服务等公共服务平台，建立社会化的人才档案公共管理服务系统。要不断创新政府人才公共服务方式，健全政府购买公共服务制度；加强对人才公共服务产品的标准化管理，大力开发公共服务产品，满足人才多样化需要。

（四）着力实施重大人才工程。实施重大人才工程是做好人才工作、打造人才竞争优势的重要抓手。《人才规划纲要》提出了 12 项重大人才工程，其中人力资源社会保障部门牵头实施 2 项，配合实施 6 项。各级人力资源社会保障部门要大力抓好这些重大人才工程的实施工作。

实施专业技术人才知识更新工程。围绕我国经济结构调整、高新技术产业发展和自主创新的提高，在装备制造业、信息、生物技术等 12 个经济社会发展重点领域，开展大规模的知识更新继续教育，每年培训 100 万名高层次、急需紧缺和骨干专业技术人才。依托高等学校、科研院所和大型企业现有施教机构，建设一批国家级继续教育基地。要抓紧研究制订专业技术人才知识更新工程实施方案。

实施国家高技能人才振兴计划。适应走新型工业化道路、加快产业结构优化升级的需要，从完善培养、评价、使用、激励等环节的政策入手，以高技能人才培养示范基地建设项目、公共实训基地建设项目、技能大师工作室建设项目为重点，率先在一些重点领域取得突破，培养造就一大批具有精湛技艺的高技能人才。

同时，配合有关部门实施好海外高层次人才引进计划、创新人才推进计划、高素质人才培养工程、现代农业人才支撑计划、边远贫困地区边疆民族地区和革命老区人才支持计划、高校毕业生基层培养计划。

四、坚持党管人才原则，努力开创人才工作新局面

人力资源社会保障部门是政府人才工作综合管理部门，在贯彻落实全国人才工作会议精神和《人才规划纲要》中承担着重要任务。胡锦涛总书记指出，政府人力资源和社会保障部门要在人力资源开发、就业、收入分配制度改革、人力资源市场建设、社会保障等方面发挥职能作用，为人才发展提供指导和服务。习近平同志强调，人力资源和社会保障部门是政府人才工作综合管理部门，要在构建人才服务体系，推动人才队伍建设等方面积极发挥职能作用。各级人力资源社会保障部门要在党管人才的工作格局下，充分发挥自身职能作用，积极推动人才工作科学发展，努力开创人才工作新局面。

（一）坚持党管人才原则，加强人才工作的统筹规划和战略研究。坚持党管人才原则是贯彻落实全国人才工作会议精神和《人才规划纲要》的根本保证。各级人力资源社会保障部门要坚持党管人才原则，围绕中心，服务大局，积极争取党委政府的重视、支持和领导，将人才工作纳入党和政府工作全局，统筹考虑。要切实加强与组织部门的密切配合，在制定重要政策、作出重大部署、开展重要工作和实施重大工程时，主动加强与组织部门的沟通协调，积极争取他们的指导和支持。要加强配套规划制定实施工作，制定实施好《国家中长期专业技术人才队伍发展规划》和《国家中长期高技能人才队伍建设发展规划》，积极配合组织部门做好本地区本部门人才发展规划的制定实施工作。

（二）切实加强对政府人才工作的组织领导。要在组织部门的指导下，充分发挥政府人才工作综合管理部门职能作用，切实加强对政府人才工作的组织领导。要按照“四个落实”和“四个明确”的要求，抓紧制定本地区本部门贯彻落实《人才规划纲要》的实施意见和工作方案，对承担的任务进行细化分解，把各项任务落实到具体部门和责任人。对人力资源社会保障部门牵头的工作任务，要切实履行好牵头责任，抓好具体分工和组织协调。对由其他部门负责的工作，要积极配合，密切协作。要充分调动各方面的积极性，把政府人才工作各有关部门的力量凝聚起来，为贯彻落实全国人才工作会议精神和《人才规划纲要》，提供坚强的组织保障。

（三）加强对《人才规划纲要》实施工作的督促检查。要建立健全抓落实的长效机制，切实加强对《人才规划纲要》贯彻实施工作的督促检查，做到有计划、有部署、有督促、有检查。要深入实际，及时了解贯彻落实工作的进展情况、重点项目方案制订及实施情况，及时掌握、指导解决《人才规划纲要》实施过程中遇到的新情况、新问题，通过加强指导和督促检查，切实推动全国人才工作会议和《人才规划纲要》各项任务按时保质完成。

（四）深入宣传全国人才工作会议精神和《人才规划纲要》。要结合实际，切实加强对全国人才工作会议精神和《人才规划纲要》的宣传，做到宣传工作与贯彻落实工作一起策划、一起部署、一起实施，举办首届中国人才发展论坛，通过新闻发布、专家解读、跟踪报道等多种形式，大力宣传贯彻落实全国人才工作会议精神和实施《人才规划纲要》的重大意义，积极宣传《人才规划纲要》的指导方针、目标任务、重大举措，宣传各级人力资源社会保障部门学习贯彻全国人才工作会议精神和《人才规划纲要》的典型经验、做法和成效，充分发挥人力资源社会保障系统宣传阵地的重要作用，为贯彻落实全国人才工作会议精神和《人才规划纲要》营造良好的舆论氛围。

2010 年是贯彻落实全国人才工作会议精神和《人才规划纲要》的开局之年。各级人力资源社会保障部门要站在党和国家工作大局的高度，站在更好实施人才强国战略的高度，站在人力资源社会保障工作全局的高度，精心组织，周密部署，切实抓好会议精神和《人才规划纲要》的贯彻落实，不断开创政府人才工作新局面。

二〇一〇年六月四日

人力资源和社会保障部关于做好人社系统承担的2010年度医疗卫生体制改革工作的通知

人社部发［2010］42号

各省、自治区、直辖市人力资源社会保障厅（局），新疆生产建设兵团劳动保障局：

在2010年全国深化医药卫生体制改革工作会议暨省部级领导干部深化医药卫生体制改革专题研讨班上，李克强副总理作了重要讲话，国务院医改办与各省政府签订了2010年医改目标责任书。各级人社部门要坚持保基本、建机制、可持续的原则，巩固和扩大基本医疗保障覆盖面等成果，落实提高保障水平等各项政策措施，着力创新完善经办管理服务、加强医疗服务和医疗保险基金监管的体制机制，推进城乡统筹、市级统筹和门诊统筹。为切实贯彻落实李克强副总理讲话精神，全面完成《医药卫生体制五项重点改革2010年度主要工作》中涉及我部职能的各项任务，现就有关问题通知如下：

一、巩固和扩大基本医疗保障覆盖面

（一）努力完成扩面任务。要摸清底数，分解指标，将参保扩面列入各级政府的绩效考核指标体系。要进一步加大宣传力度，采用人民群众喜闻乐见的方式，提高医疗保障的知晓率。要充分发挥基层劳动保障服务平台的作用，通过分片包干等办法，将扩面任务落实到人，确保任务完成。已完成扩面任务的省份要再接再厉，争取将更多的人纳入医保。

（二）着力解决重点人群的参保问题。各省要在将关闭破产国有企业退休人员全部纳入职工医保的基础上，就如何统筹解决其他关闭破产企业退休人员和困难企业职工的医疗保障问题对所属统筹地区提出工作要求，并制订考核方案，力争年底前将领取养老金的退休人员全部纳入城镇基本医疗保险，实现关闭破产企业退休人员医保待遇与企业脱钩。将选择参保政策落到实处，加大力度推进城镇非公有制经济组织从业人员、灵活就业人员和农民工等人群参保。

（三）探索建立引导连续参保的长效机制。要结合当地实际，积极创新，采取缴费和待遇挂钩等方式，促进连续参保。加强基层社会保障平台建设，把服务网络延伸到街道、乡镇，并充分发挥社区、就业管理部门、学校等单位的作用，制定适应全民医保要求的全面、便利的参保登记办法。要探索发挥银行等金融机构的作用，为参保人代扣代缴医疗保险费。

二、进一步提高基本医疗保障水平

（一）落实新医改各项提待政策。各省要统筹安排，分类指导，注重均衡不同统筹地区、不同参保人群的待遇水平，着力促进社会公平。要充分利用财政提高居民医保补助标准的有利时机，在认真测算的基础上，按照“以收定支、收支平衡”的原则，优先解决提高参保居民的住院待遇标准。要根据各地实际，逐步将符合条件的治疗性康复项目纳入医疗保险支付范围。

（二）进一步提高住院保障水平。原则上各地居民医保的政策范围内住院费用报销比例特别是二级以下医疗机构的住院费用报销比例要达到60％以上，统筹基金最高支付限额要达到居民可支配收入的6倍以上。财政补助水平分两年到位的地区，可以在2011年完成提待指标，但今年要出台相关政策。在整体提高住院待遇水平的同时，要重点向困难人群和大病患者倾斜，切实减轻他们的医疗费用负担。积极配合民政部门做好儿童白血病、先天性心脏病等儿童重大疾病医疗保障试点工作。

（三）积极稳妥推进居民医保门诊统筹工作。各省要从实际出发，按照国务院医改办的要求确定本省开展门诊统筹的地区，指导地方做好方案，不单建基金，不建个人账户，探索适宜的管理方法，确保基金安全。要坚持基本保障，避免变成福利补偿；坚持从人民群众反映负担较重的多发病、慢性病起步，逐步扩大支付范围；坚持依托基层医疗卫生资源，引导参保人员到基层医疗卫生机构就医。

三、加强医疗服务管理

（一）完善付费方式。积极发挥医保在医疗服务监管中的主导作用。从基本国情和当地实际出发，在认真总结过去付费经验的基础上，逐步转变单一付费方式，积极探索完善按人头、按病种、按总额预付等多种支付方式。通过改革付费方式，实现机制转换，充分发挥医保付费方式在引导和监管医疗服务行为上的机制效应，激励医疗机构和医务人员规范医疗服务行为。在实行其他付费方式时，要根据当地以往实际发生的医疗费用水平进行测算，通过谈判的方式合理确定支付标准。积极探索不同付费方式下的医疗服务监管重点，应要求有关部门和机构制定相应的临床诊疗路径、出入院标准等服务质量标准。通过严格协议管理，既要以机制转换解决按项目付费条件下的多检查、多开药、开贵药问题，也要防止其他付费方式下分解住院、分解处方或降低医疗服务质量的现象，切实维护参保人的权益。

（二）引导利用基层医疗服务。将符合条件的医疗机构纳入定点范围，促进不同性质不同类别的医疗机构公平竞争。帮助基层医疗机构完善管理，将符合条件的基层医疗机构尽可能地纳入医保定点范围。提高医保基金对定点基层医疗机构的支付比例，引导参保人员充分利用基层医疗卫生服务，并逐步探索完善基层医疗机构和医院双向转诊办法。

（三）做好药品目录调整工作。各省要做好本省新版《基本医疗保险、工伤保险和生育保险药品目录》的调整发布工作，及时调整更新药品信息数据库，确保新版药品目录按时顺利实施以及基本药物的报销，基本药物报销比例应明显高于非基本药物。

（四）探索建立谈判机制。探索建立经办机构与医疗机构和药品供应商的谈判机制，通过协商谈判，选择质量好、价格合理的产品或服务，有效控制医疗服务成本。医疗保险经办机构要积极参与基本医疗服务价格制定，通过与定点医疗机构协商谈判，合理确定费用标准、服务内容、考核指标等各项标准。

四、加强基本医疗保险基金管理

（一）明确医保基金性质。医保基金必须专款专用，切实用于保障参保人员的基本医疗需求。各地要通过购买服务的方式大力支持基层医疗卫生机构改革，促进基本药物制度的建立和实施，但不得改变医保基金的性质和用途，不得用医保基金直接补助或变相补助医疗机构实行零差率后减少的收入。

（二）实行收支预算管理。落实《国务院关于试行社会保险基金预算的意见》（国发［2010］2号）精神，与建立医保基金风险预警制度相结合，实现基金平衡的动态调控，进一步提高基金使用效率。统筹地区统筹基金累计结余在6～9个月平均支付水平的，应当编制基金平衡预算；超过15个月平均支付水平的，当年可编制赤字预算；低于3个月或出现当期收不抵支的，要认真查找原因，通过加强支出管理、改革结算方式、调整费率等方法，合理控制费用增长，保证基金收支平衡。同时做好实施“五缓四减三补贴”政策对医保基金影响的评估工作。

（三）提高统筹层次。按照统一缴费和待遇政策、基金统筹调剂使用、统一经办管理流程、统一管理服务网络的要求，促进县级统筹向市级统筹过渡。同时充分发挥县级经办机构在医疗保险筹资和管理中的作用，处理好扩大就医范围与合理控制医疗费用的关系。有条件的地区，可探索建立省级医疗保险基金调剂金，逐步实现省级统筹。

（四）确保基金安全。由人力资源社会保障部门管理新农合的地区，要做好移交前的基金审核工作，移交后要加强基金监管，确保新农合政策的延续性和稳定性，确保不降低参合人员待遇。探索委托有资质的商业保险公司经办医疗保障管理服务的地区，在委托过程中要保证基金安全，涉及医疗保险基金管理、信息管理等工作不得委托。组织做好医保基金专项稽查工作，加大对医疗机构骗保行为的惩处力度，探索建立日常审核、重点监控、问题调查与反欺诈联动的工作机制，从源头上防范医保基金管理使用风险。

五、改进医疗保险经办服务

（一）努力实现医疗费用即时结算。进一步提高管理水平，确保参保人员住院费用除个人应付部分外全部由医保经办机构与定点医疗机构直接结算，门诊费用根据各地个人账户和门诊统筹的相关规定，也要努力实现直接结算。探索通过经办机构拨付周转金或预付医疗费用等办法，逐步规范定点医疗机构对参保病人收取住院押金的数额，要求对医保基金支付部分原则上不再收取押金，切实减轻参保人员的负担。全面推进生育医疗费与医疗机构直接结算，探索按病种付费，杜绝将医疗费包干发放给个人的做法，做到在规定的范围内个人不负担医疗费。

（二）做好异地就医医疗服务管理和医疗保障关系转移接续工作。加快推进省内联网结算，解决参保人员同省跨市异地就医问题；建立区域协作机制，解决参保人员跨省异地就医问题。实施方案要报送部社保中心备案。经办机构要指定窗口、指定专人，明确流程，加强沟通协调，做好流动就业人员基本医疗保障关系转移接续工作。

（三）进一步完善医疗保险信息管理系统。要根据全民医保和新医改各项政策落实需求，结合“金保工程”建设，加快完善医疗保险管理信息系统，将信息网络向街道、社区延伸，实现与定点医疗机构数据信息实时交换，为参保人员参保缴费和医疗费用结算提供便捷服务。按照“一卡多用、全国通用”的要求，加快发行全国统一规范的社会保障卡，实现参保人员持卡就医、即时结算。已经有医保卡的地区，要逐步向全国统一规范的社会保障卡过渡。

六、其他相关改革

（一）推进和完善聘用制度。医疗卫生事业单位聘用合同签订率应达到90%以上。在岗位空缺时，要通过公开招聘或者竞聘上岗方式择优聘用人员。抓好聘用合同的日常管理，实现人员能进能出，能上能下。要以聘用合同和岗位职责为依据、以工作绩效为重点、以服务对象满意度为基础，建立健全考核办法，并将考核结果作为调整人员岗位、收入分配以及解聘续聘的基本依据，切实做到按需设岗、竞聘上岗、按岗聘用、合同管理。

（二）认真做好医疗卫生事业单位岗位管理实施工作。各地要抓紧推进医疗卫生事业单位岗位管理实施工作。年内基本完成公立医院岗位设置管理实施工作，保证专业技术岗位占主体，不低于单位岗位总量的80%，医、药、护、技各职种应根据时间工作需要，结合有关标准和规定科学设置。

（三）落实绩效工资政策。各省（除西藏外）要在6月底前将本省公共卫生与基层医疗卫生事业单位实施绩效工资的意见报相关部门备案，确保年底前公共卫生事业单位和已实施基本药物制度的基层医疗卫生事业单位的绩效工资基本兑现到位。其他基层医疗卫生事业单位实施绩效工资，要结合本地基本药物制度推进进度，在确保平稳实施的基础上，由各地政府统筹考虑，尽早实施，并从2009年10月1日起兑现。

（四）配合做好以全科医生为重点的基层医疗卫生队伍建设规划的启动实施工作。开展全科方向、专科方向住院医师规范化培训。根据岗位要求，编制工作人员培训计划，大力开展医疗卫生人才业务知识和专业技能培训。鼓励和引导医疗卫生人才到基层服务，健全基层医疗卫生人才使用机制。

二〇一〇年六月十七日

人力资源和社会保障部　中共中央党史研究室关于表彰全国党史系统先进集体和先进工作者的决定

人社部发［2010］50号

各省、自治区、直辖市人力资源社会保障厅（局）、党委党史研究室（办），新疆生产建设兵团人事局、劳动保障局、党委党史研究室：

近年来，在党中央和地方各级党委领导下，全国党史系统各单位和广大干部职工以邓小平理论和“三个代表”重要思想为指导，深入贯彻落实科学发展观，以资政育人为根本任务，在党史研究、党史资料征编、党史宣传教育、党史重要事件和人物纪念、党史遗址保护和场馆建设、党史题材作品编审出版、党史业务指导等方面取得显著成绩，涌现出一大批先进集体和先进工作者。

值此全国党史工作会议召开之际，为了表彰先进，激励广大党史工作者爱岗敬业、锐意进取，不断开创党史工作新局面，人力资源社会保障部和中共中央党史研究室决定，授予北京市通州区党史区志办公室等32个单位“全国党史系统先进集体”荣誉称号；授予于建等12名同志“全国党史系统先进工作者”荣誉称号。被授予“全国党史系统先进工作者”荣誉称号的人员，享受省部级劳动模范和先进工作者待遇。希望受表彰的先进集体和先进工作者把荣誉作为新的起点，谦虚谨慎，戒骄戒躁，再创佳绩，更好地发挥先进典型的模范作用。

全国党史部门和党史工作者要以受表彰的先进集体和先进工作者为榜样，紧密团结在以胡锦涛同志为总书记的党中央周围，高举中国特色社会主义伟大旗帜，认真学习贯彻党的十七大和十七届四中全会精神，认真贯彻落实全国党史工作会议精神和《中共中央关于加强和改进新形势下党史工作的意见》，紧紧围绕党和国家工作大局，努力提高党史工作科学化水平，充分发挥党史工作以史鉴今、资政育人的重要作用，为推进党的建设新的伟大工程和中国特色社会主义伟大事业作出新的更大的贡献！

附件：1. 全国党史系统先进集体名单（略）

2. 全国党史系统先进工作者名单（略）

二〇一〇年七月

人力资源和社会保障部　国家质量监督检验检疫总局　国家统计局关于做好国家职业分类大典修订工作的通知

人社部发〔2010〕55号

各省、自治区、直辖市人力资源社会保障厅（局）、质量技术监督局、统计局，国务院有关部门（直属机构、行业组织、集团公司）劳动人事部门，解放军总参谋部军务部、总政治部干部部、总后勤部司令部、总装备部通用装备保障部：

《中华人民共和国职业分类大典》（以下简称《大典》）自1999年颁布以来，对于开展劳动力需求预测和规划，引导职业教育培训，进行职业介绍和就业指导，加强人力资源管理，促进经济社会发展等都发挥了重要作用。随着经济社会发展、科学技术进步和产业结构的调整，我国的社会职业构成发生了较大变化，现行《大典》已不能适应人力资源开发、信息统计、人口普查、职业教育培训、职业指导和就业服务等工作的实际需要，需进行修订完善。为做好国家职业分类大典修订工作，现将有关事项通知如下：

一、指导思想

坚持以科学发展观为指导，以建设人才强国为目标，以适应国家经济社会发展需要为导向，结合我国实际情况，充分吸收借鉴国际职业分类先进经验，构建符合我国国情的现代职业分类体系，促进我国人力资源管理工作的科学发展。

二、基本原则

以现行国家职业分类大典为基础，本着科学严谨的态度和精神，扎实开展修订国家职业分类大典工作。基本工作原则是：

（一）客观性原则。根据我国经济社会发展的基本状况，全面、客观、准确地反映我国的社会职业发展及管理现状。

（二）科学性原则。运用科学的分类方法与技术，制定正确的分类标准，设定恰当的能力指标，对现有社会职业进行划分与归类。

（三）合理性原则。按照递进逻辑顺序，以工作作为职业的基本构成单元，以工作活动组合描述职业，并体现职业间的差异，从而构建逐级包容的职业分类框架体系。

（四）先进性原则。坚持与时俱进，逐步与国际科学的职业分类体系相衔接，使之对社会职业发展具有规范和导向作用。

（五）开放性原则。注重实际运用，遵循职业发展内在规律，使之与职业发展相适应，便于及时进行动态维护和更新。

三、工作步骤

（一）准备阶段（2010年6月至2010年

12月）。成立职业分类大典修订工作组织机构，制订工作计划；在前期课题研究的基础上，制定符合我国人力资源管理发展需要的职业分类原则，构建适合我国国情的职业分类体系框架，建设《大典》修订工作平台；选择部分行业先行开展《大典》修订工作，完善《大典》修订技术文件。

（二）实施阶段（2011年1月至2011年12月）。组织开展行业系统内职业信息调查，利用《大典》修订工作平台，进行职业信息采集等工作；编写《大典》修订初稿；分阶段审定《大典》修订稿。

（三）审定总结阶段（2012年1月至2012年6月）。组织专家对《大典》修订稿进行终审；在总评审的基础上，正式颁布新修订的《大典》。

四、组织领导

为保证《大典》修订工作的顺利进行，决定成立“国家职业分类大典修订工作委员会”，统筹协调和组织指导国家职业分类大典修订工作，拟由人力资源社会保障部、国家质量监督检验检疫总局、国家统计局领导同志分别担任主任、副主任，由国务院有关部门（直属机构、行业组织、集团公司）分管司局领导同志担任委员。

“国家职业分类大典修订工作委员会”下设工作办公室和专家委员会，其中：工作办公室成员由人力资源社会保障部相关单位组成，具体负责国家职业分类大典修订的日常性行政工作；专家委员会主要由国内职业分类领域的权威专家和国务院有关部门（直属机构、行业组织、集团公司）内本领域职业分类专家组成，具体承担职业分类大典修订的技术性工作。

职业分类大典修订工作是一项系统工程，涉及行业部门多，统筹协调工作量大，必须加强组织领导，集中各方面力量，发挥专家作用，健全协调机制。国务院有关部门（直属机构、行业组织、集团公司）要高度重视，积极参与，密切配合，确保《大典》修订工作如期完成。

附件：国家职业分类大典修订工作机构（略）

二〇一〇年八月十二日

人力资源和社会保障部关于大力推进技工院校改革发展的意见

人社部发［2010］57号

各省、自治区、直辖市人力资源社会保障厅（局），新疆生产建设兵团劳动保障局：

为贯彻胡锦涛总书记视察技工院校讲话精神，落实《国家中长期人才发展规划纲要（2010—2020年）》和《国家中长期教育改革和发展规划纲要（2010—2020年）》，深入实施人才强国战略和扩大就业的发展战略，切实加强技能人才培养工作，现就大力推进技工院校改革发展工作提出如下意见。

一、进一步提高思想认识，明确技工院校改革发展方向

（一）充分认识加强技工教育的重要性。党中央、国务院高度重视技能人才队伍建设。2009年底，胡锦涛总书记视察珠海市高级技工学校时指出："技能型人才在推进自主创新方面具有不可替代的重要作用"，"没有一流的技工，就没有一流的产品"。胡锦涛总书记的讲话，突出强调了技能人才对促进经济社会发展的重要作用，明确指出了新时期大力发展技工教育的重要意义。技工院校是培养技能人才的重要渠道，是落实健全面向全体劳动者的职业技能培训制度的重要载体。大力推进技工院校改革发展，加快技能人才培养，是适应经济发展方式转变，增强劳动者就业能力和工作能力的迫切需要，也是技工院校在新形势下提升竞争力、增强吸引力、扩大影响力、实现可持续发展的必然要求。各地人力资源社会保障部门和技工院校要深刻领会胡锦涛总书记重要讲话精神实质，进一步增强责任感和使命感，加大工作力度，采取切实有效措施，推动技工院校实现跨越式发展。

（二）进一步明确技工院校改革发展的指导思想和目标任务。技工院校改革发展的指导思想是，以邓小平理论和"三个代表"重要思想为指导，全面贯彻落实科学发展观，大力实施人才强国战略和扩大就业的发展战略，以促进就业为目的，以服务经济发展为宗旨，以综合职业能力培养为核心，坚持高端引领、多元办学、内涵发展，强化校企合作，深化教学改革，进一步完善政策、创新机制、夯实基础、提高质量，充分发挥技工院校在技能人才培养工作中的重要作用，为加快转变经济发展方式和促进就业提供强有力的技能人才保障。

当前和今后一个时期，技工院校改革发展的目标任务是，围绕经济社会发展和促进就业需要，加快培养一流技能人才和高素质的劳动者，逐步形成规划布局合理，办学理念先进，培养模式科学，服务社会功能显著，具有中国特色的现代技工教育培训体系。到"十二五"末，全国技工院校学制教育在校生规模达到500万人（其中，高级技工、预备技师在校生规模达到200万人），毕业生就业率保持在96%以上；面向社会开展各类职业技能培训年

均达到800万人次。地级以上城市都要建成1所符合当地经济发展需要的高级技工学校或技师学院；全国建设50所示范性技师学院、200所示范性高级技工学校、500所示范性普通技工学校和100个示范性公共实训基地。

二、明确技工院校功能定位，突出办学特色

（三）坚持高端引领。要结合区域经济发展和产业布局，立足技工教育发展基础，加强规划引导，形成以技师学院为龙头、高级技工学校为骨干、普通技工学校为基础的覆盖城乡劳动者的技工教育培训网络。技师学院是高技能人才队伍建设综合基地，承担通过学制教育培养预备技师、高级技工的任务，也是本区域面向企业职工开展技师和高级技师提升培训与研修、考核与评价的重要平台。高级技工学校承担中、高级技能人才培养和开展各类职业培训的重要任务，是培养技能人才的中坚力量。普通技工学校在主要承担中级技工培养任务的同时，应积极面向社会开展各类职业技能培训，成为劳动预备制培训、企业职工培训、农村转移就业劳动者培训和农村实用人才培训的重要基地。到“十二五”末，技师学院的高级工以上在校生规模要达到60%以上，高级技工学校的高级工以上在校生规模要达到50%以上，技工学校每年开展社会培训人次应高于学制教育在校生数。

（四）开展多元办学。各地要根据区域经济发展和人力资源市场需求，进一步创新技能人才培养途径。要注重发挥多方面力量开展技工教育培训；要指导技工院校由注重学制教育向多元化技工教育培训转变，由注重学校教育功能向技工教育培训、技能水平评价和就业指导服务等综合性功能转变。各类技工院校要积极创造条件，拓展多元招生渠道，在坚持面向城乡初高中毕业生、青年求职人员开展学制教育和劳动预备制培训的同时，积极扩展培训对象，面向企业在职职工、农村转移就业劳动者、失业人员、高校毕业生、退役士兵等群体，开展各类职业技能培训，强化培训促进就业和稳定就业的功能。

（五）注重内涵发展。各地要处理好扩大规模和内涵发展的关系，指导技工院校在注重改善办学条件，保持适度办学规模的同时，强化内涵发展。要通过深入实施校企合作，深化教学改革，加强一体化教师队伍建设，规范学校管理等一系列措施，不断提高技工教育培训能力，实现办学实力和办学水平双提升。要根据技能人才成长规律，结合技工院校学生职业生涯发展的特点，坚持能力本位的办学理念，通过加强职业素质、专业技能和社会能力培养，开展职业指导、创业教育，提高学生综合职业能力、就业竞争力和创新创业能力。

三、深化技工院校教学改革，提升办学水平

（六）深入实施校企合作。校企合作既是技工院校发展的方向，也是技工院校的一项基本办学制度。要积极探索多种有效的校企合作模式，努力实现校企互利双赢。各类技工院校要通过设立咨询机构、定期召开咨询会议等形式，加强与企业的联系与合作，根据企业对技能人才的实际要求，联合制订培养计划，共享师资资源，强化实训实习。结合专业设置设立企业定点实习基地，并与企业签订校企合作协议；每个专业至少与3个以上企业建立合作关系，力争实现学习过程与工作过程同步，实习与就业一体。

（七）推进一体化教学改革。积极创新技能人才的培养模式，逐步建立以国家职业标准为依据、以工作任务为导向、以综合职业能力培养为核心的一体化教学课程体系，实现理论教学与技能训练融通合一、能力培养与工作岗位对接合一、实习实训与顶岗工作学做合一。在全国选择部分技工院校开展一体化课程教学改革试点，开发一体化课程教学标准和教材，推进一体化教学场所和师资队伍建设。技工院校要积极探索教学手段、教学内容、教学模式的改革，推行模块化、“培训菜单”等教学改革方式。加快教学资源信息化建设，运用现代化教学手段，推进多媒体教学、网络教学、仿真模拟教学。

（八）实行弹性学制和学分制。结合教学改革实际，采取灵活的弹性学制，实行学分制。要科学划定学分，制订实施方案，建立工作机制，加强质量监控。要建立和完善适合学分制的教学质量评价体系和考核制度，学生累计学分达到规定要求的，可提前毕业。开展企业职工在职培训可采取弹性学制，企业职工利用业余时间分阶段完成学业，累计学分达到规定要求的，可取得相应的技工院校毕业证书。

（九）规范高技能人才培养学制。高级技工学校、技师学院直接招收高中毕业生，培养高级技工的学制教育期限为3年，培养预备技师的学制教育期限为4年。高级技工学校、技师学院招收对口专业中等职业学校（包括技工学校）达到中级技能水平学生，培养高级技工的学制教育期限为2年，培养预备技师的学制教育期限为3年。学生学习期满且毕业成绩合格者，经职业技能鉴定合格后，取得相应毕业证书和职业资格证书。

四、做好技工院校招生就业工作，加强基础能力建设

（十）加大招生工作力度。组织实施全国技工院校扩招计划，每年定期举办技工院校招生宣传活动并形成制度安排。各地人力资源社会保障部门要根据本地区劳动力需求、生源情况和学校办学能力，加强与教育部门协调配合，指导技工院校做好招生工作。要利用街道乡镇劳动保障工作平台和公共就业服务机构，搭建技工院校和职业培训招生宣传工作网络，依托街道社区和乡镇（村）劳动保障协理员，建立一支技工院校招生信息员队伍。要在公共就业服务机构设立技工院校专门招生窗口，开展学制教育与职业培训常年招生。技师学院、高级技工学校要积极面向中等职业学校毕业生招收高级工班和预备技师班学员，扩大高技能人才培养规模。

（十一）抓好职业指导和就业服务。进一步巩固和提高技工院校毕业生就业率，将就业率和就业质量作为评估学校办学质量的重要指标。要强化人力资源市场需求预测和信息发布效能，指导技工院校完善毕业生就业服务体系。凡省级和国家重点技工学校、高级技工学校、技师学院都要设立学生就业指导机构，为学生提供职业指导服务。要建立学校与企业、人力资源中介机构的有效合作机制，拓宽就业渠道，促进毕业生就业。

（十二）强化师资队伍建设。各地要制定技工院校教师培训、进修计划，定期组织师德教育和业务培训，提高专业理论课教师和实习指导课教师的技能操作水平，安排专业教师每年不少于两个月的企业生产实践活动。鼓励技工院校教师参加专业硕士学习。到“十二五”末，技工学校专业课教师具有高级工以上职业资格的应达到50%以上；高级技工学校、技师学院专业课教师具有高级工以上职业资格的应达到70%以上。要积极吸收企业工程技术人员和高技能人才到学校担任专业课教师或生产实习指导教师；有条件的地方，对表现优秀的技工院校教师可给予适当奖励。开展技工院校教师职称制度改革试点，增设正高级教师职称，吸引和稳定理论与技能兼备的优秀人才长期从事技工教育。

（十三）加强领导班子能力建设。各地人力资源社会保障部门要指导协调办学主管部门为技工院校配备政治素养高、专业能力和管理能力强、熟悉技能人才培养规律的校级领导班子，并保持稳定。要结合技工院校发展趋势和办学特点，有针对性地组织校长岗位培训。每年定期组织全国技工院校骨干校长高级研修活动，加强经验交流和信息沟通，不断提高技工院校管理人员的领导能力和管理水平。

（十四）规范学校管理。各地人力资源社会保障部门要指导技工院校建立质量管理体系，完善学校各项管理规章制度。要定期开展办学水平和教学质量检查评估活动，加强对技工院校专业设置、教学计划大纲和教材使用的指导和监督。各地人力资源社会保障部门可定期组织进行技工学校合格评估，继续实施国家重点技工学校四年复评制度。推动全国技工院校全部使用“全国技工院校电子注册与统计信息管理系统”，做好学生学籍注册和国家助学金发放、免学费政策落实，并加强监督检查。加强技工院校信息化建设，建立健全学校管理信息化平台，提高信息化管理水平。深化技工院校人事制度和分配制度改革，全面推行聘用制度和岗位管理制度。

五、完善政策措施，加强组织领导

（十五）开展技工院校一体化课程认证考核。结合技工院校一体化教学改革试点，实施技工院校一体化课程认证考核。经批准开展一体化课程教学改革试点的技工院校，其一体化专业课程的毕业生学习成绩合格，可视同职业技能鉴定合格，取得相应职业和等级的职业资格证书。试点院校所在地省级人力资源社会保障部门职业技能鉴定机构要做好技术指导和服务，制订一体化课程教学技能考评工作方案，组织校外考评员和质量督导员进行检查督导，实施课程认证和过程化考核。

（十六）制定落实技工院校毕业生待遇政策。引导技工院校毕业生实现技能就业、技能成才。鼓励企业在与高级技工学校、技师学院毕业生协商确定初次就业工资水平时，对取得高级工以上职业资格证书的参照大专毕业生待遇确定；取得预备技师证书的毕业生工作满两年后，可申报参加技师资格综合评审，合格者按规定取得相应技师职业资格证书。制定高技能人才与工程技术人才职业发展贯通办法，选择部分工程技术类专业，探索开展取得高级工以上职业资格证书的高级技工学校、技师学院毕业生参加相应专业职称评价试点，具体办法另行规定。积极探索在基层和生产一线的优秀技术工人中考录公务员的办法。根据《直接从非军事部门招收士官工作规定》，高级技工学校、技师学院毕业生纳入军队士官招收对象范围，首次授衔确定工资起点标准等参照全日制大专、本科毕业生执行。

（十七）推动公共实训基地建设。各地要按照“统筹规划、合理布局、技术先进、资源共享”的原则，建立健全公共培训和鉴定服务网络。大力推进公共实训基地建设，开展职业培训和技能人才培养、评价、交流、竞赛服务。由政府部门建设和管理的公共实训基地，要合理整合地方培训资源，突出高技能实训特色，坚持公益服务方向。依托高级技工学校、技师学院建设的公共实训基地，要重点面向企业和社会提供高端技能培训、评价以及竞赛等组织服务工作。依托县（市）级技工学校建设的公共实训基地，要重点面向城乡初高中毕业生、农村转移就业劳动者、失业人员、高校毕业生、退役士兵等群体提供职业培训和职业技能鉴定服务。

（十八）加大资金支持力度。各级人力资源社会保障部门要积极争取各级政府及相关部门支持，不断优化政策，加大经费投入。要积极协调发展改革部门，落实好中等职业教育基础能力建设项目；要主动加强与财政、教育等部门的协调配合，落实好国家中等职业教育改革发展示范学校建设计划，积极争取中等职业教育实训基地建设项目，以及城市教育费附加等政府公共财政扶持职业教育发展的经费，支持技工院校改善基础设施和实训设备设施等办学条件。各地要加大高技能人才工作专项经费投入，支持和奖励在高技能人才培养方面成绩突出的技工院校，大力加强高技能人才师资培训等工作。要用好用足现有职业培训补贴政策，加大职业培训资金投入。各地要积极争取财政部门支持，加大公共实训基地建设资金投入，针对区域经济产业发展需求，探索制定紧缺技能人才定向培养职业培训补贴政策。

（十九）加强组织领导。各级人力资源社会保障部门要高度重视技工院校改革发展工作，将其列入重要议事日程，并纳入当地技能人才队伍建设总体规划。要根据本意见要求，结合当地实际，制订实施方案，细化工作内容，落实任务目标，确保各项措施落到实处。

要整合资源，加强工作机构和人员队伍建设，发挥教学研究机构技术支撑作用，加大对技工院校管理支持服务力度。要加大对技工院校宣传力度，运用多种新闻媒介和形式，广泛开展技工院校招生和技能人才队伍建设系列宣传活动，营造技工院校发展和高技能人才成长良好氛围。

二〇一〇年八月二十三日

人力资源和社会保障部关于进一步提高失业保险统筹层次有关问题的通知

人社部发［2010］63号

各省、自治区、直辖市人力资源社会保障厅（局），新疆生产建设兵团人事、劳动保障局，各副省级市人力资源社会保障（人事、劳动保障）局：

近年来，各地努力贯彻落实《失业保险条例》，大力推进基金统筹工作，直辖市和一些设区的市已实现失业保险基金全市统筹，并取得积极效果。但目前仍有相当一部分地区实行县级统筹，市级统筹工作进展比较缓慢，统筹层次低，基金规模小，调剂能力弱，一定程度上制约了失业保险制度应有功能的发挥。为进一步健全完善失业保险制度，加快推动提高失业保险统筹层次工作，现就有关问题通知如下：

一、充分认识提高失业保险统筹层次的重要意义

提高失业保险统筹层次，是完善失业保险制度的重要内容，是建立失业保险预防失业、促进就业长效机制的现实需要。进一步提高失业保险统筹层次，有利于统一失业保险制度和政策，增强基金调剂功能和提高基金抵御风险的能力，有效保障参保单位和参保人员的合法权益；也有利于推动失业保险信息系统建设，提高业务经办能力，进一步规范管理和服务，加强基金监管，保障基金安全。各地要从稳定就业大局和全面推进失业保险事业发展的高度，把加快推动提高失业保险统筹层次作为当前一项重要工作抓紧抓好。

二、进一步明确提高失业保险统筹层次工作的重点

提高失业保险统筹层次，当前工作重点是在设区的市实行基金全市统筹。尚未实行市级统筹的地区，应结合本地实际，进一步明确工作目标和要求。要统一参保范围和参保对象，按规定推进各类用人单位及其职工特别是非公经济组织和农民工参加失业保险；统一确定失业保险待遇项目及标准方法；统一基金管理和使用，实行全市基金收支预算管理制度，有条件的地区要实现基金统收统支，其他地区也要统一基金财务管理制度和使用办法，逐步实现全市范围内统一调度和使用基金；统一失业保险业务经办流程和信息系统，逐步实现业务经办全程信息化。已经实行市级统筹的地区，要认真总结经验，完善统筹办法，进一步发挥市级统筹作用。鼓励有条件的地区，积极探索实施失业保险省级统筹。

三、切实做好提高失业保险统筹层次的组织实施工作

各地要切实加强组织领导，做好与相关部门沟通协调，抓紧制订符合本地实际的具体工作计划和实施方案。实行市级统筹，要明确

市、县（市、区）两级政府责任，周密制定实行市级统筹的各项管理办法和工作程序，发挥市、县（市、区）两级失业保险机构的作用，明确分工、责任到人，建立完善有效的工作运行机制，保障统筹工作顺利实施。要建立和完善省级调剂金制度，进一步发挥省级调剂金作用。要进一步扩大覆盖范围，加强基金征缴工作，并确保按时足额发放失业保险金及其他相关待遇。加大失业保险信息系统建设投入力度，提高失业保险经办能力，规范基金管理，强化监督检查，维护基金安全。2011 年底，在全国范围内基本实现失业保险市级统筹。各地要对开展提高统筹层次工作过程中遇到的新情况、新问题及时加以研究解决，并将推动工作进展情况报人力资源社会保障部。

二〇一〇年九月十七日

人力资源和社会保障部　国家公务员局关于进一步做好公务员录用考试管理工作的通知

人社部发［2010］65号

各省、自治区、直辖市人力资源社会保障厅（局）、公务员局，新疆生产建设兵团人事局：

公务员考试录用制度的建立和推行，为各级党政机关选拔了一大批优秀人才，有力促进了干部人事制度改革，成为推进中国特色公务员制度的一面旗帜，受到人民群众的广泛赞誉。近年来，随着考试规模的不断扩大，竞争日益激烈，环境日趋复杂，尤其是集团作弊、高科技作弊等事件的发生，严重干扰了录用考试秩序，破坏了公平竞争的环境，加强考试管理迫在眉睫。各级人力资源社会保障厅（局）、公务员局（以下简称公务员录用主管部门）必须高度重视录用考试管理工作，牢固树立考试工作的安全意识。经商发展改革、教育、公安、工业和信息化、财政、文化、卫生、监察、工商行政、新闻出版、保密等部门同意，现就进一步做好公务员录用考试管理工作通知如下：

一、继续推进录用考试管理制度建设

认真总结公务员录用考试的成功经验，建立健全录用考试各个环节的管理制度。当前要重点建立健全四项制度：一是考试信息管理制度。进一步规范网络报名、考试阅卷等环节的信息管理，确保网络安全运行、数据准确可靠。二是试卷管理制度。制定试卷印制、传递、交接、保管、使用等环节的标准，完善试卷保密管理规定，确保试题安全。三是考试实施管理制度。制定考生身份识别办法，规范监考、巡考、考务工作人员管理规则，完善应急处理等措施，确保考试现场秩序正常。四是阅卷管理制度。细化阅卷流程，明确工作规范，确定阅卷场所管理标准，确保阅卷工作安全。

二、积极优化录用考试工作环境

营造公平公正的舆论氛围，倡导诚信报考的良好风气。要按照政府信息公开的要求，及时发布录用考试信息。发挥新闻媒体舆论导向作用，引导考生诚信报考，自觉遵守考试纪律和考场的各项规定，创造良好的考试氛围。

必须严肃考风考纪，对录用考试中违纪违规行为，严格按照有关规定，及时认定和处理。建立录用考试违纪违规信息库，实行全国联网，坚决杜绝考试作弊人员混入公务员队伍。要继续严厉打击涉及录用考试的违法行为，重点打击利用高科技手段作弊、隐蔽性的有组织作弊和串通作弊行为。公务员录用主管部门要积极配合教育、公安、工商等部门依法对有关录用考试的培训辅导机构进行清理、整顿，坚决取缔各类招摇撞骗、误导考生、骗取钱财的非法培训机构。配合公安、文化、新闻出版等部门查缴非法录用考试图书、报刊、音像制品等出版物。要严厉打击各种以网络、办班、出售考试资料、资讯等方式公开录用考试试题的不法行为，切实维护广大报考者的合法权益。

三、努力提高录用考试工作保障水平

公务员录用主管部门要加大录用考试基础设施建设，装备专用的命题设备、保密工具、反作弊工具及交通工具，确保安全防范手段和措施到位，加快考试基地和保密场所及其配套设施建设。要明确录用考试工作管理责任，建立由公务员录用主管部门为主导，考试机构和招录机关参与的一体化责任体系。要加强录用考试工作人员的培训与管理，建立高素质的考录科研工作队伍、命题专家队伍和考务专家队伍，不断提高工作能力和水平。要开发研制科技含量高、普及性强的安全防范技术，为录用考试管理提供技术支撑。各级财政部门要把考录经费列入预算予以保障。公务员录用主管部门应当会同考试机构，统筹面向考生收取的费用，切实将这笔费用用到公务员考试录用工作之中。

四、不断加大录用考试工作监督力度

公务员录用主管部门要积极配合纪检监察、公安、保密等部门加强对录用考试的监管，重点监督检查录用考试工作管理制度是否健全，保密措施是否完善，制度落实是否到位，安全责任是否明确，查处在公务员录用考试工作中失密泄密和其他违纪违法行为。公务员录用主管部门要完善内部监督管理机制，加大对招录机关的指导和监督，建立录用考试工作信息渠道；完善巡视、面试旁听等制度，主动接受媒体、公众、考生等社会监督。

五、切实加强录用考试管理工作的组织领导

公务员录用主管部门要积极争取党委、政府的支持，取得相关部门的配合，形成公务员录用主管部门协调抓总，有关部门各司其职、密切配合的工作格局和联动机制。教育部门应根据《关于做好中央机关及其直属机构考试录用公务员公共科目笔试考务有关工作的通知》（国人厅发［2007］175号）要求，提供考试场所及相关考试资源，并按照有关规定管理监考人员；公安部门要做好维护考场和考点周边秩序工作，开展网络监控，打击各种危害考试安全的违法犯罪行为，并协助查验考生身份；无线电管理部门要按照《关于加强防范和打击利用无线电设备及互联网在公务员录用考试中进行作弊活动的通知》（人社部发［2008］96号）要求，做好考试期间考试周边无线电信号的监测，配合教育、公安部门共同防范和打击利用无线电设备作弊的行为；卫生部门要做好考试期间传染病防控和患病考生医疗救治工作。

做好公务员录用考试管理，是一项事关社会稳定、事关党和政府声誉的重要工作。各级公务员录用主管部门必须配强考录机构和考试机构的力量，与各相关部门密切配合，切实把这项工作落到实处。请各地结合实际认真贯彻执行本通知的要求，并将贯彻落实的情况及时报送人力资源社会保障部和国家公务员局。

二〇一〇年九月二十日

人力资源和社会保障部关于印发城镇企业职工基本养老保险关系转移接续若干具体问题意见的通知

人社部发［2010］70号

各省、自治区、直辖市人力资源社会保障厅（局），新疆生产建设兵团劳动保障局：

《国务院办公厅转发人力资源社会保障部财政部城镇企业职工基本养老保险关系转移接续暂行办法的通知》（国办发［2009］66号，以下简称《暂行办法》）下发以来，各地高度重视，认真组织实施，工作取得明显成效，总体形势平稳趋好。但在实施工作中还存在进展不平衡、对国家政策和经办规程理解不一致、信息化建设滞后等问题。为进一步做好相关工作，我们研究制定了《关于城镇企业职工基本养老保险关系转移接续若干具体问题的意见》，现印发给你们，请遵照执行，并抓紧做好以下工作：

一、尽快制定基本养老保险关系转移接续的实施办法

各地要结合完善省级统筹工作，按照《暂行办法》的统一要求，对本地区自行出台的养老保险关系转移接续政策进行清理规范，在今年底前制定出台城镇企业职工基本养老保险关系转移接续实施办法，并经人力资源社会保障部养老保险司、社保中心审核后，再上报省（自治区、直辖市）人民政府批准实施。各地正式下发的实施办法要及时报人力资源社会保障部备案。

二、调整规范农民工参加养老保险政策

各地要结合《暂行办法》的贯彻落实，采取可行措施，将在城镇企业就业并建立劳动关系的农民工，按照国家统一规定纳入城镇企业职工基本养老保险制度。在《暂行办法》实施前已自行出台农民工参加养老保险办法的地区，要抓紧调整相关政策，实现与城镇企业职工基本养老保险政策的统一规范，切实做好农民工参加城镇企业职工养老保险工作。

三、做好信息系统建设和应用工作

各地要按照《关于贯彻落实国务院办公厅转发城镇企业职工基本养老保险关系转移接续暂行办法的通知》（人社部发［2009］187号）和《关于开展城镇企业职工基本养老保险关系转移接续系统建设和应用工作的通知》（人社部函［2010］124号）的要求，抓紧统一规范业务经办程序，加快与部级异地转移系统的接入步伐，力争2010年底前三分之一以上地市入网接入服务，2011年底前全部地市（包括所属区县）入网接入服务，实现电子化转移业务模式，努力提高转移接续经办工作效率，为参保人员提供便捷的服务。

四、进一步做好经办管理工作

各地要严格执行国家政策及有关业务经办规定，为应对2011年元旦、春节期间可能出现的转移接续养老保险关系的高峰期，提前做好充分准备。要确保全国转移接续工作的统一和规范，不得随意调整和更改经办规程中的程序和表格；要简化、优化业务流程，提高工作效率，落实好办理时限；要通过国内各新闻媒体、互联网、热线电话、现场解答等多种形式，为参保人员提供咨询服务。各级社保经办机构要安排专人值守，确保向社会公布的联系渠道畅通。遇有单位地址、经办科室、电话号码等信息发生变更或需要补充的，要及时报告人力资源社会保障部社保中心，保持向社会公布信息的完整和准确。

二〇一〇年九月二十六日

中共中央组织部　人力资源和社会保障部国家公务员局关于进一步规范公务员招考年龄设置的通知

人社部发［2010］74号

各省、自治区、直辖市党委组织部、政府人力资源社会保障厅（局）、公务员局，新疆生产建设兵团党委组织部、人事局：

公务员法和《公务员录用规定（试行）》颁布实施以来，各地认真贯彻落实有关公务员招考年龄设置规定，较好地保障了广大考生的切身利益。但也有个别地区在公务员招考过程中存在随意设置招考年龄的问题，限制了部分考生的报考权利。为进一步规范公务员招考年龄设置，现就有关事项通知如下：

一、各地在公务员招考工作中，要认真贯彻落实公务员法和《公务员录用规定（试行）》的有关规定，公务员招考年龄一般为“十八周岁以上，三十五周岁以下”，任何招录机关不得随意缩小公务员报考年龄范围。放宽年龄上限的，必须经省级以上公务员主管部门批准。

二、为广泛吸引高层次人才，对于应届硕士、博士研究生（非在职）人员报考公务员的，可以适当放宽年龄标准到四十周岁以内，具体办法由省级以上公务员主管部门研究确定。法律法规规定和省级以上公务员主管部门确定可以放宽年龄上限的其他人员，从其规定。

三、进一步规范公务员招考年龄的计算方法，计算截止日期为公务员招考报名工作第一日。

请各地按照本通知要求，对本地相关文件规定进行清理，凡与本通知精神不符的均应废止。

二〇一〇年十月十三日

人力资源和社会保障部关于印发就业失业登记证管理暂行办法的通知

人社部发［2010］75号

各省、自治区、直辖市人力资源社会保障厅（局），新疆生产建设兵团劳动保障局：

为全面落实就业政策，满足劳动者跨地区享受相关就业扶持政策的需要，我部决定从2011年1月1日起，实行全国统一样式的《就业失业登记证》。现将《〈就业失业登记证〉管理暂行办法》（以下简称《暂行办法》）印发给你们，请遵照执行，并做好以下工作：

一、高度重视全国统一样式《就业失业登记证》发放管理工作

（一）《就业失业登记证》是记载劳动者就业与失业状况、享受相关就业扶持政策、接受公共就业人才服务等情况的基本载体，是劳动者按规定享受相关就业扶持政策的重要凭证。《就业失业登记证》中的记载信息在全国范围内有效，劳动者可凭《就业失业登记证》跨地区享受国家统一规定的相关就业扶持政策。

（二）做好《就业失业登记证》发放管理工作，是贯彻落实就业扶持政策的重要举措，关系到广大劳动者的切身利益。各地要高度重视，按照本通知的要求，结合本地实际，及时出台实施细则，全面落实《暂行办法》各项要求，为2011年1月1日实行全国统一样式的《就业失业登记证》奠定扎实基础。

二、稳步推进《就业失业登记证》发放工作

（三）各地要按照《暂行办法》的有关要求，制定本地区《就业失业登记证》具体发放办法，对新发放和换发的对象范围、具体程序和责任单位作出明确规定，稳步推进《就业失业登记证》发放工作。从2011年1月1日起，停止发放《再就业优惠证》和各地原有各类就业失业登记证明。

（四）从2011年1月1日起，公共就业人才服务机构在为劳动者办理就业登记、失业登记、就业援助对象认定以及享受相关就业扶持政策手续时，应按《暂行办法》的要求及时发放《就业失业登记证》。其中，对持有《再就业优惠证》和各地原有各类就业失业登记证明的人员，应将原有证件上的个人基本信息、就业与失业状况信息和享受政策情况信息转记在《就业失业登记证》上。对持《再就业优惠证》人员，还要将其所持《再就业优惠证》的证件编号标注在《就业失业登记证》“其他记载事项”中。

（五）《就业失业登记证》实行定期审验制度，重点对登记失业人员、正在享受相关就业扶持政策人员的《就业失业登记证》进行审验。定期审验的具体对象范围、内容、程序和要求等，由各省、自治区、直辖市人力资源社

会保障部门规定。

三、做好相关工作的衔接

（六）对原持《再就业优惠证》或各地原有就业失业登记证明、目前正在享受就业扶持政策的劳动者，换发《就业失业登记证》不改变正在享受就业扶持政策的审批期限。

（七）在发放《就业失业登记证》过程中，劳动者可正常进行就业登记、失业登记、申请享受相关就业扶持政策和接受公共就业人才服务。发放《就业失业登记证》的公共就业人才服务机构负责为劳动者经办相关手续并提供证明材料。

四、做好信息系统完善和信息上报工作

（八）各地要根据本《暂行办法》的有关规定，完善本地公共就业人才服务管理信息系统，准确记录劳动者就业登记、失业登记和享受就业扶持政策等相关信息，并支持在《就业失业登记证》上直接打印相关记录。

（九）我部将建立全国就业信息监测平台，支持各级就业政策相关主管部门对劳动者享受相关就业扶持政策信息进行异地查验，同时，开发全国统一的就业信息监测系统软件，供各地与全国就业信息监测平台进行数据上传和交换。

各地要按照我部颁布的统一标准，通过全国就业信息监测系统进行数据交换上报。尚未实现信息化的地方，要按照统一标准和格式，组织做好数据上报和更新工作。具体上报办法另行通知。

五、加强对经办机构工作人员的业务培训

（十）本《暂行办法》下发后，我部将组织开展相关业务培训，明确具体经办程序和操作规范，解读《就业失业登记证》各项栏目含义和填写办法等。

（十一）各省、自治区、直辖市要结合本地实际情况，制订专门的培训计划，组织各级公共就业人才服务机构特别是基层平台工作人员开展业务培训，将有关内容培训到每一位经办人员，在辖区范围内实现《就业失业登记证》统一的申领发放流程、统一的审验管理机制、统一的服务标准规范。

六、做好《就业失业登记证》宣传和咨询解答工作

（十二）各地要充分利用各类媒体，通过多种途径，大力宣传建立和完善就业失业登记制度、使用统一样式《就业失业登记证》的重要意义和作用。要重点依托服务窗口和基层平台，通过设立宣传栏、发放宣传材料、编制问答手册等形式，广泛宣传《就业失业登记证》的发放程序和凭证享受就业政策等内容，营造《就业失业登记证》发放使用的良好氛围。

附件：1.《就业失业登记证》管理暂行办法

2.《就业失业登记证》全国统一样式（略）

3.《就业失业登记证》栏目解释及填写说明（略）

4.《就业失业登记证》印制技术说明（略）

二〇一〇年十月二十日

附件 1

《就业失业登记证》管理暂行办法

第一章　总　则

第一条　为加强就业与失业管理，实行全国统一样式《就业失业登记证》，支持劳动者按规定跨地区享受就业扶持政策，根据《中华人民共和国就业促进法》《就业服务与就业管理规定》等法律法规的有关规定，制定本暂行办法。

第二条　《就业失业登记证》是记载劳动者就业和失业状况、享受相关就业扶持政策、接受公共就业人才服务等情况的基本载体，是劳动者按规定享受相关就业扶持政策和接受公共就业人才服务的有效凭证。

《就业失业登记证》实行全国统一样式、统一编号管理。

《就业失业登记证》中的记载信息在全国范围内有效，劳动者可凭《就业失业登记证》跨地区享受国家统一规定的相关就业扶持政策。

第三条　各级人力资源社会保障部门负责《就业失业登记证》管理工作，建立专门台账，利用公共就业人才服务管理信息系统，及时、准确记录《就业失业登记证》发放管理信息，并做好相关统计工作。

第二章　证件印制

第四条　人力资源和社会保障部负责《就业失业登记证》全国统一样式的制定。

《就业失业登记证》由封面、封二、16 个内页、封三（留白）、封底组成。其中，封面、封二、内页第 1～9 页、内页第 16 页为全国统一内容页；内页第 10～13 页为“自选页”；内页第 14～15 页为“自定义页”。

第五条　《就业失业登记证》由人力资源和社会保障部监制，各省、自治区、直辖市人力资源社会保障部门按全国统一样式印制本地区的《就业失业登记证》。

各省、自治区、直辖市人力资源社会保障部门可根据实际需要，确定是否选用《就业失业登记证》的“自选页”，并可在“自定义页”部分增加记载内容。在“自定义页”增加记载内容的具体项目、填写办法由各省、自治区、直辖市人力资源社会保障部门规定。

各省、自治区、直辖市人力资源社会保障部门对《就业失业登记证》内页第 10～15 页进行调整的，应将所调整的具体项目记载页按照“自选页”在前、“自定义页”在后的顺序从第 10 页起排，其余页作为“其他记载事项”页接排，并将本地区《就业失业登记证》的设计方案和样本报人力资源社会保障部备案。

第六条　《就业失业登记证》实行全国统一编号制度。《就业失业登记证》的证书编号实行一人一号，补发或换发证书的，证书编号保持不变。

第三章　证件发放

第七条　《就业失业登记证》的发放范围包括：

（一）进行就业登记、失业登记的劳动者；

（二）被认定为就业援助对象的劳动者；

（三）享受相关就业扶持政策的劳动者；

（四）各省、自治区、直辖市人力资源社会保障部门规定范围内的其他劳动者。

外国人来华就业，台湾、香港和澳门居民

在内地就业，其他法律法规有相关规定的从其规定。

第八条 地方各级人力资源社会保障部门所属的公共就业人才服务机构负责《就业失业登记证》的发放管理和相关统计。具体发放机构由地方县级以上人力资源社会保障部门规定并向社会公布。

第九条 公共就业人才服务机构应在10个工作日内办结核发《就业失业登记证》手续。

第十条 公共就业人才服务机构在发放《就业失业登记证》时，应根据情况向发放对象告知相关就业扶持政策和公共就业人才服务项目的内容和申请程序。

劳动者在办理领取《就业失业登记证》手续时，应如实向公共就业人才服务机构提供本人相关信息和证明材料。

第十一条 《就业失业登记证》具体发放程序和相关证明材料由各省、自治区、直辖市人力资源社会保障部门规定。

第四章 证件使用

第十二条 持有《就业失业登记证》的劳动者在公共就业人才服务机构接受服务、办理就业登记与失业登记手续和申请享受相关就业扶持政策时，应出示《就业失业登记证》。

第十三条 登记失业人员凭《就业失业登记证》申请享受登记失业人员相关就业扶持政策；就业援助对象凭《就业失业登记证》及其“就业援助卡”中标注的内容申请享受相关就业援助政策；符合税收优惠政策条件的个体经营人员凭《就业失业登记证》（标注“个体经营税收政策”）申请享受个体经营税收优惠政策；符合条件的用人单位凭所招用人员的《就业失业登记证》（标注“企业吸纳税收政策”）申请享受企业吸纳税收优惠政策。

第十四条 公共就业人才服务机构在首次向劳动者发放《就业失业登记证》时，应在《就业失业登记证》上注明证件发放信息、劳动者个人基本信息、就业失业状况信息、享受相关就业扶持政策信息等内容。

公共就业人才服务机构在为劳动者办理就业登记、失业登记、就业援助对象认定、享受相关就业扶持政策等各类手续时，应在《就业失业登记证》上注明本次办理情况。

第十五条 公共就业人才服务机构对认定为就业援助对象的劳动者，应当在《就业失业登记证》中“就业援助卡”部分注明认定日期、认定的援助对象类别。对认定为已不属于就业援助对象范围的，应在“就业援助卡”中注明退出就业援助对象范围的日期和原因。

就业援助对象具体认定程序和相关证明材料内容由各省、自治区、直辖市人力资源社会保障部门规定。

第十六条 持有《就业失业登记证》的劳动者在个人基本情况（包括户籍和常住地址情况、学历情况、职业资格和专业技术职务情况）、就业与失业状态等发生变化时，应按有关规定持《就业失业登记证》和相关证明材料到公共就业人才服务机构办理相应的信息变更。

第十七条 公共就业人才服务机构应当将《就业失业登记证》发放信息和劳动者的个人基本信息、就业登记和失业登记信息、就业援助对象认定等信息，以及核发、注销《就业失业登记证》等有关情况，录入公共就业人才服务管理信息系统，并上报人力资源社会保障部。

第五章 证件管理

第十八条 《就业失业登记证》实行实名制，限持证者本人使用，不得转借、转让、涂改、伪造。

第十九条 劳动者被用人单位招用的，其《就业失业登记证》由用人单位代为保管。劳动者与用人单位终止或解除劳动关系的，《就业失业登记证》由劳动者本人保管。

劳动者自主创业、灵活就业或失业的，其《就业失业登记证》由劳动者本人保管。

第二十条 《就业失业登记证》中相关记

录页面记载内容已满的，由公共就业人才服务机构予以换发。

《就业失业登记证》遗失或损毁的，由劳动者本人向原发证机构报损，并以适当方式公示，经原发放机构核实后予以补发。

第二十一条 《就业失业登记证》的发放、换发和补发均不得向劳动者收费。

第二十二条 劳动者发生下列情形之一的，其持有的《就业失业登记证》自动失效并由公共就业人才服务机构进行注销：

（一）达到法定退休年龄的；

（二）享受基本养老保险待遇的；

（三）移居境外的；

（四）完全丧失劳动能力的；

（五）死亡的；

（六）依据法律法规应当失效的其他情形。

第六章　附　　则

第二十三条 本办法自下发之日起实施。原劳动和社会保障部已经发布的有关就业失业登记证明的相关规定内容，如与本办法规定不一致的，以本办法为准。

第二十四条 各省、自治区、直辖市人力资源社会保障部门应根据本办法制定实施细则。

第二十五条 本办法由人力资源和社会保障部负责解释。

人力资源社会保障部　中国人民解放军总参谋部关于表彰全国人民防空先进集体和先进工作者的决定

人社部发［2010］76号

各省、自治区、直辖市人力资源社会保障厅（局）、人民防空办公室（民防办公室、民防局），中央直属机关和中央国家机关人民防空办公室：

“十一五”以来，全国人防系统各单位和广大干部职工高举中国特色社会主义伟大旗帜，以邓小平理论和“三个代表”重要思想为指导，深入贯彻落实科学发展观，大力弘扬团结奋斗、无私奉献精神，认真履行保护国家和人民群众生命财产安全的光荣使命，积极为促进经济社会发展和国防建设作贡献，涌现出一批先进集体和个人。

为鼓励先进，树立榜样，进一步调动全国人防系统各单位和广大干部职工的积极性创造性，更好地推进新时期人民防空建设，人力资源社会保障部、总参谋部决定，授予北京市朝阳区民防局等35个单位“全国人民防空先进集体”荣誉称号；授予刘文礼等39名同志“全国人民防空先进工作者”荣誉称号，享受省部级劳动模范和先进工作者待遇。希望受到表彰的集体和个人，珍惜荣誉，戒骄戒躁，再接再厉，不断取得新的更大成绩。

全国人防系统各单位和广大干部职工要以他们为榜样，更加紧密地团结在以胡锦涛同志为总书记的党中央周围，大力加强人民防空建设，切实履行保护国家和人民群众生命财产安全的神圣使命，团结拼搏，开拓进取，真抓实干，奋发有为，为建设强大的国防、实现全面建设小康社会宏伟目标作出新的贡献。

附件：1. 全国人民防空先进集体名单（略）

2. 全国人民防空先进工作者名单（略）

二〇一〇年十月二十六日

人力资源社会保障部　铁道部关于表彰宝成线K165次列车抢险救援工作先进集体和先进个人的决定

人社部发［2010］77号

各省、自治区、直辖市人力资源社会保障厅（局）、福建省公务员局，铁道部所属各单位：

2010年8月19日15时15分，西安开往昆明的K165次旅客列车，运行至宝成铁路德阳至广汉间的石亭江大桥，洪水致使石亭江大桥损毁，造成列车5～17位车辆脱线，1 318名旅客的生命财产安全受到严重威胁。在重大危急时刻，K165次列车乘务组工作人员立即启动应急预案，果断采取措施，迅速组织旅客撤离。西安铁路局、成都铁路局有关工作部门快速反应，组织人员赶赴现场进行救援。在现场铁路职工的共同努力下，短短15分钟内把所有旅客转移到安全地带，无一伤亡，创造了抢险救援的奇迹，赢得了社会各界的高度赞誉。在这场惊心动魄的生命大营救中，铁路有关单位职工快速反应、沉着应对、科学处置，涌现出一批先进集体和先进个人，谱写了一曲抗洪抢险勇救旅客的英雄赞歌。

为表彰先进，弘扬正气，激励铁路系统广大职工爱岗敬业、创先争优，进一步推进铁路现代化建设事业，人力资源社会保障部和铁道部决定，授予西安铁路局西安客运段K165次列车第二乘务组“全国铁路先进集体”荣誉称号；授予西安铁路局西安客运段K165次列车第二乘务组列车长王巧芬等7名同志“全国铁路劳动模范”荣誉称号；授予成都铁路公安局成都公安处德阳车站派出所所长任杰等2名同志“全国铁路先进工作者”荣誉称号。被授予“全国铁路劳动模范”和“全国铁路先进工作者”荣誉称号的人员，享受省部级劳动模范和先进工作者待遇。希望受到表彰的铁路先进集体和先进个人，珍惜荣誉，谦虚谨慎，戒骄戒躁，再接再厉，在和谐铁路建设中争取更大成绩。

全国铁路系统广大职工要以受表彰的先进集体和先进个人为榜样，学习他们舍生忘死、不怕牺牲，坚守岗位、忠于职守，沉着应对、科学处置，团结一心、众志成城的精神和作风，紧密团结在以胡锦涛同志为总书记的党中央周围，深入贯彻落实科学发展观，与时俱进、开拓创新，进一步开创和谐铁路建设新局面，为实现全面建设小康社会宏伟目标，推进中国特色社会主义伟大事业作出新的更大贡献。

附件：1. 全国铁路先进集体名单（略）
　　　2. 全国铁路劳动模范名单（略）
　　　3. 全国铁路先进工作者名单（略）

二〇一〇年十月二十六日

人力资源和社会保障部关于表彰第十届中华技能大奖获得者全国技术能手和国家技能人才培育突出贡献奖获奖单位获奖个人的决定

人社部发［2010］78号

各省、自治区、直辖市人力资源社会保障厅（局），福建省公务员局，新疆生产建设兵团人事局、劳动保障局，国务院有关部门：

根据《中华技能大奖和全国技术能手评选表彰管理办法》有关规定，经各省（区、市）人力资源社会保障部门和国务院有关部门、行业协会、中央大型企业推荐，由第十届国家技能人才评选表彰专家评审会评审，人力资源社会保障部决定：

一、授予周建民等20名同志“中华技能大奖”荣誉称号，颁发中华技能大奖奖章、证书、奖杯和奖金。

二、授予赵郁等300名同志“全国技术能手”荣誉称号，颁发全国技术能手奖章、证书、奖牌和奖金。

三、授予北京公共交通控股（集团）有限公司等100家单位“国家技能人才培育突出贡献奖”获奖单位荣誉称号，颁发证书和奖牌。

四、授予任宏志等80名同志“国家技能人才培育突出贡献奖”获奖个人荣誉称号，颁发证书和奖牌。

希望受表彰的个人以此次获得的荣誉为新起点，谦虚谨慎，再接再厉，充分发挥模范带头作用，在工作岗位上创造新的业绩。希望受表彰的单位继续加大对技能人才培育工作力度，培养造就更多的具备良好职业素质、掌握精湛技艺的技能人才。希望广大劳动者以中华技能大奖获得者和全国技术能手为榜样，刻苦钻研技能，立志岗位成才。各级人力资源社会保障部门要深入贯彻落实全国人才工作会议、《国家中长期人才发展规划纲要（2010—2020年）》和《国务院关于加强职业培训促进就业的意见》精神，进一步完善以企业为主体、职业院校为基础，学校教育与企业培养紧密联系、政府推动与社会支持相结合的高技能人才培养培训体系，完善高技能人才评选表彰制度，为推动我国高技能人才队伍建设作出更大贡献。

附件：1.“第十届中华技能大奖”获得者名单（略）

2.“第十届全国技术能手”名单（略）

3.“第十届国家技能人才培育突出贡献奖”获奖单位名单（略）

4.“第十届国家技能人才培育突出贡献奖”获奖个人名单（略）

二〇一〇年十一月二日

人力资源和社会保障部关于学习贯彻社会保险法的通知

人社部发［2010］79号

各省、自治区、直辖市人力资源社会保障厅（局），福建省公务员局，新疆生产建设兵团人事局、劳动保障局，各副省级市人力资源社会保障（人事、劳动保障）局：

《中华人民共和国社会保险法》（以下简称《社会保险法》）已于2010年10月28日由第十一届全国人大常委会第十七次会议审议通过，国家主席胡锦涛签署第35号主席令予以公布，自2011年7月1日起施行。为切实做好各项准备工作，保证《社会保险法》顺利贯彻实施，现就有关要求通知如下：

一、充分认识《社会保险法》的重大意义

《社会保险法》是新中国成立以来第一部社会保险制度的综合性法律，是中国特色社会主义法律体系中起支架作用的重要法律，是党和政府履行“让人人享有社会保障”庄严政治承诺的法律保证。《社会保险法》的颁布实施，是我国人民政治、经济和社会生活中的一件大事，是深入贯彻落实科学发展观、构建社会主义和谐社会的重大举措。《社会保险法》以维护公民参加社会保险和享受社会保险待遇的合法权益，使公民共享发展成果，促进社会和谐稳定为宗旨，把党关于建立健全社会保障体系的一系列重大决策和战略部署转化为长期、稳定的国家法律制度安排，标志着社会保险体系建设全面走上法治化轨道，是我国社会保险事业发展史上具有里程碑意义的大事。同时，《社会保险法》的出台，与以前颁布实施的《劳动法》《公务员法》《劳动合同法》《就业促进法》《劳动争议调解仲裁法》一起，构成了我国人力资源社会保障法律体系完整的顶层架构，为人力资源社会保障依法行政提供了强有力的法律支持，对于发展统一规范、有利于人才自由流动的人力资源市场，对于促进劳动关系和谐稳定，对于推动人力资源社会保障事业在法制轨道上实现科学发展具有重要意义。

二、广泛开展《社会保险法》的宣传工作

各级人力资源社会保障部门要把宣传《社会保险法》作为当前新闻宣传和法制宣传教育的重点内容，并及时纳入“六五”普法规划，按照统一部署，结合本地实际，制订切实可行的宣传计划，做好《社会保险法》宣传普及工作。

重点宣传《社会保险法》颁布实施的重大意义、立法宗旨和基本原则、建立覆盖城乡居民的社会保障体系的目标、各项社会保险制度的基本内容、劳动者和用人单位社会保险权利义务以及法律发展完善现行社会保险制度的主要亮点等。要针对不同对象，广泛采用宣传画、宣传册、宣传片、宣传栏、标语横幅等各种方式，将《社会保险法》中与人民群众切身利益相关的基本内容，转化成通俗易懂、简明

好记的形式，送到企业、单位、乡村、社区、家庭中去，送到广大人民群众中去，引导群众知悉自身的社会保险权益，引导用人单位遵守社会保险法律义务，增强全社会学法、懂法、用法的自觉性。有条件的地区，要开展集中的宣传活动。

坚持正确的舆论导向，积极主动宣传，把握宣传口径，正确解读；坚持舆情分析研判，及时掌握各种舆情动态，有针对性地释疑解惑和正确引导，为《社会保险法》的顺利实施营造良好的社会氛围。

三、认真做好《社会保险法》的学习培训工作

人力资源社会保障系统的全体工作人员都要认真学习《社会保险法》，全面准确把握立法宗旨、基本原则和制度内容。要通过学习，对《社会保险法》确立的我国社会保险制度建设的总体框架和发展方向，各项社会保险的覆盖范围、制度模式、资金来源、享受待遇的条件，以及用人单位和劳动者的权利义务关系等有总体的了解，并结合各自工作贯彻落实。

各级人力资源社会保障部门要有计划、分层次地组织学习培训。领导干部要以身作则，带头学习，带头参加培训；要抓好骨干培训，培养一支宣讲《社会保险法》的骨干队伍；分管领导和各业务部门的工作人员要结合本职工作深入学习研究，做到精确掌握，运用自如。此外，还要积极会同国资委、工会、工商联、企联等单位抓好对企业负责人、工会干部、企业人力资源管理人员的培训。近期，部里将举办系列培训班，对省级人力资源社会保障部门负责人以及从事社会保险、法制业务工作的同志进行培训。

为了保证《社会保险法》学习培训内容的准确性、规范性和权威性，人力资源社会保障部会同有关立法机构已经专门组织编写、编辑了《中华人民共和国社会保险法释义》《中华人民共和国社会保险法讲座》及《社会保险法配套法规规章选编》，作为统一的学习培训教材。

四、抓紧完善《社会保险法》配套政策法规体系

要根据《社会保险法》确立的社会保险制度以及确定的原则和授权，抓紧研究制定养老保险、医疗保险、社会保险基金管理与监督、社会保险经办服务等方面的配套法规，修订失业保险、社会保险费征缴和社会保险监督检查方面的法规规章，逐步形成以《社会保险法》为基础、以相关配套法规规章为支撑的社会保险法律法规体系。

要对照《社会保险法》规定，抓紧清理现行社会保险方面的法规、规章和规范性文件，与《社会保险法》不一致或者相抵触的，要在法律生效实施前予以修订或者废止，以维护法制统一。清理工作要注意做好新旧制度衔接，实现平稳过渡。

五、切实加强学习贯彻《社会保险法》的组织领导

各级人力资源社会保障部门要统一思想，提高认识，把学习贯彻《社会保险法》作为当前工作的首要任务，切实加强组织领导。部里已经成立了贯彻实施《社会保险法》领导小组，制订了贯彻实施《社会保险法》工作方案。省级人力资源社会保障部门也要成立由主要领导牵头、各相关业务部门负责人参加的领导小组，制订具体工作方案，明确任务、明确责任、明确时限、明确要求，并要加强督促检查，确保落实到位。请各地于11月底前将贯彻实施工作领导小组成员及联络员、贯彻实施工作方案及清理配套法规政策计划等报送我部。

各地贯彻实施过程中遇到重大情况，要及时向我部贯彻实施《社会保险法》领导小组办公室（设在法规司）报告。

二〇一〇年十一月五日

中共中央组织部　人力资源和社会保障部　教育部　财政部　科学技术部　工业和信息化部　国务院国有资产监督管理委员会　中华全国总工会　共青团中央　中华全国妇女联合会关于开展学习第二批中国高技能人才楷模先进事迹活动的通知

人社部发［2010］81号

各省、自治区、直辖市、新疆生产建设兵团以及各副省级市党委组织部、政府人力资源社会保障（劳动保障）厅（局）、教育厅（教委）、财政厅（局）、科技厅（局）、工业和信息化厅（局）、国资委、总工会、团委、妇联：

为贯彻落实全国人才工作会议和《国家中长期人才发展规划纲要（2010—2020年）》（以下简称《人才规划纲要》）和《国家中长期教育改革和发展规划纲要（2010—2020年）》（以下简称《教育规划纲要》）精神，加大对有突出贡献高技能人才的宣传表彰力度，在全社会形成学习、弘扬高技能人才踏实敬业、潜心钻研、勇攀技能高峰的精神风貌，营造崇尚技能、尊重技能人才的良好社会氛围，进一步推动高技能人才队伍建设工作，中央组织部、人力资源社会保障部、教育部、财政部、科技部、工业和信息化部、国资委、全国总工会、共青团中央、全国妇联决定，在全国开展学习王洪军、代旭升、孔祥瑞、窦铁成、杨杰、张全民、赵大坪、郑启湘、苗俭、刘生友等10名第二批中国高技能人才楷模先进事迹活动。现将有关事项通知如下：

一、充分认识学习中国高技能人才楷模事迹的意义

党和国家历来高度重视技能人才队伍建设工作。今年5月，党中央、国务院在京召开了全国人才工作会议。胡锦涛、温家宝、习近平等党和国家领导同志作了重要讲话，中央颁发了《人才规划纲要》。胡锦涛总书记在会上强调，要以高层次人才、高技能人才为重点统筹推进各类人才队伍建设；要注意从人才培养开发、评价发现、选拔任用、流动配置、激励保障等方面形成更加科学、更具活力的一整套机制。《人才规划纲要》也提出要完善国家高技能人才评选表彰制度，进一步提高高技能人才的经济待遇和社会地位。胡锦涛总书记等中央领导同志的讲话和《人才规划纲要》的颁布，为我们做好高技能人才队伍建设工作指明了方向，提出了更高的要求。

高技能人才是我国人才队伍的重要组成部分，是兴企强国的生力军，在我国经济社会发展全局中具有十分重要的地位和作用。2006年，原劳动保障部等部门联合在全国开展了学习王为民等10名中国高技能人才楷模先进事迹活动，对引导社会各方面关注和支持高技能人才培养工作起到了良好的作用。近年来，在我国各行各业中继续涌现出一批知识型、创新型、专家型优秀的高技能人才，他们在平凡的工作岗位上踏实敬业，潜心钻研技术，勇于创新实践，充分反映了我国高技能人才队伍建设的成果，王洪军等10位同志是近年来高技能人才队伍中的优秀代表和先进楷模，各地、各部门要充分发挥其榜样示范带头作用，通过宣传他们的先进事迹，引导和推动全社会继续重视和关注技能型人才，激励广大劳动者学习楷模、争当楷模。

二、学习活动内容和方式

各地要充分利用广播、电视、网络、报刊、宣传画、事迹汇编等形式，大力宣传高技能人才楷模在经济建设和社会发展中的重要作用和突出贡献，宣传他们在平凡的岗位上踏实敬业、潜心钻研技术、勇于创新实践、无私传技带徒的模范事迹。各地可结合实际，采用群众喜闻乐见，易于接受的方式组织开展多种形式的宣传。要重点发动大中型企业和各类职业院校、职业培训机构、公共就业服务机构，在厂区、校园（教室）、就业服务大厅，广泛张贴高技能人才楷模宣传画，组织广大职工、学生和各类培训人员认真学习高技能人才楷模的先进事迹。

三、学习活动要求

各级组织部门、人力资源社会保障、教育、财政、科技、工业和信息化部门、国有资产监督管理机构以及工会、共青团、妇联组织要密切配合，采取有效措施，做好宣传发动和学习组织工作，确保宣传学习活动取得实效。在宣传学习高技能人才楷模的先进事迹、突出业绩和杰出贡献的同时，要以全国人才工作会议和《人才规划纲要》《教育规划纲要》精神为指导，宣传党和国家对高技能人才的关心和爱护，宣传各级党委和政府加强高技能人才队伍建设工作的措施，宣传对高技能人才的培养、评价、使用、表彰、激励政策，在全社会营造尊重劳动、崇尚技能、鼓励创造的良好氛围，引导更多的劳动者走技能成才之路。

附件：第二批中国高技能人才楷模事迹简介（略）

二〇一〇年十一月六日

人力资源和社会保障部　卫生部
国家公务员局关于印发公务员
录用体检特殊标准（试行）的通知

人社部发［2010］82号

各省、自治区、直辖市人力资源社会保障厅（局）、卫生厅（局）、公务员局，新疆生产建设兵团人事局、卫生局，国务院各部委、各直属机构人事（干部）部门：

自《公务员录用体检通用标准（试行）》实施以来，公务员录用体检工作逐步规范化、科学化，为选拔高素质的公务员发挥了重要作用。为进一步加强公务员录用体检工作，满足部分国家机关对身体条件有特殊要求的职位录用公务员的需要，人力资源社会保障部、卫生部、国家公务员局制定了《公务员录用体检特殊标准（试行）》（以下简称《特殊标准》）。

公安机关、国家安全机关、监狱、劳动教养管理机关的人民警察和人民法院、人民检察院的司法警察职位，以及外交、海关、海事、检验检疫、安监等部门对身体条件有特殊要求的职位录用公务员，应按照《特殊标准》的规定检查有关体检项目。《特殊标准》未作规定的职位或项目，其公务员录用的体检标准仍按照《公务员录用体检通用标准（试行）》执行。原人事部和公安部下发的《公安机关录用人民警察体检项目和标准》、司法部下发的《司法行政机关录用监狱劳教人民警察体检项目和标准》即行废止。本通知下发后，所有职位录用公务员体检均使用本通知修订的《公务员录用体检表》。

现将《特殊标准》印发给你们，请结合本地区、本部门的实际，在公务员录用体检工作中参照执行。

附件：1.《公务员录用体检特殊标准（试行）》操作说明

2. 公务员录用体检表（略）

二〇一〇年十一月十日

公务员录用体检特殊标准（试行）

本标准适用于报考对身体条件有特殊要求职位公务员的考生。报考对身体条件有特殊要求职位公务员的考生，其身体条件应当符合《公务员录用体检通用标准（试行）》和本标准有关职位对身体条件的要求。

第一部分　人民警察职位

第一条　单侧裸眼视力低于4.8，不合格（国家安全机关专业技术职位除外）。法医、物证检验及鉴定、信息通信、网络安全管理、金融财会、外语及少数民族语言翻译、交通安全技术、安全防范技术、排爆、警犬技术等职位，单侧矫正视力低于5.0，不合格。

第二条　色盲，不合格。色弱，法医、物证检验及鉴定职位，不合格。

第三条　影响面容且难以治愈的皮肤病（如白癜风、银屑病、血管瘤、斑痣等），或者外观存在明显疾病特征（如五官畸形、不能自行矫正的斜颈、步态异常等），不合格。

第四条　文身，不合格。

第五条　肢体功能障碍，不合格。

第六条　单侧耳语听力低于5米，不合格。

第七条　嗅觉迟钝，不合格。

第八条　乙肝病原携带者，特警职位，不合格。

第九条　中国民航空中警察职位，身高170～185厘米，且符合《中国民用航空人员医学标准和体检合格证管理规则》Ⅳb级体检合格证［67.415（c）项除外］的医学标准，合格。

第十条　海关海上缉私船舶驾驶职位、海上缉私轮机管理职位、海上缉私查私职位、出入境边防检查船舶驾驶职位，还需执行船员健康检查国家标准和《关于调整有关船员健康检查要求的通知》（海船员［2010］306号）。

第二部分　其他职位

第十一条　色弱，口岸现场旅客检查职位、海关货物查验职位、测绘及地图印刷方面职位、医学检验职位、纺织品检验监管职位、仪器检验监管职位、化妆品检验监管职位及动植物检疫职位，不合格；色盲（单色识别能力正常者除外），外交部门职位、机电检验监管职位、化工产品检验监管职位、化矿产品检验监管职位、煤矿安全监察执法职位及登轮检疫鉴定职位，不合格。

第十二条　肢体功能障碍，煤矿安全监察执法职位、登轮检疫鉴定职位、现场查验职位及海关货物查验职位，不合格。

第十三条　双侧耳语听力均低于5米，机电检验监管职位、化工产品检验监管职位、化矿产品检验监管职位、动物检疫职位及煤矿安全监察执法职位，不合格。

第十四条　嗅觉迟钝，食品检验监管职位、化妆品检验监管职位、动植物检疫职位、医学检验职位、卫生检疫职位、化工产品检验监管职位及海关货物查验职位，不合格。

第十五条　传染性、化脓性或渗出性皮肤病，医学检验职位、卫生检疫职位、食品检验监管职位、化妆品检验监管职位、动植物检疫职位、化工产品检验监管职位及口岸现场旅客检查职位，不合格。

第十六条　中国民航飞行技术监管职位，执行《中国民用航空人员医学标准和体检合格证管理规则》的Ⅰ级［67.115（5）项除外］或Ⅱ级体检合格证的医学标准。

第十七条　水上作业人员职位，执行船员健康检查国家标准和《关于调整有关船员健康检查要求的通知》（海船员［2010］306号）。

附件 1

《公务员录用体检特殊标准（试行）》操作说明

1. 体检医院与医务人员在体检前应明确需要按照《公务员录用体检特殊标准（试行）》执行的职位及项目。

2. 体检应在独立场所进行，要保持安静，减少外界干扰。人民警察体检要做到封闭式体检。

3. 考生体检前，必须详细填写报考职位。

4. 《公务员录用体检特殊标准（试行）》中的所有体检项目均不进行复检。

5. 佩戴隐形眼镜的考生在眼科检查前应先摘掉隐形眼镜，再进行视力检查。义眼者应向眼科医生讲明。

6. 色觉检查：必须由专科护士或医师检查。用俞自萍等人编印的《色盲检查图》，或空军后勤部卫生部编印的《色觉检查图》，检查时考生双眼以距离图面 60～80 厘米为标准，不得使用有色眼镜，考生须在 3～5 秒内读出颜色名称。

7. 单色识别能力检查方法：（1）检查者从红、黄、绿、蓝、紫各种颜色中任选出一种让考生识别，在 3～5 秒内读出颜色名称。（2）检查者任意讲出一种颜色名称，让考生在 3～5 秒内从红、黄、绿、蓝、紫各种颜色中找出该种颜色。以上两种方法也可交替进行。

8. 色弱者不合格的职位，色盲者也不合格。

9. 嗅觉检查：用醋、酒精、水三种，全能辨别者为正常，能辨别 1～2 种为迟钝，三种均不能辨别者为丧失。

10. 嗅觉迟钝者不合格的职位，嗅觉丧失者也不合格。

11. 只有特警职位才可进行乙肝表面抗原检查。

12. 文身：是指皮肤刺有“点、字、图案”，或虽经手术处理仍留有明显文身瘢痕。

13. 肢体（包括脊柱）功能障碍：是指因各种原因造成肢体残缺、畸形、麻痹等，以致引起永久性人体运动功能不同程度的受限。

14. 本体检标准中有关数值的表述方法：凡用“低于……”词表述的，不含该数值本身。

人力资源和社会保障部　公安部关于授予张浩同志全国公安系统一级英雄模范荣誉称号的决定

人社部发［2010］83号

各省、自治区、直辖市人力资源社会保障厅（局）、公安厅（局）、福建省公务员局，新疆生产建设兵团人事局、劳动保障局、公安局：

近年来，全国公安机关和广大公安民警在党中央、国务院和地方各级党委、政府的坚强领导下，坚持以邓小平理论和“三个代表”重要思想为指导，深入贯彻落实科学发展观，不断开创公安工作和公安队伍建设新局面，为维护国家安全和社会稳定，保卫改革开放和社会主义现代化建设，保障人民群众安居乐业作出了突出贡献，涌现出一大批英雄模范人物。张浩同志就是其中的优秀代表。

张浩，男，汉族，中共党员，1972年11月出生，大学文化，浙江金华人，1993年7月参加公安工作，现任上海市公安局刑侦总队五支队挂职副支队长，二级警司。张浩同志从警17年来，一直奋战在刑侦工作第一线，忠实履行人民警察的神圣职责，爱岗敬业、忘我工作，顽强拼搏、无私奉献，取得了突出的工作业绩，先后荣立个人三等功1次，多次获嘉奖。2007年，他担任市公安局刑侦总队五支队追逃探长，负责全市追逃工作后，以高度的事业心和责任感，勤奋学习，刻苦钻研，总结出一套信息化追逃的“技战法”，并在实战中广泛推广应用，取得了明显成效，为上海市公安局连续3年追逃信息质量排名全国第一、连续3年被评为“全国公安机关追逃工作先进单位”作出了积极贡献。2010年以来，他不顾自己身体严重不适，全力投入世博安保工作，日夜奋战在查缉追逃工作第一线，特别是在7月确诊患肝癌后，仍隐瞒病情，以顽强的毅力坚持工作，为维护上海世博期间的社会稳定作出了突出贡献，并被评为“世博安保先锋”。10月13日晚，张浩同志在加班时病情恶化，被送往医院急救，目前仍在救治中。

张浩同志的先进事迹，充分体现了“忠诚可靠、秉公执法、英勇善战、纪律严明、无私奉献”的新时期人民警察精神，是广大公安民警学习的榜样。为表彰先进、弘扬正气，人力资源社会保障部、公安部决定，授予张浩同志“全国公安系统一级英雄模范”荣誉称号。

全体公安民警要以张浩同志为榜样，坚定不移地高举中国特色社会主义伟大旗帜，更加紧密地团结在以胡锦涛同志为总书记的党中央周围，认真学习贯彻党的十七大精神，进一步坚定信心、振奋精神、开拓创新、扎实工作，切实担负起巩固共产党执政地位、维护国家长治久安、保障人民安居乐业、促进经济社会发展的重大政治和社会责任，为夺取全面建设小康社会新胜利、谱写人民美好生活新篇章作出新的更大的贡献。

二〇一〇年十一月十六日

人力资源和社会保障部关于印发社会保险基金监督检查证管理规程的通知

人社部发［2010］85号

各省、自治区、直辖市人力资源社会保障厅（局），福建省公安局，新疆生产建设兵团人事局、劳动保障局，各副省级人力资源社会保障（人事、劳动保障）局：

为贯彻落实《中华人民共和国劳动法》《中华人民共和国社会保险法》，进一步加强社会保险基金监管工作，规范社会保险基金监督检查证发放管理，严格实行持证上岗制度，我们制定了《社会保险基金监督检查证管理规程》，现予印发。请各地严格按照管理规程的要求，认真做好社会保险基金监督检查证的发放管理工作。

二〇一〇年十一月二十四日

社会保险基金监督检查证管理规程

为进一步加强社会保险基金监管，规范社会保险基金监督检查证的发放管理，根据《中华人民共和国劳动法》《中华人民共和国社会保险法》等有关法律法规，制定本规程。

第一条 社会保险基金监督检查证（以下简称检查证）的申领、培训、考试、发放和管理适用本规程。

第二条 检查证由人力资源社会保障部统一印制、发放和管理。

第三条 检查证的发放对象应符合以下条件：

（一）在各级社会保险基金监督机构从事社会保险基金监督工作的行政人员；

（二）具备与社会保险基金监督工作相适应的专业知识和业务能力；

（三）参加社会保险基金监督业务考试，成绩合格。

第四条 各级社会保险基金监督人员应持证上岗，在对社会保险基金进行现场监督检查时，须出示检查证。

第五条 持有检查证的监督人员要履行以下义务：

（一）忠于职守，尽职尽责，秉公执法；

（二）遵守法律法规和相关保密规定，依法保守被检查单位的工作和商业秘密；

（三）参加社会保险基金监督业务培训和

检查证年检；

（四）严禁使用检查证从事与社会保险基金监督业务无关的活动，严禁持证谋私、违法乱纪；

（五）严禁借用、涂改、冒用、伪造、转让、买卖，以欺骗等手段骗取检查证；

（六）其他需要履行的义务。

第六条 社会保险监督持证人员，在履行监督检查职责时，可以采取下列措施：

（一）查阅、记录、复制与社会保险基金收支、管理和投资运营相关的资料，对可能被转移、隐匿或者灭失的资料予以封存；

（二）询问与调查事项有关的单位和个人，要求其对与调查事项有关的问题作出说明、提供有关证明材料；

（三）对隐匿、转移、骗取、侵占社会保险基金的行为予以制止并责令改正。

第七条 申领检查证的人员，必须参加社会保险基金监督业务培训，且集中培训时间不少于16小时。培训采取集中授课方式，培训内容包括社会保障政策法规，社保基金监管操作实务以及金融、财会、审计等专业知识。培训结束后统一组织考试。考试采取闭卷形式。

第八条 省级基金监督人员的培训和考试由人力资源社会保障部组织。省级以下基金监督机构人员的培训和考试由人力资源社会保障部组织或授权省级人力资源社会保障部门按照本规程组织。考试结束后，由人力资源社会保障部组织阅卷或授权省级人力资源社会保障部门阅卷，并对考试合格的人员进行资格审核，颁发检查证。

根据工作需要，拟自行组织检查证培训考试的省市，需提前将培训考试方案（见附件1）报人力资源社会保障部基金监督司。部基金监督司在接到请示后10个工作日内作出是否同意的回复。人力资源社会保障部对省级人力资源社会保障机构组织的培训和考试情况进行不定期抽查监督。

经人力资源社会保障部基金监督司批复同意组织检查证培训考试的省市，须在考试前15个工作日内将发送考卷的请示（见附件2）报人力资源社会保障部基金监督司。

第九条 申领检查证的监督人员采取就地申报、逐级审核的报名方式。申领人员填写参加培训报名表（见附件3），加盖单位印章并附上本人工作证复印件，逐级上报至省级人力资源社会保障部门基金监督机构，省级基金监督机构汇总后（见附件4）报人力资源社会保障部基金监督司审核同意。

第十条 人力资源社会保障部负责建立检查证考试题库，为培训考试提供辅导材料和试卷，并根据相关法律法规制定情况，对考试题库进行更新完善。

第十一条 检查证实行年检制度。省级以下检查证持证人员由省级基金监督部门组织年检，并将年检情况上报人力资源社会保障部基金监督司。

第十二条 检查证有效期为5年。到期换发需重新申领、培训和考试。考试合格的换证人员填写换证审核表（见附件5），逐级申报并审核。人力资源社会保障部根据换证申请人员工作、培训、考试和年检等情况核发新证。

第十三条 人力资源社会保障部基金监督司以及省级基金监督机构按照管理权限，分别建立检查证持证人员档案库，并按照要求严格管理。

第十四条 检查证实行统一编号管理。统一编号确定为6位代码，前2位为省级代码，后4位为个人代码。

第十五条 持证人员应妥善保管检查证，如有遗失应及时向省级基金监督机构书面报告，省级基金监督机构应于10个工作日内书面报告人力资源社会保障部，人力资源社会保障部定期予以审核补发。

第十六条 持证人员调离基金监督岗位，或不再直接从事社会保险基金监督工作的，所在单位应及时收回检查证并上交省级人力资源社会保障部门，并由省级人力资源社会保障部门上交人力资源社会保障部予以注销。

第十七条 各级人力资源社会保障部门应

加强对持证人员的监督和管理，接受公民、法人及其他社会组织对违法使用检查证的检举，及时调查核实和处理。

对越权使用检查证的、非公务场合使用检查证的，或利用检查证以权谋私、违法乱纪的人员，各级人力资源社会保障部门视情节轻重给予处分或撤销其检查证；构成犯罪的，移交司法机关，依法追究有关刑事责任。

第十八条 本办法由人力资源社会保障部负责解释。

第十九条 本办法自发布之日起施行，原有的《社会保险审计检查证管理规程》同时废止。

附件：1. 关于组织社会保险基金监督检查证培训考试的请示（样式）（略）

2. 关于请发送社会保险基金监督检查业务培训考试试卷的请示（样式）（略）

3. ××省社会保险基金监督检查业务培训报名表（样式）（略）

4. ××省申领社会保险基金监督检查证人员汇总表（样式）（略）

5. 社会保险基金监督检查证换证审核表（样式）（略）

人力资源和社会保障部关于建立全国就业信息监测制度的通知

人社部发［2010］86号

各省、自治区、直辖市人力资源社会保障厅（局），福建省公务员局，新疆生产建设兵团人事局、劳动保障局，各副省级市人力资源社会保障（人事、劳动保障）局：

为全面落实就业政策，完善就业失业登记制度，加强就业与失业管理，满足劳动者跨地区享受相关就业扶持政策的需要，决定建立全国就业信息监测制度。现就有关事宜通知如下：

一、工作目标

（一）总体目标

从2011年1月1日起，依托各地公共就业人才服务信息系统和金保工程部省市三级业务专网，在原有失业登记与失业保险信息监测工作基础上，建立全国就业信息监测制度，实现全国范围内中央、省、市三级人力资源社会保障部门对劳动者就业登记、失业登记和享受就业扶持政策等相关信息的全面监测，为劳动者跨地区享受相关就业扶持政策、各级就业政策相关主管部门核验《就业失业登记证》信息和各级政府宏观决策提供信息支持。

（二）分阶段目标

2010年底前，试验性开展全国就业信息数据上报和跨地区信息核验工作，实现全国就业信息发布系统对外试运行。

2011年上半年，以需要跨地区享受相关就业扶持政策人员为主要对象，实现《就业失业登记证》信息跨地区核验。

2011年下半年，全国就业信息监测平台正式运行，逐步实现覆盖全部《就业失业登记证》持证人员的就业信息监测和《就业失业登记证》信息跨地区核验。

2012年起，全面开展就业信息监测工作。

二、工作内容

（一）制定全国就业信息监测数据标准

建立全国就业信息监测指标体系，主要包括劳动者的个人基本信息和相关信息、就业登记与失业登记信息、就业援助对象认定信息、享受就业扶持政策信息和享受失业保险待遇信息等。制定全国就业信息监测数据标准，内容参见《就业监测基础数据库（表）结构及代码》［附件1，以下简称《库（表）结构》］。

（二）开展就业监测基础数据整理工作

进一步完善各地公共就业人才服务管理信息系统，准确记录劳动者个人基本信息和个人相关信息、就业登记、失业登记和就业援助对象认定信息、享受就业扶持政策和享受失业保险待遇等相关信息，建立健全数据采集录入质量管理制度，确保就业监测基础数据的质量。

（三）建立三级就业监测基础数据库

1. 地市级。各地级城市人力资源社会保障部门要以本地区公共就业人才服务管理信息系统（以下简称生产系统，该系统的数据库简称生产库）为基础，按照《库（表）结构》要求，在本市人力资源社会保障数据中心交换区建立就业监测基础数据库（以下简称交换库），并定期将生产库内的就业监测基础数据转入交换库，并上传到省级人力资源社会保障数据中心。

2. 省级。各省级人力资源社会保障数据中心将辖区内各地市定期上传的就业监测基础数据在省级交换区进行合并，形成覆盖全省的基础数据库，并定期上传到部数据中心。直辖市和原始业务数据集中在省级数据中心的地区，由直辖市或省级数据中心统一完成本地区监测数据的转换和上传工作。

3. 部级。人力资源社会保障部定期将各省级数据中心上传的就业监测基础数据在交换区进行合并、比对和整理，形成覆盖全国的就业监测基础数据库。在此基础上，通过全国就业信息发布系统，为各级就业政策相关主管部门核验相关信息提供支持。

（四）组织上报就业监测基础数据

1. 2010 年底之前，组织开展前期试点工作。各省级人力资源社会保障部门选择部分地级城市作为试点单位，上报覆盖全部指标的就业监测数据，上报数据的人员范围和数据量不作要求，数据上报时间为 2010 年 12 月 8 日和 24 日、2011 年 1 月 7 日（逢节假日顺延至下一工作日，下同）。试点单位按期上报 2010 年 12 月 1 日、15 日、31 日的全部监测指标的数据，由省级人力资源社会保障数据中心通过部省市三级业务专网上传至部数据中心，具体上传办法请参照我部网站的有关栏目（网址为：http://w1.mohrss.gov.cn/jyjc/jyjc.html）。

2. 2011 年 2 月 5 日至 2011 年 7 月 5 日，全部地级城市和省本级以需要跨地区享受相关就业扶持政策的劳动者为主要对象，结合《就业失业登记证》发放工作进程，上报就业信息监测数据。各地级城市（含省本级）于每月 5 日前将上月监测数据转换至交换库，并上报至省级数据中心。各省（自治区、直辖市）于每月 8 日前完成上月全辖区交换库监测数据的更新，并上报至部数据中心。从本阶段开始，各级交换库的当期监测数据在下期数据进入交换库前应予以保留，并不得修改更新。

3. 2011 年 8 月 5 日至 2012 年 1 月 5 日，全国就业信息监测平台在部、省、市三级进行安装部署。各地逐步扩大就业信息监测人员对象范围，到本期结束前逐步实现《就业失业登记证》持证人员的全覆盖。其间，全部地级城市（含省本级）通过全国就业信息监测平台，在每月 5 日前将上月监测数据转换至交换库，并上报至省级数据中心。

4. 2012 年 1 月 20 日起，各地全面开展就业信息监测工作，监测数据上报期限调整为每月的 5 日、20 日，分别报送上月底和本月 15 日的监测数据，以确保全国跨地区享受政策人员能够及时办理相关手续。

（五）开展全国就业信息监测平台实际应用

由我部统一组织开发全国就业信息监测平台，包括就业监测管理信息系统、就业信息接口程序和就业监测信息发布系统。其中的就业监测管理信息系统、就业信息接口程序将由我部负责在省级数据中心安装部署，地市级的安装部署由各省、自治区负责组织实施，相关具体事项另行通知。

1. 就业信息接口程序以各地建设的生产系统为数据源，提供就业监测基础数据的抽取功能。

2. 就业监测管理信息系统具备各级监测数据的上报功能，并提供数据统计、检查校核、综合查询等功能。

3. 就业监测信息发布系统部署在部级数据中心，以覆盖全国的就业监测基础数据库为基础，为各级公共就业人才服务机构和就业政策主管部门提供《就业失业登记证》相关具体信息查询服务，为社会公众提供《就业失业登记证》真伪查验服务。

三、工作要求

（一）高度重视，制订方案

做好就业信息监测工作是贯彻落实就业扶持政策的重要措施，关系到广大劳动者的切身利益，各地要高度重视，确定责任单位，全面落实各项工作要求。要按照统一要求，将就业信息监测工作列入常规工作任务，明确各阶段监测数据覆盖的人员范围，制订就业信息监测工作实施方案，以确保上报监测数据的及时性、完整性、准确性为目标，分阶段、有步骤地推进就业信息监测工作。

（二）夯实基础，保证质量

各地要提前准备好监测系统应用软件运行的软、硬件环境和网络环境。要按照统一的技术要求，重点做好生产系统数据整理工作，剔除无效数据，确保数据准确性。要建立数据校验审核机制，确保数据转换上报的准确性。对于监测数据中的行政区划代码部分，各地要遵循国家标准《中华人民共和国行政区划代码》(GB 2260—2007)，国家标准不能满足各地新情况要求的，参见《就业监测数据行政区划代码及扩充规则》（附件2）的内容确定并报部里确认后统一启用。

（三）加强协调，明确责任

各地信息化综合管理机构要认真做好就业监测基础数据的管理工作和技术支持工作；公共就业人才服务、失业保险等业务部门要组织相关业务技术培训工作，重点做好就业监测基础数据的整理、转换、检查工作。各部门要加强工作配合，明确分工，责任到人，共同做好数据上报工作。各地在2011年底前，要继续按失业登记与失业保险监测制度要求按期上报相关数据，2012年起不再上报失业登记与失业保险监测数据。

请各省（自治区、直辖市）人力资源社会保障部门于2010年12月15日前，将本地区就业信息监测工作负责单位及负责人名单和联系方式按照《就业信息监测工作负责单位及负责人登记表》（附件3）的要求报我部。

附件：1. 就业监测基础数据库（表）结构及代码（略）

2. 就业监测数据行政区划代码及扩充规则（略）

3. 就业信息监测工作负责单位及负责人登记表（略）

二〇一〇年十一月二十五日

人力资源和社会保障部　中国地方志指导小组关于表彰全国地方志系统先进集体和先进工作者的决定

人社部发［2010］87号

各省、自治区、直辖市人力资源社会保障厅（局）、地方志办公室（编委会），福建省公务员局，新疆生产建设兵团人事局、兵团志办公室：

在党中央、国务院的正确领导下，在各级党委、政府的大力支持下，自2005年开展第一次全国地方志系统表彰先进活动以来，全国地方志系统广大干部职工团结拼搏、甘于奉献，为修志工作作出了突出贡献。为表彰先进，激励广大修志工作者爱岗敬业、锐意进取、不断开创修志工作新局面，人力资源社会保障部、中国地方志指导小组决定，授予北京市崇文区地方志编纂委员会办公室等31个集体“全国地方志系统先进集体”荣誉称号；授予王之鸿等10名个人“全国地方志系统先进工作者”荣誉称号，享受省部级劳动模范和先进工作者待遇。希望受表彰的先进集体和先进工作者珍惜荣誉，谦虚谨慎，再接再厉，更好地发挥先进典型的模范作用。

全国各级地方志工作机构、地方志工作者要以受表彰的先进集体和先进工作者为榜样，学习他们信念坚定、胸怀大局、铁心修志的崇高思想；学习他们求真务实、纪律严明、团结协作的优良作风；学习他们开拓创新、自强不息、锲而不舍的进取精神，紧密团结在以胡锦涛同志为总书记的党中央周围，高举中国特色社会主义伟大旗帜，以邓小平理论和“三个代表”重要思想为指导，深入贯彻落实科学发展观，全面贯彻落实《地方志工作条例》，为传承中华文明、实现全国地方志事业的全面协调可持续发展作出新的更大的贡献！

附件：1. 全国地方志系统先进集体名单（略）

2. 全国地方志系统先进工作者名单（略）

二〇一〇年十一月二十六日

人力资源和社会保障部　中共中央宣传部关于印发《中华人民共和国社会保险法》宣传提纲的通知

人社部发［2010］88号

各省、自治区、直辖市党委宣传部、人力资源社会保障厅（局），中央直属机关工委宣传部，中央国家机关工委宣传部，中央主要新闻单位：

2010年10月28日，《中华人民共和国社会保险法》（以下称《社会保险法》）由十一届全国人大常委会第十七次会议审议通过，国家主席胡锦涛签署第35号主席令予以颁布，自2011年7月1日起施行。《社会保险法》是继劳动合同法、就业促进法等法律之后，在保障和改善民生领域出台的又一部支架性法律。为做好《社会保险法》的宣传工作，及时引导人民群众全面准确地学习领会该部法律，有力推动《社会保险法》顺利贯彻实施，现将《〈中华人民共和国社会保险法〉宣传提纲》印发给你们，请结合实际，认真做好该部法律的宣传普及和舆论引导工作。

附：《中华人民共和国社会保险法》宣传提纲

二〇一〇年十一月二十九日

附

《中华人民共和国社会保险法》宣传提纲

2010年10月28日，《中华人民共和国社会保险法》（以下称《社会保险法》）经十一届全国人大常委会第十七次会议审议通过，国家主席胡锦涛签署第35号主席令予以颁布，自2011年7月1日起施行。《社会保险法》是中国特色社会主义法律体系中起支架作用的重要法律，是一部着力保障和改善民生的法律。它的颁布实施，是我国社会保障法制建设中的又一个里程碑，对于建立覆盖城乡居民的社会保障体系，更好地维护公民参加社会保险和享受社会保险待遇的合法权益，使公民共享发展成果，促进社会主义和谐社会建设，具有十分重要的意义。

一、《社会保险法》颁布实施的重要意义

第一，《社会保险法》的颁布实施，是深入贯彻落实科学发展观、构建社会主义和谐社会的重大举措。胡锦涛总书记深刻指出："建立覆盖城乡居民的社会保障体系是坚持立党为公、执政为民的具体体现，是推动科学发展、促进社会和谐的重要工作，是保增长、保民生、保稳定的重要任务，也是国家长治久安的重要条件。"党的十七届五中全会通过的《中共中央关于制定国民经济和社会发展第十二个五年规划的建议》明确要求，坚持把保障和改善民生作为加快转变经济发展方式的根本出发点和落脚点，促进社会公平正义，并对加快推进覆盖城乡居民的社会保障体系建设作出了全面部署。《社会保险法》对各项社会保险作出了全面的制度安排和规范，将党中央建立健全社会保障体系的重大决策和战略部署转化为根本性、稳定性的国家法律制度，必将对构建社会主义和谐社会和国家的长治久安发挥重要的保障和推动作用。

第二，《社会保险法》的颁布实施，使我国社会保险制度发展全面进入法制化轨道。《社会保险法》规范了社会保险关系，规定了用人单位和劳动者的权利与义务，强化了政府责任，明确了社会保险行政部门和社会保险经办机构的职责，确定了社会保险相关各方的法律责任。《社会保险法》的颁布实施，使社会保险制度更加稳定、运行更加规范，使相关各方、特别是广大劳动者有了维护自身合法权益的有力武器，并必将带动一系列单项法规、规章和规范性文件的制定实施，从而使社会保险体系建设全面进入法制化的轨道。

第三，《社会保险法》的颁布实施，为推动整个人力资源和社会保障事业科学发展提供了进一步的法制保障。《社会保险法》不仅对社会保险工作是极大的促进，也将对整个人力资源社会保障工作产生积极而深远的影响。《社会保险法》确立了广覆盖、可转移、可衔接的社会保险制度，从法律上破除了阻碍各类人才自由流动、劳动者在地区之间和城乡之间流动就业的制度性障碍，有利于形成和发展统一规范的人力资源市场；《社会保险法》进一步规范和明确了劳动者和用人单位的社会保险权利义务关系，有利于促进劳动关系的稳定与和谐。《社会保险法》的出台，与以前颁布实施的劳动法、公务员法、劳动合同法、就业促进法、劳动争议调解仲裁法一起，构成了我国人力资源社会保障法律体系完整的顶层架构，对推进人力资源和社会保障事业在法制轨道上实现科学发展具有重要意义。

二、《社会保险法》的立法原则

《社会保险法》从草案起草，到国务院审议，再到全国人大常委会审议修改，始终坚持了以下原则：

一是贯彻落实党中央的重大决策部署。党的十四届三中全会以来，中央对社会保障制度改革和事业发展做出了一系列重大决策，特别是关于广覆盖、保基本、多层次、可持续等带有根本性、管长远的基本方针，关于社会保险要独立于用人单位之外、资金来源多渠道、管理服务社会化以及加强基金管理监督的要求等，都在法律制定中得到充分体现。

二是使广大人民群众共享改革发展成果。按照党的十七大提出的到2020年全面建设小康社会、基本建立覆盖城乡居民的社会保障体系的目标，《社会保险法》确立的我国社会保险制度框架，把城乡各类劳动者和居民分别纳入相应的社会保险制度，努力实现制度无缺失、覆盖无遗漏、衔接无缝隙，使全体人民在养老、医疗等方面有基本保障，无后顾之忧。

三是公平与效率相结合，权利与义务相适应。《社会保险法》从我国基本国情和社会主义初级阶段的实际出发，在政府主导的社会保

险制度上，优先体现公平原则，做出适当的普惠性安排，通过增加政府公共财政投入，加大社会财富再分配力度，防止和消除两极分化，促进社会和谐；同时体现激励和引导原则，坚持权利与义务相适应，把缴费型的社会保险作为社会保障的核心制度。

四是确立框架，循序渐进。《社会保险法》全面总结我国社会保险制度改革发展的实践经验，借鉴世界各国社会保险的有益做法，确立了我国社会保险体系建设的总体框架、基本方针、基本原则和基本制度；同时，基于我国社会保险体系建设正处在改革发展过程中，新情况、新问题不断出现，需要继续探索和实践，《社会保险法》也保持了必要的灵活性，作出了一些弹性的或授权性的规定，为今后的制度完善和机制创新留出了空间。

三、《社会保险法》确立了我国社会保险体系的基本框架

《社会保险法》规定，国家建立基本养老保险、基本医疗保险、工伤保险、失业保险、生育保险等社会保险制度，保障公民在年老、疾病、工伤、失业、生育等情况下依法从国家和社会获得物质帮助的权利。

第一，基本养老保险包括职工基本养老保险、新型农村社会养老保险和城镇居民社会养老保险。本法总结二十多年来我国养老保险制度改革的经验，对职工基本养老保险制度的覆盖范围、基本模式、资金来源、待遇构成、享受条件和调整机制等作了比较全面的规范，并规定了病残津贴和遗属抚恤制度。根据开展新型农村社会养老保险试点这一重大实践进展，本法对新型农村社会养老保险的主要制度作出规范。此外，本法还规定国家建立和完善城镇居民社会养老保险制度，同时授权省、自治区、直辖市人民政府根据实际情况，可以将城镇居民社会养老保险和新型农村社会养老保险合并实施，为逐步建立统筹城乡的养老保障体系奠定了法律基础。

第二，基本医疗保险包括职工基本医疗保险、新型农村合作医疗和城镇居民基本医疗保险。本法对职工基本医疗保险制度和城镇居民基本医疗保险制度的覆盖范围、资金来源、待遇项目及享受条件、医疗保险费用结算办法等作了比较全面的规定，对新型农村合作医疗制度作了原则规定，并授权国务院规定管理办法。

第三，工伤保险、失业保险和生育保险制度经过十多年的实践，已经比较成熟。本法在总结实践经验的基础上，对工伤保险、失业保险和生育保险也分别单独成章，对其覆盖范围、资金来源、待遇项目和享受条件等作了具体规定。

四、《社会保险法》明确了各项社会保险制度的覆盖范围

《社会保险法》将我国境内所有用人单位和个人都纳入了社会保险制度的覆盖范围，具体是：

第一，基本养老保险制度和基本医疗保险制度覆盖了我国城乡全体居民。即用人单位及其职工应当参加职工基本养老保险和职工基本医疗保险；无雇工的个体工商户、未在用人单位参加社会保险的非全日制从业人员以及其他灵活就业人员可以参加职工基本养老保险和职工基本医疗保险；农村居民可以参加新型农村社会养老保险和新型农村合作医疗；城镇未就业的居民可以参加城镇居民社会养老保险和城镇居民基本医疗保险；进城务工的农村居民依照本法规定参加社会保险；公务员和参照公务员法管理的工作人员养老保险的办法由国务院规定。

第二，工伤保险、失业保险和生育保险制度覆盖了所有用人单位及其职工。

第三，被征地农民按照国务院规定纳入相应的社会保险制度。被征地农民到用人单位就业的，都应当参加全部五项社会保险。对于未就业，转为城镇居民的，可以参加城镇居民社会养老保险和城镇居民基本医疗保险，继续保留农村居民身份的，可以参加新型农村社会养

老保险和新型农村合作医疗。

第四，在中国境内就业的外国人，也应当参照本法规定参加我国的社会保险。

五、《社会保险法》规定了社会保险制度的筹资渠道

国家多渠道筹集社会保险资金。《社会保险法》规定了各项社会保险制度的筹资渠道，明确了用人单位、个人和政府在社会保险筹资中的责任。具体是：

第一，城镇职工社会保险基金的主要来源是社会保险缴费。本法规定，职工基本养老保险、职工基本医疗保险和失业保险费用，由用人单位和职工共同缴纳，工伤保险和生育保险费用由用人单位缴纳，职工个人不缴费。

第二，居民社会保险基金主要由社会保险缴费和政府补贴构成。本法规定，新型农村社会养老保险实行个人缴费、集体补助和政府补贴相结合；城镇居民基本医疗保险实行个人缴费和政府补贴相结合。

第三，明确了政府在社会保险筹资中的责任。本法规定，县级以上人民政府对社会保险事业给予必要的经费支持，在社会保险基金出现支付不足时给予补贴；国有企业、事业单位职工参加基本养老保险前，视同缴费年限期间应当缴纳的基本养老保险费由政府承担；在新型农村社会养老保险和城镇居民基本医疗保险制度中，政府对参保人员给予补贴；基本养老保险基金出现支付不足时，政府给予补贴；国家设立全国社会保障基金，由中央财政预算拨款以及国务院批准的其他方式筹集的资金构成，用于社会保障支出的补充、调剂。

六、《社会保险法》规定了各项社会保险的待遇项目和享受条件

为了保障参加社会保险的个人及时足额领取社会保险待遇，《社会保险法》在现行规定基础上，分别概括地规定了各项社会保险的待遇和享受条件，并总结实践经验有所发展。

（一）基本养老保险待遇

第一，参加基本养老保险的个人，达到法定退休年龄时累计缴费满十五年的，按月领取基本养老金。基本养老金由统筹养老金（现行制度中称为基础养老金）和个人账户养老金组成，基本养老金根据个人累计缴费年限、缴费工资、当地职工平均工资、个人账户金额、城镇人口平均预期寿命等因素确定。缴费不足十五年的人员可以缴费至满十五年，按月领取基本养老金；也可以转入新型农村社会养老保险或者城镇居民社会养老保险，按照国务院规定享受相应的养老保险待遇。

第二，参加新型农村社会养老保险的农村居民，符合国家规定条件的，按月领取新型农村社会养老保险待遇。新型农村社会养老保险待遇由基础养老金和个人账户养老金组成。

第三，参加基本养老保险的个人，因病或者非因工死亡的，其遗属可以领取丧葬补助金和抚恤金；在未达到法定退休年龄时因病或者非因工致残完全丧失劳动能力的，可以领取病残津贴。

（二）基本医疗保险待遇

由于我国各地经济发展水平不同，医疗服务提供能力和医疗消费水平等差距都很大，国务院只对基本医疗保险起付标准、支付比例和最高支付限额等作了原则规定，具体待遇给付标准由统筹地区人民政府按照以收定支的原则确定。考虑到这个实际，本法没有对基本医疗保险待遇项目和享受条件作更为具体的规定。需要特别指出的有两点：

第一，为了缓解个人垫付大量医疗费的问题，本法规定了基本医疗保险费用直接结算制度。参保人员就医发生的医疗费用中，按照规定应当由基本医疗保险基金支付的部分，由社会保险经办机构与医疗机构、药品经营单位直接结算；社会保险行政部门和卫生行政部门应当建立异地就医医疗费用结算制度，方便参保人员享受基本医疗保险待遇。

第二，在明确应当由第三人负担的医疗费用不纳入基本医疗保险基金支付范围的同时，

本法规定，医疗费用依法应当由第三人负担，第三人不支付或者无法确定第三人的，由基本医疗保险基金先行支付后，向第三人追偿。

（三）工伤保险待遇

在《工伤保险条例》规定的工伤保险待遇基础上，《社会保险法》有三项突破：

第一，将现行规定由用人单位支付的工伤职工“住院伙食补助费”“到统筹地区以外就医的交通食宿费”和“终止或者解除劳动合同时应当享受的一次性医疗补助金”改为由工伤保险基金支付，在进一步保障工伤职工权益的同时，减轻了参保用人单位的负担。

第二，为保证工伤职工得到及时救治，本法规定了工伤保险待遇垫付追偿制度。即职工所在用人单位未依法缴纳工伤保险费，发生工伤事故的，由用人单位支付工伤保险待遇。用人单位不支付的，从工伤保险基金中先行支付，然后由社会保险经办机构依照本法规定追偿。

第三，规定由于第三人的原因造成工伤，第三人不支付工伤医疗费用或者无法确定第三人的，由工伤保险基金先行支付后，向第三人追偿。

（四）失业保险待遇

在《失业保险条例》规定的失业保险待遇基础上，《社会保险法》进一步规定：

第一，对失业人员在领取失业保险金期间患病就医，由现行规定可以申领少量的医疗补助金，改为参加职工基本医疗保险并享受相应的基本医疗保险待遇，其应当缴纳的基本医疗保险费从失业保险基金中支付，从而提高了失业人员的医疗保障水平。

第二，明确个人死亡同时符合领取基本养老保险丧葬补助金、工伤保险丧葬补助金和失业保险丧葬补助金条件的，其遗属只能选择领取其中的一项。

（五）生育保险待遇

在总结生育保险制度实施经验的基础上，本法规定，用人单位已经缴纳生育保险费的，其职工享受生育保险待遇，生育保险待遇包括生育医疗费用和生育津贴；职工未就业配偶按照国家规定享受生育医疗费用待遇。

（六）社会保险关系转移接续

《社会保险法》规定了基本养老保险、基本医疗保险、失业保险的转移接续制度。

一是个人跨统筹地区就业的，其基本养老保险关系随本人转移，缴费年限累计计算。个人达到法定退休年龄时，基本养老金分段计算、统一支付。具体办法由国务院规定。

二是个人跨统筹地区就业的，其基本医疗保险关系随本人转移，缴费年限累计计算。

三是职工跨统筹地区就业的，其失业保险关系随本人转移，缴费年限累计计算。

七、《社会保险法》完善了社会保险费征缴制度

在总结《社会保险费征缴暂行条例》实施经验的基础上，《社会保险法》进一步完善了社会保险费征缴制度，增强了征缴的强制性，为加强征缴工作提供了更有力的法律保障。

第一，规定了社会保险信息沟通共享机制。为了保证社会保险相关信息的及时性、准确性，《社会保险法》规定，工商行政管理部门、民政部门和机构编制管理机关应当及时向社会保险经办机构通报用人单位的成立、终止情况，公安机关应当及时向社会保险经办机构通报个人的出生、死亡以及户口登记、迁移、注销等情况。

第二，规定了灵活就业人员社会保险登记、缴费制度。《社会保险法》规定，参加社会保险的无雇工的个体工商户、未在用人单位参加社会保险的非全日制从业人员以及其他灵活就业人员，向社会保险经办机构申请办理社会保险登记，可以直接向社会保险费征收机构缴纳社会保险费。

第三，规定了社会保险费实行统一征收的方向，授权国务院规定实施步骤和具体办法。

第四，建立了社会保险费的强制征缴制度。包括以下措施：

一是从用人单位存款账户直接划拨社会保

险费。《社会保险法》第六十三条规定，用人单位未按时足额缴纳社会保险费，经社会保险费征收机构责令其限期缴纳或者补足，逾期仍不缴纳或者补足的，社会保险费征收机构可以申请县级以上有关行政部门作出从用人单位存款账户中划拨社会保险费的决定，并书面通知其开户银行或者其他金融机构划拨社会保险费。

二是用人单位账户余额少于应当缴纳的社会保险费的，社会保险费征收机构可以要求该用人单位提供担保，签订延期缴费协议。

三是用人单位未足额缴纳社会保险费且未提供担保的，社会保险费征收机构可以申请人民法院扣押、查封、拍卖其价值相当于应当缴纳社会保险费的财产，以拍卖所得抵缴社会保险费。

八、《社会保险法》规定了社会保险基金管理制度

为了加强基金管理，《社会保险法》作了以下规定：

第一，规范了社会保险基金的管理原则。根据本法规定，社会保险基金管理应当遵守以下原则：

一是各项社会保险基金按照社会保险险种分别建账，分账核算，执行国家统一的会计制度。

二是社会保险基金通过预算实现收支平衡。社会保险基金按照统筹层次设立预算。社会保险基金预算按照社会保险项目分别编制。社会保险基金预算、决算草案的编制、审核和批准，依照法律和国务院规定执行。

三是社会保险基金专款专用，任何组织和个人不得侵占或者挪用。社会保险基金不得违规投资运营，不得用于平衡其他政府预算，不得用于兴建、改建办公场所和支付人员经费、运行费用、管理费用，或者违反法律、行政法规规定挪作其他用途。

四是社会保险基金在保证安全的前提下，按照国务院规定投资运营实现保值增值，从而为社会保险基金投资运营奠定了法律基础。

第二，明确了提高社会保险基金统筹层次的方向。本法规定，基本养老保险基金逐步实行全国统筹，其他社会保险基金逐步实行省级统筹。考虑到社会保险基金的统筹层次取决于多方面的因素，本法授权国务院规定提高统筹层次的具体时间和步骤。

九、《社会保险法》规定了社会保险经办服务的内容

为了改进社会保险经办服务，维护参保人员权益，《社会保险法》作了以下规定：

第一，确立了社会保险经办服务体制。包括：

一是规定了社会保险经办机构的设立原则。本法规定，统筹地区设立社会保险经办机构。社会保险经办机构根据工作需要，经所在地的社会保险行政部门和机构编制管理机关批准，可以在本统筹地区设立分支机构和服务网点。

二是规定了社会保险经办的经费保障。本法规定，社会保险经办机构的人员经费和经办社会保险发生的基本运行费用、管理费用，由同级财政按照国家规定予以保障。

三是规定了社会保险经办机构的基本职责。主要是：负责社会保险登记、社会保险费核定、按照规定征收社会保险费；按时足额支付社会保险待遇；根据管理服务的需要，与医疗机构、药品经营单位签订服务协议，规范医疗服务行为；及时、完整、准确地记录参加社会保险的个人缴费和用人单位为其缴费，以及享受社会保险待遇等个人权益记录，定期将个人权益记录单免费寄送本人；免费向用人单位和个人提供查询服务；提供社会保险咨询等相关服务。

第二，社会保险信息化建设是社会保险管理和经办服务的基础性工作，没有完善的信息系统支撑，对参保人员记录一生、服务一生、保障一生的目标就无法实现。因此，《社会保险法》对社会保险信息系统建设作了原则规定。

一是国家建立全国统一的个人社会保障号码，为制作发行全国统一、功能兼容的社会保障卡提供了法律依据。

二是全国社会保险信息系统按照国家统一规划，由县级以上人民政府按照分级负责的原则共同建设。

十、《社会保险法》规定了社会保险监督制度

加强社会保险监督，维护社会保险基金安全，是社会各方面的共识。《社会保险法》从人大监督、行政监督、社会监督等三个方面，建立了比较完善的社会保险监督体系。

（一）人大监督

《社会保险法》规定，各级人民代表大会常务委员会听取和审议本级人民政府对社会保险基金的收支、管理、投资运营以及监督检查情况的专项工作报告，组织对本法实施情况的执法检查等，依法行使监督职权。

（二）行政监督

《社会保险法》规定，国家对社会保险基金实行严格监管，并明确了各级人民政府及其社会保险行政部门、财政部门、审计机关在社会保险监督方面的职责。

第一，规定了各级人民政府在社会保险监督方面的职责：国务院和省、自治区、直辖市人民政府建立健全社会保险基金监督管理制度，保障社会保险基金安全、有效运行。

第二，从两个方面规定了社会保险行政部门的监督职责：

一是规定县级以上人民政府社会保险行政部门应当加强对用人单位和个人遵守社会保险法律、法规情况的监督检查。这属于劳动保障监察活动，其措施在《劳动保障监察条例》中已有详细规定，因此本法没有再作具体规定。

二是规定社会保险行政部门对社会保险基金的收支、管理和投资运营情况进行监督检查，并规定了三项措施：（1）查阅、记录、复制与社会保险基金收支、管理和投资运营相关的资料，对可能被转移、隐匿或者灭失的资料予以封存；（2）询问与调查事项有关的单位和个人，要求其对与调查事项有关的问题作出说明、提供有关证明材料；（3）对隐匿、转移、侵占、挪用社会保险基金的行为予以制止并责令改正。

第三，规定财政部门、审计机关按照各自职责，对社会保险基金的收支、管理和投资运营情况实施监督。

（三）社会监督

《社会保险法》要求县级以上人民政府采取措施，鼓励和支持社会各方面参与社会保险基金的监督，并作了以下规定：

第一，规定了社会保险监督委员会的设立、组成和主要职责。本法规定，统筹地区人民政府成立由用人单位代表、参保人员代表，以及工会代表、专家等组成的社会保险监督委员会。其主要职责是：掌握、分析社会保险基金的收支、管理和投资运营情况，对社会保险工作提出咨询意见和建议，实施社会监督；听取社会保险经办机构关于社会保险基金的收支、管理和投资运营情况的汇报；聘请会计师事务所对社会保险基金的收支、管理和投资运营情况进行年度审计和专项审计；对发现存在问题的，有权提出改正建议；对社会保险经办机构及其工作人员的违法行为，有权向有关部门提出依法处理建议。

第二，规定了工会的监督。本法规定，工会依法维护职工的合法权益，有权参与社会保险重大事项的研究，参加社会保险监督委员会，对与职工社会保险权益有关的事项进行监督。

第三，规定有关部门和单位应当向社会公布或者公开社会保险方面的信息，主动接受社会监督。包括：社会保险行政部门应当定期向社会公布社会保险基金检查结果；社会保险经办机构应当定期向社会公布参加社会保险情况以及社会保险基金的收入、支出、结余和收益情况；社会保险监督委员会应当向社会公开审计结果。

十一、违反《社会保险法》应当承担的法律责任

《社会保险法》强化了违反本法行为所应承担的法律责任，主要有：

第一，用人单位违反《社会保险法》的法律责任。本法规定，用人单位不办理社会保险登记且在社会保险行政部门责令改正期限内不改正的，对用人单位处应缴社会保险费数额一倍以上三倍以下的罚款，对其直接负责的主管人员和其他直接责任人员处五百元以上三千元以下的罚款；用人单位未按时足额缴纳社会保险费的，由社会保险费征收机构责令限期缴纳或者补足，并自欠缴之日起，按日加收万分之五的滞纳金；逾期仍不缴纳的，由有关行政部门处欠缴数额一倍以上三倍以下的罚款。

第二，骗取社会保险基金支出或者骗取社会保险待遇的法律责任。本法规定，有关单位及其工作人员或者个人以欺诈、伪造证明材料或者其他手段骗取社会保险基金支出或者骗取社会保险待遇的，应当退回骗取的金额，并处骗取金额二倍以上五倍以下的罚款；属于社会保险服务机构的，解除服务协议；直接主管人员和其他直接责任人员有执业资格的，依法吊销其执业资格。

第三，违反社会保险基金管理的法律责任。违反本法规定，隐匿、转移、侵占、挪用社会保险基金或者违规投资运营的，由社会保险行政部门、财政部门、审计机关责令追回；有违法所得的，没收违法所得；对直接负责的主管人员和其他直接责任人员依法给予处分。

第四，有关行政部门和单位及其工作人员违反《社会保险法》的法律责任。社会保险经办机构及其工作人员未履行社会保险法定职责的，社会保险费征收机构擅自更改社会保险费缴费基数、费率，导致少收或者多收社会保险费的，由有关行政部门责令改正，对直接负责的主管人员和其他直接责任人员依法给予处分。有关行政部门、社会保险经办机构、社会保险费征收机构及其工作人员泄露用人单位和个人信息的，对直接负责的主管人员和其他直接责任人员依法给予处分；给用人单位或者个人造成损失的，应当承担赔偿责任。

国家防汛抗旱总指挥部　人力资源和社会保障部　解放军总政治部关于表彰全国防汛抗旱先进集体和先进个人的决定

人社部发［2010］90号

各省、自治区、直辖市防汛抗旱指挥部、人力资源社会保障厅（局），福建省公务员局，新疆生产建设兵团防汛抗旱指挥部、人事局、劳动保障局，各有关部门人事部门，长江、黄河、淮河、海河、珠江、松花江、太湖防汛抗旱总指挥部，各军区、各军兵种、各总部、军事科学院、国防大学、国防科技大学、武警部队政治部：

今年以来，我国极端灾害性天气突发多发，长江、黄河、淮河、海河、珠江、松花江、辽河、太湖等各大江河流域发生洪水，有一百多条河流发生超历史记录的特大洪水，西南地区发生历史罕见特大干旱，西北、西南等地发生多起山洪泥石流灾害，东南沿海台风频发，特别是今年8月8日，甘肃省甘南藏族自治州舟曲县发生特大山洪泥石流灾害，给人民生命财产造成了重大损失。

在党中央、国务院、中央军委的坚强领导下，广大军民团结奋战，通过准确的预报预警、科学的调度防范、及时的转移避险、高效的应急处置，把灾害的损失降到了最低，夺取了防汛抗旱斗争的重大胜利。在舟曲抢险救灾斗争中，广大军民在极其困难和严峻的挑战面前，顽强拼搏，攻坚克难，全力搜救和转移安置群众、快速展开堰塞湖排险、河道疏通、城区清淤等各项救援和灾后重建工作。在这一系列的防汛抗旱抢险救灾斗争中，涌现出一大批先进集体和先进个人，谱写了中华儿女不屈不挠、气壮山河的英雄凯歌，展示了党和人民的伟大力量，彰显了社会主义制度的优越性。

为弘扬伟大抗洪精神，激励广大干部群众奋力推进改革开放和社会主义现代化建设事业，国家防汛抗旱总指挥部、人力资源和社会保障部、解放军总政治部决定，授予甘肃省甘南藏族自治州舟曲县抗旱防汛指挥部等219个集体“全国防汛抗旱先进集体”荣誉称号；授予甘肃省甘南藏族自治州舟曲县江盘乡南山村党支部书记冯永明等371名同志“全国防汛抗旱先进个人”荣誉称号，并享受省部级劳动模范和先进工作者待遇；追授关喜志等7名同志“全国防汛抗旱先进个人”荣誉称号。希望被授予荣誉称号的先进集体和先进个人珍惜荣誉，积极进取，再立新功。

广大干部群众、解放军指战员、武警官兵、公安民警和民兵预备役人员，要以受表彰的先进集体和先进个人为榜样，更加紧密地团结在以胡锦涛同志为总书记的党中央周围，高举中国特色社会主义伟大旗帜，以邓小平理论和“三个代表”重要思想为指导，深入贯彻落实科学发展观，坚定信心、奋发图强，为实现全面建设小康社会奋斗目标和中华民族伟大复兴作出新的更大贡献！

附件：1. 全国防汛抗旱先进集体名单（略）

2. 全国防汛抗旱先进个人名单（略）

二〇一〇年十二月三日

人力资源和社会保障部　工业和信息化部　国家国防科技工业局　国务院国有资产监督管理委员会　中国人民解放军总装备部　中国科学院关于表彰探月工程嫦娥二号任务突出贡献单位和突出贡献者的决定

人社部发［2010］91号

中国科学院探月工程总体部，总装备部司令部，中国航天科技集团公司、中国电子科技集团公司，探月与航天工程中心：

10月1日，嫦娥二号卫星发射成功，这是我国自主研制的第二颗月球探测卫星，是探月工程二期的先导星。探月工程嫦娥二号任务已取得圆满成功，这是继我国首次月球探测工程成功后取得的又一重大成就，是建设创新型国家进程中的又一重要成果，是中国人民攀登世界科技高峰的又一壮举，对于进一步推动我国航天事业发展，提升我国综合国力和民族凝聚力，激励全党全国各族人民更加意气风发地投身改革开放和社会主义现代化建设，不断把中国特色社会主义事业推向前进，具有重大而深远的意义。

在探月工程嫦娥二号任务实施过程中，广大科技工作者、干部职工和解放军指战员，坚持以邓小平理论和“三个代表”重要思想为指导，深入贯彻落实科学发展观，发扬“两弹一星”精神和载人航天精神，不畏艰难、勇于创新，精益求精、严细慎实，攻克并掌握了一大批具有自主知识产权的核心技术和关键技术，高标准、高质量、高效率地完成了探月工程嫦娥二号任务，涌现出一大批先进单位和优秀个人。

为表彰先进，树立榜样，总结经验，以利再战，人力资源和社会保障部、工业和信息化部、国防科工局、国资委、总装备部、中国科学院决定，授予国家天文台等22个单位“探月工程嫦娥二号任务突出贡献单位”称号；授予栾恩杰等200名同志“探月工程嫦娥二号任务突出贡献者”称号。希望受表彰的单位和个人把荣誉作为新的起点，谦虚谨慎，再接再厉，在今后的工作中取得更大的成绩。

参加探月工程嫦娥二号任务的单位和广大科技工作者要以受表彰的单位和个人为榜样，认真学习贯彻党的十七届五中全会精神，紧密团结在以胡锦涛同志为总书记的党中央周围，高举中国特色社会主义伟大旗帜，开拓创新，拼搏进取，勇攀高峰，为推动“十二五”时期经济社会又好又快发展，为全面建设小康社会、实现中华民族伟大复兴作出新的更大贡献。

附件：1. 探月工程嫦娥二号任务突出贡献单位名单（略）

2. 探月工程嫦娥二号任务突出贡献者名单（略）

二〇一〇年十二月三日

中共中央组织部　人力资源和社会保障部关于进一步规范事业单位公开招聘工作的通知

人社部发［2010］92号

各省、自治区、直辖市党委组织部、政府人力资源社会保障厅（局），福建省公务员局，新疆生产建设兵团党委组织部、人事局，各副省级市党委组织部、政府人力资源社会保障（人事）局，中央和国家机关各部委、各人民团体干部（人事）部门：

事业单位公开招聘制度推行以来，各地各部门结合实际，积极探索，稳步实施，有力推动了公开招聘制度在事业单位的建立。但同时也要看到，在实施公开招聘的过程中，还存在着制度推行不平衡、政策执行不到位、操作程序不规范等问题。为贯彻落实《2010—2020年深化干部人事制度改革规划纲要》（中办发［2009］43号）和《国家中长期人才发展规划纲要（2010—2020年）》（中发［2010］6号），加快推进事业单位公开招聘工作，规范事业单位招聘行为，促进事业单位公开招聘工作制度化、规范化，现就有关问题通知如下：

一、严格政策，全面落实事业单位公开招聘制度各项规定

事业单位新进人员，除国家政策性安置、按干部人事管理权限由上级任命及涉密岗位等确需使用其他方法选拔任用人员外，一律实行公开招聘。事业单位要在岗位空缺的前提下，按照岗位职责和任职条件，通过公开招聘择优聘用工作人员。严格执行《事业单位公开招聘人员暂行规定》（人事部令第6号）关于招聘范围、条件、程序、信息发布、资格审查、考试考核、聘用等方面的要求。事业单位应当按照规定制订公开招聘方案并报送有关部门核准备案。各级组织人事部门要按照规定权限严格履行招聘方案核准备案职责。

各地各部门要加快完善政策措施，尚未制定本地区本部门公开招聘实施办法的，要在2011年3月份前出台。已经出台实施办法的，要分类细化要求，完善公开招聘组织工作规程。到2012年，要基本实现公开招聘制度在全国各级各类事业单位的全覆盖。

二、坚持公开，增强事业单位公开招聘工作透明度

事业单位公开招聘要遵循民主、公开、竞争、择优的原则，切实做到信息公开、过程公开、结果公开。

严格规范公开招聘信息发布。事业单位招聘人员应当面向社会公开发布招聘信息，内容应包括公开招聘范围、条件、程序和时间安排、招聘办法、报名方法等内容。发布时间不少于7个工作日。招聘信息须在组织人事部门

网站、招聘单位及主管部门网站上免费公布，同时也可以在人力资源市场网站或者其他媒体上公布。招聘信息一经公布，应当严格执行，不得擅自更改。

增强公开招聘实施过程透明度。对于公开招聘中资格审查、笔试、面试、考核等环节的进展情况应当面向社会公布，并确保及时、全面、准确。

健全公开招聘结果公示制度。公开招聘结果应在招聘信息发布的范围内进行公示，时间不少于 7 个工作日。公示内容应包括招聘单位名称、招聘岗位情况以及拟聘人员基本情况。

三、突出分类，创新事业单位公开招聘组织方式方法

公开招聘要坚持统一规范、分类指导、分级管理。要严格按照统一的公开招聘制度的要求，充分体现不同行业、不同类型事业单位的特点以及各类工作人员的专业特点，分类组织实施公开招聘。

公开招聘方式方法应符合事业单位特点，充分体现行业、专业及岗位特点。公开招聘采取考试与考核相结合的方法，择优聘用。公开招聘高层次、紧缺人才，可以采取直接考核的方式。各地各部门要积极探索符合高校毕业生就业特点的公开招聘方式，更好地服务于高校毕业生就业工作。

规范和完善公开招聘考试、考核方法。考试可采取笔试、面试、实际操作能力测试等多种方式。按照“干什么，考什么”的原则，合理设置考试内容，符合岗位要求。对专业技术岗位和工勤技能岗位的招聘，不应将行政职业能力测试列为笔试内容。考核应侧重于思想政治表现、道德品质以及与应聘岗位相关的业务能力和工作实绩等。

各地各部门要研究制定公开招聘考试工作规程，规范考试命题、笔试阅卷、面试组织等环节。要完善保密制度，明确分工，责任到人，确保考务安全。要加强公开招聘考官培训工作，提高面试、实际操作能力测试工作水平，增强考试公正度。鼓励有条件的地方加强题库建设。

组织人事部门、事业单位主管部门要根据事业单位公开招聘工作的实际需求，发挥考试、人才等服务机构的优势，为事业单位公开招聘搭建考试考务服务平台。

四、严肃纪律，提升事业单位公开招聘工作公信力

要认真落实《事业单位公开招聘人员暂行规定》关于回避制度的规定。在公开发布的招聘信息中，要明确有关人员回避的要求。对违反回避规定的公开招聘行为，应当及时予以纠正，对相关人员予以批评教育，造成不良影响的，要对有关责任人进行严肃处理。

对违反事业单位公开招聘规定的，由县级以上组织人事部门视情况责令纠正或者宣布无效；对负有领导责任和直接责任的人员予以严肃处理，根据情节轻重进行批评教育、调离工作岗位或者给予处分；对违反公开招聘规定的应聘人员，要按照规定及时处理。

事业单位公开招聘人员，应确保符合条件的应聘人员不因民族、性别或者身体残疾而受歧视。落实人力资源社会保障部、教育部、卫生部《关于进一步规范入学和就业体检项目维护乙肝表面抗原携带者入学和就业权利的通知》（人社部发［2010］12 号）要求，除卫生部核准并予以公布的特殊职业外，事业单位在公开招聘中不得要求进行乙肝项目检测。

五、强化监管，确保事业单位公开招聘工作有序进行

各级组织人事部门要切实履行好事业单位公开招聘工作综合管理部门的职责，建立严格的制度规范，加强管理，强化监督，指导事业单位依法行使用人自主权。要加大对县级以下事业单位公开招聘工作的指导力度。事业单位主管部门要切实履行对事业单位公开招聘工作的指导和管理职责。公开招聘工作要主动接受纪检监察机关的监督。

组织人事部门应当及时受理有关投诉或者举报，接受社会监督。对有关投诉或者实名举报的调查处理情况，应当向投诉人或者实名举报人反馈；对新闻媒体反映问题的调查处理情况，应当及时向社会公布。

要建立事业单位公开招聘工作舆情监测报告制度，密切关注网络、媒体等舆论动态，做到早发现，早报告。加强对公开招聘突发性事件的舆情研判，制订应急预案，通过新闻发布会、向媒体提供新闻通稿等形式，第一时间发布权威消息，引导舆论，及时采取有效的应对措施，妥善处理。畅通信息渠道，对于重大舆情要及时处置并报同级党委政府和上级组织人事部门。

二〇一〇年十二月七日

人力资源和社会保障部　财政部关于表彰全国财政系统先进集体和先进工作者的决定

人社部发［2010］95号

各省、自治区、直辖市人力资源社会保障厅（局）、财政厅（局），福建省公务员局，财政部机关及部属各单位：

近年来，全国财政系统广大干部职工在党中央、国务院和地方各级党委、政府的领导下，高举中国特色社会主义伟大旗帜，以邓小平理论和“三个代表”重要思想为指导，深入贯彻落实科学发展观，充分发挥财政政策在宏观调控中的作用，不断加强财政管理，大力推进财政改革，为促进国家经济建设和全面建设小康社会作出了积极贡献，涌现出一大批先进集体和个人。

为表彰先进，弘扬正气，进一步激发全国财政系统广大干部职工的积极性和创造性，不断开创财政工作新局面，人力资源社会保障部、财政部决定，授予北京市平谷区财政局预算科等75个单位“全国财政系统先进集体”荣誉称号；授予柴新随等65名同志“全国财政系统先进工作者”荣誉称号，享受省部级劳动模范和先进工作者待遇。希望受表彰的先进集体和个人珍惜荣誉，谦虚谨慎，再接再厉，为财政事业科学发展再立新功。

全国财政系统广大干部职工要以受表彰的先进集体和个人为榜样，更加紧密地团结在以胡锦涛同志为总书记的党中央周围，认真学习贯彻党的十七大和十七届四中、五中全会精神，求真务实，开拓创新，扎实工作，圆满完成各项财政工作任务，为实现全面建设小康社会宏伟目标作出新的更大的贡献。

附件：1. 全国财政系统先进集体名单（略）

2. 全国财政系统先进工作者名单（略）

二〇一〇年十二月十六日

人力资源社会保障部　中国纺织工业协会关于表彰全国纺织工业先进集体劳动模范和先进工作者的决定

人社部发［2010］101号

各省、自治区、直辖市人力资源社会保障厅（局）、纺织行业办、纺织工业协会，福建省公务员局，新疆生产建设兵团人事局、劳动保障局，中国纺织工业协会代管单位：

“十一五”以来，在党中央、国务院的正确领导下，在地方各级党委、政府的大力支持下，全国纺织工业广大干部职工坚持以邓小平理论和“三个代表”重要思想为指导，全面贯彻落实科学发展观，不断深化改革，纺织行业物质文明、精神文明、政治文明建设取得了显著成绩，涌现出一大批爱岗敬业、团结协作、无私奉献、拼搏实干的先进集体和先进个人。

为了表彰先进，弘扬正气，促进发展，进一步激励全国纺织职工的积极性、主动性和创造性，人力资源社会保障部、中国纺织工业协会决定，授予北京铜牛集团有限公司技术中心等100个集体“全国纺织工业先进集体”荣誉称号；授予蔺贵良等491名同志“全国纺织工业劳动模范”荣誉称号、授予梁军等59名同志“全国纺织工业先进工作者”荣誉称号。被授予“全国纺织工业劳动模范”和“全国纺织工业先进工作者”荣誉称号的人员，享受省部级先进工作者和劳动模范待遇。希望受表彰的集体和个人，谦虚谨慎，戒骄戒躁，勇于创新，再创佳绩。

全国纺织工业广大干部职工要以受表彰的先进集体和个人为榜样，紧密团结在以胡锦涛同志为总书记的党中央周围，高举中国特色社会主义伟大旗帜，认真学习贯彻党的十七大和十七届四中、五中全会精神，扎实苦干，团结拼搏，创新奉献，争创一流，为促进发展方式转变，加快纺织强国建设，实现全面建设小康社会宏伟目标作出新的更大贡献！

附件：1. 全国纺织工业先进集体名单（略）

2. 全国纺织工业劳动模范名单（略）

3. 全国纺织工业先进工作者名单（略）

二〇一〇年十二月二十二日

人力资源和社会保障部　国家民族事务委员会关于表彰全国民委系统先进集体和先进工作者的决定

人社部发［2010］102号

各省、自治区、直辖市人力资源社会保障厅（局）、民（宗）委（厅、局），福建省公务员局，新疆生产建设兵团人事局、劳动保障局、民宗委，国家民委机关各部门、直属各单位：

近年来，在党中央、国务院的正确领导下，全国民委系统广大干部职工高举中国特色社会主义伟大旗帜，以邓小平理论和“三个代表”重要思想为指导，深入贯彻落实科学发展观，认真贯彻执行党和国家的民族政策，巩固和发展平等、团结、互助、和谐的社会主义民族关系，促进各民族共同团结奋斗、共同繁荣发展，为加快少数民族和民族地区经济社会发展作出了重要贡献，涌现出一大批先进集体和先进个人。

为表彰先进，弘扬正气，进一步激发全国民委系统广大干部职工的积极性和创造性，推动民族工作的深入发展，人力资源社会保障部、国家民族事务委员会决定，授予北京市民族文化交流中心等31个单位“全国民委系统先进集体”荣誉称号；授予石勇等45名同志“全国民委系统先进工作者”荣誉称号，享受省部级先进工作者和劳动模范待遇。希望受表彰的先进集体和个人珍惜荣誉，谦虚谨慎，戒骄戒躁，再立新功。

全国民委系统各单位和广大干部职工要以受表彰的先进集体和个人为榜样，更加紧密地团结在以胡锦涛同志为总书记的党中央周围，认真学习贯彻党的十七大和十七届四中、五中全会精神，勇于创新，开拓进取，努力开创民族团结进步事业新局面，为实现全面建设小康社会宏伟目标作出新的更大的贡献！

附件：1. 全国民委系统先进集体名单（略）

2. 全国民委系统先进工作者名单（略）

二〇一〇年十二月二十二日

人力资源和社会保障部　财政部 关于解决未参保集体企业退休人员 基本养老保障等遗留问题的意见

人社部发〔2010〕107号

各省、自治区、直辖市人民政府，新疆生产建设兵团：

根据国务院关于加快解决未参保集体企业退休人员基本养老保障等遗留问题的精神和要求，为切实保障这部分人员的基本生活，经国务院同意，现就有关问题提出以下意见。

一、充分认识解决未参保集体企业退休人员基本养老保障等遗留问题的必要性，增强工作的责任感和紧迫感

加快建立覆盖城乡居民的社会保障体系，实现全体人民老有所养，是全面建设小康社会的重要内容，也是构建社会主义和谐社会的必然要求。近年来，随着企业职工基本养老保险（以下简称基本养老保险）制度的不断完善，基本养老金做到按时足额发放，参保范围不断扩大，待遇水平逐步提高，较好地保障了退休人员的基本生活。但由于种种原因，部分困难集体企业已退休人员等群体没有及时参保或接续养老保险关系，缺乏基本的生活保障，成为影响社会稳定的突出矛盾之一。各地区要从深入贯彻落实科学发展观、着力保障和改善民生的高度，充分认识解决这一历史遗留问题的必要性和紧迫性，切实摆上重要议事日程，明确目标责任，加大工作力度，集中时间，集中人力，确保2011年底前基本解决未参保集体企业退休人员基本养老保障等遗留问题，进一步完善社会保障体系，促进社会和谐稳定。

二、全面做好调查统计工作，严格界定未参保人员范围

近年来，一些地区因地制宜出台了未参保集体企业退休人员纳入基本养老保险的政策，较好地解决了一些突出问题。由于各地工作的基础不同，解决这一问题进度有快有慢。各地区要从实际出发，坚持以人为本，认真做好调查统计工作，科学界定未参保集体企业退休人员的范围，准确掌握应纳入基本养老保险的人员数量；在政策落实中，要明确具体标准，避免引起相互攀比；要制定具体的工作安排，明确完成任务的时限，避免解决历史遗留问题久拖不决。

三、坚持社会统筹和个人账户相结合的制度，保持政策的连续性和稳定性

未参保集体企业退休人员参加基本养老保险，应执行现行制度和政策，坚持权利与义务相对应、公平与效率相结合的原则。凡具有城镇户籍，曾经与城镇集体企业建立劳动关系或形成事实劳动关系、2010年12月31日前已达到或超过法定退休年龄的人员，因所在集体企业未参加过基本养老保险，且已经没有生产经营能力、无力缴纳社会保险费，个人可一次性补缴15年的基本养老保险费，纳入基本养老保险。2010年12月31日尚未达到法定退休年龄的人员，要按规定参保缴费，达到法定退休年龄时累计缴费不足15年的，可以缴费至满15年。

四、坚持参保缴费的制度和机制，合理核定基本养老金水平

一次性补缴所需费用原则上由个人负担。各地要根据未参保人员的负担能力和参保时的年龄情况，合理确定缴费标准。同时，鼓励具备条件的单位对补缴费用给予适当补助。对于纳入基本养老保险且已达到或超过法定退休年龄的人员，要按照《国务院关于完善企业职工基本养老保险制度的决定》（国发［2005］38号）的规定，结合当地实际情况，合理核定基本养老金水平，并从参保缴费的次月起按月发放。各地要按照国家的统一规定，结合当地实际情况，落实好未参保人员参保后的相关养老保险待遇。

五、认真细致地做好经办工作，提供便捷的服务

认真做好未参保集体企业退休人员的身份认定、费用缴纳和待遇核定工作，基本养老金实行社会化发放，退休人员纳入社会化管理服务。要认真审核参保人员的档案资料和有关证明材料，按照统一要求进行公示。要开辟专门窗口为参保人员提供政策咨询，办理参保缴费手续，简化和规范业务流程，提供方便快捷服务。要改进和完善养老保险信息管理，清晰记录参保缴费和待遇领取情况，并为他们使用社会保障卡查询本人参保信息提供便利。

六、加强基金调剂使用，确保基本养老金按时足额发放

对未参保集体企业退休人员参加基本养老保险后出现的基金收支缺口，由地方政府通过加强养老保险费征收工作、加大基金调剂力度、调整财政支出结构等措施加以解决。中央财政在安排对地方养老保险转移支付资金时予以统筹考虑。

解决未参保集体企业退休人员基本养老保障等遗留问题，关系到职工群众的切身利益，涉及面广，情况复杂，政策性强，时间紧迫。各地要抓紧制定或完善实施办法，广泛进行政策宣传，深入做好政策解释，精心组织实施，切实把好事办好、实事办实。在执行中遇到重大问题，要及时报告。

二〇一〇年十二月二十三日

人力资源和社会保障部关于表彰全国人力资源和社会保障系统2008—2010年度优秀服务窗口的决定

人社部发［2010］108号

各省、自治区、直辖市人力资源社会保障厅（局）、福建省公务员局，新疆生产建设兵团人事局、劳动保障局：

2008年以来，全国人力资源社会保障系统深入开展以“公正、便民、廉洁、高效”为基本要求，以增强服务意识、改进工作作风、提高办事效率、严格依法行政、为群众提供满意服务为目标的优质服务窗口创建活动，涌现出了一大批优质服务窗口单位。

为表彰先进，激励全系统各窗口单位创先争优，进一步提高服务质量和水平，人力资源社会保障部决定，授予北京市人才服务中心等390个窗口单位为“全国人力资源和社会保障系统2008—2010年度优质服务窗口”。希望受表彰的窗口单位珍惜荣誉，再接再厉，继续发挥模范作用，不断取得新的成绩。

三年来，受表彰的窗口单位在工作作风、服务水平和工作质量等方面得到全面提升，特别是结合创先争优活动开展优质服务窗口创建取得明显成效。他们突出抓好依法履职，加强法律法规培训，提高法律素质和执法水平，严格依法办事；突出抓好优质服务，优化服务环境，规范工作程序，创新管理模式，整合服务功能，提高办事效率；狠抓作风建设，讲学习、讲政治、讲正气，以便民利民为宗旨，努力培养良好的职业道德和操守；注重加强监督工作，建立健全工作考评、责任追究等内部监督机制和民主评议、投诉举报等群众监督制度，坚持办事公开透明，主动接受组织、群众和社会各方面的监督，受到了服务对象的普遍好评，树立了人力资源社会保障部门的良好形象。

全国各级人力资源社会保障部门窗口单位及其广大干部职工要向优质服务窗口单位学习，向先进看齐，增强服务意识，创新服务方式，优化服务环境，提高服务质量，为推动人力资源和社会保障事业科学发展作出新的贡献！

附件：全国人力资源社会保障系统2008—2010年度优质服务窗口名单（略）

二〇一〇年十二月二十七日

人力资源和社会保障部关于采取有效措施缓解当前部分地区就业中结构性短缺问题的通知

人社部发［2010］110号

各省、自治区、直辖市人力资源社会保障厅（局），福建省公务员局，新疆生产建设兵团人事局、劳动保障局：

近年来，按照党中央、国务院的统一部署和要求，各地区、各部门认真实施扩大就业的发展战略和积极的就业政策，有效应对国际金融危机对就业的冲击，保持了就业局势的基本稳定。当前及今后一个时期，我国就业形势依然十分严峻，就业总量压力和结构性矛盾并存，一方面将长期面对劳动力供大于求的基本格局和巨大的就业压力；另一方面也将面临更加复杂的结构性矛盾，当前部分地区、企业在招工中存在的结构性短缺现象，正是就业结构性矛盾的一种具体表现，是经济回升向好背景下，企业用工需求与劳动力供给结构失衡的一种反映，是多种因素相互叠加的结果。各级人力资源社会保障部门要全面准确地把握就业形势，高度重视结构性短缺问题，增强工作的预见性和前瞻性，坚持市场就业的机制和原则，有针对性地采取切实有效的措施逐步加以缓解。

一、搞好摸底调查，及早准确掌握人力资源市场供求状况。各地要采取多种方式对企业用工需求进行调查，提前掌握明年春季企业拟招工人数和对年龄、技能、文化等方面的要求；同时要掌握城乡未继续升学应届初高中毕业生、职业院校毕业生、返乡农民工和农村富余劳动力的就业需求信息，摸清本地区人力资源状况。用工相对集中的地区，要选取本地有代表性的企业尤其是用工大户，对企业的基本情况、缺工人数、工资水平、人员构成及增减变化情况进行监测，分析判断企业用工趋势。省级人力资源社会保障部门应指定相关机构负责及时掌握本省重点地区缺工情况，并向我部报告。我部将继续组织重点地区做好企业春季用工需求和农村外出务工人员就业情况专项调查，并适当扩大调查范围，请各地按照部里统一要求做好相关工作。

二、及时收集发布供求信息，为劳动者和企业建立快捷有效的信息对接平台。各级公共就业人才服务机构要在确保企业空岗信息及时、准确、有效的前提下，丰富信息内容，提高信息质量，拓展发布渠道。各地级城市要充分利用信息化手段，建立全市统一的岗位信息网上查询平台，并逐步实现全省联网。在加强求职和招聘登记的基础上，要向社会广泛发布人力资源市场供求分析信息，同时发布本地区重点职业工种和紧缺工种工资指导价位信息。有条件的地区还可以探索通过以手机为终端的无线通信手段，为劳动者和企业搭建更加便捷的信息对接服务平台。相关省级人力资源社会保障部门之间要通过建立招聘信息异地发布合作机制、签订对口劳务合作协议、联合举办招聘会等多种方式，促进人力资源在区域间实现优化配置。各级人力资源社会保障部门要加强与当地发改、商务、工信等部门的合作，在新增投资、新上项目建设立项时，提前收集发布用工信息，提前组织招聘、培训等工作，以满足新开工企业人力资源需求。各地要充分发挥各类人力资源服务企业的作用，鼓励和支持其更好地为劳动者和企业提供人力资源服务，并由此拓展人力资源市场供求信息数据采集渠道，扩大统计覆盖面，加强信息分析研究，为科学决策提供参考依据。

三、主动面向企业开展用工指导，强化对企业的招聘服务。各地要进一步加强对企业的用工指导，重点对招工不足的企业提供政策咨询、业务指导和相关服务，引导企业根据人力资源市场供求和自身经营状况，合理确定薪酬待遇，增强岗位的吸引力和竞争力。指导企业根据生产经营特点合理确定招聘条件，帮助企业合理制订全年用工和岗位培训计划，避免发生生产淡季大量裁员、生产旺季又招不到工的现象。对招聘用人信用度高、用工规范、职工队伍比较稳定的企业，在推荐人员、提供服务方面给予优先安排。同时，要全面落实各项积极的就业政策和对企业的扶持政策，切实减轻企业负担。

四、大力加强职业培训，满足经济发展对技能人才的需求。各地要认真贯彻落实国务院《关于加强职业培训促进就业的意见》（国发［2010］36号）精神，围绕本地经济发展方向，针对本地就业结构性矛盾突出问题，根据承接产业梯度转移的实际需要，大力开展面向城乡未继续升学应届初高中毕业生的劳动预备制培训，通过加强校企合作，加大相关领域技能人才的培养、储备力度。要根据就业市场需求和企业岗位实际要求，组织城镇失业人员、未就业高校毕业生、农村进城求职劳动者等群体参加就业技能培训，着力加强实际操作技能训练和职业素质培养，提高培训后就业率。同时要结合技术进步和产业升级的需要，强化转岗培训，特别要加强对产业结构调整中实施淘汰落后产能和兼并重组企业富余人员的转岗技能培训，提高其再就业能力。

五、建立健全企业工资正常增长机制和支付保障机制，规范企业用工行为。各地要及时发布工资指导线和人力资源市场工资指导价位，引导企业合理确定和及时调整职工工资，通过实行职工工龄补贴、年终福利奖励等措施，增强岗位稳定性。稳步推进工资集体协商，形成工资公平决定机制，保障劳动报酬增长和劳动生产率提高同步，努力形成企业和职工利益共享机制。要根据经济社会发展情况，逐步提高最低工资标准，保障职工工资增长和支付。要加强劳动保障监察，指导帮助企业改善用工管理，完善各项劳动规章制度，规范企业用工行为。

六、认真抓好近期几项专项行动，有效缓解春节前后就业结构性矛盾的突出问题。各地要以搭建劳动者和用人单位对接平台为重点，精心组织实施好2011年“春风行动”。在春节前，要根据当地情况提前做好准备工作，制定有针对性的服务措施并加强宣传。春节后，要广泛动员各级公共就业人才服务机构并联合其他人力资源服务机构，通过信息发布、专场招聘、送岗位下乡、劳务协作、订单式培训等多种方式，为劳动者求职就业和企业招聘用人提供及时有效的服务，提高对接成功率。各地要按照《关于开展农民工工资支付情况专项检查的通知》（人社部明电［2010］50号）要求，积极会同建设、公安、国有资产管理部门和工会组织切实做好2011年春节前农民工工资支付专项检查工作，督促用人单位自觉遵守劳动保障法律法规，按时足额支付劳动者工资，建立健全解决拖欠农民工工资的部门联动和长效机制，切实维护农民工的合法权益。同时要针对春节后企业大量招工和农民工大量外出务工这一特殊时期，重点做好春节后清理整顿人力资源市场秩序的专项检查活动，周密筹划，尽早部署，确保检查活动取得实效。

各地在工作中要正确把握舆论导向，配合新闻媒体对就业形势进行全面、客观、准确的宣传报道。要大力宣传政府在帮助企业缓解“招工难”、促进就业方面的政策措施，大力宣传推广“春风行动”等专项活动中的创新经验和有效做法。要加强对用工规范诚信企业的宣传，引导企业自觉遵守劳动保障法律法规，加强人文关怀，提高企业的凝聚力和吸引力。要帮助劳动者正确认识就业形势，充分认识提高技能素质的重要性，积极参加职业技能培训。同时要注意引导职工通过工会等渠道依法理性表达利益诉求，加强与企业的协商对话，推进和谐劳动关系共建共享。

二〇一〇年十二月三十日

中共中央纪委　人力资源和社会保障部 监察部关于追授王海洋同志全国纪检监察系统先进工作者荣誉称号的决定

人社部发〔2010〕112号

各省、自治区、直辖市纪委、人力资源社会保障厅（局）、监察厅（局），福建省公务员局，新疆生产建设兵团纪委、人事局、监察局，中央和国家机关各部委纪检组（纪委）、人事部门、监察局，中央纪委各派驻纪检组，监察部各派驻监察局、监察专员办公室，中央直属机关纪工委，中央国家机关纪工委，军委纪委：

近年来，各级纪检监察机关和广大纪检监察干部在党中央、国务院和地方各级党委、政府的坚强领导下，认真贯彻党的十七大精神，高举中国特色社会主义伟大旗帜，以邓小平理论和“三个代表”重要思想为指导，深入贯彻落实科学发展观，大力加强反腐倡廉建设，为全面推进党风廉政建设和反腐败斗争、促进经济社会又好又快发展作出了突出贡献。广大纪检监察干部始终牢记宗旨，认真履行职责，坚持默默奉献，有的甚至献出了宝贵的生命。王海洋同志就是其中的优秀代表。

王海洋，男，汉族，1960年8月生，湖南省祁阳县人，中共党员，大学文化，1978年12月入伍，2002年11月转业到永州市纪委监察局工作，2006年11月当选永州市纪委常委。在永州市纪委监察局工作8年间，王海洋同志高标准、严要求，不徇私情、执纪如山，成为努力践行“做党的忠诚卫士、当群众的贴心人”的优秀纪检监察干部，分管执法监察工作期间，开展执法监察项目135项，立案查处违纪案件144起，查出违纪违规资金1.14亿元；分管党风廉政建设工作中，查处收受红包礼金、打牌赌博党员干部169人；分管案件检查工作期间，组织查处案件75起，给予76人党纪政纪处分，其中县处级领导干部53人，为国家挽回经济损失近亿元。2010年4月14日凌晨，王海洋同志因工作劳累过度，突发心源性疾病不幸逝世，年仅49岁。

王海洋同志的先进事迹，充分展示了纪检监察干部“对党和国家无限忠诚、对腐败分子和消极腐败现象坚决斗争、对广大干部和群众关心爱护、对自己和亲属严格要求”的时代风貌，树立了纪检监察干部可亲、可信、可敬的良好形象，他不愧为党的忠诚卫士和群众的贴心人。为表彰先进，树立典型，激励广大纪检监察干部树立优良作风、创造一流业绩，中共中央纪委、人力资源社会保障部、监察部决定，追授王海洋同志“全国纪检监察系统先进工作者”荣誉称号。

各级纪检监察机关和广大纪检监察干部要以王海洋同志为榜样，紧密团结在以胡锦涛同志为总书记的党中央周围，认真学习贯彻党的十七大和十七届三中、四中、五中全会精神，努力工作，开拓进取，廉洁自律，切实加强自身建设，全面履行纪检监察职责，扎实推进反腐倡廉建设，为实现全面建设小康社会宏伟目标作出新的更大的贡献。

二〇一〇年十二月三十日

人力资源和社会保障部 中华全国总工会 中华全国妇女联合会关于开展2010年春风行动的通知

人社部函［2010］13号

各省、自治区、直辖市人力资源社会保障（劳动保障）厅（局）、总工会、妇联，新疆生产建设兵团劳动保障局、工会、妇联：

为进一步做好农村富余劳动力转移就业工作，按照《关于开展2010年就业服务专项活动的通知》（人社部发［2009］167号）要求，人力资源社会保障部、全国总工会、全国妇联定于2010年2月下旬至4月在全国共同开展“春风行动”。现将有关事项通知如下：

一、活动主题

服务进城务工，帮助就近就业，扶持返乡创业。

二、服务对象

（一）准备外出务工的农村劳动者；

（二）外来务工的农村劳动者；

（三）就地就近就业的农村劳动者；

（四）准备创业的农村劳动者。

三、活动时间

2010年2月25日至4月30日。人力资源社会保障部、全国总工会、全国妇联将选定一个城市举行全国春风行动启动仪式。各地同时启动当地的春风行动。

四、活动目标

（一）宣传到位。有转移就业意愿的各类农村劳动者能够免费获得“春风卡”等宣传资料，了解公共就业服务机构和诚信的经营性人力资源服务机构的联系方式，以及本次专项活动开展的时间、活动内容等。

（二）服务到位。有转移就业意愿的各类农村劳动者能够获得免费的政策咨询服务、针对性就业服务和及时准确的岗位信息，能够参加有组织的劳务输出。

（三）政策到位。有技能培训意愿的农村劳动者能够参加享受补贴政策的职业技能培训。有创业意愿的农村劳动者能够获得创业项目信息、参加享受补贴政策的创业培训、获得小额担保贷款和税费减免等政策扶持和相关指导帮助。

（四）维权到位。有维权需求的农民工能够获得相应的政策指导、维权支持和法律援助。

五、活动内容

（一）提前摸查企业用工情况，收集岗位信息。在活动开始前，开展企业用工情况摸查，了解企业用工规范情况，并收集空岗信息。对于在劳动时间、社会保险、工资支付等方面规范可靠、群众满意的用工单位，授予“用工规范诚信企业”，向社会重点推荐，并优先满足其用工需求。

（二）广泛开展宣传，免费发放“春风卡”。深入乡镇村，到车站、码头和务工人员聚集的地方，宣传就业政策和专项活动内容，免费发放“春风卡”等宣传资料，重点介绍城镇务工基本常识和生活安全须知、求职就业指南、维权注意事项、公共就业服务机构、工会和妇联基层服务机构、放心职业中介机构的联系方式等，以及春风行动各项活动的时间安排。

（三）开展就业需求摸查，送岗位到村入户。深入农村开展转移就业需求情况摸查，了解农村劳动者返乡情况和外出务工需求，同时组织开展送岗位下乡活动，把合适的岗位信息直接送到村、送到户、送到人。

（四）组织专场招聘活动，开展劳务对接。组织专场招聘活动，帮助农村劳动者与企业实现供需见面，现场提供就业政策、维权指导、务工常识等咨询服务，并对有创业意愿的人提供“一条龙”创业服务。主要劳务输入地与输出地间应合作开展劳务对接招聘活动，集中组织一批农村劳动者实现劳务输出。

（五）统筹安排政策资金，落实创业扶持政策。落实农村劳动者转移就业培训和创业培训补贴政策，以及相关的税费减免和社保补贴政策，落实支持农村劳动者创业的贷款发放、税费减免、工商登记、信息咨询等扶持政策和服务措施。

（六）清理整顿市场秩序，推荐诚信服务机构。联合相关部门继续开展清理整顿人力资源市场秩序专项行动，严厉打击职业中介领域的违法犯罪活动，规范职业中介机构和用人单位招工行为。同时鼓励各类经营性人力资源服务机构提供诚信服务，继续推荐一批服务规范、群众满意的人力资源服务机构（包括职业中介机构、人才中介机构等），授予“诚信服务机构”标牌，引导进城务工人员到推荐的服务机构求职。

六、活动要求

（一）加强领导，协调推进。各地人力资源社会保障部门、工会、妇联组织要高度重视2010年春风行动的组织领导工作，安排专门机构负责活动的规划、部署和实施工作。各地人力资源社会保障部门要对2010年春风行动进行统筹管理，与工会、妇联组织间加强沟通协调，明确分工负责的重点工作内容，并对工会、妇联组织开展相关活动提供支持和帮助。

（二）制订方案，突出重点。各级人力资源社会保障部门、工会和妇联组织要制订有针对性的工作方案，创新服务模式，落实工作责任，对本地区春风行动进行统一部署，全力推进。

公共就业服务机构要重点发挥县乡服务机构和城市综合性服务场所的作用，做好免费发放“春风卡”、提供及时准确的岗位信息、加强点对点劳务输出、落实相关就业政策等项工作。

工会组织要根据企业用工需求特点，组织开展订单式、定向式培训，为农村劳动者转移就业提供培训、就业、劳务输出一条龙服务，并重点发挥工会在稳定企业用工和维护职工合法权益方面的重要作用。

妇联组织要重点发挥各地妇女创业指导中心、再就业培训基地、信息服务中心、家政服务机构、妇女手工编织合作社等阵地的作用，组织开展政策宣传、技能培训、岗位推介、小额担保贷款、权益维护等工作。

（三）加强指导，督促落实。各地要加强对各级公共就业服务机构、工会和妇联组织的指导，重点要落实所提供的服务是否到位、岗位信息是否准确有效。人力资源社会保障部、全国总工会、全国妇联将组成联合调研组，对各地开展春风行动的情况进行调查和暗访。

（四）汇总统计，上报情况。请各省、自

治区、直辖市人力资源社会保障部门汇总上报相关工作进展情况，于 2010 年 5 月 15 日前，将春风行动情况总结和统计表（见附件）报人力资源社会保障部。

附件：2010 年春风行动工作情况统计表（略）

二〇一〇年一月二十日

人力资源和社会保障部关于山西省最低工资标准调整方案的复函

人社部函［2010］54号

山西省人力资源和社会保障厅：

《山西省人力资源和社会保障厅关于调整山西省最低工资标准的请示》（晋人社厅字［2010］40号）收悉。经研究，现函复如下：

一、同意你省月最低工资标准由现行的720元、670元、620元、570元调整为850元、780元、710元、640元。

二、同意你省非全日制用工的小时最低工资标准由现行的7.9元、7.4元、6.8元、6.3元调整为9.3元、8.6元、7.8元、7元。

三、请你厅在新的最低工资标准发布后10日内，将发布的文件报我部备案。

请你厅进一步做好最低工资标准的宣传工作，加强对企业执行《最低工资规定》的监督检查，切实维护劳动者的合法权益。

二〇一〇年三月十日

人力资源和社会保障部关于开展博士后科研流动站工作站评估工作的通知

人社部函［2010］55号

各省、自治区、直辖市人力资源社会保障（人事、劳动保障）厅（局），新疆生产建设兵团人事局、劳动保障局，解放军总政治部干部部，各有关博士后科研流动站、工作站设站单位：

为加强博士后科研流动站、工作站建设，进一步推动博士后工作健康发展，根据《博士后科研流动站和工作站评估办法》（人社部发［2008］115号）的要求，人力资源社会保障部和全国博士后管理委员会决定，开展博士后科研流动站、工作站评估工作。现将有关事项通知如下：

一、评估范围

根据《博士后科研流动站和工作站评估办法》的有关规定，2010年度合并开展博士后工作综合评估和新设站评估。参加评估的单位包括：

（一）参加综合评估的单位：

1. 2002年12月31日（以文件下发时间为准）以前设立且未纳入人力资源社会保障部2009年评估范围的866个博士后科研流动站和491个博士后科研工作站；

2. 参加2009年博士后工作评估且评估分数在85分以上的68个博士后科研流动站和55个博士后科研工作站。

（二）参加新设站评估的单位：2006年设立的311个博士后科研工作站。

（具体单位名单见中国博士后网站 http：//www. chinapostdoctor. org. cn 首页下载区）

二、评估组织

评估工作由人力资源社会保障部统一部署。各省、自治区、直辖市政府博士后工作管理部门负责组织本地区评估工作；全国军队系统所属博士后科研流动站、工作站由总政治部干部部负责；中央部门所属在京博士后科研流动站由人力资源社会保障部留学人员和专家服务中心（中国博士后科学基金会）负责；北京市所属博士后科研流动站以及中央在京和北京市所属的博士后科研工作站由北京市人力资源社会保障局负责。

人力资源社会保障部专业技术人员管理司（全国博士后管委会办公室）负责评估工作的组织、管理、指导、协调和监督。人力资源社会保障部留学人员和专家服务中心（中国博士后科学基金会）承担咨询、核查、汇总、统计分析等工作。

三、进度安排

评估工作按照工作准备、数据采集与自查、数据整理与核查、数据统计与评定四个阶段进行。

（一）工作准备阶段。时间：2010年3月15日至3月31日。主要工作：各省、自治区、直辖市和有关部门博士后管理部门［以下简称地方（部门）博士后工作管理部门］按照部署，制订评估工作计划，对本地区（部门）的参评单位进行动员部署并组织培训。

（二）数据采集与自查阶段。时间：2010年4月1日至5月15日。此阶段，地方（部门）博士后工作管理部门应通过各种形式，指导参评单位开展自评工作，实时检查、了解设站单位的工作进程。主要工作：

1. 督促参评单位按照《博士后科研流动站评估指标体系》《博士后科研工作站评估指标体系》和《评估数据汇总材料上报清单》（见中国博士后网站 http://www.chinapostdoctor.org.cn 首页下载区）的要求，认真填报数据，在规定的时间内完成自评和评估材料上报工作。

2. 根据相关要求组织、指导参评单位进行博士后研究人员及博士后合作导师问卷调查工作。

3. 及时向参评单位提供咨询，解答自评工作过程中遇到的问题。

（三）数据整理与核查阶段。时间：2010年5月16日至6月15日。地方（部门）博士后工作管理部门的主要工作：

1. 汇总各参评单位材料，根据《博士后科研流动站、工作站评估指标内涵细化说明》的要求对上报材料和数据进行核实，对重点数据、有疑问的数据进行抽查。对核查项须检查设站单位提供的书面证明材料。

2. 组织对参加评估的博士后科研流动站、工作站进行有针对性的实地检查。

3. 根据参加综合评估和新设站评估单位的日常工作情况，客观、如实地评价并签署意见。

4. 按照《评估数据汇总材料上报清单》中综合评估材料上报的要求，将综合评估数据刻制成光盘于2010年6月15日前（以邮戳为准）以特快专递形式寄至人力资源社会保障部留学人员和专家服务中心（中国博士后科学基金会）博士后评估与服务处。

（四）数据统计与评定阶段。时间：2010年6月16日至8月15日。主要工作：

1. 全国博士后工作管理部门整理、汇总、统计综合评估数据并计分。

2. 地方（部门）博士后工作管理部门按照要求对参加新设站评估的博士后科研工作站分行业类别汇总、统计和计分，并按照《评估数据汇总材料上报清单》中新设站评估材料上报的要求，将新设站评估数据刻制成光盘于2010年9月1日前（以邮戳为准）以特快专递形式寄至人力资源社会保障部留学人员和专家服务中心（中国博士后科学基金会）博士后评估与服务处。

四、数据抽查与实地检查要求

地方（部门）博士后工作管理部门负责对参加评估的博士后科研流动站、工作站的评估数据和材料进行核实。数据核实工作主要采取通信抽查和实地检查的方式。通信抽查范围不少于本地区（部门）参加评估流动站和工作站的10%，抽查指标项随机选取。通信抽查要求被抽查单位在2日内提供相关指标的书面证明材料传真件或加盖单位博士后工作主管部门公章的证明材料原件。实地检查要求被检查单位即日提供相关指标项目的书面证明材料原件或加盖单位博士后工作主管部门公章的复印件。

人力资源社会保障部专业技术人员管理司（全国博士后管委会办公室）将在此期间组织有针对性的抽查工作。

五、结果处理

本次评估结果不公布排名，综合评估划分为优秀、良好、合格、不合格4个等级，新设站评估划分为合格、不合格2个等级。评估结果反馈到被评估单位，并以文件形式在全国范围内公布。

本次评估结果将作为纪念博士后制度设立

25周年表彰大会上遴选优秀博士后科研流动站、工作站的依据。同时，将依照《博士后科研流动站和工作站评估办法》，对不合格的博士后科研流动站、工作站提出警告并限期整改，整改仍不合格的，予以撤销设站资格。

六、其他事项及工作要求

（一）本次评估使用的《博士后科研工作站评估指标体系》中大部分指标为综合评估、新设站评估通用指标；新设站评估不使用标有“综合评估指标”的指标项。

（二）园区工作站的填报。高新开发区、经济技术开发区、留学人员创业园区等类型的博士后科研工作站的数据填报，其各所属分站应分别填写、报送《博士后科研工作站评估表》，再由博士后科研工作站博士后工作管理部门对数据进行核实，统一汇总、填报一份《博士后科研工作站评估表》。省（区、市）博士后工作管理部门对博士后科研工作站和博士后科研工作站分站分别计分。

（三）博士后研究人员及博士后合作导师调查问卷上报。综合评估的博士后研究人员及博士后合作导师调查问卷由参评单位组织相关人员填写电子表格后，由相关人员于2010年5月15日前直接发送至zjzxpgc@mohrss.gov.cn。新设站评估的博士后研究人员及博士后合作导师调查问卷上报方式由相关地方（部门）博士后工作管理部门参照综合评估的上报办法自行安排。

博士后研究人员招收人数少于5人（含5人）的博士后科研流动站、工作站，博士后研究人员及博士后合作导师两类调查问卷的回收数量分别为实际在站人数；博士后研究人员招收人数大于5人的博士后科研流动站、工作站，两类调查问卷分别回收5份。

（四）文件与相关表格下载。请在中国博士后网站（http://www.chinapostdoctor.org.cn）首页下载区下载有关文件和电子表格。

（五）工作要求。各省（区、市）和有关部门、各参评单位的博士后工作管理部门要根据《博士后科研流动站和工作站评估办法》中的精神和要求，加强对评估工作的领导和监督，精心组织，周密安排，把评估工作作为博士后工作的重要任务抓好落实。同时，在评估过程中加强安全保密工作，确保填报数据及清单无涉密内容。各参评单位应按照要求，如实填报数据，并切实做好自查工作。

由于参加本年度评估的单位数量较多，为不影响评估工作的整体进度，逾期上报的材料将不予受理。

联系人：人力资源社会保障部专业技术人员管理司（全国博士后管委会办公室）仲笑林，电话：010-84208344

人力资源社会保障部留学人员和专家服务中心（中国博士后科学基金会）博士后评估与服务处李劼、柴颖；邮编：100083，地址：北京市海淀区学院路30号博士后公寓；电话：010-62335012

二〇一〇年三月十二日

人力资源和社会保障部关于同意海关总署成立职业技能鉴定指导中心的函

人社部函［2010］81号

海关总署：

你署《关于申请成立职业技能鉴定指导中心的请示》（署人发［2010］59号）收悉。经研究，同意你署成立职业技能鉴定指导中心，依托中国报关协会开展报关员职业技能鉴定工作。

请你署按照有关规定解决职业技能鉴定指导中心的人员编制等问题，积极做好各项基础工作，认真组织开展职业技能鉴定。同时，希望你署职业技能鉴定指导中心加强与人力资源社会保障部门联系，自觉接受人力资源社会保障部门的监督检查。

附件：1. 报关员职业技能鉴定实施办法（试行）

2. 海关行业特有职业目录

二〇一〇年三月十九日

附件 1

报关员职业技能鉴定实施办法（试行）

第一条 为适应我国对外经济贸易发展，提高报关从业人员队伍素质，根据《中华人民共和国劳动法》《职业技能鉴定规定》（劳部发［1993］134号）和《报关员国家职业标准（试行）》，制定本办法。

第二条 本办法所称职业技能鉴定是指根据《报关员国家职业标准（试行）》对报关员进行职业资格等级的考核和考评。

第三条 海关总署成立报关员职业技能鉴定工作委员会，负责综合管理和指导报关员职业技能鉴定工作。其主要职责是：

（一）统筹规划报关员职业技能鉴定工作，并制定有关政策、规定和办法。

（二）管理和监督检查报关员职业技能鉴定工作。

（三）审核报关员职业技能鉴定站，报经

人力资源社会保障部批准后，颁发全国统一的《职业技能鉴定许可证》和标牌。

（四）负责报关员职业技能鉴定考评人员的综合管理和资格审核，报经人力资源社会保障部核准后，颁发考评人员资格证卡。

（五）负责审核报关员职业技能鉴定试题库，报经人力资源社会保障部批准后实施。

（六）负责报关员《国家职业资格证书》的核发和管理工作。

（七）负责报关员职业技能鉴定站的检查、评估工作。

第四条 海关总署职业技能鉴定指导中心负责组织、协调和指导报关员职业技能鉴定工作。其主要职责是：

（一）组织实施报关员职业技能鉴定工作。

（二）负责制定报关员职业技能鉴定站建站条件和资格审查工作。

（三）参与制定、修订报关员国家职业标准，组织编写培训大纲和教材，并组建相应的试题库。

（四）制定报关员职业技能鉴定考评人员的资格要求，并负责组织资格培训和考核。

（五）指导报关员职业技能鉴定站开展工作。

（六）组织实施、管理报关员（国家职业资格三级）考核和报关员（国家职业资格二级、一级）考评工作。

（七）开展职业技能鉴定及有关问题的研究与咨询服务。

（八）参与组织、推动报关员职业技能竞赛活动。

（九）承担人力资源社会保障部、海关总署委托的有关职业技能鉴定工作。

第五条 报关员职业技能鉴定站是承担报关员职业技能鉴定工作的执行机构，其设立应具备以下条件：

（一）具有合理数量的熟悉报关员职业技能鉴定业务知识的专（兼）职组织管理人员和鉴定考评人员。

（二）具有与报关员职业技能鉴定等级相适应的考核场地和设备设施。

（三）有完善的管理制度和办法。

第六条 报关员职业技能鉴定站的设立，由海关总署报关员职业技能鉴定工作委员会统一规划、合理布局。由具备建站条件的单位提出申请，填写人力资源社会保障部统一印制的《行业特有工种职业技能鉴定站审批登记表》，海关总署职业技能鉴定指导中心对其进行条件审查，由海关总署报关员职业技能鉴定工作委员会提出审核意见，并征求所在地省级人力资源社会保障部门意见，报经人力资源社会保障部批准后，授予统一的《职业技能鉴定许可证》和特有工种职业技能鉴定站标牌。

第七条 报关员职业技能鉴定站实行站长负责制，应有健全的财务制度和专（兼）职的财务管理人员。

第八条 报关员职业技能鉴定站必须遵守如下工作规则：

（一）贯彻执行国家和海关总署制定的有关职业技能鉴定的规定、实施办法，并采取切实有力的措施保证鉴定质量。

（二）认真执行国家职业标准，职业技能鉴定必须从报关员职业技能鉴定题库中提取试题，不得自行编制试题。

（三）受理一切符合申报条件、规定手续人员的职业技能鉴定，并严格执行考评员对其亲属的职业技能鉴定回避制度。

（四）享有独立进行职业技能鉴定的权利，有权拒绝任何组织或个人的一切非正当要求。

（五）实行定期鉴定制度。具体日期、鉴定职业（工种）、等级、类别、报名条件以及收费标准等事项，应在鉴定前一个月发出通知。

（六）申报职业技能鉴定的单位和个人，可向鉴定站提出申请，由鉴定站上报海关总署职业技能鉴定指导中心审核，审核合格后签发准考证，按规定的时间、方式实施考核鉴定。

（七）单位和个人申报职业技能鉴定，均应按照规定交纳职业技能鉴定费用。职业技能鉴定费用主要用于组织职业技能鉴定场地、命题、考务、阅卷、考评、检测及原材料、能源、设备消耗等费用。职业技能鉴定收费标准执行所在地区财政、人力资源社会保障部门规定的收费标准。

（八）自觉接受海关总署职业技能鉴定指导中心的业务指导，同时接受海关、人力资源社会保障行政部门的监督检查。

第九条 职业技能鉴定考评人员应具有必备的考评技术、理论知识和较高的职业道德水平。

职业技能鉴定考评人员分为考评员和高级考评员。考评员必须具备中级专业技术职务以上的资格，可承担报关员（国家职业资格三级）的考核；高级考评员必须具备高级专业技术职务的资格，可承担报关员（国家职业资格二级、一级）的资格考评。

第十条 海关总署职业技能鉴定指导中心统一组织考评人员的资格培训和考核。对考核合格者，由海关总署报关员职业技能鉴定工作委员会审核，报经人力资源社会保障部批准后，颁发考评人员资格证卡。考评人员资格证卡有效期为三年。

第十一条 报关员职业技能鉴定站必须从取得考评人员资格证卡的人员中聘任相应等级的考评员或高级考评员，并应采取不定期轮换、调整考评人员的方式组成专业考评小组。

第十二条 考评人员应严格遵守考评员工作守则和执行考场规则。对职业技能鉴定站的工作人员和考评人员在鉴定工作中弄虚作假、徇私舞弊的，视情节轻重，由所在单位按照人事管理权限给予行政处分，并停止其在职业技能鉴定站的工作和吊销考评人员资格证卡。

第十三条 职业技能鉴定的申报条件按《报关员国家职业标准（试行）》的要求执行。

第十四条 对鉴定合格者，由海关总署报关员职业技能鉴定工作委员会颁发人力资源社会保障部统一印制的《职业资格证书》。

《职业资格证书》是劳动者职业技能水平的凭证，是求职、任职的主要依据，也是劳动者境外就业、劳务输出进行技能水平公证的有效证件。

第十五条 实行职业技能鉴定站评估制度。评估工作由海关总署报关员职业技能鉴定工作委员会统一组织进行，每三年评估一次。评估的主要内容包括：执行鉴定计划和鉴定标准、鉴定站工作人员的业务水平、设备及检测手段、鉴定收费、鉴定档案、原始资料、鉴定站工作制度及社会对鉴定站工作的反映等情况。对评估优秀的鉴定站，给予表彰；对评估不合格的鉴定站将限期整改，整改不合格的报经人力资源社会保障部批准予以撤销。

第十六条 本办法未尽事宜，按人力资源社会保障部《职业技能鉴定规定》执行。

第十七条 本办法由海关总署报关员职业技能鉴定工作委员会负责解释。

第十八条 本办法自公布之日起执行。

附件 2

海关行业特有职业目录

报关员（X2-06-05-01）

人力资源和社会保障部关于公布27所国家重点技工学校和44所高级技工学校名单的通知

人社部函［2010］91号

各省、自治区、直辖市人力资源社会保障（劳动保障）厅（局），新疆生产建设兵团劳动保障局：

经专家评审并向社会公示后，无异议，现确定石家庄市机械技工学校等27所技工学校达到《国家重点技工学校标准》，确认为国家重点技工学校。天津水运技工学校等44所技工学校达到《高级技工学校标准》，确认为高级技工学校。现一并予以公布。

附件：1. 国家重点技工学校名单

2. 高级技工学校名单

二〇一〇年四月一日

附件1

国家重点技工学校名单

1. 石家庄市机械技工学校（河北省）
2. 唐海县劳动技工学校（河北省）
3. 天津市劳动和社会保障局第二职业技术学校
4. 阳泉煤矿技工学校（山西省）
5. 乌兰察布市技工学校（内蒙古自治区）
6. 大连艺才技工学校（辽宁省）
7. 大兴安岭技工学校（黑龙江省）
8. 浙江机电技工学校
9. 长兴县技工学校（浙江省）
10. 海宁市技工学校（浙江省）
11. 福建中华职业技术学校
12. 福州市第一技工学校（福建省）
13. 龙口市技工学校（山东省）
14. 江西省商务技工学校
15. 江西省化学工业技工学校
16. 吉安实验技工学校（江西省）
17. 湖北省创业技工学校
18. 洪湖市职业培训学院（湖北省）
19. 从化市技工学校（广东省）

20. 广东省揭阳市技工学校

21. 海南省三亚技工学校

22. 第十九冶金建设公司技工学校（四川省）

23. 保山市技工学校（云南省）

24. 大理白族自治州技工学校（云南省）

25. 临沧市技工学校（云南省）

26. 兰州兰石集团有限公司技术工人学校（甘肃省）

27. 阿勒泰地区技工学校（新疆维吾尔自治区）

附件 2

高级技工学校名单

高级技工学校名称　原学校名称

1. 天津水运高级技工学校　天津水运技工学校

2. 邯郸钢铁集团有限责任公司高级技工学校　邯郸钢铁集团有限责任公司技工学校（河北省）

3. 邯郸市物资高级技工学校　邯郸市物资技工学校（河北省）

4. 阳泉高级技工学校　阳泉市技工学校（山西省）

5. 临汾高级技工学校　临汾市技工学校（山西省）

6. 吕梁高级技工学校　吕梁市技工学校（山西省）

7. 山西晋城无烟煤矿业集团有限公司高级技工学校　晋城煤业集团技工学校（山西省）

8. 内蒙古平煤集团公司高级技工学校　内蒙古平庄煤业（集团）有限责任公司技工学校

9. 通化市高级技工学校　通化市技工学校（吉林省）

10. 吉林市机械交通高级技工学校　吉林市机械交通技工学校（吉林省）

11. 滕州高级技工学校　滕州市技工学校（山东省）

12. 鲁中高级技工学校　邹平县技工学校（山东省）

13. 兖州市高级技工学校　兖州市技工学校（山东省）

14. 宿迁市高级技工学校　宿迁市技工学校（江苏省）

15. 徐州工程机械高级技工学校　徐州工程机械技工学校（江苏省）

16. 无锡工业高级技工学校　无锡市机电工业技工学校（江苏省）

17. 象山港高级技工学校　象山县技工学校（浙江省）

18. 杭州汽车高级技工学校　杭州汽车技工学校（浙江省）

19. 嘉兴市高级技工学校　嘉兴市技工学校（浙江省）

20. 福建省第二高级技工学校　福建省劳动和社会保障厅技术学校

21. 三明市高级技工学校　三明市技工学校（福建省）

22. 江西省印刷高级技工学校　江西省印刷技工学校

23. 江西省医药高级技工学校　江西省医药技工学校

24. 吉安市高级技工学校　吉安市技工学校（江西省）

25. 鹤壁高级技工学校　鹤壁市技工学校（河南省）

26. 焦作煤业（集团）有限责任公司高级技工学校　焦作煤业（集团）有限责任公司技工学校（河南省）

27. 中信重工高级技工学校　中信重型机械公司技工学校（河南省）

28. 济源市机械高级技工学校　济源市机械技工学校（河南省）

29. 焦作冶金建材高级技工学校　焦作市冶金建材技工学校（河南省）

30. 仙桃市高级技工学校　湖北省仙桃技工学校

31. 湖南省劳动高级技工学校　湖南省劳动技工学校

32. 常德高级技工学校　常德技工学校（湖南省）

33. 怀化工业高级技工学校　湖南省怀化工业技工学校

34. 湘潭钢铁集团有限公司高级技工学校　湘潭钢铁集团有限公司技工学校（湖南省）

35. 岳阳市高级技工学校　岳阳市技工学校（湖南省）

36. 广东省工商高级技工学校　广东省工商技工学校

37. 江门市新会高级技工学校　江门新会技工学校（广东省）

38. 茂名市高级技工学校　茂名市技工学校（广东省）

39. 茂名市第二高级技工学校　茂名市第二技工学校（广东省）

40. 重庆市工贸高级技工学校　重庆市工贸技工学校

41. 广西玉林高级技工学校　玉林市技工学校（广西壮族自治区）

42. 四川自贡市高级技工学校　自贡市职业培训学院（四川省）

43. 四川核工业高级技工学校　四川核工业技工学校

44. 云南省电子信息高级技工学校　云南省电子信息技工学校

人力资源和社会保障部关于转发国家发展改革委　财政部重新核定助理社会工作师和社会工作师职业水平考试收费标准及有关问题文件的通知

人社部函［2010］110号

各省、自治区、直辖市人力资源社会保障（人事）厅（局），新疆生产建设兵团人事局，各副省级市人力资源社会保障（人事）局：

现将《国家发展改革委　财政部关于重新核定助理社会工作师和社会工作师职业水平考试收费标准及有关问题的通知》（发改价格［2010］573号）转发给你们，并就有关问题通知如下：

一、为确保2010年度助理社会工作师和社会工作师职业水平考试工作的顺利进行，各地要抓紧办理考试收费标准重新申报核定工作，并积极协调当地相关部门，将开展工作所需经费纳入预算安排，确保工作正常运转。

二、各地要严格按照批准的收费项目和标准收费，并纳入财政预算管理，不得扩大收费范围、提高收费标准，自觉接受价格、财政部门的监督检查。

三、各地要严格按照规定及时上缴考务费，做到应收尽收，应缴尽缴，收缴及时。

二〇一〇年四月九日

国家发展改革委　财政部关于重新核定助理社会工作师和社会工作师职业水平考试收费标准及有关问题的通知

人力资源社会保障部，各省、自治区、直辖市发展改革委、物价局、财政厅（局），新疆生产建设兵团发展改革委、财务局：

人力资源和社会保障部《关于重新申报社会工作者职业水平考试收费标准的函》（国人部函［2010］8号）收悉。经研究，现将重新核定助理社会工作师、社会工作师职业水平考试收费标准及有关问题通知如下：

一、人力资源和社会保障部人事考试中心在组织助理社会工作师、社会工作师职业水平考试时，向各省、自治区、直辖市人力资源和社会保障部门收取的考务费标准为：客观题科目包括《社会工作综合能力（初级）》《社会工作实务（初级）》《社会工作综合能力（中级）》《社会工作法规与政策》，每人每科12元；主观题科目《社会工作实务（中级）》，每人18元。

二、各省、自治区、直辖市人力资源社会保障部门向考生收取的助理社会工作师、社会工作师职业水平考试费标准，由所在地省、自治区、直辖市价格主管部门会同财政部门，在人力资源和社会保障部人事考试中心收取的考务费标准基础上，加组织报名、租用考试场地、阅卷（客观题科目）以及聘请监考人员的费用核定。

三、收费单位应按规定到指定的价格主管部门办理收费许可证，并按财务隶属关系分别使用财政部或省、自治区、直辖市财政部门统一印制的财政票据。

四、执收单位要严格按上述规定收费，在收费场所显著位置公布收费标准，不得擅自扩大收费范围、提高收费标准，并自觉接受价格、财政、审计部门的监督检查。

五、上述规定自2010年4月1日起执行。《国家发展改革委　财政部关于助理社会工作师和社会工作师职业水平考试收费标准及有关问题的通知》（发改价格［2008］278号）同时废止。

二〇一〇年三月二十六日

人力资源和社会保障部关于山西省2010年工资指导线方案的函

人社部函［2010］111号

山西省人力资源社会保障厅：

你厅《山西省人力资源和社会保障厅关于提请批复〈山西省2010年企业工资指导线〉的请示》（晋人社厅字［2010］50号）收悉。经研究，现函复如下：

一、根据全国2010年国民经济和社会发展计划的总体安排及企业工资分配宏观调控要求，结合你省2010年经济社会发展预期，经综合平衡，对你省2010年企业工资指导线审核意见为：

（一）企业货币工资增长上线为25%；

（二）企业货币工资增长基准线为15%；

（三）企业货币工资增长下线为3%。

企业支付给在法定工作时间内提供了正常劳动的职工工资不得低于当地最低工资标准。

上述工资指导线适用于企业在岗职工工资分配。

二、在当前经济形势下，请你省进一步加强对企业工资分配的宏观调控，指导企业结合生产经营和经济效益状况，通过工资集体协商等民主程序，合理确定职工工资水平。

三、请在工资指导线颁布后一个月内将工资指导线文本报我部备案。

二〇一〇年四月十二日

人力资源和社会保障部关于对陕西省2010年工资指导线方案的函

人社部函［2010］130号

陕西省人力资源和社会保障厅：

你厅《关于陕西省二〇一〇年度企业工资调控目标的请示》（陕人社字［2010］35号）收悉。经研究，现函复如下：

一、根据全国2010年国民经济和社会发展计划的总体安排及企业工资分配宏观调控要求，结合你省2010年经济社会发展预期，经综合平衡，对你省2010年企业工资指导线审核意见为：

（一）企业货币工资增长上线为20%；

（二）企业货币工资增长基准线为15%；

（三）企业货币工资增长下线为5%。

企业支付给在法定工作时间内提供了正常劳动的职工工资不得低于当地最低工资标准。

上述工资指导线适用于企业在岗职工工资分配。

二、在当前经济形势下，请你省进一步加强对企业工资分配的宏观调控，指导企业结合生产经营和经济效益状况，通过工资集体协商等民主程序，合理确定职工工资水平。

三、请在工资指导线颁布后一个月内将工资指导线文本报我部备案。

二〇一〇年四月二十九日

人力资源和社会保障部关于对山东省2010年工资指导线方案的函

人社部函［2010］131号

山东省人力资源和社会保障厅：

你厅《关于发布2010年企业工资指导线的请示》（鲁人社［2010］15号）收悉。经研究，现函复如下：

一、根据2010年国民经济和社会发展计划的总体安排及企业工资分配宏观调控的要求，结合2010年宏观经济形势预测和你省经济社会发展的实际情况，经综合平衡，对你省2010年工资指导线审核意见为：

（一）企业货币工资增长基准线为15%；

（二）企业货币工资增长上线为23%；

（三）企业货币工资增长下线为6.5%。

企业支付给在法定工作时间内提供了正常劳动的职工工资不得低于当地最低工资标准。

上述工资指导线适用于企业在岗职工工资分配。

二、在当前经济形势下，请你省进一步加强对企业工资分配的宏观调控，指导企业结合生产经营和经济效益状况，通过工资集体协商等民主程序，合理确定职工工资水平。

三、请在工资指导线颁布后一个月内将工资指导线文本报我部备案。

二〇一〇年四月二十九日

人力资源和社会保障部关于公布首批国家级充分就业示范社区名单的通知

人社部函［2010］151号

各省、自治区、直辖市人力资源社会保障厅（局），新疆生产建设兵团人事局、劳动保障局：

按照《关于做好申报认定国家级充分就业示范社区和省级充分就业星级社区的通知》（人社厅函［2010］165号）要求，经各省、自治区、直辖市及新疆生产建设兵团人力资源社会保障部门推荐，我部审核并向社会公示后，现认定北京市西城区什刹海街道柳荫街社区等100个社区为首批国家级充分就业示范社区。特此公布。

各地要大力宣传首批国家级充分就业示范社区的好经验、好做法，在巩固和提升示范社区自身水平的同时，充分发挥其示范作用，引导本辖区广大社区学习示范社区，赶超示范社区，使创建充分就业社区活动扎实推进，再上一个新的台阶。

附件：首批国家级充分就业示范社区名单

二〇一〇年五月二十五日

附

首批国家级充分就业示范社区名单

序号	地区	国家级充分就业示范社区
1	北京市	西城区什刹海街道柳荫街社区
		丰台区东高地街道东高地社区
		海淀区中关村街道华清园社区
2	天津市	和平区南市街庆有西里社区
		河西区友谊路街宜景村社区
		红桥区咸阳北路街本溪社区
3	河北省	石家庄市长丰街道沿东社区
		唐山市乔屯街道草场街社区
		保定市五四路街道假日花园社区
		邯郸市铁路大院街道铁路大院社区

续表

序号	地区	国家级充分就业示范社区
4	山西省	太原市小店区营盘街道并州南路西一社区
		阳泉市城区上站街道小阳泉南社区
		晋中市榆次区北关街道荣发社区
5	内蒙古自治区	呼和浩特市赛罕区大学西路学府花园路社区
		包头市青山区乌素图街道长征社区
		赤峰市红山区昭乌达社区
		通辽市科尔沁区永清街道巴黎之春社区
6	辽宁省	大连市中山公园街道天兴社区
		盘锦市创新街道鹤鸣社区
		辽阳市文圣街道马税社区
		鞍山市铁东区湖南街道邮电社区
7	吉林省	长春市朝阳区南湖街道湖东社区
		吉林市民主街道运河里社区
		松原市前郭尔罗斯镇哈萨尔社区
8	黑龙江省	哈尔滨市道外区南直路街道先锋社区
		齐齐哈尔市龙沙区江安街道电业社区
		大庆市让胡路区乘风街道东湖第四社区
9	上海市	长宁区华阳路街道
		闵行区江川街道
		浦东新区张江镇
10	江苏省	南京市中央门街道工人新村社区
		无锡市江溪街道前进花园社区
		徐州市彭城街道晓光社区
		常州市红梅街道聚博花园社区
		南通市城东街道德民社区
11	浙江省	杭州市江干区凯旋街道景芳社区
		宁波市江东区百丈街道划船社区
		嘉兴市桐乡市梧桐街道环南社区
12	安徽省	合肥市蜀山区南七街道丁岗社区
		蚌埠市蚌山区天桥街道喻义巷社区
		安庆市迎江区人民路街道先锋社区
13	福建省	福州市鼓楼区鼓东街道军门社区
		厦门市思明区莲前街道前埔北社区
		三明市梅列区列东街道东安社区
14	江西省	南昌市西湖区万寿宫社区
		萍乡市安源区东大街张家大屋社区
		宜春市灵泉街道朝阳社区
		赣州市章贡区赣江街道姚府里社区

续表

序号	地区	国家级充分就业示范社区
15	山东省	济南市燕山街道燕子山小区社区
		青岛市金门路街道仙游路社区
		烟台市莱州市永安路街道西小区社区
		潍坊市东关街道苇湾社区
16	河南省	郑州市中原区建设路街道办事处协作路社区
		安阳市北关区红旗路街道办事处万达园社区
		平顶山市卫东区东环路街道办事处五条路社区
		焦作市山阳区焦东街道办事处六号院社区
17	湖北省	荆门市东宝区龙泉街道西门社区
		孝感市孝南区车站街道民主社区
		荆州市联合街道周梁玉桥社区
		黄石市西塞山区八泉街道和平街社区
18	湖南省	长沙市岳麓区咸嘉湖街道咸嘉社区
		株洲市天元区嵩山街道湘银社区
		岳阳市岳阳楼区望岳路街道鹰山社区
		常德市武陵区城北街道紫桥社区
19	广东省	广州市荔湾区金花街道桃源社区
		深圳市福田区南园街道南华社区
		佛山市顺德区北滘镇林头社区
20	广西壮族自治区	南宁市青秀区新竹社区
		柳州市鱼峰区天马街道办事处狮山社区
		桂林市高新区七星街道毛塘路社区
21	海南省	海口市琼山区府城镇大园社区
		三亚市河西区红旗街社区
22	重庆市	南岸区龙门浩街道一天门社区
		江北区观音桥街道春晖社区
		沙坪坝区石井坡街道中心湾社区
		万州区沙河街道凤仙路社区
23	四川省	成都市高新区肖家河街道兴蓉社区
		阆中市保宁街道内东街社区
		泸州市江阳区大山坪街道南苑社区
		绵阳市南山街道御营新村第二社区
24	贵州省	贵阳市乌当区高新路办事处新都社区
		铜仁地区玉屏县文水社区
		遵义市汇川区上海路办事处宁波路社区
25	云南省	昆明市盘龙区鼓楼街道桃源社区
		宣威市宛水街道西河社区
		楚雄州楚雄市鹿城街道学桥街社区

续表

序号	地区	国家级充分就业示范社区
26	陕西省	西安市新城区韩森寨街道咸东社区
		宝鸡市渭滨区金陵街道新开路社区
		汉中市勉县勉阳镇东风社区
27	甘肃省	兰州市城关区酒泉路街道张家园社区
		天水市麦积区道北街道办事处红旗路社区
		张掖市甘州区西街小寺庙社区
28	青海省	西宁市城东区清真巷办事处国际村社区
		西宁市城北区马坊办事处幸福社区
29	宁夏回族自治区	银川市金凤区满城北街街道紫阳社区
		吴忠市利通区金星镇裕西社区
30	新疆维吾尔自治区	乌鲁木齐市新市区喀什东路街道乌东站社区
		阿克苏市英巴扎街道英巴扎社区
		哈密市新市区天山北路社区
31	新疆生产建设兵团	农八师石河子市红山街道33社区

人力资源和社会保障部对北京市 2010 年工资指导线方案的复函

人社部函［2010］166 号

北京市人力资源和社会保障局：

《北京市人力资源和社会保障局关于报送〈北京市 2010 年企业工资指导线〉方案的请示》（京人社劳文［2010］54 号）收悉。经研究，现函复如下：

一、根据 2010 年国民经济和社会发展计划的总体安排及企业工资分配宏观调控的要求，结合 2010 年宏观经济形势预测和你市经济社会发展的实际情况，经综合平衡，对你市 2010 年工资指导线审核意见为：

（一）企业货币工资增长上线为 16%；

（二）企业货币工资增长基准线为 11%；

（三）企业货币工资增长下线为 3%。

上述工资指导线适用于企业在岗职工工资分配。

二、在当前经济形势下，请你市进一步加强对企业工资分配的宏观调控，指导企业结合生产经营和经济效益状况，通过工资集体协商等民主程序，合理确定职工工资水平。

三、请在工资指导线颁布后一个月内将工资指导线文本报我部备案。

二〇一〇年六月十三日

人力资源和社会保障部对辽宁省2010年工资指导线方案的复函

人社部函［2010］169号

辽宁省人力资源社会保障厅：

你厅《关于报送辽宁省2010年度企业工资指导线方案的函》（辽人社函［2010］58号）收悉。经研究，现函复如下：

一、根据2010年国民经济和社会发展计划的总体安排及企业工资分配宏观调控的要求，结合2010年宏观经济形势预测和你省经济社会发展的实际情况，经综合平衡，对你省2010年工资指导线审核意见为：

（一）企业货币工资增长上线为19%；

（二）企业货币工资增长基准线为12%；

（三）企业货币工资增长下线为5%。

上述工资指导线适用于企业在岗职工工资分配。

二、在当前经济形势下，请你省进一步加强对企业工资分配的宏观调控，指导企业结合生产经营和经济效益状况，通过工资集体协商等民主程序，合理确定职工工资水平。

三、请在工资指导线颁布后一个月内将工资指导线文本报我部备案。

二〇一〇年六月十八日

人力资源和社会保障部对云南省2010年工资指导线方案的复函

人社部函［2010］175号

云南省人力资源社会保障厅：

《云南省人力资源和社会保障厅关于审核我省2010年企业工资指导线的请示》（云人社请［2010］96号）收悉。经研究，现函复如下：

一、根据2010年国民经济和社会发展计划的总体安排及企业工资分配宏观调控的要求，结合2010年宏观经济形势预测和你省经济社会发展的实际情况，经综合平衡，对你省2010年工资指导线审核意见为：

（一）企业货币工资增长上线为19％；

（二）企业货币工资增长基准线为12％；

（三）企业货币工资增长下线为3％。

上述工资指导线适用于企业在岗职工工资分配。

二、在当前经济形势下，请你省进一步加强对企业工资分配的宏观调控，指导企业结合生产经营和经济效益状况，通过工资集体协商等民主程序，合理确定职工工资水平。

三、请在工资指导线颁布后一个月内将工资指导线文本报我部备案。

二〇一〇年六月二十五日

人力资源和社会保障部对青海省 2010 年工资指导线方案的复函

人社部函［2010］191 号

青海省人力资源社会保障厅：

你厅《关于上报审核〈青海省 2010 年企业工资指导线〉的请示》（青人社厅发［2010］96 号）收悉。经研究，现函复如下：

一、根据 2010 年国民经济和社会发展计划的总体安排及企业工资分配宏观调控的要求，结合 2010 年宏观经济形势预测和你省经济社会发展的实际情况，经综合平衡，对你省 2010 年工资指导线审核意见为：

（一）企业货币工资增长上线为 17%；

（二）企业货币工资增长基准线为 10%；

（三）企业货币工资增长下线为零增长。

企业支付给在法定工作时间内提供了正常劳动的职工工资不得低于当地最低工资标准。

上述工资指导线适用于企业在岗职工工资分配。

二、在当前经济形势下，请你省进一步加强对企业工资分配的宏观调控，指导企业结合生产经营和经济效益状况，通过工资集体协商等民主程序，合理确定职工工资水平。

三、请在工资指导线颁布后一个月内将工资指导线文本报我部备案。

二〇一〇年七月九日

人力资源和社会保障部对海南省 2010 年工资指导线方案的复函

人社部函［2010］231 号

海南省人力资源社会保障厅：

《海南省人力资源和社会保障厅关于海南省 2010 年企业工资增长指导线意见的请示》（琼人社［2010］74 号）收悉。经研究，现函复如下：

一、根据 2010 年国民经济和社会发展计划的总体安排及企业工资分配宏观调控的要求，结合 2010 年宏观经济形势预测和你省经济社会发展的实际情况，经综合平衡，对你省 2010 年工资指导线审核意见为：

（一）企业货币工资增长上线为 17％；

（二）企业货币工资增长基准线为 15％；

（三）企业货币工资增长下线为零或负增长。

企业支付给在法定工作时间内提供了正常劳动的职工工资不得低于当地最低工资标准。

上述工资指导线适用于企业在岗职工工资分配。

二、在当前经济形势下，请你省进一步加强对企业工资分配的宏观调控，指导企业结合生产经营和经济效益状况，通过工资集体协商等民主程序，合理确定职工工资水平。

三、请在工资指导线颁布后一个月内将工资指导线文本报我部备案。

二〇一〇年八月十一日

人力资源和社会保障部对广东省2010年工资指导线方案的复函

人社部函［2010］240号

广东省人力资源社会保障厅：

你厅《关于发布广东省2010年企业工资指导线的请示》（粤人社报［2010］243号）收悉。经研究，现函复如下：

一、根据2010年国民经济和社会发展计划的总体安排及企业工资分配宏观调控的要求，结合2010年宏观经济形势预测和你省经济社会发展的实际情况，经综合平衡，对你省2010年工资指导线审核意见为：

（一）企业货币工资增长上线为17%；

（二）企业货币工资增长基准线为12%；

（三）企业货币工资增长下线为4%。

上述工资指导线适用于企业在岗职工工资分配。

二、在当前经济形势下，请你省进一步加强对企业工资分配的宏观调控，指导企业结合生产经营和经济效益状况，通过工资集体协商等民主程序，合理确定职工工资水平。

三、请在工资指导线颁布后一个月内将工资指导线文本报我部备案。

二〇一〇年八月十六日

人力资源和社会保障部对内蒙古自治区 2010 年工资指导线方案的复函

人社部函［2010］242 号

内蒙古自治区人力资源社会保障厅：

《关于报批内蒙古自治区 2010 年企业工资指导线的请示》（内人社发［2010］106 号）收悉。经研究，现函复如下：

一、根据 2010 年国民经济和社会发展计划的总体安排及企业工资分配宏观调控的要求，结合 2010 年宏观经济形势预测和你区经济社会发展的实际情况，经综合平衡，对你区 2010 年工资指导线审核意见为：

（一）企业货币工资增长上线为 20%；

（二）企业货币工资增长基准线为 15%；

（三）企业货币工资增长下线为 3%。

上述工资指导线适用于企业在岗职工工资分配。

二、在当前经济形势下，请你区进一步加强对企业工资分配的宏观调控，指导企业结合生产经营和经济效益状况，通过工资集体协商等民主程序，合理确定职工工资水平。

三、请在工资指导线颁布后一个月内将工资指导线文本报我部备案。

二〇一〇年八月二十日

人力资源和社会保障部对河南省2010年工资指导线方案的复函

人社部函［2010］243号

河南省人力资源社会保障厅：

《关于制定河南省2010年企业工资指导线的请示》（豫人社劳资［2010］8号）收悉。经研究，现函复如下：

一、根据2010年国民经济和社会发展计划的总体安排及企业工资分配宏观调控的要求，结合2010年宏观经济形势预测和你省经济社会发展的实际情况，经综合平衡，对你省2010年工资指导线审核意见为：

（一）企业货币工资增长上线为20%；

（二）企业货币工资增长基准线为15%；

（三）企业货币工资增长下线为3%。

上述工资指导线适用于企业在岗职工工资分配。

二、在当前经济形势下，请你省进一步加强对企业工资分配的宏观调控，指导企业结合生产经营和经济效益状况，通过工资集体协商等民主程序，合理确定职工工资水平。

三、请在工资指导线颁布后一个月内将工资指导线文本报我部备案。

二〇一〇年八月二十日

人力资源和社会保障部对甘肃省2010年工资指导线方案的复函

人社部函［2010］252号

甘肃省人力资源社会保障厅：

你厅《关于上报甘肃省2010年度企业在岗职工工资调控目标的请示》（甘人社报［2010］125号）收悉。经研究，现函复如下：

一、根据2010年国民经济和社会发展计划的总体安排及企业工资分配宏观调控的要求，结合2010年宏观经济形势预测和你省经济社会发展的实际情况，经综合平衡，对你省2010年工资指导线审核意见为：

（一）企业货币工资增长上线为18%；

（二）企业货币工资增长基准线为14%；

（三）企业货币工资增长下线为5%。

上述工资指导线适用于企业在岗职工工资分配。

二、在当前经济形势下，请你省进一步加强对企业工资分配的宏观调控，指导企业结合生产经营和经济效益状况，通过工资集体协商等民主程序，合理确定职工工资水平。

三、请在工资指导线颁布后一个月内将工资指导线文本报我部备案。

二〇一〇年九月三日

人力资源和社会保障部对贵州省2010年工资指导线方案的复函

人社部函［2010］253号

贵州省人力资源社会保障厅：

你厅《关于报送〈贵州省2010年工资指导线〉的请示》（黔人社呈［2010］73号）收悉。经研究，现函复如下：

一、根据2010年国民经济和社会发展计划的总体安排及企业工资分配宏观调控的要求，结合2010年宏观经济形势预测和你省经济社会发展的实际情况，经综合平衡，对你省2010年工资指导线审核意见为：

（一）企业货币工资增长上线为19%；

（二）企业货币工资增长基准线为14%；

（三）企业货币工资增长下线为零或负增长。

企业支付给在法定工作时间内提供了正常劳动的职工工资不得低于当地最低工资标准。

上述工资指导线适用于企业在岗职工工资分配。

二、在当前经济形势下，请你省进一步加强对企业工资分配的宏观调控，指导企业结合生产经营和经济效益状况，通过工资集体协商等民主程序，合理确定职工工资水平。

三、请在工资指导线颁布后一个月内将工资指导线文本报我部备案。

二〇一〇年九月三日

人力资源和社会保障部对宁夏回族自治区 2010 年工资指导线方案的复函

人社部函［2010］254 号

宁夏回族自治区人力资源社会保障厅：

你厅《关于发布宁夏回族自治区 2010 年度企业工资指导线的请示》（宁人社发［2010］339 号）收悉。经研究，现函复如下：

一、根据 2010 年国民经济和社会发展计划的总体安排及企业工资分配宏观调控的要求，结合 2010 年宏观经济形势预测和你区经济社会发展的实际情况，经综合平衡，对你区 2010 年工资指导线审核意见为：

（一）企业货币工资增长上线为 17%；

（二）企业货币工资增长基准线为 12%；

（三）企业货币工资增长下线为零增长。

企业支付给在法定工作时间内提供了正常劳动的职工工资不得低于当地最低工资标准。

上述工资指导线适用于企业在岗职工工资分配。

二、在当前经济形势下，请你区进一步加强对企业工资分配的宏观调控，指导企业结合生产经营和经济效益状况，通过工资集体协商等民主程序，合理确定职工工资水平。

三、请在工资指导线颁布后一个月内将工资指导线文本报我部备案。

二〇一〇年九月三日

人力资源和社会保障部关于安徽省2010年工资指导线方案的复函

人社部函［2010］261号

安徽省人力资源社会保障厅：

《关于安徽省2010年企业工资指导线意见的请示》（皖人社［2010］63号）收悉。经研究，现函复如下：

一、根据2010年国民经济和社会发展计划的总体安排及企业工资分配宏观调控的要求，结合2010年宏观经济形势预测和你省经济社会发展的实际情况，经综合平衡，对你省2010年工资指导线审核意见为：

（一）企业货币工资增长上线为18%；

（二）企业货币工资增长基准线为12%；

（三）企业货币工资增长下线为3%。

上述工资指导线适用于企业在岗职工工资分配。

二、在当前经济形势下，请你省进一步加强对企业工资分配的宏观调控，指导企业结合生产经营和经济效益状况，通过工资集体协商等民主程序，合理确定职工工资水平。

三、请在工资指导线颁布后一个月内将工资指导线文本报我部备案。

二〇一〇年九月十三日

人力资源和社会保障部对四川省2010年工资指导线方案的复函

人社部函［2010］302号

四川省人力资源社会保障厅：

《四川省人力资源和社会保障厅关于报请审核〈四川省2010年企业工资指导线〉的请示》（川人社［2010］120号）收悉。经研究，现函复如下：

一、根据2010年国民经济和社会发展计划的总体安排及企业工资分配宏观调控的要求，结合2010年宏观经济形势和你省经济社会发展的实际情况，经综合平衡，对你省2010年工资指导线审核意见为：

（一）企业货币工资增长上线为21%；

（二）企业货币工资增长基准线为14%；

（三）企业货币工资增长下线为5%。

上述工资指导线适用于企业在岗职工工资分配。

二、在当前经济形势下，请你省进一步加强对企业工资分配的宏观调控，指导企业结合生产经营和经济效益状况，通过工资集体协商等民主程序，合理确定职工工资水平。

三、请在工资指导线颁布后一个月内将工资指导线文本报我部备案。

二〇一〇年十一月十日

人力资源和社会保障部对湖南省2010年工资指导线方案的复函

人社部函［2010］309号

湖南省人力资源社会保障厅：

你厅《关于发布〈湖南省2010年工资增长指导意见〉的请示》（湘人社［2010］64号）收悉。经研究，现函复如下：

一、根据2010年国民经济和社会发展计划的总体安排及企业工资分配宏观调控的要求，结合2010年宏观经济形势和你省经济社会发展的实际情况，经综合平衡，对你省2010年工资指导线审核意见为：

（一）企业货币工资增长上线为20%；

（二）企业货币工资增长基准线为13%；

（三）企业货币工资增长下线为5%。

上述工资指导线适用于企业在岗职工工资分配。

二、在当前经济形势下，请你省进一步加强对企业工资分配的宏观调控，指导企业结合生产经营和经济效益状况，通过工资集体协商等民主程序，合理确定职工工资水平。

三、请在工资指导线颁布后一个月内将工资指导线文本报我部备案。

四、请你省进一步加强工资指导线工作，及时制订发布本地区工资指导线，更好地发挥工资指导线对企业工资分配的指导作用。

二〇一〇年十一月十七日

人力资源和社会保障部关于做好《工伤保险条例》（修订）贯彻实施工作的通知

人社部函［2010］344号

各省、自治区、直辖市人力资源社会保障厅（局），福建省公务员局，新疆生产建设兵团人事局、劳动保障局，各副省级城市人力资源社会保障（人事、劳动保障）局：

根据2010年12月20日《国务院关于修改〈工伤保险条例〉的决定》（第586号令），《工伤保险条例》（修订）（以下简称新《条例》）将于2011年1月1日起施行。为做好新《条例》的贯彻实施工作，现就有关事项通知如下：

一、充分认识做好新《条例》贯彻实施工作的重要意义

新《条例》是社会保险法颁布后第一部修订的配套法规，是贯彻实施社会保险法的具体体现，也是我国加强社会保障法制建设的又一件大事。新《条例》扩大了工伤保险适用范围、调整扩大了工伤认定范围、简化了工伤认定程序、提高了工伤保险待遇、增加了基金支出项目、加大了强制力度。新《条例》的颁布实施，对于完善工伤保险制度，进一步保障职工权益，分散用人单位工伤风险，化解劳资矛盾，促进社会和谐稳定，都具有十分重要的意义。各级人力资源社会保障部门要从深入贯彻落实科学发展观和构建社会主义和谐社会的高度，充分认识贯彻实施新《条例》的重要性和紧迫性，将这项工作作为当前人力资源社会保障领域的重要任务，采取切实可行措施，扎扎实实地抓好学习、宣传、贯彻工作。

二、认真组织好新《条例》的学习培训工作

各级人力资源社会保障部门要组织有关工作人员认真学习新《条例》，全面准确把握新《条例》修订的主要内容和精神实质。要通过学习，对新《条例》的覆盖范围、认定条件、缴费方式、基金支出、待遇标准、争议处理程序，以及用人单位、工伤职工和社会保险经办机构的权利义务等有总体的了解，并结合各自工作贯彻落实。

各级人力资源社会保障部门要有计划、有步骤、分层次地开展培训，组织本系统工作人员学习新《条例》。单位领导要以身作则，带头学习，带头参加培训，提高依法行政的水平和能力；要着重抓好工伤保险专职工作人员的培训，使工伤保险行政部门、经办机构、劳动能力鉴定机构等相关业务部门的工作人员都能准确掌握新《条例》的主要内容和精神实质，自觉贯彻落实。我部将举办新《条例》培训班，对省级和统筹地区人力资源社会保障部门负责工伤保险工作的人员进行培训。各地要按照统一部署，认真做好参加培训的组织工作。各地要制订培训计划，在2011年上半年对本地区专职从事工伤保险工作的人员轮训一遍。

三、广泛开展新《条例》的宣传工作

各级人力资源社会保障部门要把宣传新《条例》作为当前宣传工作的重点内容之一，按照统一部署，结合本地实际，制订切实可行的宣传计划，发挥各类新闻媒体的优势和作用，做好新《条例》宣传工作。

要重点宣传新《条例》颁布实施的重大意义和主要修改内容，特别是调整和扩大工伤保险适用范围及工伤认定范围、简化认定程序、提高工伤保险待遇、增加基金支出和加大强制力度等内容。要将企事业单位职工和农民工作为宣传的重点人群。要广泛采用宣传画、宣传册、宣传栏、标语横幅等各种方式，将新《条例》中与职工和单位切身利益相关的内容，以通俗易懂的形式，送到用人单位和广大职工中去，引导职工群众知悉自身的工伤权益，引导用人单位遵守工伤保险法律义务。为集中做好宣传工作，我部将印发新《条例》的宣传提纲，并于12月底在全国范围集中组织开展一次新《条例》的宣传活动。各地要结合本地实际，协调有关部门，提早准备，精心筹划，认真组织，采取现场解答咨询、发放宣传品等方式，组织工作人员进入社区、进入企业、进入工地开展广泛宣传，形成一定的宣传声势。

宣传工作中要坚持正确的舆论导向，准确把握宣传口径，积极主动进行宣传；要注意掌握各种舆情动态，针对社会反应及时释疑解惑，为新《条例》的顺利实施营造良好的社会氛围。

四、抓紧制定和完善配套法规政策

我部将根据新《条例》的规定和授权，制定或修订工伤预防、工伤认定、劳动能力鉴定、待遇享受以及经办管理服务方面的配套规章和政策措施。各地也要根据新《条例》的规定和授权，抓紧研究制定职工住院治疗工伤的伙食补助费标准和异地就医的交通、食宿费用标准等政策标准，确保新《条例》的顺利实施。

各地要对照新《条例》修订的内容，抓紧清理现行工伤保险的地方法规、规章和规范性文件，与新《条例》不一致或者相抵触的，要抓紧进行修订或者废止，新修订的法规、规章和规范性文件要在2011年3月底前出台，以切实保证新《条例》实施到位。清理工作要注意做好新旧制度衔接，实现政策的平稳过渡。

各地要按照新《条例》的规定，及时调整本地工伤保险业务管理信息系统的相关功能，切实做好各项工伤保险待遇支付的衔接工作，将新《条例》的有关规定落到实处。

五、切实加强学习贯彻新《条例》的组织领导

加强领导是新《条例》顺利实施的组织保障。各级人力资源社会保障部门要统一思想，提高认识，把学习贯彻新《条例》与学习贯彻社会保险法和编制社会保障第十二个五年规划结合起来，切实加强组织领导。我部成立贯彻实施新《条例》领导小组，制订工作方案。各省级人力资源社会保障部门也要建立相应领导协调机制，结合本地实际制订具体工作方案，明确任务、明确责任、明确时限、明确要求，加强督促检查，确保落实到位。要以新《条例》实施为契机，进一步健全机构，加强工伤认定、劳动能力鉴定和社会保险经办机构队伍建设。要加强与财政、卫生、安监、工会等部门和组织的配合，协调各方力量共同推进新《条例》的贯彻实施。请各地于2011年1月底前将贯彻实施工作方案及制定、清理配套法规政策计划等报送我部工伤保险司。

各地贯彻新《条例》过程中遇到重大情况，请及时向我部贯彻实施新《条例》领导小组办公室（设在工伤保险司）报告。

二〇一〇年十二月二十三日

人力资源和社会保障部关于开展清理整顿人力资源市场秩序专项行动的通知

（人社部明电［2010］2号）

各省、自治区、直辖市人力资源社会保障（人事、劳动保障）厅（局）、公安厅（局）、工商行政管理局，新疆生产建设兵团人事局、劳动保障局、公安局：

为进一步贯彻实施就业促进法，帮助广大劳动者特别是农民工通过人力资源市场实现就业再就业，推动社会就业比较充分目标的实现，人力资源社会保障部、公安部、国家工商行政管理总局决定自2010年2月25日至4月15日，在全国范围内联合开展清理整顿人力资源市场秩序专项行动（以下简称专项行动）。现就有关事项通知如下：

一、专项行动的目标任务

通过专项行动，严厉打击以职业中介为幌子的违法犯罪分子，依法取缔非法职业中介组织，清理整顿违规经营的职业中介机构，有效遏制职业中介领域的违法犯罪活动，规范职业中介机构的中介活动和用人单位的招工行为，改善人力资源市场秩序，为促进劳动者就业营造良好的社会环境。

二、清理整顿对象及内容

对人力资源市场的职业中介机构、从事职业中介活动的组织和个人、各类招工用人单位进行清理整顿。内容包括：

（一）严厉打击职业中介领域的违法犯罪活动。对以职业中介为名，坑骗求职者财物、拐卖妇女或者未成年人、从事其他违法犯罪活动的组织、单位或个人要严厉打击。属于违反治安管理行为的，由公安机关依法给予治安管理处罚；构成犯罪的，由公安机关依法立案侦查。

（二）依法取缔“黑中介”。对未经许可和登记，擅自从事职业中介活动的组织或个人，由人力资源社会保障部门、工商行政管理部门依法查处和取缔。

（三）加强职业中介监管。对申请从事职业中介活动的，人力资源社会保障、工商行政管理部门要按照各自职能范围和相关规定，严格审查；对已取得职业中介许可证的职业中介机构，人力资源社会保障部门要加强日常监管，建立健全职业中介机构守法诚信档案；对虽有职业中介许可证和营业执照，但在职业中介活动中提供虚假就业信息、扣押劳动者居民身份证和其他证件、非法向劳动者收取财物、以职业中介为名牟取不正当利益、超出核准业务范围经营或者进行其他违法活动等行为的，由人力资源社会保障部门依法查处，情节严重的，吊销职业中介许可证，并通报工商行政管理部门。

（四）规范用人单位招工行为。对提供虚假招聘信息，发布虚假招聘广告，违反规定将“乙肝五项”作为体检项目，以担保或者其他名义向劳动者收取财物，以招用人员为名牟取不正当利益或者进行其他违法活动的用人单位，依法责令改正，予以行政处罚；构成犯罪的，依法追究刑事责任。

三、开展专项行动工作要求

（一）加强领导，周密部署。各地人力资源社会保障、公安、工商行政管理等部门要高度重视，将此次专项行动作为促进人力资源市场健康有序发展，促进劳动者就业的重要举措，加强组织领导，建立专项行动协调指导机构，制定专项行动实施方案，积极开展专项行动。要将专项行动列入本部门工作议事日程，加强对本系统的工作指导、调度和督促检查。

（二）突出重点，确保实效。各地要结合本地实际开展有针对性的执法检查活动，明确任务，落实责任，务求实效。要以工商企业密集区、流动人口集散地、职业中介机构聚集地和自发形成的人力资源交易场所作为重点检查区域，重点打击“黑中介”和以职业中介为名坑骗求职者财物、拐卖妇女或未成年人等违法犯罪行为。

（三）联合执法，综合整治。各地要注重部门联动，强化协调配合工作机制，及时沟通专项行动进展情况，研究解决工作中遇到的问题。要组成部门联合执法检查组，统一行动，分工协作，确保专项行动取得预期效果。

（四）注重宣传，扩大影响。各地要抓住春节后农民工集中返城就业和开展春风行动等就业援助活动的契机，积极开展形式多样的法律宣传活动，畅通举报投诉渠道，开通并公布举报投诉电话。对专项行动期间查处的严重违法单位，要通过媒体向社会公布予以曝光。

四、认真做好专项行动相关材料报送和总结工作

（一）请各省级人力资源社会保障部门于2010年3月5日前将本地区专项行动实施方案报全国清理整顿人力资源市场秩序专项行动部际协调指导小组办公室（办公室设在人力资源社会保障部劳动监察局）。

（二）请各省级人力资源社会保障部门于2010年3月20日前将专项行动工作进展情况和数据报全国清理整顿人力资源市场秩序专项行动部际协调指导小组办公室。

（三）请各省级人力资源社会保障部门于2010年4月15日前会同有关部门对本地区此次专项行动情况进行认真总结，并将总结材料报全国清理整顿人力资源市场秩序专项行动部际协调指导小组办公室。

在专项行动期间，人力资源社会保障部、公安部和国家工商行政管理总局将组成联合督查组，赴部分地区进行督查调研，并在专项行动结束后，对专项行动中涌现出的先进单位予以联合通报表扬。

附件：清理整顿人力资源市场秩序专项行动情况（略）

二〇一〇年一月二十九日

人力资源和社会保障部关于贯彻落实国务院办公厅紧急通知　进一步解决企业拖欠农民工工资问题的通知

（人社部明电［2010］3号）

各省、自治区、直辖市人力资源社会保障（劳动保障）厅（局），新疆生产建设兵团劳动保障局：

去年底以来，各地认真贯彻我部召开的全国做好“两节”期间保障企业工资支付和劳动纠纷处理工作视频会议精神和两个通知要求，积极主动解决企业拖欠职工特别是农民工工资问题，取得了一定的进展。但是，最近一些地区仍接连发生因企业特别是建设领域企业拖欠农民工工资引发的群体性事件，严重影响当地社会稳定。党中央、国务院领导对此高度重视，国务院办公厅2月5日专门发出《关于切实解决企业拖欠农民工工资问题的紧急通知》（国办发明电［2010］4号），要求各地进一步落实责任，确保各项解决企业拖欠农民工工资问题的措施落到实处。为迅速贯彻落实国办通知要求，现就有关问题紧急通知如下：

一、各级人力资源社会保障部门要以对党和人民高度负责的精神，把解决企业拖欠农民工工资问题作为当前一项重要而紧迫的任务，在党委、政府领导下，进一步加强组织协调，加大工作力度，努力做到行政区域内农民工工资基本无拖欠，因拖欠工资问题引发的劳动争议案件在春节前基本办结，确保农民工合法权益，确保社会稳定。

二、继续深入开展农民工工资支付情况专项检查，在普遍检查的基础上，将解决建设领域企业和餐饮服务企业拖欠农民工工资问题作为重点，进一步会同有关部门和工会对行政区域内所有在建工程项目逐一排查，发现拖欠工资问题或欠薪苗头及时督促企业解决。对农民工反映投诉的拖欠工资案件，要逐一快速调查核定，妥善处理。

三、协调当地主要新闻媒体加强对解决企业拖欠农民工工资工作的宣传报道，营造保障农民工工资支付的浓厚舆论氛围。特别是对严重违反工资支付法律、法规或规章，恶意拖欠农民工工资的企业，要依法向社会公布，发挥新闻舆论的监督作用。

四、进一步加大解决企业拖欠农民工工资工作的督查力度，在春节前组织有关部门和工会逐级开展专项督查，及时通报相关情况，督促地方各级人民政府及有关部门切实负起责任，将解决企业拖欠农民工工资问题的各项措施落实到位。

五、加强劳动保障监察部门在春节前和春节期间的值班工作，进一步畅通举报投诉渠道，公布举报投诉电话，对涉及拖欠工资问题的举报投诉案件及时调查处理。

各级人力资源社会保障部门主要负责同志

要亲自加强对这项工作的组织领导，分管负责同志具体负责，劳动关系、劳动监察、调解仲裁、农民工工作和信访维稳等机构密切配合，共同做好解决企业拖欠农民工工资工作，确保广大职工特别是农民工度过一个安乐、祥和的春节。春节后，各省、自治区、直辖市人力资源社会保障部门要对本地区做好“两节”期间保障企业工资支付和劳动纠纷处理工作情况进行总结，形成书面材料，于2月底前报我部。

二〇一〇年二月五日

人力资源和社会保障部关于做好抗旱救灾有关就业工作的紧急通知

（人社部明电［2010］4号）

各省、自治区、直辖市人力资源社会保障（劳动保障）厅（局），新疆生产建设兵团劳动保障局：

目前，云南、贵州、广西、重庆、四川等西南五省（市、区）正在遭受百年一遇的干旱灾害，广大人民群众的生产、生活受到很大影响，大批农村劳动者急需解决就业问题，灾区就业局势十分严峻。为全力支持灾区人民群众抗旱救灾，切实解决灾区劳动者就业问题，努力保持灾区就业局势基本稳定，现就做好抗旱救灾有关就业工作紧急通知如下：

一、灾区人力资源社会保障部门要全力做好灾区就业工作

（一）灾区各级人力资源社会保障部门要高度重视受灾地区就业工作，及时掌握受灾地区就业形势特别是对农村劳动者的影响情况，研究制订工作方案，统一部署安排，采取有力措施，及时帮助灾区劳动者解决就业困难，防止灾区劳动者就业不稳定和农村劳动者盲目外出流动，全力稳定受灾地区就业局势。

（二）灾区省级人力资源社会保障部门要统一部署，在受到干旱灾害影响的市（地、州）和县、乡镇，重点依托县、乡公共就业服务机构，调查了解当地农村劳动者生产、生活情况和就业状况，及时掌握当地农村劳动者需要转移就业的具体人数和就业需求。

（三）受干旱灾害影响的市、县级公共就业服务机构要组织起来，根据当地农村劳动者转移就业需求，大力收集本地就业信息，采取专场招聘会、送岗位下乡等方式，帮助灾区农村劳动者就地就近转移就业。同时，要结合抗旱救灾工作的需要，挖掘一批直接支持抗旱救灾的阶段性就业岗位，安排一批由于旱灾导致无收入但不准备外出务工的农村劳动者，帮助其解决生活困难。

（四）灾区省级公共就业服务机构要组织开展省（自治区、直辖市）内的灾区农村劳动力劳务协作工作，建立“一对一”或“多对一”的支持协作关系，由未受灾地区主动向灾区提供有效岗位信息，帮助受灾地区农村劳动者转移到本地区就业。

（五）灾区省级公共就业服务机构要主动与主要劳动力输入地区联系，建立劳务对接合作关系，提供本地受灾地区县级公共就业服务机构联系方式，并为开展劳务对接工作提供便利条件。

二、各地人力资源社会保障部门要积极开展对灾区劳动者的就业服务

（六）各地特别是北京、上海、江苏、浙江、福建、山东、广东等主要劳动力输入地区人力资源社会保障部门，要将积极开展对灾区劳动者的就业服务作为今年春风行动的重要内容，紧急行动起来，结合本地区用工需求情况，组织开展灾区劳务对接活动，由省级公共就业服务机构牵头，组织适合于灾区农村劳动者的有效岗位信息，分期分批直接提供给灾区县级公共就业服务机构，并为灾区开展有组织劳务输出提供支持和帮助。

（七）各地人力资源社会保障部门要对本地用人单位新招聘的灾区农村劳动者组织一轮职业技能培训，对达到相应职业资格水平的组织进行职业技能鉴定，帮助新上岗的灾区劳动者尽早适应岗位要求，并按规定落实培训补贴和鉴定补贴政策。

（八）各地要鼓励用人单位吸纳灾区劳动者，对于吸纳灾区劳动者的用人单位，按规定给予相关优惠政策。

三、加强领导，精心组织

（九）各地人力资源社会保障部门要充分认识做好抗旱救灾就业工作的重要意义，将帮助灾区劳动者解决就业问题作为当前一项重要工作任务，以高度的政治责任感，带着对灾区人民的深厚感情，加强组织领导，组织调动力量，落实责任单位，明确工作任务，认真抓好抓实。

（十）请西南干旱灾区五省区市和各地人力资源社会保障部门及时将抗旱救灾就业工作有关情况报我部就业促进司。我部将及时了解各地开展抗旱救灾就业工作的进展情况，并对各地开展有关工作提供必要的指导和支持。

二〇一〇年四月七日

人力资源和社会保障部　公安部　监察部　民政部　国土资源部　卫生部　国家工商行政管理总局　国家安全生产监督管理总局　全国总工会关于开展整治非法用工打击违法犯罪专项行动的通知

（人社部明电［2010］6号）

各省、自治区、直辖市人力资源社会保障（人事、劳动保障）、公安、监察、民政、国土资源、卫生、工商行政管理、安全生产监督管理厅（局）、总工会，新疆生产建设兵团人事、劳动保障、公安、民政、国土资源、卫生、安全生产监督管理局、总工会：

自2007年以来，经国务院同意，人力资源社会保障、公安、监察等部门每年联合组织开展整治非法用工打击违法犯罪专项行动。经过三年来的专项整治活动，农村地区非法用工和违法犯罪活动明显减少，乡村“四小”单位劳动用工状况明显改善，有效维护了广大农民工和未成年人的合法权益。但是，目前在部分农村地区及城乡结合部的“四小”单位非法用工问题还比较严重，一些不法业主拐骗农民工、强迫劳动、限制人身自由、故意伤害等违法犯罪行为仍时有发生，严重侵害了劳动者合法权益。为加强对农村地区劳动用工的监督管理，维护劳动者合法权益，人力资源社会保障部、公安部、监察部、民政部、国土资源部、卫生部、国家工商行政管理总局、国家安全生产监督管理总局、全国总工会决定，于2010年6月1日至7月31日，在全国范围内组织开展为期2个月的整治非法用工打击违法犯罪专项行动（以下简称专项行动）。现就有关事项通知如下：

一、专项行动目标

清理无合法证照生产经营活动，依法查处非法用工，严厉打击拐骗农民工、使用童工、强迫劳动等严重违法犯罪行为，有效遏制农村地区非法用工和违法犯罪活动，使农村地区劳动用工管理得到进一步规范，切实维护广大农民工和未成年人的合法权益，促进农村地区经济发展和社会稳定。

二、专项行动对象和内容

专项行动主要对象是：

城乡结合部和乡村小砖窑厂、小煤矿、小矿山、小作坊等用工场所，重点打击并依法取缔黑砖窑。

检查内容主要是：

（一）依法领取证照的情况，包括工商登记、税务登记及采矿许可、生产许可、安全许可等；

（二）执行劳动保障法律法规的情况，包括劳动用工、劳动合同签订、工资支付、社会保险、工作时间、安全生产、职业卫生、女职工和未成年工劳动保护等；

（三）违法犯罪情况，包括拐骗农民工、使用童工、限制人身自由、强迫劳动、故意伤害等。

三、专项行动安排

专项行动分三个阶段进行：一是宣传动员阶段（2010 年 6 月 1 日至 10 日）。采用多种形式，广泛宣传开展整治非法用工打击违法犯罪专项行动的重要意义，普及劳动法、劳动合同法、治安管理处罚法、刑法、矿产资源法、职业病防治法、安全生产法、未成年人保护法、《劳动保障监察条例》、《禁止使用童工规定》等法律法规知识，在全社会营造维护劳动者合法权益的良好氛围。要求用人单位对其遵守劳动保障法律法规情况开展自查，对存在的问题提出明确具体的整改方案。

二是执法检查阶段（2010 年 6 月 11 日至 7 月 25 日）。各级人力资源社会保障、公安、监察、民政、国土资源、卫生、工商行政管理、安全生产监督管理、工会等部门和组织要联合开展好此次专项行动，坚持突出重点、标本兼治，实行集中整治与日常监管相结合，源头治理与大要案查处相结合，属地管理，落实责任，对农村地区用工场所全面进行执法检查，发现问题，及时进行调查处理，确保专项行动取得实效。

省、自治区、直辖市专项行动领导小组要对本地区开展专项行动的情况进行督促检查，全国整治非法用工打击违法犯罪专项行动领导小组（以下简称全国专项行动领导小组）也将组成联合督查组赴有关省市就专项行动开展情况进行督促检查。三是分析总结阶段（2010 年 7 月 26 日至 7 月 31 日）。各地要认真总结这次专项行动开展情况，特别是重大案件的查处情况，对农村用工存在的问题要进行研究，提出解决的对策建议。同时，还要总结近几年专项行动取得的成效（与 2007 年相比的主要数据分析）和经验。全国专项行动领导小组将在汇总各地总结材料的基础上向国务院报告专项行动工作开展情况。

四、工作要求

（一）高度重视，切实加强组织领导

地方各级人力资源社会保障、公安、监察、民政、国土资源、卫生、工商行政管理、安全生产监督管理、工会等部门和组织要充分认识非法用工现象造成的恶劣社会影响，从贯彻落实科学发展观、服务保增长、保民生、保稳定、构建和谐社会的高度，充分认识开展专项行动的重要意义，积极争取各级人民政府的支持，高度重视，精心组织，切实开展好专项行动。

人力资源社会保障部牵头，公安部、监察部、民政部、国土资源部、卫生部、国家工商行政管理总局、国家安全生产监督管理总局和全国总工会参加，组成全国专项行动领导小组，全国专项行动领导小组办公室设在人力资源社会保障部劳动监察局。各地也要成立相应的领导协调机构，按照本通知的要求，研究确定本地区专项行动方案，分解落实任务，充实一线执法检查人员，认真开展联合执法检查。

（二）分工负责，认真排查

各地人力资源社会保障部门对非法用工及使用童工等案件要及时进行调查，依法作出行政处理或处罚，并将无合法证照情况通报有关部门予以查处取缔；对不签订劳动合同、拖欠工资或低于最低工资标准支付职工工资、不参加社会保险等违法行为要依法处理。公安部门要对违法扣留各种身份证件，或者以暴力、威胁、限制人身自由等手段强迫农民工和未成年工劳动，侮辱、体罚、殴打、非法搜查、拐骗和拘禁劳动者等违法犯罪行为依法查处。工商行政管理部门要会同有关部门检查并依法取缔有证无照等违法经营行为。国土资源管理部门要依法严厉打击无证采矿行为，加强矿产资源开发的监督管理。安全生产监督管理部门要进行相关的安全检查和对作业场所职业健康进行监管，对不具备安全生产条件的，依法提请地方人民政府予以取缔关闭。卫生部门要检查并处理用人单位违反职业健康监护规定的行为。民政部门要对专项行动中发现的受害人及时提供救助。监察机关要对国家行政机关及其工作人员履行职责情况开展监督检查，对发现的失职渎职等违纪问题进行查处。工会组织要加强乡镇、村、企业的基层组织建设，开展贯彻实施劳动保障法律法规情况的监督活动，对拒绝改正违法行为的，要及时提请有关部门处理。

各地区、各有关部门要组成联合执法检查组，明确工作区域和责任，对所辖区域内的城乡结合部和乡村小砖窑厂、小煤矿、小矿山、小作坊等进行认真排查，发现问题，依法严肃处理。要高度重视受理举报投诉和社会舆论监督工作，确定并向社会公布专项行动举报投诉电话，认真受理举报投诉。要加强组织协调，充分发动和依靠乡镇、村等基层组织的力量，力争做到排查全面彻底。

（三）逐步建立长效机制，做好舆论引导

各级人力资源社会保障部门要与有关部门密切配合，加强协作，建立部门联合执法的综合治理机制。要及时分析专项行动中发现的问题，认真总结经验教训，建立并完善部门联席会议、信息通报、案件协助调查等各项工作制度，进一步加强基层执法队伍建设，逐步探索建立加强日常监管的长效机制。

要加强与宣传部门的沟通配合，做好舆论引导，宣传好的典型，曝光严重违法企业，避免个案炒作，维护社会稳定。

（四）认真做好专项行动有关材料报送和总结工作

1. 请各省级人力资源社会保障部门于2010年6月10日前将本地区专项行动工作方案、专项行动领导小组成员名单、联系人、联系电话等报全国专项行动领导小组办公室。

2. 请各省级人力资源社会保障部门于2010年7月1日前将专项行动进展情况及发现的典型案例以快报形式报全国专项行动领导小组办公室。

3. 请各省级人力资源社会保障部门于2010年8月5日前将本地区专项行动开展情况的书面总结报告及汇总情况（见附件）报全国专项行动领导小组办公室。

各地在专项行动中发现的重大问题要随时向全国专项行动领导小组报告。

附件：1. 整治非法用工打击违法犯罪专项行动案件情况（略）

2. 整治非法用工打击违法犯罪专项行动案件处理情况（略）

二〇一〇年四月二十九日

人力资源和社会保障部慰问电

（人社部明电［2010］14号）

浙江、福建、江西、湖北、湖南、广东、广西、四川、重庆、陕西人力资源社会保障厅（局）、福建省公务员局：

今年我国气候条件极端异常，入汛以来，南方地区发生了严重的洪涝灾害，北方地区也出现了强降雨过程，汛情发生早，洪涝灾害种类多，受灾程度重。面对严重的洪涝灾害，各受灾地区人力资源社会保障部门在第一时间深入一线迅速投入防汛抗洪斗争，积极参加灾后恢复重建，做了大量卓有成效的工作，展现了人力资源社会保障系统干部职工良好的作风和精神面貌。谨向战斗在防汛抗洪和灾后恢复重建一线的广大人力资源社会保障系统干部职工表示崇高的敬意和亲切的慰问！希望受灾地区人力资源社会保障部门按照当地党委、政府的统一部署，再接再厉，充分发挥职能作用做好受灾地区就业服务社会保障和农村劳动力转移等工作，千方百计保障受灾地区群众的基本生活。近日，中央财政已经拨付了就业、社会保障转移支付资金。要尽快将资金下拨到位，优先对受灾地区作出安排，为受灾地区尽快恢复生产，并取得防汛抗洪的全面胜利作出更大的贡献。

二〇一〇年七月三十日

人力资源和社会保障部慰问电

（人社部明电［2010］46号）

吉林省人力资源社会保障厅：

7月下旬以来，你省暴雨频发、雨区集中，二松全流域的降雨量百年一遇、历史罕见，致使全省大部分地区均不同程度受到洪涝灾害，特别是吉林市、四平市、白山市、延边州等地受灾严重。在严峻的汛情面前，你省受灾地区人力资源社会保障部门在当地党委、政府领导下，第一时间深入一线迅速投入防汛抗洪斗争，展现了人力资源社会保障系统干部职工良好的作风和精神面貌。请向战斗在防汛抗洪一线的人力资源社会保障系统广大干部职工转达部党组崇高的敬意和亲切的慰问！希望你省各级人力资源社会保障部门按照党委、政府的统一部署，充分发挥职能作用，千方百计保障受灾地区群众的基本生活，特别是在灾后恢复重建过程中全力做好受灾地区就业服务、社会保障和农村劳动力转移等工作。近日，中央财政已经拨付了就业、社会保障转移支付资金。要尽快将资金下拨到位，优先对受灾地区作出安排，为受灾地区尽快恢复生产，并取得防汛抗洪的全面胜利作出更大的贡献。

二〇一〇年八月四日

人力资源和社会保障部办公厅关于印发2010年人力资源和社会保障宣传工作要点的通知

人社厅发［2010］12号

各省、自治区、直辖市人力资源社会保障（人事、劳动保障）厅（局），新疆生产建设兵团人事局、劳动保障局，各副省级市人力资源社会保障（人事、劳动保障）局：

现将《2010年人力资源和社会保障宣传工作要点》印发你们，请结合实际认真贯彻落实。

二〇一〇年二月八日

2010年人力资源和社会保障宣传工作要点

2010年是实施“十一五”规划最后一年，也是应对国际金融危机关键之年。人力资源社会保障宣传工作的总体要求是：全面贯彻党的十七大和十七届三中、四中全会精神，认真落实中央经济工作会议和全国宣传部长会议、全国人力资源社会保障工作会议部署，按照构建人力资源社会保障大宣传格局的要求，进一步创新理念、创新机制、创新方法，紧紧围绕中心工作，重点抓好政策法规宣传、先进典型宣传和舆论引导及文化培育等，集中开展人力资源社会保障政策法规主题宣传年活动，着力做好回答人民群众普遍关心的重点、热点问题工作，增强宣传工作的针对性、时代性、群众性和实效性，为推动人力资源社会保障工作全面协调持续发展营造良好的舆论氛围和社会环境。

一、抓好形势任务宣传，进一步增强做好人力资源社会保障工作的自觉性和责任感

（一）大力宣传党中央、国务院和各级党委、政府高度重视人力资源社会保障工作及作出的一系列重大部署，突出宣传中央经济工作会议关于解决民生问题的重大举措。通过举办形势报告会、政策宣讲会等形式，引导人民群众把思想和行动统一到中央对形势的正确分析和判断上来，统一到中央的重大决策和部署上来，进一步坚定信心，振奋精神，努力推动人力资源和社会保障工作创新发展。

（二）大力宣传我国应对国际金融危机一揽子计划特别是稳定和扩大就业一系列政策措施取得的显著成效，利用权威数据和生动事例，展示去年以来人力资源社会保障系统迎难而上、奋力拼搏的精神风貌，全面宣传应对国际金融危机以来取得的工作成就和成功经验，进一步鼓舞斗志，再接再厉，开拓创新。

（三）大力宣传人力资源社会保障领域涉及重大民生问题的部署安排，着重宣传促进就业、完善社会保障体系、完善工资收入分配制度、深化人事制度改革、加强人才队伍建设、发展和谐劳动关系等六个方面的工作目标任务，充分认清面临的各种困难和挑战，进一步增强忧患意识，保持清醒头脑，迎难而上，奋发有为，推动今年的各项任务全面完成。

二、抓好规划纲要宣传，进一步推进人力资源和社会保障工作创新发展

（四）大力宣传人力资源和社会保障事业发展“十一五”规划纲要的贯彻执行情况，重点宣传各项发展目标、主要任务的新进展、新成效，适时组织新闻媒体集中采访报道，全面客观地反映“十一五”时期人力资源和社会保障事业的新成就，促进“十一五”规划各项目标任务落实。

（五）大力宣传人力资源和社会保障涉及全局性、战略性、前瞻性重大课题的最新研究成果，组织专家学者发表署名文章和宣讲，系统介绍世界主要国家和我国人力资源和社会保障制度体系建设，为顺利编制“十二五”规划提供理论支持和正确的舆论导向。

（六）大力宣传“十二五”规划的背景、意义和主要内容及重要措施，重点抓好文件公布、政策解读、舆情监控等工作。设计印制《人力资源和社会保障事业发展“十二五”规划纲要》宣传品，切实增强社会各界对“十二五”规划的全面理解和认同，为推动“十二五”规划顺利贯彻实施营造良好的舆论氛围。

三、抓好政策法规宣传，促进人力资源和社会保障各项工作顺利开展

（七）抓好促进就业的政策宣传。结合“春风行动”“就业援助月”“民营企业招聘周”等专项行动，深入宣传应对国际金融危机稳定和扩大就业的一揽子政策措施，突出宣传高校毕业生就业2010年推进计划、特别职业培训计划、首批国家级创业型城市创建工作和集中力量做好重点群体就业工作，有力推动各项就业政策全面贯彻落实。

（八）抓好完善社会保障体系的政策宣传。突出宣传以《城镇企业职工基本养老保险关系转移接续暂行办法》、推进省级统筹、调整企业退休人员基本养老金等为重点的完善社会保障体系建设举措。配合新型农村社会养老保险试点，开展送政策、送宣传、送服务活动，切实使新农保政策深入农村、深入农户，惠及广大农村居民。同时，紧跟《社会保险法》立法进程，开展同步宣传，为《社会保险法》顺利出台和贯彻实施营造和谐舆论。积极做好《工伤保险条例》修订案出台后的宣传工作。

（九）抓好发展和谐劳动关系的政策宣传。深入宣传《劳动合同法》实施两年来取得的成效及和谐劳动关系创建活动，特别是在应对国际金融危机冲击、规范劳动用工行为、维护劳动者合法权益、促进劳动关系和谐和社会稳定等方面起到的作用。积极宣传《劳动人事争议仲裁组织规则》《关于加强劳动人事争议调解工作的意见》和劳动保障监察在维护劳动者合法权益及推进“两网化”管理试点等方面的经验。充分发挥舆论监督作用，对严重侵害劳动者合法权益的典型事件和案例进行曝光。

（十）抓好推进人事制度改革的政策宣传。加强公务员法配套法规、事业单位人事制度改革、军转安置工作等方面的宣传，推动人事制度改革迈出新步伐。适时开展国家荣誉制度立法宣传，为国家荣誉制度相关法律法规出台、实施营造良好的舆论环境。大力宣传《国家人才发展中长期规划纲要》，结合博士后制度建立25周年，加大高层次人才、高技能人才的宣传力度，营造尊重知识、尊重人才、尊重创造的良好氛围。积极稳妥地开展义务教育学校、公共卫生与基层医疗卫生单位和其他事业单位实施绩效工资的专项宣传活动，推动收入分配改革措施平稳实施。

四、抓好先进典型宣传，进一步激发工作积极性和创造性

（十一）把人力资源社会保障系统典型宣传纳入重点工作计划，作为树立新部门新形象和推动工作落实的重要抓手，加强先进典型的培养和挖掘，及时发现事迹过硬、群众认可、反响强烈的典型线索，力争发现一个、推荐一个、宣传一个。

（十二）结合重大活动和各级各类表彰会，重点宣传2010年全国劳动模范、人民满意公务员、人民满意公务员集体、杰出专业技术人才、高层次留学人才、优秀博士后、第二批高技能人才“十大楷模”、第十届中华技能大奖和全国技术能手、国家技能人才培训突出贡献奖、农村优秀人才、优秀转业干部、先进军转工作者、优秀农民工、优质服务窗口等先进典型，进一步形成学习先进、争当先进的浓厚氛围。

（十三）扩大先进典型的影响力，主动与当地党委宣传部门沟通协调，建立联动机制，搞好借势宣传，形成由下而上、从系统到全社会的宣传格局。在各地推荐和宣传的基础上，部里将向中宣部推荐一批先进典型线索，力争纳入全国重大典型宣传计划，重点推出一批社会影响大、群众反响好的先进典型。

五、抓好监控引导，营造和谐稳定的舆论环境

（十四）建立和完善舆情收集分析机制。加强舆情日常跟踪监控，改进信息收集手段，及时了解社会关注的突出问题，准确掌握舆情动态。加强分析研判，提高舆情信息的甄别和归纳整理能力。建立日常舆情信息报送制度，重要信息专报专办，为领导决策和制定政策提供信息支持。

（十五）建立和完善舆情应急处理机制。加大对不良有害信息查处力度，对负面、失实报道和煽动性的恶劣言论，在第一时间采取果断措施处理，该批驳的批驳，该封堵的封堵，防止不良信息传播扩散。

（十六）建立和完善舆论引导机制。研究制定《关于加强人力资源和社会保障舆情工作的意见》，促进舆论引导工作的制度化、规范化。加强网评员队伍建设，及时组织跟帖和发表正面言论，因势利导，掌握主动权。特别是要加强对突发事件的舆情引导，充分发挥人力资源社会保障部门新闻发布会、门户网站在舆论引导方面的积极作用，及时发布权威信息，切实增强信息发布的公信力和引导力，防止媒体不良炒作。

六、加大改进创新的力度，进一步增强新闻宣传的吸引力和感染力

（十七）统筹协调传统媒体与新兴媒体形成合力。在发挥好报纸、刊物等平面媒体作用的基础上，下大力抓好广播、电视和网络等现代传媒的宣传。既注重事实报道，又要开展观点宣传，建立和完善知名专家学者评论制度，加强对重点工作的解读和点评，组织刊发一批有观点、有深度、有影响的重点报道。与中央电视台、中国移动通信合作推出人力资源社会保障公共服务系列电视宣传片和手机短信平台，开展多形式、多渠道、多方位的立体宣传。

（十八）统筹协调新闻宣传与文化传播形成合力。围绕文化上形成风格的总要求，在开展新闻宣传的同时，加强人力资源社会保障文化建设研究，积极吸纳和借鉴当代文化成果，传承优秀的中华文化，培育具有人力资源社会保障风格的先进文化。同时，针对人民群众的文化需求和接受信息的特点，开发一批喜闻乐见、生动活泼、形象直观的宣传品，进一步增强宣传工作吸引力和渗透力。加强人力资源社会保障工作音像资料的收集整理，重要资料要分类存档，专人保管，全面准确地记录好人力资源和社会保障工作的发展进程和重大成就。

（十九）统筹协调上下联动形成合力。建立健全上下联动宣传机制，加强对基层宣传工作的指导。重要工作、重大活动要集中力量、集中时间、统一部署、统一行动，扩大宣传声势，增强宣传影响力。特别是要发挥基层平台、服务窗口、经办机构的作用，切实把宣传触角向基层、社区和乡村延伸，进一步扩大宣传覆盖面。

（二十）统筹协调对内宣传与对外宣传形成合力。充分利用召开国际会议、外宾来访和领导出访等时机，结合第五届 APEC 人力资源开发部长级会议、中国社会保障论坛第四届年会，全面宣传我国人力资源和社会保障工作理念、制度体系和建设成就，进一步促进国际交流与合作。

七、切实加强领导，夯实人力资源社会保障宣传工作的基础

（二十一）把宣传工作摆上全局工作的重要位置，纳入重要议事日程，结合机构改革，进一步建立和完善宣传工作领导机制、组织结构和制度建设，理顺新闻宣传工作职能职责，强化归口管理，落实责任制，形成分工负责、齐抓共管的良好格局。

（二十二）围绕中心工作，积极主动地搞好宣传策划，做到与业务工作同步安排、同步组织、同步落实。特别要加强重点工作的宣传策划，每一项改革实施、每一项重大政策出台、每一项重大活动开展，都要针对可能引起公众关注的焦点制订宣传方案，进一步提高宣传策划力和执行力。

（二十三）加强基础建设，配齐配好宣传工作队伍，加强宣传骨干培训，进一步提高做好新形势下人力资源社会保障宣传工作的能力和水平。加大宣传工作投入，切实为做好宣传工作创造有利条件。

人力资源和社会保障部办公厅关于预备技师证书核发及管理工作有关问题的通知

人社厅发［2010］13号

各省、自治区、直辖市人力资源社会保障（劳动保障）厅（局），新疆生产建设兵团劳动保障局：

为贯彻落实中共中央办公厅、国务院办公厅《关于进一步加强高技能人才工作的意见》（中办发［2006］15号）精神，进一步做好预备技师培养工作，根据《关于推动高级技工学校技师学院加快培养高技能人才有关问题的意见》（劳社部发［2006］31号）和《关于做好预备技师考核试点工作的通知》（劳社厅发［2007］15号），现就预备技师证书核发及管理工作有关问题通知如下：

一、预备技师证书适用范围及效力

（一）预备技师证书发放对象为技师学院和高级技工学校预备技师班考核合格的学员。

（二）预备技师证书表明持证人已完成预备技师学制教育，并通过相应职业技师（国家职业资格二级）的理论知识考试和操作技能考核（未进行综合评审）。

（三）预备技师证书在全国范围内有效，自颁发之日起，有效期为5年。

二、预备技师证书申领发放办法

（一）预备技师证书由我部统一印制并免费发放。我部职业能力建设司负责全国预备技师证书的印制、统筹管理和监督检查工作。中国就业培训技术指导中心具体负责预备技师证书的统计和发放工作。各省、自治区、直辖市人力资源社会保障行政部门根据需要统一向我部申领。

（二）各技师学院、高级技工学校应于每年年底前向当地人力资源社会保障行政部门上报本院校下一年度预备技师毕业人数及证书需求数量，经当地人力资源社会保障行政部门核准后，上报本省、自治区、直辖市人力资源社会保障行政部门。

（三）各省、自治区、直辖市人力资源社会保障行政部门核定本省（区、市）预备技师证书需求数量后，应于每年2月底前，向我部职业能力建设司提出本省（区、市）当年度空白证书申领计划，并按规定填写《预备技师证书申领审核表》（附后）。我部职业能力建设司会同中国就业培训技术指导中心，以技工院校学生信息管理系统注册的学籍人数为依据，按照各地技师学院和高级技工学校预备技师班每年毕业生人数，核拨空白预备技师证书。

三、预备技师证书管理

（一）各省、自治区、直辖市人力资源社

会保障（负责技工教育）行政部门具体负责本省（区、市）预备技师证书的申领、验印及管理工作。经其批准，由省级或地（市）职业技能鉴定指导中心负责组织实施预备技师考核和证书发放工作。预备技师证书的编码、打印、统计、验印、发放和鉴定收费等工作按照《关于做好预备技师考核试点工作的通知》（劳社厅发［2007］15号）中有关规定执行。

（二）各地人力资源社会保障部门要严格规范预备技师证书核发管理工作，并结合本地实际制定预备技师证书核发工作管理规定和工作流程。空白预备技师证书要指定专人妥善保管，实行保管与使用分开，每次领用均要登记，并记录核发情况。损坏证书须加盖“作废”字样予以保存备查，并将作废证书流水码报中国就业培训技术指导中心备案。预备技师证书遗失者，须登报声明作废，并向颁发原证书的人力资源社会保障行政部门申请补发，由同级职业技能鉴定机构负责审核办理。补办的证书使用原证书编码和新证书流水码，并在备注栏内注明。

（三）各地人力资源社会保障部门要建立预备技师证书信息查询系统，将获取预备技师证书人员的信息上网并向社会公布，供劳动者和用人单位查询。证书信息查询系统要与技工院校学生信息管理系统和国家职业资格证书查询系统相链接。

（四）各地人力资源社会保障部门及各技工院校应免费向学生发放预备技师证书，不得以任何理由收取证书工本费。

（五）任何地区、部门、单位和个人不得擅自印制、发放、伪造、涂改预备技师证书。各地人力资源社会保障部门要自觉接受社会监督，对群众举报的问题要认真调查，对违规违纪的要严肃查处。对社会上出现的伪造、贩卖、制售假证书的，要积极与公安部门配合，予以严厉打击。

附件：预备技师证书申领审核表（略）

二〇一〇年二月十一日

人力资源和社会保障部办公厅关于技工院校毕业证书发放管理有关工作的通知

人社厅发［2010］15号

各省、自治区、直辖市人力资源社会保障（劳动保障）厅（局）：

为规范技工院校毕业证书发放管理工作，决定自2010年起，启用全国统一样本的《技师学院毕业证书》《高级技工学校毕业证书》和《技工学校毕业证书》（以下简称技工院校毕业证书）。现就技工院校毕业证书发放管理有关工作通知如下：

一、毕业证书印制

技工院校毕业证书由人力资源社会保障部统一制定样式（见附件1），并下发空白证书印刷母版，由各省级人力资源社会保障（劳动保障）部门使用本省的印刷母版分别组织印制。

二、毕业证书颁发

对学业期满，思想品德合格，完成规定的全部课程，成绩合格，准予毕业的技工院校学生颁发毕业证书。按照属地管理和方便学校的原则，技工院校毕业证书须由学校所在地省级或地市级人力资源社会保障（劳动保障）部门验印。

三、毕业证书管理

（一）各省、自治区、直辖市人力资源社会保障部门具体负责本省（区、市）技工院校毕业证书的印制、核发、验印、保存及其他管理工作。

（二）各地人力资源社会保障部门要严格规范技工院校毕业证书印制、核发、验印、保存等管理工作，并结合本地实际情况制定技工院校毕业证书各项管理流程和管理规定。

（三）空白技工院校毕业证书印刷母版采用“常用”“备用”两张保密光盘形式下发，光盘要交由省级人力资源社会保障部门的机要部门保存，并制定保密措施严格保管，实行保管与使用分开。光盘每次领用均要详细登记使用情况，使用完毕务必及时返还。光盘内容不得复制、删改，如遇光盘损坏、丢失等情况应立即向我部职业能力建设司书面报告，说明情况并获取“备用”光盘启用密码。

（四）空白技工院校毕业证书要根据本省（区、市）实际需求情况印制，并须印刷证书流水码（证书右下角“NO. ×××”字样）。空白证书要指定专人妥善保管，实行保管与发放分开，每次领用证书均要详细登记发放情况，确保通过查询证书的流水码可判断证书的流向。损坏的证书不得擅自销毁，须加盖“作废”字样专章予以保存备查。

（五）技工院校毕业证书编号及打印要采用信息化手段，并将技工院校毕业证书有关信息纳入全国技工院校学生信息管理系统，以实现全国技工院校毕业证书信息网络查询（具体要求另行发文)。

(六)各地人力资源社会保障部门及各技工院校应免费向学生发放技工院校毕业证书，不得以任何理由收取证书工本费。

(七)任何地区、部门、单位和个人不得复制、修改、传播印刷母版，不得擅自印制、发放、伪造、涂改技工院校毕业证书。各地人力资源社会保障部门要自觉接受社会监督，对群众举报的问题要认真调查，对违规违纪行为要追究当事人责任，严肃查处。对社会上出现的伪造、贩卖、制售假证书的，要积极与公安部门配合，予以严厉打击。

四、毕业证书编号

(一)技工院校毕业证书实行全国统一编号，编号基本规则为:

技工院校毕业证书编号共 19 位，由阿拉伯数字组合的七部分构成，涵盖了技工院校所在地区的行政区划、学校顺序号、学校办学层次、学生毕业年份、学生毕业层次、学生毕业专业、毕业证书顺序号等内容。

第一部分(两位数字)为行政区划代码;第二部分(三位数字)为学校在本行政区划内的顺序号;第三部分(一位数字)为学校办学层次，表示学校为技师学院、高级技工学校或技工学校;第四部分(四位数字)代表学生毕业年份;第五部分(一位数字)为学生毕业层次，表示学生毕业于预备技师(技师)班、高级技工班或中级技工班;第六部分(四位数字)为学生毕业专业代码;第七部分(四位数字)为本年度学生毕业证书的顺序号。(技工院校毕业证书编号构成说明见附件 2)

(二)省级人力资源社会保障部门依据证书编号基本规则，制定本地区的技工院校毕业证书编号具体规则。

五、毕业证书填写

对于技师学院、高级技工学校和技工学校不同培养层次的毕业生，在填写技工院校毕业证书时，应予区分，并分别注明。(技工院校毕业证书填写示例见附件 3)

六、毕业证书质量要求

(一)证书内芯。

1. 规格尺寸：长 260 mm×宽 180 mm。

2. 用纸要求：使用 180 g 高档白卡纸，紧度不小于 0.85 g/cm^3，白度不低于 83%，施胶度不小于 1.5 mm，平滑度不小于 40 s，挺度 3.20/2.10 mN·m(纵向/横向)。

3. 流水码：字号五号，字高 2 mm，字间距 0.2 mm，上距边沿 169 mm。

4. 印刷要求：网点清晰、完整，版面均匀、整洁;文字排列完整、清楚，图像位置准确;颜色自然协调，色泽饱满、颜色亮丽、层次感强;成品裁切整齐，面料平整、尺寸准确。

(二)证书封皮。

1. 颜色:《技师学院毕业证书》为正红色;《高级技工学校毕业证书》为正蓝色;《技工学校毕业证书》为正绿色。

2. 材质：由各省级人力资源社会保障部门自行确定。

3. 制作要求：设计美观、色泽饱满，成品裁切整齐，面料平整、尺寸适当。

各地在印制证书中如有技术困难，达不到上述技术要求，可与中国就业培训技术指导中心联系。

联系人：李京

联系电话：(010) 84661057

附件：1. 技工院校毕业证书印制样式(略)

2. 技工院校毕业证书编号构成说明(略)

3. 技工院校毕业证书填写示例(略)

二○一○年二月二十三日

人力资源和社会保障部办公厅关于切实做好维护乙肝表面抗原携带者入学和就业权利工作有关问题的通知

人社厅发［2010］22号

各省、自治区、直辖市人力资源社会保障（人事、劳动保障）厅（局），新疆生产建设兵团人事局、劳动保障局：

为贯彻落实人力资源社会保障部、教育部、卫生部《关于进一步规范入学和就业体检项目维护乙肝表面抗原携带者入学和就业权利的通知》（人社部发［2010］12号，以下简称《通知》）的要求，切实做好维护乙肝表面抗原携带者入学和就业权利工作，现就有关事项通知如下：

一、认真学习领会《通知》精神，统一思想，提高认识

医学研究证明，乙肝病毒经血液、母婴及性接触三种途径传播，日常工作、学习或生活接触不会导致乙肝病毒传播。解决好乙肝病毒携带者入学、就业受限制问题，是坚持以人为本、促进社会和谐稳定的客观要求，有利于维护劳动者合法权益、推动社会公平就业。各级人力资源社会保障部门要组织干部职工认真学习《通知》和三部门政策解读稿（附后），深刻领会《通知》精神，全面掌握《通知》要求，充分认识维护乙肝表面抗原携带者入学、就业权利的重要意义。要结合本地实际，制订工作方案，建立工作责任制，确保把《通知》要求落到实处。各服务窗口单位要组织开展专门培训，准确了解《通知》内容、要求和意义，以便全面做好相关服务工作。

二、把握重点，采取切实措施，确保各项工作落实到位

（一）抓紧做好政策清理工作。各地要按照《通知》要求，抓紧开展有关政策清理工作，在规定时限内完成相关文件的废止或修订，并依据职责，积极配合做好地方行政性法规清理工作。

（二）加强对人力资源市场、用人单位的监督管理。各地要加强对人力资源市场中用人单位招工（聘）活动的日常监管，指导用人单位全面落实《通知》各项要求。要在正在开展的清理人力资源市场秩序专项行动中，把禁止用人单位进行乙肝项目检测作为重要内容。要严格按照修订后的《公务员录用体检通用标准（试行）》及操作手册开展相关体检工作。要指导和督促事业单位在公开招聘体检中按要求取消相关乙肝项目检测。要进一步规范“三支一扶”等基层就业项目选拔体检项目，按要求取消乙肝项目检测。

（三）加强对技工院校的指导和监管。各地要面向技工学校、技师学院开展政策宣传，将《通知》要求传达到每一所学校。督促技工院校在入学体检中取消乙肝项目检测，维护乙肝表面抗原携带者就学权利。指导学校根据需要在入学体检中开展转氨酶检测，如果受检者转氨酶正常，不得进行乙肝项目检测；如果转氨酶异常，可进一步明确诊断。对违规进行乙肝项目检测的，要及时制止、纠正，给予通报批评，并对相关责任人进行处分。

（四）加强劳动保障监察和争议调解工作。各地要加强对用人单位的监督检查，督促其严格执行国家相关规定；要认真受理相关投诉和举报；对违反规定的，要严格依法查处。调解仲裁部门要对因涉及乙肝歧视发生的劳动人事争议依法进行调处。

（五）设立投诉、举报电话。县级以上人力资源社会保障部门要结合实际，设立并公布专门投诉、举报电话，或利用现有12333劳动保障咨询热线，增设相关接收投诉、举报的功能。要开展有针对性的培训，确保电话接线员掌握相关政策规定。

三、加强组织领导，明确责任，积极做好宣传引导

各级人力资源社会保障部门要高度重视这项工作，切实加强组织领导，指定相关负责人牵头，相关处室负专责，系统内各单位相互配合，明确工作任务，落实工作责任。要加强与教育、卫生部门的联系和协调，相互配合，密切协作，共同推进《通知》的落实。要依托人才交流服务机构、公共就业服务机构等服务窗口和社区基层平台等组织开展宣传，采取送政策上门等方式，让用人单位和劳动者全面、准确了解政策规定。要密切跟踪舆情，收集社会上的各种反映，必要时采取措施加以引导，重大情况及时向我部汇报。各地要按要求组织开展《通知》落实情况专项检查，并将检查结果在10月底前报我部就业促进司。

附件：人力资源社会保障部　教育部　卫生部政策解读及热点答疑

二〇一〇年三月八日

附件

人力资源社会保障部　教育部　卫生部
政策解读及热点答疑

一、政策解读类

1. 三部门联合下发《关于进一步规范入学和就业体检项目维护乙肝表面抗原携带者入学和就业权利的通知》的主要背景。

答：近年来，国家对保障乙肝表面抗原携带者入学、就业权利问题高度重视，《中华人民共和国就业促进法》《中华人民共和国教育法》《中华人民共和国传染病防治法》等法律及有关法规、规章都作出了相关规定。2007

年原劳动保障部、卫生部联合下发《关于维护乙肝表面抗原携带者就业权利的意见》，要求用人单位在招、用工过程中，除国家法律、行政法规和卫生部规定禁止从事的工作外，不得强行将乙肝病毒血清学指标作为体检标准。通过各级政府和全社会的共同努力，乙肝病毒携带者入学、就业环境得到了一定程度的改善。

但是，目前仍有不少教育机构、用人单位在入学、就业体检时违规进行乙肝病毒血清学项目检查，并把检查结果作为入学、录用的条件；部分地区对相关政策规定贯彻落实不到位，对违规用人单位的监督检查力度不够，造成乙肝表面抗原携带者入学和就业受限制的现象还时有发生，社会反映强烈。

对此，国务院领导高度重视，多次作出重要批示，要求有关部门进一步分析原因、明确政策、抓好落实。按照国务院领导要求，从去年11月起，国务院法制办牵头，人力资源社会保障部、教育部、卫生部联合开展相关政策措施研究。整个研究过程遵循“公开、民主、科学”的原则，一方面充分听取专家意见，了解国际上通行的做法，参考世界卫生组织（WHO）有关意见，从传染病防治角度对取消乙肝项目检测的可行性进行反复深入论证；另一方面通过公开征求意见，广泛听取并积极吸纳社会各界意见，从而保证政策措施的科学、严谨和有效。

2. 这次文件与2007年原劳动保障部和卫生部下发的文件相比有哪些新的要求和规定？

答：这次文件是对2007年文件的完善和强化，重点是进一步规范入学和就业体检项目，明确用人单位、教育机构、医疗卫生机构的责任，强化政府监管职能，加强执法检查，提高政策的可行性和可操作性。与2007年文件相比，主要有以下几个方面特点：

（1）权益维护范围更广。2007年文件着重维护乙肝表面抗原携带者的就业权利；这次文件强调维护入学和就业两方面的权利。

（2）禁查项目更加全面。2007年文件要求在就业体检中不得强行检查乙肝病毒血清学指标；这次文件明确要求在入学、就业体检中不得进行任何涉及乙肝病毒感染标志物的检查，包括乙肝五项和HBV－DNA检测等。

（3）特殊职业更加明确。目前，国家法律、行政法规和国务院卫生行政部门规定中没有禁止乙肝病毒携带者从事的工作，这次文件规定确需检查的职业，一是强调特殊，可能只有极个别职业；二是强调严格申请审核程序，应由行业主管部门向卫生部提出研究报告和书面申请，经卫生部核准后方可开展相关检测；三是强调公开监督，经核准的乙肝表面抗原携带者不得从事的职业，由卫生部向社会公布。只要工作到位，不会出现变相检查，影响政策效果。

（4）监督检查力度更大。一是对机构的监督检查方面，这次文件要求相关主管部门要加强对医疗卫生机构、教育机构、用人单位的监督和管理，对违反规定的，要依法查处；二是对工作人员的管理方面，这次文件也明确规定对违反规定的相关负责人或责任人也要予以相应处罚；三是发挥社会监督职能，这次文件要求各相关部门设立并公布投诉、举报电话，受理社会上的投诉和举报。

3. 取消入学、就业体检中乙肝五项检查的目的和意义是什么？取消乙肝五项检查后，学校和用人单位如何筛查乙肝病人？

答：乙肝病毒不会通过共同学习和工作接触造成传播。以往有些单位在入学和就业体检项目中检测乙肝病毒感染标志物，对阳性者限制其入学、就业，这侵害了他们的合法权益。近些年来随着国家法律法规的不断完善和人们对乙肝病毒传播特点的认识逐步深入，关于一般接触不会造成乙肝传播的知识已经被大家所接受。因此，从进一步维护乙肝表面抗原携带者入学和就业权利出发，取消入学和就业体检中乙肝病毒感染标志物的检测，有利于维护公平的入学、就业权利，维持社会的稳定发展，有利于构建和谐的人际关系和良好的社会风尚，促进精神文明建设。

由于乙肝病人与其他肝炎病人一样，其血

清转氨酶异常，在入学、就业体检项目中有血清转氨酶检测，因此不会漏检乙肝病人。对于临床上确诊的乙肝病人，应积极配合治疗。

4. 下一步将采取哪些措施推动《通知》的贯彻落实？

答：下一步将主要采取以下几项措施推动《通知》的贯彻落实。一是开展宣传，利用各种媒体和地方各级工作平台，开展乙肝防治知识和相关政策法规的宣传，引导全社会正确认识和对待乙肝。二是抓紧清理、修订现行有关规定，国务院有关部门将对《公共场所卫生管理条例实施细则》《公务员录用体检通用标准（试用）》以及招生体检工作相关规定等进行修订，各级地方政府也要对现行有关政策进行清理，尽快废止或修订与《通知》规定不一致的文件。三是实施日常监管，各级人力资源社会保障、教育、卫生部门将对用人单位、教育机构和医疗卫生机构进行日常监管，督促其严格执行国家相关规定。对违反规定的，依法查处。同时设立投诉、举报电话，受理投诉和举报。四是结合有关政策专项督查和市场清理整顿等专项行动，推动政策贯彻落实。目前，人力资源社会保障部已经将禁止用人单位开展相关检测作为2010年清理整顿人力资源市场秩序专项检查的一项重要内容进行了部署。五是开展专项检查，按照《通知》要求，省级人力资源社会保障、教育、卫生部门将适时联合开展专项检查。

二、网民关注热点问题

5. 乙肝病毒传播的途径是什么？医学上筛查乙肝病毒携带者的主要方法是什么？

答：乙肝病毒传播途径包括：

（1）经血传播：经血传播主要包括经血液和血制品、使用未经严格消毒的医疗器械、注射器、介入性诊疗操作和手术，以及静脉注射滥用毒品等；其他如修足、文身、扎耳环孔、医务人员工作中的意外暴露、共用剃须刀和牙刷传播，以及破损的皮肤和黏膜传播均归类为血液传播途径。WHO资料显示，通过血液传播乙肝病毒的证据是确凿的。

（2）母婴传播：母婴传播是乙肝病毒重要的传播途径，慢性乙肝病毒感染者中约有30%～50%是通过母婴传播获得的。母婴传播可分为宫内传播（较为罕见，多数研究表明<2%）、产程传播和产后感染。母婴传播率主要取决于母亲血液中是否存在HBeAg。我国1979年、1992年血清流行病学调查均显示我国大部分的感染者是由于母婴感染所致，这和世界卫生组织、联合国儿童基金会发布的乙肝高流行地区感染模式一致。

（3）性传播：乙肝感染者的精液或阴道分泌物中均可检出乙肝病毒，在密切的性接触时，这些体液可透过破损的黏膜而引起感染。美国纽约的男同性恋者乙肝病毒感染率比对照组高13倍，感染率与性接触对象数目成正比。对乙肝病毒慢性感染者的配偶进行追踪分析，在婚后的第1、3、5年检测，受访的100名配偶乙肝表面抗原检出率分别为20%、31%和42%。对200名多个性伙伴的女性进行流行病学调查和乙肝病毒感染标志血清学检测，结果显示乙肝病毒感染率达55.15%，证明乙肝病毒可通过性接触传播。

日常工作或生活接触，如在同一办公室工作（包括共用计算机等办公用品）、握手、拥抱、同住一宿舍、同一餐厅用餐和共用厕所等无血液暴露的接触，不会传染乙肝病毒。

医学上筛查乙肝病毒携带者的主要方法是通过采集受检者的静脉血，使用酶联免疫吸附试验（ELSIA）或其他酶免疫分析法检测乙肝病毒表面抗原，也可开展HBV－DNA检测筛查。

6. 乙肝病人和乙肝表面抗原携带者有什么区别？乙肝病人能否上学和就业？

答：乙肝病人和乙肝表面抗原携带者检测乙肝表面抗原都为阳性，但两者的区别就是前者有临床症状和体征，丙氨酸氨基转移酶（转氨酶，ALT）异常，而后者转氨酶正常，没有临床症状和体征。乙肝表面抗原携带者不是乙肝病人，肝功能正常，身体无临床症状、不会因共同的生活接触、共同学习、工作等对周围人群造成传播。因此，取消入学和就业体检中乙肝感染标志物检测不会造成乙肝的传播和流行。从疾病早发现、早诊断、早治疗的原则出发，乙肝病人应积极配合治疗，等临床症状消失、转氨酶恢复正常后可继续学习、工作。

根据劳动合同法的相关规定，劳动者被检查出患有乙肝的，用人单位在规定的医疗期内不得解除劳动合同，且医疗期满后，如不能从事原工作，用人单位有责任为其另行安排工作。

7. 公开征求意见有关情况

答：1月21—27日，人力资源社会保障部、教育部、卫生部通过三部门网站将《通知》征求意见稿向社会公开征求意见，并设立专门电子邮箱收集网民意见。征求意见稿上网公布后，社会各界高度关注，包括乙肝表面抗原携带者本人及其亲属、非携带者纷纷发表各自的意见和看法。征求意见期间，人力资源社会保障部、教育部和卫生部共收到社会各界发来的电子邮件约1.7万封（其中人力资源社会保障部收到近7 000封，教育部收到约5 000封，卫生部收到5 000多封），排除同一网民重发的内容相同的邮件外，实收有效邮件约1.3万封。从网民的反映来看，99％以上明确表示支持相关政策的出台，部分网民还积极献计献策，就限制HVB—DNA检测、特殊职业界定、保护医学和健康体检中受检者隐私、加强宣传教育、加大对乙肝虚假广告打击等问题提出了具体的意见和建议。对此，人力资源社会保障部会同卫生部、教育部认真地进行了分析研究，并将反映集中、切实可行的意见和建议吸纳到《通知》稿中。

这次《通知》的出台，得到了广大网民的积极参与和支持，凝聚了社会各界的聪明智慧。在此，人力资源社会保障部、卫生部、教育部向参与《通知》公开征求意见活动的社会各界朋友表示衷心的感谢。

人力资源和社会保障部办公厅关于深入开展警示教育切实加强就业专项资金监管的通知

人社厅发［2010］27号

各省、自治区、直辖市人力资源社会保障（人事、劳动保障）厅（局），新疆生产建设兵团人事局、劳动保障局：

为进一步推动就业政策落实，切实提高就业专项资金使用效益，预防资金违规违纪使用问题的发生，现就有关问题通知如下：

一、开展警示教育，筑牢思想防线。各级人力资源社会保障厅（局）就业资金管理机构和相关人员在分配、拨付资金时，必须进行一次警示教育，并重申制度和纪律。结合近年来就业专项资金管理使用中出现的违规违纪典型案例，我部整理了就业专项资金使用管理警示教育材料。各地要结合材料中的案例，深入开展警示教育和廉洁从政教育，使广大干部职工汲取教训，防微杜渐，筑牢遵纪守法、抵御腐蚀的思想基础，认真履行职责，严格依法办事，预防违规违纪问题发生。

二、落实管理制度，规范资金支出。进一步健全和完善资金管理五项制度，即：资金拨付管理制度，资金使用监督制度，资金拨付公示制度，资金支出结果报告制度，资金监督管理质询、问责和跟踪反馈制度。各级人力资源社会保障厅（局）分管就业资金和纪检监察的负责同志要明确提出要求和强化责任，重点抓好制度落实，严格按制度办事，特别要加强对资金分配、审批、拨付等重点环节、重点部位的监管。要引入外部监督机制，特别是在资金使用的各个环节主动接受纪检监察部门的监督。要强化信息公开，畅通监督渠道，自觉接受群众监督和舆论监督，确保就业专项资金使用管理公开、透明。

三、强化监督检查，确保资金安全。要推进监督检查工作制度化、长效化。深入开展就业专项资金管理使用自查工作，定期组织人力资源社会保障系统就业、职业培训、基金监督、纪检监察等部门，对就业政策落实、资金管理使用、工作人员履责和依法办事等情况开展专项检查，有条件的地区要外聘会计事务所、审计事务所等专业机构，核查资金使用情况。及时纠正存在的问题，严肃处理各类违规违纪行为，追究有关人员和领导的责任，避免资金损失。同时，要结合检查中发现的问题，进一步完善管理，堵塞漏洞。

四、加强基础管理，注重工作实效。要进一步规范《再就业优惠证》《就业失业登记证》等证件管理，明确发放各类证件的对象范围和对应的扶持政策，严格审核发放，提高证件防伪水平，规范证件使用，努力实现证件的全省（区、市）通用。要建立健全各项补贴申请、审批、发放等环节的基础台账，做好就业政策落实和就业专项资金使用的常规统计，准确及时报送统计报表。要推进信息化建设，实现享受政策对象、补贴审批流程的信息化管理，有效甄别政策对象信息的真实性，提高工作效率，确保资金安全，并努力推进公共就业服务信息管理系统与职业培训信息管理系统的对接与共享。

五、抓好政策落实，提高资金效益。要深入贯彻落实积极的就业政策，本着方便政策对象的原则，因地制宜，简化程序，充实和细化政策内容，完善操作方法，确定合理标准，畅通政策落实渠道，全面推进政策落实年活动。要通过推行“首问负责制”、实施“一站式”服务、设立专门窗口、开展政策宣传等方式，提高工作效率，缩短办事时限，帮助政策对象了解并用足、用好政策。要加强与财政部门的沟通协调，实现补贴申请、审核、复核、拨付等各个环节有效对接，加快政策落实进度，通过政策落实带动资金支出，通过资金支出保障政策落实。各地新增资金支出项目，必须根据中央政策的总体要求，并从本地就业工作的实际出发，适应稳定和扩大就业的新的需求。新增支出项目需经省级人民政府批准，并由省级人民政府报财政部和我部备案。

各地贯彻本通知要求，加强资金监管的工作情况，请于6月底向我部报告，我部将在下半年第二批资金下拨前向全国通报。

附件：就业专项资金使用管理警示教育材料（略）

二〇一〇年三月十八日

人力资源和社会保障部办公厅 教育部办公厅关于做好2010年 技工学校招生有关工作的通知

人社厅发〔2010〕35号

各省、自治区、直辖市人力资源社会保障（劳动保障）厅（局）、教育厅（教委），新疆生产建设兵团劳动保障局、教育局，各计划单列市人力资源社会保障（劳动保障）局、教育局、招生工作委员会工作办公室：

为促进职业教育发展，加快技能人才培养，扩大中等职业学校招生规模，现就做好技工学校招生工作有关问题通知如下：

一、各地人力资源社会保障部门要积极配合教育部门加强对中等职业学校招生工作的组织领导和统筹协调，地方高中阶段教育学校招生工作领导小组应有人力资源社会保障部门负责同志参加，形成共同配合的工作机制，统一部署中等职业学校招生工作，协调解决技工学校招生工作中的有关问题。

二、各地技工学校和普通中专、成人中专、职业高中等招生工作统一纳入高中阶段教育学校招生工作领导小组管理，实行统一的招生政策，纳入统一的招生计划。仍保留招生代码的省（区、市），应将技工学校纳入统一的招生代码。技工学校录取的初中毕业生，应计入其生源校的升学率。

三、各地人力资源社会保障部门和教育部门要共同做好招生宣传工作，通过新闻媒体和多种形式广泛宣传技能人才对经济社会发展的重要作用，宣传技能人才的典型事迹，宣传国家发展职业教育的有关政策，介绍学校专业特点和就业前景，为学生自主选择学校和专业，走技能就业、技能成才之路，创造良好环境。

四、各地技工学校要根据人力资源市场需求和学校办学条件，确定招生规模、招生专业，编制招生计划。招生计划经人力资源社会保障部门审核汇总后，纳入本地区中等职业学校招生计划，由招生工作办公室统一下达。人力资源社会保障部门要将录取结果及时抄送当地教育部门。

各地人力资源社会保障部门、教育部门要按照本通知的要求，加强沟通、密切配合，认真做好工作，促进职业教育持续发展。实际工作中有何问题，请及时与人力资源和社会保障部、教育部联系。

二〇一〇年四月一日

人力资源和社会保障部办公厅关于印发平版制版工等 23 个国家职业技能标准的通知

人社厅发［2010］39 号

各省、自治区、直辖市人力资源社会保障（劳动保障）厅（局），新疆生产建设兵团劳动保障局，国务院有关部门（行业组织、集团公司）劳动保障工作机构：

根据《中华人民共和国劳动法》，我部会同有关部门制定了平版制版工等 23 个国家职业技能标准，现印发施行。

此次颁布的国家职业技能标准中，营业员、中式面点师、西式烹调师、西式面点师、调酒师、办公设备维修工和育婴员 7 个国家职业技能标准系重新修订，原标准相应废止。

附件：国家职业技能标准目录

二〇一〇年四月十九日

附件

国家职业技能标准目录

序号	职业编码	职业（工种）名称	备注
1	X2-02-28-06	坚果炒货工艺员（☆）	
2	4-01-01-01	营业员	2010年修订
3	4-02-02-03	医药商品储运员	
4	4-03-01-02	中式面点师	2010年修订
5	4-03-02-01	西式烹调师	2010年修订
6	4-03-02-02	西式面点师	2010年修订
7	4-03-03-01	调酒师	2010年修订
8	4-05-03-02	民航客运员（※）	
9	4-05-03-02	民航货运员（※）	
10	4-05-03-02	民航售票员（※）	
11	4-07-11-01	办公设备维修工	2010年修订
12	X4-07-12-04	育婴员（☆）	2010年修订
13	6-04-01-15	弹簧工（※）	
14	X6-06-01-06	工程机械修理工（☆）	
15	6-07-06-05	机场助航灯光电工（※）	
16	6-20-01-01	平版制版工	
17	6-20-02-03	凹版印刷工	
18	6-20-03-02	印品整饰工	
19	6-21-03-02	布绒玩具制作工	
20	6-21-06-02	金属摆件工	
21	6-24-01-01	航空器地面设备操作员（※） 原名：民航特种车辆操作工	
22	6-24-03-02	航空油料化验员（※） 原名：油料化验员	
23	6-26-01-24	弹簧检查工（※）	

注：☆表示新职业，※表示该职业编码下的工种。

人力资源和社会保障部办公厅关于开展社会保险标准化工作的指导意见

人社厅发［2010］41号

各省、自治区、直辖市人力资源社会保障厅（局），新疆生产建设兵团劳动保障局：

为贯彻落实国家标准化管理委员会等24个部委制定印发的《全国服务业标准2009—2013年发展规划》（国标委服务联［2009］7号）的有关精神，进一步推进社会保险标准化工作，构建与社会保障制度相适应的经办管理服务体系，全面提升社会保险经办管理服务水平，促进社会保险事业健康发展，现就开展社会保险标准化工作提出如下指导意见：

一、充分认识开展社会保险标准化工作的重要性和紧迫性

党中央、国务院高度重视社会保障工作。近年来，覆盖城乡居民的社会保障制度体系不断完善，社会保险覆盖范围不断扩大，保障水平不断提高，开展社会保险标准化工作是贯彻、落实党和国家的社会保险方针政策的重要保证，是建设服务型政府的必然要求，是促进社会保险事业持续健康发展的重要基础工作。各地要充分认识开展社会保险标准化工作的重要性和紧迫性，统一认识、统一思想，加快推进标准化建设，不断提高服务水平和质量，提升服务绩效和公信力，努力实现从经验型操作向标准化操作的转变。

二、开展社会保险标准化工作的指导思想、基本原则和总体目标

开展社会保险标准化工作的指导思想是：以邓小平理论和“三个代表”重要思想为指导，深入贯彻落实科学发展观，围绕建立覆盖城乡居民的社会保障体系的目标，着眼于在社会保险领域建立统一规则和秩序，实现社会保险管理服务均等化和规范化，提高管理服务效率，提供高效优质服务。

开展社会保险标准化工作应坚持以下基本原则：

以人为本——以社会保险系统为主，充分利用各类社会资源，围绕广大参保群众提供优质、高效、便捷服务的目标，制定相关标准。

急用先立——标准化建设任务繁重，要全面分析社会保险发展状况，制定总体规划，先易后难，先急后缓，先程序后实体，争取在较短时间内搭建起基本标准体系框架。

上下联动——中央、地方各司其职，既有分工，又有合作，共同推进。

试点先行——标准化工作技术性强，涉及面广，非常复杂，为稳妥起见，应先选择部分县市试点，总结经验，逐步推广。

总体目标：从现在起到2020年，基本建立结构合理、层次分明、重点突出、科学适用的社会保险国家标准体系，行业标准、地方标

准与国家社会保险标准协调配套，将社会保险服务、评价、管理等领域的全过程纳入标准化管理轨道，实现对关键环节和关键因素的有效监控，以标准化手段提升社会保险经办管理服务能力。

三、积极参与全国社会保险标准化技术委员会的各项工作

2009年5月，经国家标准化管理委员会批准，我部已成立全国社会保险标准化技术委员会（编号为SAC/TC474），主要负责组织制定社会保险标准化发展规划，组织制定社会保险标准体系，负责养老保险、失业保险、医疗保险、工伤保险、生育保险的服务、评价、管理等领域标准化工作。各地要充分利用全国社会保险标准化技术委员会这一工作平台，支持并积极参与全国社会保险标准化技术委员会的工作，可以根据标委会的统一安排牵头有关工作组，制定有关标准；也可以参加有关工作组工作。

四、有序开展地方标准制定工作

各地要研究制定本地标准化工作总体规划和方案，并报送全国社会保险标准化技术委员会。各地可依据本地实际，在国家社会保险标准体系框架下开展地方标准的制定工作。开展地方标准化工作要积极稳妥，有序推进，地方标准制定出来后，要先选择部分市县进行试点，成熟后，经全国社会保险标准化技术委员会同意，再在本地推广贯彻。要积极向当地标准化主管部门汇报，争取支持，有条件的地区要积极申请国家标准委的试点。

要有计划地招录标准化方面的大学毕业生，增加标准化人才储备，举办标准化方面的培训班，在系统内普及标准和标准化知识，提高队伍的能力水平，造就推进社会保险标准化工作可持续发展的中坚力量。

要多方筹集标准化工作经费，有条件的地方要列出标准化建设专项经费。

各地要把标准化建设列入年终考核项目中，重点考核。

五、切实加强对社会保险标准化建设工作的组织领导

标准化建设是一项长期工作。各省（区、市）人力资源社会保障厅（局）要成立社会保险标准化建设领导小组，由主管厅（局）长任组长，统一组织协调本省（区、市）的社会保险标准化工作。各省级社会保险经办机构要抓紧组建或明确本单位负责标准化工作的职能部门，并在2010年6月1日前，将各地明确的职能部门和负责人名单报送部社会保险事业管理中心。

二〇一〇年四月二十三日

人力资源和社会保障部办公厅关于开展和谐中国民生行人力资源社会保障政策法规主题宣传年活动的通知

人社厅发［2010］43号

各省、自治区、直辖市人力资源社会保障厅（局），新疆生产建设兵团人事局、劳动保障局：

根据2010年人力资源社会保障工作部署和《2010年人力资源和社会保障宣传工作要点》总体安排，经部领导同意，2010年在全国人力资源社会保障系统广泛深入地开展和谐中国民生行——人力资源社会保障政策法规主题宣传年活动（以下简称“主题宣传活动”）。现将有关事项通知如下：

一、指导思想

以邓小平理论和“三个代表”重要思想为指导，全面贯彻党的十七大和十七届三中、四中全会精神，认真落实中央经济工作会议、全国宣传部长会议和全国人力资源社会保障工作会议部署，紧紧围绕中心，服务大局，把政策宣传与成就宣传及典型宣传结合起来，动员全系统的力量，深入开展学习、宣传、贯彻人力资源社会保障政策法规活动，进一步推动人力资源社会保障工作公开、公平、公正，树立和展示人力资源社会保障部门关注民生、服务民生、保障民生的良好形象。

二、宣传内容

（一）宣传党中央、国务院和各级党委、政府高度重视人力资源社会保障工作及作出的一系列重大战略部署，重点宣传应对国际金融危机，加强人力资源社会保障工作的具体举措。

（二）宣传人力资源社会保障一系列政策法规，重点宣传促进就业、建立覆盖城乡的社会保障体系、构建和谐劳动关系、完善工资收入分配制度、加强人事人才工作等政策法规，紧跟《社会保险法》立法进程，开展同步宣传，营造有利于《社会保险法》顺利出台及贯彻实施的舆论环境。

（三）宣传各地人力资源社会保障工作成效和经验做法，重点宣传各地应对金融危机以来，人力资源社会保障工作的新进展、新成效、新经验。

（四）宣传人力资源社会保障系统先进典型，结合优秀服务窗口评选表彰、第二届“十大高技能人才楷模”评选表彰等活动，重点宣传勤政为民、公正廉洁、为民解困的基层典型，宣传转变观念自主创业、立足本职自学成才等典型，树立一批全国有影响的基层工作模范。

三、专题划分

围绕“和谐中国民生行”这一主题，根据不同群体的特点和需求，分为走进校园、走进社区、走进企事业、走进农村四个专题开展宣传。

（一）走进校园：紧紧围绕促进高校毕业生就业，着重宣传就业、培训、创业等方面的政策法规；宣传各地引导高校毕业生转变就业观念，积极到企业、到基层就业的措施及先进典型（大学生村官、“三支一扶”等），示范和引领广大高校毕业生尽快实现就业；宣传城镇居民医疗保险制度覆盖全体在校大学生的相关政策及案例。

（二）走进社区：紧紧围绕促进就业困难群体就业，着重宣传就业援助政策、城镇居民社会保障政策法规及实施效果；宣传劳动监察“两网”化建设和基层工作平台、服务窗口及个人的先进事迹。

（三）走进企事业：紧紧围绕构建和谐劳动关系，着重宣传援企稳岗、依法用工、鼓励企业积极开展职工技能培训等政策法规及实施效果；宣传企业克服困难、稳定岗位、吸纳就业的做法及成效；宣传企业参加工伤保险的相关政策法规和典型案例；宣传事业单位实施绩效工资改革的政策及新进展；宣传企事业培养高层次、高技能人才的经验做法和先进典型。

（四）走进农村：紧紧围绕逐步建立覆盖城乡社会保障体系，着重宣传新农保政策及试点工作新进展；宣传开展农村富余劳动力转移就业和农村实用人才培训等方面的工作；宣传鼓励和支持农民工返乡创业带动就业的政策措施及先进典型。

同时，结合各类人群的需求，宣传公务员考录、事业单位招聘、劳动人事调解仲裁等方面的政策法规及典型案例。

四、方式方法

针对人民群众接受习惯和方式的新变化，深入基层，深入群众，积极开展多形式、多手段、多渠道的宣传活动，重点抓好“五个一”。

（一）印发一批宣传资料。配合人力资源和社会保障一系列政策法规的颁布施行，针对当前社会关注度高的热点问题，分别设计编印言简意赅、形式活泼、通俗易懂、实用性强的扑克、口袋书、宣传画和宣传折页等系列宣传品，免费向人民群众发放，并在人力资源社会保障公共服务机构、社区等公共场所张贴、悬挂。部里将编印部分宣传资料，免费向各地发放。

（二）制作一批公共服务电视宣传片。以人力资源社会保障公共服务为基本素材，整合电视与网络等现代传媒资源，开发创作一系列电视宣传片，充分借助电视、移动电视、3G通讯和网络等传播平台及系统内公共服务机构向人民群众持续不间断地介绍参保领保、求职就业、技能培训、劳动维权等方面的政策规定和办理流程。部里将拍摄人力资源社会保障公共服务系列电视宣传片，陆续在中央电视台播出，并适时发放各地，以供参考。

（三）创作推出一批文艺作品。充分利用社会文化资源，发挥地方文化特色，以人力资源社会保障政策法规为依据，以人力资源社会保障系统先进典型为原型，创作一批歌曲、情景剧、小品、快板等群众喜闻乐见的文艺作品，广泛开展寓教于乐的宣传活动，扩大“主题宣传活动”的影响力和渗透力。

（四）编发一系列资讯短信。借助移动通信平台，充分利用移动通信、网络等新兴媒介覆盖范围广、受众群体多、传播速度快等优势，研究创作一系列主题鲜明、简明扼要、朗朗上口的政策信息和宣传用语，采取群发形式，覆盖广大手机用户，使人力资源社会保障政策法规宣传融入人民群众的日常生活。

（五）开设一系列宣传专栏。系统自办媒体、政府网站要开设“和谐中国民生行”专栏，及时反映“主题宣传活动”动态，刊载人民群众普遍关注的人力资源社会保障政策法规，展示各种优秀宣传作品。同时，指导各院校、企事业单位和基层社区、工地、村委会等开设人力资源社会保障政策法规宣传栏（或橱窗），定期更换内容，为基层群众了解人力资源社会保障政策法规提供更加便捷的条件。

在此基础上，各地结合实际，采取更加灵活，更加有效的方式方法，广泛开展更具有针对性、群众性的宣传活动。

五、奖项设置

为调动全系统的积极性，此次“主题宣传活动”设优秀文艺作品奖、优秀电视宣传片奖、优秀移动资讯奖、优秀宣传资料奖4个奖项，各奖项一等奖10名，二等奖20名，三等奖30名，分别颁发证书。同时评选优秀组织奖若干名。

六、组织实施

充分调动全系统的力量，上下联动，自下而上地组织开展主题活动。大体分为三个阶段：

第一阶段：动员部署（2010年3月至4月）。制订主题宣传活动方案，明确宣传重点和方式方法，进行统一部署。

第二阶段：广泛开展（5月至9月）。完成各种宣传品的创作、印制，采取一对一、进家入户等方式，开展持续不间断的宣传活动。县（市）以上人力资源社会保障部门汇集本地区的宣传资源和优秀作品，每个专题集中开展大型宣传活动不少于一次，并协调当地电视台等新闻媒体做好直播（录播）及报道工作。各地采取自下而上的形式进行逐级推荐，各地于9月20日前向部里推荐报送一批主题明确、品格高尚、弘扬主旋律的优秀作品。其中，文艺作品不少于2个、公共服务电视宣传片不少于1个、移动资讯不少于10条、宣传资料不少于5套。宣传资料以实物形式报送（含电子版），其他作品以DVD光盘形式报送。每个作品要附作品说明，并注明推荐单位、作者和联系方式。采取群众网上投票（登录部政府网站“和谐中国民生行”专栏凭身份证号码进入投票区投票，每人限投一票）与专家评审相结合的方式，对各地推荐的作品进行评选，在部政府网站和中国人事报、中国劳动保障报公布评审结果。

第三阶段：展播推广（10月至12月）。部里将调集各地在“主题宣传活动”中创作的优秀作品，按4个专题划分到东、中、西具有代表性的4个地区，开展大型宣传活动并协调中央电视台现场录制，年底前连续播出4期。结合今年底全国人力资源和社会保障工作会议，开展一次各地优秀宣传品展览展示，举办一场各地优秀文艺节目汇演。主题活动结束后，从获奖作品中进行优中选精，向中宣部推荐申报“五个一工程”奖。

七、几点要求

主题活动是今年人力资源和社会保障宣传工作的重点，也是全系统的一件大事。各级人力资源社会保障部门要高度重视，加强领导，精心谋划，严密组织，认真实施，把握好宣传节奏和进度，一个时期突出开展一个专题宣传，切实使宣传活动与业务工作有机结合。5月15日前，各地的“主题宣传活动”方案报送部宣传中心备案（包括联系人及联系方式）。

一要把政策宣传与成就宣传结合起来。既全面、准确地宣传、解读政策法规，切实使各项政策法规进入基层、惠及广大人民群众，又及时反映人力资源和社会保障工作的新进展、新成效、新经验、新典型，进一步增强宣传工作的说服力和感染力。

二要把政策宣传与理论宣传结合起来。要在加强政策宣传的同时，结合工作中的难点、热点、焦点问题，加大理论宣传力度，通过发表专家文章、编写通俗读物、撰写评论文章、开设专家讲座等，及时反映最新理论研究成果。特别是要找准群众的关注点，回应社会关切，解答大众疑惑。要积极探索并制作播出电视理论专题片，重点围绕群众关注的重大问题加强正面引导。

三要把发挥自身优势与利用社会资源结合起来。要充分调动各方面的积极性和创造性，在挖掘自身潜力的基础上，积极协调工会组织、文艺团体、新闻媒体等共同开展宣传活动，创新宣传形式，提高宣传质量，切实增强“主题宣传活动”的针对性、时代性和实效性。

附件：和谐中国民生行主题宣传活动政策要点（略）

二〇一〇年四月三十日

人力资源和社会保障部办公厅关于印发全国高校毕业生三支一扶计划工作信息系统运行管理办法的通知

人社厅发［2010］52号

各省、自治区、直辖市人力资源社会保障厅（局），新疆生产建设兵团人事局、劳动保障局：

为加强全国高校毕业生“三支一扶”计划工作信息系统的管理，推动“三支一扶”工作信息化和规范化发展，全国“三支一扶”工作管理办公室制定了《全国高校毕业生“三支一扶”计划工作信息系统运行管理办法》（以下简称《管理办法》），现予印发，请遵照执行。

各省级“三支一扶”工作管理办公室要高度重视贯彻实施《管理办法》工作，加强对市（地）、区（县）级“三支一扶”办的督促检查，结合本地具体情况，抓紧制定实施细则。各省级“三支一扶”工作管理办公室要于6月30日前将实施细则、牵头处室负责人和工作联络员名单报全国“三支一扶”工作管理办公室备案。在实施过程中如有问题或者建议，请及时联系和反馈。

二〇一〇年六月三日

全国高校毕业生“三支一扶”计划工作信息系统运行管理办法

第一条 为加强全国高校毕业生“三支一扶”计划工作信息系统（以下简称系统）的管理，保障系统正常、高效、安全运行，推动“三支一扶”工作信息化、规范化，制订本办法。

第二条 全国高校毕业生“三支一扶”工作管理信息系统数据库是中央财政补助专项经费发放和高校毕业生参加“三支一扶”计划享受相关优惠政策的重要依据。

第三条 系统管理对象为参加“三支一扶”计划的大学生信息，其他大学生基层服务人员信息不属于本系统管理范围。

第四条 系统依托中国人力资源市场网平台（http：//www.chrm.gov.cn）为高校毕

业生“三支一扶”计划管理部门、“三支一扶”大学生以及有关单位提供实时网络服务。

第五条 全国“三支一扶”工作管理办公室（以下简称全国“三支一扶”办）负责指导、协调系统的建设、规划和结构设计；对运行情况进行督促、检查和指导。人力资源社会保障部全国人才流动中心在全国“三支一扶”办的指导下承担系统的建设、运行、维护和技术支持工作。

第六条 各省、自治区、直辖市、新疆生产建设兵团“三支一扶”工作管理办公室（以下简称各省级“三支一扶”办）负责本辖区系统的建设和维护，系统运行维护经费列入预算，负责管理本辖区内信息的采集、审核，负责本辖区内市（地）、区（县）信息管理员的培训和管理工作，确保人员信息的实时、准确、完整。

第七条 各级“三支一扶”办要配备专门的信息员和系统维护人员，加强对信息员和系统维护人员的培训和技术交流，提高管理技术水平。信息员名单应当报全国“三支一扶”办备案。人力资源社会保障部全国人才流动中心组织建立信息系统联络员制度，定期开展交流和研讨。

第八条 本办法所称的系统信息包括“三支一扶”大学生录用信息、在岗信息、期满人员信息、年度考核信息、期满人员就业信息等。

第九条 各级“三支一扶”办要严格履行各类信息上报的审核程序。“三支一扶”大学生录用信息由各省级“三支一扶”办负责审核上报至全国“三支一扶”办；“三支一扶”大学生年度考核信息、在岗信息、期满人员基本信息和就业信息由服务地“三支一扶”办上传至省级“三支一扶”办，由省级“三支一扶”办负责审核上报。省级“三支一扶”办要督促指导市（地）、区（县）级“三支一扶”办及时做好相关信息更新工作。

各省级“三支一扶”办应在每年6月30日前，录入本辖区内当年招募人员基本信息，审核后上传至全国“三支一扶”办。9月30日前，上传当年期满人员基本信息，12月31日前，上传期满人员就业信息。

第十条 各省级“三支一扶”办审核后，根据系统产生的服务证书编号及相关信息，按系统设置的统一格式打印和发放《高校毕业生“三支一扶”计划服务证书》。

第十一条 各级“三支一扶”办要按照“谁提供、谁负责，谁审核、谁负责”的原则，确保信息的有效性、真实性和安全性，不得有下列行为：

（一）隐瞒真实情况、提供虚假材料、编造数据的；

（二）虚报人员信息骗取财政经费的；

（三）违反规定权限使用信息系统的；

（四）将系统中信息用作任何商业用途的；

（五）其他弄虚作假和危害信息安全的行为。

第十二条 违反本办法第十一条规定的，由省级“三支一扶”办进行处理，并将处理意见报全国“三支一扶”办。全国“三支一扶”办可视情节轻重，全国范围内予以通报批评。违反本办法第十一条第（二）项规定的，全国“三支一扶”办可暂缓或停止拨付资金，取消其享受优惠政策资格。

第十三条 各省级“三支一扶”办应根据本办法，结合地方具体情况制定实施细则，并报全国“三支一扶”办备案。

第十四条 本办法自印发之日起执行。

第十五条 本办法由人力资源社会保障部负责解释。

人力资源和社会保障部办公厅关于开展社会保险业务档案管理达标验收工作的通知

人社厅发［2010］55号

各省、自治区、直辖市人力资源社会保障厅（局），新疆生产建设兵团劳动保障局：

为贯彻落实《社会保险业务档案管理规定（试行）》，加快社会保险业务档案管理规范化进程，更好地为参保对象和社会保险事业服务，人力资源社会保障部将在全国社会保险经办机构中开展社会保险业务档案管理达标验收工作，现通知如下：

一、开展达标验收工作的意义和总体要求

社会保险档案，是国家档案的组成部分，它记载了每个参保人员的参保信息，与每位参保人员的利益紧密相关。社会保险业务档案达标验收（以下简称达标验收）是对各级社会保险经办机构（以下简称经办机构）业务档案管理工作状况的评价和验收，是贯彻《社会保险业务档案管理规定（试行）》的有效手段，是加强社会保险经办能力建设的重要内容。验收认定结果将在系统内进行通报，并作为各级社会保险经办机构主要业务工作考核评比的组成部分。

达标验收按照全面建设、整体推进、分步实施的思路，力争用3年左右的时间，使全国绝大多数经办机构在社会保险业务档案管理方面做到“落实制度措施、落实场地设施、落实专业人员、落实经费保障”，基本实现社会保险业务档案规范化、信息化、专业化管理。

二、达标验收工作的组织领导

为加强对达标验收工作的组织领导，将由人力资源社会保障部和国家档案局的相关部门成立全国社会保险业务档案达标验收工作领导小组（以下简称全国验收领导小组），领导小组下设办公室，具体负责对省级经办机构的达标验收工作。办公室设在人力资源社会保障部社保中心综合计划处。

各省要成立相应的达标验收领导小组，具体负责省以下经办机构的达标验收工作。各省级验收领导小组成员名单要报全国验收领导小组办公室备案。

三、达标验收等级确定

达标验收采用百分制，根据验收得分情况分为优秀、合格和不合格3个级别，即得分在85分以上的为优秀单位，得分在60～84分之间的为合格单位，得分60分以下的单位为不合格单位。各省级所属市县级经办机构验收等级的确定由各省级验收领导小组制定。

四、达标验收工作的程序和方法

（一）达标验收采取单位自评和上级部门实地考察相结合的方式进行。省级经办机构在进行自评后，向全国验收领导小组提出申请。申请报告包括本级经办机构自评报告一式两份

和《社会保险业务档案达标验收申报审批表》一式四份。

全国验收领导小组收到申请后将根据总体工作安排，抽调部分省级经办机构和省级档案局有关人员组成验收认定小组，于申请后3个月内安排对申报单位进行达标验收认定。

（二）达标验收工作按照听取汇报、审查资料、实地查看、公布验收结果的程序进行。为考察省级经办机构对下级经办机构的监督与指导，全国验收领导小组在验收省一级的基础上，将抽查部分市、县级经办机构达标工作情况。验收组成员按照达标验收标准现场打分并经综合研究提出等级认定意见，确定达标等级并颁发证书。

（三）获得优秀等级的，有效期为5年。期间如发生重大问题，将降低或撤销等级。获得合格等级的单位，一般满2年后可申请优秀等级。

经全国验收领导小组检查认定为优秀和合格的省级经办机构，由人力资源社会保障部社保中心颁发证书。3年内没有达到合格等级的省级经办机构，将责令其限期整改。

（四）各省级验收领导小组应制定本省级达标验收实施方案并报全国验收领导小组。

附件：1. 社会保险业务档案达标验收内容和得分标准（略）

2. 社会保险业务档案达标验收申报审批表（略）

二〇一〇年六月十日

人力资源和社会保障部办公厅关于印发国家基本医疗保险、工伤保险和生育保险药品目录部分药品名称、剂型调整规范的通知

人社厅发［2010］58号

各省、自治区、直辖市人力资源社会保障厅（局）：

为更好地保证《国家基本医疗保险、工伤保险和生育保险药品目录（2009年版）》执行使用，在收集目录发布后各方反映以及认真组织进行核查的基础上，经相关部门对药品名称、适应证范围进行核查，并经专家审议，对有关药品的名称剂型等进行调整规范。现印发各地，请遵照执行。

二〇一〇年六月二十八日

《国家基本医疗保险、工伤保险和生育保险药品目录》部分药品名称、剂型调整规范一览表

一、凡例部分	
序号	调整内容
1	第（五）条第一段末增加“西药通用名称中表达化学成分的部分与《药品目录》中名称（《药品目录》中的药品必须为口服剂型）一致，且法定说明书中明确适用于儿童的，其剂型为能够提高儿童用药顺应性的口服液体剂型、颗粒剂、口服散剂、栓剂、滴鼻剂的，可以限定在儿童使用时支付。”
2	第（七）条第15项第一段改为：中成药部分第433号的“银杏叶口服制剂”包括：杏灵颗粒（胶囊、片）、银杏叶丸（颗粒、胶囊、片、滴丸、口服液）、银杏叶提取物片（滴剂）、银杏蜜环口服溶液、银杏酮酯滴丸。

续表

二、目录部分						
序号	部分	编号	药品名称	栏目	内容调整	
					调整前	调整后
3	西药	131	阿德福韦酯	备注	限艾滋病病毒感染	限活动性肝炎
4	西药	275	复方氨基酯（18AA）	中文名称	复方氨基酸（18AA）	复方氨基酸［18AA、18AA-Ⅰ、18AA-Ⅱ、18AA-Ⅲ（18AAF）、18AA-Ⅴ］
				英文名称	Compound Amino Acid（18AA）	Compound Amino Acid［18AA、18AA-Ⅰ、18AA-Ⅱ、18AA-Ⅲ（18AAF）、18AA-Ⅴ］
5	西药	387	α-干扰素	备注	限白血病、淋巴瘤、黑色素瘤、肾癌、多发性骨髓瘤、丙肝	限白血病、淋巴瘤、黑色素瘤、肾癌、多发性骨髓瘤、丙肝、慢性活动性乙肝。丙肝、慢性活动性乙肝连续使用6个月无效时停药，连续使用不超过12个月
6	西药	388	聚乙二醇干扰素α-2a［α-2b］	备注	限乙肝和丙肝治疗，乙肝治疗限连续使用不超过12个月，丙肝治疗连续使用6个月无效时停药	限丙肝、慢性活动性乙肝，连续使用6个月无效时停药，连续使用不超过12个月
7	西药	600	帕利哌酮	剂型	口服常释剂型	缓释控释剂型
8	西药	668	氟替卡松沙美特罗	中文名称	氟替卡松沙美特罗	沙美特罗替卡松（氟替卡松沙美特罗）
				英文名称	Fluticasone and Salmeterol	Salmeterol Xinafoate and Fluticasone（Fluticasone and Salmeterol）
9	西药	729	双歧杆菌、嗜酸乳杆菌、肠球菌三联活菌制剂	中文名称	双歧杆菌、嗜酸乳杆菌、肠球菌三联活菌制剂	双歧杆菌三联活菌制剂
				英文名称	Live Combined Bifidobacterium，Lactobacillus and Enterococcus	Bifid Tiple Viable
10	西药	1128	碘普胺	中文名称	碘普胺	碘普罗胺（碘普胺）
11	中药	190	肺力咳合剂（胶囊）	备注	限儿童	合剂限儿童
12	中药	321	十味玉泉胶囊	药品名称	十味玉泉胶囊	十味玉泉胶囊（片）
13	中药	326	虚汗停胶囊	药品名称	虚汗停胶囊	虚汗停颗粒（胶囊）

人力资源和社会保障部办公厅　国土资源部办公厅关于印发掘进工等7个国家职业技能标准的通知

人社厅发［2010］61号

各省、自治区、直辖市人力资源社会保障厅（局），国土资源厅（局），国务院有关部门（行业组织、集团公司）人事劳动保障工作机构，新疆生产建设兵团劳动保障局：

根据《中华人民共和国劳动法》，人力资源社会保障部、国土资源部共同制定了掘进工等7个国家职业技能标准，现印发施行。

附件：国家职业技能标准目录

二〇一〇年七月十四日

附件

国家职业技能标准目录

序号	职业编码	职业（工种）名称
1	6—01—01—02	掘进工（※）
2	6—01—01—03	物探工（※）
3	6—01—01—04	采样工（※）
4	6—01—01—09	磨片工（※）
5	6—01—01—10	淘洗工（※）
6	6—01—01—99	掘进材料工（※）
7	6—01—01—99	钻探材料工（※）

注：※表示职业编码下的工种。

人力资源和社会保障部办公厅关于下达2010年度高校毕业生就业见习任务和公布首批高校毕业生就业见习国家级示范单位名单的通知

人社厅发［2010］75号

各省、自治区、直辖市人力资源社会保障厅（局）：

“三年百万”高校毕业生就业见习计划实施以来，各地高度重视，认真部署，积极组织实施，顺利完成了2009年度全国30万人的就业见习任务。同时，在见习计划实施的过程中，各地涌现出一批踊跃承担见习任务、管理规范、工作成效明显的优秀见习单位，为见习工作的顺利开展提供了有力保障。为继续推进“三年百万”高校毕业生就业见习计划深入实施，确保完成2010年度全国35万人的就业见习目标任务，充分发挥优秀见习单位的示范带头作用，进一步促进高校毕业生就业，现就有关事宜通知如下：

一、明确2010年度高校毕业生就业见习任务。在各地自主申报的基础上，根据2010年度全国35万人的见习总任务，我部确定了“三年百万”高校毕业生就业见习计划2010年度目标任务安排（见附件1）。各省、自治区、直辖市人力资源社会保障厅（局）要据此制定高校毕业生就业见习工作计划，明确责任部门，分解见习任务，抓紧组织实施。

二、公布首批高校毕业生就业见习国家级示范单位名单。按照《关于做好2010年高校毕业生就业见习目标任务和见习示范基地申报工作的函》（人社厅函［2010］250号）中的申报标准，在对各地和有关部门申报的见习单位进行严格审核的基础上，确定招商银行股份有限公司北京分行等100家单位为首批高校毕业生就业见习国家级示范单位（名单见附件2），现予以公布。各地要加强对高校毕业生就业见习国家级示范单位的工作支持，指导其进一步完善工作制度，提高见习质量，落实见习期间的基本生活补助，切实提高见习毕业生就业能力，促进见习毕业生尽快实现就业。

三、继续做好高校毕业生就业见习的有关工作。各省、自治区、直辖市人力资源社会保障部门要会同有关部门，协助辖区内城市确定见习单位和见习岗位，指导开展见习工作。各地应在季后5日前，向我部报送《2010年度就业见习工作情况表》（见附件3）和《见习单位信息汇总表》（见附件4）。

同时，各地要认真总结2009年度高校毕业生就业见习工作开展情况和好的经验做法，对工作中存在的问题进行深入分析，并提出下一步工作建议。请于8月25日前将2009年度高校毕业生就业见习工作总结报送我部。

附件：1.“三年百万”高校毕业生就业见习计划2010年度目标任务安排（略）

2.首批高校毕业生就业见习国家级示范单位名单（略）

3.2010年度就业见习工作情况表（略）

4.见习单位信息汇总表（略）

二〇一〇年八月十六日

人力资源和社会保障部办公厅 交通运输部办公厅关于印发 公路养护工国家职业技能标准的通知

人社厅发［2010］77号

各省、自治区、直辖市人力资源社会保障厅（局）、交通运输厅（委），国务院有关部门人事劳动保障工作机构：

根据《中华人民共和国劳动法》，人力资源社会保障部、交通运输部共同制定了公路养护工国家职业技能标准，现印发施行。

附件：国家职业技能标准目录

二〇一〇年八月二十日

附件

国家职业技能标准目录

职业编码	职业（工种）名称
6－23－09－02	公路养护工（※）

注：※表示职业编码下的工种。

人力资源和社会保障部办公厅　教育部办公厅关于2010年全国职业院校技能大赛获奖选手职业资格证书颁发问题的通知

人社厅发［2010］85号

各省、自治区、直辖市人力资源社会保障厅（局）、教育厅（教委），国务院有关部门（行业组织）人事劳动保障机构，新疆生产建设兵团劳动保障局、教育局：

为充分展示职业教育改革发展的成果，集中展现职业院校师生的风采，努力营造全社会关心和支持职业教育的良好氛围，推动职业教育更好地服务我国经济建设和社会发展，2010年6月24日至27日，教育部、天津市人民政府、人力资源社会保障部等部门在天津市联合举办了2010年全国职业院校技能大赛。经人力资源社会保障部、教育部研究，现就2010年全国职业院校技能大赛获奖选手颁发职业资格证书有关事宜通知如下：

一、颁发职业资格证书的竞赛项目。根据《关于印发2010年全国职业技能竞赛系列活动工作安排的通知》（人社部函［2010］114号）精神，结合2010年全国职业院校技能大赛实际情况，列入职业资格证书颁发范围的竞赛项目是：电子产品装配与调试（无线电调试工）、制冷与空调设备组装与调试（制冷工）、中餐热菜（中式烹调师）、中餐面点（中式面点师）、车工、装配钳工、工程测量（工程测量员）、农机具修理（农机修理工）、艺术插花（插花员）、汽车维修与故障排除（汽车修理工）。

二、颁发职业资格证书的原则和选手范围。获得2010年全国职业院校技能大赛上述各竞赛项目一等奖的选手，需参加并通过相应理论知识考试，方可取得相应职业高级工职业资格证书。获得二等奖、三等奖的应届毕业生选手，可直接取得相应职业中级工职业资格证书；尚未毕业的在校生选手，需参加并通过相应理论知识考试，方可取得相应职业中级工职业资格证书。上述需参加理论知识考试的选手，其参赛实际得分可作为技能操作考核成绩，对两项成绩均达到60分以上者，由各地、各有关部门颁发相应职业高级工或中级工职业资格证书。

三、颁发职业资格证书的程序和办法。各地、各有关部门要高度重视，加强领导，按照通知精神和要求，精心做好2010年全国职业院校技能大赛获奖选手职业资格证书颁发工作。制冷与空调设备组装与调试（制冷工）、中餐热菜（中式烹调师）、中餐面点（中式面点师）、车工、装配钳工、艺术插花（插花员）、汽车维修与故障排除（汽车修理工）等7个通用职业的理论知识考试、发证程序和办法，由各省级教育行政部门与人力资源社会保障部门具体协商确定。电子产品装配与调试

（无线电调试工）、农机具修理（农机修理工）、工程测量（工程测量员）等3个特有职业的理论知识考试、发证程序和办法，由教育部分别与工业信息化部、农业部、国家测绘局具体协商确定。

附件：2010年全国职业院校技能大赛获奖选手名单（略）

二〇一〇年九月十四日

人力资源和社会保障部办公厅　农业部办公厅关于印发农业实验工等7个国家职业技能标准的通知

人社厅发［2010］89号

各省、自治区、直辖市人力资源社会保障厅（局）、农业厅（局），新疆生产建设兵团劳动保障局、农业局，国务院有关部门（行业组织、集团公司）人事劳动保障工作机构：

根据《中华人民共和国劳动法》，人力资源社会保障部、农业部共同制定了农业实验工等7个国家职业技能标准，现印发施行。

附件：国家职业技能标准目录

二〇一〇年九月三十日

附件

国家职业技能标准目录

序号	职业编码	职业（工种）名称	备注
1	5-01-02-01	农业实验工	
2	5-03-04-01	实验动物饲养工（※）	
3	5-03-05-05	水生生物病害防治员	修订
4	X5-04-01-08	海水水生动物养殖工	修订
5	X5-04-01-09	淡水水生动物养殖工	修订
6	5-99-02-01	沼气生产工	修订
7	6-26-01-09	饲料检验化验员	修订

注：※表示职业编码下的工种，X表示新职业。

人力资源和社会保障部办公厅关于加强人力资源社会保障系统电话咨询服务工作的指导意见

人社厅发［2010］92号

各省、自治区、直辖市人力资源社会保障厅（局），福建省公务员局，新疆生产建设兵团人事局、劳动保障局：

人力资源社会保障电话咨询服务是人力资源社会保障部门服务民生的重要手段。为了做好公共服务工作，原人事部、原劳动保障部分别申请了12370和12333公益服务号码，并注册了网站域名。截止到2009年底，全国已有272个地市级以上人力资源社会保障部门开通了12333公益服务号码，其中100多个地级市依托电话咨询服务系统对外提供咨询服务，部分省市还成立了专门的电话咨询服务机构。各级人力资源社会保障电话咨询服务部门在服务社会公众、了解社情民意和化解社会矛盾等方面发挥了积极的作用，得到了各方的肯定。

按照“创建服务型政府”的要求，为推进全国人力资源社会保障电话咨询服务系统建设和业务开展，充分发挥各级电话咨询服务中心的作用，进一步提升人力资源社会保障公共服务水平，制定本指导意见。

一、人力资源社会保障电话咨询服务工作的重要意义

（一）电话咨询服务是人力资源社会保障部门开展公共服务的重要形式。人力资源社会保障业务包括就业服务、人事人才、社会保险、劳动关系等多个方面，管理和服务对象数量多、范围广，所涉业务政策性强、社会关注度高。电话咨询服务系统除了传统的电话、传真等服务形式外，还能提供电子邮件、手机短信、网站等多种形式的服务，具有简便、快捷的特点，易于被社会公众所接受，应当成为各级人力资源社会保障部门为社会公众提供服务的重要手段。

（二）电话咨询服务系统建设是人力资源社会保障信息化建设的重要组成部分。人力资源社会保障信息化建设（金保工程）实现了业务经办、公共服务、基金监管和宏观决策四大功能。其中“公共服务”功能在业务经办系统的基础上按照“数据向上集中，服务向下延伸”的原则，通过整合内部资源和拓展服务形式，为社会和公众提供便捷的人力资源社会保障服务。电话咨询服务系统应当也可能依托金保工程在网络、应用和数据等方面的建设成果，成为业务经办系统的有益补充，同时作为重要的信息采集渠道，为决策支持系统的建设提供数据基础。

（三）进一步做好电话咨询服务工作是适应形势发展的迫切需要。随着我国社会主义市场经济体系的逐步发展和完善，劳动力流动日益频繁，社会保险覆盖范围逐步扩大，劳动者维权意识普遍增强，全社会的人才观念进一步提升，这些对电话咨询服务工作提出了更高的要求。目前各地电话咨询服务工作虽然取得了很大成绩，但在系统建设和业务开展方面还存在着一些不足，主要表现在区域发展不均衡、服务内容不全面、服务形式不灵活和业务流程不统一，不同地区、不同层级电话咨询服务系统之间以及电话咨询服务与业务经办等相关系统之间的关联也需要建立和进一步完善。人力资源社会保障电话咨询服务要适应形势的发展和要求，加快提升业务和技术水平，全面推动服务工作的开展。

二、指导思想、基本原则和建设目标

（一）指导思想

深入贯彻落实科学发展观，按照“基本公共服务均等化”和构建服务型政府的要求，紧密围绕人力资源社会保障的重点工作，以统一标准、完善功能、资源共享和互联互通为目标，以健全服务体系、强化服务手段、创新服务模式、提高服务水平为宗旨，遵循金保工程统一标准和规范，建立全国一体化的人力资源社会保障电话咨询服务系统，为用人单位和社会公众提供优质高效的服务，为政府的科学决策提供有力支持。

（二）基本原则

1. 统一规划，统一建设。人力资源社会保障部负责全国人力资源社会保障电话咨询服务系统的整体规划。电话咨询服务系统建设应根据各地经济发展、人口规模、业务开展及信息系统建设情况进行统筹规划、合理布局，讲求规模、服务和效率的统一。电话咨询服务系统要建在地市级以上人力资源社会保障部门，有条件的地方应采取省级集中建设、地市设立远端坐席的模式。为避免重复建设和资源浪费，同一层级在同一地区只建立一个人力资源社会保障电话咨询服务系统。

2. 拓展功能，提高水平。围绕人力资源社会保障中心工作和热点问题，积极整合内部各种信息资源，拓展电话咨询服务中心的功能。有条件的地区可根据工作需要，在开展咨询服务的同时，协助经办机构通过电话办理简单的人力资源社会保障业务。电话咨询服务中心要积极收集和整理社情民意，加强对咨询信息和数据的分析利用，为人力资源社会保障科学决策提供支持。

3. 统一标准，共享资源。统一制定人力资源社会保障电话咨询服务业务流程、信息资源库、服务规程等标准规范。在保证数据安全的基础上，通过接口方式建立电话咨询服务系统与办公管理系统、业务经办系统之间的有机关联，电话咨询服务系统受理的投诉举报和业务咨询、经办等信息直接分别转入后台办公管理系统和业务经办系统，所受理业务经过流转后直接回馈至电话咨询服务系统。建立部、省、市三级协作机制，人力资源社会保障部负责建立部级人力资源社会保障公共服务信息资源库，省市两级在其基础上进行逐级扩充。通过部级接转平台实现各级、各地电话咨询服务系统之间的互联互通，充分发挥全国电话咨询服务系统的整体效应。

（三）建设目标

到“十二五”规划期末，建立全国一体化的人力资源社会保障电话咨询服务系统。所有地级以上人力资源社会保障部门开通电话咨询服务号码，并依托电话咨询服务系统对外提供各种人力资源社会保障服务；实现电话咨询服务系统标识、信息资源、业务流程和服务规范的四统一；建立全国电话咨询服务系统接转平台，实现各地电话咨询服务系统的互联互通。

三、主要任务

（一）明确人力资源社会保障电话咨询服务中心的功能

电话咨询服务中心的基本功能是，面向社会公众开展人力资源社会保障政策咨询、提供信息查询和受理投诉举报、意见建议等。咨询服务的具体内容包括，就业政策及各种培训和用工信息，社会保险政策、经办流程和个人账户情况，劳动合同、最低工资及其他劳动者权益保护的有关规定，专业技能人才政策及相关考试信息，公务员考试录用情况，各种证书查询等。在此基础上，各地可根据实际情况和工作需要提供社保卡挂失、非关键性信息变更以及职业介绍等业务办理服务。在发展的成熟阶段，电话咨询服务中心应建立前台受理和后台处理的关联，实现对所受理业务后台处理进度的跟踪，及时将办理状态和办理结果回馈服务对象。

12333和12370均为人力资源社会保障公益服务号码，12333定位于提供普遍性的人力资源社会保障公共服务业务，12370用于公务员考试录用有关的咨询服务。12333应与12370使用统一的后台坐席和信息系统。

（二）加强人力资源社会保障电话咨询服务中心建设

1. 加强系统建设。各级人力资源社会保障电话咨询服务机构要按照本指导意见附件中的有关要求，建立完善的电话咨询服务系统，实现咨询服务、内部监控、统计分析等各项功能。要不断适应社会发展和技术进步的需要，创新服务形式，积极开通短信、传真、电子邮件等形式的服务，根据工作需要建立电话咨询服务网站，并建立电话咨询服务系统与网站之间的内容共享和业务联动，积极探索即时通讯工具（QQ、MSN等）、网上讨论群组、博客等方式在咨询服务中的应用，满足社会各类群体获取信息的不同需要。

2. 加强制度和规范建设。建立包括服务语言规范、咨询服务规范、行为规范在内的电话咨询服务标准和规范；建立首问责任制、咨询员考核奖励办法等内部运行和管理制度；建立电话咨询服务系统设备和数据安全、信息保密等安全管理制度；建立电话咨询服务中心与相关部门的数据共享、业务交流和协作机制。

3. 加强队伍建设。各地可参照本指导意见附件中提供的计算方法，根据本地的经济发展水平和服务人群规模测算电话咨询服务中心的人员规模，合理配备坐席人员和管理人员。要积极争取当地有关部门的支持，建立电话咨询服务实体化机构。要切实加强对咨询员和管理人员的培训工作，做到职业素养、业务知识和专业技能并重，建立一支既精通人力资源社会保障业务，又熟练掌握咨询服务技能的专业化咨询队伍。

（三）加快全国一体化建设步伐，提升整体效能

统一全国电话咨询服务规范和业务流程，建立全国人力资源社会保障电话咨询服务统一标识，向社会和公众展现统一的服务形象。

人力资源社会保障部将建立包括政策法规、问题解答、热点专题在内的部级公共服务信息资源库，同时建立全国电话咨询服务网上交流平台；各省依托该平台在部级信息资源库的基础上进行扩充，形成省级信息资源库；各地市在省级信息资源库的基础上进一步扩充，形成地市级公共服务信息资源库，供地市级电话咨询服务人员及其他机构人员使用。

建立全国电话咨询服务中心定期交流机制，组织专题研讨会、经验交流会以及培训和现场观摩等活动，促进各地电话咨询服务系统建设和业务开展。依托全国电话咨询服务网上交流平台，对电话咨询服务工作中存在的业务和技术问题进行交流。

根据各地电话咨询服务业务发展的需要，适时在人力资源社会保障部建立全国电话咨询服务接转平台，实现各地电话咨询服务系统的互联互通。

（四）加大人力资源社会保障电话咨询服务的宣传力度

统筹规划和集中开展电话咨询服务系统的宣传工作，特别是要加大全国和省级层面的整体策划和集中宣传力度，充分利用国内电视、报刊、广播、网站、户外广告等媒介，征集公布一批标准服务用语，在社会和公众中树立人力资源社会保障电话咨询服务品牌。

支持和鼓励各地电话咨询服务中心开展和参加各种现场咨询活动，在服务社会公众、提升咨询员业务水平的同时，扩大人力资源社会

保障电话咨询服务的社会影响。

四、工作要求

（一）加强管理，协调配合

各级人力资源社会保障部门要充分认识开展人力资源社会保障电话咨询服务的重要性，将电话咨询服务工作纳入当地人力资源社会保障事业发展规划和信息化专项规划，采取有效措施，统筹安排人力、物力、财力，并以增强电话咨询服务能力和提高工作效率为目标，做好与相关部门的协调工作。

（二）制订方案，组织实施

人力资源社会保障部门要按照本指导意见的要求，结合本地电话咨询服务系统建设和业务开展现状，制定本地区电话咨询服务系统建设工作规划和建设方案，集中力量，落实资金，抓紧实施。对于已建系统的地区，要对照本指导意见的要求，制定相应的系统升级方案。

省级人力资源社会保障部门要统筹规划全省电话咨询服务系统建设，在部颁标准的基础上进行扩充，形成省级电话咨询服务标准和规范，指导各地市电话咨询服务系统建设。对于采用省级集中模式的省份，由省里负责全省统一建设方案的编制、论证和实施。

对于采用分散建设模式的地区，地市级人力资源社会保障部门要严格按照省里的标准规范，制定本地系统建设方案并加以实施；对于采用外包和托管方式建设的地区，要确保信息的安全性及保密性，同时确保服务质量。

（三）加强指导，督促检查

人力资源社会保障部负责对各地人力资源社会保障电话咨询服务工作的指导，建立相应的考核评估制度，并进行监督、检查。各省要加强对各地市电话咨询服务系统建设和业务开展工作的指导，监督检查标准规范的执行情况。要按照电话咨询服务工作考核评估制度的要求，制定本地区具体考核评估内容和评价标准，对各地市电话咨询服务相关工作进展情况进行定期检查评估，并将评估结果报人力资源社会保障部。

（四）试点示范，树立典型

人力资源社会保障部将根据各地经济发展、业务开展及电话咨询服务系统建设情况，选择具有代表性的地区作为电话咨询服务工作示范省市，通过树立典型，以点带面，推动全国电话咨询服务系统建设和业务开展。

附件：1. 人力资源社会保障电话咨询服务业务流程（略）

2. 人力资源社会保障电话咨询服务系统建设要点和技术导则（略）

二〇一〇年十月十二日

人力资源和社会保障部办公厅关于创建农村劳动力转移就业工作示范县的通知

人社厅发［2010］93号

各省、自治区、直辖市人力资源社会保障厅（局）：

按照《关于推荐农村劳动力转移就业工作示范县的通知》（人社厅函［2010］189号）要求，各地组织推选了一批农村劳动力转移就业工作成效突出的县（市、区）。经研究，确定北京市顺义区等192个县（市、区）为农村劳动力转移就业工作示范县（以下简称示范县），现予公布（名单附后），并就进一步做好相关工作提出如下要求：

一、各地要加强领导，精心组织，按照创建农村劳动力转移就业工作示范县工作重点和有关政策规定，严格管理，规范操作，抓好示范县农村劳动力转移就业工作各项任务的落实和组织实施，积极稳妥地推进农村劳动力转移就业工作。

二、各地要积极探索，勇于创新，结合本地实际加大对示范县扶持力度。要提供分类指导，探索建立各具特色的农村劳动力转移就业模式，为全面推进农村劳动力转移就业工作积累经验。各示范县应以此为契机，不断丰富和完善农村劳动力转移就业工作内涵，努力发挥辐射带动作用。

三、各地要大力加强宣传，利用报纸、广播、电视、网络等媒体积极开展宣传工作，营造良好氛围。我部将通过《工作简报》及时宣传交流各地好的经验和做法。

四、各地要探索建立示范县的考核评估指标体系，定期组织考评，逐步建立完善动态管理的长效机制。每年12月底前，各省（自治区、直辖市）上报示范县年度工作进展情况。

附件：农村劳动力转移就业工作示范县名单（略）

二〇一〇年十月二十五日

人力资源和社会保障部办公厅关于印发皮革护理员等5个国家职业技能标准的通知

人社厅发［2010］96号

各省、自治区、直辖市人力资源社会保障厅（局），新疆生产建设兵团劳动保障局，国务院有关部门（行业组织、集团公司）人事劳动保障工作机构：

根据《中华人民共和国劳动法》，我部会同有关部门制定了皮革护理员等5个国家职业技能标准，现印发施行。

附件：国家职业技能标准目录

二○一○年十一月四日

附件

国家职业技能标准目录

序号	职业编码	职业（工种）名称
1	X4-07-07-03	皮革护理员（☆）
2	X6-03-03-08	煤气变压吸附制氢工（☆）
3	X6-03-03-09	余热余压利用系统操作工（☆） 原名：废热余压利用系统操作工
4	X6-05-02-04	工程机械装备与调试工（☆）
5	X6-99-02-01	混凝土泵工（☆）

注：☆表示新职业，X表示新职业的编码。

人力资源和社会保障部办公厅关于公布2010年工伤康复试点机构评估结果的通知

人社厅发［2010］99号

各省、自治区、直辖市人力资源社会保障厅（局）、新疆生产建设兵团劳动保障局：

根据原劳动保障部办公厅《关于印发加强工伤康复试点工作指导意见的通知》（劳社厅发［2007］7号）精神，我部组织全国工伤康复咨询专家，对各地新确定的工伤康复试点机构和部分经2009年评估未达到标准，进行整改后重新上报的工伤康复试点机构进行了评估。

按照严格标准、实事求是、稳步推进、宁缺毋滥的原则，经专家对评估材料进行认真审查和实地查看，确定12家康复机构为第二批经我部评估合格的工伤康复试点机构。同意云南怡园康复医院（即2009年评估合格的原云南博爱医院）继续承担工伤康复试点工作。

附件：第二批工伤康复试点机构名单

二〇一〇年十一月六日

附件

第二批工伤康复试点机构名单

1. 北京康复中心
2. 天津市环湖医院
3. 河北省唐山市第二医院（河北省创伤骨科中心）
4. 山西省大同煤矿集团有限责任公司总医院
5. 辽宁省沈阳市第二工人疗养院（沈阳工伤职工康复中心）
6. 吉林省长春月潭医院
7. 吉林省电力医院
8. 安徽省立医院
9. 安徽省合肥金谷医院
10. 河南省洛阳正骨医院
11. 河南省平顶山慈济医院
12. 华中科技大学同济医学院梨园医院

人力资源和社会保障部办公厅　水利部办公厅关于印发水工监测工等3个国家职业技能标准的通知

人社厅发［2010］108号

各省、自治区、直辖市人力资源社会保障厅（局）、水利厅（局），新疆生产建设兵团劳动保障局、水利局，国务院有关部门（行业组织、集团公司）人事劳动保障工作机构：

根据《中华人民共和国劳动法》，人力资源社会保障部、水利部共同制定了水工监测工、灌排工程工、水土保持监测工等3个国家职业技能标准，现印发施行。

附件：国家职业技能标准目录

二〇一〇年十二月六日

附件

国家职业技能标准目录

序号	职业编码	职业（工种）名称	备注
1	5-05-01-04	水工监测工（※）	2010年修订
2	5-05-02-01	灌排工程工（※）	2010年修订
3	5-05-03-03	水土保持监测工（※） 原名：水土保持勘测工	2010年修订

注：※表示职业编码下的工种。

人力资源和社会保障部办公厅关于印发《工伤保险条例》（修订）宣传提纲的通知

人社厅发［2010］115号

各省、自治区、直辖市人力资源社会保障厅（局），福建省公务员局，新疆生产建设兵团人事局、劳动保障局，各副省级市人力资源社会保障（人事、劳动保障）局：

根据2010年12月20日《国务院关于修改〈工伤保险条例〉的决定》（国务院令第586号），修订后的《工伤保险条例》（以下简称新《条例》）将于2011年1月1日起施行。新《条例》是最近颁布的《社会保险法》的重要配套法规，对于进一步保障工伤职工合法权益，分散用人单位工伤风险，促进工伤保险制度的完善具有重要意义。为做好新《条例》的宣传工作，及时引导职工群众全面准确地学习领会该法规，有力推动新《条例》的顺利贯彻实施，现将《〈工伤保险条例〉（修订）宣传提纲》印发给你们，请结合实际，认真做好新《条例》的宣传普及和舆论引导工作。

各地在宣传新《条例》的活动中，要深入了解广大群众对实施新《条例》的意见和建议，注意总结和把握宣传过程中成功有效的经验做法，及时研究出现的问题。重要情况及时向我部报告。

二〇一〇年十二月二十三日

《工伤保险条例》（修订）宣传提纲

根据2010年12月20日《国务院关于修改〈工伤保险条例〉的决定》（国务院令第586号），修订后的《工伤保险条例》（以下简称新《条例》）将于2011年1月1日起施行。新《条例》是《社会保险法》的重要配套法规，它的修订实施，是我国工伤保险事业发展中的一件大事。它的颁布实施，对完善我国的工伤保险制度，更好地维护广大职工的合法权益，促进社会主义和谐社会建设，具有重要意义。

一、新《条例》出台的背景

2003年4月27日，国务院375号令颁布了《工伤保险条例》，并于2004年1月1日正式实施。七年来的实践表明，《工伤保险条例》在促进用人单位参加工伤保险，维护工伤职工合法权益，分散用人单位风险，维护社会和谐稳定方面发挥了重要作用，工伤保险事业取得了显著的进展，适应社会主义市场经济体制要求的工伤保险制度已经初步建立。截至 2010 年 11 月底，全国参加工伤保险职工人数超过 1.61 亿，比 2003 年底的 4 575 万人增加了 1.15 亿人，增长了 2.5 倍，全面实施了农民工参保的“平安计划”，农民工参保达到 6 276 万人。到 2009 年底，全国累计有 1 000 多万人次享受了工伤医疗待遇，有 400 多万人享受了工伤津贴、抚恤等待遇。工伤保险受到了广大职工群众和用人单位的普遍欢迎。

随着我国社会经济的快速发展，现行的工伤保险制度也显现出覆盖范围不够广、保障水平不够高、保障功能较为单一等不足，需要加以修改完善。为此，2006 年启动了条例修订工作。在修订过程中，多次征求了地方政府、有关部门的意见，听取了有关专家的建议，并于 2009 年 7 月向社会各界公开征求意见。《条例》修订工作历经 4 年多的时间，在修改过程中吸收了各方面的合理意见，新《条例》是社会各方面智慧的结晶，是科学、民主决策的成果。

二、新《条例》颁布实施的重要意义

（一）新《条例》的颁布实施，是深入贯彻落实以人为本的科学发展观的内在要求。新《条例》在调整扩大工伤保险适用范围和工伤认定范围、简化工伤认定程序、提高工伤待遇水平、增强参保强制性等方面进行了修订和完善，使我国的工伤保险制度能够惠及更多的职业人群，使广大职工能够分享改革发展的成果。这充分体现了科学发展观的内在要求，体现了发展为了人民、发展依靠人民、发展成果由人民共享的以人为本的理念。新《条例》的颁布实施，必将更好地保护劳动者及用人单位的合法权益，进一步推动形成和谐的劳动关系，促进构建社会主义和谐社会。

（二）新《条例》的颁布实施，是贯彻实施《中华人民共和国社会保险法》（以下简称《社会保险法》）的重要内容。《社会保险法》确立了我国社会保障体系建设的总体框架、基本方针、基本原则和基本制度，并对工伤保险做出了明确的规定，为工伤保险制度的完善和发展指明了方向。新《条例》对《社会保险法》有关规定进行了细化，使工伤保险的惠民政策更具有可操作性，对推进《社会保险法》的贯彻实施具有重要的作用。

（三）新《条例》的颁布实施，是完善工伤保险制度功能的重大举措。新《条例》对工伤预防、工伤康复费用做出了制度安排，使工伤预防、工伤补偿、工伤康复三位一体的制度框架最终形成，从而使我国的工伤保险制度在注重工伤补偿的同时，强化了事前的积极预防和事后的职业康复，对从根本上保障职工权益具有重要意义。

（四）新《条例》的颁布实施，是工伤保险事业发展的新机遇。新《条例》的颁布实施，拓宽了工伤保险制度的发展空间，为工伤保险制度的进一步完善提供了新的机遇；填补了事业单位等人员参保的制度空白，并提高了参保的强制性，为工伤保险的参保扩面工作提供了新的机遇；出台了简化程序、方便职工的新规定，为工伤保险工作进一步规范管理、便民利民、提高效率提供了新的机遇。

三、新《条例》修订的主要内容

新《条例》主要在以下几个方面做出了新的规定：

（一）扩大了工伤保险适用范围。新《条例》规定，除现行规定的企业和有雇工的个体工商户以外，事业单位、社会团体，以及民办非企业单位、基金会、律师事务所、会计师事务所等组织应当依照规定参加工伤保险。这一规定进一步扩大了工伤保险制度覆盖的职业人群，有利于发挥社会保险的大数法则优势，有利于保障这些职业人群的工伤保险权益。

（二）调整扩大了工伤认定范围。新《条例》规定，职工在上下班途中，受到非本人主要责任的交通事故或者城市轨道交通、客运轮渡、火车事故伤害的，应当认定为工伤。这样规定，将上下班途中的工伤认定范围由原来的机动车事故伤害扩大到机动车、非机动车的交通事故和城市轨道交通、客运轮渡和火车事故伤害，惠及了更多的职工群众，既体现了公平原则，也符合实践发展。同时，限定上下班途中“非本人主要责任”的交通事故伤害才能认定为工伤，对上下班途中本人承担主要责任的交通事故，如无证驾驶、酒后驾车等行为造成本人伤亡的，不纳入工伤的范围，这样规定有利于提示和引导职工群众注意上下班途中的交通安全。

（三）简化了工伤认定程序。新《条例》规定，对事实清楚、权利义务明确的工伤认定申请，应当在15日内作出工伤认定的决定。新《条例》取消了工伤认定争议中的行政复议前置程序，缩短了争议处理的程序和时间，有利于保护工伤职工的合法权益。

（四）大幅度提高了工伤保险待遇。新《条例》将一次性工亡补助金的标准调整为上一年度全国城镇居民人均可支配收入的20倍，一次性伤残补助金按照伤残级别增加1～3个月职工本人工资。上述调整，大幅度提高了工伤职工的待遇，对保障工伤职工的基本生活，提高工伤职工及其供养亲属的保障水平，有着十分现实的意义。

（五）增加了基金支出项目。新《条例》借鉴了国际经验和我国部分地区的实践做法，明确了将工伤预防的宣传、培训等费用纳入基金支付的规定，并且授权我部会同财政、卫生和安全生产监督管理等部门制定工伤预防费的提取比例、使用和管理办法。还将原由用人单位支付的工伤职工“住院伙食补助费”“统筹地区以外就医的交通食宿费”以及“终止或解除劳动关系时的一次性医疗补助金”，改由工伤保险基金统一支付。进一步规范统一了工伤职工的待遇标准，保证了工伤职工待遇的及时发放，同时减轻了参保用人单位的负担，提高了企业参加工伤保险的积极性。

（六）加大了强制力度。新《条例》增加了行政复议和行政诉讼期间不停止支付工伤职工治疗工伤的医疗费用的新规定，使工伤职工能够得到及时救治，也可以从制度上遏制部分用人单位恶意诉讼。同时增加了对不参加工伤保险和拒不协助工伤认定调查核实的用人单位的行政处罚规定。对应当参加工伤保险而未参加的，先是要求补缴应当缴纳的工伤保险费并按日加收滞纳金；逾期仍不缴纳的，处以欠缴数额1倍以上3倍以下的罚款。这些规定，提高了工伤保险的强制力度。

此外，新《条例》对方便用人单位参保、再次和复查鉴定期限等内容也作出了具体规定。

人力资源和社会保障部办公厅关于加强技工院校对外合作办学管理工作的通知

人社厅函［2010］33号

各省、自治区、直辖市人力资源社会保障（劳动保障）厅（局）：

随着我国经济社会发展，技工院校的办学模式呈现多元化趋势。技工院校开展对外合作办学，对于实现优质教学资源共享，促进技工教育事业发展发挥了积极作用。但是，在技工院校对外合作办学中也出现了一些片面追求经济利益、合作办学不规范、教学培训质量不高、职能部门监管不到位等不容忽视的问题，个别学校甚至还出现了完全不符合办学定位、类似于“戒网瘾训练营”之类的合作办学，引发了不稳定事件。为进一步规范技工院校开展对外合作办学活动，现就有关问题通知如下：

一、高度重视，加强对技工院校对外合作办学的指导。各级人力资源社会保障（劳动保障）部门要高度重视技工院校对外合作办学工作，坚持以科学发展观为指导，切实加强对本辖区技工院校对外合作办学的管理，提高合作办学质量，维护学生（员）合法权益。要指导技工院校按照“以促进就业为导向、以培养职业能力为核心”的办学定位和办学方向开展合作办学，特别是要进一步推动校企合作的办学模式，大力培养企业急需的技能人才，切实防止和及时纠正与技工院校办学定位、办学方向不符的合作办学行为。

二、坚持依法办学，严格规范技工院校对外合作办学行为。各技工院校要加强对外合作办学的管理，规范对外合作办学行为。合作办学前，应全面考察合作方的办学资质、办学条件、专业设置、学生就业等情况。合作方须是经当地有关行政主管部门批准、具备办学资质的机构。合作办学中，双方必须坚持依法办学、依法施教。严格执行国家的收费规定，不得以学籍注册费、保证金、实习押金等形式乱立项目，不得擅定标准违规变相收费。跨省与异地机构合作，应报举办地人力资源社会保障行政部门审批。合作办学的招生广告须经有关主管部门审查核准。刊播、印制广告及简章的内容要使用审批机关核准的内容，不得擅自变更。各技工院校不得与不具资质的中介组织、学校、培训机构和各类团体合作办学，严禁实行委托招生和代理招生，坚决杜绝违规违法行为。

三、加强教学管理，提高技工院校对外合作办学质量。各技工院校要加强教学管理，提高教学质量。要紧密围绕本地区经济社会发展、产业结构调整与人力资源市场需求，合理规划对外合作办学专业。合作双方要将合办专业的教学内容纳入主办方统一教学管理，制定统一的教学计划，并按照教学管理的具体要求实施。要通过课堂听课、举行学生（员）座谈会、发放调查问卷等形式，定期对合作办学教学项目进行教学检查和督导，及时解决教学中存在的问题，切实保证教学质量。

四、明确责任，加强对技工院校对外合作的监管。各级人力资源社会保障（劳动保障）部门要依法履行管理职责，加强对技工院校对外合作的管理制度建设、师资队伍建设、教学管理、学生管理、招生简章和广告宣传等方面的监管。各地可根据实际，制定本地区规范技工院校对外合作办学管理规定，明确合作办学形式、办学层次、办学条件、办学规模等，强化合作办学管理职责，切实提高合作办学质量。对合作中存在虚假宣传、教学质量低下、学校管理混乱等问题的，要限期整顿，整顿期间不得招收新生和举办新的教学和培训活动。同时，要积极会同工商行政管理部门，加强对合作学校和培训机构招生广告的管理。对涉及民办职业培训机构合作办学、中外合作办学的，要严格按照我部《关于进一步加强民办职业培训学校管理工作的通知》（人社厅发［2008］89号）和《中外合作职业技能培训办学管理办法》（劳动和社会保障部令第27号）的有关规定进行管理。

二〇一〇年一月二十二日

人力资源和社会保障部办公厅关于做好当前失业保险工作稳定就业岗位有关问题的通知

人社厅函［2010］35号

各省、自治区、直辖市人力资源社会保障（人事、劳动保障）厅（局），新疆生产建设兵团人事局，劳动保障局：

为加大《关于进一步做好减轻企业负担稳定就业局势有关工作的通知》（人社部发［2009］175号，以下简称175号文件）的贯彻落实力度，切实做好今年失业保险稳定就业岗位工作，现就有关问题通知如下：

一、结合实际，进一步细化政策措施

当前，我国经济企稳向好，但国际经济环境还存在许多不确定因素，我国经济发展、企业运行的内在动力和活力不足，经济回升的基础还不坚实。这就决定我国就业形势依然严峻。各地在贯彻落实175号文件中，要根据经济形势的变化，结合实际进一步完善政策。要尽快研究制定贯彻落实175号文件的实施办法，细化政策措施。对支持企业的数量和类型，稳定岗位的数量等，要明确工作目标和任务。对稳定岗位所需资金数量，要做出合理的预算安排。

二、统筹安排，加大对中小企业和民营企业的支持力度

各地在实施稳定就业岗位政策中，要进一步提高政策的针对性和实效性。失业保险基金结余较多、支撑能力较强的统筹地区，可全部实施175号文件规定的失业保险的相关政策措施，即"一缓一降两补贴"。要加大使用失业保险基金稳定就业岗位补贴政策的力度，工作重点向中小企业和民营企业倾斜。要根据企业的实际情况，对符合条件的中小企业和民营企业加大支持力度，鼓励中小企业和民营企业不裁员、少裁员，稳定和增加就业岗位。要明确政策适用范围和条件并制定具体标准，简化申报和审批程序，要切实为企业着想，缩短审批期限，及时拨付资金，提高办事效率。

东部7省市要切实做好扩大失业保险基金支出范围试点工作，统筹考虑促进就业和稳定就业的关系，搞好政策衔接，把中小企业和民营企业纳入试点工作对象范围，取得促进就业与稳定就业双成效。

三、加大基金调剂力度，使更多的企业享受稳岗补贴政策的扶持

要提高统筹层次，进一步完善失业保险省级调剂金制度。加大基金调剂力度，着力解决基金结余较少的统筹地区实施援企稳岗政策资金不足问题，使更多的企业享受到政策的扶持，推动175号文件的全面贯彻落实。加快失业保险基金市级统筹的步伐，鼓励有条件的地区探索实行失业保险基金省级统筹。

四、加强监管，维护基金安全

各地要建立健全使用失业保险基金稳定就业岗位补贴的申报、审批、拨付、监督等制度，严格程序审批，规范操作，强化内部监督。人力资源社会保障部门要会同财政部门加强行政监督，要对享受扶持政策企业的补贴资金使用、用工、参保等情况进行重点核查，核查企业和职工享受补贴的情况，检查企业补贴资金是否被挪作他用等，发现问题及时处理。对于在享受政策期间不按规定缴纳社会保险费的企业，要暂停其享受的相关政策；对于超规定裁减员工的企业，要取消其享受政策的资格；对于伪造材料、弄虚作假骗取基金的要追回违法所得，情节严重的，要移交司法机关处理。同时，要对使用失业保险基金支付稳岗补贴的情况进行公开和公示，主动接受社会监督。

五、加强政策宣传，营造推进工作的良好氛围

要采取多种形式，全面宣传失业保险保障生活、预防失业和促进就业三大功能的作用；加大失业保险援企稳岗政策效果的宣传力度，提高用人单位参加失业保险的积极性；大力宣传援企稳岗政策中涌现出的先进典型，推广其好的做法和经验，以点带面推动开展。

六、开展总结评估，进一步巩固援企稳岗政策的成效

各地要对2009年贯彻落实《关于采取积极措施减轻企业负担稳定就业局势有关问题的通知》（人社部发［2008］117号）文件的贯彻落实情况进行认真总结。要结合本地就业、失业基本状况，重点对政策实施中各级领导是否重视，政策文件是否配套，工作措施是否有力，享受政策的范围是否周全，操作程序是否规范、透明、简便以及稳定就业的效果是否明显，基金使用是否安全，困难企业和职工是否满意等方面进行评估，并于2010年2月底前将评估报告报人力资源社会保障部。

二〇一〇年一月二十五日

人力资源和社会保障部办公厅关于印发中国人事出版社　中国劳动社会保障出版社代理发行站管理办法的通知

人社厅函〔2010〕36号

各省、自治区、直辖市人力资源社会保障（人事、劳动保障）厅（局）、新疆生产建设兵团人事局、劳动保障局：

中国人事出版社、中国劳动社会保障出版社代理发行站已经成为人力资源和社会保障专业图书以及职业教育培训教材的最重要发行渠道。在传播人力资源和社会保障知识、宣传普及人力资源和社会保障政策法律法规、促进系统干部学习和职业教育培训等方面发挥了重要作用。

为适应文化体制改革需要，进一步规范代理发行站管理，明确代理发行站、出版社、地方厅局的职责，促进发行站的健康发展，中国人事出版社和中国劳动社会保障出版社经研究协商，制定了《中国人事出版社　中国劳动社会保障出版社代理发行站管理办法》，现印发给你们，请遵照执行。

二〇一〇年一月二十五日

中国人事出版社　中国劳动社会保障出版社代理发行站管理办法

第一章　总　　则

第一条　为促进人力资源和社会保障事业发展，适应文化体制改革需要，推动部属出版社出版发行服务于人力资源和社会保障中心工作，中国人事出版社和中国劳动社会保障出版社（以下简称出版社）在各地人力资源社会保障厅（局）系统内设立代理发行站。为充分发挥出版社代理发行站（以下简称代理发行站）的作用，规范代理发行站的管理，促进代理发行站的健康发展，制定本办法。

第二条　代理发行站是出版社图书以及相关音像电子制品、期刊等发行的重要渠道，对人力资源和社会保障业务知识传播、相关法律法规宣传普及和职业教育培训等工作的开展发挥重要作用。

第三条 出版社与各地人力资源社会保障厅（局）按照加强领导、规范管理、分工负责的原则，共同做好代理发行站的管理工作。

第二章 代理发行站的设立条件

第四条 代理发行站设立在省、自治区、直辖市人力资源社会保障厅（局）系统内。

第五条 代理发行站必须具有独立法人资格，具有当地工商行政部门颁发的营业执照以及新闻出版部门颁发的图书经营许可证等。

第六条 配备一定数量具有图书及音像电子制品营销能力的专职业务人员，并具备适应工作需要的营业场所、库房、交通运输工具、计算机数据处理设备等基本经营条件。

第七条 建立规范的内部工作流程、岗位职责，以及财务管理、销售管理、回款管理、库房管理、客户管理等规章制度。

第三章 代理发行站的设立程序

第八条 申请。拟建立代理发行站的单位填写建站申请表（附件 1），经所在地人力资源社会保障厅（局）审核同意后，报送出版社。

第九条 复核和批复。出版社收到建站申请表后，对其内容进行复核，并根据设立条件的要求，与所在地人力资源社会保障厅（局）协商提出是否同意建站的意见，在 30 日内回复申请单位及其所在地人力资源社会保障厅（局）。

第十条 签订协议。在签发同意建站的批复后，出版社与所在地人力资源社会保障厅（局）、代理发行站签订有关协议，明确三方责任与义务。

第十一条 聘任站长。出版社与代理发行站正式建立业务关系后，根据代理发行站所在地人力资源社会保障厅（局）的推荐，由出版社与人力资源社会保障厅（局）共同聘任站长。站长聘期一般为 3 年，任期期满后，由出版社和其所在地人力资源社会保障厅（局）组成考核小组，对站长任职期间的工作业绩作出评定，确定续聘或另聘他人等事宜。聘期内站长人选如需变更，代理发行站须向出版社和所在地人力资源社会保障厅（局）提出书面申请，得到同意后，再进行相关离任审计和新站长聘任等程序。

第十二条 经批准建立的代理发行站如有变更或停办，须向出版社和所在地人力资源社会保障厅（局）提出书面申请，经同意后，方可进行调整。

第四章 代理发行站权利和义务

第十三条 享受优于其他渠道的批发折扣及销售奖励。

第十四条 每年可占用当年进货实洋一定比例的资金，用于经营，并于次年支付。

第十五条 出版社委派专人协助代理发行站展开工作，并提供财务、营销、库房管理等方面业务培训。

第十六条 站长及主要负责人享有出版社给予的业绩奖励。

第十七条 依法经营，遵纪守法。严格执行国家工商财税法律法规，以及新闻出版的有关规定，不经营盗版图书。

第十八条 注重社会效益，自觉地为系统干部培训和业务学习、队伍建设，法律法规及有关政策的宣传普及工作服务。严格执行部有关文件规定，不发行外版技校公共课教材和机械、电工、电子、计算机等专业课教材；积极协助出版社打击侵权盗版行为，不发生损害出版社出版物在本地区发行与使用的行为。

第十九条 积极主动向主管部门及厅（局）领导汇报工作。严格履行与出版社签订的有关协议，按协议要求及时完成约定的事项。

第二十条 发行业务应覆盖本地区人力资源社会保障部门，以及本地区各类职业教育与培训机构和职业技能鉴定机构，同时与有关用户建立密切联系，把出版社出版物的覆盖面扩展到更广泛的领域。

第二十一条 积极做好出版社出版物的信息传递、征订、供应等服务工作，制定终端用户服务标准，负责及时、准确、保质保量地向系统内用书部门和办学机构发送业务图书和教学用书，确保相关学习宣传工作开展和课前到书。并负责催收书款，按时与出版社结清书款。

第二十二条 保证一定数量的发行量，各代理发行站年发行码洋总计一般不得低于100万元。

第五章 代理发行站管理

第二十三条 出版社负责代理发行站的业务指导，根据规范性、成长性等方面对代理发行站进行评估，形成代理发行站的标准化业务管理体系，对代理发行站实行分级管理。

第二十四条 人力资源社会保障厅（局）负责对代理发行站的行政领导和管理，并将发行工作纳入厅（局）日常工作中，为代理发行站提供相应的政策支持，定期听取代理发行站工作汇报，指导代理发行站工作开展，监督代理发行站组织运行和资金运行，确定代理发行站工作目标，检查代理发行站工作完成情况。

第二十五条 代理发行站实行年度报告制度。年报是出版社与人力资源社会保障厅（局）了解代理发行站年度工作情况、考核其工作绩效的重要方式和途径，各代理发行站应按要求完成。年报采取填写年度报告书的方式，其具体内容见《中国人事出版社中国劳动社会保障出版社代理发行站年度报告书》（附件2）。代理发行站次年1月31日前将填好的报告书上报所在地人力资源社会保障厅（局）审阅后，报出版社。

第六章 附 则

第二十六条 代理发行站违反本办法规定和有关协议，出现以下行为之一的，出版社与所在地人力资源社会保障厅（局）视情节轻重，分别给予取消先进代理发行站评选资格和奖励、暂停享受优惠条件、暂停发货、撤换站长，直至终止代理发行协议重新组建发行站的处理：

1. 发生违反国家有关法律法规及人力资源和社会保障部相关要求的行为；

2. 不能自觉承担服务于当地人力资源和社会保障中心工作职责；

3. 不能主动服务于用书单位和办学机构，不能及时、准确地做好人力资源和社会保障业务图书、国家级职业教育培训教材等的供应工作；

4. 内部经营管理混乱；

5. 发生直接损害出版社出版物在本地区发行与使用的行为；

6. 年发行码洋低于本办法规定的最低标准；

7. 不按协议要求及时回款或连续两年超过年度欠款额。

第二十七条 出版社对代理发行站欠款的追索有根据协议诉诸法律的权利。

第二十八条 本办法于2010年1月1日起实行，凡与本办法不一致的有关规定，以本办法为准。

第二十九条 本办法由中国人事出版社、中国劳动社会保障出版社负责解释。

附件：1. 中国人事出版社中国劳动社会保障出版社代理发行站建站申请表（略）

2. 中国人事出版社中国劳动社会保障出版社代理发行站年检报告书（略）

人力资源和社会保障部办公厅关于企业工资总额管理有关口径问题的函

人社厅函［2010］51号

上海市人力资源和社会保障局：

你局《关于企业工资总额有关口径的请示》（沪人社综字［2009］109号）收悉。经研究，现答复如下：

将企业发放给职工的住房补贴、交通补贴等收入纳入工资管理，有利于加强对企业工资分配的宏观调控，推进职工收入工资化、货币化、透明化。在国有企业工资总额管理工作中，应按照《关于企业加强职工福利费财务管理的通知》（财企［2009］242号）的规定，将按月按标准发放或支付给职工的住房补贴、交通补贴或者车改补贴、通讯补贴以及节日补助、按月发放的午餐费补贴等统一纳入职工工资总额管理。实行工效挂钩办法的企业，在与企业经济效益直接挂钩工资总额基数外单列，不作为计提新增效益工资的基数。

二〇一〇年一月二十三日

人力资源和社会保障部办公厅　财政部办公厅关于确认海南省企业职工基本养老保险实现省级统筹的函

人社厅函［2010］96 号

海南省人力资源和社会保障厅、财政厅：

经调研评估，对照原劳动保障部、财政部《关于推进基本养老保险省级统筹有关问题的通知》（劳社部发［2007］3 号）规定的省级统筹标准，确认你省企业职工基本养老保险基本实现省级统筹。请你们加快信息系统建设，进一步提高管理服务水平，抓好各项配套政策的完善和落实，巩固省级统筹制度。

二〇一〇年二月二十二日

人力资源和社会保障部办公厅　财政部办公厅关于确认广西壮族自治区企业职工基本养老保险实现省级统筹的函

人社厅函［2010］97号

广西壮族自治区人力资源和社会保障厅、财政厅：

经调研评估，对照原劳动保障部、财政部《关于推进基本养老保险省级统筹有关问题的通知》（劳社部发［2007］3号）规定的省级统筹标准，确认你区企业职工基本养老保险基本实现省级统筹。请你们加快信息系统建设，进一步提高预算编制的科学性，明确各级政府的责任，抓好各项配套政策的完善和落实，巩固省级统筹制度。

二〇一〇年二月二十二日

人力资源和社会保障部办公厅关于浙江省最低工资标准调整方案的复函

人社厅函［2010］98 号

浙江省人力资源和社会保障厅：

《浙江省人力资源和社会保障厅关于调整浙江省最低工资标准的请示》（浙人社［2010］13 号）收悉。经研究，现函复如下：

一、同意你省月最低工资标准由现行的960 元、850 元、780 元、690 元调整为1 100元、980元、900元、800元。

二、同意你省非全日制工作的小时最低工资标准由现行的 8 元、7.1 元、6.5 元、5.7 元调整为 9 元、8 元、7.3 元、6.5 元。

三、请你厅在新的最低工资标准发布后10 日内，将发布的文件报我部备案。

请你厅进一步做好最低工资标准的宣传工作，加强对企业执行《最低工资规定》的监督检查，切实维护劳动者的合法权益。

二〇一〇年二月二十四日

人力资源和社会保障部办公厅关于转发河南省人力资源和社会保障厅等部门办理非诉劳动保障监察执行案件有关问题和优化执法环境加强劳动保障监察切实维护社会稳定有关文件的通知

人社厅函［2010］145号

各省、自治区、直辖市人力资源社会保障（劳动保障）厅（局），新疆生产建设兵团劳动保障局，各副省级市人力资源社会保障（劳动保障）局：

自今年全国劳动保障监察工作座谈会召开以来，各地人力资源社会保障部门认真贯彻会议精神，联合有关部门出台了相关政策文件，进一步完善监察工作制度，优化监察执法环境，提高非诉监察执行案件的执行力，切实维护了劳动者合法权益和社会稳定，推进了监察事业发展。现将河南省人力资源和社会保障厅等部门《关于办理非诉劳动保障监察执行案件有关问题的通知》（豫高法［2010］54号）和《关于优化执法环境加强劳动保障监察　切实维护社会稳定的通知》（豫人社［2010］87号）转发给你们，供参考借鉴。

二〇一〇年三月二十六日

河南省高级人民法院　河南省人力资源和社会保障厅关于办理非诉劳动保障监察执行案件有关问题的通知

豫高法［2010］54号

全省各级人民法院、各级人力资源和社会保障（人事、劳动保障）局：

为规范非诉劳动保障监察执行案件的受理、审查，依法保护劳动者等弱势群体的合法权益，近日，省高级法院与省人力资源和社会保障厅联合就劳动保障监察案件的有关问题进行调研、协商，达成了共识。现就有关问题通知如下：

一、劳动保障事业关系民生，劳动保障监察是各项劳动保障法律、法规和政策得到贯彻落实的重要保障，依法执行劳动保障监察案件是以人为本、保障民生的具体体现。办理好劳动保障监察执行案件，对保护劳动者等弱势群体的合法权益，维护社会和谐稳定，促进经济社会发展，具有十分重要的意义。全省各级人民法院、各级人力资源和社会保障（人事、劳动保障）局要切实负起责任，站在保障民生、改善民生的高度，做好非诉劳动保障监察案件执行工作。

二、对人力资源和社会保障部门申请执行的劳动保障监察案件，尤其是涉及拖欠农民工工资、企业职工工资、经济赔偿金和补偿金、社会保险费等案件，符合法律、法规规定的受理条件的，人民法院应当依法积极受理。执行费不再预收，待执行后依法向被执行人收取。

三、人民法院应当依法对非诉劳动保障监察执行案件进行合法性审查，对明显缺乏事实根据的，或明显缺乏法律依据的，或明显违法并损害被执行人合法权益的案件，依法不予准予执行；对依法准予执行的案件，特别是涉及拖欠农民工工资、企业职工工资、经济赔偿金和补偿金、社会保险费等案件，应当依法从快执行。

四、人力资源和社会保障部门应当履行必要的协助义务，积极配合人民法院执行劳动保障监察案件，确保案件及时执结。

五、人民法院在执行劳动保障监察案件过程中，应当注意执行方法，既要保护劳动者等弱势群体的合法权益，又要保证企业正常生产经营，避免执行不当给企业造成损失。

六、作为被执行人的企业破产或无力足额支付工资、赔偿金和补偿金、社会保险费及其他全部债务的，人民法院在依法保护抵押权等优先权的情况下，注意做好协调工作，确保工资、赔偿金和补偿金、社会保险费优先于普通债权受偿。

特此通知

二〇一〇年二月十一日

中共河南省委维护稳定工作领导小组办公室 河南省人民政府法制办公室　河南省监察厅 河南省人力资源和社会保障厅关于优化执法环境 加强劳动保障监察　切实维护社会稳定的通知

豫人社［2010］87 号

各省辖市委维稳办、政府法制办、监察局、人力资源和社会保障（人事、劳动保障）局，巩义、项城、永城、固始、邓州、中牟县（市）委维稳办、政府法制办、监察局、人事劳动和社会保障（人事、劳动保障）局：

近年来，各级党委、政府高度关注民生，严格落实有关政策法规，及时查处劳动保障违法案件，较好地维护了劳动者的合法权益，取得了明显成效，确保了社会和谐稳定。但是，一些地方以保护企业生产经营为由对劳动保障监察执法进行限制，影响了劳动保障监察工作的正常开展，使一些劳动保障违法行为得不到及时纠正，不仅违反了国家有关法律法规，也侵害了劳动者的合法权益，个别地方还多次引发了堵门、堵路、集体上访等问题，严重破坏了正常的生产生活秩序和社会和谐稳定。据不完全统计，2009 年全省因拖欠农民工工资引发的恶性事件共 22 起，涉及 1 900 多人，围堵各级党委、政府等群体性事件共 160 起，涉及 6 700 多人。为认真贯彻落实《河南省人民政府关于进一步落实政策切实维护职工合法权益的若干意见》（豫政［2009］86 号），优化劳动保障监察执法环境，切实维护劳动者合法权益，确保社会和谐稳定，现将有关事项通知如下：

一、切实提高劳动保障监察执法工作重要性的认识

劳动保障监察是保证人力资源社会保障法律法规贯彻落实、促进人力资源社会保障事业健康发展的重要手段，是维护劳动者合法权益、促进劳动关系和谐稳定的必要措施。随着市场主体多元化、用工形式多样化和劳动关系复杂化，用人单位违反人力资源社会保障法律法规、侵害劳动者合法权益的现象时有发生，在一些地方和行业甚至呈上升趋势，加强劳动保障监察工作显得日益重要。各地、各有关部门一定要从实践“三个代表”重要思想、构建社会主义和谐社会的高度，充分认识加强劳动保障监察执法工作的重要性，进一步强化措施，优化环境，支持劳动保障监察执法工作。

二、努力优化劳动保障监察执法环境

为了确保劳动者的合法权益得到有效保护，近年来，国家出台了《劳动法》《劳动合同法》《劳动保障监察条例》等法律法规，明确规定劳动保障监察执法人员根据需要和掌握的有关情况，可以进入用工单位和用工场所进行工作检查，相关单位和部门应予积极配合，主动接受监督检查。做好劳动保障监察工作不仅是各级人力资源社会保障部门的责任，也是各级党委、政府的共同责任。各地、各有关部门尤其是相关职能部门要加强协作配合，努力为劳动保障监察创造良好的执法环境。各级维稳办要高度关注劳动保障方面的矛盾问题，对突出的矛盾问题，要加强组织协调，主动解决问题。法制部门在制定和审查规范性文件时，对随意限制劳动保障监察执法的内容要予以修订或废止。各级监察机关要发挥职能作用，对干扰、阻挠劳动保障监察执法的，要追究主管部门及有关领导的责任。

三、进一步加强劳动保障监察工作

各级人力资源社会保障部门要认真履行职责，切实把加强劳动保障监察工作作为当前工作的一项重要任务来抓。结合实际，加强人员、经费、办公办案装备保障，使劳动保障监察力量与所承担的工作任务相适应。各级劳动保障监察机构要不断提高工作效能，坚持公正、公开原则，认真落实劳动保障监察“五公开”“十不准”，提高执法水平，合理运用自由裁量权，自觉接受社会监督；要坚持高效、便民原则，提高办案质量，畅通投诉举报渠道，热情为企业和劳动者服务，以实际行动树立劳动保障监察的良好形象，切实维护广大劳动者的合法权益，维护社会的和谐稳定。

二〇一〇年三月十日

人力资源和社会保障部办公厅关于山东省最低工资标准调整方案的函

人社厅函［2010］157号

山东省人力资源和社会保障厅：

你厅报送的《关于山东省调整最低工资标准的请示》（鲁人社［2010］11号）收悉。经研究，现函复如下：

一、同意你省从2010年5月1日起将月最低工资标准由现行的760元、620元、500元调整为920元、760元、600元。

二、请你厅在新的最低工资标准发布后10日内，将发布的文件报我部备案。

请你厅进一步做好最低工资标准的宣传工作，加强对企业执行《最低工资规定》的监督检查，切实维护劳动者的合法权益。

二〇一〇年四月十二日

人力资源和社会保障部办公厅关于因失踪被人民法院宣告死亡的离退休人员养老待遇问题的函

人社厅函［2010］159号

安徽省人力资源社会保障厅：

你厅《关于因失踪被人民法院宣告死亡的退休人员养老保险待遇的请示》（皖人社［2010］16号）收悉。经研究，函复如下：

基本养老金是离退休人员基本生活的保障。离退休人员因失踪等原因被暂停发放基本养老金的，之后被人民法院宣告死亡，期间被暂停发放的基本养老金不再予以补发；离退休人员被人民法院宣告死亡后，其家属应按规定领取丧葬补助费和一次性抚恤金。当离退休人员再次出现或家属能够提供其仍具有领取养老金资格证明的，经社会保险经办机构核准后，应补发其被暂停发放的基本养老金，在被暂停发放基本养老金期间国家统一部署调整基本养老金的，也应予以补调。

二〇一〇年四月十二日

人力资源和社会保障部办公厅关于湖北省最低工资标准调整方案的函

人社厅函［2010］180号

湖北省人力资源和社会保障厅：

你厅报送的《关于湖北省最低工资标准调整方案的请示》（鄂人社文［2010］76号）收悉。经研究，现函复如下：

一、同意你省月最低工资标准由现行的700元、600元、520元、450元调整为900元、750元、670元、600元。

二、同意你省非全日制用工的小时最低工资标准由现行的7元、6.5元、6元、5.5元调整为9元、8元、7元、6.5元。

三、请你厅在新的最低工资标准发布后10日内，将发布的文件报我部备案。

请你厅进一步做好最低工资标准的宣传工作，加强对企业执行《最低工资规定》的监督检查，切实维护劳动者的合法权益。

二○一○年四月二十七日

人力资源和社会保障部办公厅关于湖南省最低工资标准调整方案的函

人社厅函［2010］197号

湖南省人力资源和社会保障厅：

你厅《关于调整湖南省2010年最低工资标准的请示》（湘人社［2010］6号）收悉。经研究，现函复如下：

一、同意你省月最低工资标准由现行的665元、610元、580元、560元、530元、500元调整为800元、750元、700元、650元、600元。

二、同意你省非全日制用工的小时最低工资标准由现行的7.5元、7元、6.5元、6元、5.5元、5元调整为8.5元、8元、7.5元、7元、6.5元。

三、请你厅在新的最低工资标准发布后10日内，将发布的文件报我部备案。

请你厅进一步做好最低工资标准的宣传工作，加强对企业执行《最低工资规定》的监督检查，切实维护劳动者的合法权益。

二〇一〇年四月二十九日

人力资源和社会保障部办公厅关于云南省最低工资标准调整方案的复函

人社厅函［2010］217号

云南省人力资源社会保障厅：

《云南省人力资源和社会保障厅关于调整最低工资标准的请示》（云人社请［2010］67号）收悉。经研究，现函复如下：

一、同意你省月最低工资标准由现行的680元、610元、520元调整为830元、740元、630元。

二、同意你省非全日制用工的小时最低工资标准由现行的7元、6元、5元调整为8元、7元、6元。

三、请你厅在新的最低工资标准发布后10日内，将发布的文件报我部备案。

请你厅进一步做好最低工资标准的宣传工作，加强对企业执行《最低工资规定》的监督检查，切实维护劳动者的合法权益。

二〇一〇年五月十七日

人力资源和社会保障部办公厅关于江西省最低工资标准调整方案的复函

人社厅函［2010］227号

江西省人力资源社会保障厅：

你厅《关于江西省调整最低工资标准的请示》（赣人社文［2010］27号）收悉。经研究，现函复如下：

一、同意你省月最低工资标准由现行的580元、520元、480元、450元、420元调整为720元、660元、600元、550元、500元。

二、同意你省非全日制用工的小时最低工资标准由现行的6.5元、5.9元、5.4元、5.1元、4.7元调整为6.8元、6.2元、5.7元、5.2元、4.7元（第五档不变）。

三、请你厅在新的最低工资标准发布后10日内，将发布的文件报我部备案。

请你厅进一步做好最低工资标准的宣传工作，加强对企业执行《最低工资规定》的监督检查，切实维护劳动者的合法权益。

二〇一〇年五月二十一日

人力资源和社会保障部办公厅关于安徽省最低工资标准调整方案的复函

人社厅函［2010］260号

安徽省人力资源社会保障厅：

《关于安徽省调整最低工资标准意见的请示》（皖人社［2010］37号）收悉。经研究，现函复如下：

一、同意你省月最低工资标准由现行的560元、540元、500元、460元、420元、390元调整为720元、680元、630元、580元、530元、500元。

二、同意你省非全日制用工的小时最低工资标准由现行的6元、5.9元、5.4元、5元、4.6元、4.2元调整为7.5元、7.1元、6.6元、6.1元、5.6元、5.2元。

三、请在新的最低工资标准发布后10日内，将发布的文件报我部备案。

四、请把握好最低工资标准的宣传时机和力度，避免产生负面影响。同时，进一步加强对企业执行《最低工资规定》的监督检查，切实维护劳动者的合法权益。

二〇一〇年六月八日

人力资源和社会保障部办公厅关于河北省最低工资标准调整方案的复函

人社厅函［2010］284号

河北省人力资源社会保障厅：

《河北省人力资源和社会保障厅关于报送最低工资标准调整方案的请示》（冀人社呈［2010］84号）收悉。经研究，现函复如下：

一、同意你省月最低工资标准由现行的750元、680元、600元、540元调整为900元、840元、760元、690元。

二、同意你省非全日制用工的小时最低工资标准由现行的7.3元、6.8元、6元、5.5元调整为9元、8.4元、7.6元、6.9元。

三、请在新的最低工资标准发布后10日内，将发布的文件报我部备案。

四、请进一步加强对企业执行《最低工资规定》的监督检查，切实维护劳动者的合法权益。

二〇一〇年六月十八日

人力资源和社会保障部办公厅关于四川省最低工资标准调整方案的复函

人社厅函［2010］285号

四川省人力资源社会保障厅：

《四川省人力资源和社会保障厅关于报送审核〈2010年最低工资标准调整方案〉的请示》（川人社［2010］61号）收悉。经研究，现函复如下：

一、同意你省月最低工资标准由现行的450元、550元、650元三个档次调整为650元、710元、780元、850元四个档次。

二、同意你省非全日制用工的小时最低工资标准由现行的4.9元、6.0元、7.1元三个档次调整为6.8元、7.5元、8.2元、8.9元四个档次。

三、请在新的最低工资标准发布后10日内，将发布的文件报我部备案。

四、请进一步加强对企业执行《最低工资规定》的监督检查，切实维护劳动者的合法权益。

二〇一〇年六月二十二日

人力资源和社会保障部办公厅关于内蒙古自治区最低工资标准调整方案的函

人社厅函［2010］364号

内蒙古自治区人力资源和社会保障厅：

《关于内蒙古自治区职工最低工资标准调整方案的请示》（内人社发［2010］87号）收悉。经研究，现函复如下：

一、同意你区月最低工资标准由现行的500元、560元、620元、680元调整为680元、750元、820元、900元。

二、同意你区非全日制用工的小时最低工资标准由现行的5元、5.5元、6元、6.5元调整为6.1元、6.7元、7.3元、8.1元。

三、请在新的最低工资标准发布后10日内，将发布的文件报我部备案。

四、请进一步加强对企业执行《最低工资规定》的监督检查，切实维护劳动者的合法权益。

二〇一〇年七月二十三日

人力资源和社会保障部办公厅关于推广杭州市促进大学生创业工作经验的通知

人社厅函［2010］377号

各省、自治区、直辖市人力资源社会保障厅（局），新疆生产建设兵团人事局、劳动保障局：

近年来，杭州市将大学生创业工作摆在就业工作的重要位置，通过加强组织领导、创新工作机制、强化政策扶持、优化服务质量、营造环境氛围等有力举措，积极破解大学生创业难题。杭州市帮扶大学生创业的工作经验具有四点启示：一是将促进大学生创业融入城市发展理念，使促进大学生创业为城市发展服务。二是政府加强对创业工作的领导，集全社会之力破解大学生创业难题。三是针对创业的实际需要制定大学生创业政策，在解决实际问题中不断完善政策体系。四是延伸创业服务链条，深化创业服务载体的服务内容和形式，形成新的创业服务机制。为进一步总结推广杭州经验，现将《杭州市促进大学生创业工作经验》印发给你们，请你们及时转发各地。同时请借鉴杭州市经验，结合实际，不断完善大学生创业的政策措施，进一步加强对各级人力资源社会保障部门的工作指导力度，切实做好大学生就业工作。

附件：杭州市促进大学生创业工作经验

二〇一〇年七月二十八日

附件

杭州市促进大学生创业工作经验

近年来，杭州市围绕浙江省委省政府提出的“创新强省、创业富民”总战略，以创建创业型城市为契机，把促进大学生创业工作摆上重要位置。按照大学生创业缺什么补什么的基本思路，通过加强组织领导、创新工作机制、强化政策扶持、优化服务措施、营造良好创业环境等有力举措，积极破解大学生创业难题，走出了一条具有杭州特色的促进大学生创业之路。

一、健全工作机制，强化组织领导，形成齐抓共管、共同推进大学生创业的良好社会氛围

针对大学生总量逐年增加、就业难问题日益凸显的客观现实，杭州市委、市政府提出：帮助和鼓励大学生自主创业，既是服务大学生创业就业的需要，也是惠民生、促和谐、保稳定的重要抓手，更是杭州实施人才强市战略，助推经济转型升级，打造“天堂硅谷”的希望所在。杭州市建立了由市委、市政府领导牵头、政府部门联动、社会力量广泛参与的促进大学生创业工作机制，集全市之力，共同推动大学生创业工作。

加强组织领导。杭州市将大学生创业工作列入“市长”工程，多次召开市政府常务会议，专题研究大学生就业创业工作；定期召开大学生创业工作例会，为大学生创业排忧解难；市领导次深入大学生创业企业进行调研、指导，就大学生创业工作作出批示，鼓舞大学生创业士气。

创新工作机制。在推进大学生创业工作中，杭州市不断总结经验。实现了五大创新：一是建立大学生创业工作例会制度。定期召开例会，通报大学生创业工作情况。二是建立大学生创业难题三级协调制度。按照属地原则对大学生创业企业存在的问题进行协调解决，重大问题提交市政府工作例会协调。三是建立大学生创业资助项目三级指导服务制度，确保各项资助基金真正落实到位。四是建立大学生创业工作分析制度。各大学生创业园定期向市大学生就业创业协调办公室报告大学生创业情况，分析存在的问题，提出对策建议。五是建立大学生创业企业联系制度。市政府和相关部门领导与大学生创业企业建立直接联系，面对面沟通，使创业大学生感受政府的关怀，增强创业的信心。

发挥社团组织作用。杭州市鼓励民间团体和中介组织参与大学生创业工作，先后成立了3家市级大学生创业俱乐部，为大学生创业提供创业辅导、项目交流、政策咨询等服务。2009年，杭州市成立了大学生创业联盟，这一以社团形式登记的大学生创业组织，实现了政府和社会资源的优化组合，汇集了优秀的大学生创业人才，通过搭建平台，帮助创业大学生和成功企业家实现项目的有效对接、交流与合作。

二、完善政策措施，加大扶持力度，强化政府在大学生创业工作中的引导作用

完善的创业扶持政策，是推进大学生成功创业的有力保障。近年来，杭州市先后出台了《关于鼓励和扶持大学生在杭自主创业的若干意见》《关于实施杭州市万名大学生实训工程的指导意见》《杭州市高校毕业生和留学回国人员创业三年行动计划》等一系列政策措施。形成了较为系统、完善的大学生创业政策扶持体系，具体内容包括：

实施资金资助政策。设立大学生创业资助资金，对于优秀的创业项目，杭州市政府提供2万～20万元的无偿资助和最高2万元的贷款贴息政策。困难家庭、零就业家庭、残疾的大学生自谋职业、自主创业自筹资金不足的，可以申请最高额度为10万元的小额担保贷款，其中从事科技成果转化、研发项目或文化创意项目的，最高额度为20万元，上述借款人按期还本付息的，政府全额贴息。大学生自主创业企业参加市政府（或经市政府批准）举办的各类会展，经企业纳税地政府部门认可后，由纳税地财政按展位费的50%给予补贴，单家企业每年最多补贴3万元，可连续补贴3年。同时，注重引导各类资本服务大学生创业。杭州市先后建立了种子基金、天使基金、创投引导基金、债权基金、担保基金、网络联保贷款、科技银行等，为大学生创业提供资金资助，满足大学生在创业起步、企业成长、企业扩张等不同阶段的需求。杭州市还成立了大学生创业风险投资（创业投资）指导团，积极与创业大学生结成帮扶对子，定期举办大学生创业项目、创业企业与风险机构洽谈会，通过“企业孵化＋创业指导＋投融资支持”等方式，指导大学生企业创新商业发展模式。

杭州市还对参加网上创业的大学生给予特别资助，鼓励和扶持大学生网上创业。大学生创办网点，经工商注册登记的，可享受小额担保贷款、自主创业补助、社会保险费补贴、一次性创业奖励等奖励扶持政策。未进行工商注册的登记的，在网上交易平台通过实名注册认证，从事电子商务（网店）经营，卖家信用积分累计到1 000分以上，好评率（好评数与交易数的百分比）在98%以上，或经营三个月以上且月收入超过杭州市区月最低工资标准的，也可认定为网上创业，享受相关扶持政策。

给予培训补贴政策。在杭高校学生及毕业生、杭州生源的外地高校毕业生参加创业培训和创业实训的，分别按800元/人标准予以资助；参加技能培训的，按实训费用的50%予以资助，原则上不超过2 000元/人。培训职业（工种）为当年杭州市紧缺职业（工种）的，给予培训和鉴定费全额补贴。杭州市户籍的零就业、低保等困难家庭的高校毕业生，其创业实训费用由政府全额资助。2009年起，杭州市连续两年对在杭高校应届大学生发放教育培训消费券，大学生自主选择技能培训项目参培。

给予税费减免政策。杭州市规定，大学生创办企业，免除注册、验资、银行开户等费用，允许工商注册资本“零首付”，并在两年内到位。大学生新办软件生产企业，经认定自获利年度起，免征第一年和第二年企业所得税。大学生创办小型微利企业，符合条件的，企业所得税减按20%的税率征收。大学生创办的国家重点扶持的高新技术企业，企业所得税减按15%的税率征收。大学生自主创业企业从事技术转让、技术开发等业务所得的收入免征营业税。大学生从事个体经营，月销售额（营业额）在5 000元以下的，免征增值税和营业税等。

实施场地补贴、住房优惠和落户政策。新办大学生创业企业入驻杭州市级大学生创业园的，提供两年期50平方米免房租的办公用房。在创业园外租赁房屋的，由纳税地财政提供两年100平方米的房租补贴。大学生在市、区共建的创业园区内创办企业的，给予一定的房租补贴。创业大学生还可申请入住创业人才（大学毕业生）公寓等经济租赁住房；符合条件的网上创业者可定向租住经济租赁房、大学生公寓和人才公寓；具有博士学位的，可申请购买引进人才专项住房。大学生在杭自主创办企业符合杭州市产业发展导向要求的，可以办理落户手续。

三、创新工作机制，实行人本服务，系统开展大学生创业帮扶工作

针对大学生有活力、有知识、有想法、有激情，但又缺乏创业经验、工作技能和市场信息的特点，杭州市实施了万名大学生实训计划、创业带动就业计划、公共就业服务进高校计划、见习计划等九项计划，形成了以大学生见习训练、创业模拟实训、创业孵化、大学生创业联盟等为载体的较为完善的大学生创业服务体系。

建立就业创业指导站。杭州市探索在高校建立大学生就业服务机制。2009年，全面推广大学生就业创业指导站，大学生不出校门，就可以获得扶持政策、创业项目、模拟实训、创业培训（SYB）以及就业信息等方面的资讯和“一站式”便捷服务。同时，在杭州的高校搭建毕业生就业创业公共网，实现信息资源共享。

实施创业导师制。聘请企业家和创业投资、风险投资专家等担任大学生创业导师，对大学生创业各个阶段进行分类指导，帮助大学生提高创业成功率。为激发创业导师的工作热情，杭州市出台了一系列鼓励政策：创业导师每结对1名大学生或1个大学生创业团队，给予2 000元的综合性补贴；每指导1名大学生注册开业且稳定经营1年以上，给予8 000元的绩效奖励；提供经政府部门同意开展的专项服务的，给予每人每次500～1 000元的补贴。

扩大见习、实训规模。全面推开大学生见习训练工作。2008年起，杭州市启动了“杭州市万名大学生创业实训工程”，以“订单（定向）实训、持证上岗、政府资助、鼓励创业”为原则，先后推出了服务外包人才实训、信息化人才实训等一系列实训项目。同时，创新推出了“8＋X”的创业培训模式，即创业培训和模拟公司创业实训对接模式。鼓励各高校把该项目列入教学计划，计入学分，形成了创业培训、模拟公司创业实训、创业教育三元对接、具有杭州特色的大学生创业培训体系。

建立大学生创业园。充分调动各城区及高校、企业和其他社会组织的积极性，建设大学生创业园。经认定的市级大学生创业园，由市财政给予一次性50万元的建园资助。对经市劳动保障部门认定的创业园，按规模每年给予主办方5万～10万元的补贴。

四、优化创业环境，营造良好社会氛围，打造大学生创业“杭州模式”

杭州市坚持“造一流环境，引一流人才，建一流城市，创一流事业”的城市发展理念，为大学生创新创业提供了良好的“硬环境”。同时，注重大学生创业的“软环境”建设，坚持以人为本、创新为魂，大力弘扬“大气开放、精致和谐”的人文精神和“敢为人先、敢冒风险、敢争一流、宽容失败”的创业精神，帮助大学生树立正确的创业观念，实现创业理想。

为鼓励和吸引更多的优秀创业团队和项目进驻杭州，2009年，杭州市政府举办了面向全国高校的“赛伯乐杯”大学生创业大赛。大赛吸引了来自清华、复旦、浙江大学等157所知高校的811个团队参加。目前，已有27个参赛项目在杭州落地转化，成功创办企业30家。为树立典型，激励先进，杭州市组织开展了“十佳大学生创业之星”“十佳创业实训机构”“十佳大学生创业导师”“寻找身边的优秀大学生创业者活动”等评选表彰活动。通过形式多样的活动，营造了大学生积极投入、政府大力助推、媒体热情宣传、社会普遍关注的良好氛围。

人力资源和社会保障部办公厅关于转发财政部　国家发展改革委同意收取注册测绘师资格考试考务费等四个文件的通知

人社厅函［2010］426号

各省、自治区、直辖市人力资源社会保障厅（局），新疆生产建设兵团人事局，各副省级市人力资源社会保障（人事）局：

现将《财政部　国家发展改革委关于同意收取注册测绘师资格考试考务费等有关问题的通知》（财综［2010］49号）《国家发展改革委、财政部关于注册测绘师资格考试收费标准及有关问题的通知》（发改价格［2010］1660号）《财政部　国家发展改革委关于同意收取助理广告师和广告师职业水平考试考务费等有关问题的通知》（财综［2010］47号）和《国家发展改革委　财政部关于助理广告师和广告师职业水平考试收费标准及有关问题的通知》（发改价格［2010］1669号）等四个文件转发给你们，并就有关问题通知如下：

一、为确保注册测绘师资格考试、助理广告师和广告师职业水平考试工作的顺利进行，各地要抓紧办理考试收费标准申报核定工作，并积极协调当地相关部门，将开展工作所需经费纳入预算安排，确保工作的正常运转。

二、各地要严格按照批准的收费项目和标准收费，并纳入财政预算管理，不得扩大收费范围、提高收费标准，自觉接受价格、财政部门的监督检查。

三、各地要严格按照规定及时上缴考务费，做到应收尽收，应缴尽缴，收缴及时。

二〇一〇年八月十六日

财政部　国家发展改革委关于同意收取注册测绘师资格考试考务费等有关问题的通知

财综［2010］49号

人力资源社会保障部，各省、自治区、直辖市财政厅（局）、发展改革委、物价局：

人力资源社会保障部《关于申报注册测绘师资格考试收费项目及标准的函》（人社部函［2010］20号）收悉。经研究，现就有关问题通知如下：

一、根据《中华人民共和国测绘法》以及原人事部、国家测绘局《关于印发〈注册测绘师制度暂行规定〉〈注册测绘师资格考试实施办法〉和〈注册测绘师资格考核认定办法〉的通知》（国人部发［2007］14号）规定，同意人力资源社会保障部所属人事考试中心在组织注册测绘师资格考试时，向各省、自治区、直辖市人力资源社会保障（人事）部门收取注册测绘师资格考试考务费；各省、自治区、直辖市人力资源社会保障（人事）部门向报考人员收取注册测绘师资格考试费。

对注册测绘师考试合格人员颁发《中华人民共和国注册测绘师资格证书》时，不得收取证书工本费等其他任何费用。

二、上述考试、考务费的收费标准由国家发展改革委、财政部另行核定。

三、收费单位应到指定的价格主管部门办理收费许可证，并按财务隶属关系分别使用财政部和省级财政部门统一印制的财政票据。

四、人力资源社会保障部所属人事考试中心收取注册测绘师资格考试考务费，应全额上缴中央国库，实行“收支两条线”管理，具体收缴办法按照《财政部关于确认人事部收入收缴管理制度改革试点有关事宜的通知》（财库［2003］121号）规定执行。各省、自治区、直辖市人力资源社会保障（人事）部门收取的考试费收入全额上缴省级国库，纳入省级财政预算，实行“收支两条线”管理，具体收缴办法按照省级财政部门的有关规定执行。上述考试费和考务费收入列《政府收支分类科目》103类“非税收入”04款“行政事业性收费收入”50项“人力资源社会保障行政事业性收费收入”04目“考试考务费”。人力资源社会保障部所属人事考试中心开展相关工作所需经费，由财政部通过部门预算统筹考虑。

五、收费单位应严格执行上述规定，不得擅自增加收费项目、扩大收费范围和提高收费标准，并自觉接受财政、价格、审计部门的监督检查。

二〇一〇年六月二十一日

国家发展改革委　财政部关于注册测绘师资格考试收费标准及有关问题的通知

发改价格［2010］1660号

人力资源社会保障部，各省、自治区、直辖市发展改革委、物价局、财政厅（局）：

人力资源社会保障部《关于申报注册测绘师资格考试收费项目及标准的函》（人社部函［2010］20号）收悉。根据《财政部　国家发展改革委关于同意收取注册测绘师资格考试考务费等有关问题的通知》（财综［2010］49号）的规定，经研究，现将注册测绘师资格考试收费标准及有关问题通知如下：

一、人力资源社会保障部在组织注册测绘师资格考试时，由人力资源社会保障部所属人事考试中心向各省、自治区、直辖市人力资源社会保障部门（以下简称省级人力资源社会保障部门）收取的考务费标准为：客观题科目《测绘管理与法律法规》和《测绘综合能力》，每人每科18元；主观题科目《测绘案例分析》每人25元。

二、省级人力资源社会保障部门向考生收取的注册测绘师资格考试费标准，由各省、自治区、直辖市价格、财政部门在考务费标准基础上加组织报名、租用考试场地和聘请监考人员等费用核定。

三、收费单位应到指定的价格主管部门办理收费许可证，并按财务隶属关系分别使用财政部和省级财政部门统一印制的财政票据。

四、收费单位应严格执行批准的收费项目和收费标准，不得自行增设收费项目、扩大收费范围或提高收费标准，并自觉接受价格、财政、审计部门的监督检查。

五、上述规定自2010年8月1日起执行，有效期3年。有效期满之前3个月，由人力资源社会保障部按规定程序向国家发展改革委、财政部重新申报。

二〇一〇年七月二十九日

财政部　国家发展改革委关于同意收取助理广告师和广告师职业水平考试考务费等有关问题的通知

财综［2010］47号

人力资源社会保障部，各省、自治区、直辖市财政厅（局）、发展改革委、物价局：

人力资源社会保障部《关于申报助理广告师和广告师职业水平考试收费项目及标准的函》（人社部函［2010］21号）收悉。经研究，现将有关事宜通知如下：

一、同意省级以上人力资源社会保障部门会同有关单位在组织助理广告师、广告师职业水平考试时，由人力资源社会保障部所属人事考试中心向各省、自治区、直辖市人力资源社会保障部门收取助理广告师、广告师职业水平考务费；由各省、自治区、直辖市人力资源社会保障部门向考生收取助理广告师、广告师职业水平考试费。

对考试合格人员颁发职业水平证书，不得收取证书工本费等其他任何费用。

二、上述考务、考试费的收费标准由国家发展改革委、财政部另行制定。

三、收费单位应到指定的价格主管部门办理收费许可证，并按财务隶属关系分别使用财政部和省级财政部门统一印制的票据。

四、人力资源社会保障部所属人事考试中心收取的助理广告师、广告师职业水平考务费应全额上缴中央国库，纳入中央财政预算管理，具体收缴办法按照《财政部关于确认人事部收入收缴管理制度改革试点有关事宜的通知》（财库［2003］121号）的规定执行。各省、自治区、直辖市人力资源社会保障部门收取的助理广告师、广告师职业水平考试费，应全额上缴省级国库，纳入省级财政预算管理，具体收缴办法按照省级财政部门的规定执行。上述考务、考试费收入在政府收支分类科目中列103类04款50项“人力资源和社会保障行政事业性收费收入”04目“考试考务费”。相关单位组织考试的经费支出由同级财政部门通过部门预算安排。

五、收费单位要严格按照上述规定执行，不得自行增加收费项目、扩大收费范围、提高收费标准，并自觉接受财政、价格、审计部门的监督检查。

二〇一〇年六月十一日

国家发展改革委　财政部关于助理广告师和广告师职业水平考试收费标准及有关问题的通知

发改价格［2010］1669号

人力资源社会保障部，各省、自治区、直辖市发展改革委、物价局、财政厅（局）：

人力资源社会保障部《关于申报助理广告师和广告师职业水平考试收费项目及标准的函》（人社部函［2010］21号）收悉。根据《财政部　国家发展改革委关于同意收取助理广告师和广告师职业水平考试考务费等有关问题的通知》（财综［2010］47号）的规定，经研究，现将助理广告师和广告师职业水平考试收费标准及有关问题通知如下：

一、人力资源社会保障部在组织助理广告师和广告师职业水平考试时，由人力资源社会保障部所属人事考试中心向各省、自治区、直辖市人力资源社会保障部门（以下简称省级人力资源社会保障部门）收取的考务费标准为：助理广告师考试（共有《综合能力》和《专业实务》2科），每人每科25元；广告师考试（共有《综合能力》《专业实务》和《案例分析》3科），每人每科30元。

二、省级人力资源社会保障部门向考生收

取的助理广告师和广告师职业水平考试费标准，由各省、自治区、直辖市价格、财政部门在考务费标准基础上加组织报名、租用考试场地和聘请监考人员等费用核定。

三、收费单位应到指定的价格主管部门办理收费许可证，并按财务隶属关系分别使用财政部和省级财政部门统一印制的票据。

四、收费单位应严格执行批准的收费项目和收费标准，不得自行增设收费项目和提高收费标准，并自觉接受价格、财政、审计部门的监督检查。

五、上述规定自2010年8月1日起执行，有效期3年。有效期满之前3个月，由人力资源社会保障部按规定程序向国家发展改革委、财政部重新申报。

二〇一〇年七月二十七日

人力资源和社会保障部办公厅对贵州省最低工资标准调整方案的复函

人社厅函［2010］435号

贵州省人力资源社会保障厅：

《关于调整我省最低工资标准的请示》（黔人社呈［2010］70号）收悉。经研究，现函复如下：

一、同意你省月最低工资标准由现行的550元、600元、650元调整为650元、730元、830元。

二、同意你省非全日制用工的小时最低工资标准由现行的5.9元、6.4元、6.9元调整为6元、7元、8元。

三、请在新的最低工资标准发布后10日内，将发布的文件报我部备案。

四、请进一步加强对企业执行《最低工资规定》的监督检查，切实维护劳动者的合法权益。

二〇一〇年八月二十日

人力资源和社会保障部办公厅关于广西壮族自治区最低工资标准调整方案的复函

人社厅函［2010］448号

广西壮族自治区人力资源和社会保障厅：

《广西壮族自治区人力资源和社会保障厅关于调整我区最低工资标准的请示》（桂人社报［2010］94号）收悉。经研究，现函复如下：

一、同意你区月最低工资标准由现行的460元、520元、580元、670元调整为565元、635元、710元、820元。

二、同意你区非全日制用工的小时最低工资标准由现行的3.5元、4元、4.5元、5元调整为4.5元、5元、5.5元、6元。

三、请在新的最低工资标准发布后10日内，将发布的文件报我部备案。

四、请进一步加强对企业执行《最低工资规定》的监督检查，切实维护劳动者的合法权益。

二〇一〇年八月三十日

人力资源和社会保障部办公厅关于转发河南省人民政府加强劳动保障监察工作意见的通知

人社厅函［2010］454号

各省、自治区、直辖市人力资源社会保障厅（局），新疆生产建设兵团劳动保障局，各副省级市人力资源社会保障（劳动保障）局：

近年来，各地高度重视劳动保障监察工作，在强化组织领导、完善监管机制、充实执法力量、加大经费投入等方面采取有效措施，推进监察事业的发展，切实保障了人力资源社会保障法律法规的贯彻实施，维护了劳动者合法权益和社会稳定。现将《河南省人民政府关于加强劳动保障监察工作的意见》（豫政［2010］71号）转发给你们，供参考借鉴。

二〇一〇年九月三日

河南省人民政府关于加强劳动保障监察工作的意见

豫政［2010］71号

各省辖市人民政府，省人民政府各部门：

为认真贯彻《中华人民共和国劳动法》《中华人民共和国劳动合同法》《劳动保障监察条例》（国务院令第423号）、《河南省劳动保障监察条例》等法律、法规，维护劳动者合法权益，着力保障和改善民生，确保社会和谐稳定，现就进一步加强劳动保障监察工作提出如下意见。

一、深刻认识现阶段加强劳动保障监察工作的重要性

劳动保障监察是保证劳动保障法律法规贯彻落实、维护劳动者合法权益、促进劳动关系和谐稳定的一项重要的行政执法工作。近年来，全省各地不断加大劳动保障监察力度，及时查处各类劳动保障违法行为，切实维护劳动者合法权益，促进了经济发展和社会稳定。但是，随着我省进入跨越式发展、实现中原崛起的关键时期，利益格局分化、利益主体多元、利益诉求多样的态势更加明显，一些用人单位依法用工意识淡薄，不签订劳动合同、超时加班、拖欠劳动者工资等劳动违法行为时有发生；新生代农民工要求体面劳动和尊严生活的意识不断增强，劳资矛盾日益突出，维护劳动者权益和协调劳动关系的任务异常繁重。个别地方对劳动保障监察工作重视不够，劳动保障监察机构执法力量不足、工作经费短缺、办案装备落后、执法环境不宽松等问题长期得不到有效解决，一些群体性突发事件未能得到及时妥善处置，给我省经济社会发展带来一定隐患。因此，加强劳动保障监察工作十分重要和迫切。各级政府、各有关部门要站在落实科学发展观和构建社会主义和谐社会的高度，深刻认识新形势下加强劳动保障监察工作的重要意义，强化领导、完善机制、充实力量、保障投入，促进劳动保障监察工作取得新成效。

二、全面推进劳动保障监察“两网化”（网格化和网络化）建设

深入推进网格化管理，将劳动保障管辖区域划分为若干网格，并配备一定数量工作人员，收集完善网格内用人单位基本信息，实现对用人单位覆盖城乡、无缝隙的劳动用工实时监管。进一步完善网络化管理，借助现代网络技术建设监察管理信息平台，及时汇总分析企业用工信息，统一指挥和调动执法力量。通过实施“两网化”管理，推动监管范围从以城镇为主向统筹城乡转变，监管模式从被动反应型向主动预防型转变，使监察执法更加贴近企业和职工。

各级政府、各有关部门要加大对劳动保障监察“两网化”建设支持力度，利用就业资金开发劳动保障监察协管员公益性岗位，推广使用劳动保障监察“两网化”管理系统软件，配齐网格工作人员，配备必要的办公设施和办案装备，为实现“两网化”管理的现代化、科学化、规范化创造良好条件。

三、建立健全劳动保障监察长效监管机制

各级人力资源社会保障部门要采取有效措施，切实加强劳动用工监管长效机制建设。建立健全企业诚信等级评价制度，对企业实行分类监管，引导企业依法规范用工。完善并实行劳动保障监察重大违法案件社会公布制度，警示和震慑劳动违法企业。进一步推行农民工工资保障金制度，切实有效解决拖欠农民工工资问题。认真落实书面材料审查制度，严格对用人单位的日常监管和源头治理。加快建立委托审计制度，加强对用人单位工资支付和社保费缴纳等情况的审计监察。完善劳动保障监察举报奖励制度，鼓励全社会力量共同参与制止和纠正劳动违法行为。

四、加强劳动保障监察能力建设

（一）加强劳动保障监察机构队伍建设。县级以上政府要通过整合现有执法资源，规范劳动保障监察机构设置，加强劳动保障监察执法队伍建设，配齐与工作任务相适应的劳动保障监察人员，切实解决劳动保障监察机构不健全、执法力量不足的问题。要逐步建立劳动保障监察员录用、培训、考核、管理和激励制度，不断推进劳动保障监察队伍的专业化、职业化建设，保持劳动保障监察员工作岗位的相对稳定，提高监察员业务素质，建设一支政治可靠、作风过硬、业务精通的劳动保障监察队伍。

（二）落实劳动保障监察工作经费。各级政府要按照国务院令第 423 号规定，将劳动保障监察办公办案工具费、监察员培训费、宣传费、年审费、工作制服制作费以及办案补助费列入同级财政预算，改善办案条件，增强劳动保障监察队伍快速反应和应对突发事件能力，确保高效履行职责。

（三）完善劳动保障监察工作监督制约机制。各地、各有关部门要建立和实行劳动保障监察政务公开和服务承诺制，公开执法依据、程序、期限和职责。要建立公开、公平、公正的评议考核制度，严格落实执法责任制和错案追究制，主动接受社会监督。要探索建立行政处罚典型案件类比制度、违法案件挂牌督办制度，正确行使自由裁量权，杜绝以权谋私、越权执法和行政不作为。

五、强化组织领导，健全部门协调配合机制

（一）强化组织领导，落实工作责任。各级政府、各有关部门要高度重视劳动保障监察工作，将其列入重要议事日程，定期研究解决劳动保障监察工作中遇到的困难和问题，清理妨碍劳动保障监察正常执法的各项规定，为劳动保障监察执法创造良好的外部环境。各级政府对本行政区域内因劳动违法行为引发的群体性突发事件负总责，政府主要领导要亲自过问，一线指挥，加强协调，督促依法处理。因不当干预导致侵害劳动者合法权益的行为得不到制止和查处，造成严重后果的，要依法追究有关负责人和直接责任人的责任。

（二）建立健全各部门职责明确、协作配合的综合治理机制。各有关部门要进一步明确责任，认真履行职责，加强协调配合，形成维权合力。住房城乡建设部门负责解决建设领域因拖欠工程款引发的拖欠农民工工资问题，规范农民工工资保障金收支行为，切实发挥农民工工资保障金应急保障作用；交通运输、水利、教育等部门负责解决本系统和其主管单位因拖欠工程款引发的拖欠农民工工资问题；公安部门要积极配合有关部门妥善处置由此引发的群体性事件，对黑恶势力参与的“恶意讨薪”行为坚决依法予以打击；人力资源社会保障部门要全力协助各部门做好劳动者工资基数统计核实、监督发放等工作。通过各方面共同努力，发挥综合治理作用，推动劳动保障监察工作健康、高效开展，促进劳动关系和谐稳定。

以上意见，请认真贯彻落实。

二〇一〇年八月十七日

人力资源和社会保障部办公厅 对湖北省2010年工资指导线方案的复函

人社厅函［2010］513号

湖北省人力资源社会保障厅：

《关于发布2010年湖北省企业工资指导线的请示》（鄂人社文［2010］167号）收悉。经研究，现函复如下：

一、根据2010年国民经济和社会发展计划的总体安排及企业工资分配宏观调控的要求，结合2010年宏观经济形势预测和你省经济社会发展的实际情况，经综合平衡，对你省2010年工资指导线审核意见为：

（一）企业货币工资增长上线为21%；

（二）企业货币工资增长基准线为13%；

（三）企业货币工资增长下线为6%。

上述工资指导线适用于企业在岗职工工资分配。

二、在当前经济形势下，请你省进一步加强对企业工资分配的宏观调控，指导企业结合生产经营和经济效益状况，通过工资集体协商等民主程序，合理确定职工工资水平。

三、请在工资指导线颁布后一个月内将工资指导线文本报我部备案。

二〇一〇年九月二十九日

人力资源和社会保障部办公厅
关于陕西省最低工资标准调整方案的复函

人社厅函［2010］586号

陕西省人力资源社会保障厅：

你厅报送的《关于调整我省二〇一一年最低工资标准的请示》（陕人社字［2010］94号）收悉。经研究，现函复如下：

一、同意你省月最低工资标准由现行的760元、680元、630元、580元调整为860元、780元、730元、680元。

二、同意你省非全日制用工的小时最低工资标准由现行的7.6元、6.8元、6.3元、5.8元调整为8.6元、7.8元、7.3元、6.8元。

三、请在新的最低工资标准发布后10日内，将发布的文件报我部备案。

四、请进一步加强对企业执行《最低工资规定》的监督检查，切实维护劳动者的合法权益。

二〇一〇年十一月十一日

人力资源和社会保障部办公厅关于转发财政部　国家发展改革委收取注册计量师资格考试考务费和计量专业项目考核费等有关问题的通知的通知

人社厅函［2010］608号

各省、自治区、直辖市人力资源社会保障厅（局），福建省公务员局，新疆生产建设兵团人事局、劳动保障局，各副省级市人力资源社会保障（人事、劳动保障）局：

现将《财政部　国家发展改革委关于同意收取注册计量师资格考试考务费和计量专业项目考核费等有关问题的通知》（财综［2010］77号）、《国家发展改革委　财政部关于注册计量师资格考试收费标准及有关问题的通知》（发改价格［2010］2466号）转发给你们，并就有关问题通知如下：

一、为确保注册计量师资格考试工作的顺利进行，各地人力资源社会保障部门要抓紧办理考试收费标准申报核定工作，并积极协调当地相关部门，将开展工作所需经费纳入预算安排，确保工作的正常运转。

二、各地人力资源社会保障部门要严格按照批准的收费项目和标准收费，并纳入财政预算管理，不得扩大收费范围，不得提高收费标准，自觉接受价格、财政部门的监督检查。

三、各地人力资源社会保障部门要严格按照规定及时上缴考务费，做到应收尽收，应缴尽缴。

二〇一〇年十一月二十二日

人力资源和社会保障部办公厅关于涉外劳动人事争议处理有关问题的函

人社厅函［2010］629号

江苏省人力资源和社会保障厅：

你厅《关于涉外劳动人事争议处理有关问题的请示》（苏人社报［2010］167号）收悉，经研究，现答复如下：

依法取得了《外国人就业证》或《台港澳人员就业证》或《外国专家证》的外国人、台港澳居民与我国用人单位建立劳动人事关系并发生劳动人事争议的，属于我国劳动人事争议仲裁委员会受理范围。

二〇一〇年十一月三十日

人力资源和社会保障部办公厅关于重庆市最低工资标准调整方案的函

人社厅函［2010］691号

重庆市人力资源社会保障局：

《关于调整重庆市最低工资标准的请示》（渝人社文［2010］190号）收悉。经研究，现函复如下：

一、同意你市月最低工资标准由现行的680元、560元、520元调整为870元、750元、710元。

二、同意你市非全日制用工的小时最低工资标准由现行的6.8元、5.7元、5.2元调整为8.7元、7.5元、7.1元。

三、请在新的最低工资标准发布后10日内，将发布的文件报我部备案。

四、请进一步加强对企业执行《最低工资规定》的监督检查，切实维护劳动者的合法权益。

二〇一〇年十二月二十日

人力资源和社会保障部关于进一步做好养老保险关系转续办法宣传工作的紧急通知

（人社厅明电［2010］6号）

各省、自治区、直辖市人力资源社会保障（劳动保障）厅（局），新疆生产建设兵团劳动保障局，副省级市人力资源社会保障（劳动保障）局：

《国务院办公厅关于转发人力资源社会保障部财政部城镇企业职工基本养老保险关系转移接续暂行办法的通知》（国办发［2009］66号，以下简称《暂行办法》）下发以来，为保证顺利实施，各地结合实际，做了大量的宣传解释工作，取得了明显的效果。春节将至为了进一步做好养老保险关系转续办法的宣传工作，现就有关问题通知如下：

一、充分认识做好节前宣传工作的重要意义

春节前大量农民工返乡，我们将迎来《暂行办法》实施后的第一个转移高峰，进一步做好《暂行办法》的宣传解释工作，有着特别重要的意义。各地要按照《中共中央宣传部人力资源和社会保障部印发〈关于城镇企业职工基本养老保险关系转移接续暂行办法宣传提纲〉的通知》（中宣发［2010］3号）的要求，以农民工为重点，集中一段时间，进行广泛深入的宣传解释，确保转移接续政策的顺利实施，努力维护社会的稳定。

二、深入基层做好宣传解释

宣传活动要战线前移，坚持面向基层面向企业面向广大劳动者。特别是在农民工参保集中、过去存在大量退保情况的地区，更要深入到企业和农民工中去做好政策宣传。要抓紧对企业相关管理人员的培训，要求并督促他们到车间、工地一线，对职工特别是农民工宣讲政策，提前化解矛盾。

三、加强宣传工作的针对性和通俗性

要针对社会广泛关注和参保人员关心的问题，有的放矢地做好宣传解释工作。围绕重点问题，详尽地向职工群众说明政策出台的背景、具体内容和相关配套措施及时消除误解和疑虑，保证政策的顺利实施。要针对热点问题通俗易懂地做好政策阐释工作，把政策原原本本地介绍给广大群众使国家养老保险关系转移接续的政策深入人心形成良好的社会氛围。要把政策要点转换成通俗易懂的语言，让群众听得明白，理解得透彻。特别是要模拟一些具体事例，替农民工算好账，说清不退保的好处，扩大宣传效果。

四、开展形式多样的宣传工作

各地要结合本地区实际情况采取多种形式全面开展宣传工作，特别要注重采取一些群众喜闻乐见的宣传方式，努力取得良好的宣传效果。除平面、电子媒体外，还要印发小册子、宣传单注重对农民工的面对面宣传、说明。要通过举行宣传周、政策咨询活动、撰文、发短信等进行宣传解释。各地要充分发挥主观能动性，加强正面宣传，特别是对于可能出现的突发事件，要正确把握舆论导向，妥善处理，避免形成不稳定的事件。

五、认真做好信息查询服务工作

各地要保持县级以上社保经办机构联系方式畅通安排专人值守不得拒接、拒听参保人员的咨询电话。对参保人员咨询的有关问题要依据政策进行耐心细致地解答。要通过电话接听，宣传政策、答疑解惑；要明确告诉参保人员只要参加了城镇企业职工基本养老保险并提供参保缴费凭证的都可以实现养老保险关系转移接续并由社保经办机构负责办理；对城镇企业职工基本养老保险制度与新型农村社会养老保险制度的衔接问题国家正抓紧研究。

六、加强同媒体沟通

要引导媒体进行正面宣传客观反映情况。要通过召开新闻吹风会、在线访谈、在媒体开辟专栏、答记者问等方式介绍政策释疑解惑。对可能出现的影响社会稳定的因素，要提前介入，拟定应急预案，防止发生群体事件。

养老保险关系转移接续工作事关广大职工群众的切身利益，社会方方面面广泛关注。各地要高度重视宣传解释工作，务必把这项工作抓紧做实做细做好。注意总结推广好的经验、做法，了解职工群众的意见、建议及时发现和解决带有倾向性的问题。重要情况请及时向部里报告。

二〇一〇年一月二十一日

人力资源和社会保障部关于进一步加强技工院校安全工作的通知

人社厅明电［2010］23号

各省、自治区、直辖市人力资源社会保障（劳动保障）厅（局）、新疆生产建设兵团劳动保障局，各计划单列市人力资源社会保障（劳动保障）局：

近日，广东一高级技工学校一辆班车发生特大交通事故，造成重大人员伤亡，代价惨痛，教训深刻。为进一步做好技工学校安全工作，防范重大事故发生，现就有关问题通知如下：

一、加强安全教育

各地人力资源社会保障部门要高度重视技工院校的安全管理工作，指导技工院校把安全教育纳入学校教育教学内容之中。要面向全体教职员工和在校学生，深入开展安全教育工作，通过举办培训班、专题讲座、主题班会、现场观摩等形式，利用宣传栏、黑板报、校园广播、局域网等载体，进行交通、饮食卫生、消防、网络、用电、防火以及应对地震、洪水等自然灾害的安全知识教育，增强师生安全与防范意识。要经常性地开展预防交通事故、地震、火灾等方面的安全技能培训和应急演练活动，提高师生自保自救能力。技工院校每个学期必须完成至少一次面向全体师生的系统的安全教育活动。

二、强化安全管理

各地人力资源社会保障部门要督促技工院校建立健全学校安全工作机制，明确具体责任部门和责任人，切实抓好学校安全工作。要进一步完善各项涉及安全工作的规章制度，特别是完善校车管理、教学学习、危房改造、校舍检查、电路检护、食品卫生、食堂管理、大型活动组织、危险品管理、值班保卫、防火防灾等各项工作的规章制度，建立健全学校安全工作长效机制，做到有章可循，不留盲点，不出漏洞。要完善责任制和责任追究制，学校主要负责人是安全工作的第一责任人，要对学校安全工作负总责。对因领导不重视，责任不到位，措施不落实，管理松懈，发生安全事故的，要严格追究主要责任人和直接责任人的责任，情节严重的要依法查处。

三、开展安全检查

2010年春季学期结束之前，在全国技工院校中开展以防火、防盗、防爆、防泄漏、防食物中毒、防交通事故、防自然灾害事故等为主要内容的安全隐患大排查、大整治、大检查专项行动。各地人力资源社会保障部门要指导辖区内所有技工院校先进行自查、互查，学校对排查出来的安全隐患，必须逐一整改落实，及时将各类安全隐患消除在萌芽状态，坚决避免事故发生。在学校自查、互查的基础上，各地人力资源社会保障部门要积极协调并会同公安、交管、安监、消防等部门，对辖区内的技工院校进行抽查，重点对学校重要场所、重点部位和重点环节安全工作进行检查，督促学校落实好好各项安全措施。

四、加强信息报送

要继续坚持重大事件第一时间上报制度。学校一旦发生食物中毒、学生群体性事件、传染病流行、安全事故、师生非正常死亡等事件后，必须第一时间报告，不得迟报、漏报、瞒报。同时要采取有力措施，对事故进行妥善处理，并随时关注事态的发展，及时报送事件进展和处理情况。

各地要及时将此通知转发到技工院校。各地开展安全检查工作情况请于7月底之前报送我部职业能力建设司。

二〇一〇年四月十五日

人力资源和社会保障部关于加强技工院校及周边安全工作的通知

人社厅明电［2010］29号

各省、自治区、直辖市人力资源社会保障厅（局）：

为贯彻落实《中央政法委员会、中央社会治安综合治理委员会关于迅速加强学校、幼儿园及周边安全工作的紧急通知》（政法［2010］22号，以下简称《通知》）精神，做好技工院校及周边安全工作，现就有关事项通知如下：

一、提高安全认识，强化安全责任

维护校园安全关乎人民群众生命安全、社会安定和构建和谐社会，是一项重要的政治任务。各地人力资源社会保障部门要认真学习《通知》精神，提高认识，切实增强做好技工院校及周边安全工作的责任感，全力维护校园安全稳定。要指导和督促技工院校按照中央有关校园安全工作的部署，加强校园及周边安全工作，务必将安全工作责任、措施落实到位；要进一步健全完善各项安全工作制度和工作机制，落实安全责任制和责任追究制；要强化日常安全管理工作，定期开展安全隐患排查工作，做到安全管理制度化、常态化。

二、迅速采取措施，维护校园安全

各技工院校要迅速采取措施，切实加强对校园的安全管理。校长作为安全管理第一责任人，要认真履行职责。要立即开展对校园及周边治安秩序的治理，切实做到人防、物防、技防措施到位，要健全学校保卫组织，充实校园保卫力量，配备保安人员和安全装备，安装视频监控和报警设备，加强校门保卫和校园及周边重点部位巡逻，特别是要加强学生宿舍的夜间值班和巡视，防止不法分子进入校园制造事端。要树立安全工作预防为主的理念，针对不同类型的安全事件制定应急处置预案，确保校园安全稳定。

三、排查安全隐患，落实防范措施

各地人力资源社会保障部门要在当地党委政府统一安排部署下，组织和督促技工院校对校园及周边地区的安全进行排查，对排查出的安全隐患，要提出有效防范措施和完成时限，通过现场监督整改、严格验收等措施，确保措施落实，对排查中发现的涉及学校周边单位和有关部门的问题，人力资源社会保障部门要争取当地政府有关部门支持，积极协调解决；对经过部门协调难以解决的问题，要及时向当地政府报告，确保安全隐患问题全面得到解决。对于整改工作不落实，安全措施不到位的，要追究主要负责人和直接责任人的责任并进行查处。

四、强化教育疏导，构建和谐环境

各地人力资源社会保障部门要指导技工院校结合学校安全工作实际，有针对性地强化学生的安全教育和实施应对突发事件的知识技能培训，增强学生法制观念，提高自我保护和安全防范意识以及自防、自卫、自救能力。要及时掌握校园及周边地区社情民意，开展矛盾纠纷大排查，妥善解决和处置各类矛盾纠纷，防止因矛盾激化酿成极端事件。要通过对师生开展思想教育、心理咨询辅导、对话沟通、专题座谈等多种形式，营造宽松健康的学习工作氛围，构建和谐校园环境，切实增强技工院校师生的安全感。

各地人力资源社会保障部门要及时将《通知》精神和工作要求传达贯彻到技工院校。

二〇一〇年五月十三日

人力资源和社会保障部关于进一步加强技工院校助学资金监管工作的通知

人社厅明电［2010］51号

各省、自治区、直辖市人力资源社会保障厅（局），新疆生产建设兵团劳动保障局，各计划单列市人力资源社会保障（劳动保障）局：

最近，个别地方的中等职业学校发生了骗取国家助学金的问题。为遏制这一不法行为在技工院校中发生，确保国家资助政策顺利实施，现就进一步加强技工院校助学资金监管工作，通知如下：

一、切实提高对助学资金安全性的认识，强化资金安全责任

中等职业学校学生资助政策是党中央、国务院为促进教育公平、推动中等职业教育发展作出的一项重大战略决策，确保技工院校学生资助政策的顺利落实和助学资金的安全，责任重大。各级人力资源社会保障部门要切实增强做好助学工作、保证助学资金安全的责任感，进一步加强对技工院校助学工作的规范化管理。要指导技工院校严格按照中等职业学校学生资助政策的要求，做好技工院校学生资助工作，务必将助学资金安全工作责任和措施落实到位；特别要加强对助学资金安全工作的监管，坚决预防和杜绝虚报、瞒报、弄虚作假，套取助学资金或挤占、挪用、滞留助学资金的行为发生，确保资金安全。

二、迅速采取措施，开展助学资金安全检查

各地要对本地区技工院校学生助学资金安全情况进行一次全面检查。重点检查内容包括：一是资助政策落实及是否存在违法违规情况。各地及各技工院校学生学籍注册、受助学生资格认定审核、资金发放等工作是否严格按照有关政策和规定执行，是否符合相关操作程序，特别是是否存在虚报、冒领、挪用以及降低资助标准、拖欠助学金等严重违法违规行为。二是资金结余情况。结合《财政部　教育部　人力资源社会保障部关于开展中等职业学校国家助学金专项清查的通知》（财教［2009］373号）要求，对2007年秋季学期至2010年春季学期技工院校国家助学金、免学费资金发放和结余情况进行一次彻底清查，摸清底数。三是信息系统使用情况。检查本地区技工院校信息系统注册学校是否与实际情况相符，学校有关信息是否全面准确，各技工院校是否全面、严格通过电子信息系统进行学生学籍注册、助学金申报审核、免学费申报审核和学生异动管理，是否及时进行数据更新等。在检查工作中，对于查实的违法违规行为，要进行彻底查处，视情节轻重予以公开通报批评或处分，并追究直接责任人和相关领导的责任；涉嫌违法犯罪的，依法移送司法机关处理。

三、切实加强监管，形成长效工作机制

各级人力资源社会保障部门要进一步强化各级技工院校学生资助管理机构的管理责任，健全和完善各项助学工作制度和工作机制，落实工作责任制和责任追究制；要按照有关要求，配备专门的工作人员，形成机构健全、人员到位、职责明确、信息畅通的工作体系；要对申请受理、资格认定、审核公示、申报审批、资金发放、统计汇总等各项工作环节进行规范管理；要强化日常工作的监督管理，定期开展助学工作和资金安全工作问题排查，形成长效工作机制。

请各省（区、市）于 2010 年 10 月 31 日前，将检查报告报至我部全国技工院校学生资助管理工作办公室。我部将在适当时间，组织调研小组赴部分地区开展专项监督检查和调研。

二〇一〇年九月十五日

人力资源和社会保障部关于进一步加强技工院校国家助学金发放管理工作的通知

人社厅明电［2010］73号

各省、自治区、直辖市人力资源社会保障厅（局），新疆生产建设兵团劳动保障局，各计划单列市人力资源社会保障（劳动保障）局：

11月4日，中央电视台《焦点访谈》栏目报道了重庆市酉阳县阳光技工学校套取国家助学金的事件，在社会上引起了强烈的反响。为确保技工院校国家助学金政策顺利实施和助学资金的安全，杜绝骗取、套取国家助学资金等违法违规行为继续发生，现就进一步加强技工院校国家助学金发放管理工作通知如下：

一、迅速采取措施，全面开展核查工作

各地要尽快对本地区技工院校国家助学金发放情况开展一次全面、彻底的核查。要组成省、市、学校三级核查工作小组，采取学校交叉核查、地市全面核查、省（区、市）重点抽查的方式，重点核查学生学籍注册、助学金资格认定、助学金发放等环节，对领取助学金的学生，逐个进行面对面的核查，做到不漏一所学校，不漏一个学生。对于虚报、多报享受助学金学生数，骗取、套取国家资助资金等违法违规行为，要彻底查清责任，并采取整改措施。各地要将核查报告于11月30日前，报我部全国技工院校学生资助管理工作办公室。我部将根据各地核查情况，于年底前组织开展全国技工院校助学金工作抽查。对不及时、不认真、不彻底组织核查的，将以适当方式进行通报。

二、加强技工院校管理，规范办学行为

各地要从源头抓起，切实加强技工院校，尤其是民办技工院校的规范管理，坚决扭转重审批、轻管理的倾向。要根据技工院校设置标准，严格技工院校的设立审批，规范技工院校的办学行为，对于学校管理混乱，达不到办学条件要求，存在违法违规行为的技工院校，要限期进行整顿，整改期间停止一切办学行为，对于整改后仍不合格的，要依法取消其办学资格。

三、尽快推行中职资助卡，规范助学金发放管理

各地要按照《中国人民银行　财政部　教育部　人力资源社会保障部关于全面推行中职学生资助卡　加强中职国家助学金发放监管工作的通知》（银发［2010］273号）的要求，会同有关部门制定相关配套措施，尽快在技工院校推行中职资助卡。通过全面使用中职资助卡，实现国家助学金全部通过银行的途径直接发放到困难学生手中；对于暂不能使用中职资助卡的，也要从发放环节上确保资金的安全性。对于中职资助卡推行中存在的问题，各级人力资源社会保障部门要积极主动做好与有关部门的协调工作，推动中职资助卡的普及。

四、普及使用技工院校信息管理系统，提高技术支持力度

“全国技工院校电子注册与统计信息管理系统”（以下简称信息系统）是技工院校学生资助管理工作的重要技术手段，对规范资助工作流程、强化资助信息管理具有重要作用。各地要高度重视信息系统的使用和管理，指导地市和技工院校进一步使用好信息系统，全面、严格通过信息系统进行学生学籍注册、助学金和免学费申报审核，通过信息系统强化对技工院校学生资助工作的管理。

五、健全技工院校资助管理工作体系，加强组织领导

各地区要对技工院校学生资助管理工作的组织机构和工作体系进行梳理，对于工作体系不健全、工作人员不到位、工作职责不明确的，要及时进行调整、完善，确保形成机构健全、人员到位、职责明确、信息畅通的工作体系。要根据本地实际情况，进一步完善资助管理制度和工作办法，保证学籍注册、资助申请受理、资格认定、审核公示、申报审批、资金发放、统计汇总等各项工作流程规范严谨运作。要将日常工作的监督管理与定期的核查、督察有机结合，将监督检查工作常态化。设立并公开助学金发放违规举报电话，对违规发放助学金的行为，一经发现，立即严肃查处，确保各项资助政策严格、全面落实。

二〇一〇年十一月九日

中共中央宣传部　人力资源和社会保障部印发《关于城镇企业职工基本养老保险关系转移接续暂行办法宣传提纲》的通知

中宣发［2010］3号

各省、自治区、直辖市党委宣传部、人力资源社会保障（劳动保障）厅（局），中央各主要新闻单位：

近日印发的《国务院办公厅关于转发〈人力资源社会保障部、财政部城镇企业职工基本养老保险关系转移接续暂行办法〉的通知》（国办发［2009］66号，以下简称《暂行办法》），明确了参加城镇企业职工基本养老保险人员在跨省、自治区、直辖市流动就业时转移接续基本养老保险关系的有关政策和经办要求。这是党中央、国务院着力保障和改善民生的又一重大举措，是深入贯彻落实科学发展观、构建社会主义和谐社会的重要体现，也是加快完善覆盖城乡居民社会保障体系的重要措施。为做好相关政策的宣传工作，中央宣传部、人力资源社会保障部共同编写了《关于城镇企业职工基本养老保险关系转移接续暂行办法宣传提纲》，现印发给你们，供贯彻实施《暂行办法》过程中开展宣传教育使用，可根据实际工作需要翻印。

《暂行办法》实施初期，可能会有一些群众对政策和具体办法不完全了解，或由于各种原因在办理转移接续手续时遇到暂时不便，各级宣传、人力资源社会保障部门和新闻单位要坚持正面引导，及时解疑释惑。要密切关注网络舆情，理性引导网上热点。《暂行办法》开始实施时，正值两节期间大批农民工返乡。各级宣传、人力资源社会保障部门和新闻单位要有针对性地做好农民工的宣传引导，让农民工充分了解累计参保缴费年限有利于更好地保障他们的养老权益，有助于在同等条件下享受与城镇职工同样的权利，充分了解返乡时领取参保缴费凭证和异地就业时提交转移接续申请等主要程序，充分了解利用国家公布的全国社保经办机构联系方式库查询本人参保缴费及转移接续信息的方法，使他们成为《暂行办法》实施的知情者、拥护者和受益者。《暂行办法》的实施涉及范围广、时效性强，对实施过程中遇到的新问题及各地的改进建议，可通过内参反映。

二〇一〇年一月十二日

关于城镇企业职工基本养老保险关系转移接续暂行办法宣传提纲

一、充分认识实施《暂行办法》的重要意义

党的十七大报告明确提出，要“制定全国统一的社会保险关系转续办法”。国务院也要求在2009年“制定出台养老保险关系转移接续办法”。按照党中央、国务院的部署，人力资源社会保障部、财政部在深入调查研究，反复论证、广泛听取各方意见的基础上，拟定了《城镇企业职工基本养老保险关系转移接续暂行办法》（以下简称《暂行办法》），经国务院第93次常务会议讨论通过，国务院办公厅印发，于2010年1月1日起实施。《暂行办法》的制定实施，充分体现了党中央、国务院对人民群众切身利益问题的高度重视，是一件利民生的好事、顺民意的实事。

1. 有利于维护参保人员特别是广大农民工的养老保险权益。按照城镇职工基本养老保险制度规定，劳动者在什么地方就业就在什么地方参保缴费，其缴费年限长短和缴费额的多少，与其退休后领取的待遇水平密切相关，即“多工作、多缴费、多得养老金”。这一机制已得到劳动者的普遍认同。但随着全国统一的人力资源市场的形成，劳动者跨地区流动就业的规模不断扩大，特别是进城务工的农民工已达1.5亿人。许多劳动者在不同城市就业，尤其是农民工往返于城乡导致间断性在城市就业。他们在不同地区和多个时段参保缴费，而基本养老保险关系不能顺畅转移接续，致使他们的缴费年限不能累计计算，降低了这些劳动者参保缴费的积极性。这也是一些参保人员特别是农民工在离开一个城市时选择“退保”的主要原因。“退保”实际上终止了原已参保缴费获得的养老保险权益，使这些劳动者在养老时无法得到制度保障。《暂行办法》规定，参保人员无论是城镇职工还是农民工，跨省流动就业参保缴费的，其基本养老保险关系可以转移接续，缴费年限合并计算，个人账户储存额累计计算；未达到领取待遇年龄时，不得提前终止基本养老保险关系并办理退保手续；在省内流动就业的，也要按照这一原则处理。这就真正实现了参保人员“不论你在哪里干，养老保险接着算”，从制度上解决了参保人员因就业地的变换而丧失养老保险权益的问题，从根本上维护了参保人员特别是农民工的切身利益。

2. 有利于完善社会保障体系。我国的养老保险改革是从县级起步的，养老保险基金长期实行县级统筹。劳动者跨越统筹地区流动就业，由于各地的具体政策和标准不同，养老保险关系转移接续不畅。随着全国基本养老保险制度的统一，特别是2009年全面实现了省级统筹，劳动者在省内流动就业转移接续基本养老保险关系有了制度和体制的基础。《暂行办法》明确了跨省流动就业的养老保险关系转移接续政策，将进一步打破地区分割、城乡分割的壁垒，对于提高劳动者参保缴费的积极性，扩大养老保险覆盖范围，使更多的人享受基本养老保险待遇，必将起到积极的推动作用。这也是向着党的十七大提出的建立覆盖城乡居民的社会保障体系、人人享有基本生活保障的目标迈出了坚实的一步。

3. 有利于促进城乡统筹和推动工业化、城镇化发展。农民工是养老保险关系转移接续政策的重点群体。《暂行办法》规定，农民工

在城镇之间流动就业参保缴费，或间断性在城镇就业参保缴费，只要达到规定条件，也享受同城镇职工一样的养老保险待遇。这对统筹城乡和区域发展，引导农村富余劳动力向城镇有序转移就业，推动工业化和城镇化进程，进而实现全面建设小康社会的目标，都具有深远影响。

各地要从深入贯彻落实科学发展观的高度，从完善覆盖城乡居民社会保障体系的高度，从保障和改善民生、促进社会公平与和谐的高度，充分认识实施《暂行办法》的重要意义，统一思想认识，积极主动、认真细致、不折不扣地做好《暂行办法》贯彻落实工作。

二、着力解决事关参保人员切身利益的重点问题

《暂行办法》重点解决了以下几方面的问题。

1. 跨省转移接续问题。目前，全国各省、自治区、直辖市都出台了养老保险省级统筹办法。参保人员在省内流动就业，已经实现或正在逐步实现基本养老保险关系的顺畅转移接续。《暂行办法》的重点，是通过明确规定全国统一的转移资金量、各地责任范围和转移接续经办规程，实现劳动者在跨省流动就业情况下基本养老保险关系的顺畅转移接续。

2. 异地权益认同问题。劳动者跨地区流动就业，如果各地只承认在本地的参保缴费年限，而不认同异地的参保缴费年限，势必造成流动就业的参保人员在计算基本养老金时损失一部分权益。《暂行办法》通过规定全国统一的政策，解决了参保缴费年限在各地互认和累加的问题，有力地维护了劳动者的合法权益，也将进一步推动全国统一的人力资源市场规则的形成和完善。

3. 农民工“退保”问题。农民工在城镇就业，流动性特点比其他群体更为突出。在他们返乡或中断就业时，今后再到城镇就业的时间、目的地都具有不确定性，又由于跨省转移接续基本养老保险关系不畅，农民工很难对自己的未来有明确和稳定的预期，因此出现了大批农民工“退保”的现象。特别是在两节期间，在一些沿海城市甚至出现了大规模的农民工集中“退保潮”。农民工“退保”后，只能领取个人账户储存额，单位缴费的权益没有体现出来，这实际损害了农民工的养老保险权益。《暂行办法》确定的政策导向是，只要农民工参保缴费，无论是在不同城镇就业参保还是间断性在城镇就业参保，其养老保险权益都可以累加计算，这就给了农民工一个稳定的预期，有利于减少退保，切实维护农民工的权益。

4. 管理服务方便群众问题。劳动者流动就业，涉及全国各个地区。如果让流动就业的参保人员自己往返不同地区办理基本养老保险关系转移接续手续，费时费力，十分不便。《暂行办法》按照以人为本的要求，规定流动就业人员离开原参保地，社保经办机构要开具统一样式的参保缴费凭证；到新就业地参保缴费后，只要提出转移接续的申请，所有手续都由相关两地社保经办机构办理。同时，人力资源社会保障部还公布了全国县级及以上所有社保经办机构联系方式信息，供相关人员查询自己的参保缴费和转移接续信息，这就大大便利了群众。

三、准确把握《暂行办法》的基本原则和主要政策

为从制度上、体制上根本解决跨地区养老保险关系转移接续难的问题，《暂行办法》遵循了4条基本原则：一是保障性原则。所有参加了城镇企业职工基本养老保险制度的劳动者，在流动到异地就业并继续参保时，应当转移接续基本养老保险关系，保障其已参保缴费形成的权益不受损失。二是公平性原则。流动就业人员达到国家规定的退休年龄，不论是何种户籍，只要符合规定的条件，不论曾经在几个地方流动就业参保或间断性就业参保，都一视同仁，保障其同样领取基本养老保险待遇的权利。三是唯一性原则。流动就业人员无论在多少个地方流动就业，但养老保险关系在同一时期应当是唯一的，不能有多重养老保险关系，待遇也由一个地区统一支付。四是平衡性原则。流动参保人员最后的养老金支付责任，由各流动转移地通过转移养老保险个人账户和部分统筹基金予以分担。

按照以上原则，《暂行办法》主要确定了8项政策措施：

1. 明确实施范围，统一全国政策。参加城镇企业职工基本养老保险的所有人员（包括农民工）在跨省转移接续基本养老保险关系时，均适用于《暂行办法》；但已经退休领取基本养老保险待遇的人员不再转移基本养老保险关系。各地办理跨省转移接续基本养老保险关系要执行《暂行办法》的统一规定；对省内转移接续基本养老保险关系应参照《暂行办法》制定或调整本地区的政策。

2. 平衡地区之间资金负担。我国基本养老保险制度实行社会统筹与个人账户相结合的模式，用人单位和个人共同缴费。《暂行办法》出台之前，参保人员在跨地区转移接续养老保险关系时，只转个人账户储存额，不转单位缴费。从实践情况看，转入地要承担将来发放转入人员基本养老金的责任，完全不转单位缴费，长期支付的资金压力较大；而如果全部转移单位缴费，转出地当期确保基本养老金发放的负担过重，也难以承受。综合考虑转入地与转出地、当期与长远的资金平衡关系，《暂行办法》规定，参保人员跨省就业，除转移个人账户储存额外，还转移12%的单位缴费。目前，大部分地区的单位费率为工资基数的20%，少部分地区低于20%。这样规定，单位缴费的大部分随跨省流动就业转给了转入地，减轻了转入地未来长期的资金支付压力；单位缴费的少部分留给转出地，用于确保当期的基本养老金支付。需要特别说明的是，由于参保人员的基本养老金水平，主要是依据本人缴费工资基数、累计缴费年限长短和个人账户累计储存额本息计算的，与地区之间的资金转移量没有关系。因此，确定适当的单位缴费资金转移量，是为了平衡转出地和转入地的基金关系，对流动就业参保人员本人的基本养老金水平核定不会产生不利影响。

3. 累计在各地的参保权益。跨地区流动就业人员在各地的参保缴费年限合并计算，个人账户储存额累计计算，这是《暂行办法》确定的最重要的政策之一。当参保人员中断缴费时，由原参保地保留其养老保险关系和个人账户；今后再就业并继续参保缴费的，无论是回到原参保地就业还是到其他城镇就业，参保前后的缴费年限合并计算，个人账户储存额累计计算。这样，有利于解决参保人员，特别是农民工因跨地区流动就业或间断性就业中断缴费，而达不到规定缴费年限、无法享受基本养老待遇的问题。

4. 确定待遇领取地的原则。劳动者一生在多个城市流动就业和参保，达到领取基本养老待遇条件时，必须统一规定其待遇领取地，以免相关地区相互推诿。《暂行办法》确定的原则是：首先依据户籍所在地；当养老保险关系所在地与户籍所在地不一致时，按照“从长”（缴费满10年的参保地）和“从后”（有几个参保地缴费都满10年则按最后的参保地）的原则确定待遇领取地；如果没有超过10年缴费的参保地，则转回户籍所在地。总之，要让每一个符合条件的参保人员都能明确在一地领取基本养老保险待遇。

5. 建立临时养老保险缴费账户。考虑到中心城市的人口承载和养老保险基金压力，《暂行办法》的规定，年满50周岁的男性和年满40周岁的女性跨地区流动就业的，除县级以上党委组织部门和人力资源社会保障部门批准调动的之外，不再转移基本养老保险关系，在原参保地保留养老保险关系。这有利于减少部分参保人员临近退休集中转入中心城市的现象。但同时，又要保障这部分参保人员在新就业地能够继续参保缴费，以增加基本养老保险累计权益。对此，《暂行办法》规定，他们可在新就业参保地建立临时养老保险缴费账户，待符合待遇领取条件后，将临时缴费账户中的全部缴费本息都转回原参保地或待遇领取地，累计计算其参保缴费年限和基本养老金。这就使年龄偏大的异地就业参保人员也不再有后顾之忧，有效地保障了他们的权益。

6. 计算基本养老金。参加企业职工基本养老保险制度的人员，符合待遇领取条件后，其包括基础养老金和个人账户养老金在内的基本养老金计算方法，《国务院关于完善参加企业职工基本养老保险制度的决定》（国发［2005］38号）已有明确规定。对跨地区流动就业的参保人员，其个人账户养老金，应将在各地参保缴费的储存额本息累加计算；对其基础养老金的核定，《暂行办法》在国务院38号文件规定的基础上进一步明确：以本人各年度缴费工资、缴费年限和待遇领取地对应的各年度在岗职工平均工资计算其基础养老金。这样，既保持了权益与义务对等激励原则，又统一了全国的计发办法。

7. 统一规范操作流程。为避免参保人员因办理转续关系而在两地往返奔波，《暂行办法》规定了统一的经办流程：参保人员跨省流动就业，由原参保地社保经办机构开具参保缴费凭证，在新就业地参保，只需用人单位或本人提出转续关系的书面申请，其他的审核、确认、跨地区转续等程序，都由转入地和转出地社保经办机构之间沟通协调办理，并确定了办理时限，体现了以人为本、统一规范、方便快捷的原则。

8. 提供咨询查询服务。在目前社保信息系统还没有实现全国联网的情况下，建立全国社保机构信息库，向社会公布所有县级以上社保机构联系方式，以方便包括农民工在内的参保人员咨询本人参保缴费情况，并便利各地社保经办机构"点对点"地协调办理养老保险关系转移接续手续。在此基础上，加快建立全国统一的基本养老保险参保缴费信息查询服务系统，发行全国通用的社会保障卡，为参保人员随时随地查询本人参保缴费信息提供更方便快捷的服务。

四、切实维护农民工参保缴费的养老保险权益

除了通用性的跨地区转移接续规定之外，《暂行办法》还对切实保障农民工的养老保险权益，规定了专门的政策措施：

1. 农民工中断就业或返乡期间中断缴费时，由参保地社保经办机构继续保留他们基本养老保险关系，保存其全部参保缴费纪录及个人账户，开具参保缴费凭证，而不再办理退保手续。参保缴费凭证相当于农民工养老保险权益的"存折"，对农民工来说，这比退保只领取个人缴费是更好的保障。同时，社保经办机构保存的农民工养老保险个人账户，在其中断缴费期间继续按规定计息，不使农民工利益受损。

2. 对农民工返回城镇就业并继续参保缴费的，无论是回到原参保地就业还是到其他城镇就业，都要转移接续养老保险关系，并累计计算缴费年限，合并计算个人账户储存额；符合待遇领取条件，也就是达到国家法定退休年龄，累计缴费年限满15年或以上的，可以同城镇职工一样按月领取基本养老金。

3. 对农民工不再返回城镇就业的有关权益保障，也做出了规定：总的原则是，其在城镇参保缴费的记录和个人账户全部有效；如果累计缴费年限满15年或以上，在达到国家法定退休年龄后，可以同城镇职工一样计发基本养老金；如果没有满足规定条件，也可以把城镇参保的相关权益记录和资金转到新型农村社会养老保险制度。鉴于新农保制度刚刚开始试点，有关农民工养老保险在城乡间的具体衔接政策，国家将另行研究制定。

4. 国家将加快建立全国统一的基本养老保险参保缴费信息查询服务系统，发行全国通用的社会保障卡，农民工无论在哪里务工，都可以通过本人的社会保障卡查询本人参保缴费信息，知道自己账户上有多少钱，养老保险关系是不是转移过来，做到心里有底。

国家发展和改革委员会　卫生部　教育部　财政部　人力资源和社会保障部关于印发开展农村订单定向医学生免费培养工作实施意见的通知

发改社会［2010］1198号

各省、自治区、直辖市、新疆生产建设兵团发展改革委、卫生厅（局）、教育厅（教委、局）、财政厅（局）、人力资源社会保障（人事、劳动保障）厅（局）：

根据国家发展改革委等部门印发的《以全科医生为重点的基层医疗卫生队伍建设规划》（发改社会［2010］561号），为做好农村订单定向医学生免费培养工作，现将《关于开展农村订单定向医学生免费培养工作的实施意见》印发你们，请认真贯彻执行。

附件：关于开展农村订单定向医学生免费培养工作的实施意见

二〇一〇年六月二日

附件

关于开展农村订单定向医学生免费培养工作的实施意见

根据《以全科医生为重点的基层医疗卫生队伍建设规划》（发改社会［2010］561号），现就2010—2012年开展农村订单定向医学生免费培养工作提出以下意见。

一、从2010年起，连续三年在高等医学院校开展免费医学生培养工作，重点为乡镇卫生院及以下的医疗卫生机构培养从事全科医疗的卫生人才。

二、省级卫生、人力资源社会保障、财政部门根据本地农村卫生队伍建设发展规划和需求，于上年11月份前确定下一年度定向单位和岗位数，提出各类免费医学生需求数量计划；省级教育行政部门商卫生、发展改革部门确定开展免费医学生培养的学校，省级卫生行政部门和教育行政部门联合与学校签署免费医学生培养协议。

三、免费医学生分5年制本科和3年制专科两种，以5年制本科为主，3年制专科主要面向乡镇卫生院以下的医疗卫生岗位。培养专业主要是临床医学、中医学专业，培养工作主要由举办医学教育的地方高等学校承担，可举办农村班，也可将免费医学生纳入普通班。免费医学生经过5年或3年的学习按规定获得相应的学历、学位。不能正常毕业的免费医学生，要按规定退还已享受的减免教育费用。

四、订单定向培养计划作为定向就业招生计划，纳入普通高等学校年度招生规模。免费医学生主要招收农村生源，优先录取定岗单位所在县生源。对参加高考统一录取的考生，单列志愿、单独划线录取。

五、免费医学生在获取入学通知书前，须与培养学校和当地县级卫生行政部门签署定向就业协议，承诺毕业后到有关基层医疗卫生机构服务6年。免费医学生在学期间户籍仍保留在原户籍所在地。

六、免费医学生在校学习期间免除学费，免缴住宿费，并补助生活费，学费、住宿费标准按照当地物价部门制定的收费标准执行，生活费补助标准由各省结合实际确定，原则上不低于国家助学金补助标准，所需经费由省级财政在医疗卫生支出中统筹落实。国家分3年为中西部每个乡镇卫生院培养一名拟从事全科医疗的5年制临床医学本科毕业生（其中2010年招收5 000名免费医学生），中央财政按照每生每年6 000元的标准予以补助，优先用于免费医学生的生活费补助。

七、免费医学生按全科发展方向培养，承担培养任务的学校要根据农村卫生工作需要，制订教学计划，加强全科医学教育，强化实践教学环节，突出临床能力培养，适当增加中医学（民族医学）教学时数和计划生育技术相关内容。

八、免费医学生毕业后，应按照入学前签署的定向就业协议，到生源所在地县级卫生行政部门报到，由基层医疗卫生机构按照有关规定与之签订聘用合同，办理相关手续，实行合同管理。免费医学生在协议规定的服务期内，可在本省（区、市）农村基层卫生机构之间流动。

免费医学生毕业后未按协议到基层医疗卫生机构工作的，要按规定退还已享受的减免教育费用并缴纳违约金，同时将违约事实记入个人诚信档案，具体办法由省级卫生、教育、财政、人力资源社会保障部门制定。省级卫生行政部门负责履约管理，并建立免费生的诚信档案。

九、免费医学生毕业后，按有关规定参加全科医生规范化培训等培训，并完成执业医师或执业助理医师资格考试。

十、各有关地区、部门和学校要切实负起责任，扎实工作，保证项目的顺利实施。各地卫生、教育、财政、人力资源社会保障部门要结合各地实际，制定实施办法，采取有力措施，对从事基层医疗卫生工作的免费医学教育毕业生给予积极的鼓励和支持，为免费医学教育毕业生到基层卫生医疗单位服务提供必要的工作生活条件和周转住房，把免费医学教育各环节各方面工作抓紧抓实抓好。

教育部　人力资源和社会保障部　中央编办 财政部关于印发《教育部直属师范大学免费师范毕业生就业实施办法》的通知

教师［2010］2号

各省、自治区、直辖市教育厅（教委）、人力资源社会保障厅（局）、编办、财政厅（局），新疆生产建设兵团教育局、人事局、编办、财务局，教育部直属师范大学：

现将《教育部直属师范大学免费师范毕业生就业实施办法》印发给你们，请遵照执行。

首届免费师范生将于2011年暑期毕业。请各地、各高校认真做好首届毕业生到中小学任教准备工作。

附件：教育部直属师范大学免费师范毕业生就业实施办法

二〇一〇年五月十八日

附件

教育部直属师范大学免费师范毕业生就业实施办法

为贯彻落实《国务院办公厅转发教育部等部门关于教育部直属师范大学师范生免费教育实施办法（试行）的通知》（国办发［2007］34号）精神，确保免费师范毕业生到中小学任教，鼓励优秀高中毕业生报考师范专业，鼓励优秀青年长期从教，培养造就大批优秀教师和教育家，制定本办法。

一、免费师范毕业生就业工作由有关省级政府统筹，教育、人力资源和社会保障、机构编制、财政等部门组成工作小组，负责制定并实施就业方案，落实保障措施，确保免费师范毕业生到中小学任教。省级教育行政部门牵头负责免费师范毕业生就业指导、落实工作岗位、办理派遣和接收工作；省级人力资源和社会保障部门负责免费师范毕业生人事接转工作；省级机构编制部门负责落实免费师范毕业生到中小学任教的编制；省级财政部门负责落实相关经费保障。

二、按照国办发［2007］34号文件规定，落实免费师范毕业生就业所需编制。省级教育行政部门要统一掌握本地区中小学教师岗位需求情况，会同机构编制部门在核定的中小学教师编制总额内，提前安排接收免费师范毕业生编制计划。各地应首先用自然减员编制指标或采取先进后出的办法安排免费师范毕业生，必要时接收地省级政府可设立专项周转编制，确保免费师范毕业生到中小学任教有编有岗。

三、免费师范毕业生一般回生源所在省份中小学校任教，履行国家义务。鼓励毕业生到边远贫困和民族地区任教。省级教育行政部门负责组织用人单位与免费师范毕业生进行双向选择，及时公布本省（区、市）中小学教师岗位需求信息，并组织多种形式的供需见面活动，为每一位毕业生落实好任教学校。

部属师范大学要做好免费师范生毕业教育、就业指导和信息服务工作。引导师范毕业生坚定教师职业信念，立志于长期从教、终身从教。加强与各地教育行政部门和用人单位的沟通，配合做好就业工作。根据学校所在地教育行政部门统一部署，依法做好免费师范毕业生教师资格认定工作。及时将师范毕业生信息送达生源所在地省级教育行政部门。

教育部全国高等学校信息咨询与就业指导中心负责部属师范大学免费师范毕业生的就业指导、信息服务和监督检查。在全国大学生就业公共服务立体化平台上及时发布各省（区、市）中小学教师岗位需求和免费师范毕业生信息。

四、免费师范毕业生依法取得教师资格后，按照国办发［2007］34号文件和《师范生免费教育协议书》规定就业。毕业前通过双向选择签订就业协议书的免费师范毕业生，其档案、户口等由培养学校直接迁转至用人单位及用人单位所在地户籍部门；毕业前未签订就业协议书的免费师范毕业生，其档案、户口等迁转至生源所在地省级教育行政部门，由省级教育行政部门会同有关部门统筹安排，到师资紧缺地区的中小学校任教。确有特殊情况，要求跨省区任教的，需经学校审核、生源所在地省级教育行政部门批准。

五、到城镇学校工作的免费师范毕业生，由当地政府教育行政部门结合城镇教师支援农村教育工作，安排到农村学校任教服务二年。免费师范毕业生在农村学校任教服务期间仍然享受派出学校原工资福利待遇。地方政府和农村学校要为免费师范毕业生到农村任教服务提供周转住房等必要的工作生活条件。

六、免费师范毕业生经考核符合要求的，可录取为教育硕士研究生，在职学习，任教考核合格并通过论文答辩的，颁发硕士研究生毕业证书和教育硕士专业学位证书。免费师范生毕业前及在协议规定服务期内，一般不得报考脱产研究生。任教学校要对免费师范毕业生在职攻读教育硕士学位给予支持。具体办法另文规定。

七、省级教育行政部门、部属师范大学和免费师范毕业生要严格履行《师范生免费教育协议书》。免费师范毕业生在协议规定任教服务期内，可在学校之间流动或从事教育管理工作。未能履行协议的毕业生，要按规定退还已享受的免费教育费用并缴纳违约金，已在职攻读教育硕士专业学位的，由培养学校取消学籍。确有特殊原因不能履行协议的，需报经省级教育行政部门批准。省级教育行政部门负责本行政区域内免费师范毕业生的履约管理，建立诚信档案，公布违约记录，并记入人事档案，负责管理违约退还和违约金。

八、各级政府要采取有力措施，鼓励和支持免费师范毕业生长期从事中小学教育工作。教育部、人力资源和社会保障部、中央编办、财政部建立免费师范毕业生就业工作督察机制，每年进行检查并采取适当方式公布结果。对于免费师范毕业生就业工作落实不力的地方，将酌情调整部属师范大学在当地的招生计划。

九、保障免费师范毕业生到中小学任教是

落实师范生免费教育示范性举措的关键环节。各级政府及有关部门、教育部直属师范大学和相关中小学校要充分认识实行师范生免费教育的重大战略意义，高度重视，密切配合，精心组织，认真做好免费师范毕业生就业工作，为培养造就一大批优秀中小学教师创造条件。省级政府要加强领导，统筹相关部门，根据本办法，制定具体实施意见。

教育部　人力资源社会保障部关于加强中等职业学校校园文化建设的意见

教职成［2010］8号

各省、自治区、直辖市教育厅（教委）、人力资源社会保障厅（局），各计划单列市教育局、人力资源社会保障（人事、劳动保障）局，新疆生产建设兵团教育局、人事局、劳动保障局：

为深入贯彻《中共中央国务院关于进一步加强和改进未成年人思想道德建设的若干意见》（中发［2004］8号）精神，落实教育部等六部门《关于加强和改进中等职业学校学生思想道德教育的意见》（教职成［2009］11号），现就加强中等职业学校校园文化建设提出以下意见。

一、加强中等职业学校校园文化建设的总体要求

（一）充分认识加强中等职业学校校园文化建设的重要性。校园文化是学校教育的重要组成部分，是学校精神、学校活动、学校秩序和学校环境的集中体现，具有重要的育人功能。加强中等职业学校校园文化建设，对于贯彻落实党的教育方针，优化育人环境，促进中职学生全面发展具有十分重要的意义。

（二）明确加强中等职业学校校园文化建设的指导思想。以邓小平理论和“三个代表”重要思想为指导，深入贯彻落实科学发展观，坚持育人为本，德育为先，弘扬社会主义先进文化，建设平安、健康、文明、和谐校园，推动学校形成务实向上的校园文明风尚，建设体现社会主义特点、时代特征和职业学校特色的校园文化，促进学生全面发展和健康成长。

（三）中等职业学校校园文化建设要坚持以下基本原则：

——育人为本的原则。校园文化建设要以育人为目标，充分发挥校园文化的导向、陶冶、凝聚、约束的教育作用。

——师生主体，校企共建的原则。师生员工是校园文化建设的主体，要充分发挥学校、行业、企业的各自优势，共同建设校园文化。

——贴近社会，贴近职业，贴近学生的原则。认真分析研究学生的思想实际和生活实际，结合专业培养目标要求，体现民族文化特点，体现行业、企业文化特征，体现时代精神，开展学生喜闻乐见、富有成效的教育教学活动。

——继承与创新相结合的原则。继承学校优秀文化传统，适应职业教育发展的新需要，不断创新，跟上时代的步伐。

二、扎实推进中等职业学校校园文化建设

（四）全面加强校风、教风、学风建设。要在规范办学行为、继承优良传统的基础上，弘扬社会主义先进文化，把社会主义核心价值体系融入学校教育教学、管理服务、实践活动的全过程，通过多种形式，建设务实向上、积

极进取、敬业乐群、遵纪守法、崇尚实践的校风。要深入开展师德师风教育，提高教职员工的综合素质和育人能力，建设热爱职教、关爱学生、为人师表、教书育人、钻研业务的教风。要加强学生思想道德教育和文明行为习惯养成，严格班级和教学秩序管理，建设知荣明耻、乐观向上、热爱专业、勤奋好学、苦练技能的学风。要提炼体现学校特色和学校精神的校训，精心设计校徽，创作校歌。

（五）广泛开展丰富多彩的校园文化活动。要把学生思想道德教育和综合职业能力培养有机融入各项活动之中，开展丰富多彩、积极向上的技能竞赛、文体活动和社会实践活动。积极组织“弘扬和培育民族精神月”宣传教育活动和“文明风采”竞赛等活动。要充分利用重大节庆日、民族传统节日，开展爱国主义教育、民族团结教育。结合开学典礼、毕业典礼、升旗仪式、成人仪式、入党入团仪式等，开展特色鲜明的主题教育活动。加强对学生社团和课外兴趣小组的指导和管理，开展有益于学生身心健康的多种活动。定期组织师生参观德育基地、生产性实训基地，瞻仰革命圣地，祭扫烈士墓，参观名胜古迹；组织学生参加公益活动、志愿服务等社会实践活动，提高学生的自我教育能力和社会实践能力。

（六）高度重视校园自然环境和人文环境建设。加强校园自然环境建设，完善校园文化活动设施。校园的整体环境要做到功能齐全、安全有序、节能环保、室外绿化、室内美化、环境净化。重点加强校园人文环境建设，体现社会主义特点和时代特征，积极吸纳优秀的地域文化、民族文化和行业、企业文化，结合学校特点，突出专业培养目标，集中反映学校的办学理念和学校精神。充分发挥板报、橱窗、图书馆、陈列室及模拟职业场景的宣传作用和校训、校徽、校歌、校报及校史等对学生的激励作用。精心布置各种场所，张贴富有职业特色的标语、名言以及劳动模范、创业典型、技术能手、优秀毕业生的画像，建造具有专业特色的雕塑、碑铭等，使校园的一草一木、一砖一石都有利于学生明确职业发展方向，增强就业创业信心。

（七）积极推动优秀企业文化进校园。积极推进校企合作，引进和融合优秀企业文化，促使学生养成良好的职业道德和职业行为习惯，帮助学生顺利实现从学校到企业的跨越。加强学校教室环境建设，使之成为职业氛围浓厚、专业特色鲜明的学习场所。重视实习实训基地环境建设，通过展示企业生产、经营、管理、服务一线的纪律、规范、流程，展示学生在实习实训中的优秀成果，展示行业劳动模范和学校优秀毕业生的事迹，加强学生的职业养成训练，增强学生立志成才的信心。培养学生树立牢固的职业意识，提高学生适应未来工作环境的综合素质和职业能力。

（八）充分发挥校园网络的育人作用。学校要根据网络特点，按照网上信息传播规律，加强网上正面宣传，建设融思想性、职业性、知识性、服务性于一体的校园网络文化平台，积极开展健康向上、丰富多彩的网络文化活动，为师生创造良好的网络文化氛围。要加强对校园网站的管理，重点加强对校园网电子公告栏、留言板、贴吧、聊天室等交互栏目的管理，规范上网内容，杜绝各种违法有害信息在校园网上传播。要教育师生自觉遵守网络法规及有关规定，文明上网、依法上网。要密切关注网上动态，了解学生思想状况，加强网上与学生的沟通与交流。

三、加强中等职业学校校园文化建设的领导、管理和保障

（九）加强对校园文化建设的领导。各地教育行政部门和人力资源社会保障行政部门要会同有关部门结合本地实际，制订切实可行的校园文化建设规划，建立切合实际的校园文化建设评估指标体系，定期开展校园文化建设的指导与检查，将校园文化建设工作作为对学校综合考核的重要指标。对成绩突出的单位和个人及时给予表彰奖励。学校领导班子要把校园文化建设列入议事日程，统筹规划，组织实施

校园文化建设，充分发挥学校党团组织、学生会和学生社团在校园文化建设中的作用。

（十）加强对校园文化建设的管理。学校要完善各项管理制度，加强对师生员工的教育和管理，加强对校园活动、校园设施、校园秩序和学生社团等的管理，坚决抵制各种有害文化和腐朽生活方式对学生的侵蚀和影响，坚决禁止在学校传播宗教。加强校园内部安全保卫工作，及时处理侵害学生合法权益、身心健康的事件和影响学校稳定的事端。积极争取家长和社会各方面力量支持参与校园文化建设。

（十一）加强校园文化建设的保障工作。学校主管部门要为学校校园文化建设提供必要的经费支持。学校要把校园文化建设经费列入预算，保证各项工作顺利开展。各级教育督导部门要把校园文化建设作为学校建设的重要内容，纳入中职学校综合督导评估体系。教育科研部门和学校要加强对校园文化建设的理论研究，积极探索新形势下加强和改进校园文化建设的新思路、新举措。

各地教育行政部门、人力资源社会保障行政部门及中等职业学校要根据本意见，结合实际，制定具体实施意见或细则。

二〇一〇年五月二十日

教育部　人力资源社会保障部关于加强中等职业学校班主任工作的意见

教职成〔2010〕14号

各省、自治区、直辖市教育厅（教委），人力资源社会保障厅（局），福建省公务员局，各计划单列市教育局、人力资源社会保障（人事、劳动保障）局，新疆生产建设兵团教育局、人事局、劳动保障局：

为深入贯彻《中共中央国务院关于进一步加强和改进未成年人思想道德建设的若干意见》（中发〔2004〕8号）和《国家中长期教育改革和发展规划纲要（2010—2020年）》精神，落实教育部等六部门《关于加强和改进中等职业学校学生思想道德教育的意见》（教职成〔2009〕11号），现就加强中等职业学校班主任工作提出以下意见。

一、充分认识中等职业学校班主任工作的重要性。中等职业学校班主任是中职学生管理工作的主要实施者，是中职学生思想道德教育的骨干力量，是中职学生健康成长的引领者。中等职业学校班主任工作是重要的育人工作，在学校实施教书育人、管理育人、服务育人，沟通学校、家庭和用人单位等方面发挥着重要的作用。加强中等职业学校班主任工作，对于贯彻落实党的教育方针，提高中职学生管理和德育工作水平，促进中等职业教育科学发展，具有十分重要的意义。

二、进一步明确中等职业学校班主任的工作职责。中等职业学校班主任岗位是重要的专业性岗位，班主任要在学校统一领导下，按照学校相关规章制度和培养目标要求，与任课教师和其他有关人员一道，认真履行以下主要工作职责：

——学生思想工作。深入了解分析学生的思想、心理、学习、生活状况，开展思想道德教育，提升学生思想道德品质。针对学生在成长过程中遇到的实际问题，进行教育、引导和援助，帮助学生提高应对挫折、适应岗位、融入社会的能力。

——班级管理工作。组建班委会，制定班级公约和学生自律规范，维护良好的教育教学秩序和生活秩序。客观、公正地做好学生的综合素质评价工作，对学生进行表扬和批评教育，向学校提出奖惩建议。加强安全教育，维护班级和学生安全。

——组织班级活动。指导班委会、团支部开展工作，引导学生参加有利于健康成长的课外兴趣小组、社团活动、文体活动以及志愿者服务等社会实践活动。根据学校培养目标，针对班级特点，开展形式多样的主题班（团）会活动。

——职业指导工作。教育、引导学生树立正确的职业理想和职业观念，形成良好的职业道德，提升职业素养与职业生涯规划能力。指导学生根据社会需要和自身特点选择职业发展方向，顺利实现就业、创业或升学。

——沟通协调工作。全面及时了解学生在

家庭和社区的表现，帮助、引导家长和社区配合学校做好学生的教育和管理工作。根据学校安排，组织学生参加实习实训活动，并在学生顶岗实习期间，与实习单位共同做好学生的教育和管理工作。

三、认真做好中等职业学校班主任的配备和选聘工作。每个班级必须配备一名班主任，学校根据需要可以配备助理班主任。助理班主任协助班主任工作。班主任应从本校在职教师中选聘，助理班主任可从本校党政干部、共青团干部、教学辅助人员、退休教师和学校外聘教师中选聘。校长负责班主任和助理班主任的选聘工作。班主任和助理班主任的聘期由学校确定。

四、严格中等职业学校班主任任职资格和条件。中等职业学校班主任应由取得教师资格、思想道德素质好、业务水平高、身心健康、经过相关培训的教师担任。班主任要忠诚党的教育事业，热爱学生，乐于奉献，掌握教育学、心理学、职业指导等方面的基本知识和方法，熟悉相关法律法规，具有较强的教育教学能力、组织管理能力、人际沟通能力和职业指导能力。助理班主任任职资格和条件由各地参照班主任任职资格和条件作出具体规定。

五、保障中等职业学校班主任待遇。学校在教育管理工作中应充分发挥班主任的骨干作用，注重听取班主任意见，营造以从事班主任工作为荣的氛围。要合理安排班主任的教学任务，保证班主任有更多的时间和精力做好班主任工作。进一步发挥工资分配的激励作用，学校内部绩效工资分配要适当向班主任倾斜。教师高级岗位聘用应向优秀班主任倾斜。

六、加强中等职业学校班主任培训。各级教育、人力资源社会保障行政部门要将班主任培训纳入教师全员培训计划，组织开展国家级、省级、地（市）级、县级班主任培训，努力提高他们的思想水平和业务能力，建设一支高水平的班主任队伍。教育部负责对全国中等职业学校班主任培训工作进行宏观指导，教育部、人力资源社会保障部负责对全国中等职业学校班主任培训工作进行协调和质量监控。学校要制订本校班主任培训计划，积极组织本校班主任参加各层次的培训活动。初次担任班主任的教师必须进行岗前培训，做到先培训后上岗。认真执行职业教育教师到企业实践制度，把班主任到企业实践或考察纳入计划，与专业教师到企业实践有机结合，与学生到企业实习有机结合。班主任培训所需经费在教师培训专项经费中列支。

七、加强中等职业学校班主任表彰奖励工作。各级教育行政部门、人力资源社会保障行政部门和中等职业学校要将班主任的表彰奖励纳入教师、教育工作者的表彰奖励体系，对长期从事班主任工作或在班主任工作岗位上作出突出贡献的教师按照国家有关规定予以奖励。

八、加强中等职业学校班主任管理。学校应完善班主任日常管理制度，建立班主任工作档案和考核机制，定期组织对班主任的考核工作。班主任工作考核结果作为教师聘用（聘任）、奖励、工资发放的重要依据。学校选拔管理干部应优先考虑长期从事班主任工作的优秀班主任。对不能履行班主任职责的，应调整其岗位。

九、加强对中等职业学校班主任工作的领导。各地教育行政部门、人力资源社会保障部门落实有关班主任工作的政策保障措施，履行班主任管理工作职责，定期检查学校班主任管理工作，切实维护班主任的合法权益。学校要建立健全班主任工作管理体制和运行机制，学校领导和有关方面负责人要将班主任工作管理纳入职责范围，定期听取班主任工作汇报，研究班主任工作中遇到的新情况、新问题，及时指导班主任工作。要建立健全校园突发事件应急预案，妥善处理班主任在工作中遇到的困难，支持班主任工作。

十、加强中等职业学校班主任工作的科学研究。教育科研机构和学校要加强班主任工作理论研究，提供经费、条件保障，积极探索班主任工作的规律，创新班主任工作方法，提高班主任工作的实效。

各地、各学校可根据本意见，结合本地实际，积极探索班主任工作的新途径、新方式和新方法，制定加强中等职业学校班主任工作的具体实施意见或细则。

二〇一〇年九月二十六日

教育部　财政部　人力资源社会保障部　审计署关于严禁虚报学生人数骗取中等职业学校国家助学金、免学费补助资金的通知

教职成〔2010〕15号

各省、自治区、直辖市教育厅（教委）、财政厅（局）、人力资源社会保障厅（局）、审计厅（局），新疆生产建设兵团教育局、财政局、劳动保障局、审计局：

自中等职业学校国家助学金和免学费政策实施以来，各地采取有力措施组织推动落实，总体进展顺利，成绩显著。但同时也存在着不少问题，个别地区和学校，尤其是一些民办学校，违纪违法，虚报学生人数套取国家助学金，在学生中和社会上造成了不良影响。为维护国家资助政策的严肃性，坚决禁止虚报学生人数骗取国家资金的行为，进一步健全中等职业学校国家助学金、免学费补助资金管理机制，加强监管力度，现就有关事项通知如下：

一、加强学校管理，严格执行中等职业学校的审批标准和程序

各省（区、市）教育和人力资源社会保障部门，要对现有中等职业学校，包括民办学校和教学点的办学进行一次全面清查，对在办学条件、学校管理等方面与国家规定的标准、要求差距较大的，要给予警告，并责令限期整改；对整改后仍达不到标准的，要限制招生和在校生规模。各省（区、市）要将最后审定的具有举办学历教育资质的中等职业学校名单于2011年3月底前报送教育部和财政部备案，同时抄送教育部全国学生资助管理中心。技工学校抄报人力资源社会保障部。

各省（区、市）教育和人力资源社会保障部门，要分别按照《中等职业学校管理规程》（教职成〔2010〕6号）、《中等职业学校设置标准》（教职成〔2010〕12号）、《技工学校工作条例》及有关文件中对中等职业学校在校生规模、学校硬件建设、专兼职教师配备、办学经费保证等方面的规定，严格执行中等职业学校审批标准和程序，保证基本办学条件、管理水平和办学质量，不得降低标准。

二、严格学籍管理，确保国家助学金、免学费补助资金补助学生人数真实、准确

国家、省（区、市）、市（州）、县（市、区）教育、人力资源社会保障行政部门对学校学籍管理工作实行分级管理，省级教育行政部门具有统筹管理的责任。中等职业学校要严格执行学籍电子注册制度。要把学生学籍管理、国家助学金和免学费补助资金管理纳入班主任

工作内容。学校应当将新生基本信息，各年级学生变动名册及时输入全国中等职业学校学生信息管理系统或技工院校学生信息管理系统，并报其上级教育或人力资源社会保障主管部门。教育或人力资源社会保障主管部门逐级审核后上报至教育部或人力资源社会保障部。学校不得以虚假学生信息注册学生学籍，不得为同一学生以不同类型的高中阶段教育学校身份分别注册学籍，不得以不同类型职业学校身份分别向教育部门和人力资源社会保障部门申报学生学籍。联合招生合作办学的学校不得为同一学生重复注册学籍，坚决杜绝“双重学籍”现象。

地方各级教育和人力资源社会保障行政部门要严格审核所辖学校申报的学籍注册名单，积极改进和完善学籍管理办法，及时、准确掌握在校学生人数，确保国家助学金发放工作及免学费补助资金使用严格按照政策规定进行。

三、全面推行中职学生资助卡，积极推行国家助学金集中发放模式

各级学生资助管理机构要按照《中国人民银行　财政部　教育部　人力资源社会保障部关于全面推行中职学生资助卡加强中职国家助学金发放监管工作的通知》（银发［2010］273号）要求，认真核查所辖学校通过全国中等职业学校学生管理信息系统上报的国家助学金受助学生信息（包括身份证号、年级、班级、专业、联系电话等），由学生资助管理机构或学校为每位受助学生办理“中职学生资助卡”，并组织力量到学校现场核发银行卡。学校每月要如实申报变动（增加和减少）的受助学生名单，各级学生资助管理机构要及时组织核查并通过信息系统予以审核。“中职学生资助卡”须由学生本人持有效身份证件原件到发卡银行网点柜台激活后方可使用。

各地要因地制宜积极推行国家助学金集中发放模式。一是可由财政国库集中发放。省、地市、县级财政部门每月根据同级学生资助管理机构提供的当月国家助学金发放清单，通过银行将助学金直接打入每位受助学生的银行卡中。二是可由学生资助管理机构集中发放。每学期开学前，省、地市和县级财政将上级财政拨付的及本级财政应承担的所辖学校国家助学金，拨付同级学生资助管理机构，学生资助管理机构每月根据审定的当月国家助学金发放清单，通过银行将助学金直接打入每位受助学生的银行卡中。

四、明确责任、健全机制，切实加强对国家助学金、免学费补助资金的监督检查

地方各级教育和人力资源社会保障部门要会同财政、审计等部门，层层明确对中等职业学校国家助学金、免学费补助资金的管理责任，建立健全监督检查机制，加大监督力度。每学期开学、期中、期末要组织对国家助学金、免学费补助资金管理情况的专项监督检查，检查工作一定要讲求实效，确保组织到位、责任到位、检查到位，整改措施到位；要建立国家助学金、免学费补助资金管理工作检查情况档案，每次检查情况要经检查人员签字确认后存档备查。各地要将检查情况及时上报教育部、人力资源社会保障部和财政部。中等职业学校要建立包括学生代表参加的国家助学金、免学费补助资金评审机制，强化评审程序和评审结果的公示制度，实行阳光操作。同时，建立国家助学金、免学费补助资金管理投诉举报受理工作机制，设立举报投诉电话号码，并向社会公布，广泛接受群众监督。

五、加大处罚力度，及时查处套取国家助学金、免学费补助资金的行为

对虚报受助学生人数，套取中等职业学校国家助学金、免学费补助资金的行为，要坚决做到发现一起查处一起。除收回套取的财政专项资金外，还要加大对相关责任人和责任单位的处罚力度。对相关责任人要依法依纪进行严肃查处，涉嫌犯罪的，移交司法机关处理。对存在套取国家助学金、免学费补助资金行为的学校，要采取通报批评、“黄牌”或“红牌”

警告、限制招生等措施；其中，对存在套取国家助学金、免学费补助资金行为的民办学校，情节严重的，要按照《民办教育促进法》及其实施条例的规定，停止招生、吊销办学许可证。对玩忽职守、监管审核不力的学校主管部门、学生资助管理部门，要予以通报批评。对明知故犯、参与套取国家助学金、免学费补助资金的个人，要依法依纪从严从重处罚。对于发生套取中等职业学校国家助学金、免学费补助资金现象的省份，教育部、人力资源社会保障部和财政部将在全国范围内进行通报批评，中央财政将按套取资金数的双倍扣减该省份有关以奖代补资金，并按隶属关系取消学校所在县（市、区）的中等职业教育改革发展示范校项目的申报资格；从查处之日起，3 年内中央财政对违规学校不给予职业教育专项资金支持。

二〇一〇年十二月五日

公安部　人力资源和社会保障部关于规范留学回国人员落户工作有关政策的通知

公通字［2010］19号

各省、自治区、直辖市公安厅、局，人力资源社会保障（人事、劳动保障）厅（局），新疆生产建设兵团公安局、人事局、劳动保障局：

近年来，随着我国经济社会的快速发展，大量留学人员学成回国。为切实做好这部分人员的落户工作，妥善解决以往出国（境）前已注销常住户口、且未在国（境）处入籍、定居的留学人员回国落户问题，现重申和明确有关政策如下：

一、对于回国后欲在原户口注销地恢复户口的留学人员，辖区派出所可以凭回国留学人员最后一次回国时持用的中国护照，依据原户口注销登记直接办理恢复户口手续；理由正当，需要在本市、县内其他派出所辖区登记户口的，落户地派出所可以凭回国留学人员最后一次回国时持用的中国护照及原户口所在地派出所出具的户口注销证明（证明中应载明户口注销前户口登记的详细内容），办理落户手续。在具体程序上，对于已在当地取得具有产权住房的，可在原住房所在辖区派出所恢复户口；对于没有产权住房的，可以根据其本人在当地按直系亲属、旁系亲属、朋友以及原工作单位的先后次序，凭有关当事人或单位出具的同意该申请人迁入本户的局面证（声）明材料以及申请人的相关材料恢复户口；对于不具备上述条件的申请人，准予其凭上述证明在当地保存其档案的人才中心落户。

二、对于回国后欲在原籍户口所在地落户的留学人员，各地公安机关应准予其凭最后一次回国时持用的中国护照申报恢复户口，原籍户口所在地公安机关经核实后为其办理落户手续。

三、对于回国后欲在就业地落户的留学人员，原则上除北京、上海以外的各地公安机关应准予其凭最后一次回国时持用的中国护照、就业单位以及当地人力资源和社会保障部门出具的证明，办理在当地的落户手续；北京、上海等特大城市也应结合本地经济社会发展和综合承受能力，适当放宽相关政策。

四、公安机关在受理留学人员回国恢复户口或落户申请时，如发现申请人原户口注销记录或申报的户口登记项目的内容与其回国所持护照以及其他相关证件（明）内容不一致、需要进行更正的，应本着便民利民的原则，在调查核实的基础上，依据有关程序规定，及时一并予以办理。

工作中遇有新问题、新情况，请及时报公安部、人力资源和社会保障部。

二〇一〇年四月十五日

财政部　教育部　人力资源社会保障部关于印发《中等职业学校免学费补助资金管理暂行办法》的通知

财教［2010］3号

各省、自治区、直辖市、计划单列市财政（局）、教育（教委、局）、人力资源社会保障（劳动保障）厅（局），新疆生产建设兵团财务局、教育局、劳动保障局：

按照《财政部　国家发展改革委　教育部　人力资源社会保障部关于中等职业学校农村家庭经济困难学生和涉农专业学生免学费工作的意见》（财教［2009］442号）的规定，为加强中等职业学校免学费补助资金的管理，确保免学费政策顺利实施，我们制定了《中等职业学校免学费补助资金管理暂行办法》，现印发给你们，请遵照执行。

附件：中等职业学校免学费补助资金管理暂行办法

二〇一〇年一月二十八日

附件

中等职业学校免学费补助资金管理暂行办法

第一条　根据《财政部　国家发展改革委　教育部　人力资源社会保障部关于中等职业学校农村家庭经济困难学生和涉农专业学生免学费工作的意见》（财教［2009］442号）要求，为加强中等职业学校免学费补助资金的管理，确保免学费政策顺利实施，制定本办法。

第二条　本办法所称中等职业学校是指经政府有关部门依法批准设立，实施全日制中等学历教育的各类职业学校，包括公办和民办的普通中专、成人中专、职业高中、技工学校和高等学校附属的中专部、中等职业学校等。

第三条　中等职业学校免学费补助资金是指中等职业学校学生享受免学费政策后，为弥补学校运转出现的经费缺口，财政核拨的补助资金，包括一、二年级免学费补助资金和公办学校三年级顶岗实习困难专业免学费补助资金。

第四条 中等职业学校免学费补助资金由中央和地方财政共同承担，省级财政统筹落实，省和省以下各级财政根据各省（区、市）人民政府及其价格主管部门批准的公办中等职业学校学费标准予以补助。

第五条 中央财政统一按每生每年平均2 000元测算标准和一定比例与地方财政分担，具体分担比例为：西部地区，不分生源，分担比例为8∶2；中部地区，生源地为西部地区的，分担比例为8∶2，生源地为其他地区的，分担比例为6∶4；东部地区，生源地为西部地区和中部地区的，分担比例分别为8∶2和6∶4，生源地为东部地区的，分担比例分省确定。

第六条 对公办中等职业学校免学费资金的补助方式为：第一、二学年因免除学费导致学校运转出现的经费缺口，由财政按免除学费的标准给予补助；第三学年因免除学费导致学校运转出现的经费缺口，财政原则上不予补助，由学校通过校企合作和顶岗实习等方式获取的收入予以弥补。对涉农专业和经认定顶岗实习有困难的其他专业，财政按一定标准给予适当补助。

第七条 对民办中等职业学校学生的补助方式为：对一、二年级符合免学费条件的学生，按照当地同类型同专业公办中等职业学校免学费标准给予补助。学费标准高出公办学校免学费标准部分由学生家庭负担；低于公办学校免学费标准的，按民办学校实际学费标准予以补助。

第八条 各级财政部门要及时拨付免学费补助资金，保证中等职业学校教育教学活动的正常开展。

第九条 中等职业学校对农村家庭经济困难学生的认定要坚持公开、公平、公正的原则，在每学期开学一个月内将农村家庭经济困难学生名单及其相关信息在校内进行不少于5个工作日的公示。

第十条 中等职业学校免学费工作实行校长负责制，校长对上报的学生信息的真实性和补助资金的使用管理负主要责任。中等职业学校要加强财务管理，建立规范的预决算制度，按照预算管理的要求，编制综合预算，收支全部纳入学校预算管理，年终要编制决算。

第十一条 各地职业教育行政管理部门要完善中等职业学校学籍信息管理系统，建立农村家庭经济困难学生和涉农专业学生的信息档案，保证享受免学费政策的学生信息完整和准确。

第十二条 各级财政、教育和人力资源社会保障部门要加强对中等职业学校免学费补助资金使用情况的监督检查。对虚报学生人数，骗取财政补助资金或挤占、挪用、截留免学费补助资金等违规行为，按照《财政违法行为处罚处分条例》（国务院令第427号）有关规定严肃处理。涉嫌犯罪的，移交司法机关。

第十三条 每年春季学期开学前，各地职业教育行政管理部门要对中等职业学校办学资质进行全面清查并公示，对不合格的学校，取消其享受免学费补助资金的资格。要根据《民办教育促进法》的规定，加强对民办中等职业学校的监管，纳入免学费补助范围的民办学校名单由省级教育和人力资源社会保障部门负责审定。

第十四条 本办法由财政部、教育部和人力资源社会保障部负责解释。各省（区、市）可依据本办法制定实施细则。

第十五条 本办法自发布之日起执行。

财政部　国家发展改革委 教育部　人力资源社会保障部关于扩大中等职业学校免学费政策覆盖范围的通知

财教［2010］345号

各省、自治区、直辖市、计划单列市财政厅（局）、发展改革委、教育厅（局、教委）、人力资源社会保障厅（局），新疆生产建设兵团财务局、发展改革委、教育局、人力资源社会保障局：

为贯彻落实《国家中长期教育改革和发展规划纲要（2010—2020年）》精神，进一步增强中等职业教育吸引力，促进教育公平，经研究决定，从2010年秋季学期起，将中等职业学校城市家庭经济困难学生纳入免学费政策范围。为做好中等职业学校城市家庭经济困难学生免学费工作，现将有关要求通知如下：

从2010年秋季学期起，对公办中等职业学校全日制正式学籍一、二、三年级在校生中城市家庭经济困难学生免除学费（艺术类相关表演专业学生除外）。享受免学费政策的城市家庭经济困难学生分地区按以下比例确定：西部地区按在校城市学生的15％确定；中部地区按在校城市学生的10％确定；东部地区按在校城市学生的5％确定。中央财政参照上述比例安排中央补助资金。各地可根据实际，合理确定行政区域内城市家庭经济困难学生的比例。

免学费标准、免学费资金补助方式、中央与地方分担比例以及对民办学校符合免学费条件学生的补助政策，按照《财政部　国家发展改革委　教育部　人力资源社会保障部关于中等职业学校农村家庭经济困难学生和涉农专业学生免学费工作的意见》（财教［2009］442号）有关规定执行。

地方财政、发展改革、教育和人力资源社会保障部门要切实加强对中等职业教育免学费工作的组织领导，进一步完善本地区中等职业学校免学费工作方案，确保免学费政策全面落实到位。各省级财政要统筹安排中央补助资金和地方应分担的资金，确保免学费补助资金落实到位。职业教育行政管理部门要进一步加强对中等职业学校的管理，完善中等职业学校学生信息管理系统，做好免学费对象的认定工作。中等职业学校要严格执行《中等职业学校管理规程》（教职成［2010］6号）、《中等职业学校学生学籍管理办法》（教职成［2010］7号）以及技工学校相关规定，加强免学费工作管理，保证学生基本信息的准确和免学费资金的规范使用。

各级财政、价格、教育、人力资源社会保

障部门要与审计、监察等有关部门密切合作，齐抓共管，加强对免学费政策落实情况的监督检查。对虚报学生人数，骗取国家补助资金等违规行为，要按照《财政违法行为处罚处分条例》（国务院令第 427 号）等有关规定严肃处理，并追究相关学校领导的责任。

二〇一〇年九月十四日

卫生部　人力资源社会保障部　民政部　财政部　中国残联关于将部分医疗康复项目纳入基本医疗保障范围的通知

卫农卫发［2010］80 号

各省、自治区、直辖市卫生厅局、人力资源社会保障厅局、民政厅局、财政厅局、残联：

随着我国城乡居民基本医疗保障体系的建立和发展，一些地方逐步把部分医疗康复项目纳入基本医疗保障范围，使残疾人的康复服务得到明显改善。但是，由于各地医疗保障筹资水平不同，支付的项目数量有差别，部分地方的残疾人医疗康复费用负担仍然较重。为贯彻落实《中共中央　国务院关于促进残疾人事业发展的意见》（中发［2008］7 号）和《中共中央　国务院关于深化医药卫生体制改革的意见》（中发［2009］6 号）精神，更好地保障参保（参合）人员特别是残疾人的基本康复需求，提高基本医疗保障水平，现就有关事项通知如下：

一、将部分医疗康复项目纳入基本医疗保障范围

各省（区、市）要把以治疗性康复为目的的运动疗法等 9 项医疗康复项目（见附件）纳入基本医疗保障范围，自 2011 年 1 月 1 日起分别由城镇职工基本医疗保险、城镇居民基本医疗保险（以下简称城镇医保）、新型农村合作医疗（以下简称新农合）基金按规定比例给予支付。各省（区、市）已经纳入相应基本医疗保障支付范围的其他医疗康复项目应当继续保留，有条件的地区可根据基金承受能力，按照保障基本需求的原则，适当增加纳入基本医疗保障范围的医疗康复项目，增加的项目应当从《全国医疗服务价格项目规范》中选择。随着经济社会的发展，各省（区、市）应当积极推进残疾人康复事业，逐步增加纳入基本医疗保障范围的医疗康复项目。

二、加强医疗康复项目支付管理

各省（区、市）要严格限定医疗康复项目的适用人群及条件，在相应定点医疗机构中选择具有康复医学诊疗资质的医疗机构，由取得专业技术资格的康复医学或康复医学治疗技术人员（含中医人员）提供服务。纳入基本医疗保障范围的医疗康复项目，其项目内涵、除外内容、计价单位等参照《全国医疗服务价格项目规范》有关规定执行。各级城镇医保、新农合经办机构应当依据定点医疗服务协议，加强对定点医疗机构的监督检查，加强对结算报销关键环节的审核，对参保（参合）人员在限定支付范围内的医疗康复费用按照当地支付标准（补偿方案）给予支付。对超过规定支付时限的患者，由具有康复医学诊疗资质的医疗机构评估并认为确有必要，经城镇医保、新农合经办机构审核同意后，可适当延长支付时限。各省（区、市）可对医疗康复项目的限定支付范围进行适当调整。要制定相应的管理办法，做好医疗康复项目管理工作。

三、做好与现行城镇医保医疗服务项目管理政策的衔接

各省（区、市）要做好与现行基本医疗保障医疗服务项目管理政策的衔接，将以往按照“排除法”管理的城镇医疗康复项目改为“准入法”管理。对医疗康复项目以外的其他医疗服务项目（包括中医医疗服务项目），各地可继续按照《关于印发城镇职工基本医疗保险诊疗项目管理、医疗服务设施范围和支付标准意见的通知》（劳社部发［1999］22号）的有关规定，采取“排除法”管理。已经探索按照“准入法”管理医疗服务项目的地区，也要按照本通知精神进一步完善相关管理政策。

四、做好相关部门之间的协调配合

各省（区、市）要指导各地认真调研、摸清底数，做好支付标准（补偿方案）的测算和调整工作，通过多层次的基本医疗保障体系，提高残疾人的医疗保障水平。各级民政部门要对符合救助条件的残疾人，在城镇医保、新农合补偿的基础上按照规定给予医疗救助，做好城乡医疗救助与城镇基本医保及新农合制度的衔接。各级财政部门对已经纳入基本医疗保障范围的医疗康复项目，可相应或逐步调整财政专项资助。各级残联要加强并积极争取社会力量对残疾人的医疗救助。各相关部门要加强协作，相互配合，确保工作顺利实施。

二〇一〇年九月六日

中国人民银行　财政部　教育部 人力资源社会保障部关于全面推行 中职学生资助卡加强中职国家助学金 发放监管工作的通知

银发〔2010〕273号

中国人民银行上海总部，各分行、营业管理部、省会（首府）城市中心支行、副省级城市中心支行；各省、自治区、直辖市财政厅、教育厅（教委）、人力资源社会保障厅（局），各计划单列市财政厅、教育局、人力资源社会保障（人事、劳动保障）局，新疆生产建设兵团财务局、教育局、人事局、劳动保障局；中国工商银行、中国农业银行、中国银行、中国建设银行、中国邮政储蓄银行，中国银联股份有限公司：

为进一步落实国家中等职业教育（以下简称中职）学生资助政策，规范中职国家助学金发放管理工作，促进中职事业科学发展，现就全面推行中职学生资助卡（以下简称中职卡）、加强中职国家助学金发放监管工作有关事项通知如下：

一、中职学生资助卡是面向享受国家助学金政策待遇的中职学生发行的、用于国家助学金发放的借记卡。中职卡使用专用发卡银行标识代码，卡面式样统一设计，并印有“中职学生资助卡”字样。该卡的办理工作从2010年秋季入学新生开始实施。

二、中职卡免收开卡手续（工本）费，自开卡之日起三年内享受免年费和小额账户管理费的优惠。优惠期过后，中职卡视同普通借记卡使用，不再具有中职国家助学金发放功能。

中职卡发卡银行暂定为：中国工商银行、中国农业银行、中国银行、中国建设银行、中国邮政储蓄银行。中职卡由各发卡银行制作。

三、中职国家助学金须严格按照财政部、教育部《中等职业学校国家助学金管理暂行办法》（财教〔2007〕84号）和《财政部　劳动保障部关于做好技工学校国家助学金发放管理工作的通知》（财教〔2007〕85号）要求，统一通过中职卡发放，不得以实物或服务等形式，抵顶或扣减国家助学金。

因没有户籍或身份证明而无法办理中职卡的受助学生，由学生提供家庭所在地开具的相关证明，再由学校统一向同级学生资助管理机构申请办理，采取特殊方式发放。受助学生的资助信息经同级资助管理机构审核后，由学校以特殊身份编码录入全国中等职业学校学生信息管理系统（以下简称中职信息系统）或全国技工院校电子注册与统计信息管理系统（以下简称技校信息系统）。

四、中职卡实行“一人一卡、集中申领、

本人激活”。每位受助学生只能办理一张中职卡。学校或学生资助管理机构按照中职信息系统或技校信息系统中受助学生信息，向学校所在地发卡银行提供受助学生有效身份证件复印件（有效身份证件原则应为居民身份证，特殊情况可使用户口本），由发卡银行统一办理后负责分发给受助学生。学校或资助管理机构要为学生身份信息的真实性和准确性负责。中职卡由学生本人持有效身份证件原件和学生证到发卡银行网点柜台激活后方可使用。

发卡银行应及时将相关办卡信息（含学生姓名、身份证号和卡号）的电子及纸质清单反馈给学校或学生资助管理机构。申领学校须在办卡成功后5个工作日内，将学生办卡信息及时录入中职信息系统或技校信息系统。

五、中职卡发卡银行应免费提供助学金入账短信通知服务。学生或监护人手机号码由学校或学生资助管理机构集中办卡时提供给发卡银行。学生本人办理激活手续时，发卡银行应向学生确认接受短信通知的手机号码。

六、中职卡卡片遗失或损坏时，由学生本人持有效身份证件原件到发卡银行指定网点按相关规定办理挂失及补换卡手续，有关新卡信息要及时告知学校。学校须及时在中职信息系统或技校信息系统进行修改。优惠期过后，中职卡遗失或损坏需要补换时，发卡银行只能为学生补换普通借记卡。

七、中职卡持卡学生转学、退学时，学校应督促学生到发卡银行办理销户手续，否则不予办理转、退学手续。

八、各级财政、教育、人力资源社会保障部门应因地制宜，努力探索实行省或地市级国家助学金集中发放。发卡银行应免收国家助学金集中发放本行代发手续费。

九、中国银联应免收发卡银行有关中职卡发卡银行标识代码使用费、磁道格式检测费。人民银行应积极创造条件于2011年底前实现中职国家助学金发放跨行代发手续费的免收功能。

十、中职卡发卡银行总行应按月将中职卡办卡和助学金发放信息以及中职卡补换卡和销户信息报送教育部和人力资源社会保障部，报送期为每月结束后15个工作日内（报送内容及格式见附件1和附件2）。

十一、中职卡发卡银行总行应按季将中职卡发卡、交易、助学金发放情况汇总报送人民银行，报送期为每季度结束后20个工作日内（报送内容及格式见附件3）。

十二、工作要求

（一）统一思想，高度重视。中职是我国高中阶段教育的重要组成部分，担负着培养数以亿计高素质劳动者的重要任务，是我国经济社会发展的重要基础。中职实行以国家助学金政策为主的资助政策体系，是党中央、国务院为推动中职发展做出的一项重大战略决策和长期制度设计。全面推行中职卡，对于完善中职学生资助政策体系、加强中职国家助学金发放监管工作、防范利用注册虚假信息、流失学生信息等手段套取、骗取国家助学金等不法行为、促进中职健康发展具有重要意义。

各有关单位要从深入贯彻落实科学发展观、全面构建社会主义和谐社会的高度，从维护受助学生根本利益、促进教育公平和社会公平出发，充分认识中职卡推广应用工作的重要意义，认真探索运用中职卡解决国家助学金的及时、真实、准确发放问题，充分发挥银行卡在加强政府监管、信息监控中的重要作用。

（二）各负其责，密切配合，形成监管合力。各地人民银行分支机构要主动加强与当地财政、教育和人力资源社会保障部门的联系、沟通，组织发卡银行和中国银联做好相关工作，切实协调解决中职卡发卡、使用过程中存在的问题，加强中职卡发卡账户实名制管理，防范中职卡业务风险。各级财政部门要落实自身应承担的助学金份额，确保国家助学金经费不折不扣地落实到位，并及时、足额拨付学校。各级教育、人力资源社会保障部门应加强对中职学校的监督管理，杜绝套取、骗取国家助学金情况的发生；要与发卡银行相应分支机构建立信息沟通和应急处理机制，及时协商解决中职卡发放和助学金发放过程中出现的问题；要要求各中职学校认真落实中职卡各项管理规定，严格中职卡办卡的资格审核和使用管理；要尽快启动中职信息系统、技校信息系统与各发卡银行总行信息系统有限对接工作。

（三）各级学生资助管理机构要加强对学生资助信息的审核和监管，将本级直属中职学校国家助学金受助学生名单及每月新增、减少受助学生信息，打印并加盖公章后张贴至相关学校，进行不少于 5 个工作日的公示。

（四）各发卡银行要成立分管行领导挂帅的领导小组，加大对中职卡项目的领导力度，确保中职卡业务顺利开展。要抓紧进行相关业务和技术准备，实现 2010 年 10 月份发卡的目标。要加快相关配套系统改造，切实做好中职卡发卡和业务管理、信息统计和报送工作，落实相关优惠政策，积极配合中职国家助学金的发放和监管工作。要加强对持卡学生安全用卡知识的宣传教育，防范风险。

各发卡银行总行在中职卡业务正式开办前，要将相关管理规定报告人民银行，同时抄报财政部、教育部和人力资源社会保障部。

（五）中国银联应尽快确定中职卡专用发卡银行标识代码，协助发卡银行做好卡片申请和入网工作。提升中职卡跨行交易服务水平，为中职卡使用提供安全、顺畅的受理环境。

（六）本通知下发前，当地有关部门或学校已与中国工商银行、中国农业银行、中国银行、中国建设银行、中国邮政储蓄银行以外的其他商业银行签订中职国家助学金银行卡发放协议的，要在协议到期后，按照本通知要求执行。对于 2010 年秋季入学新生要统一按本通知执行。若助学金发放银行与中职卡发卡银行不一致，当地人民银行分支机构要会同财政、教育、人力资源社会保障部门，做好跨行代发助学金监管协调工作，确保代发工作顺利进行。

各有关单位应将中职卡实施情况及相关问题及时报告人民银行、财政部、教育部和人力资源社会保障部。四部委将根据实施情况进一步完善相关政策、制度。

附件：1. 中职学生资助卡发卡及助学金发放信息月度统计表（略）

2. 中职学生资助卡补换卡及销户信息月度统计表（略）

3. 中职学生资助卡业务信息季度统计表（略）

二〇一〇年九月二十七日

国家税务总局　财政部　人力资源社会保障部教育部关于支持和促进就业有关税收政策具体实施问题的公告

2010 年第 25 号

为贯彻落实《财政部　国家税务总局关于支持和促进就业有关税收政策的通知》（财税［2010］84 号）的精神，现将就业有关税收政策的具体实施意见公告如下：

一、个体经营税收政策申请、审核程序

（一）人员认定

1. 登记失业半年以上人员、零就业家庭或享受城市居民最低生活保障家庭劳动年龄内的登记失业人员可持《就业失业登记证》、个体工商户登记执照和税务登记证向创业地县以上（含县级，下同）人力资源社会保障部门提出认定申请。

县以上人力资源社会保障部门应当按照财税［2010］84 号文件的规定，重点核查以下情况：一是创业人员及所创业领域是否属于自主创业税收政策扶持范围；二是创业人员缴纳社会保险费记录；三是创业人员是否领取过《再就业优惠证》并申请享受过税收扶持政策。核实后，对符合条件人员在《就业失业登记证》上注明“自主创业税收政策”。

2. 毕业年度高校毕业生在校期间创业的，可注册登录教育部大学生创业服务网，提交《高校毕业生自主创业证》申请表，由所在高校进行网上信息审核确认并出具相关证明，学校所在地省教育行政主管部门依据学生学籍学历电子注册数据库对高校毕业生身份、学籍学历、是否是应届高校毕业生等信息进行核实后，向高校毕业生发放《高校毕业生自主创业证》，并在学籍学历电子注册数据库中将其标注为“已领取《高校毕业生自主创业证》”。高校毕业生持《高校毕业生自主创业证》向创业地人力资源社会保障部门提出认定申请，由创业地人力资源社会保障部门相应核发《就业失业登记证》，作为当年及后续年度享受税收扶持政策的管理凭证。

3. 毕业年度高校毕业生离校后创业的，可凭毕业证，直接向创业地县以上人力资源社会保障部门提出认定申请。县以上人力资源社会保障部门在对人员范围、就业失业状态、已享受政策情况审核认定后，对符合条件人员相应核发《就业失业登记证》，并注明“自主创业税收政策”。

（二）税收减免申请及审核

1. 符合条件人员从事个体经营的，可持下列材料向所在地主管税务机关申请减免税：一是减免税申请；二是《就业失业登记证》（注明“自主创业税收政策”或附《高校毕业生自主创业证》）；三是主管税务机关要求提供的其他材料。

2. 县以上税务机关按照财税［2010］84号文件第一条规定条件审核同意的，在年度减免税限额内，依次扣减营业税、城市维护建设税、教育费附加和个人所得税。纳税人的实际经营期不足一年的，主管税务机关应当以实际月份换算其减免税限额。

3. 换算公式为：减免税限额＝年度减免税限额÷12×实际经营月数

纳税人实际应缴纳的营业税、城市维护建设税、教育费附加和个人所得税小于年度减免税限额的，以实际应缴纳的营业税、城市维护建设税、教育费附加和个人所得税税额为限；实际应缴纳的营业税、城市维护建设税、教育费附加和个人所得税大于年度减免税限额的，以年度减免税限额为限。

二、企业吸纳税收政策申请、审核程序

（一）人员认定

符合条件的企业吸纳符合条件的人员可向县以上人力资源社会保障部门提出认定申请。县以上人力资源社会保障部门应当按照财税［2010］84号文件的规定，重点核查以下情况：一是新招用人员是否属于企业吸纳就业税收政策扶持范围；二是新招用人员缴纳社会保险费记录；三是新招用人员是否领取过《再就业优惠证》并申请享受过税收扶持政策。核实后，对符合条件人员在《就业失业登记证》上注明“企业吸纳税收政策”。

（二）企业认定

企业吸纳持《就业失业登记证》（注明“企业吸纳税收政策”）人员可向县以上人力资源社会保障部门递交认定申请，并需报送下列材料：

1. 新招用人员持有的《就业失业登记证》（注明“企业吸纳税收政策”）。

2. 职工花名册（企业盖章，注明新增人员）。

3. 企业工资支付凭证（工资表）。

4. 企业与新招用持《就业失业登记证》（注明“企业吸纳税收政策”）人员签订的劳动合同（副本）。

5. 企业为职工缴纳的社会保险费记录。

6.《持〈就业失业登记证〉人员本年度在企业预定（实际）工作时间表》（见附件）。

7. 人力资源社会保障部门要求的其他材料。

其中，劳动就业服务企业要提交《劳动就业服务企业证书》。

县以上人力资源社会保障部门接到企业报送的材料后，应当按照财税［2010］84号文件的规定，重点核查以下情况：一是核查当期新招用人员是否属于规定享受税收扶持政策对象，是否已享受税收扶持政策；二是核查企业是否与新招用人员签订了1年以上期限劳动合同；三是企业为新招用失业人员缴纳社会保险费的记录；四是《持〈就业失业登记证〉人员本年度在企业预定（实际）工作时间表》和企业上年职工总数是否真实，企业是否用新增岗位招用失业人员。必要时，应深入企业现场核实；五是企业的经营范围是否符合税收政策规定，对不符合享受优惠经营范围的企业不应核发《企业实体吸纳失业人员认定证明》。核实后，对符合条件的企业，相应核发《企业实体吸纳失业人员认定证明》，并在《持〈就业失业登记证〉人员本年度在企业预定（实际）工作时间表》上加盖认定戳记，作为认定证明的附表。

（三）税收减免申请及审核

具有县以上人力资源社会保障部门核发的《企业实体吸纳失业人员认定证明》及加盖人力资源社会保障部门认定戳记的《持〈就业失业登记证〉人员本年度在企业预定（实际）工作时间表》的企业可依法向主管税务机关申请减免税，并同时报送下列材料：

1. 减免税申请表。

2.《企业实体吸纳失业人员认定证明》及其附表。

3.《就业失业登记证》及主管税务机关要求的其他材料。

（四）税收减免办法

县以上主管税务机关按财税［2010］84号文件规定条件审核无误的，在年度减免税定额内，依次扣减营业税、城市维护建设税、教育费附加和企业所得税。

1. 营业税、城市维护建设税、教育费附加和企业所得税均由地方税务局征管的，由主管税务机关在审核时按人力资源社会保障部门认定的企业吸纳人数和签订的劳动合同时间预核定企业减免税总额，在预核定减免税总额内每月依次预减营业税、城市维护建设税、教育费附加。纳税人实际应缴纳的营业税、城市维护建设税、教育费附加小于预核定减免税总额的，以实际应缴纳的营业税、城市维护建设税、教育费附加为限；实际应缴纳的营业税、城市维护建设税、教育费附加大于预核定减免税总额的，以预核定减免税总额为限。

纳税年度终了，如果实际减免的营业税、城市维护建设税、教育费附加小于预核定的减免税总额，在企业所得税汇算清缴时扣减企业所得税。当年扣减不足的，不再结转以后年度扣减。

计算公式为：企业预核定减免税总额＝∑每名失业人员本年度在本企业预定工作月份÷12×定额

企业自吸纳失业人员的次月起享受税收优惠政策。

2. 营业税、城市维护建设税、教育费附加与企业所得税分属国家税务局和地方税务局征管的，统一由企业所在地主管地方税务局按前款规定的办法预核定企业减免税总额并将核定结果通报当地国家税务局。纳税年度内先由主管地方税务局在核定的减免总额内每月依次预减营业税、城市维护建设税、教育费附加。如果企业实际减免的营业税、城市维护建设税、教育费附加小于核定的减免税总额的，县级地方税务局要在次年2月底之前将企业实际减免的营业税、城市维护建设税、教育费附加和剩余额度等信息交换给同级国家税务局，剩余额度由主管国家税务局在企业所得税汇算清缴时按企业所得税减免程序扣减企业所得税。当年扣减不足的，不再结转以后年度扣减。

3. 企业在认定或年度检查合格后，纳税年度终了前招用失业人员发生变化的，企业应当在人员变化次月按照本通知第二条第（二）项规定申请认定。对人员变动较大的企业，主管税务机关可按规定调整一次预核定，具体办法由省级税务机关规定。

无论企业是否发生前款情形的，应当于次年1月10日前向税务机关提供人力资源社会保障部门出具的《持〈就业失业登记证〉人员本年度在企业预定（实际）工作时间表》，税务机关据此清算企业减免税总额。主管税务机关应当按照规定重新核定企业年度减免税总额，税务机关根据企业实际减免营业税、城市维护建设税、教育费附加的情况，为企业办理减免企业所得税或追缴多减免的税款。

计算公式为：企业年度减免税总额＝∑每名失业人员本年度在本企业实际工作月份÷12×定额

4. 第二年及以后年度以当年新招用人员、原招用人员及其工作时间按上述程序和办法执行。每名失业人员享受税收政策的期限最长不超过3年。

三、监督管理

（一）严格各项凭证的审核发放。任何单位或个人不得伪造、涂改、转让、出租相关凭证，违者将依法予以惩处；对采取上述手段已经获取减免税的企业和个人，主管税务机关要追缴其已减免的税款，并依法予以处罚；对出借、转让《就业失业登记证》的人员，主管人力资源社会保障部门要收回其《就业失业登记证》并记录在案。

（二）《就业失业登记证》采用实名制，限持证者本人使用。创业人员从事个体经营的，《就业失业登记证》由本人保管；被用人单位录用的，享受扶持政策期间，证件由用人单位保管。《就业失业登记证》由人力资源社会保障部统一样式，由各省、自治区、直辖市人力资源社会保障部门负责印制，统一编号备案，作为审核劳动者就业失业状况和享受政策情况的有效凭证。

（三）《企业实体吸纳失业人员认定证明》由人力资源社会保障部统一式样，由各省、自治区、直辖市人力资源社会保障部门统一印制，统一编号备案。

（四）《高校毕业生自主创业证》采用实名制，限持证者本人使用。《高校毕业生自主创业证》由教育部统一样式，由各省教育行政部门负责印制，其中将注明申领人姓名、身份证号、毕业院校等信息，并粘贴申领人本人照片。

（五）县以上税务、人力资源社会保障、教育部门要建立劳动者就业信息交换和协查制度。人力资源社会保障部建立全国统一的就业信息平台，供各级人力资源社会保障部门、税务机关、财政部门查询《就业失业登记证》信息。地方各级人力资源社会保障部门要及时将《就业失业登记证》信息（包括发放信息和内容更新信息）按规定上报人力资源社会保障部。人力资源社会保障部每年将上述汇总信息通报国家税务总局。教育部门要按季将《高校毕业生自主创业证》发放情况以电子、纸质文件等形式通报同级人力资源社会保障部门、税务机关。

（六）各级人力资源社会保障部门、税务机关共同负责本地区企业吸纳政策、自主创业政策的年检工作。对年检合格的，由人力资源社会保障部门在《企业实体吸纳失业人员认定证明》或《就业失业登记证》上加盖“年检合格”印戳，由税务机关核准继续给予企业或个人享受相关减免税收待遇。对不符合要求的，及时通知其限期整改；对整改后仍达不到要求的，不得继续享受减免税优惠政策，并追缴已减免税款。

（七）主管税务机关应当在审核减免税时，在《就业失为登记证》中加盖戳记，注明减免税所属时间。各级税务机关对《就业失业登记证》有疑问的，可提请同级人力资源社会保障部门、教育部门予以协查，同级人力资源社会保障部门和教育部门应根据具体情况规定合理的工作时限，并在时限内将协查结果通报提请协查的税务机关。

四、本公告自2011年1月1日起执行，《国家税务总局　劳动和社会保障部关于下岗失业人员再就业有关税收政策具体实施意见的通知》（国税发［2006］8号）自2011年1月1日起停止执行。

特此公告。

附件：持《就业失业登记证》人员本年度在企业预定（　　）实际（　　）工作时间表（样式）（略）

二〇一〇年十一月二十三日

国家宗教事务局　人力资源和社会保障部　财政部　民政部　卫生部关于妥善解决宗教教职人员社会保障问题的意见

国宗发［2010］8号

各省、自治区、直辖市政府宗教局、人力资源和社会保障厅（局）、财政厅（局）、民政厅（局）、卫生厅（局），新疆生产建设兵团民宗局、人力资源和社会保障局、财务局、民政局、卫生局：

宗教教职人员在宣传贯彻党的宗教信仰自由政策、团结教育信教群众、维护宗教和睦、促进社会和谐、推动宗教与社会主义社会相适应等方面发挥着重要作用。妥善解决好他们的社会保障问题，解除他们的后顾之忧，使他们病有所医、老有所养，具有重要意义。现就宗教教职人员社会保障问题提出以下意见。

一、适用范围

按照各宗教团体宗教教职人员认定办法认定并报政府宗教事务部门备案的宗教教职人员。

二、基本原则

（一）属地原则。宗教团体、宗教院校和宗教活动场所所在的地区，要按照属地管理原则，将宗教教职人员纳入当地社会保障覆盖范围。宗教团体、宗教院校和宗教活动场所可作为一个单位参加社会保障。

（二）自愿原则。在尊重宗教教义教规基础上，宗教教职人员自愿参加医疗、养老、失业、工伤、生育等社会保障。先行解决宗教教职人员的城乡低保和基本医疗保障问题，逐步解决养老保障问题。

（三）权利与义务对等原则。宗教教职人员应履行缴费义务，按时足额缴纳社会保险费，按国家有关规定享受社会保险待遇。

三、保障办法

（一）最低生活保障和农村五保供养问题。宗教教职人员符合当地最低生活保障条件的，应纳入城乡最低生活保障范围，做到应保尽保。符合农村五保供养条件的宗教教职人员，应纳入农村五保供养范围。在核定救助对象时，对长期脱离家庭独自生活的宗教教职人员，可按一户核算。

（二）基本医疗保障问题。宗教团体、宗教院校的宗教教职人员参加本宗教团体、宗教院校所在地的城镇职工基本医疗保险。宗教活动场所的宗教教职人员按照属地原则，在宗教活动场所所在地参加城镇职工基本医疗保险或城镇居民基本医疗保险或新型农村合作医疗。宗教团体、宗教院校不具备宗教教职人员身份的专职工作人员按照国务院《关于建立城镇职工基本医疗保险制度的决定》（国发［1998］

44号）的规定参加城镇职工基本医疗保险。在宗教院校接受全日制教育的学生，可参照国务院办公厅《关于将大学生纳入城镇居民基本医疗保险试点范围的指导意见》（国办发［2008］119号）参加城镇居民基本医疗保险。符合条件的宗教教职人员，可按国家规定享受城乡医疗救助待遇。

（三）基本养老保险问题。宗教团体、宗教院校和宗教活动场所的宗教教职人员可自愿参加当地企业职工基本养老保险，宗教教职人员也可以个人身份参保。在农村地区的宗教活动场所的宗教教职人员也可按国家有关规定参加新型农村社会养老保险。宗教教职人员享受基本养老金的年龄为年满60周岁。宗教团体、宗教院校不具备宗教教职人员身份的专职工作人员参照原劳动和社会保障部、民政部《关于社会组织专职工作人员参加养老保险有关问题的通知》（劳社部发［2008］11号）的规定参加企业职工基本养老保险。

（四）宗教教职人员参加社会保障的缴费问题。宗教教职人员参加社会保障的缴费基数、比例，由各地按照国家有关规定确定。对参加城镇居民基本医疗保险、新型农村合作医疗和新型农村社会养老保险的宗教教职人员，政府按规定给予补助，个人按规定缴费并享受相应待遇。地方政府可对宗教教职人员参加企业职工基本养老保险给予一定支持，具体办法由各省、自治区、直辖市制定。

四、组织实施

宗教教职人员社会保障工作由各级政府宗教事务部门牵头协调，各级政府人力资源社会保障、财政、民政、卫生等相关部门在各自职责范围内做好组织实施工作。各省、自治区、直辖市政府宗教事务部门会同有关部门结合当地实际制定具体实施办法。

五、加强领导

宗教教职人员社会保障工作政治性、政策性强，影响面广，具有一定的特殊性、复杂性。各地要高度重视，统一思想，提高认识，加强领导，落实经费，明确一位分管领导具体负责，成立工作班子，抓好落实，力争在2010年年底前完成此项工作。中央有关部门要加强指导、督促和检查。各地落实情况要及时上报中央有关部门。

二〇一〇年二月十日

国务院侨务办公室　国家发展和改革委员会　教育部　民政部　财政部　人力资源和社会保障部　住房和城乡建设部　卫生部　国务院扶贫开发领导小组办公室关于做好散居困难归侨侨眷扶贫救助工作的意见

国侨发［2010］10号

各省、自治区、直辖市、新疆生产建设兵团侨办、发展改革委（厅）、教育厅（教委）、民政厅（局）、财政厅（局）、人力资源社会保障厅（局）、住房城乡建设厅（局）、卫生厅（局）、扶贫办：

我国有数千万归侨侨眷分散居住在城乡各地。党中央、国务院历来高度重视侨务工作，关心归侨侨眷的生产生活，先后就侨务工作制定了一系列政策措施。在各方面的共同努力下，广大归侨侨眷的生产生活水平得到了很大提高。但是，由于历史因素和自然条件的制约，还有100多万散居归侨侨眷的生活比较困难。进一步做好这部分特殊群体的扶贫救助工作，是贯彻落实《中华人民共和国归侨侨眷权益保护法》及其实施办法的重要任务，是凝侨心、聚侨力，深度涵养侨务资源的有效途径，是全面建设小康社会、构建社会主义和谐社会的客观需要，也是维护我良好对外形象的必然要求。现就做好散居困难归侨侨眷扶贫救助工作提出以下意见。

一、指导思想和基本原则

（一）指导思想。坚持以邓小平理论和“三个代表”重要思想为指导，全面落实科学发展观，以保障归侨侨眷民生为目标，以帮扶救助困难归侨侨眷为重点，以各项惠侨政策为载体，妥善解决历史遗留问题，为广大归侨侨眷排忧解难，努力实现“学有所教、劳有所得、病有所医、老有所养、住有所居”的目标，使广大归侨侨眷充分享受改革发展的成果。

（二）基本原则。

1. 政府主导，社会参与。做好散居困难归侨侨眷扶贫救助工作，是政府部门义不容辞的职责。地方政府有关部门要把这项工作列入重要内容，切实负起责任。同时，要广泛发动社会各界共同参与，形成依靠社会力量、依托社区开展侨务扶贫工作的新机制。

2. 同等优先，适当照顾。要坚持“根据特点、适当照顾”的原则，在同等条件下优先考虑归侨侨眷的合理需求，维护归侨侨眷的合法权益。要将对归侨侨眷的适当照顾与为他们提供服务结合起来，与鼓励他们自力更生、创业致富结合起来。

3. 因地制宜，分类指导。针对不同地区归侨侨眷的特点采取不同措施，做到重点人群重点帮扶、重点工作重点推进。根据工作实际，采取政策倾斜、资金扶持、物质援助、精神慰藉等多种形式关心困难归侨侨眷的生产生活。

二、工作重点和主要内容

（三）做好社会保障和生活救助工作。在现有的社会保障体系内，引导和帮助困难归侨侨眷按规定参加城镇企业职工基本养老保险或新型农村社会养老保险，确保符合待遇领取条件的归侨侨眷基本养老金按时足额发放。对符合享受城乡低保条件的归侨家庭，当地政府要将其及时纳入低保，对归侨侨眷中的老年人、残疾人、重病患者、未成年人等特殊困难低保对象要给予倾斜照顾。对享受低保后仍有较大困难的家庭和低保对象以外的低收入家庭，可按规定由地方政府或有关部门给予临时生活救助或专项救助。各级财政部门要安排专项资金，对早期回国定居的困难老归侨给予适当生活补助。

（四）做好医疗保障和医疗救助工作。各地在推进基本医疗保障制度的过程中，要统筹考虑归侨侨眷的参保问题，按照有关规定积极将困难归侨侨眷纳入城镇职工基本医疗保险、城镇居民基本医疗保险或新型农村合作医疗。对经济困难的归侨家庭人员参加城镇居民基本医疗保险或新型农村合作医疗所需个人缴费部分，各级政府应按规定通过医疗救助予以适当补助，并对其经城镇基本医疗保险或新型农村合作医疗补偿后仍难以负担的医疗费，及时给予补助，防止因病致贫、因病返贫。有条件的地方，可对困难归侨侨眷开展免费体检、医疗义诊等活动。

（五）做好就业培训和扶贫开发工作。要将就业困难的城镇归侨侨眷下岗失业人员按规定纳入就业援助范围，开展职业指导、职业介绍，并提供职业培训补贴。民政、人力资源社会保障、扶贫、侨务等部门要加强合作，形成合力，大力开展归侨侨眷职业技能培训，满足他们不同层次的培训需求。支持散居农村贫困归侨侨眷提高自我发展能力，在有关资金和项目安排方面给予重点扶持。对既有劳动能力、也有脱贫愿望的归侨侨眷，要提供信息咨询、技术指导等支持，扶持他们创办小型加工企业、小规模店铺经营及发展农村养殖和种植业，鼓励他们走上自我发展、创业致富之路。

（六）做好住房保障和危房改造工作。认真贯彻《国务院关于解决城市低收入家庭住房困难的若干意见（国发［2007］24号)，切实解决散居城市归侨侨眷无房、危房和住房困难问题。对符合住房保障条件的城市归侨侨眷家庭，当地政府在同等条件下要优先纳入廉租住房、经济适用住房、公共租赁住房等供应范围；对居住在棚户区（危旧房）的归侨侨眷家庭，要纳入棚户区（危旧房）改造规划，加快改善居住条件；对散居农村并符合农村危房改造条件的归侨侨眷危房户，要纳入当地扩大农村危房改造试点等工程统筹考虑，并给予适当照顾。

（七）做好教育救助和侨务助学工作。对家庭困难的归侨侨眷子女，要及时纳入国家资助政策体系，通过国家助学金、助学贷款、学费减免、特殊困难补助、校内奖助学金等方式，帮助他们完成学业。教育部门要继续落实归侨学生、归侨子女、华侨在国内的子女升学的有关政策。侨务部门要采取有效措施关心归侨侨眷子女的成长，帮助他们拓展视野，增长见识；要引导和鼓励广大海外侨胞和侨资、侨属企业积极开展多种形式的侨务助学活动。

三、加强领导，落实责任

（八）切实加强领导。散居困难归侨侨眷扶贫救助工作政策性强、涉及面广，需要各地高度重视，加强领导，扎实推进。各地要充分认识到做好这项工作的重要性、复杂性，将其列入议事日程，定期研究，抓好落实；要结合本地实际情况，制定切实可行的实施方案，确保归侨侨眷民生问题得到有效解决。

（九）加强部门协调。地方各级人民政府发展改革、教育、民政、财政、人力资源社会保障、住房城乡建设、卫生、侨务、扶贫等有关部门要积极配合、相互支持、主动沟通，逐步建立分工明确、协同推进的工作机制。侨务部门要会同民政、扶贫等部门做好情况调研、数据统计、走访慰问等工作，准确掌握困难归侨侨眷的基本情况，确保各项政策措施落实到位。

（十）充分调动和发挥归侨侨眷的积极性、创造性。在做好困难归侨侨眷扶贫救助工作的同时，要加强政策宣传和思想教育工作，扶贫与扶志相结合，鼓励归侨侨眷继续发扬自力更生、艰苦奋斗的精神，克服“等、靠、要”思想，通过自身的不懈努力，早日走上富裕文明之路。

二〇一〇年十二月六日

人力资源和社会保障大事记

2010 年人力资源和社会保障大事记

一 月

1月5日　尹蔚民部长出席全国行政机关公务员管理工作会议并讲话。

张小建副部长观看中央国家机关民主党派成员、无党派人士、归侨侨眷新年歌舞晚会。

胡晓义副部长就城镇企业职工基本养老保险关系转移接续暂行办法接受中国政府网在线访谈。

1月5—6日　全国行政机关公务员管理工作会议在京召开。尹蔚民部长出席会议并讲话。杨士秋副部长主持会议并作工作报告。公务员局副局长信长星、傅兴国、吴云华和中组部、中央编办、国务院有关部门相关司局负责人参加。各省（区、市）、新疆生产建设兵团及副省级市公务员局局长、分管公务员管理工作的厅（局）长，国务院各部委、各直属机构人事部门有关负责人参加。

1月6日　尹蔚民部长列席国务院第96次常务会议，讨论《政府工作报告（讨论稿）》。

1月6—7日　胡晓义副部长到广东省深圳市、东莞市调研养老保险关系转移接续办法，到云浮市新余县督导新农保试点意见的贯彻落实情况。

1月7日　杨志明副部长参加国务院安全生产委员会全体会议。

1月8日　尹蔚民部长列席中央政治局会议，研究国家中长期人才发展规划纲要。下午，列席中央政治局集体学习。

1月7—9日　何宪副部长在广东省广州市出席全国机关事业单位工资工作座谈会并讲话。各省（区、市）、新疆生产建设兵团人力资源社会保障（人事、劳动保障）厅（局）分管工资工作的负责同志及工资处处长参加。

1月10日　张小建副部长到河北省石家庄市出席2010年全国就业援助月活动启动仪式并讲话。

1月11日　尹蔚民部长出席部专家咨询委员会成立大会，为受聘专家颁发聘书并讲话。孙宝树副部长主持会议。部机关各司局、公务员局各司负责同志参加。

孙宝树副部长主持召开部专家咨询委员会第一次全体会议，通报2009年人力资源和社会保障工作基本情况和2010年主要工作安排。会议讨论通过了部专家咨询委员会章程。

杨志明副部长向全国人大常委会预算工作委员会汇报人力资源和社会保障部预算情况。下午，参加全国侨办主任会议，并宣读表彰全国侨办系统先进集体和先进工作者的决定。

张小建副部长出席全国人大常委会台湾同胞投资保护法执行检查组第一次全体会议。

王晓初副部长参加国务院征求《国家中长期教育改革和发展规划纲要（征求意见稿）》意见座谈会。

1月12日　尹蔚民部长参加第十七届中央纪委第五次全体会议。

尹蔚民部长、张小建副部长出席国务院就业工作部际联席会议。

1月11—13日　孙宝树、杨士秋副部长、中纪委驻部纪检组组长袁彦鹏参加第十七届中央纪委第五次全体会议。

张小建副部长会见香港职业训练局副执行干事李爱莲女士一行。

王晓初副部长出席中国科协第七届全国委员会第五次会议开幕式，并为第十一届中国青年科技奖获奖代表颁奖。

胡晓义副部长率国务院新农保试点工作领导小组办公室督导组到辽宁督导新农保试点指导意见的落实情况。期间，听取了辽宁省人力资源社会保障厅及试点地区有关工作汇报，与参保群众座谈，走访了村委会、农户、金融机构等。

1月14日　杨志明副部长参加张德江副总理主持召开的国务院农民工工作联席会议第七次全体会议，汇报了联席会议第六次全体会议以来农民工工作情况，对联席会议2010年工作要点作了说明。教育部等八个督察组牵头部门汇报了第三次农民工工作督察情况。会议审议了联席会议2010年工作要点，对农民工工作作了全面部署。

王晓初副部长参加中央人才工作协调小组重大人才政策和工程论证工作协调会。会议介绍了《国家中长期人才发展规划纲要》进展情况，就《纲要》稿提出的重大政策和重大工程论证工作进行部署。中宣部、统战部等17部门参加会议。

何宪副部长主持召开会议，研究建立健全干部职务与职级并行制度有关问题。中组部部务委员兼干部一局局长王京清出席。中组部、中央农办、财政部、公务员局相关司局的同志参加。

1月14—15日　尹蔚民部长在广西壮族自治区南宁市出席全国就业工作座谈会并讲话。张小建副部长主持会议并作总结。会议贯彻落实国务院就业工作部际联席会议精神，总结交流应对国际金融危机稳定和扩大就业的经验做法，分析当前面临的新形势、新任务，部署2010年就业工作。各省（区、市）、新疆生产建设兵团人力资源社会保障厅（局）分管领导及相关处长、公共就业服务机构负责同志，各计划单列市和省会城市人力资源社会保障局分管领导等参加。

1月15—16日　杨志明副部长到人力资源社会保障部定点扶贫县山西省天镇县考察调研。期间，召开新农保实施情况督察工作座谈会、农民工培训和对口扶贫工作座谈会，向援建的希望小学捐赠棉衣，考察高级职业中学、企业等。

杨士秋、何宪副部长参加司法体制改革领导小组第二次会议暨第三次司法体制改革汇报会。

杨士秋副部长主持召开公务员局第13次党组会，审议《国家公务员局党组2009年述职报告》和关于公务员管理工作的《汇报提纲》。公务员局副局长信长星、傅兴国、吴云华参加。

王晓初副部长参加国务院征求《国家中长期教育改革和发展规划纲要（征求意见稿）》意见座谈会。下午，主持召开人力资源社会保障部重大人才政策和工程论证工作协调会，就《国家中长期人才发展规划纲要》中涉及的重大人才政策和工程论证工作进行部署。

何宪副部长出席中央国家机关第二十四次党的工作会议暨第二十二次纪检工作会议。

1月18日　尹蔚民部长参加2010年院士专家新春联谊会。

杨志明副部长参加全国安全生产电视电话会议。

张小建副部长出席中国侨联主席会议。

王晓初副部长出席北京市海外人才聚集工程座谈会。

1月19日　尹蔚民部长、杨士秋副部长参加国务院第4次全体会议。

尹蔚民部长主持第47次党组会，传达学习第十七届中央纪委第五次全体会议精神和国务院第4次全体会议精神，研究贯彻落实措施，审议部党组2009年述职报告、部属各单位2009年年度考核工作有关问题、2009年度民主评议党员有关问题。杨志明、杨士秋、王晓初、何宪、胡晓义、袁彦鹏同志参加。

尹蔚民部长主持第38次部务会，审议

《劳动人事争议仲裁组织规则（草案）》《关于进一步深化事业单位人事制度改革的意见》（稿）。杨志明、杨士秋、王晓初、何宪、胡晓义副部长，中纪委驻部纪检组组长袁彦鹏参加。

王晓初副部长到机场参加海地地震牺牲维和警察遗体回国接机仪式。

1月19—20日　孙宝树副部长在海南省主持召开部分省市人力资源社会保障厅（局）负责人座谈会，讨论人力资源和社会保障基层公共服务体系建设研究报告和加强建设的意见、新口径平均工资数据发布后人力资源和社会保障有关政策衔接方案和农村实用人才统计方案，听取地方的意见。

1月20日　尹蔚民部长列席国务院第98次常务会议，讨论《国务院关于进一步加强淘汰落后产能工作的通知（送审稿）》《关于加快发展体育产业的指导意见（送审稿）》。

杨士秋副部长参加海地地震遇难中国维和警察遗体告别仪式。

杨士秋副部长、中纪委驻部纪检组组长袁彦鹏出席传达贯彻中纪委第五次全会精神会议。部属各单位司级以上干部参加。

何宪副部长出席自主择业军转干部网络课堂录制开课活动并致辞。

1月20—21日　杨志明副部长到广东省广州市出席全国劳动人事争议调解仲裁工作座谈会并讲话。广东省委常委、副省长肖志恒到会致辞。各省（区、市）、新疆生产建设兵团及副省级市人力资源社会保障部门分管领导和调解仲裁处处长，中组部公务员管理办公室、全国人大法工委、最高人民法院、司法部、全国总工会、中国企联、解放军总政治部有关部门负责同志，部内有关司局负责同志参加。

1月21日　王晓初副部长参加中共中央政治局委员、中央书记处书记、中组部部长李源潮主持召开的“绿卡”有关问题协调会议，研究讨论参照中央层面实施引进海外高层次人才“千人计划”的做法、为部委重点引才计划入选者和地方“千人计划”入选者颁发“绿卡”的实施办法及出入境签证等有关问题。

何宪副部长参加中央文化体制改革工作领导小组第七次会议。

胡晓义副部长在安徽省合肥市出席实施国家基本药物制度现场经验交流会并发言。

1月20—22日　孙宝树副部长带队到海南省开展“送温暖”活动，深入海口和五指山等地慰问困难企业和困难职工，并慰问全国劳模。

杨志明副部长到广东省广州、中山、深圳市开展农民工工资支付和劳动纠纷处理工作督察。

1月22日　尹蔚民部长参加国务院会议，听取经济、社会等方面专家学者对《政府工作报告（征求意见稿）》的意见。

王晓初副部长礼节性会见来华参加第五届中日韩人事部门司局长会议的日本人事院职员福祉局次长古屋浩明和韩国行政安全部人事政策官金圣烈一行。

1月23日　王晓初副部长在重庆出席全国“三支一扶”计划实施工作研讨会并讲话。

1月25日　尹蔚民部长、何宪副部长参加中央联席会议第14次全体会议。

尹蔚民部长参加国务院会议，听取企业界人士对《政府工作报告（征求意见稿）》的意见。

孙宝树副部长参加国务院妇女儿童工作委员会全体会议。

杨志明副部长主持召开关于解决建设领域拖欠工程款和农民工工资问题紧急会议，就解决建设领域拖欠工程款引发的农民工工资问题与监察部、发展改革委、财政部、住房城乡建设部、交通部、水利部、教育部、最高人民法院进行商讨。

1月26日　尹蔚民部长主持召开部党组2009年度考核测评会并代表部党组作述职报告。孙宝树、杨志明、张小建、杨士秋、王晓初、何宪、胡晓义、袁彦鹏同志出席。部机关全体司级干部和部属事业单位主要负责同志参加。

尹蔚民部长、王晓初副部长到家中看望范本尧、吴良镛两位院士。

杨志明副部长参加2010年全国春运电视电话会议并讲话。

杨士秋副部长主持召开公务员局党组2009年度考核测评会并代表局党组作述职报告。公务员局副局长信长星、傅兴国、吴云华参加。

中纪委驻部纪检组组长袁彦鹏参加全国社会治安重点地区排查整治工作电视电话会议。

1月27日　尹蔚民部长主持第48次党组会，讨论《政府工作报告（征求意见稿）》和机关人事问题；主持第39次部务会，审议《关于深化事业单位工资收入分配制度改革的意见》《事业单位职业年金试行办法》《人力资源和社会保障部2010年度会议和论坛计划（送审稿）》。孙宝树、杨志明、张小建、杨士秋、王晓初、何宪、胡晓义、袁彦鹏同志出席。

尹蔚民部长和王晓初副部长分别会见即将离任的国际劳工组织北京局局长康妮女士，对她在任期间为中国与国际劳工组织合作所做出的工作及成就表示感谢，并希望她今后对人力资源和社会保障部与国际劳工组织的合作关系继续发挥积极作用。

王晓初副部长参加国务院学位委员会第27次会议。

1月28日　尹蔚民部长出席部2009年度总结表彰大会并讲话。会议由孙宝树副部长主持。杨士秋、何宪副部长分别宣读有关表彰决定。杨志明、张小建、王晓初、胡晓义副部长，中纪委驻部纪检组组长袁彦鹏出席。公务员局副局长信长星、傅兴国出席会议。部机关、公务员局处级以上干部，部属事业单位司级干部，部分离退休干部局党委委员和支部书记参加。

尹蔚民部长参加全国老龄委第十二次全体会议。

杨士秋副部长出席人力资源和社会保障干部培训教材开发工作动员会并讲话。外专局副局长陆明、公务员局副局长傅兴国参加。杨志明副部长主持会议。部属单位负责同志、参编单位相关人员参加。

1月29日　孙宝树副部长参加全国信访局长电视电话会议。

杨士秋副部长参加第四次全国边海防工作会议。

1月30日　张小建副部长出席中组部农村党建工作座谈会。

1月31日　尹蔚民部长陪同温家宝总理在北京市考察。

二　月

2月1日　尹蔚民部长、杨志明副部长参加温家宝总理主持召开的听取基层群众代表对《政府工作报告（征求意见稿）》的意见建议座谈会。

孙宝树副部长与来部走访的东城区委书记杨柳荫、区长杨艺文一行座谈。下午，参加国务院汶川地震灾后恢复重建工作协调小组第四次全体会议。

2月2日　尹蔚民部长参加干部人事制度改革工作联席会议第一次会议。下午，列席国务院第100次常务会议。

部离退休干部2010年春节团拜会举行。孙宝树、杨士秋、王晓初、何宪副部长，中纪委驻部纪检组组长袁彦鹏和李伯勇、舒惠国、何光、蒋冠庄、张汉夫、程连昌、王建伦、李有慰、戴光前、侯建良同志出席，公务员局副局长信长星和部属各单位负责同志以及离退休干部共300余人参加。

2月2—3日　杨志明副部长到云南省昆明市出席全国劳动保障监察工作座谈会并讲话。云南省委常委、副省长李江到会致辞。部属有关单位，各省（区、市）、新疆生产建设兵团及副省级市人力资源社会保障（劳动保障）厅（局）分管负责同志、劳动保障监察机构负责同志参加。

2月3日　孙宝树副部长参加全国人大财经委第二十九次全体会议，并就2009年人力资源和社会保障有关工作情况以及2010年工作安排作工作汇报。

杨士秋副部长出席解放军档案馆原馆员、全国档案系统先进工作者刘义权同志遗体告别仪式。

何宪副部长就国资委下属行业协会人员待遇有关问题，与国资委副主任黄淑和及10个协会负责同志一行交换意见。

2月1—4日　张小建副部长到海南出席职业培训教材建设座谈会暨出版社代理发行站工作会议。期间，会见海南省副省长林方略，听取文昌市就业工作情况汇报，并实地考察省人力资源市场、省高级技工学校和文昌卫星发射中心项目筹备处。

2月2—6日　杨志明副部长到云南省昆明、保山、德宏市开展春节前解决农民工工资拖欠问题工作情况督察。

2月3—4日　胡晓义副部长到湖北省武汉市出席全国社会保险局长座谈会并讲话。会议总结2009年社会保险经办工作，分析当前形势，部署2010年社会保险经办工作任务。部属有关单位，各省（区、市）、新疆生产建设兵团及计划单列市人力资源社会保障（劳动保障）厅（局）分管负责同志、社会保险经办机构主要负责同志参加。

2月3—5日　胡晓义副部长到湖北调研新农保工作。期间，听取武汉市、宜都市工作情况汇报，实地考察武汉市江岸区社保处、市人力资源市场和宜都市陆城街道办事处新农保代征点等，并与部分60岁以上领取基础养老金老人及符合参保条件的群众座谈。

2月3—7日　尹蔚民部长参加省部级主要领导干部深入贯彻落实科学发展观加快经济发展方式转变专题研讨班。

2月4日　孙宝树、何宪副部长到国资委与邵宁副主任商谈部分中央转制单位转制前退休人员有关问题。

孙宝树副部长与中央电视台副台长、新闻中心主任孙玉胜就加强人力资源社会保障宣传工作进行座谈。

杨士秋副部长主持召开公务员局第16次局务会，审议《2010年国家公务员局会议计划》，部署近期工作。公务员局副局长信长星、傅兴国、吴云华参加。

何宪副部长参加全国双拥工作领导小组第二十二次全体会议。

2月5日　杨士秋副部长主持召开公务员局离退休老同志新春团拜会。公务员局副局长信长星、傅兴国、吴云华出席。下午，参加在京老同志迎春茶话会。

2月4—6日　王晓初副部长三次到国务院参加《国家中长期教育改革和发展规划纲要》征求意见座谈会。

2月8日　部2010年春节联欢会举行。尹蔚民部长，孙宝树、杨志明、张小建、王晓初、何宪、胡晓义副部长，中纪委驻部纪检组组长袁彦鹏和王建伦同志出席。公务员局副局长信长星、傅兴国、吴云华和部属各单位、公务员局各司共500余人参加。

尹蔚民部长参加中央深入学习实践科学发展观活动领导小组第15次会议。

杨志明副部长会见国家电网公司副总经理陈月明一行。下午，到监察部参加马馼部长主持召开的有关会议，介绍国有企业高管人员薪酬管理有关情况。

张小建副部长出席第六次合作推动就业再就业工作联席会议。全国总工会、全国工商联有关负责同志出席。

杨士秋副部长出席国土资源部2009年度土地卫片执法检查工作部署电视电话会议。

王晓初副部长参加中央人才工作协调小组第二十五次会议，审议《国家中长期人才发展规划纲要（2010—2020年）（送审稿）》。下午，参加2010年中央综治委预防青少年违法犯罪工作领导小组全体会议。

胡晓义副部长到北京市考察。期间，到人民医院、西城区新街口社保所、西城区人力资源社会保障局等地，听取有关社保卡门诊就医实施结算、社区社保卡服务体系建设、公费医疗改革情况和有关人力资源社会保障工作汇报。

2月9—10日　杨志明副部长带队到河北省石家庄市、保定市，就贯彻落实中央领导同志重要批示精神和国办紧急通知要求、解决企业工资拖欠问题、查处中央领导同志交办的欠薪案件等进行督察。期间，听取河北省人民政府关于解决企业拖欠农民工工资问题的情况汇报，对石家庄市劳动保障监察支队、保定市建新集团建筑工地等进行督察调研。监察部、全国总工会有关部门负责同志同往。

2月10日　尹蔚民部长，何宪、胡晓义副部长列席国务院第101次常务会议，讨论《2010—2011年新型农村社会养老保险扩大试点方案（送审稿）》。

王晓初副部长会见国际劳工组织北京局新任局长霍百安女士，介绍了中国人力资源社会保障部相关业务和我国应对国际金融危机而采取的保民生、促就业的措施，并希望她在任期内进一步推动中国人力资源社会保障部与国际劳工组织的交流合作。下午，参加《国家中长期教育改革和发展规划纲要》工作小组第五次会议。

2月11日　尹蔚民部长分别主持召开第49次党组会和第40次部务会，审议2010年度业务培训班计划和新口径平均工资数据发布后人力资源社会保障有关政策衔接办法。孙宝树、杨志明、张小建、杨士秋、王晓初、何宪、胡晓义、袁彦鹏同志出席。

杨志明副部长接受中央电视台《经济半小时》栏目关于农民工有关问题的采访。

杨志明副部长到人民大会堂参加2010年春节团拜会。

2月20日　王晓初副部长参加《国家中长期教育改革和发展规划纲要》工作小组第六次会议。

2月21日　尹蔚民部长参加中央党的建设工作领导小组第20次会议。

何宪副部长到中组部与部务委员兼干部一局局长王京清就职务与职级并行有关问题交换意见。

2月22日　尹蔚民部长列席中央政治局集体学习。

2月23日　尹蔚民部长、杨士秋副部长参加贯彻实施《中国共产党党员领导干部廉洁从政若干准则》电视电话会议。

胡晓义副部长参加公立医院改革试点工作电视电话会议。

2月23—24日　孙宝树副部长出席全国总工会第十五届执行委员会第三次全体会议。

2月24日　尹蔚民部长列席国务院第102次常务会议，听取国家发改委对重点产业调整和振兴规划实施情况汇报，讨论《关于进一步加强和推进对口支援新疆工作的实施方案（送审稿）》。

杨士秋副部长出席全国检察机关第七次先进集体、先进个人表彰会。

王晓初副部长会见应全国总工会邀请来华参加“经济全球化与工会国际论坛”的国际劳工组织副总干事迪奥普先生一行，就双方在社会保障领域的合作交换了意见。

2月25日　尹蔚民部长分别主持召开第50次党组会和第41次部务会，传达中央有关文件精神，审议《人力资源社会保障行政复议办法（送审稿）》《关于社会保障卡搭载金融功能有关问题的请示》和2010年度人力资源社会保障部外事活动计划，以及完善社会保障体系研究报告等事宜。孙宝树、王晓初、何宪、胡晓义同志出席。

杨士秋副部长到国务院参加部署金融领域重大课题调研工作会议。

2月24—26日　张小建副部长到河南出席2010年全国“春风行动”启动仪式并调研。

2月26日　尹蔚民部长主持第51次党组会。孙宝树、杨士秋、王晓初、何宪、胡晓义同志出席。

王晓初副部长出席教育系统深入学习实践科学发展观活动总结交流视频会议。

杨士秋副部长参观国家安全部举办的安全保密教育展览。

何宪副部长与广电总局副局长赵实商谈有

关工资问题。

胡晓义副部长参加国务院部分省（区）淘汰落后产能工作座谈会。下午，参加国务院部署医改近期工作会议。

2月27日　杨士秋副部长参加中组部第十一次全国干部教育联席会议。

2月28日　王晓初副部长出席《国家中长期教育改革和发展规划纲要》新闻发布会。

三　月

3月1日　孙宝树副部长到人民大会堂出席江西省鄱阳湖生态经济区建设座谈会。

王晓初副部长出席人力资源社会保障部、发展改革委、财政部联合召开的关于进一步实施特别职业培训计划工作视频会议并讲话。会议传达国务院领导同志对做好特别职业培训计划的重要指示精神，对落实好三部委《关于进一步实施特别职业培训计划的通知》提出明确要求。各省（区、市）人力资源社会保障（劳动保障）厅局、新疆生产建设兵团劳动保障局分管职业能力工作的负责同志及有关处（室）负责同志和财政厅（局）相关处负责同志在分会场参加。

3月2日　尹蔚民部长、张小建副部长与宁夏回族自治区党委书记陈建国、主席王正伟一行座谈。

杨士秋副部长出席国家行政学院2010年春季开学典礼。

何宪副部长参加中纪委加快推进反腐倡廉制度建设任务分工会议。

2月22—3月3日　中纪委驻部纪检组组长袁彦鹏率团访问保加利亚、埃及，期间会见了保加利亚劳动社会政策部部长，埃及中央组织管理局局长、行政监察署署长，就劳动监察、就业培训和社会保障工作、公务员管理工作分别与保加利亚、埃及有关官员会谈，并实地考察了保加利亚普洛夫迪夫地区劳动监察局和埃及行政监察署。

3月2—3日　孙宝树副部长到上海市出席全国人力资源和社会保障规划财务工作座谈会并讲话。会议重点部署"十二五"人力资源和社会保障事业发展规划纲要编制工作和2010年规划统计财务工作。

张小建副部长与上海市闸北区区委书记方惠萍一行就在上海试点筹建人力资源服务产业园区的有关问题进行座谈。下午，列席全国政协十一届三次会议开幕式。晚上，出席2010年全国爱耳日公益音乐会。

王晓初副部长礼节性会见来部拜会的国际移民组织总干事斯温先生一行。

何宪副部长主持召开适当解决中央转制单位转制前退休人员待遇组织实施工作的研究部署会。铁道部副部长彭开宙、水利部副部长周英、国资委副主任邵宁、中科院秘书长邓麦村、科技部副秘书长郑国安及财政部、国家粮食局有关同志参加。

3月4—5日　何宪副部长主持召开会议，就中央事业单位绩效工资和退休人员待遇问题，听取教育部、科技部等14个中央部门和中央事业单位人事司（局）负责同志的意见建议。

3月5日　尹蔚民部长、杨士秋副部长列席十一届全国人大三次会议开幕会。下午，尹蔚民部长参加十一届全国人大三次会议解放军代表团全体会议。

3月7日　孙宝树副部长参加十一届全国人大三次会议广西代表团全体会议。

杨志明副部长列席全国政协十一届三次会议无党派14、15组界别联组（小组）会议。

杨士秋副部长参加纪念"三八"国际劳动妇女节100周年大会。

王晓初副部长列席全国政协十一届三次会议教育40、41、42组界别联组（小组）会议。

胡晓义副部长列席全国政协十一届三次会议全体会议。

3月8日　孙宝树副部长与湖北省副省长张岱梨座谈。

张小建副部长列席全国政协十一届三次会议海外侨胞代表座谈会。

杨士秋副部长列席十一届全国人大三次会

议第二次全体会议。

胡晓义副部长出席十一届全国人大三次会议专题记者会，以“保障和改善民生”为主题答中外记者问。

3月9日　杨士秋副部长列席十一届全国人大三次会议第三次全体会议。

王晓初副部长出席离退休专业技术人员发挥作用联席会议并讲话。会议审议并原则通过《离退休专业技术人员发挥作用联席会议2010—2011年工作要点》。上海、河南、陕西人力资源社会保障厅局介绍了本地区工作情况。中组部、中宣部、统战部、科技部、教育部、财政部、解放军总政治部、中国科协、中国老科协、中国老教协等成员单位参加。

王晓初副部长与教育部副部长鲁昕就合作推动职业教育发展和技能人才队伍建设有关工作进行座谈。

何宪副部长列席全国政协十一届三次会议全体会议。

3月9—12日　尹蔚民部长作为中国政府特使访问智利，出席智利总统权力交接仪式，并分别会见智利新任总统皮涅拉和卸任总统巴切莱特。期间，同智利新任劳动和社会保障部长卡米拉·梅利诺举行对口会谈。

3月10日　杨士秋副部长主持召开公务员局第17次局务会，审议2010年中央国家机关工委等21个部门部级荣誉称号表彰计划和《关于公务员纪律惩戒有关问题的通知》。公务员局副局长信长星、傅兴国、吴云华参加。

胡晓义副部长出席人力资源社会保障部农村党员干部现代远程教育专题教材制播工作2009年工作总结暨2010年工作部署会并讲话。全国远程办副主任张坚石到会祝贺并讲话。

3月11日　张小建副部长出席中央国家机关侨联第三次全委会。

杨士秋副部长列席十一届全国人大三次会议第四次全体会议。

何宪副部长参加全国政协提案委员会“实现国民收入分配合理化，促进社会和谐稳定”提案办理协商会。

3月12日　何宪副部长列席十一届全国人大三次会议解放军代表团全体会议。

胡晓义副部长参加国务院研究重度残疾人医保问题会议。

3月13日　杨士秋副部长列席全国政协十一届三次会议闭幕会。

3月14日　杨士秋副部长列席十一届全国人大三次会议闭幕会。

3月15日　孙宝树副部长主持召开人力资源社会保障部传达“两会”精神大会并讲话。华福周同志传达十一届全国人大三次会议精神，吴江同志传达全国政协十一届三次会议精神。张小建、杨士秋、中纪委驻部纪检组组长袁彦鹏和李伯勇、张汉夫、程连昌、戴光前、侯建良同志出席。公务员局副局长傅兴国和部机关各单位、公务员局各司处以上干部，事业单位司级干部和离退休干部党支部书记参加。

胡晓义副部长出席全国社会保障基金理事会第三届理事大会第三次会议。

3月16日　尹蔚民部长主持第52次党组会，审议部直属机关第一次党员代表大会有关事项。孙宝树、张小建、杨士秋、王晓初、何宪、袁彦鹏同志出席。

尹蔚民部长参加中央党的建设工作领导小组第21次会议。

杨志明副部长参加国务院听取商务部服务外包产业发展汇报会。

王晓初副部长礼节性会见瑞典就业部国务秘书艾娃·索内嘉德一行。下午，参加国务院医改领导小组第六次全体会议。

胡晓义副部长参加国务院新型农村社会养老保险试点工作领导小组第三次会议。

3月17日　尹蔚民部长列席国务院第103次常务会议，讨论《国务院关于落实〈政府工作报告〉重点工作部门分工的意见（送审稿）》。

张小建副部长参加全国人大常委会妇女权益保障法执法检查组第一次全体会议并作

汇报。

胡晓义副部长与新疆维吾尔自治区政协副主席黄昌元一行座谈养老保险有关工作。晚上，会见并宴请德国法定工伤保险同业总会执行主席伯乐尔一行。

3月18日　尹蔚民部长出席2010年留学人员回国服务工作部际联席会议并讲话。会议总结交流了2009年留学人员回国工作情况，讨论审议2010年工作要点和《关于支持留学人员回国创业的意见（稿）》，研究部署2010年留学回国工作。王晓初副部长主持会议。联席会议副组长，教育部副部长郝平、科技部驻部纪检组组长郭向远、财政部副部长李勇出席会议并讲话。中组部人才局有关负责同志应邀参会并讲话。联席会议成员单位和列席单位成员及联络员参加。

张小建副部长先后主持召开2010年高校毕业生“三支一扶”计划实施工作领导小组会议并讲话、2010年引导高校毕业生到农村基层服务项目统筹实施工作协调会并讲话。

王晓初副部长参加中组部“千人计划”专题培训班座谈会暨结业式。

3月19日　尹蔚民部长主持第53次党组会和第42次部务会，审议《全国人力资源社会保障系统2008—2010年度优质服务窗口评选表彰工作方案（送审稿）》《关于加强基层就业和社会保障公共服务平台建设的指导意见（送审稿）》。孙宝树、杨志明、张小建、杨士秋、王晓初、何宪、胡晓义、袁彦鹏同志出席。

杨士秋副部长会见来部访问的世界银行副行长哈桑·拖雷先生一行，向对方介绍了我国人力资源管理和公务员制度的改革经验，并就加强双方合作交换意见。

3月22日　尹蔚民部长主持第43次部务会，审议《人力资源社会保障部2010年立法工作计划（草案）》《完善机关事业单位和企业工资收入分配制度研究报告》。孙宝树、杨志明、张小建、杨士秋、何宪、袁彦鹏同志出席。

3月21—23日　胡晓义副部长陪同李克强副总理赴新疆考察调研。

3月21—30日　王晓初副部长带队到云南、贵州两省就就业、社保、人才队伍建设、事业单位人事制度改革等工作进行调研。期间，到昆明、丽江、贵阳和黔东南州等市县区实地考察，听取当地人力资源和社会保障工作情况汇报，与基层代表及有关方面人员进行座谈。

3月23日　尹蔚民部长、杨士秋副部长参加国务院第三次廉政工作会议。

张小建副部长参加2010年上海世博会组委会第九次（扩大）会议。

胡晓义副部长出席中国欧盟社会保障合作项目高级政策咨询小组第三次会议并讲话，肯定项目实施四年来的成绩，对今后主要工作提出要求。欧盟驻华代表使团、英国大使馆、欧盟项目专家组，商务部、发改委、民政部，北京、吉林、山东、湖南、四川、甘肃六个项目试点地区及项目成员单位有关负责人参加。

3月24日　人力资源社会保障部召开部直属机关第一次党员代表大会暨第二次党的工作会议。尹蔚民部长出席会议并讲话。中央国家机关工委常务副书记杨衍银出席会议并讲话。会议由孙宝树副部长主持。张小建副部长出席会议。杨士秋副部长总结部署干部人事工作。何宪副部长作直属机关临时党委工作报告。中纪委驻部纪检组组长袁彦鹏总结部署党风廉政建设工作。会议选举产生第一届直属机关党委、纪委委员，通过了关于直属机关临时党委工作报告的决议。党委纪委委员第一次全体会议选举产生直属机关党委常委、纪委常委。

王晓初副部长在云南省昆明市出席2010年全国人事考试中心主任会议并讲话。会议总结了2009年度人事考试工作，分析当前形势和任务，提出加强人事考试机构建设、确保考试安全的措施，并部署2010年度人事考试工作。云南省委常委、副省长李江出席会议并致辞。

胡晓义副部长列席国务院第104次常务会议。下午，参加国务院有关会议，研究建立全科医生制度和住院医师规范化培训制度相关文件起草工作。

3月26—30日　尹蔚民部长带队到河北省就就业、新农保试点和事业单位实施绩效工资工作进行调研。期间，出席了“河北省2010年大型劳务洽谈会启动仪式”，看望省人力资源社会保障厅副处级以上干部，先后到唐山、迁安、鹿泉实地考察人力资源市场、乡镇卫生院和中小学、基层劳动保障事务站以及河北省社会保障服务中心，听取有关工作情况汇报，并与基层群众代表及有关方面人员进行了座谈。

3月29日　张小建副部长参加全国人大常委会科学技术进步法执法检查组第一次全体会议。下午，礼节性会见来部拜会的国际劳工组织岗位创造与企业发展司司长彼得一行，就发展低碳经济与促进绿色就业问题交换意见。

3月29—4月2日　中纪委驻部纪检组组长袁彦鹏带队到广东省就贯彻落实全国人力资源和社会保障工作会议精神情况进行督导调研。期间，会见省委常委、副省长肖志恒，听取省人力资源社会保障厅及深圳市、汕头市政府工作情况汇报，并就就业、社会保障、收入分配和新生代农民工等问题进行座谈，还实地考察了粤东高级技工学校、深圳市南山区社保分局、福田区景田社区工作站、福田区技能培训创业园区和汕头市人力资源市场。

3月30日　孙宝树副部长参加全国政协十一届三次会议提案交办会。下午，会见来访的香港劳工及社会福利局局长张建宗一行，介绍了内地在就业、社会保障及劳动关系等方面的工作进展。张建宗局长通报了香港在最低工资立法和就业方面的最新情况。双方就共同关心的话题进行了交流。会见来部出席中央国家机关（和平里片）各部门推进学习型党组织建设情况汇报会的中央国家机关工委副书记俞贵麟一行，并就开展学习型党组织建设有关情况进行交流。

张小建副部长出席就业优先战略研讨会暨中国就业促进会专家委员会成立大会。下午，出席中国就业促进会2010年第二次会长办公会。

3月30—31日　何宪副部长到江苏省南京市出席全国军转安置工作总结座谈会并讲话。会议总结了2009年军转安置工作，交流了各地贯彻第五次全国军转表彰大会精神、做好军转安置工作的经验做法，研究了2010年军转工作形势和任务。各省（区、市）、副省级市人力资源社会保障厅（局）分管负责同志、军转办主任及军队相关部门负责同志参加。

胡晓义副部长到上海市出席全国工伤保险工作座谈会并讲话。会议总结了2009年工伤保险工作，研究分析了当前工伤保险工作面临的形势和任务，安排部署了2010年的工伤保险工作。各省（区、市）、新疆生产建设兵团、副省级市人力资源社会保障厅（局）分管负责同志及工伤保险行政处室、劳动能力鉴定机构、工伤保险经办机构负责同志参加。会议期间，胡晓义副部长就社会保障工作进行调研，并听取上海市社会保障工作情况汇报。

3月31日　尹蔚民部长列席国务院第105次常务会议。

孙宝树副部长参加十一届全国人大三次会议建议交办会。

四　月

4月1日　孙宝树副部长与国务院机关事务管理局副局长高翔一行座谈。

杨志明副部长出席十一届全国人大农业与农村委员会第十次全体会议，汇报关于转移农村劳动力保障农民工权益工作有关情况。

王晓初副部长会见来访的亚太经合组织（APEC）秘书处执行主任穆罕默德·诺尔大使，介绍了第五届APEC人力资源开发部长级会议筹备情况，并就进一步加强双方在人力资源开发领域的合作交换了意见。

4月2日　尹蔚民部长主持召开第54次

部党组会，通报部领导班子考核情况，研究后备干部培养锻炼措施，听取关于干部选拔任用情况的报告，传达全国对口支援新疆工作会议精神。孙宝树、杨志明、张小建、杨士秋、王晓初、何宪、胡晓义、袁彦鹏同志出席。

张小建副部长参加国务院残工委第五次全体会议。

杨士秋副部长主持召开公务员局第18次局务会，审议《关于深入开展做“人民满意的公务员”和“人民满意的公务员集体”活动的意见》，传达学习中组部部长李源潮有关讲话精神。公务员局信长星、吴云华副局长参加。

胡晓义副部长参加国务院军队保障社会化工作领导小组全体会议。

4月6日　尹蔚民部长，杨士秋、王晓初副部长参加全党深入学习实践科学发展观活动总结大会。

王晓初副部长会见并宴请即将离任的联合国系统驻华协调代表、联合国开发计划署驻华代表马和励。双方就在人力资源和社会保障领域继续加强合作交换了意见。

胡晓义副部长参加全国人大财经委就业和社会保障“十二五”规划专题调研座谈会。

4月7日　尹蔚民部长列席国务院第106次常务会议，讨论《关于深入实施西部大开发战略的若干意见（送审稿）》和《中华人民共和国预备役军官法修正案（草案）》。

胡晓义副部长出席部分省份未参保群体养老保障座谈会并讲话。北京、山西、内蒙古等14个省（区、市）人力资源社会保障（劳动保障）厅（局）分管负责同志、养老保险处处长参加。

4月8日　何宪副部长参加中央人才工作协调小组第二十六次会议。

中纪委驻部纪检组组长袁彦鹏参加全国纠风工作电视电话会议。

4月6—9日　孙宝树副部长到安徽省调研。期间，听取了省政府关于人力资源和社会保障工作的汇报，考察了芜湖市人力资源市场、汀棠街道综合服务中心、奇瑞汽车公司和庐江县农民工创业园。

张小建副部长到宁夏回族自治区进行调研并出席西北五省区和新疆生产建设兵团就业工作座谈会。期间，与王正伟主席进行了座谈，到宁夏人力资源社会保障厅看望慰问了干部，分别听取了银川、吴忠、石嘴山市工作汇报，并实地考察了有关企业、创业园区、人力资源市场、社保服务大厅、职业技术学院、乡镇劳动保障服务平台。

4月6—10日　杨士秋副部长到浙江省就贯彻落实全国人力资源社会保障工作会议精神情况进行督导调研。期间，听取了人力资源社会保障厅及杭州、宁波、绍兴市政府有关工作汇报，并就就业、社会保障、收入分配、人事人才工作进行座谈。

4月8—9日　尹蔚民部长、胡晓义副部长出席全国社会保险基金专项治理暨监督工作会议并讲话。监察部副部长屈万祥出席会议并讲话。中纪委驻部纪检组组长袁彦鹏出席会议。社保基金专项治理部际领导小组成员单位负责同志及工作人员，各省（区、市）、新疆生产建设兵团、计划单列市人力资源社会保障厅（局）分管负责同志及基金监督处处长，部内有关司局负责同志参加。

王晓初副部长在广东省珠海市出席全国职业能力建设工作座谈会并讲话。期间，参观了珠海市高级技工学校，并与广东省部分技工院校校长进行座谈。座谈会总结了2009年职业能力建设工作，分析当前面临的形势和任务，部署2010年工作。发展改革委、财政部有关司局同志，各省（区、市）、新疆生产建设兵团、计划单列市人力资源社会保障厅（局）分管负责同志及职业能力建设有关处室负责同志参加。

4月9日　何宪副部长参加全国人大常委会“十二五”规划纲要编制工作专题调研工作安排会。

胡晓义副部长出席人力资源社会保障部完善医疗保障制度研究国际合作项目启动会暨项目指导委员会第一次会议并讲话。下午，出席

2010年全国社会保险经办机构负责人春季培训班开学典礼并讲话。全国26个省（区、市）和新疆生产建设兵团的80多名学员参加。

4月10日　杨士秋副部长出席在浙江省举行的第一期省部级以上荣誉称号获得者休假疗养活动座谈会并讲话。

4月11日　张小建副部长出席国家发改委一季度经济形势座谈会。

4月12日　尹蔚民部长主持第55次党组会。季允石、孙宝树、杨志明、张小建、杨士秋、王晓初、何宪、胡晓义同志参加。

王晓初副部长与辽宁省副省长滕卫平座谈。

4月12—15日　何宪副部长到山东省就贯彻落实全国人力资源社会保障工作会议精神、推进事业单位实施绩效工资、完善职务与职级并行政策进行调研。期间，与郭兆信副省长交换了意见，分别听取了省人力资源社会保障厅等有关部门，济南市，泰安市及其所辖肥城市、新泰市工作汇报，实地考察了人力资源市场、义务教育学校、社区卫生服务中心和乡镇卫生院。

4月12—19日　中纪委驻部纪检组组长袁彦鹏到重庆市出席全国人力资源社会保障系统党风廉政建设工作座谈会并讲话，同时就重庆贯彻落实全国人力资源和社会保障工作会议精神情况进行调研。期间，会见了市委常委、常务副市长马正其，听取了市人力资源社会保障局及江北区、武隆县、黔江区工作汇报，就新农保和义务教育阶段教师绩效工资问题分别召开了座谈会，实地考察了江北区人力资源市场、红土地社区社保所和武隆县巷口镇社保所。部党风廉政建设工作领导小组各成员单位负责同志、各省（区、市）及副省级城市人力资源社会保障厅（局）纪检组长和监察室主任参加座谈会。

4月13日　尹蔚民部长到北京市就高校毕业生就业、居民使用社保卡持卡就医、统筹城乡就业、促进农村劳动力就地就近转移就业情况进行调研。期间，考察了北京医院、怀柔区北房镇社保所、北京福田汽车公司怀柔厂区，并召开座谈会。北京市副市长丁向阳陪同调研。

4月13—14日　孙宝树副部长到湖北省襄樊市出席全国人力资源和社会保障宣传工作座谈会并讲话。会议总结了2009年度宣传工作，明确了当前和今后一个时期的工作思路，重点部署了2010年的宣传工作任务。各省（区、市）、副省级城市人力资源社会保障厅（局）分管负责同志、处室负责同志参加。

4月14日　尹蔚民部长列席国务院第107次常务会议，分析一季度经济形势，研究部署下一阶段经济工作。下午，出席落实《2010—2020年深化干部人事制度改革规划纲要涉及我部任务分解意见》动员部署会议并讲话。杨士秋副部长主持会议。公务员局傅兴国、吴云华副局长和部属有关司局、公务员各司负责同志参加。

张小建副部长主持召开部青海玉树抗震救灾工作领导小组第一次会议，传达贯彻国务院青海玉树“4·14”地震抗震救灾工作精神和部党组关于抗震救灾工作的指示，部署安排人力资源社会保障部抗震救灾有关工作。

王晓初副部长参加国务委员兼国务院秘书长马凯主持召开的青海玉树抗震救灾工作会议。下午，到民政部与孙绍骋副部长协调退役士兵职业教育和技能培训有关工作。

4月14—15日　张小建副部长参加全国人大财经委员会一季度经济形势分析会议并汇报一季度就业和社会保障形势分析。

4月14—17日　胡晓义副部长陪同张德江副总理到福建考察新农保工作。

4月15日　人力资源社会保障部、教育部、财政部、人民银行、税务总局、工商总局联合召开“2010高校毕业生就业推进行动电视电话会议”。尹蔚民部长出席会议并讲话。张小建副部长主持会议。国务院就业工作部际联席会议成员单位和相关部门、部委直属在京高校在主会场参加，各省（区、市）和省会城市相关部门、高校在分会场参加。

杨士秋副部长陪同中央领导同志接见全国优秀中职毕业生报告团成员。

王晓初副部长参加国家科技教育领导小组会议。

4月16日　人力资源社会保障部在京组织召开2010年全国职业技能竞赛系列活动启动仪式。尹蔚民部长出席并致辞，张小建副部长主持仪式，王晓初副部长和中组部、国资委、共青团中央、中国机械工业联合会、中国印刷技术协会有关负责同志出席。国家级一、二类竞赛主办单位有关同志，成都市、佛山市人民政府有关同志，参赛选手和裁判员代表，以及北京市部分职业院校的师生参加。

王晓初副部长参加《国家中长期教育改革和发展规划纲要》工作小组第七次会议。

4月16—17日　杨士秋副部长到新加坡参加中新“和谐社会与领导力建设”论坛并发言。

4月18—27日　应美国劳工部和俄罗斯总统办公厅邀请，尹蔚民部长率团到美国出席二十国集团劳工和就业部长会议并访问俄罗斯。访美期间，尹蔚民部长在劳工和就业部长会议上作了专题发言，介绍了中国稳定和扩大就业的措施并提出了相关建议，参与了各个专题的讨论，参加了与美国总统奥巴马的会见，并与美国劳工部长、西班牙劳工部长、日本厚生劳动省副大臣等进行了双边会谈。访俄期间，尹蔚民部长与俄罗斯总统助理马尔科夫就公务员和后备人才队伍建设进行座谈，与卫生和社会发展部副部长和国防部副部长就社会保障、军转等问题进行了广泛的交流。公务员局傅兴国副局长同往。

4月19日　张小建副部长参加全国食品安全工作电视电话会议。

杨士秋副部长参加中国行政体制改革研究会成立大会暨首届中国行政改革论坛。

王晓初副部长就《国家中长期人才发展规划纲要（2010—2020年）》有关内容接受中央电视台《对话》栏目访谈。

胡晓义副部长主持召开部青海玉树抗震救灾工作领导小组第二次会议，传达学习中央领导同志有关指示精神和工作要求，通报基础设施保障和生产恢复组第二次全体会议及人力资源社会保障部抗震救灾捐款情况，研究梳理相关政策，部署安排下一步工作。

4月20日　中组部、人力资源社会保障部、教育部、财政部、农业部、卫生部、国务院扶贫办、共青团中央联合召开2010年高校毕业生“三支一扶”计划实施工作电视电话会。张小建副部长主持会议并讲话。全国“三支一扶”领导小组成员单位、部内相关司局、北京市“三支一扶”领导小组成员单位和部分高校负责同志在主会场参加，各省（区、市）和省会城市相关部门、高校有关同志在分会场参加。

杨士秋副部长出席2010年北京市劳动模范和先进工作者表彰大会。

胡晓义副部长参加国务院研究出租车行业规范发展有关问题会议。

4月20—21日　孙宝树副部长到贵州省贵阳市出席全国人力资源和社会保障信息化工作座谈会并讲话。会议总结了近年来信息化建设工作和金保工程示范城市建设工作，明确当前及今后一个时期的工作思路，重点部署了2010年的信息化工作任务。各省（区、市）人力资源社会保障厅（局）分管负责同志、相关处室负责同志及第二批金保工程示范单位有关同志参加。

4月20—22日　王晓初副部长陪同国务委员兼国务院秘书长马凯到湖北、山东就事业单位改革有关工作进行调研。

4月20—23日　应上海市委、市政府邀请，李伯勇、舒惠国、张汉夫、蒋冠庄、程连昌、徐颂陶、侯建良、崔会烈同志到上海参加上海世博会试运行活动。

4月20—23日、25—28日　何宪副部长分别到河南、四川两省就贯彻落实全国人力资源社会保障工作会议精神、推进事业单位实施绩效工资、完善职务与职级并行政策进行调研。期间，分别与河南省委常委、常务副省长李克同志和四川省委书记刘奇葆、副省长张作哈交换了意见，听取了两省人力资源社会保障厅等有关部门，郑州市、洛阳市及所辖嵩县、偃师市和成都市、雅安市及所辖名山县、德阳广汉市工作汇报，并实地考察了义务教育学校、社区卫生服务中心、乡镇卫生院等。

4 月 21 日　张小建副部长到上海市考察世博会筹备有关工作。

杨士秋副部长参加国务院抗震救灾总指挥部第八次全体会议。

4 月 21—22 日　胡晓义副部长到青海省开展抗震救灾调研。期间，代表部党组亲切慰问了灾区人力资源社会保障系统的干部职工，通报了部内开展抗震救灾工作情况，听取了省人力资源社会保障厅关于支援玉树抗震救灾的情况汇报，详细了解了灾区人力资源社会保障系统人员伤亡、财产损失和抗震救灾情况，并召开了省厅处级以上干部抗震救灾座谈会，与省厅同志一道研究下一步抗震救灾工作。

4 月 22 日　张小建副部长出席“政府扶持与企业社会责任”座谈会并讲话。中央有关部门、有关行业协会和企业集团、有关专家学者及部内有关司局负责同志参加。

4 月 23 日　王晓初副部长到山东省潍坊市就深化中小学教师职称制度改革试点工作开展调研。期间，听取了省、市有关部门以及中小学校长和广大中小学教师的意见建议，并实地考察了潍坊一中。

中纪委驻部纪检组组长袁彦鹏参加全国纪检监察系统主题实践活动总结暨加强自身建设电视电话会议。

4 月 25 日　杨士秋副部长到北京西站迎接参加 2010 年全国劳动模范和先进工作者表彰大会的河南、湖北、湖南、内蒙古、江西、河北和山西等地代表。

4 月 26 日　受部党组委托，张小建副部长会见人力资源社会保障系统参加 2010 年全国劳动模范和先进工作者表彰大会的先进工作者并与他们座谈、合影留念。

王晓初副部长会见来访的以色列社会事务部部长赫尔佐格先生一行，向外宾介绍了我国应对国际金融危机、促进就业和完善社会保障制度的有关政策措施。双方就部门间合作交换了意见。

4 月 26—29 日　孙宝树副部长到辽宁调研。期间，分别听取了辽宁省及沈阳市、大连市人力资源和社会保障工作汇报，考察了沈阳市人力资源市场、12333 电话咨询中心和大连市社保服务大厅、北京街道综合服务中心、华信公司等。

4 月 27 日　张小建副部长到上海市参加上海世博会组委会第十次会议。

杨士秋副部长参加 2010 年全国劳动模范和先进工作者表彰大会，公务员局吴云华副局长同往。下午，参加中组部干部监督工作联席会议第七次会议。

王晓初副部长参加国务院听取有关专家学者对《关于分类推进事业单位改革意见（稿）》意见建议的会议。

4 月 27—28 日　胡晓义副部长到天津市就贯彻落实全国人力资源和社会保障工作会议精神、开展全民医保参保管理工作情况进行调研。期间，听取了天津市人力资源社会保障局工作汇报，实地考察了北辰人力资源社会保障局及社保服务大厅、东丽区华明镇城镇化建设情况及镇劳动保障服务中心和有关企业、工业园区，全面了解天津市统筹城乡发展、推进人力资源社会保障事业发展情况。

胡晓义副部长出席社会保险国家标准制定工作启动会并致辞。

4 月 28 日　杨志明副部长参加十一届全国人大常委会第十四次会议并作关于转移农村劳动力保障农民工权益工作情况的报告。下午，参加十一届全国人大常委会第十四次会议分组审议国务院关于转移农村劳动力保障农民工权益情况的报告。

张小建副部长列席国务院第 109 次常务会议，审议《关于 2010 年深化经济体制改革重点工作的意见》。

王晓初副部长参加国务院听取有关部委对

《关于分类推进事业单位改革的意见（征求意见稿）》意见建议的会议。

4月30日　杨志明副部长到上海出席世博会开幕式。

胡晓义副部长参加玉树地震灾后恢复重建组第一次全体会议。

五　月

4月30—5月1日　张小建副部长到上海出席世博会开幕式和世博园开园式，并到世博园考察指导工作，同时听取了上海市人力资源社会保障局关于做好世博会相关筹办工作的汇报。

胡晓义副部长参加职业病防治工作部际联席会议第一次全体会议。

5月4日　尹蔚民部长分别主持召开第56次党组会和第44次部务会，审议《关于深入贯彻落实〈国家中长期人才发展规划纲要（2010—2020年）〉的通知（稿）》。孙宝树、杨志明、张小建、杨士秋、王晓初、何宪、胡晓义、袁彦鹏同志出席。

5月5日　尹蔚民部长列席国务院第110次常务会议，审议《国家中长期教育改革和发展规划纲要（2010—2020）》。

尹蔚民部长主持召开2010年国务院军队转业干部安置工作小组会议并讲话，何宪副部长作工作报告。总政治部主任助理许耀元出席并讲话。会议总结了2009年军转安置工作，研究提出了2010年军转安置工作任务。国务院军队转业干部安置工作小组成员及成员单位相关司局负责同志出席。

孙宝树副部长参加国务院节能减排工作电视电话会议。

杨士秋副部长主持召开公务员局第19次局务会，审议《关于参照公务员法管理机关（单位）公务员法实施工作有关问题的答复意见》。公务员局副局长信长星、傅兴国、吴云华参加。

5月5—6日　王晓初副部长到江苏省昆山市出席首届留学人员回国创业培训班，并为学员作了题为“大力支持留学人员回国创业，加快推进创新型国家建设”的第一讲，介绍了我国留学人员回国服务工作的总体情况、发展趋势和下一步对留学人员回国创业提供政策支持的一些考虑。

何宪副部长参加中央国家机关深入开展创先争优活动动员大会。

中纪委驻部纪检组组长袁彦鹏参加中纪委、中组部联合召开的贯彻实施四项监督制度进一步提高选人用人公信度视频会议。

5月5—8日　杨士秋副部长到山西省就贯彻落实全国人力资源社会保障工作会议精神情况进行督导调研。期间，听取了省人力资源社会保障厅及晋中、阳泉市政府有关工作汇报，并就社会保障、就业、人事人才等工作进行座谈。

5月5—14日　张小建副部长率团访问土耳其和葡萄牙。访土期间，与土耳其中东行政学院院长伊斯比尔草签了双边合作谅解备忘录，会见了土耳其劳动和社会保障部副部长阿德梅尔先生，与该部就业促进司、职业培训司和社会保障司负责人员进行了座谈。代表团还考察了土耳其喀基大学。访葡期间，与葡萄牙劳动和社会保障部部长玛瑞亚女士、国务委员莱莫斯等就实施稳定和促进就业政策应对全球金融危机进行了深入交流。代表团访问了葡萄牙全国就业促进理事会，参观了葡萄牙桑德曼酒业公司和那维格特造纸厂。

5月6日　杨志明副部长召集会议研究发展家庭服务业促进就业有关工作。

胡晓义副部长在成都出席西藏及四川省藏区扩大新农保试点工作会议并讲话。四川省副省长张作哈到会致辞。会议通报了全国首批新农保试点工作情况，部署2010年西藏及四省藏区扩大新农保试点工作任务。西藏、四川、云南、青海、甘肃5省（区）省级和地区级人力资源社会保障、财政部门有关同志参加。

5月7日　人力资源社会保障部与安徽省人民政府签署《共同推进皖江城市带承接产业转移示范区人力资源和社会保障事业发展与改

革备忘录》。尹蔚民部长出席并讲话，孙宝树副部长就有关情况进行说明。安徽省委副书记、省长王三运出席并讲话，副省长黄海嵩介绍有关情况。

王晓初副部长参加中央各部门各单位出版社体制改革工作领导小组2010年第一次全体会议。下午，参加国务院《国家中长期教育改革和发展规划纲要》工作小组第八次会议。

5月7—8日　中纪委驻部纪检组组长袁彦鹏到江西出席各省（区、市）纪检组长培训班并讲话。期间，就江西省景德镇市开展优质服务窗口创建活动进行调研，实地考察了珠山区行政服务中心、浮梁县湘湖镇劳动保障事务所。

5月7—9日　胡晓义副部长到四川甘孜藏族自治州调研新农保试点工作。期间，召开了州委、州政府有关负责同志参加的座谈会，听取了甘孜州政府工作汇报，考察了州人力资源和社会保障经办大厅，考察了泸定、丹巴、康西县扩大新农保工作情况，并到山区藏族农牧民家中了解对开展新农保的意见。

5月10日　尹蔚民部长会见重庆市委常委、常务副市长马正其一行。胡晓义副部长与马正其等同志就重庆市城乡居民社会养老保险试点工作有关情况座谈。

王晓初副部长出席东湖新技术开发区建设国家自主创新示范区部际协调小组第一次会议并讲话；参加国务院深化医药卫生体制改革领导小组办公室全体会议。

5月11日　王晓初副部长出席第一届全国环境监测专技人员大比武领导小组会议。

胡晓义副部长参加农村改革试验区工作联席会议。

5月11—14日　杨志明副部长赴浙江省出席全国劳动关系工作座谈会并讲话。期间，就小企业劳动合同签订有关问题进行调研。

5月12日　尹蔚民部长列席国务院第111次常务会，讨论《关于加快国有林场改革的意见（送审稿）》。

胡晓义副部长与中国邮政集团公司总经理刘安东一行座谈新农保工作。下午，会见来访的欧盟委员会欧洲对外援助总司司长科斯·里赫尔。双方就中欧在社会保障领域加强合作交换意见。

5月12—21日　中纪委驻部纪检组组长袁彦鹏在国家行政学院参加省部级领导干部“深化医药卫生体制改革”专题研讨班。

5月12—7月16日　杨士秋副部长到中央党校参加省部级领导干部“民生与社会建设研究”专题进修班。

5月14日　全国军队转业干部安置工作电视电话会议在京召开，中央政治局委员、国务院副总理张德江，中央军委委员、总政治部主任李继耐同志出席会议并作重要讲话。尹蔚民部长作工作报告，何宪副部长主持。会议总结了2009年军队转业干部安置工作，部署了2010年军队转业干部安置任务。国务院军队转业干部安置工作小组成员及成员单位相关司局负责人，军队驻京大单位（含武警总部）政治部负责人、干部部领导或转业办主任在主会场参加会议，各省（区、市）、计划单列市及副省级省会城市党委和人民政府分管军队转业干部安置工作的负责人，军队转业干部安置工作小组成员，党委组织部负责同志，人力资源社会保障厅（局）长和军转办主任，军队京外大单位政治部领导、干部部领导或转业办主任，省军区（卫戍区、警备区）和武警总队领导及转业办主任在分会场参加会议。

孙宝树副部长参加全总第十五届第十七次主席会议。

胡晓义副部长到国家行政学院为省部级领导干部“深化医药卫生体制改革”专题研讨班讲授我国基本医疗保障的现状与发展趋势。

5月15日　王晓初副部长出席全国科技活动周暨北京科技周开幕式。

5月16日　王晓初副部长出席广东省技工院校“百校千企”校企合作大会并致辞，随后与参加会议的知名企业代表座谈。

5月16—17日　张小建副部长出席中国职协技校专业委员会第21届年会暨中国苏州

高技能人才校企合作博览会开幕式并致词。林用三同志出席。全国150多家骨干技校和长三角100多家企业参加校企合作对接，有关技工院校和用工企业共1 000多人参会。

5月17—19日　胡晓义副部长参加中央新疆工作会议。

5月18日　王晓初副部长参加国务院研究建立全科医生制度有关问题的会议。

何宪副部长和财政部副部长张少春就新疆工作有关问题与新疆维吾尔自治区委、副书记、常务副主席杨刚交换意见。

5月19日　孙宝树副部长列席国务院第112次常务会议，讨论《国务院关于做好玉树地震灾后恢复重建工作的指导意见（送审稿）》，讨论《国务院关于支持玉树地震灾后恢复重建政策措施的意见（送审稿）》。

王晓初副部长、中国继续工程教育协会理事长戴光前会见并宴请国际继续工程教育协会纳尔逊·贝克主席及全体理事。

5月18—20日　孙宝树副部长主持召开“十二五”规划人力资源和社会保障重大问题研究报告论证总结会，听取34个重大问题研究报告的汇报，对研究工作进行总结，并对下一步“十二五”规划纲要草案编制工作提出要求。与会专家对研究报告进行了论证。

5月20日　尹蔚民部长出席由人力资源社会保障部、教育部、全国总工会、全国工商联在吉林长春联合举办的“2010全国民营企业招聘周”启动仪式并致辞。全国政协副主席黄孟复出席仪式。张小建副部长主持启动仪式。下午，尹蔚民部长和吉林省高校师生代表进行座谈。

张小建副部长出席中国长春创业高峰论坛并致辞。

王晓初副部长出席由人力资源社会保障部主办、国际劳工组织协办的“实施就业协定稳定和扩大就业研讨会”开幕式并致辞。发展改革委、财政部、全总、中企联的代表及国际劳工组织与11个亚太地区国家的官员学者与会。同日，会见率团出席“实施就业协定稳定和扩大就业研讨会”的国际劳工组织亚太分局山本幸子局长一行，向对方介绍中国有关实施全球就业协定稳定和扩大就业的经验做法，双方就加强交流合作交换意见。

何宪副部长出席军转干部创业论坛暨《转业军官》杂志创刊20周年座谈会并讲话。

胡晓义副部长出席社会保险基金与就业促进国际研讨会开幕式并讲话。会前礼节性会见了欧盟驻华代表团副大使迈克尔·普尔西先生。

5月21日　尹蔚民部长主持第57次党组会和第45次部务会，传达中央新疆工作座谈会精神并研究贯彻落实措施，审议《人力资源和社会保障部深入开展创先争优活动实施方案（送审稿）》，审议《关于公务员纪律惩戒有关问题的通知（送审稿）》。孙宝树、杨志明、杨士秋、王晓初、何宪、胡晓义同志参加。

尹蔚民部长会见来华参加实施全球就业协定稳定和扩大就业研讨会的国际劳工组织亚太局局长山本幸子女士及国际劳工组织北京局局长霍百安女士，双方就进一步加强中国人力资源社会保障部与国际劳工组织特别是亚太局的合作交换意见。

尹蔚民部长出席2010年全国深化医药卫生体制改革工作会议暨省部级领导干部深化医药卫生体制改革专题研讨班结业式。胡晓义副部长、中纪委驻部纪检组组长袁彦鹏参加。

孙宝树副部长参加全国“小金库”治理工作电视电话会议。

杨志明副部长主持召开国务院农民工工作联席会议部分成员单位办公室成员会议，传达学习国务院领导批示精神，落实新生代农民工发展问题研究工作方案，研究落实全国人大审议农民工工作意见，安排部署相关工作。

张小建副部长在吉林省长春市主持召开部分省市就业工作座谈会并讲话。

王晓初副部长主持召开我国参加第99届国际劳工大会代表团领导小组会议，研究筹备工作。全国总工会副主席、书记处书记徐振寰，中国企业联合会执行副会长陈兰通同志出席。

5月23—24日　杨志明副部长出席贵州省第二届农民工节。

5月24日　王晓初副部长会见来访的阿尔巴尼亚劳动、社会事务和机会均等部副部长科德拉女士一行。

5月24—27日　胡晓义副部长率国务院医改办督导组到海南就实施基本药物制度进行调研。期间，分别听取海南省、三亚市和五指山市的专题汇报，实地考察三亚市凤凰镇卫生院和五指山市毛阳镇卫生院；到保亭县黎族苗族自治县三道镇调研新型农村社会养老保险实施情况，走访农户并与各族村民亲切座谈；分别听取了海口市和三亚市、五指山市政府关于贯彻落实全国人力资源和社会保障工作会议精神情况汇报。

5月25—26日　尹蔚民部长，孙宝树、杨志明、张小建、杨士秋、王晓初、何宪副部长，中纪委驻部纪检组组长袁彦鹏出席全国人才工作会议。

5月26日　孙宝树副部长出席人力资源社会保障部与美国劳工部两部对话会并致开幕辞。美国劳工部副部长帮办桑德拉·波拉斯基率团参加对话。双方就养老保险改革、劳动法和最低工资等议题进行交流。

5月27日　季允石、杨士秋、王晓初、何宪副部长，中纪委驻部纪检组组长袁彦鹏出席贯彻落实《人才规划纲要》座谈会。外专局副局长李兵、孙照华、陆明、刘延国，公务员局副局长信长星、傅兴国、吴云华出席会议。

杨士秋副部长参加国务院抗震救灾总指挥部第16次会议，汇报青海玉树抗震救灾表彰奖励工作。公务员局副局长吴云华同往。

王晓初副部长出席中国与印度两国有关双边合作文件签字仪式，并代表人力资源社会保障部与印方签署《中华人民共和国人力资源和社会保障部与印度人事、公共申诉及退休金部在公务员制度、人事管理和公共行政领域合作谅解备忘录》。

5月27—30日　张小建副部长到重庆市分别出席全国基层就业暨就业援助工作座谈会、中国就业课题研究研讨会并讲话。期间，会见了重庆市常务副市长马正其，召开了部分企业、高校毕业生代表座谈会，就高校毕业生就业工作进行调研。

5月28日　孙宝树副部长参加中央政治局“世界医药卫生发展趋势和我国医药卫生体制改革”集体学习。

王晓初副部长出席由人力资源社会保障部、全国总工会和中企联召开的第99届国际劳工大会中方代表团全体人员会议并作重要讲话。

何宪副部长出席中央国家机关第三届职工运动会开幕式。

5月29—30日　王晓初副部长到江苏无锡出席中国（无锡）海归创新创业峰会。期间，陪同中共中央政治局委员、中央书记处书记、中组部部长李源潮考察参观海归创业成果展、中国（无锡）留学人员创业园、无锡物联网建设情况，并参加“千人计划”高层次人才座谈会。

5月31日　人力资源社会保障部组织召开深入开展创优争先活动动员大会和贯彻落实全国人才工作会议精神会议。孙宝树副部长出席并讲话。王晓初副部长传达全国人才工作会议和贯彻落实《国家中长期人才发展规划纲要(2010—2020年)》座谈会精神。何宪副部长主持深入开展创优争先活动动员大会。胡晓义副部长、中纪委驻部纪检组组长袁彦鹏和张汉夫、徐颂陶、戴光前、侯建良同志出席。外专局副局长张建国，公务员局副局长信长星、傅兴国、吴云华等参加。

张小建副部长出席全国人大财经委旅游法起草组第二次全体会议。

5月31—6月13日　孙宝树副部长到中国浦东干部管理学院参加省部级领导干部“发展社会事业与改善民生”培训班。

六　月

6月2日　杨士秋副部长参加干部人事制

度改革工作联席会议第二次会议。

胡晓义副部长参加国务院抗震救灾总指挥部第十七次会议。

6月3日　张小建副部长参加全国人大内司委工会法执法检查后续工作会议并作汇报。

王晓初副部长参加全国人大常委会科学技术进步法执法检查组第二次全体会议并讲话。

杨士秋副部长参加中组部召开的中央国家机关中青年干部到省（区、市）交流任职动员会。公务员局副局长傅兴国同往。

胡晓义副部长到国家行政学院为省部级领导干部“加强农村社会保障建设专题研讨班”讲授“农村社会保险制度”。

6月4日　张小建副部长会见意大利劳动和社会政策部部长毛乌利兹·萨科尼一行。双方还就如何应对国际金融危机、促进就业以及加强两部进一步合作事宜交换了意见。

王晓初副部长参加中央人才工作协调小组第二十七次会议。

6月7日　中共中央政治局委员、国务院副总理张德江出席由中组部、人力资源社会保障部、国家行政学院共同举办的省部级领导干部“加强农村社会保障建设专题研讨班”学员座谈会，听取学员代表发言并作重要讲话。尹蔚民部长，张小建、杨士秋、胡晓义副部长出席。

杨志明副部长到浦东干部学院为省部级领导干部“发展社会事业与改善民生”专题研究班学员讲授“发展新时期的和谐劳动关系”。

王晓初副部长参加中国科学院第十五次院士大会和中国工程院第十次院士大会开幕式。公务员局副局长信长星同往。

6月8日　尹蔚民部长到中央电视台作为主嘉宾录制“七个怎么看”电视专题节目第二集《怎么看就业问题》。

张小建副部长到中央党校省部级领导干部“民生与社会建设研究”专题进修班介绍我国的就业政策。

王晓初副部长参加《国家中长期教育改革和发展规划纲要》工作小组第九次会议。

6月8—10日　何宪副部长陪同中央政治局常委、中央政法委书记、中央综治委主任周永康到内蒙古调研。

6月9日　尹蔚民部长列席国务院第8次党组会和国务院第114次常务会，审议《全国林地保护利用规划纲要（2010—2020）》。

张小建副部长到福建省出席第六届泛珠三角区域劳务合作联席会议暨劳务合作论坛并致辞。

胡晓义副部长参加中央政法委副书记王乐泉主持召开的研究肇事肇祸精神病人服务管理工作中有关问题的会议。

6月10日　尹蔚民部长主持召开第58次党组会，审议《关于2009年度预算执行和其他财政收支审计情况的汇报》。季允石、杨志明、杨士秋、王晓初、胡晓义、袁彦鹏同志出席。

杨志明副部长到团中央为书记处全体同志和机关全体干部讲授新生代农民工有关问题。

杨士秋副部长主持召开公务员局第14次党组会，审议《国家公务员局深入开展创先争优活动实施方案》，部署安排公务员局贯彻落实全国人才工作会议精神有关工作。公务员局副局长信长星、吴云华参加。

6月10—11日　张小建副部长到山东省出席全国人力资源市场建设座谈会并讲话。期间，听取了山东省人力资源社会保障厅关于高校毕业生就业工作情况汇报，召开了高校毕业生代表、有关企业代表和政府有关部门负责同志参加的座谈会，并考察了济南市基层劳动保障工作平台。

6月11日　杨士秋副部长出席省部级领导干部“加强农村社会保障建设”专题研讨班结业式并作总结讲话。

胡晓义副部长到国务院发展研究中心为全体同志讲授“加快建立覆盖城乡居民的社会保障体系”。

中纪委驻部纪检组组长袁彦鹏到人民大会堂出席“中国大学生创业大讲堂”活动启动仪式。

6 月 12 日　尹蔚民部长列席国务院第 115 次常务会议。

杨志明副部长出席第九届创业之星大会开幕式。

张小建副部长出席中国人民大学人文社会科学论坛并致辞。

6 月 13 日　尹蔚民部长主持召开富士康员工坠楼事件调查组工作会议，研究讨论调查报告。杨志明副部长和全国总工会副主席王炯、公安部副部长黄明参加。

杨志明副部长出席第九届创业之星大会并作题为“新生代农民工的发展”的报告。

6 月 13—18 日　王晓初副部长率中国政府、工会和雇主三方代表团到瑞士日内瓦出席第 99 届世界劳工大会，并作题为“促进体面就业，应对国际金融危机带来的社会问题”的发言。会议期间，出席了亚太劳工部长非正式会议和国际劳工组织举行的二十国集团劳工部长招待会，介绍中国有关情况，会见了国际劳工局副总干事萨拉萨、第 99 届劳工大会主席罗比恩，并分别与美国、德国、新加坡、阿尔及利亚等 18 个国家进行了双边会谈。

6 月 14 日　尹蔚民部长陪同温家宝总理到北京市调研。

6 月 18 日　尹蔚民部长到国务院参加国务委员兼国务院秘书长马凯主持召开的全国抗震救灾英雄集体和抗震救灾模范评选表彰领导小组筹备组会议。公务员局副局长吴云华同往。

胡晓义副部长代表国务院新农保试点工作领导小组办公室出席新疆维吾尔自治区扩大新农保试点工作会议并讲话。期间，分别会见了自治区党委书记张春贤、政府主席努尔·白克力。

张小建副部长到中国人民大学出席残障与发展论坛并致辞。

6 月 18—20 日　何宪副部长到四川省成都市参加全国社会治安综合治理工作会议和做好新疆少数民族群众到内地务工经商服务管理工作专题会议。

6 月 19—20 日　胡晓义副部长到新疆维吾尔自治区阿勒泰市调研新农保工作。

6 月 21 日　尹蔚民部长列席中央政治局集体学习。

孙宝树副部长与人民银行行长助理李东荣就社保卡搭载金融功能事宜进行座谈。

人力资源社会保障系统对口支援新疆工作电视电话会议召开，明确对口援疆工作主要任务，提出具体工作要求。孙宝树副部长讲话，张小建副部长主持。新疆自治区人民政府副主席艾尔肯·吐尼亚孜和新疆生产建设兵团党委组织部副部长、人事局局长、劳动保障局局长周考斌发言。部新疆工作协调小组各成员单位主要负责同志，19 个支援方省（市）和新疆维吾尔自治区、新疆生产建设兵团 2 个受援方人力资源社会保障厅（局）主要负责同志参加。

胡晓义副部长到乌鲁木齐市调研，听取新疆维吾尔自治区人力资源社会保障工作汇报。之后，到新疆生产建设兵团听取关于养老保险、医疗保险工作汇报，会见兵团司令员华士飞，并就解决兵团有关问题交换意见。

张小建副部长出席由人力资源社会保障部、外交部、公安部联合召开的加强外国人就业管理工作视频会议并讲话。外交部领事司、公安部出入境管理局有关负责同志发言。

6 月 21—24 日　中纪委驻部纪检组组长袁彦鹏到广西壮族自治区出席部分省（区、市）党风廉政建设工作研讨会并讲话。期间，会见了自治区党委常委、纪委书记石龙生，就北海市和百色市开展优质服务窗口建设活动进行调研，实地考察北海市独树根东社区劳动保障服务窗口、百色市人力资源市场、社保经办大厅和田阳县百育镇“农事村办”劳动保障服务窗口。9 省（区、市）人力资源社会保障厅（局）纪检组长参加研讨会。

6 月 22 日　孙宝树副部长列席全国政协第十一届常委会第十次会议开幕式。

王晓初副部长到国务院参加研究建立全科医生制度有关问题的会议。

张小建副部长到浙江省分别出席华东七省市促进大学生创业观摩交流会、浙江省创业型城市创建工作座谈会并调研。期间，会见副省长陈加元同志，实地考察阿里巴巴公司和杭州市实训基地、基层工作平台、劳动保障电话咨询中心等，并在杭州主持召开高校毕业生座谈会。

6 月 22—24 日　按照国务院第六次全国人口普查领导小组的统一部署和要求，孙宝树副部长率国务院督察组到山东省对人口普察准备工作情况进行督查，听取山东省第六次人口普查领导小组及有关部门的工作汇报，并深入济南市历下区部分街道进行现场检查。同时，应山东省政府邀请到东营市出席首届黄河三角洲高效生态经济区经贸洽谈会开幕式并调研。

6 月 23 日　尹蔚民部长列席国务院第 116 次常务会议。

杨志明副部长列席全国政协第十一届常委会第十次会议全体会议。

王晓初副部长列席全国政协第十一届常委会第十次会议第一专题组分组讨论。

胡晓义副部长列席全国政协第十一届常委会第十次会议第三专题组分组讨论。

6 月 23—24 日　胡晓义副部长到贵州省贵阳市出席贯彻落实全国医改工作会议精神专题座谈会并讲话，同时到安顺市进行调研。

6 月 24 日　杨志明副部长参加全国人大财经委召开的关于国民收入分配问题专题座谈会并介绍有关情况。

王晓初副部长参加国务院《国家中长期教育改革和发展规划纲要》工作小组第十次会议。

何宪副部长列席全国政协第十一届常委会第十次会议第三专题组分组讨论。

6 月 24—25 日　张小建副部长到江苏省无锡市出席国家高技能人才东部地区培训工程总结暨公共实训基地建设工作研讨会。期间，听取省人力资源社会保障厅关于与中国移动江苏分公司合作推出的“求职通”平台服务情况汇报。

6 月 25 日　孙宝树副部长列席全国政协第十一届常委会第十次会议闭幕会。

王晓初副部长会见斯洛文尼亚劳动、家庭和社会事务部伊万·斯韦特利克部长一行。双方交流了就业和社会保障方面的情况，并探讨两部合作事宜。

胡晓义副部长参加国务院研究药品价格形成机制有关问题会议。

6 月 25—26 日　尹蔚民部长陪同温家宝总理到浙江省考察。

6 月 27 日　张小建副部长到天津市分别出席 2010 年全国职业院校技能大赛闭幕式、全国中等职业学校德育工作表彰会暨经验交流会。

王晓初副部长出席欧美同学会第五届中国留学人员回国创业发展论坛开幕式并致辞。

6 月 28 日　尹蔚民部长列席国务院经济形势专家座谈会。

尹蔚民部长主持召开第 60 次党组会，审议《关于当前劳动关系突出矛盾和应对措施的汇报》和《关于当前人力资源社会保障形势的调研报告》。孙宝树、杨志明、张小建、杨士秋、王晓初、何宪、胡晓义、袁彦鹏同志出席。

张小建副部长出席中国天津第十七届投资贸易洽谈会开幕式并参观人才智力引进洽谈会展区。在津期间，会见了市委常委、副市长崔津渡，实地考察了静海团泊洼创业创智示范园区筹建情况，并听取了市人力资源社会保障局专题汇报。

王晓初副部长会见来访的日本厚生劳动省副大臣细川律夫一行。

胡晓义副部长接见全国先进工作者、上海市闸北区社保中心主任张永明及张永明同志先进事迹报告团成员。

6 月 28—30 日　王晓初副部长到辽宁大连出席中国海外学子创业周开幕式暨“千人计划”网站开通仪式并致辞。期间，出席了人力资源社会保障部“赤子计划”留学人才交流洽谈会启动仪式和海外高层次人才创业基地座谈会，并分别致辞和讲话。

6月29日　尹蔚民部长列席国务院经济形势企业家座谈会。

6月29—7月1日　孙宝树副部长到内蒙古自治区呼和浩特市出席全国深化政务公开推进政务服务经验交流会，并就人力资源社会保障工作进行调研，先后听取了自治区、锡林郭勒盟、正蓝旗人力资源社会保障工作情况汇报。

6月30日　尹蔚民部长列席国务院第117次常务会。

6月30—7月5日　何宪副部长到西藏出席高类别艰苦边远地区自主择业工作座谈会并调研。

七　月

7月1—3日　尹蔚民部长陪同温家宝总理到湖南省考察并参加湖北、湖南、广东三省经济形势座谈会。

7月2日　杨志明副部长到国务院参加国务院副总理回良玉主持召开的上半年“三农”工作情况总结分析会。

张小建副部长主持召开“当前就业热点问题”内部高层研讨会。会议主要就如何看待“刘易斯拐点”、工资增长与扩大就业的关系、汇率变化与就业的关系三个议题进行研讨。中国改革研究会会长宋晓梧、国务院参事室参事陈全生、社科院人口与劳动经济研究所所长蔡昉等8位专家分别作专题发言。

胡晓义副部长参加国务院医改工作专家座谈会。

7月4—6日　王晓初副部长到山东省青岛市出席全国事业单位公开招聘工作座谈会并讲话，到日照市就事业单位人事管理工作进行调研。

7月5日　尹蔚民部长参加西部大开发工作会议第一次全体会议。

7月5—6日　杨士秋副部长主持召开公务员局务虚会，深入贯彻落实《深化干部人事制度改革规划纲要》和《国家中长期人才发展规划纲要》，总结上半年公务员管理工作，研究分析形势，安排部署下半年重点任务。公务员局副局长信长星、傅兴国、吴云华出席会议并发言。

7月6日　尹蔚民部长、杨志明副部长出席西部大开发工作会议，尹蔚民部长宣读表彰决定。

尹蔚民部长参加中央党的建设工作领导小组第24次会议。

7月7日　尹蔚民部长列席国务院第118次常务会。

7月8日　孙宝树副部长主持召开全国公共就业人才服务信息化建设工作视频会议。张小建副部长出席会议并讲话。会议总结公共就业人才服务信息化建设工作，交流各地的经验做法，部署当前和今后一个时期公共就业人才服务信息化建设任务。

张小建副部长研究共建公共就业移动信息服务平台工作。中国移动通信集团公司、相关技术支持单位和人力资源社会保障系统有关同志参加。

王晓初副部长出席国际行政科学学会中国专家委员会成立大会，向委员会专家颁发聘书并致辞。

7月9日　尹蔚民部长主持召开部务会，研究审议《人力资源社会保障标准体系》等问题，孙宝树、杨志明、何宪、胡晓义、袁彦鹏同志出席。

张小建副部长参加由中国就业促进会组织召开的“在编制‘十二五’规划中体现就业优先思路”专家研讨会并作总结讲话。部内外专家就如何在“十二五”规划中体现就业优先思路作专题发言，并对人力资源社会保障部起草“十二五”就业规划提出修改建议。

张小建副部长出席人力资源市场专项调查座谈会并讲话。会议决定启动“人力资源社会保障部人力资源市场一线观察”项目专项调查试点工作，推动人力资源监测体系建设。

王晓初副部长在中国工程院主持召开座谈会，就《深化工程技术人员职称制度改革的意见》听取有关院士、专家的意见和建议。中国工程院潘云鹤、干勇同志参加。下午，会见世界技能大赛机电一体化专家委员会首席专家米歇尔·林，了解机电一体化竞赛项目情况。

胡晓义副部长与国务院法制办部风涛副主任研究修改《工伤保险条例》事宜。

7月11日　王晓初副部长出席“2010苏州国际精英创业周”开幕式并致辞。

7月12日　孙宝树副部长出席西部大开发10周年生态环境与人居环境成就展开幕式。下午，会见四川省阿坝藏族羌族自治州州委书记侍俊、州长吴泽刚一行。

杨志明副部长参加国务院研究维护外派劳务人员合法权益有关问题会议。

张小建副部长出席发展改革委上半年经济形势座谈会。

王晓初副部长参加基层宣传文化队伍建设工作会议。

胡晓义副部长出席国务院医改工作有关会议。

7月13日　尹蔚民部长参加全国教育工作会议第一次全体会议。

7月13—14日　王晓初副部长参加全国教育工作会议。

7月14日　尹蔚民部长列席国务院第119次常务会。

何宪副部长出席2010年中央单位军转安置工作会议并讲话。

7月15日　王晓初副部长出席贯彻落实教育规划纲要座谈会并发言。

7月15—16日　人力资源社会保障部召开务虚会，总结上半年工作，深入分析形势，进一步明确下半年工作任务，重点研究新形势下的劳动关系。尹蔚民部长出席会议并讲话。季允石、孙宝树、杨志明、张小建、杨士秋、王晓初、何宪、胡晓义副部长，中纪委驻部纪检组组长袁彦鹏分别发言。李智勇副部长出席会议。公务员局副局长信长星、傅兴国、吴云华和部属各单位、公务员局各司，各省（区、市）和新疆生产建设兵团人力资源社会保障厅（局）主要负责同志参加会议。

孙宝树副部长参加全国人大财经委上半年经济形势分析会议并作汇报。

7月16日　杨志明、何宪副部长参加中央联席会议第15次全体会议。

中纪委驻部纪检组组长袁彦鹏参加第六次全国人口普查工作电视电话会议。

7月20日　杨士秋副部长主持召开公务员局第20次局务会，分别审议公务员管理信息系统建设方案和公务员管理规章清理情况，研究部署公务员局近期工作。公务员局副局长信长星、傅兴国、吴云华参加。

7月21日　尹蔚民部长出席全国党史工作会议并宣读表彰决定，杨士秋副部长参加会议。

尹蔚民部长、杨志明副部长列席国务院第120次常务会议。

7月22日　尹蔚民部长、杨士秋副部长参加国务委员兼国务院秘书长马凯主持召开的全国抗震救灾英雄集体和抗震救灾模范评选表彰领导小组第一次会议并汇报前期评选工作进展情况和下一步工作安排建议。公务员局副局长吴云华同往。

王晓初副部长出席全国博士后科研工作站评议会并讲话。来自全国10省（市）、45所高校的120多位专家参加。

7月23日　尹蔚民部长参加中央政治局“深化我国文化体制改革研究”集体学习。

尹蔚民部长主持党组会、部务会。审议《中国的人力资源开发状况》白皮书和《关于贯彻落实中央新疆工作座谈会精神促进新疆人力资源和社会保障事业发展的意见（送审稿）》。孙宝树、杨志明、杨士秋、王晓初、何宪、胡晓义、袁彦鹏同志出席。

7月24日　杨士秋副部长到辽宁省大连市出席全国省部级以上荣誉称号获得者先进事迹报告会并讲话。公务员局副局长吴云华主持会议。

7月25日　张小建副部长出席中央和国家机关、中央企业第六批援藏干部暨第一批援青干部培训班开班式并主持会议。

7月25—8月8日　王晓初副部长到美国纽约出席联合国国际公务员制度委员会第71次会议。

7月26日　孙宝树副部长出席全总十五届四次执委会议。

7月27日　杨士秋副部长出席全国人力资源和社会保障系统人事处长培训班并讲话。

7月28—29日　尹蔚民部长陪同国家副主席习近平，国务委员刘延东和中共中央政治局委员、中央书记处书记、中组部部长李源潮接见北戴河休假的“千人计划”专家及家属并出席座谈会。

7月29日　杨志明副部长出席北京市人才工作会议。

何宪副部长出席2010年中央单位接收安置军转干部分配选调会。

张小建副部长出席中央和国家机关、中央企业第六批援藏干部暨第一批援青干部培训班结业式并作总结讲话。

7月30日　尹蔚民部长出席全国社会保障基金设立10周年座谈会暨2010年理事座谈会并讲话。胡晓义副部长一同出席。

杨志明副部长到摩洛哥驻华使馆出席庆祝摩洛哥国王穆罕默德六世登基11周年招待会。

7月31—8月3日　张小建副部长率部援青干部送行组与第一批援青干部同机到青海。期间，会见了省委书记强卫、省长骆惠宁、副省长张光荣，出席了青海省委、省政府欢迎第一批援青干部大会，考察了部分援青干部办公场所和公寓。而后，进行工作调研，听取省政府就业工作汇报，召开高校毕业生就业工作座谈会，并实地考察了基层社区工作平台、三江源移民培训就业工作情况和青海省盐湖工业集团公司。

八　月

8月2—7日　胡晓义副部长到西藏自治区调研。期间，听取了自治区人力资源和社会保障工作情况、拉萨市及堆龙德庆县新农保试点工作情况汇报，走访了林芝地区工布江达县工布江达镇阿沛新村村委会和农户家庭，并与社保协理员、包村干部座谈，实地了解基层新农保试点工作情况，听取农牧民对新农保工作的意见建议。

8月4—11日　张小建副部长到西藏为第六批援藏县委书记培训班作题为《我国就业和社会保障》的讲座。期间，会见了自治区党委书记张庆黎、副主席郝鹏，到自治区人力资源社会保障厅看望全体干部职工，分别听取了自治区人力资源社会保障厅、林芝地区就业工作汇报并进行工作座谈。

8月5日　杨士秋副部长在钓鱼台国宾馆礼节性会见并宴请来访的孟加拉公务员委员会主席胡萨因一行。双方表示愿意进一步加强在公务员管理领域的合作。

8月9日　王晓初副部长主持召开全国工程师制度改革协调小组会议，通报全国工程师制度改革工作进展情况，研究讨论《关于深化工程技术人员职称制度改革的意见》，部署下一阶段改革工作。住房城乡建设部副部长郭允冲，中国工程院副院长干勇，中国科协副主席、党组副书记、书记处书记齐让，教育部党组成员、部长助理林蕙青出席会议并讲话。全国工程师制度改革协调小组成员单位、国务院18个部门和单位相关司局负责同志参加。

何宪副部长出席中国农工民主党成立八十周年纪念大会。

8月10日　尹蔚民部长出席贯彻实施《国家中长期人才发展规划纲要（2010—2020年）》厅局长培训研讨班并讲话。王晓初副部长主持开班仪式。各省（区、市）、新疆生产建设兵团、副省级城市人力资源社会保障部门分管人才工作负责同志参加培训。

尹蔚民部长会见全国总工会副主席、书记处第一书记、党组书记王玉普，副主席、书记处书记、党组副书记徐振寰，副主席、书记处书记王炯一行。杨志明副部长参加。

8月11日　尹蔚民部长、杨志明副部长列席国务院第121次常务会议并汇报关于当前劳动关系突出矛盾和有关应对措施。

尹蔚民部长、杨士秋副部长参加国务委员兼国务院秘书长马凯主持召开的全国抗震救灾英雄集体和抗震救灾模范评选表彰领导小组第二次全体会议。公务员局副局长吴云华同往。

8 月 12 日　尹蔚民部长主持召开第 62 次党组会，学习讨论中央有关文件。季允石、孙宝树、杨志明、张小建、杨士秋、何宪、胡晓义、袁彦鹏同志出席。

王晓初副部长出席贯彻实施《国家中长期人才发展规划纲要（2010—2020 年）》厅局长培训研讨班闭幕式并作总结讲话。

胡晓义副部长与新疆生产建设兵团副司令员于秀栋研究兵团退休职工养老保险问题。

8 月 13—14 日　王晓初副部长参加全国援外工作会议。

8 月 15—18 日　王晓初副部长到福建省就加强职业技能培训工作进行专题调研。期间，听取了福建省和厦门市人力资源社会保障、财政、发展改革委等部门工作汇报，实地考察了企业和技工院校，与企业一线职工、人力资源部门负责同志进行了座谈。国务院办公厅、发展改革委、财政部有关同志同往。

8 月 16 日　尹蔚民部长到新疆出席海外赤子为疆服务行动计划启动会议暨中国乌鲁木齐留学人员创业园揭牌仪式。

杨士秋副部长参加中央人才工作协调小组第二十八次会议。下午，到中组部参加干部教育培训改革工作视频会议。

8 月 17 日　孙宝树副部长出席北京市“社保卡”工程建设者表彰会。

杨志明副部长参加全国政协“着力扩大内需，促进发展方式转变”专题协商会。

张小建副部长到四川省绵阳市出席中国侨联八届三次常委会议。

胡晓义副部长参加国务院振兴东北等老工业基地领导小组第二次会议。下午，参加国务院听取三峡工程建设有关问题汇报会。

8 月 18 日　杨志明副部长参加中央党建工作领导小组会议。

张小建副部长到四川省绵阳市出席地震灾区劳动者二次就业工作座谈会并讲话。会议专题研究汶川、玉树地震灾区恢复重建过程中当地劳动者二次就业工作，并组织与会代表实地考察北川县恢复重建和劳动者就业的有关情况。四川、甘肃、陕西、青海及四川省 7 个重灾市州县介绍了灾区劳动者二次就业有关工作情况，新疆介绍了对口援疆有关工作情况。

8 月 19 日　尹蔚民部长、杨士秋副部长到青海省西宁市出席青海玉树全国抗震救灾总结表彰大会。公务员局副局长吴云华同往。

杨志明副部长参加国务院安全生产委员会全体会议。

王晓初副部长到内蒙古自治区包头市出席“中国包头留学人员创业园”挂牌暨“内蒙古自治区海外高层次人才创新创业基地”奠基仪式并致辞，同时就海外留学人才回国创业工作到包头市稀土高新区创业中心进行调研。

胡晓义副部长出席 2010 中国卫生论坛开幕式并作主旨发言。

8 月 20 日　尹蔚民部长到香港出席授予香港居民黄福荣“抗震救灾舍己救人杰出义工”荣誉称号仪式。公务员局副局长吴云华同往。

张小建副部长主持召开全国就业工作视频会议，中纪委驻部纪检组组长袁彦鹏出席。会议通报了就业专项资金使用管理情况和存在的违规违纪问题，并提出工作要求；通报 2010 年 1—8 月就业工作进展情况，分析当前形势，部署下一阶段工作。

胡晓义副部长与广东省副省长肖志恒就养老保险基金投资运营和新农保工作进行座谈。

8 月 23 日　第四届中国社会保障论坛·2010 在京举行。本届论坛的主题是“社会保障体系建设与可持续发展”，同时设立养老保险、医疗保险分论坛。中共中央政治局委员、国务院副总理张德江出席并致辞。尹蔚民部长作题为“加快完善社会保障体系，推动社会保障事业可持续发展”的主旨演讲。胡晓义副部长宣读“社会保障体系建设与可持续发展”征文获奖名单。杨志明副部长和王建伦、王东进同志出席。相关部门单位负责同志、专家学者、企业界和国际组织代表共600余人参加。

8月24日　尹蔚民部长主持召开第五届APEC人力资源开发部长级会议筹委会第二次会议，听取会议筹备进展情况，讨论通过会议日程、成果文件、主要活动方案和中方组团方案等文件，并部署下一阶段工作。筹委会副主任李智勇、王晓初副部长和外交部部长助理吴海龙以及筹委会成员国家发改委副主任张晓强、国新办副主任王国庆、北京市副市长丁向阳出席。会议中国代表团团员、筹委会秘书处成员、秘书处各工作组负责同志列席。

尹蔚民部长出席全国学联第二十五次代表大会“共和国部长与全国学联代表面对面”活动。

王晓初副部长出席第十届海外侨界高新技术人才为国服务暨第三届新侨创新成果交流会开幕式。

何宪副部长出席全国青联十一届全委会和全国学联二十五大开幕式。

8月24—25日　全国医保即时结算和社保卡应用经验交流会在京召开。会议贯彻落实中央深化医药卫生体制改革精神，总结交流各地医疗费用即时结算和社保卡应用的经验，加快推进医疗费用即时结算工作。尹蔚民部长出席并讲话，孙宝树副部长主持，胡晓义副部长作总结工作报告。国务院医改办、发展改革委、卫生部、工业信息化部、中国人民银行、国务院纠风办有关司局负责同志和各省（区、市）、新疆生产建设兵团人力资源社会保障厅(局)，各副省级市、省会城市人力资源社会保障局有关负责同志参加。

杨志明副部长到广西壮族自治区南宁市出席全国劳动保障科研工作座谈会并讲话。部属有关单位负责同志，设立劳动保障科研机构的地方人力资源社会保障厅（局）及其研究机构负责同志，相关科研院所、高校专家学者，劳科院科研创新实践研究基地负责同志参加。

8月24—26日　张小建副部长到上海市出席国际劳工组织和人力资源社会保障部、全国总工会、中国企联共同举办的绿色工作论坛，并出席人力资源社会保障部召开的绿色就业研讨会和上海市“十二五”就业专项规划研讨会，与上海市人力资源社会保障局同志座谈，传达学习中央领导同志关于继续做好世博会相关工作的批示精神，研究贯彻落实措施。人力资源社会保障部、全国总工会、中国企联有关同志，国际劳工组织有关官员以及国内外专家分别参加相关会议。

8月25日　尹蔚民部长列席国务院第123次常务会议，讨论《关于加快推进煤矿企业兼并重组的若干意见（送审稿）》。下午，会见全国妇联副主席、书记处第一书记宋秀岩。

王晓初副部长参加国务院教育体制改革领导小组第一次会议。

8月26—27日　杨志明副部长到广西壮族自治区南宁市、崇左市、防城港市、北海市就小企业劳动关系和农民工工作进行调研。

8月26—28日　人力资源社会保障部在大连市举办第六届中日韩人事部门首长会议。尹蔚民部长主持会议。日本人事院总裁江利川毅、韩国行政安全部长官孟亨奎出席。会议对中日韩2009—2010年度在人事行政领域的合作进行了回顾和评价，对进一步加强合作提出了建议，并就公务员道德建设问题展开了讨论。会前，尹蔚民部长分别与江利川毅、孟亨奎进行了双边会谈。公务员局副局长傅兴国参加。

张小建、杨士秋副部长参加全国依法行政工作会议。

王晓初副部长出席贯彻落实全国教育工作会议精神和教育规划纲要部署实施国家教育体制改革试点工作电视电话会议。

8月29日　张小建副部长参加全国人大民族委员会召开的《民族区域自治法》配套法规工作座谈会。

8月30日　张小建副部长参加中央领导同志接见中国光彩事业促进会第四次会员代表大会暨四届一次理事会议与会代表活动。

王晓初副部长会见并宴请香港劳工处处长谢凌洁贞一行，双方就内地与香港在劳工事务方面的交流与合作交换了意见。下午，会见国际劳工组织副总干事迪奥普先生一行，双方就在社会保障领域进一步加强合作交换意见。

九　月

9月1日　尹蔚民部长、杨志明副部长列席国务院第124次常务会议。

杨士秋副部长主持召开公务员局第21次局务会，传达贯彻全国依法行政工作会议精神，研究部署公务员局近期工作。公务员局副局长信长星、傅兴国参加。

胡晓义副部长礼节性会见国际社会保障协会秘书长康克琉斯基先生，介绍我国社会保障事业最新发展情况，双方就进一步加强在社会保障领域合作交换意见。

9月2日　杨士秋副部长出席国家行政学院2010年秋季开学典礼。

王晓初副部长出席中共中央政治局委员、中央书记处书记、中组部部长李源潮主持召开的“千人计划”顶尖人才与创新团队项目座谈会。

9月2—10日　胡晓义副部长参加国家行政学院省部级领导干部“促进金融发展与加强金融风险防范”专题研讨班。

9月3日　杨志明副部长参加由国务院副秘书长毕井泉主持召开的研究社会责任国际标准最终表决投票方案有关问题的会议。

张小建副部长出席国际合作社联盟亚太地区大会系列活动联合开幕式。

杨士秋副部长在福建省出席公务员考试测评基地挂牌仪式。

王晓初副部长到国家行政学院，为参加深化事业单位人事制度改革专题研讨班的学员作题为“深化事业单位人事制度改革促进社会事业科学发展”的报告。全国各省（区、市）、新疆生产建设兵团、各副省级城市人力资源社会保障厅（局）负责同志和本部有关司局级干部共50人参加。

9月4日　尹蔚民部长作为中方代表出席上海世博会斯洛伐克馆日活动，与斯洛伐克总统加什帕罗维奇共同举行开馆仪式，并与其进行友好会谈。

9月6日　杨志明副部长在深圳参加经济特区建立30周年庆祝大会。

王晓初副部长会见澳门社会协调常设委员会代表团一行，就内地与澳门在协调劳动关系三方机制等方面进行交流。

9月6—7日　尹蔚民部长陪同中共中央政治局常委、国务院副总理李克强到湖北省考察。

9月7日　张小建副部长到辽宁省大连市为市管领导干部介绍我国就业政策。

王晓初副部长出席“21世纪论坛”2010年会议开幕会。下午，出席第十届国家技能人才评选表彰专家评审会，为新聘任的专家颁发聘书并讲话。

9月8日　尹蔚民部长列席国务院第125次常务会议。

王晓初副部长参加中组部召开的推进人才规划重大政策、重大工程落实工作协调会。

王晓初副部长在上海出席中智“2010中国人力资本论坛”并讲话。

9月9日　胡晓义副部长主持召开全国新农保试点审计整改工作视频会议并讲话。各省（区、市）人力资源社会保障厅（局）有关负责同志参加。

9月9—10日　张小建副部长到广东省出席2010全国高校毕业生就业服务月启动仪式并调研。期间，会见了副省长肖志恒，分别考察了深圳市服装行业培训学校、深圳市高级技工学校、华南理工大学大学生创业基地和中国联通广州分公司大学生就业见习基地。

9月9—11日　杨志明副部长陪同张德江副总理到青海省调研。

王晓初副部长出席国务院新闻办召开的专题新闻发布会，就发表《中国的人力资源状况》白皮书回答中外记者提问。

9月13日　尹蔚民部长主持党组会和部

务会，研究审议《人力资源和社会保障立法体系构想（送审稿）》《人力资源和社会保障部落实全国人大常委会执法检查工作规程（送审稿）》《关于加强人力资源社会保障电话咨询服务工作的指导意见》。杨志明、杨士秋、王晓初、何宪、胡晓义、袁彦鹏同志出席。

尹蔚民部长主持召开以“贯彻落实《党员领导干部廉洁从政若干准则》，切实加强领导干部作风建设”为主题的党组民主生活会。杨志明、杨士秋、王晓初、何宪、胡晓义、袁彦鹏同志出席。

胡晓义副部长会见法国国家高等社会保障学院克劳德·比果院长一行，双方就两国社会保障制度建设等相关情况交换意见。

9月13—15日　张小建副部长赴新疆维吾尔自治区调研，期间，会见自治区党委书记张春贤，与自治区副主席艾尔肯·吐尼亚孜、自治区政协主席黄昌元就对口援疆工作进行座谈，听取自治区人力资源社会保障厅工作汇报，实地考察吐鲁番技工学校和新疆生产建设兵团有关单位，看望人力资源社会保障部援疆的三位干部。

9月14日　胡晓义副部长出席2010年省级社会保险经办机构主要负责人培训班暨第九期社会保险经办机构负责人培训班开学典礼并讲授第一课。

何宪副部长在陕西出席全国大城市军转工作联席会议，听取与会代表关于各大城市自主择业军转干部的工作经验、做法以及意见和建议，就下一步工作提出要求。

9月15日　杨志明副部长参加国家民委委员全体会议。

杨士秋副部长主持召开以“贯彻落实《党员领导干部廉洁从政若干准则》，切实加强领导干部作风建设”为主题的公务员局党组民主生活会。公务员局副局长傅兴国、吴云华参加。

王晓初副部长出席第五届亚太经合组织人力资源开发部长级会议高官会开幕式并致辞。会议介绍了部长级会议筹备情况，通过了高官会和部长会会议日程，通报了亚太经合组织人力资源工作组工作情况，讨论了三个分议题背景文件，通过了高官会总结和会议三个成果文件。晚上，宴请出席第五届亚太经合组织人力资源开发部长级会议的高官。

王晓初副部长在第五届亚太经合组织人力资源开发部长级会议期间与智利劳工部副部长巴兰达举行双边会谈，双方讨论了APEC等机制内有关问题，并就两部门在合作谅解备忘录框架下的有关活动交换意见。

9月15—17日　何宪副部长在广东就建立职务与职级并行制度进行调研。

9月16日　尹蔚民部长在第五届亚太经合组织人力资源开发部长级会议期间与新加坡人力部部长颜金勇、中国香港劳工及福利局局长张建宗分别举行会谈，就APEC等机制内有关问题以及加强交流合作事宜交换意见，双方均表示愿增进彼此了解，务实推进在人力资源开发和劳动就业领域的交流与合作；与APEC执行主任穆罕默德·努尔进行会谈，介绍中国此次举办APEC的情况，并希望秘书处为有关工作提供更大支持。

杨士秋副部长与审计署副署长令狐安就公务员管理有关工作进行沟通。

胡晓义副部长出席全国药学博士后论坛并讲话。下午，参加国务院会议，研究建立基层医疗卫生机构补偿机制和基本药物采购机制有关问题。

9月16—17日　第五届亚太经合组织人力资源开发部长级会议在北京召开。16日上午，国家主席胡锦涛会见亚太经合组织各成员代表团团长并同他们合影留念。随后，胡锦涛主席出席开幕式并发表题为《深化交流合作实现包容性增长》的致辞，国务院副总理张德江、国务委员戴秉国出席。尹蔚民部长主持开幕式，李智勇、王晓初副部长和外专局副局长刘延国参加。开幕式后，尹蔚民部长在全体会上作主旨发言，王晓初副部长主持。16日下午，尹蔚民部长听取稳定和扩大就业、完善社会保障网络两个分议题的发言和讨论，王晓初副部长主持会议。16日晚，尹蔚民部长在钓鱼台国宾馆宴请会议代表，杨志明、张小建、杨士秋、王晓初副部长和外专局副局长刘延国出席。17日上午，尹蔚民部长听取加强人力资源能力建设分议题的发言和讨论，胡晓义副部长主持会议。17日上午，国务院副总理张德江出席闭幕式并致辞，尹蔚民部长主持闭幕式，李智勇、胡晓义副部长参加。来自亚太经合组织21个成员的代表团，亚太经合组织秘书处、亚太经合组织工商咨询理事会、太平洋经济合作理事会等组织的代表，我国有关部门负责人出席会议。部属各单位、外专局和公务员局各司，各省（区、市）人力资源社会保障厅（局），福建省公务员局，新疆生产建设兵团人事局、劳动保障局，各副省级市人力资源社会保障局（人事、劳动保障局）负责同志列席会议。

9月17日　尹蔚民部长在第五届亚太经合组织人力资源开发部长级会议期间会见越南劳动、荣军和社会事务部部长阮氏金银，介绍中国人力资源社会保障部为应对国际金融危机采取的有关措施。双方回顾了在合作谅解备忘录框架下的合作活动情况，并就进一步加强合作交换意见。

尹蔚民部长在第五届亚太经合组织人力资源开发部长级会议期间会见国际劳工组织亚太局局长山本幸子。王晓初副部长与其进行会谈，双方就进一步合作交换意见。

王晓初副部长在第五届亚太经合组织人力资源开发部长级会议期间与墨西哥劳动和社会保障部副部长托雷斯举行会谈。双方表示将进一步加强彼此了解，积极推动在人力资源开发和劳动就业领域的交流与合作。

胡晓义副部长与财政部副部长王军研究社会保障有关工作。

9月19日　尹蔚民部长主持召开党组会和部务会，研究审议《人力资源社会保障部关于纳入国家“十二五”规划纲要有关内容的建议》《关于人力资源社会保障部开展创先争优活动情况的汇报》《关于成立中国人力资源和社会保障出版集团及有关问题的请示》，研究审议《中国就业“十二五”规划纲要（2011—2015年）》和《关于第二批中国高技能人才楷模人选和第十届中华技能大奖等候选人候选单位建议名单》。杨志明、张小建、杨士秋、王晓初、何宪、胡晓义、袁彦鹏同志出席。

张小建副部长出席第二届全国印刷行业职业技能大赛平版印刷工报业轮转机组决赛开幕式。

胡晓义副部长出席“中医中药中国行”总结表彰活动暨中医主题文艺晚会。

9月20日　尹蔚民部长出席在钓鱼台国宾馆举行的2010人力资源社会保障部迎中秋、庆国庆专家茶话会并讲话。王晓初副部长主持。两院院士、全国杰出专业技术人才、全国留学回国人员先进个人、享受国务院特殊津贴专家、突出贡献中青年专家、国家级百千万人才工程人选、回国（来华）专家、入选“千人计划”的优秀留学人员代表等49位专家参加。

王晓初副部长出席中国博士后科学基金会第三批特别资助专家评审会并讲话。会前，会见了参加评审会的两院院士、大学校长、基金会副理事长。

9月20—29日　杨士秋副部长率团访问加拿大和古巴。期间，分别访问了加拿大人力资源和技能发展部、国库委员会和古共中央干部政策部、国际部、劳动和社会保障部，了解交流相关管理制度情况，探讨建立双边合作交流机制事宜。代表团还应邀出席古巴政府举办的中古建交50周年庆祝大会。公务员局副局长吴云华同往。

9月21日　胡晓义副部长参加在人民大会堂举行的做好人口和计划生育工作暨中国计划生育协会成立30周年座谈会。

9月25日　尹蔚民部长会见并宴请俄罗斯总统助理马尔科夫一行。此前，王晓初副部长与马尔科夫一行进行工作会谈，就国家奖励制度进行交流并探讨合作事宜。公务员局副局长傅兴国陪同。

杨志明副部长出席第一届全国环境监测专

业技术人员大比武开幕式并致辞。

9月26日　王晓初副部长到宁夏回族自治区出席中阿人才合作交流研讨会并致辞。

9月26—28日　中纪委驻部纪检组组长袁彦鹏在上海出席华东六省一市纪检组长座谈会，听取优质服务窗口评选推荐工作进展情况汇报。

9月27日　尹蔚民部长、王晓初副部长列席国务院第127次常务会议。

张小建副部长主持召开中央国家机关侨联主席办公会，研究近期工作安排。

9月28日　尹蔚民部长会见挪威劳工部部长汉娜女士一行，介绍我国就业和劳动关系有关情况。

人力资源社会保障系统第二次对口援疆工作协调电视电话会召开，张小建副部长出席并讲话，胡晓义副部长主持会议。会议总结前一阶段对口援疆工作情况，分析存在的问题，对进一步推进工作提出要求。

张小建副部长出席全国职业技能鉴定工作视频会议并讲话。

王晓初副部长出席海联论坛——海外高层次人才与国家发展战略研讨会。

9月28—29日　胡晓义副部长参加全国人大法律委员会会议，审议《社会保险法》。

9月29日　杨志明副部长参加国务院会议，研究部署政府机关事务管理体制改革工作。

王晓初副部长出席2010年度“友谊奖”颁奖仪式。

王晓初副部长会见南非公职部副部长帕达亚琪先生一行，探讨双方合作事宜。

9月30日　尹蔚民部长主持召开领导干部会议，宣布张小建、信长星副部长职务任免。张小建、杨士秋、何宪、胡晓义、信长星、袁彦鹏和林用三同志出席。部属各单位、公务员局各司主要负责同志参加。

部党组召开部属各单位、公务员局各司主要负责同志会议。尹蔚民部长就推动人力资源社会保障部创先争优活动进一步深入开展讲话，何宪副部长通报前一阶段开展创先争优活动的情况。张小建、杨士秋、胡晓义、信长星、袁彦鹏和林用三出席。

尹蔚民部长、杨士秋副部长参加2010年国庆招待会。

杨志明副部长到上海出席中挪劳动关系和三方机制高级研讨会。会议就中挪两国劳动关系和三方机制建设情况进行讨论交流。全国总工会、中企联有关负责人和挪威劳工部部长、总工会主席、工商业联合会会长出席。

王晓初副部长会见并宴请埃及中央组织管理局局长努哈斯一行。双方探讨合作事宜，并签署合作谅解备忘录。下午，参加温家宝总理接见“友谊奖”获奖外国专家活动。

十　月

10月1日　杨志明副部长到上海出席世博会中国国家馆日活动。

10月8日　尹蔚民部长主持召开第65次党组会，审议《关于中央国家机关及所属事业单位人事争议仲裁实行属地管理有关问题的报告》。杨志明、杨士秋、王晓初、胡晓义、信长星、袁彦鹏同志出席。

何宪副部长到国家发改委参加收入分配制度改革工作会议。

10月9日　尹蔚民部长参加中央党的建设工作领导小组第26次会议。

杨士秋副部长与国防科工局副局长黄强同志就探月工程嫦娥2号任务表彰问题进行沟通。公务员局副局长吴云华参加。

王晓初副部长出席专业技术人才知识更新工程座谈会，听取有关地方人力资源社会保障部门负责同志对《专业技术人才知识更新工程实施方案》的意见建议。戴光前同志出席。

中纪委驻部纪检组组长袁彦鹏参加中央扩大内需促进经济增长政策落实暨治理工程建设领域突出问题检查组秋季检查动员培训会。

10月10日　胡晓义副部长参加全国集体林权制度改革百县经验交流会。

10月11日　尹蔚民部长参加中央和国家

机关到省（区、市）交流任职干部座谈会。

杨志明副部长出席全国乡镇机构改革工作电视电话会议。

王晓初副部长出席由人力资源社会保障部、公务员局共同召开的中央机关及其直属机构2011年度考试录用公务员考务工作部署视频会并讲话。会议对2011年度中央机关及其直属机构考试录用公务员公共科目笔试考务工作进行部署并提出明确要求。公务员局副局长吴云华主持会议。各省（区、市）人力资源社会保障厅（局）、公务员局主要负责同志在分会场参加。

10月11—20日　何宪副部长率团访问英国、德国。期间，先后访问英国内阁办公厅、英国工作和养老金部、德国国防部和德国内政部，考察了解两国在公职人员工资和退役军人安置领域的有关情况。在德期间，会见了德国内政部国务秘书罗加尔·格罗特女士，就加强双方在有关领域的进一步合作进行商谈。

10月12日　尹蔚民部长列席国务院第128次常务会议。下午，接受中央电视台采访，介绍五年来我国就业、社会保障和居民收入等方面取得的成就。

尹蔚民部长出席全国市县人力资源社会保障局长培训班并作题为“如何当好市县人力资源社会保障局长”的专题报告。全国市县人力资源社会保障局长培训班于10月11日开班，为期9天，来自各省（区、市）、副省级市部分市县近两年新任职人力资源社会保障局长共132人参加。

2010年全军师职转业干部培训班在京开班。杨志明副部长出席并主持开学典礼。中组部部务委员兼干部一局局长王京清、总政治部副主任刘振起出席并讲话。

国家协调劳动关系三方会议在河北廊坊召开第十五次会议，研究讨论深化和谐劳动关系创建活动和加强三方机制建设相关文件讨论稿，并对召开和谐劳动关系创建活动经验交流会进行研究部署。人力资源社会保障部副部长、国家协调劳动关系三方执行主席杨志明，全总副主席张鸣起、中国企联副主席陈兰通出席。

杨士秋副部长出席在国家行政学院举办的第二期全国公务员局长培训班开班式并讲授第一课。公务员局副局长吴云华同往。

胡晓义副部长接受中央电视台采访，介绍五年来我国社会保障工作成就。

10月12—11月12日　中纪委驻部纪检组组长袁彦鹏带领第六中央检查组赴辽宁、吉林两省就扩大内需促进经济增长政策落实和开展工程建设领域突出问题专项治理工作情况进行检查。中纪委、监察部、发展改革委、财政部和审计署有关同志参加。

10月13日　尹蔚民部长主持召开家庭服务业促进就业部际联席会议第三次全体会议，讨论《关于贯彻落实〈国务院办公厅关于发展家庭服务业的指导意见〉的分工方案》和《全国发展家庭服务业视频会议方案》。杨志明副部长和联席会议成员单位有关负责同志出席。

杨志明副部长会见瑞典五金工会主席斯蒂芬·罗夫万一行，介绍我国就业、劳动关系和社会保障有关情况。

杨士秋副部长为全国市县人力资源社会保障局长培训班作题为“公务员制度和队伍建设”的专题报告。

胡晓义副部长参加国务院舟曲灾后恢复重建指导协调小组第二次全体会议。

10月14日　尹蔚民部长出席人力资源社会保障部与甘肃省人民政府《共同推进甘肃人力资源和社会保障事业改革与发展备忘录》签署仪式并讲话，杨志明副部长就有关情况进行说明，信长星副部长出席。甘肃省委书记陆浩、代省长刘伟平出席并讲话，省委常委、副省长刘永富，省委常委、省委秘书长姜信治出席。部属有关单位负责同志参加。

杨志明副部长参加青海省人民政府与国家部委座谈会。

10月15日　杨志明副部长出席部分国有企业劳动争议预防调解示范工作启动视频会并讲话，对在部分国有企业开展劳动争议预防调解示范工作进行动员部署。各省（区、市）人力资源社会保障厅（局）、新疆生产建设兵团劳动保障局和64家示范企业相关同志共400余人在各地分会场参加。

王晓初副部长到上海参加世博会阿塞拜疆国家馆日活动。

10月15—18日　尹蔚民部长、杨士秋副部长参加党的十七届五中全会。

10月17日　胡晓义副部长在上海会见新疆维吾尔自治区人民政府副主席艾尔肯一行，听取关于新疆新农保工作情况的介绍，并就对口援疆工作交换意见。

10月17—18日　胡晓义副部长到上海市出席“十二五”专项规划座谈会。期间，听取上海市人力资源社会保障局工作汇报。

10月18日　杨志明副部长会见青海省副省长高云龙一行，就对口支援青海藏区有关问题进行沟通。

信长星副部长会见新疆维吾尔自治区人民政府副主席艾尔肯一行，就人力资源社会保障系统对口援疆工作座谈会筹备工作及新疆大学生就业有关问题进行商谈。

10月19日　尹蔚民部长、胡晓义副部长列席国务院第129次常务会议。

尹蔚民部长主持召开第66次党组会，传达党的十七届五中全会精神，研究贯彻落实措施。杨志明、杨士秋、王晓初、胡晓义、信长星同志出席。

10月20日　尹蔚民部长主持召开传达贯彻党的十七届五中全会精神大会并讲话，杨士秋副部长传达会议精神，杨志明、王晓初、胡晓义、信长星副部长和退现职及离退休老部领导出席。公务员局副局长及部属各单位、公务员局各司司局级干部，离退休干部党支部书记参加。

10月21日　尹蔚民部长出席全国发展家庭服务业视频会议并讲话，杨志明副部长主持会议。会议贯彻落实国办关于发展家庭服务业的指导意见有关精神，安排部署相关工作。国务院发展家庭服务业促进就业部际联席会议成员单位发展改革委、民政部、财政部、商务部、全国总工会、共青团中央、全国妇联有关负责同志出席并发言。各省（区、市）、新疆生产建设兵团及计划单列市发展家庭服务业促进就业联席会议召集人、成员以及联席会议办公室有关同志在分会场参加。

尹蔚民部长、杨志明副部长分别会见内蒙古自治区人民政府副主席刘卓志一行。信长星副部长与其座谈。

信长星副部长参加国家发改委主任张平召集的经济形势分析会。

10月22—23日　首届中国人才发展论坛在京举行。中组部部长李源潮出席人才发展理论创新座谈会并讲话。国务院副总理张德江出席论坛开幕式并致辞。尹蔚民部长主持论坛开幕式，作题为《加快人才优先发展，努力建设人才强国》的主旨报告，中组部副部长、人力资源社会保障部副部长李智勇宣读优秀论文获奖者颁奖决定，王晓初副部长在闭幕式上作总结讲话。中央国家机关、全国人力资源社会保障系统、高等院校、科研机构和企业等代表570余人参加。

10月24日　杨士秋副部长出席清华大学公共管理学院建院十周年庆祝大会并致辞。

10月25日　尹蔚民部长列席国务院第130次常务会议。

尹蔚民部长出席第五届中欧社会保障高层圆桌会议并致辞。部属有关单位负责人，国家发改委、民政部、财政部、商务部、卫生部有关人员，中欧项目试点省市人力资源社会保障部门负责人以及来自欧盟委员会、欧盟成员国的高级官员和学者150余人参加。会议开幕式前，尹蔚民部长会见了欧盟驻华副大使浦马克先生及欧盟委员会社会保护和一体化司司长费舍尔一行。

王晓初副部长与国务院参事曲维枝一行座谈。

胡晓义副部长列席十一届全国人大常委会第十七次会议分组审议《社会保险法（草案)》。

10月26日　尹蔚民部长参加中央领导同志接见青海玉树抗震救灾先进事迹报告团全体成员活动。

杨志明副部长参加第六次全国人民防空会议，并宣读关于全国人民防空先进集体和先进个人的表彰决定。

杨士秋副部长会见应邀来访的俄罗斯联邦总统国家奖励局局长奥西颇夫，介绍我国国家奖励制度有关情况。公务员局副局长傅兴国参加。

王晓初副部长在江苏出席第三届中国留学人员南京国际交流与合作大会并致辞。下午，出席第三届中国职业教育振兴论坛并作主旨发言。

胡晓义副部长参加全国人大教科文卫委员会第二十六次会议。

10月26—27日　人力资源社会保障部在新疆维吾尔自治区乌鲁木齐市召开人力资源社会保障系统对口援疆工作会议，总结前一阶段对口援疆工作，部署下一阶段工作。胡晓义副部长出席并讲话，信长星副部长主持会议。新疆维吾尔自治区人民政府主席努尔·白克力，新疆生产建设兵团党委常委、副政委卢晓峰，中央政法委副秘书长鲍绍坤出席并讲话。新疆维吾尔自治区人民政府副主席艾尔肯·吐尼亚孜出席。部属有关单位负责同志和19个对口援疆省市、新疆维吾尔自治区、新疆生产建设兵团及各受援地州、师人力资源社会保障部门负责同志参加。

信长星副部长在新疆维吾尔自治区调研。期间，会见了自治区党委书记张春贤，并就有关工作交换意见；实地考察了乌鲁木齐市、昌吉州人力资源市场、基层工作平台和职业技术学院等。

10月26—29日　尹蔚民部长赴江西调研。调研期间，与江西省委书记苏荣、省长吴新雄同志进行会谈，听取省政府人力资源和社会保障工作汇报，先后主持召开部分市县人力资源社会保障部门负责同志座谈会、高校毕业生就业形势分析座谈会、部分企业负责人和农民工及就业困难人员座谈会、新农保试点及公共卫生和基层医疗事业单位实施绩效工资工作座谈会，并深入南昌市人力资源市场、青山湖区街道社区工作平台和部分新农保试点县居民家中进行调研。

何宪副部长赴河北省就人力资源和社会保障工作主要目标任务完成情况、推进事业单位实施绩效工资情况进行调研。调研期间，与副省长宋恩华交换意见，分别听取省人力资源社会保障厅等有关部门和保定市、高碑店市工作汇报，召开推进事业单位实施绩效工资工作座谈会，实地考察人才交流市场、社保服务中心及学校、医院和研究所。

10月27日　人力资源社会保障部与江西省人民政府在南昌共同签署《共同推进鄱阳湖生态经济区建设加快推进江西省人力资源和社会保障事业科学发展备忘录》。尹蔚民部长出席并讲话。江西省委书记苏荣，省长吴新雄，省委常委、常务副省长凌成兴，省委常委、省委秘书长赵智勇，省委常委、省委组织部部长莫建成出席。

杨士秋副部长参加国务院召开的上海世博会表彰奖励工作座谈会。

10月27—29日　杨志明副部长赴辽宁大连、丹东进行劳动关系问题专题调研。调研期间，分别听取辽宁省人力资源社会保障厅、大连市和丹东市人力资源社会保障局的汇报，考察大连市金州新区人力资源社会保障局、丹东市人力资源社会保障局等，并到有关企业考察企业经营和劳动关系状况。

10月28日　王晓初副部长出席中央人才工作协调小组第二十九次会议并发言。

胡晓义副部长出席第十一届全国人大常委会第十七次会议新闻发布会并回答中外记者提问。

10月28—29日　杨士秋副部长赴上海市调研。

10月29日　信长星副部长参加国务院副总理回良玉主持召开的中央农村工作会议文件起草组会议。

10 月 29—30 日　王晓初副部长赴深圳出席 2010 中国国际人才交流大会和 2010 中国国际人才交流大会深圳论坛。

10 月 30 日　杨士秋副部长在上海市召开座谈会，听取上海市公务员局关于浦东聘任制试点工作的汇报，并与第一批聘任制人员进行座谈。下午，在上海参加中共中央政治局委员、国务院副总理王岐山主持的上海世博评选表彰和撤展工作会，并就上海世博评选表彰工作作了汇报。

10 月 30—31 日　胡晓义副部长赴陕西省宝鸡市调研。期间，视察宝鸡市市民中心，听取宝鸡市新农保工作汇报；在宝鸡市眉县金渠镇听取县、乡新农保试点工作汇报，与县、镇、村干部及群众代表座谈；前往太白县靖口镇焦家山村考察新农保工作，走访深山区参保家庭；视察太白县社保大厦及新农保经办中心。

10 月 31 日　杨士秋副部长出席上海世博会高峰论坛及全体大会、平行论坛及闭幕大会和闭幕式。

十一月

11 月 1 日　尹蔚民部长分别主持召开第 67 次党组会和第 50 次部务会，听取关于《社会保险法》立法总体情况的汇报，研究贯彻实施《社会保险法》的措施；审议《关于废止和修改部分人力资源和社会保障规章的决定》和《现行有效人力资源和社会保障规章目录》；审议《人力资源社会保障部部机关周转住房及集体宿舍管理办法》。杨志明、杨士秋、王晓初、何宪、胡晓义、信长星同志出席。

11 月 1—4 日　国务院残疾人工作委员会副主任张小建带队赴河南就中国残疾人事业“十一五”发展纲要完成情况进行检查。

11 月 2 日　信长星副部长分别出席人力资源和社会保障公共服务专题研讨会、“十二五”就业和社会保障基本公共服务体系专题研究报告编制工作启动会。

信长星副部长出席人力资源社会保障部、财政部、税务总局、教育部联合召开贯彻实施促进就业税收扶持政策视频会，全面部署促进就业有关税收扶持政策，财政部副部长王军、税务总局副局长宋兰、教育部部长助理林蕙青出席。四部门相关司局有关负责同志、部分在京高校负责同志在主会场参加。

11 月 2—11 日　杨志明副部长率团访问哥斯达黎加和波兰。在哥期间，与哥劳动社会保障部部长桑德拉共同签署两部合作谅解备忘录，并进行工作会谈，介绍中国应对金融危机、扩大就业、稳定劳动关系采取的主要措施。在波期间，与波兰劳动和社会政策部国务秘书杜达进行工作会谈，双方交流了两国人力资源和社会保障领域的最近进展和面临的挑战，就进一步扩大两部之间交流与合作进行了探讨。

11 月 3 日　尹蔚民部长列席国务院第 131 次常务会议。

11 月 4 日　尹蔚民部长出席全国人力资源社会保障系统学习贯彻《社会保险法》动员部署视频会议和全国人力资源社会保障依法行政工作视频会议并讲话。王晓初、何宪副部长出席，信长星副部长主持。外专局副局长张建国、公务员局副局长傅兴国和部属各单位及公务员局各司主要负责同志参加。

杨士秋、胡晓义副部长分别出席国务院法制办主任宋大涵主持的《表彰奖励工作条例》和《工伤保险条例》有关问题协调会。

11 月 4—6 日　信长星副部长赴安徽省调研。调研期间，与黄海嵩副省长交换意见，听取省人力资源社会保障厅工作汇报，并分别到合肥市、马鞍山市实地考察就业服务中心、创业指导中心、人力资源市场。

11 月 5 日　尹蔚民部长、王晓初副部长出席全国知识产权保护与执法工作电视电话会议。

王晓初副部长主持召开贯彻落实《国家中长期人才发展规划纲要》工作协调会，对进一步贯彻落实全国人才工作会议精神和人才规划纲要，建立部内人才工作协调机制提出具体要求。

胡晓义副部长主持召开中国社会保障体系建设“十二五”规划纲要专家论证会。国家发改委、民政部、财政部、卫生部、社保基金理事会规划编制小组成员及专家学者共50余人到会。

11月8日　尹蔚民部长到国防科工局出席嫦娥2号虹湾月面成像图揭幕仪式。

王晓初副部长出席全国退役士兵安置工作领导小组第一次全体会议。

信长星副部长出席人力资源社会保障公共服务专题研讨班开班式并讲话。中国就业促进会会长张小建为培训班作专题报告。部分市、地、州44名分管副市长参加。

11月8—10日　胡晓义副部长在青海省调研。期间，分别召开座谈会听取省及海北藏族自治州门源县、玉树藏族自治州人力资源社会保障工作汇报；与青海省委书记强卫等就有关工作交换意见；亲切慰问人力资源社会保障部援青干部；在门源县走访浩门镇西关村两参保农民家庭，座谈了解农民参保缴费等情况；考察玉树州人事局、劳动保障局和玉树县人事劳动保障局临时办公板房，亲切慰问全体干部职工；在隆宝镇调研新农保工作，实地考察北京建工援建中心小学项目工地；考察三江源驾校就业培训情况，并走访高原两户参保牧民家庭。

11月8—11日　尹蔚民部长赴江苏省调研。期间，与罗志军省长交换意见，听取省人力资源社会保障厅工作汇报，深入企事业单位，走访农户，召开不同人员参加的座谈会，并分别到南京、苏州、南通实地考察阿斯特阳光电力（苏州）有限公司、苏州工业园区中科院苏州纳米所、南通通州区五接镇后宫村劳动保障所、中国南京留学人员创业园和南京洛普股份有限公司等单位。

11月9日　信长星副部长出席中国上海人力资源服务产业园区揭牌仪式并致辞。国家发改委、商务部、税务总局和人力资源社会保障部相关单位，上海市政府、市委组织部、各区县有关部门以及全国部分人力资源服务机构的负责同志共150余人参加揭牌仪式。下午，出席人力资源服务业发展座谈会并讲话。

11月9—15日　按照部党组2010年第二次集体调研安排，王晓初副部长率调研组赴陕西省、四川省开展调研。调研组分别听取陕西省、四川省、西安市、成都市人力资源和社会保障工作的全面汇报以及新农保工作专项汇报，实地考察杨凌示范区人才工作、延安市洛川县新农保工作、西安技师学院和成都技师学院技能人才培养工作、成都信息工程学院事业单位人事制度改革工作。期间，王晓初副部长出席第三届全国技工院校技能大赛闭幕式、四川省博士后工作站授牌仪式、副省级市深化职称制度改革征求意见座谈会，并与省市领导交换意见。

11月10日　杨士秋副部长列席国务院第132次常务会议。下午，赴河北省涿州市就公务员制度和队伍建设作报告。河北省地、市负责人力资源社会保障业务的分管市长参加。

何宪副部长在福建出席海峡两岸与区域人才合作发展论坛暨2010年科研年会并讲话。

11月10—12日　何宪副部长赴山西就人力资源社会保障工作主要目标任务完成情况、推进事业单位实施绩效工资情况进行调研。期间，与王君省长交换意见，出席山西省社会保障“一卡通”签约仪式，分别听取山西及晋中太谷人力资源社会保障工作汇报，召开省直事业单位实施绩效工资工作座谈会，考察山西省人才交流中心、山西农业大学和太古县社区劳动保障事务所并进行座谈。

11月11日　杨士秋副部长参加国务院召开的全国冬春农田水利基本建设电视电话会议。

胡晓义副部长为河北省人力资源和社会保障工作研讨班授课。

11月11—12日　杨志明副部长赴广州出席第16届亚洲运动会开幕式。

11月11—12日、18日　杨士秋副部长分别主持召开《公务员法》贯彻实施情况座谈会，就《公务员法》实施五年来取得的主要成就、面临的新形势新任务、下一步工作设想，听取公务员管理研究领域专家学者、省级公务员管理部门负责同志和中央国家机关人事部门负责同志的意见建议。公务员局副局长傅兴国、吴云华出席。

11月11—14日 信长星副部长赴湖北调研。期间，与湖北省委常委、副省长张岱梨交换了意见，听取了省人力资源社会保障厅工作汇报，并分别到十堰市、襄樊市、武汉市实地考察人力资源市场及街道、社区服务平台，听取相关负责同志的工作汇报。

11月12日 王晓初副部长会见来华观摩第三届全国技工院校技能大赛的世界技能组织候任主席西蒙·巴特雷一行，介绍我国职业技能竞赛有关情况。

胡晓义副部长在中国浦东干部学院为人力资源社会保障公共服务专题研讨班讲授“社会保险——回顾‘十一五’，展望‘十二五’”专题。随后，出席研讨班结业式并作总结讲话。研讨班由中组部、人力资源社会保障部、中国浦东干部学院联合举办，为期5天，市、地、州分管领导43人参加。

11月15日 尹蔚民部长参加国务委员兼国务院秘书长马凯主持召开的上海世博会评选表彰工作领导小组第一次会议，并就筹备工作情况进行汇报。杨士秋副部长参加。公务员局副局长吴云华同往。

杨志明副部长出席全国农民工电影周活动启动仪式并讲话，中宣部副部长翟卫华、广电总局副局长张丕民出席并致辞。国务院农民工工作联席会议各成员单位有关负责同志、部内农民工工作协调小组单位负责同志及在京的农民工代表参加。会后，杨志明副部长与农民工代表和农民工电影主创人员代表共计700余人观看了电影《所有梦想都开花》。

信长星副部长出席在湖北省武汉市举行的全国高校毕业生就业服务周活动启动仪式并致辞。

11月16日 尹蔚民部长分别主持召开第68次党组会和第51次部务会，审议《关于解决未参保集体企业退休人员基本养老保障等遗留问题的请示（送审稿）》《关于2011年调整企业退休人员基本养老金的意见（送审稿）》、援企稳岗政策的调整意见、《关于妥善解决国有企业老工伤人员纳入工伤保险社会统筹管理有关问题的请示（讨论稿）》《关于2011年新农保扩大试点方案的建议》《〈中华人民共和国职业分类大典〉修订工作实施方案（送审稿）》。杨志明、杨士秋、何宪、胡晓义、袁彦鹏同志出席。

杨士秋副部长主持召开国家公务员局第22次局务会，审议《公务员回避规定（试行）》和《聘任制公务员管理规定（试行）》。公务员局副局长傅兴国、吴云华参加。

王晓初副部长出席首期全国会计领军人才培训班毕业典礼并致辞。

信长星副部长出席商务部、人力资源社会保障部和海关总署共同在深圳举行的第十二届中国国际高新技术成果交易会开幕式。下午，出席在深圳举行的加工贸易转型升级试点暨第三批加工贸易梯度转移重点承接地授牌会并讲话。

11月17日 尹蔚民部长列席国务院第133次常务会议。下午，接受中央主要新闻媒体省部长访谈录栏目专访。

王晓初副部长会见山东省副省长郭兆信一行，就中国山东第六届海内外高端人才交流暨技术项目洽谈会有关事宜进行商谈。

信长星副部长会见广东省委常委、副省长肖志恒。

中纪委驻部纪检组组长袁彦鹏会见中央纪委监察部第四纪检监察室调研组一行，向调研组介绍驻部组局组建以来的工作开展情况，调研组介绍第四纪检监察室近期工作情况，双方就如何做好下一阶段工作交换意见。

11月18日 杨志明副部长参加国务委员兼国务院秘书长马凯主持召开的中央信访工作督导组全体会议。

杨士秋副部长主持召开《公务员法》贯彻

实施情况座谈会，就《公务员法》实施五年来取得的主要成就、面临的新形势新任务、下一步工作设想听取中央国家机关人事部门负责同志的意见建议。公务员局副局长傅兴国、吴云华参加。

王晓初副部长参加国家教育咨询委员会成立暨第一次全体会议。

胡晓义副部长参加国务院研究中央财政医改资金安排使用有关问题的会议。

信长星副部长出席全国公共就业人才服务机构管理人员培训班结业式并讲话。

11月19日　杨志明副部长出席中国残联、共青团中央共同举办的“关爱农民工子女——集善嘉年华·北京2010”慈善晚宴。

杨士秋副部长主持召开公务员局2010年年底务虚会，听取局属各司2010年主要工作进展情况汇报，讨论《2011年行政机关公务员管理工作要点》，部署年底前工作，并就下一步做好公务员管理工作的思路进行探讨。公务员局副局长傅兴国、吴云华出席。

王晓初副部长出席第三届全国职工优秀技术创新成果表彰大会。

11月21日　杨士秋副部长出席中国行政体制改革研究会会长第一次办公会议。

胡晓义副部长出席国务院防治艾滋病工作委员会全体会议。

11月22日　杨士秋副部长主持召开国家公务员局第23次局务会，审议《公务员转任规定（试行）》《试用期公务员管理规定（试行）》和《2011年行政机关公务员管理工作要点》。公务员局副局长傅兴国、吴云华参加。

王晓初副部长出席加强规范管理推动技工院校改革发展视频工作会议并讲话。会议对加强技工院校规范管理，推动技工院校改革发展进行总体部署和安排。各省（区、市）人力资源社会保障厅（局）分管领导和业务处室负责同志在分会场参加。

11月22—23日　信长星副部长参加在山东省临沂市举行的全国用群众工作统揽信访工作经验交流会。会议由国务委员兼国务院秘书长马凯主持，中央政法委书记、中央综治委主任周永康发表重要讲话。

11月22—25日　杨志明副部长带领中央信访工作督导组第五组赴辽宁开展农民工工资拖欠和信访工作督导调研。期间，分成两组深入沈阳、抚顺、大连等地，听取当地党委、政府对信访工作情况的汇报，实地考察抚顺市信访接待大厅、市人力资源社会保障局和长春街道长安社区，抽查重点信访案件，督办3起农民工工资拖欠的重点案件。国土资源部、信访局、总政治部有关部门同志参加。

11月23日　王晓初副部长出席国家行政学院博士后科研工作站挂牌仪式。

胡晓义副部长就《社会保险法》贯彻实施接受中国政府网在线专访。

11月23—24日　中纪委驻部纪检组组长袁彦鹏参加中央扩大内需促进经济增长政策落实暨治理工程建设领域突出问题检查组秋季检查汇报会，并汇报赴辽宁、吉林的检查情况。

11月24日　尹蔚民部长分别主持召开第69次党组会和第52次部务会，审议《国家中长期专业技术人才发展规划（2010—2020年）（送审稿）》等问题。

信长星副部长在山东省出席第六届海内外高端人才交流暨技术项目洽谈会开幕式并致辞。

11月25日　杨志明副部长参加中央农村工作领导小组第3次会议。

王晓初副部长参加中央人才工作协调小组人才重大政策落实工作协调会，并介绍我部牵头人才重大政策落实工作的进展情况和下一步安排。

11月25—26日　人力资源社会保障部在北京召开务虚会，深入学习贯彻党的十七届五中全会精神，总结“十一五”时期人力资源社会保障工作，研究“十二五”时期特别是2011年的工作思路和主要任务，并对全国人力资源社会保障工作会议报告提出修改意见和建议。尹蔚民部长发表重要讲话并对做好岁末年初各项工作提出明确要求。季允石、杨志明、杨士秋、王晓初、何宪、胡晓义、信长星副部长，中纪委驻部纪检组组长袁彦鹏出席。公务员局副局长傅兴国、吴云华和部属各单位、公务员局各司主要负责同志参加。

11月26日　尹蔚民部长参加中央财经领导小组会议。

王晓初副部长出席事业单位人事管理制度改革业务地市局长培训班，与学员座谈并讲话。

何宪副部长向中组部创先争优活动调研组汇报人力资源社会保障部开展创先争优活动情况。

11月28日　尹蔚民部长出席全国博士后工作会议暨纪念博士后制度25周年座谈会，并作题为《以改革创新精神全面推动博士后事业发展》的讲话。王晓初副部长主持。全国博士后管理委员会委员，部分特邀专家、博士后代表，各省（区、市）人力资源社会保障部门，中央国家机关有关部门，部分博士后设站单位代表共200余人参加。

杨士秋副部长参加全国防汛抗旱暨舟曲抢险救灾总结表彰大会会务组会议。

何宪副部长参加基层党建创新论坛暨基层党建创新案例颁奖仪式，为获奖单位代表颁奖。

11月29日　尹蔚民部长参加中央党的建议工作领导小组第二十七次会议。

杨士秋副部长主持召开公务员局第24次局务会，审议公务员管理规范性文件清理情况和《2011年行政机关公务员管理工作要点》。公务员局副局长傅兴国、吴云华参加。

王晓初副部长参加《国家“十二五”时期文化发展改革规划纲要（征求意见稿）》征求意见座谈会。下午，出席全国博士后工作会议暨纪念博士后制度25周年座谈会总结大会并讲话。

胡晓义副部长列席国务院第134次常务会议。

11月29—12月1日　杨志明副部长带领中央信访工作督导组第五组赴河北开展农民工工资拖欠和信访工作督导调研工作。期间，分成两组深入石家庄及鹿泉市，秦皇岛及抚宁、昌黎县，邢台及沙河等地，听取当地党委、政府对信访工作情况的汇报，对邢台解决拖欠农民工工资问题和推行建筑领域农民工实名制一卡通情况进行专题调研，实地考察石家庄及鹿泉信访接待大厅、邢台人力资源社会保障局和七里河新区、南通二建德龙工地和沙河康桥水榭工地，抽查10多件重点信访案件，督办重点案件。国土资源部、信访局、总政治部有关部门同志参加。

11月30日　尹蔚民部长参加党外人士座谈会。

尹蔚民部长向中国就业促进会成立五周年暨第二届会员代表大会发去贺信，向大会及全体会员表示祝贺，充分肯定中国就业促进会五年来取得的成绩，期望中国就业促进会在“十二五”时期为实现充分就业作出新的贡献，并预祝大会取得圆满成功。

杨士秋副部长参加国务院三峡工程建设委员会第十七次全体会议。

王晓初副部长会见来访的以珍妮特·帕克为团长的美国人力资源管理协会代表团，介绍中国人力资源社会保障部职能以及人力资源开发有关情况。

信长星副部长出席中国就业促进会专家委员会就业形势分析会并讲话、出席中国就业促进会第二届会员代表大会闭幕式并讲话。

11月30—12月4日　胡晓义副部长率团赴南非出席“国际社会保障协会第30届大会暨全球社会保障论坛”。期间，作为主宾之一参加大会套开的“全球社会保障峰会”并作主旨发言，介绍我国在扩大社会保障覆盖面及加强社会保障管理方面的实践和经验，并会见国际社会保障协会秘书长康克琉斯基先生和南非劳工部长奥莉芬特女士。

十二月

12月1日　王晓初副部长参加全国学前教育工作电视电话会议。

12月2日　尹蔚民部长分别主持召开第70次党组会和第53次部务会，审议《中国人事报更名有关问题的汇报》《专业技术人员资格考试违纪违规行为处理暂行规定（征求意见稿）》等问题。杨志明、杨士秋、王晓初、何宪、信长星、袁彦鹏同志参加。

杨志明副部长到国务院法制办就《职业病防治法》修订涉及劳动人事争议仲裁有关问题，与国务院法制办主任宋大涵、副主任袁曙宏进行沟通协调。下午，出席全国海洋系统先进集体和先进工作者表彰大会并宣读表彰决定。

12月3日　尹蔚民部长列席中央政治局集体学习。

信长星副部长出席2010年中国国际福祉博览会领导专场参观活动。

12月5日　信长星副部长出席第八届中国青年志愿者优秀奖颁奖仪式暨中国青年志愿者协会第三次会员代表大会。

12月5—8日　胡晓义副部长率团访问伊朗。期间，会见伊朗福利和社会保障部长马赫索里，与伊朗福利和社会保障部副部长兼社会保障组织主席哈菲兹共同签署两部合作谅解备忘录并进行工作会谈。代表团还考察了伊社保组织所属医院及地方医疗保险和农村社会保险服务机构。

12月6日　尹蔚民部长列席国务院第135次常务会议。

孙宝树副部长、中纪委驻部纪检组组长袁彦鹏出席在广东省从化市举行的人力资源社会保障系统基层公共服务体系建设推动会并讲话。天津等11个省市厅（局）负责同志在大会上作经验交流发言。各省（区、市）及副省级市人力资源社会保障厅（局）分管负责同志参加。

王晓初副部长到国办向国务院副秘书长汪永清汇报户籍管理制度有关工作情况。

12月6—8日　杨志明副部长陪同中共中央政治局常委、中央书记处书记、国家副主席习近平到重庆市考察有关工作。

12月7日　尹蔚民部长出席在甘肃省兰州市召开的全国防汛抗旱暨舟曲抢险救灾总结表彰大会。公务员局副局长吴云华同往。

12月7—8日　信长星副部长、中国就业促进会会长张小建出席在西安市召开的全国创建创业型城市工作绩效考评会议并分别在开、闭幕式上讲话。会议总结交流创建创业型城市五大体系建设经验，部署第二阶段绩效考评工作。各省（区、市）人力资源社会保障厅（局）以及首批国家级创建创业型城市创建工作领导小组办公室负责同志共400余人参加。

12月8日　尹蔚民部长列席国务院第136次常务会议。

12月8—9日　尹蔚民部长、杨士秋副部长出席在京召开的部分省（区、市）人力资源社会保障厅（局）主要负责人座谈会并分别主持9日上午和8日晚上的会议。会议听取天津等7个地方厅（局）主要负责同志对全国人力资源和社会保障工作会议报告（征求意见稿）和2011年人力资源和社会保障事业发展年度主要计划指标的意见建议。

王晓初副部长到吉林省松原市就深化中小学教师职称制度改革试点工作进行检查调研。期间，听取了吉林省和松原市改革试点工作汇报，就改革试点工作中的重点问题与吉林省常务副省长金振吉交换了意见，并主持召开座谈会，就深化中小学教师职称制度改革试点有关工作听取中小学校长和一线教师的意见建议。

12月9日　尹蔚民部长，杨志明、信长星副部长与来部的湖南省省长徐守盛、常务副省长于来山一行就“十二五”时期有关人力资源社会保障工作进行座谈。

杨志明副部长会见农业银行行长张云一行，就企业工资分配有关问题进行座谈。

何宪副部长到福建省出席由人力资源社会保障部和财政部共同召开的全国事业单位实施绩效工资经验交流会并讲话。财政部党组成员、部长助理王保安出席并讲话。各省（区、市）和新疆生产建设兵团人力资源社会保障、财政厅（局）分管负责同志参加。

12月10—11日　王晓初副部长到海南省看望参加人力资源社会保障部组织的休假活动的专家。

12月10—12日　尹蔚民部长、杨士秋副部长参加中央经济工作会议。

12月11日　杨志明副部长到中国人民大学出席中国人力资源开发研究会劳动关系分会第三届年会暨集体劳动争议处理与劳动关系的转型及挑战学术研讨会并致辞。

12月12日　信长星副部长出席广州亚残运会开幕式。

12月13日　尹蔚民部长分别主持召开第71次党组会和第54次部务会，传达学习中央经济工作会议精神，研究贯彻落实措施；审议《跨地区劳动保障监察案件协查暂行办法（送审稿）》。杨志明、杨士秋、王晓初、胡晓义同志出席。

人力资源社会保障部召开司级以上干部会议，传达贯彻中央经济工作会议精神。尹蔚民部长主持会议，传达胡锦涛总书记讲话精神，并提出要求。杨士秋副部长传达温家宝总理讲话精神。杨志明、王晓初、胡晓义副部长和张柏林、李伯勇、蒋冠庄、张汉夫、程连昌、徐颂陶、王建伦、李有慰、戴光前、崔会烈同志出席。公务员局副局长傅兴国、吴云华和部属各单位、公务员局各司司局级干部，离退休干部党支部书记参加。

全国人力资源社会保障系统视频会议召开，对做好“两节”期间保障农民工工资支付工作进行进一步动员部署。尹蔚民部长出席并讲话，杨志明副部长主持会议。北京、河北、湖北等地厅（局）介绍了典型做法和打算。部属有关单位负责同志在主会场参加。各省（区、市）人力资源社会保障厅（局）、新疆生产建设兵团劳动保障局、各副省级市人力资源社会保障（劳动保障）局有关负责同志在分会场参加。

胡晓义副部长主持召开会议，研究对国务院医改办2011年度重点工作安排的意见。

12月13—20日　中纪委驻部纪检组组长袁彦鹏率团到荷兰出席“第三届亚欧劳工和就业部长会议”并作为亚洲部长代表在开幕式上作主旨发言，介绍我国为应对国际金融危机所采取的积极就业政策。期间，会见了欧盟就业委员拉斯洛·安多尔，并就中欧人力资源社会保障领域的交流合作交换意见。随后，率团访问突尼斯。期间，会见了突尼斯社会事务、互助和侨民部部长纳瑟尔·加尔比，并就两部职责和工作情况进行会谈，同时与该部社保局长和劳动监察局长就劳动监察和社会保障工作情况进行交流。

12月14日　尹蔚民部长出席公务员局全体干部会议，宣读陈刚同志任职通知并讲话。杨士秋副部长主持会议。公务员局副局长傅兴国、吴云华、陈刚参加。

尹蔚民部长参加党的基层组织党务公开工作电视电话会议。下午，陪同国家副主席习近平到国家行政学院考察工作。

王晓初副部长出席中国科协会员日暨“全国优秀科技工作者”颁奖大会并为获奖者颁奖。

12月14—15日　信长星副部长参加全国发展改革工作会议和“十二五”规划座谈会。

12月14—17日　杨志明副部长带队到新疆维吾尔自治区和新疆生产建设兵团开展第四次农民工工作督察。期间，到乌鲁木齐、和田、喀什进行督导调研，听取了自治区和兵团及当地政府关于农民工工作情况的汇报，实地考察了有关培训基地等。

12月15日　尹蔚民部长、王晓初副部长出席中央人才协调小组第三十次会议。

杨士秋副部长分别主持召开公务员局第15次党组会和第25次局务会，宣布局领导班子分工，审议《2011—2015年行政机关公务员培训纲要》。

杨士秋副部长会见并宴请应邀来访的俄罗斯总统办公厅公务及人事局副局长萨夫琴科一行，并就加强中俄两国在公务员制度领域的合作交流事宜交换意见。公务员局副局长傅兴国参加。

胡晓义副部长出席全国人力资源社会保障系统学习贯彻《社会保险法》培训班第一期班开班式，作开班动员讲话并作专题报告。

12月15—16日　胡晓义副部长到广东省调研社会保障工作。期间，会见广东省委常委、副省长肖志恒，并就有关工作交换意见。

12月16日　国家职业分类大典修订工作启动会暨首次工作委员会和专家委员会全体会议在京举行。人力资源社会保障部部长、修订工作委员会主任尹蔚民出席并讲话，副部长、修订工作委员会常务副主任王晓初主持会议，信长星副部长宣读关于聘任国家职业分类大典修订工作专家委员会委员决定，修订工作委员会顾问张小建出席。修订工作委员会副主任、质检总局副局长蒲长城和统计局副局长张为民出席并讲话。由国务院有关部门、直属机构和行业组织、集团公司相关部门负责同志以及有关专家学者组成的修订工作委员会和专家委员会全体成员参加。

杨士秋副部长与全国妇联副主席陈秀榕就妇联系统表彰问题进行座谈，公务员局吴云华副局长参加。下午，出席2009年度土地卫片执法检查工作电视电话会议，并宣读国土资源部、监察部、人力资源社会保障部《关于依据〈违反土地管理规定行为处分办法〉启动问责工作的通知》。

12月17日　王晓初副部长出席2010年全国骨干技工院校校长高级研修活动并讲话，同时就技工院校改革发展问题与参加研修活动的校长进行座谈。

胡晓义副部长出席全国地方志系统表彰先进大会并宣读表彰决定。

信长星副部长会见成都市副市长谢瑞武一行，并就推进《共同推进成都统筹城乡人力资源和社会保障事业发展和改革备忘录》有关情况进行座谈。

12月17—18日　尹蔚民部长、杨士秋副部长出席全国组织部长工作会议。

12月18日　杨志明副部长出席全国家庭服务职业风采大赛预选赛开幕式并致辞。

12月18—20日　杨士秋副部长出席全国政法工作会议。

12月19日　王晓初副部长到广州市出席香江学者计划（内地与香港联合培养博士后研究人员计划）签约仪式并在座谈会上讲话。

12月20日　尹蔚民部长出席庆祝探月工程嫦娥2号任务圆满成功大会并宣读表彰决定。

尹蔚民部长分别主持召开第72次党组会和第55次部务会，传达学习全国组织部长会议精神，研究贯彻落实措施；审议全国人力资源和社会保障工作会议工作报告、《人力资源社会保障部开展中国共产党成立90周年系列纪念活动实施方案（送审稿）》和《人力资源和社会保障部党的基层组织实行党务公开的意见（送审稿）》；审议《关于优质服务窗口评选表彰工作和确定优质服务窗口表彰名单的请示》。季允石、杨志明、杨士秋、何宪、胡晓义、信长星同志出席。

杨志明副部长出席国家行政学院举行的2010年全国行政学院院长会议开幕式。

王晓初副部长到广州市出席第十三届中国留学人员广州科技交流会开幕式和海外杰出青年学者座谈会。下午，主持召开海外高层次人才创新基地论坛并讲话。

胡晓义副部长出席人力资源社会保障系统学习贯彻《社会保险法》第二期培训班开班式并作《社会保险法》立法总体情况专题报告，信长星副部长出席并作动员讲话。全系统263位同志参加了为期三天的学习。

12月21日　尹蔚民部长、杨士秋副部长到国务院参加国务委员兼国务院秘书长马凯主持召开的上海世博会评选表彰工作领导小组第二次会议。公务员局副局长吴云华同往。

王晓初副部长到广东省珠海市出席“纪念胡锦涛总书记视察珠海市高级技工学校一周年座谈会”并讲话。

人力资源社会保障部召开学习贯彻新修订的《工伤保险条例》动员部署视频会议，就做好新条例的贯彻实施工作进行动员部署。胡晓义副部长出席并讲话，信长星副部长主持会议。新修订的《工伤保险条例》贯彻实施领导小组各成员单位负责同志参加。

信长星副部长主持召开全国就业信息监测工作领导小组会议。

12月21—22日　尹蔚民部长、杨志明副部长参加中央农村工作会议。

12月22日　尹蔚民部长，何宪、胡晓义副部长列席国务院第137次常务会议。

杨士秋副部长主持召开公务员局全体人员会议，传达国家副主席习近平、中央书记处书记、中央组织部部长李源潮同志在全国组织部长会议上的讲话精神，研究贯彻落实意见，部署近期工作。公务员局副局长傅兴国、吴云华、陈刚出席。下午，参加中央新疆工作协调小组组织和政权建设组第二次会议。

12月23日　尹蔚民部长参加中央党的建设工作领导小组第28次会议。

杨志明副部长与财政部部长助理刘红薇商谈厂办大集体改革有关工作。

王晓初副部长出席中央和国家机关事业单位岗位设置管理工作座谈会并讲话。会议总结了中央和国家机关实施事业单位岗位管理制度的工作经验，部署下一阶段工作任务。下午，与中国外文局常务副局长郭晓勇，副局长黄友义、齐骥一行就资深翻译、一级翻译专业资格评价有关问题进行专题研究。

胡晓义副部长列席第十一届全国人大常委会第18次会议分组审议国务院关于深化医改工作情况的报告。

信长星副部长到广东省佛山市出席第四届全国数控技能大赛决赛开幕式并致辞。

12月24日　尹蔚民部长参加中央维护稳定工作领导小组第36次会议。

尹蔚民部长、何宪副部长参加由国务院副总理李克强主持召开的研究收入分配制度改革有关问题会议。

胡晓义副部长列席十一届全国人大常委会第十八次会议。

12月25日　杨士秋副部长出席全国测绘系统先进集体和先进工作者表彰大会并宣读表彰决定。

胡晓义副部长出席人力资源社会保障系统学习贯彻《社会保险法》第三期班开班式并作专题讲座，中纪委驻部纪检组组长袁彦鹏作开班动员讲话。各省（区、市）人力资源社会保障厅（局）长及相关业务处室负责同志共274人参加。

12月27日　尹蔚民部长、杨士秋副部长出席2010年上海世博会总结表彰大会。公务员局副局长吴云华同往。

杨志明副部长出席全国财政系统表彰大会并宣读表彰决定。下午，参加国务院副总理李克强接见全国财政系统先进集体、先进工作者代表活动。

王晓初副部长出席欧美同学会会长会议。

12月28日　尹蔚民部长分别主持召开第73次党组会和第56次部务会，审议《2010—2015年行政机关公务员培训纲要》《关于加强引导服务努力缓解就业结构性矛盾的通知》《工伤认定办法（修订）》《非法用工单位伤亡人员一次性赔偿办法（修订）》《部分行业企业工伤保险费缴纳办法》《关于进一步改革完善政府特殊津贴制度的意见》和《关于2010年享受政府特殊津贴人员有关问题的请示》。杨志明、杨士秋、王晓初、胡晓义、信长星、袁彦鹏同志出席。

中国劳动学会劳务经济与境内劳务派遣专业委员会成立大会在京召开。杨志明副部长发贺信。中国劳动学会会长华福周出席并讲话。全国人力资源社会保障系统有关部门、劳务派遣企业代表及专家学者共150余人参加。

王晓初副部长出席国际职员工作协调会并讲话。外交部、财政部等22个协调会议成员单位有关同志参加。

12月29日　尹蔚民部长列席国务院第138次常务会议。

杨士秋副部长参加首届全国创建和谐寺观教堂先进集体和先进个人表彰大会。

胡晓义副部长参加强农惠农资金专项清理

和检查工作部级领导小组全体会议。

12 月 30 日　信长星副部长参加全国加强孤儿保障工作电视电话会议并发言。

12 月 30—31 日　全国人力资源和社会保障工作会议在京召开。会议深入贯彻党的十七大和十七届五中全会精神，落实中央经济工作会议和全国组织部长会议部署，总结“十一五”时期的人力资源和社会保障工作，分析“十二五”时期的形势任务，部署 2011 年工作。中共中央政治局委员、国务院副总理张德江出席会议并作重要讲话。尹蔚民部长作工作报告，孙宝树副部长作总结讲话。会议表彰了全国人力资源社会保障系统 2008—2010 年度优质服务窗口单位。10 省市人力资源社会保障厅（局）主要负责同志分别就不同方面进行大会交流。国务院副秘书长肖亚庆，季允石、李智勇、杨志明、杨士秋、王晓初、何宪、胡晓义、信长星副部长，中纪委驻部纪检组组长袁彦鹏出席会议。外专局和公务员局领导班子成员，部属各单位和公务员局各司主要负责同志，各省（区、市）、新疆生产建设兵团、副省级市人力资源社会保障部门负责同志，中央国家机关各部委、各直属机构等有关部门负责同志，军队有关单位负责同志，部分特邀单位代表，受表彰的全国人力资源社会保障系统 2008—2010 年度优质服务窗口单位代表与会。

12 月 31 日　胡晓义副部长与国家发改委副主任孙志刚研究医改工作。